图1-49 调整基准高度

图1-50 选择测量头

图1-51 安装横尺及测量头

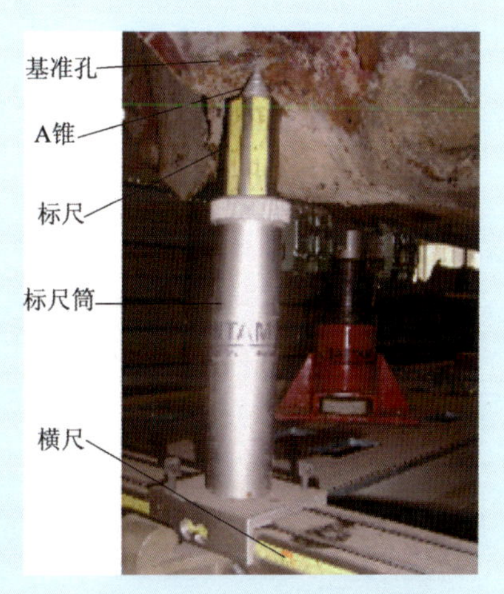

图1-52 调整横尺与测量头

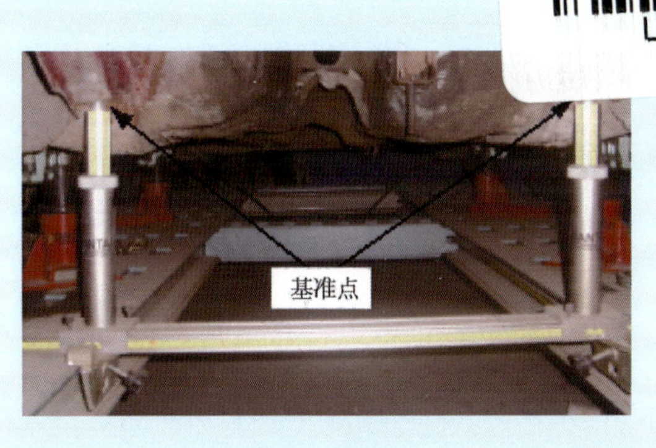

图1-53 读数

图1-54 A锥

图1-55　A锥高度读取

图1-56　读取标尺数据

图1-57　底座的上标注

图1-58　横尺尺寸标注

图1-59　读取宽度尺寸

图1-60　长度数据读取

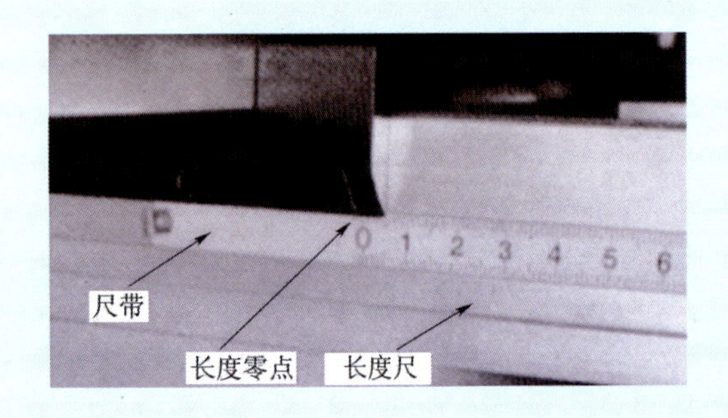

图1-61　校正台的长尺的零点

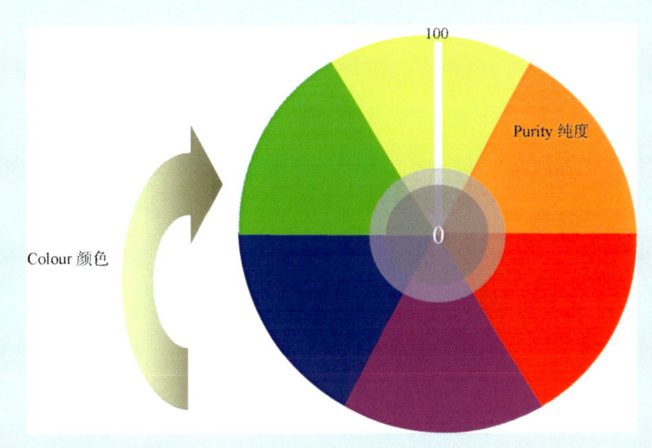

图7-8　彩度变化

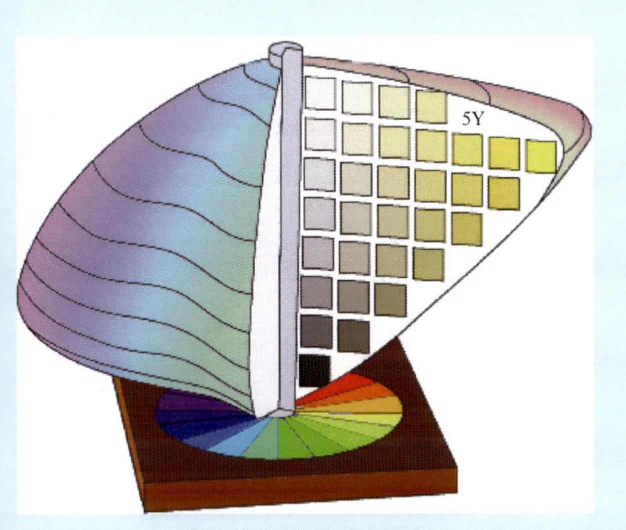

图7-9　不同色调的彩度

图7-10　颜色三维坐标

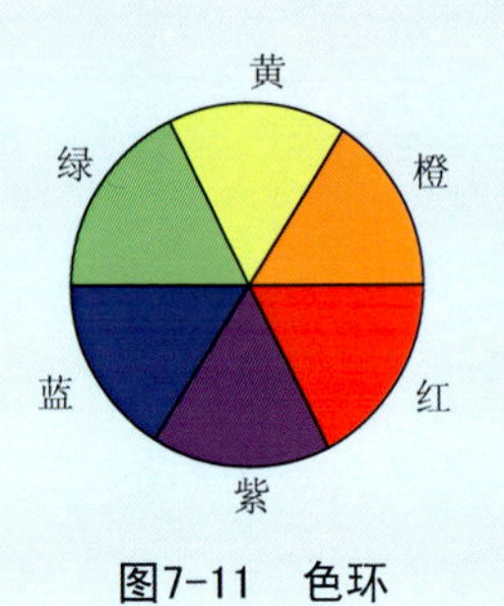

图7-11　色环

黄
紫
绿
红
橙
蓝

图7-12　色环中的补色

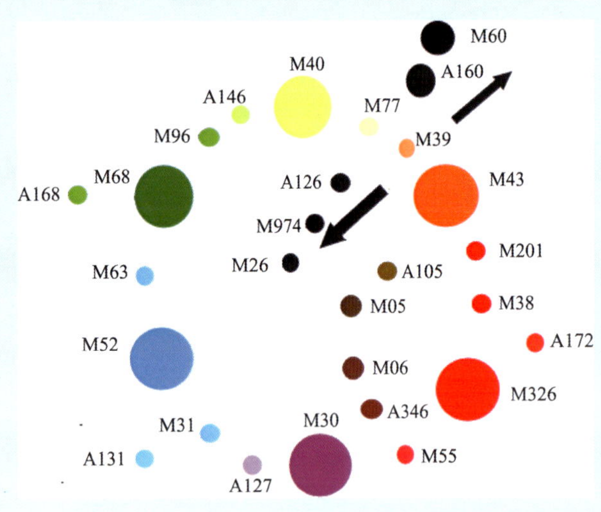

图7-14　鹦鹉漆22系列色母特性表（色母挂图）

图7-20　标准比色灯箱的三种光源效果

图7-37　含有铝粉的漆膜

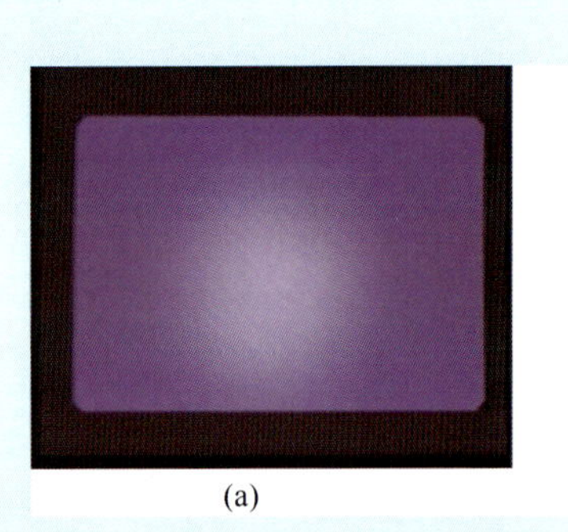
(a)

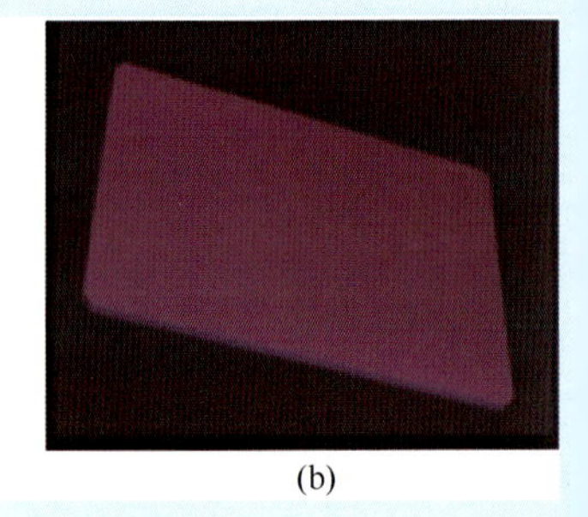
(b)

图7-40　金属漆的方向性
（a）正视色；（b）侧视色

表7-11　5PNC/星光银配方中各色母特性

色母	名称	特性	色母	名称	特性
352-91	稀释剂	透明	57-M1	树脂	透明
57-M99-10	细银：颗粒细		57-A929	偏黄黑：正侧面均偏黄	
57-M99-19	粗银：颗粒粗		57-M306	红：侧面偏浅	
57-A136	偏绿黄：正面偏橙		57-A640	偏蓝绿：侧面偏蓝	
57-M105	偏橙黄：侧面偏橙		57-A098	白色：正面偏黄，侧面偏蓝	

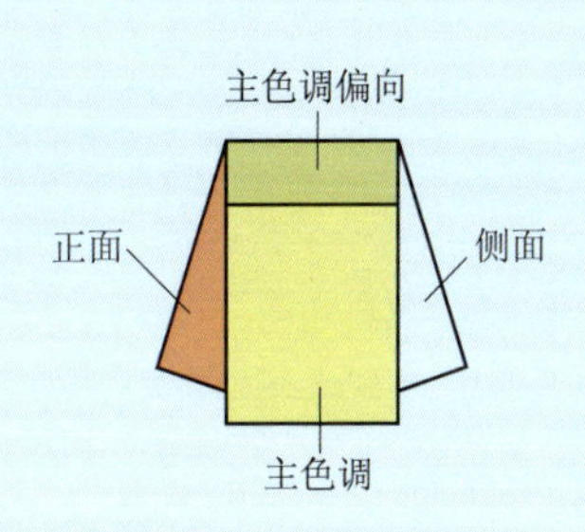

图7-59　色母特性举例

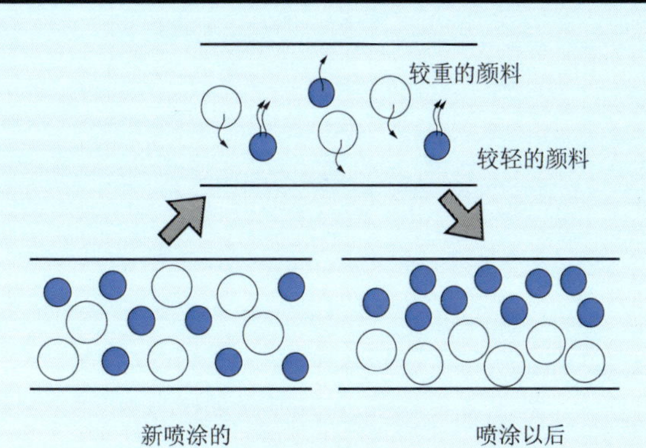

图7-60　涂膜干燥过程中颜色的变化

图8-19　面漆表面的灰点

图8-20　漏喷和露底

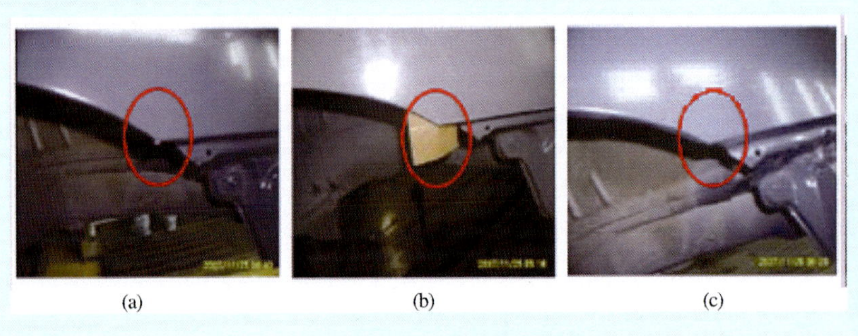

(a)　(b)　(c)

图8-25　边缘流缀的修整

（a）小刀削平；（b）砂纸打磨；（c）补喷清漆

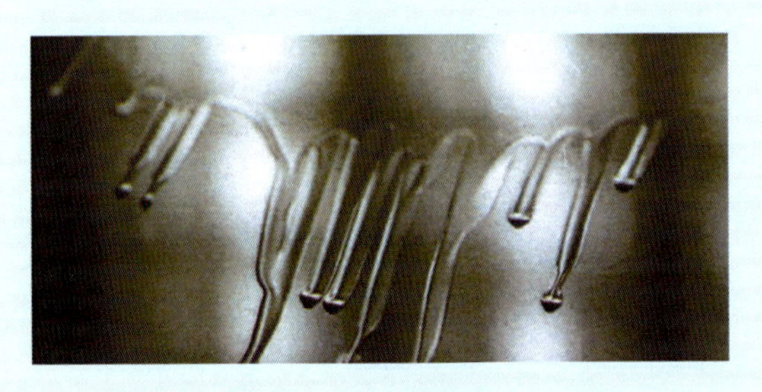

图8-26　片状流淌

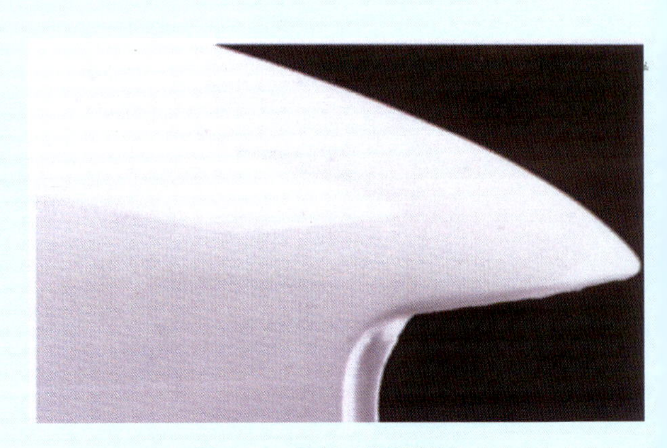

图8-27　局部小面积针孔

图8-28　较大面积针孔

图12-5　仪表板贴饰

"十二五"职业教育国家规划教材
经全国职业教育教材审定委员会审定

汽车整形与美容

主　编　吴兴敏　祖国海

北京理工大学出版社
BEIJING INSTITUTE OF TECHNOLOGY PRESS

内 容 提 要

本教材根据汽车钣金修复、汽车涂装修复及汽车美容护理等实际工作种类，共设12个学习项目，分别是：车身损伤的评估、车身校正、车身板件的修复、车身板件更换、底处理、中涂漆的施工、面漆的调色、面漆的涂装、发动机美容护理、汽车底盘美容护理、汽车内饰美容护理、车身外表美容等。

本教材以大量图幅配合，用通俗易懂的语言，详细介绍了车身损伤的目测评估、车身损伤的测量、车身校正方法、车身钢制板件的修复、车身铝制板件的修复、车身塑料件的修复、车身外覆盖件的更换、焊接技术在车身维修中的应用、车身结构性构件的更换、涂层的鉴别与评估损坏程度、旧漆膜的处理、腻子的涂装、中涂漆的施工、素色与金属漆调色、素色和金属色面漆的喷涂、面漆涂装后的修整、漆膜的抛光与打蜡、发动机美容护理、汽车底盘美容护理、汽车玻璃美容与护理、漆膜封釉与车身贴饰、汽车内饰美容护理的基本工艺，包括工具、设备结构原理及正确使用方法以及安全施工规程等。

本教材为高等职业教育汽车相关专业教材，也可作为汽车售后服务行业培训教材，以及从事汽车钣金修复、汽车涂装修复及汽车美容与护理工作的技术人员的自学参考材料。

图书在版编目（CIP）数据

汽车整形与美容/吴兴敏，祖国海主编．—北京：北京理工大学出版社，2018.8重印

ISBN 978-7-5640-9132-3

Ⅰ.①汽… Ⅱ.①吴… ②祖… Ⅲ.①汽车-车辆保养-高等学校-教材 Ⅳ.①U472

中国版本图书馆CIP数据核字（2014）第081657号

出版发行／北京理工大学出版社有限责任公司
社　　址／北京市海淀区中关村南大街5号
邮　　编／100081
电　　话／（010）68914775（总编室）
（010）82562903（教材售后服务热线）
（010）68948351（其他图书服务热线）
网　　址／http：//www.bitpress.com.cn
经　　销／全国各地新华书店
印　　刷／北京虎彩文化传播有限公司
开　　本／787毫米×1092毫米 1/16
印　　张／23
彩　　插／4
字　　数／548千字
版　　次／2018年8月第1版第3次印刷
定　　价／57.00元

责任编辑／张慧峰
文案编辑／张慧峰
责任校对／周瑞红
责任印制／马振武

前　　言

据调查，现代汽车维修企业的维修项目中，事故车辆维修比例约占65%～70%。对于事故车辆维修的主要工作是钣金修复和涂装修复。而目前汽车维修企业中，能够胜任钣金及涂装工作的技术人员紧缺。现有的汽车钣金工和涂装工理论知识相当薄弱，迫切需要培训提高。

此外，汽车工业的快速发展，给汽车美容行业的发展提供了广阔的空间，各种规模的汽车美容企业如雨后春笋般涌现，汽车美容、护理及装饰工作已经成为完全独立的行业，需要的从业人员数量巨大。

目前的汽车维修企业中，从事汽车钣金、汽车涂装及汽车美容与护理工作的技术人员，其培养方式大多为师傅带徒弟的形式，相关理论知识与实操技能的系统培训相当缺乏。为此各高职（中职）院校相继开设汽车整形技术专业，其他汽车相关专业也将《汽车车身维修》纳入专业限选课程，但教材的编写一直落后于需求。

近十年来，汽车钣金与涂装修复有了长足的进步，涌现了很多的新技术、新工艺，促使现代汽车钣金和涂装维修方法有了相当大的改变。因此，本书编写过程中引入了大量的新技术和新工艺，如等离子切割、电子测量与矫正技术、微钣金技术、无损伤漆膜凹陷修复技术、电脑调色技术、干磨技术等。删除了已经淘汰或很少使用的技术与工艺，如复杂钣金件制作、气焊、电焊、铆接、刷涂等，完全符合现代汽车维修企业的需要。另外，考虑到汽车钣金与涂装修理在各类型车辆上的通用性，故本书只以轿车为例进行介绍。

本书组织了在企业中多年从事汽车钣金、调漆和涂装修复及汽车美容护理工作的技师和多年从事汽车钣金修复、汽车涂装修复及汽车美容与护理课程教学的教师精心编写。

本书内容与实际工作紧密相关，理论知识浅显精练，注意实操技能培养，采用项目引领，任务驱动结构。按学习目标、案例分析、相关知识、技能学习与考核的体例组织各学习任务。

根据汽车钣金修复、汽车涂装修复及汽车美容护理等实际工作种类，本书共设12个学习项目，分别是：车身损伤的评估、车身校正、车身板件的修复、车身板件更换、底处理、中涂漆的施工、面漆的调色、面漆的涂装、发动机美容护理、汽车底盘美容护理、汽车内饰美容护理、车身外表美容。汽车钣金修复及汽车涂装修复内容完全按照实际修复工艺程序而编写，体现了“基于工作过程”的教学理念。在每个项目中，按具体的工作内容分为若干个学习任务，符合任务驱动、行动导向的教学模式的要求。任务是教材的主体，是基本实操技能的训练。每一个学习任务下设学习目标、案例分析、相关知识、技能学习与考核等模块。学习目标为相应学习任务的学习方向；案例分析是对学习任务的引入；相关知识为支撑任务所必需的理论基础；技能学习与考核为每个任务的重点，详细说明相关的实操技能并提出考核方法建议。另外，在每个项目最后，均附有大量的习题，供学生自我检验学习效果及教师对学生考核使用。本书内容做上述整合后，为学生自学提供了方便，同时更有利于教师的讲授、辅导及考核，大大提高了本书的实用性。

为使读者在阅读时建立足够的涂膜色彩感觉，本书引入了大量的彩色图片。考虑到目前汽车维修企业中从事汽车涂装修复工作的技师文化程度的差异，本书力求采用通俗易懂的语言描述，大量的专业术语采用了行业中通用的俗语，增强了本书的实用性。

本书配备了 PPT 课件、课程标准、教课计划、教学实施纲要、教学流程设计、题库及答案、卷库及实训工单等教学资料，使用者可与北京理工大学出版社联系索取。

本课程建议课时为 68 ~ 90 学时，各项目的参考学时参见下表：

序号	项　目	教学时数			
		小计	讲课	实验	讨论辅导
1	项目一　车身损伤的评估	6	4	2	
2	项目二　车身校正	4	2	2	
3	项目三　车身板件的修复	14	8	6	
4	项目四　车身板件更换	6	4	2	
5	项目五　底处理	6	4	2	
6	项目六　中涂底漆的施工	4	2	2	
7	项目七　面漆的调色	6	4	2	
8	项目八　面漆的涂装	4	2	2	
9	项目九　发动机美容护理	4	2	2	
10	项目十　汽车底盘美容护理	4	2	2	
11	项目十一　汽车内饰美容护理	6	4	2	
12	项目十二　车身外表美容	4	2	2	
合　计		68	40	28	

注：若设置为 90 学时，则根据具体情况适当增加实操训练环节，或者在课程结束后，应进该专业集中实习约 2 周。

本书由辽宁省交通高等专科学校吴兴敏教授和内蒙古交通职业技术学院祖国海主编，参加本书编写的人员还有：贾志涛、孙洪昌、惠有利、宋孟辉、高元伟、鞠峰、李培军、陈兆俊、佟志伟、关守冰、仲琳琳、崔波等。

本书编写过程中，得到了 BASF 中国沈阳油漆培训中心张兴良先生的大力支持，在此表示衷心感谢。

由于水平有限，书中难免有不妥与疏漏之处，敬请读者提出宝贵意见。

编　者

目录

CONTENTS•001

单元一　汽车钣金修理

项目一　车身损伤的评估

项目二 车身校正

项目三 车身板件的修复

项目四 车身板件更换

单元二 汽车车身漆膜修复

项目五 底处理

项目六 中涂漆的施工

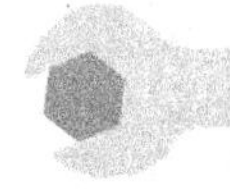

目录

项目七 面漆的调色

项目八 面漆的涂装

单元三 汽车美容护理

项目九 汽车发动机美容护理

项目十 汽车底盘美容护理

单元一　汽车钣金修理

车身损伤的评估

任务1 车身损伤的目测评估

学习目标

1. 能够正确描述非承载式和承载式车身的特点。
2. 能够正确描述非承载式和承载式车身的壳体结构。
3. 能够正确描述各类因素对碰撞损伤的影响。
4. 能够正确描述非承载式和承载式车身碰撞的变形特点。
5. 能够正确描述车身损伤的修复程序。
6. 能够正确描述车身损伤的诊断步骤。
7. 能够用目测法对车身损伤情况进行评估。
8. 能够注意培养良好的安全、卫生习惯及团队协作的职业精神。

案例分析

如图1-1所示，汽车碰撞损伤修复的主要步骤通常是：矫正车身的弯曲、扭转、偏斜等变形板件，更换严重损伤的板件，以及调整装配车身部件等。在按程序修复之前，先要对碰撞损坏的车辆进行全面、细致的损伤评估。

当损坏的汽车被送进车身修复车间时，有关修复的技术资料，如损伤情况评估、维修工艺和工作命令等文件也应一并送达车身维修人员手中。车身维修人员在按照这些书面指示进行工作时，也可能找到一些未被发现的损伤，或认为对某些损伤评估过低，这就需要对汽车的损伤情况进行重新评估。根据损伤评估决定修复方法之后，在诊断结果的基础上，就可以对车身进行修复了。

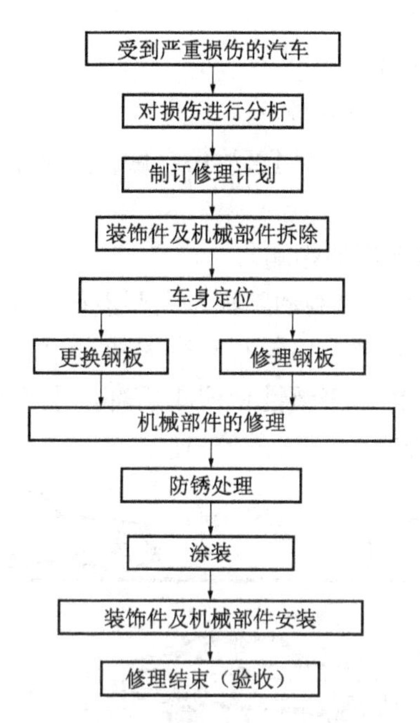

图1－1　汽车碰撞损伤的主要修复步骤

要彻底修复好一辆事故损伤的汽车，如图1－2所示，就要对其碰撞受损情况作出全面、准确的诊断，找出受损的严重程度、范围及受损部件，依此制订修复计划。一个有经验的车身维修人员一定会把大量的精力用在损伤评估上，这是因为一旦在修复中发现新的损伤情况，修复的方法及工序必将随之改变，这会浪费大量的人力、物力和时间。因此，彻底的、精确的碰撞损伤诊断是高质量、高效率修复的基础。

图1－2　碰撞受损的车辆

在大多数情况下，在碰撞部位能够观察出结构损伤的迹象。用肉眼检查后，进行总体估测，从碰撞的位置估计汽车受碰撞力的大小及方向，判断碰撞如何扩散及可能造成的损伤。在估测中，先探查汽车上是否有扭转和弯曲变形，再设法确定出损伤的位置及各种损伤是否是由同一碰撞而引起的。

相关知识

一、汽车碰撞损伤的影响因素

汽车碰撞时，产生的碰撞力及受损程度取决于事故发生时的状况。通过了解碰撞的过程，能够部分地确定出汽车损伤。定损评估人员可以从顾客那儿得到关于事故状况的信息。这种损伤评估的方法是极为必要的，它便于估算出修理的费用。因此，车身维修人员还应与定损人员作好交流。车身维修人员应当考虑以下因素对碰撞变形的影响：

1）被碰撞汽车的尺寸、构造、碰撞位置。

2）碰撞时汽车的车速。

3）碰撞时汽车的角度和方向。

4）碰撞时汽车上乘客、货物的数量及位置。

一个优秀的车身维修人员在深入掌握事故信息后，通常能够分析确定碰撞引起损伤的真实原因。

1. 碰撞的位置高低对碰撞损伤的影响

当发生正面碰撞时，驾驶人猛踩制动踏板，主要损伤的是汽车的前部。当碰撞点在汽车前端较高部位，如图 1 –3 所示，就会引起车身壳体和车顶后移及后部下沉；当碰撞点在汽车前端下方，如图 1 –4 所示，因车身惯性使汽车后部向上变形、车顶被迫上移，在车门的前上方与车顶板之间可能会形成一个极大的裂口。

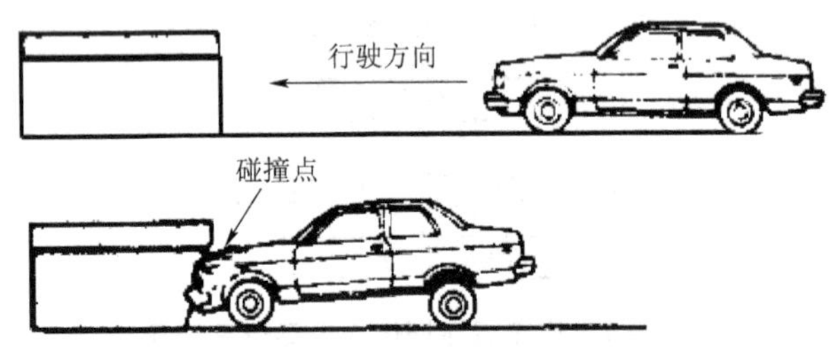

图 1 –3　车身前部高点位置的碰撞

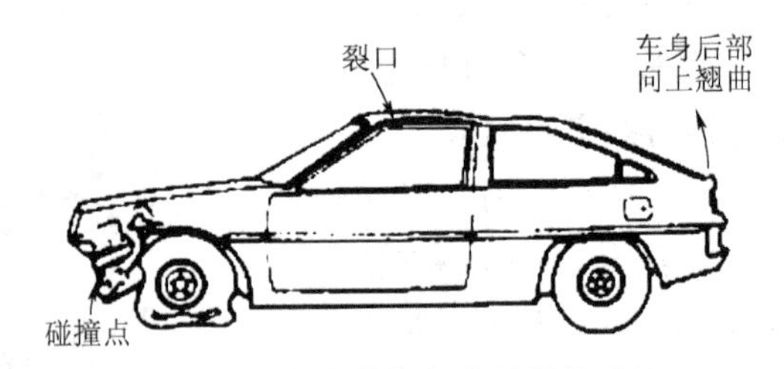

图 1 –4　车身前部低点位置的碰撞

2. 碰撞物不同对变形的影响

两辆相同的车以相同的车速碰撞，当撞击对象不同时，撞伤结果差异就很大。如图1 –5 所示，如果撞上墙壁，其碰撞面积较大，损伤程度就较轻。相反，撞上电线杆，因碰撞面积较小，其撞伤程度较严重，汽车保险杠、发动机罩、水箱框架、水箱等部件都严重变形，发动机也被后推，碰撞影响还会扩展到后部的悬架等部位。

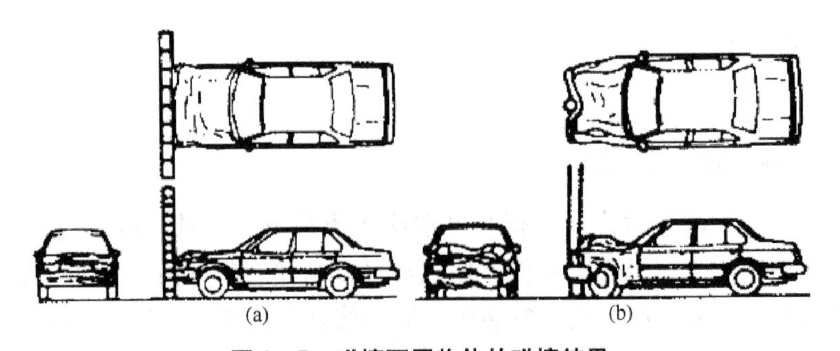

图 1 –5　碰撞不同物体的碰撞结果

（a）与墙相撞；（b）与柱相撞

3. 行驶方向对碰撞损伤的影响

当横向行驶的汽车撞击纵向行驶汽车的侧面时（图 1 –6），纵向行驶汽车的中部会产生弯曲变形，而横向行驶汽车除产生压缩变形外还会被纵向行驶的汽车向前牵引，导致弯曲变形。

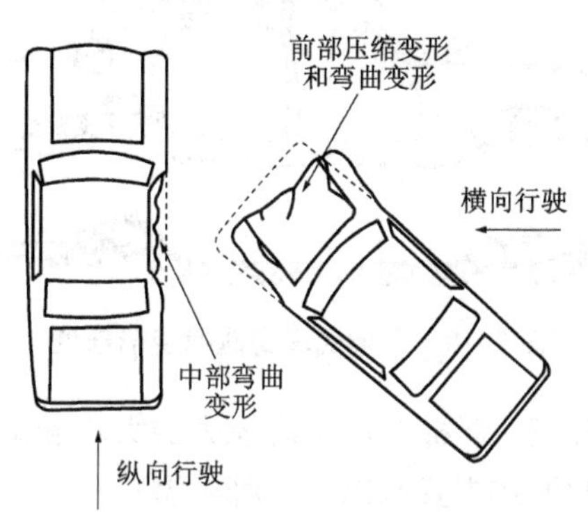

图 1 –6　车辆侧部碰撞

从此例可以看出，横向行驶的汽车虽然只有一次碰撞但损伤却发生在两个方向。此外，也可能有两种碰撞而损伤却发生在一个方向上，在十字路口汽车碰撞中，这种情况常常见到。

4. 碰撞力方向的影响

碰撞的损坏程度还取决于碰撞力与汽车质心相对应的方向。碰撞力的延长线不通过汽车的质心，一部分冲击力将形成使汽车绕着质心旋转的力矩，该力矩使汽车旋转，从而减少了冲击力对汽车零部件的损坏；碰撞力指向汽车的质心，汽车就不会旋转，大部分能量将被汽车零件所吸收，造成的损坏是非常严重的，如图 1 –7 所示。

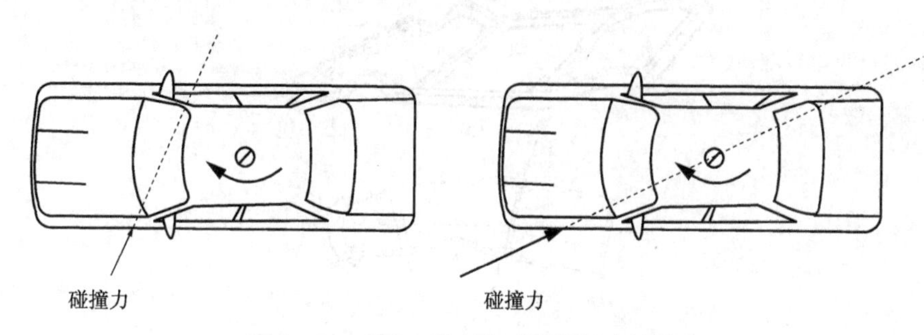

图 1 –7　碰撞力的方向对损伤程度的影响

二、车身碰撞变形特点

1. 车架式车身的碰撞变形特点

车架式车身由车架及围接在其周围的可分解的部件组成，车身的前部和后部具有上弯的结构，碰撞时会变形，但可保持车架中部结构的完整。图 1 – 8 中圈出的部位为车架式车身上较柔和的部位，主要用来缓冲碰撞冲击。车身与车架之间有橡胶垫间隔，橡胶垫能减缓从车架传至车身上的振动效应。遇到强烈振动时，橡胶垫上的螺栓可能会折弯，并导致车架与车身之间出现裂缝。碰撞时由于振动的大小和方向不同，车架可能遭受损伤而车身却没有。

车架的中部较宽，可以抵挡侧面的碰撞冲击，保护乘客的安全。车架是否变形，可通过比较车门槛板与车架前后之间的空间尺寸、比较前翼子板与轮罩前后之间的空间尺寸以及比较前保险杠上的后孔到前车架钢梁总成之间左右尺寸的大小来确定。

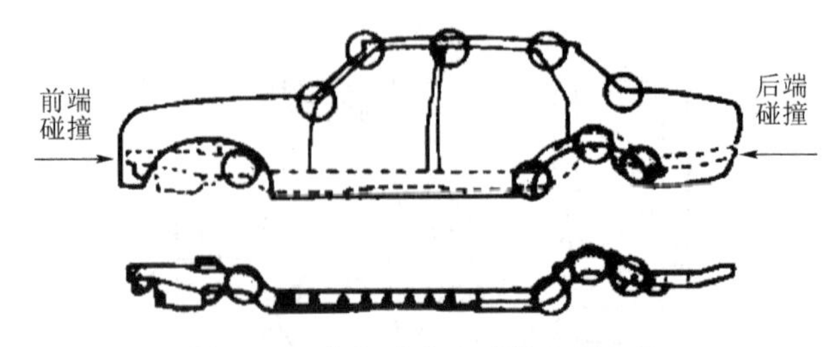

图 1-8　车架式车身碰撞变形部位

车身损伤的主要原因是碰撞。碰撞时由于碰撞力的大小和碰撞方位不同，引起的车身损坏情况也就不同。车架损坏的形式主要有以下五种类型：

（1）侧弯

侧弯是由侧面碰撞所引起的，造成车架或承载车身发生侧向弯曲变形，如图 1-9 所示。侧弯通常出现在车辆某一侧的前部或后部，其结构识别特征是：某侧纵梁的内侧和对面那根纵梁的外侧出现折皱凸痕。

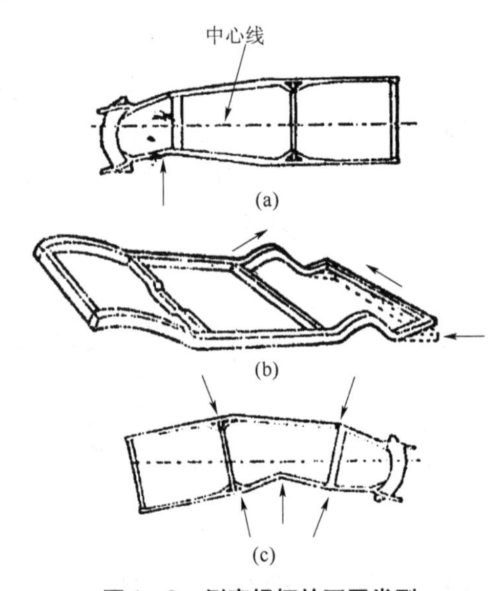

图 1-9　侧弯损坏的不同类型

（a）侧面前部受击，前面发生侧弯；（b）碰撞和侧弯都出现在后部；（c）严重时前后同时发生侧弯损坏

（2）下凹

下凹损坏即车架某一段比正常位置低，如图 1-10 所示。下凹损坏通常是由前端或后端的正面碰撞引起的。

下凹损坏的明显特征是翼子板和车门之间出现不规则裂纹，裂纹形状为下宽上窄，车门可能被卡死。车架上可能产生许多微小的皱纹或扭结，油漆脱落。

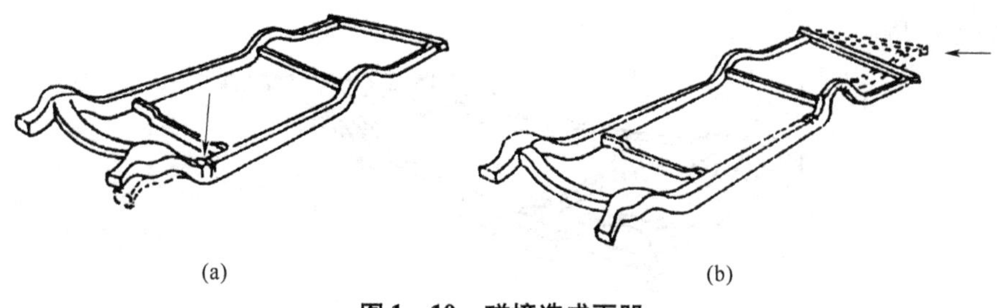

图 1-10　碰撞造成下凹

（a）前部下凹；（b）后部下凹

（3）挤压

挤压损坏造成车辆某一部分比正常尺寸短。挤压一般发生在发动机罩或行李箱上，如图 1-11 所示。

挤压会造成翼子板、发动机罩、车架各梁出现皱痕和严重的扭曲变形，车轮处的车架或车身还可能上翘，使悬架弹簧座变形。

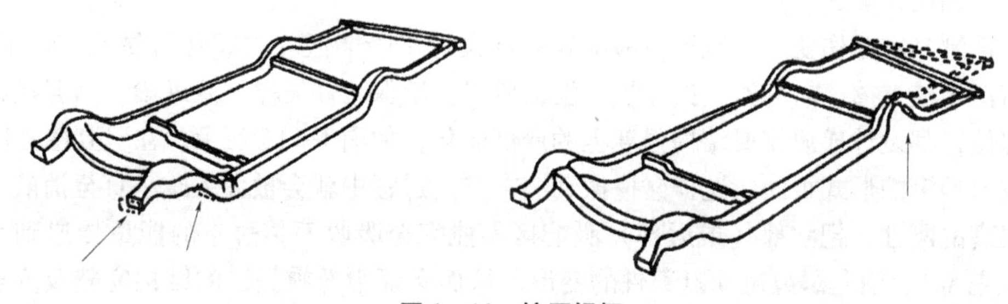

图 1-11　挤压损坏

（4）错移

错移损坏是车辆的一侧向前或向后移动，整个车架由长方形变成平行四边形。错移常常是由于车体角上受到碰撞而造成的，损伤的程度可能会比较严重，以至无法修复。其变形情况如图 1-12 所示。

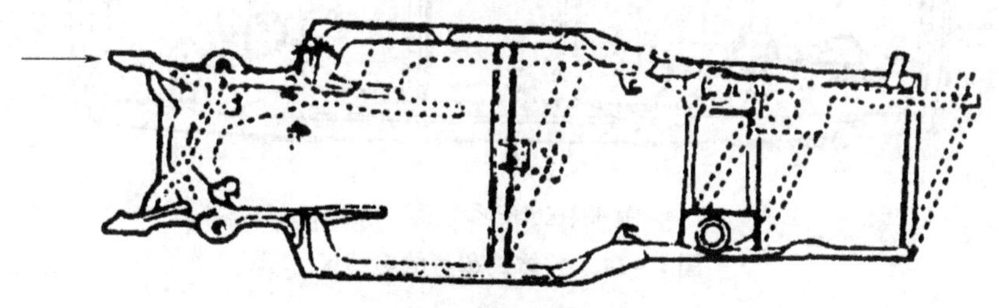

图 1-12　错移

（5）扭曲

扭曲是车架的一角上翘，而其对顶的角则下折，如图 1-13 所示。扭曲通常是由车头或者车尾碰撞在路边石阶或路中央隔离栏上造成的。

通过观察可能发现薄金属板表面没有明显的损坏，但实际的损坏往往隐藏在其中。如果发现车辆一个角上翘，悬架变形，则应考虑是否有扭曲损坏，检查其他角是否下折。

很多碰撞事故可能引起不止一种损伤，比如侧弯和下凹就可能同时发生。另外横梁也可能变形，特别是前部横梁。如在翻车事故中，由于发动机重量较大，滚翻时的离心力常把安装发动机的横梁拉弯。

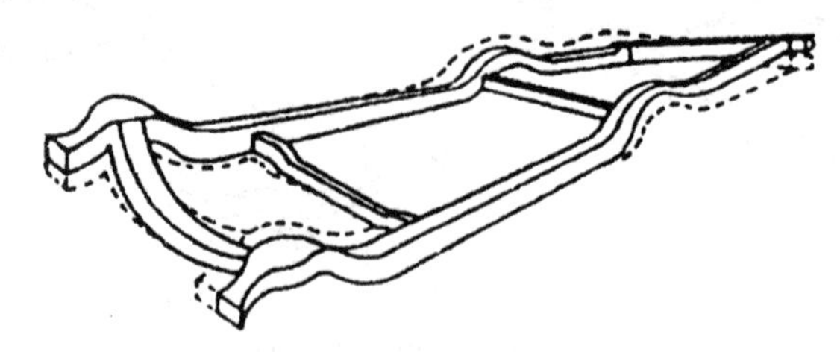

图 1－13　车架扭曲

2. 整体式车身的碰撞变形特点

（1）车身吸能区

由薄钢板连接成的车身壳体，在碰撞中，能吸收大部分冲击。其中一部分碰撞能量被碰撞区域的部件通过变形吸收掉，另一部分能量会通过车身的刚性结构传递到远离碰撞的区域，这些被传递的振动波引起的损伤称为二次损伤。二次损伤会影响整体式车身的内部结构或与被撞击相反一侧的车身。

为了控制二次损伤变形，汽车在前部和后部设计了吸能区（抗挤压区域），如图 1－14 所示。前保险杠支撑、前纵梁、挡泥板、发动机罩。后保险杠支撑、后纵梁、挡泥板、行李箱盖等部位，都设计成波纹或结构强度上的局部弱化，如图 1－15 所示。在受到撞击时，它们就会按照预定的形式折曲，这样碰撞振动波在传送过程中就会被大大减小直至消散。中部车身有很高的刚性，把前部（或后部）吸能区不能完全吸收而传过来的能量传递到车身的后部（或前部），引起远离碰撞点部件的变形，从而保证中部乘员区的结构完整及安全。这是现代汽车安全性设计的一个重要特点。

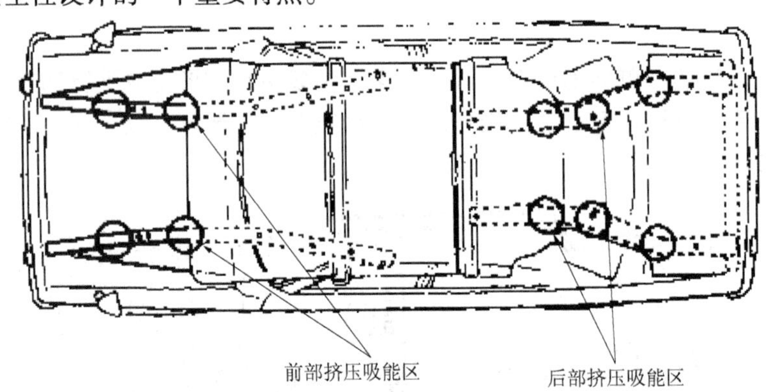

图 1－14　整体式车身的吸能区

图 1－15　前部车身的吸能区设计

在所有碰撞中，超过70%的碰撞发生在汽车的前部。在碰撞力比较小时，由前部的保险杠、保险杠支撑等变形来吸收能量。碰撞剧烈时，前面的纵梁等能很好地吸收能量，如图1－16所示。前纵梁作为前部最坚固的部件，不仅有承载前部其他部件和载荷的能力，而且在碰撞中它还作为主要的吸能元件通过变形吸收碰撞能量。

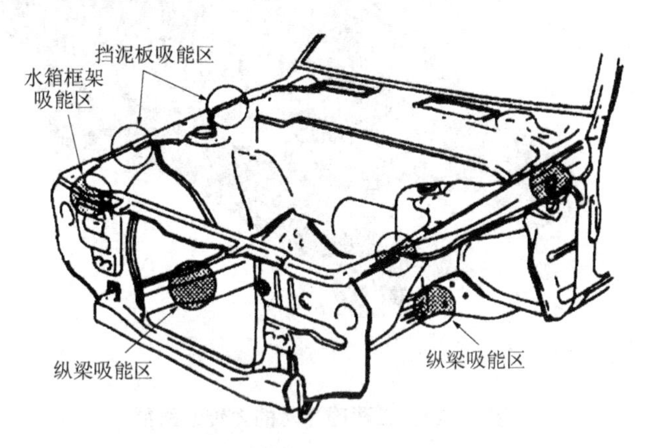

图1－16 整体式车身的前部吸能区

经过波纹加工的新型保险杠加强件用螺栓连接在纵梁上，如图1－17所示，在碰撞时可以充分吸收碰撞能量，并且在维修时可以迅速更换。

当碰撞发生在车身中部时，碰撞能量通过车门、门槛板、中柱等部件的变形来吸收。为了保证乘员区的完整及乘客的安全，在中部的区域，如中柱、门槛板，采用一些高强度钢板甚至超高强度钢板，在车门内部采用超高强度钢板制造加强防撞杆（板）来保护乘客安全，如图1－18所示。

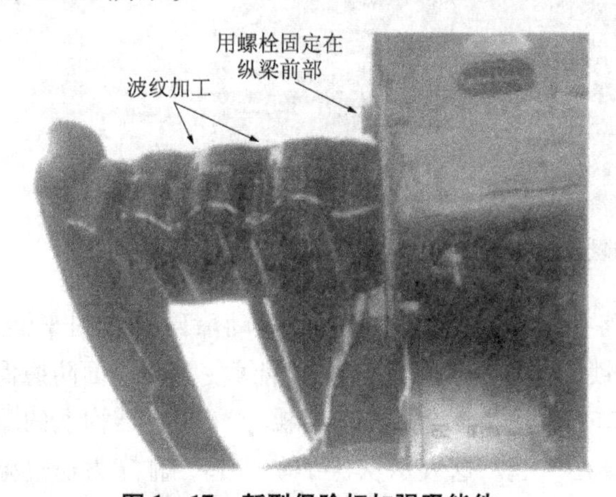

图1－17 新型保险杠加强吸能件

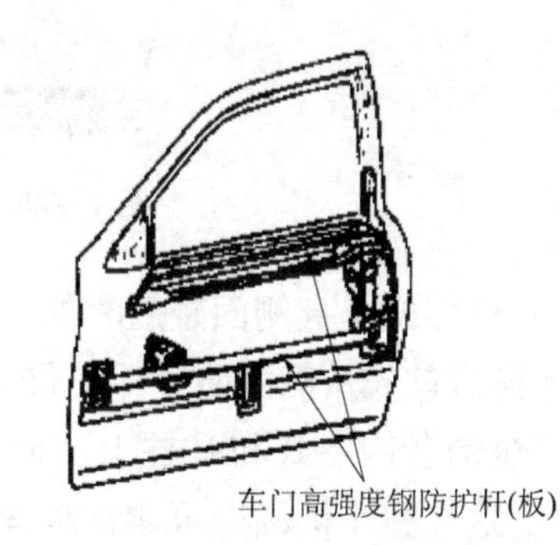

图1－18 车门内的高强度钢板

如果吸能区在设计中没有很好的考虑吸能效果，或者修复后破坏了吸能区的结构，那么吸能区将不能很好地吸收碰撞能量，造成中部乘员区严重变形，威胁乘客的安全。

（2）整体式车身碰撞时力的传递

1）整体式车身正面碰撞时的力传递路径。正面碰撞时力通过保险杠传递到保险杠支架。固定在保险杠支架上的防撞元件继续将力传递到发动机支架内。前桥架梁与弹簧支座共同作用的结果可有目的地实现变形吸能性能。即使车辆的碰撞接触面很小，碰撞力也能通过保险杠横连杆、侧面防撞梁、前围和前桥架梁分散到车辆左右两侧，如图 1－19 所示。

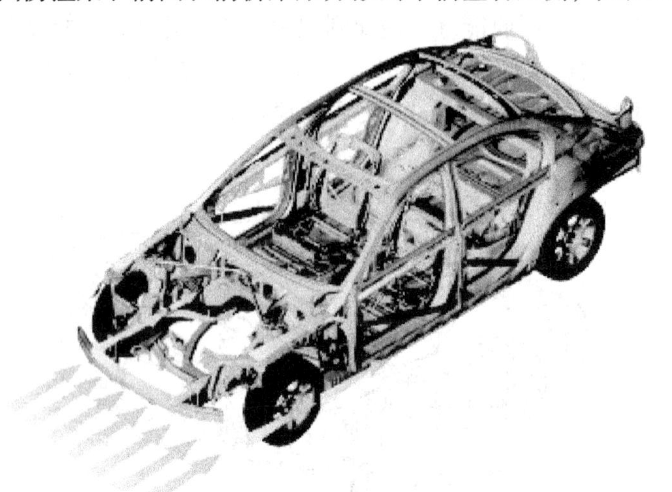

图 1－19　正面碰撞时的力传递路径

同时，碰撞力通过发动机支架继续分散到底板总成，通过发动机至前隔板加强件传递到变速箱传动轴盖板，通过车轮传递到轮罩内车门槛加长件的变形吸能区以及 A 柱加强区域和侧框架，如图 1－20 所示。碰撞力还会通过弹簧支座和轮罩上的支架传递到侧框架。通过弹簧支座后的支架变形吸能区可以限制传递到 A 柱内的力，同时可以降低 A 柱附近车厢的负荷。

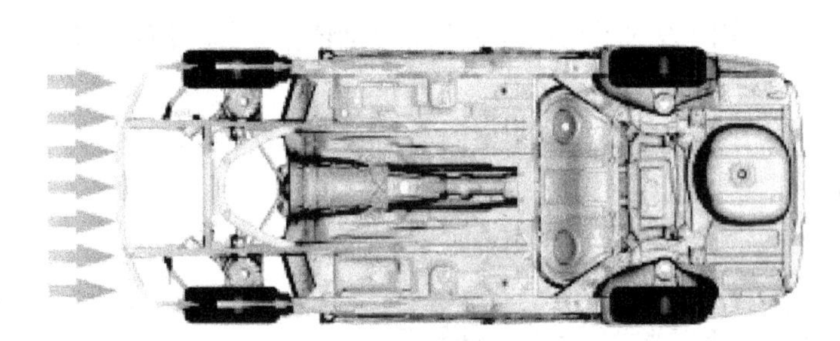

图 1－20　正面碰撞时底板上的力传递路径

2）整体式车身侧面碰撞时的力传递路径。如果侧面碰撞时可移动障碍物撞到车辆上，那么碰撞力首先从侧面防撞保护件和车门锁传递到 A、B 和 C 柱。继续变形时侧面防撞保护件的安全钩会钩在 B 和 C 柱上。此外，车门内板也会支撑在车门槛上（通过结构上的重叠实现）。这样整个侧围即可非常牢固地连接在一起。这表示从这个阶段起，碰撞力通过整体式的侧框架结构作用在车厢上，如图 1－21 所示。

如果碰撞更严重，那么车门槛将相应的力通过座椅横梁传递至变速箱传动轴盖板的连接支架和变速箱支架以及底板的后部横梁，最后传递至车身的另一侧。与此同时，力也会通过车顶传向对侧。在不带活动天窗的车辆上，车顶弓形架的作用是将力传递至车辆另一侧。在带有活动天窗的车辆上，刚性很强的活动天窗框架可将力继续传递到对侧。如果 B 柱变形后挤压座椅，那么坚硬的座椅架会将所出现的力通过变速箱传动轴盖板传递到车辆对侧。

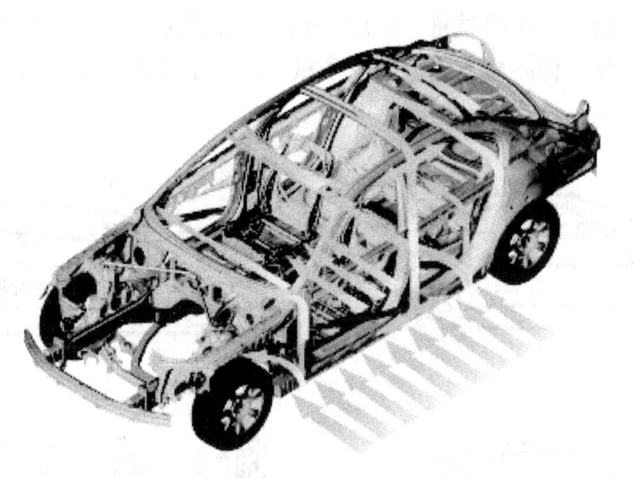

图 1－21　侧面碰撞时的力传递路径

3）整体式车身尾部碰撞时的力传递路径。发生尾部碰撞时，碰撞力通过保险杠支架及变形元件传递到车辆两侧，如图 1－22 所示。碰撞速度低于约 15 km/h 时，这些元件作为变形吸能区可以用较低的维修费用更换。碰撞速度较高时各纵梁才会出现变形现象。通过后桥架梁和车轮作用在车辆整个宽度上的负荷由后部底板和整个车门槛承受。在上部区域力主要由后部侧围吸收及传递。侧围将力传递至 C 柱和车顶，同时将一部分力通过车门向前传递。

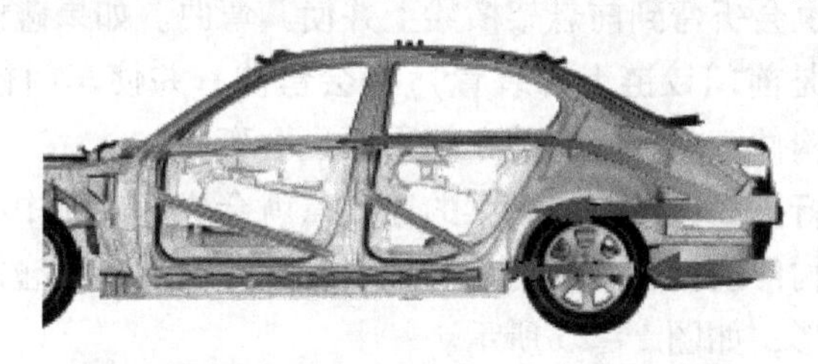

图 1－22　车尾碰撞时侧围内的力传递路径

车尾碰撞时底板上的力传递路径如图 1－23 所示。在侧框架和后桥架梁承受高负荷的区域安装了附加的加强件。其他碰撞力通过传动轴传递到发动机和变速箱上，以及废气装置和蓄电池上。此外，传动轴也是特殊的变形吸能区。铝合金传动轴由中间轴承的锥形法兰吸能，钢传动轴由反拉伸管吸能。由于后桥前的燃油箱位置比较有利，所以车尾碰撞时一般不会造成燃油系统损坏。

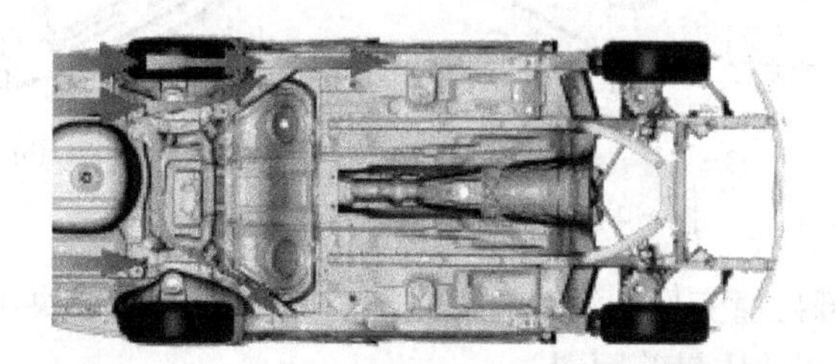

图 1－23　车尾碰撞时底板上的力传递路径

（3）整体式车身碰撞变形特点

1）整体式车身前部碰撞变形。图 1－24 所示是一辆汽车发生前端碰撞时的变形情况。

前端碰撞的冲击力取决于汽车的质量、速度、碰撞范围及碰撞物。碰撞程度比较轻时，保险杠会被向后推，前纵梁、保险杠支撑、前翼子板、散热器支座、散热器上支撑和机罩锁紧支撑等也会折曲。

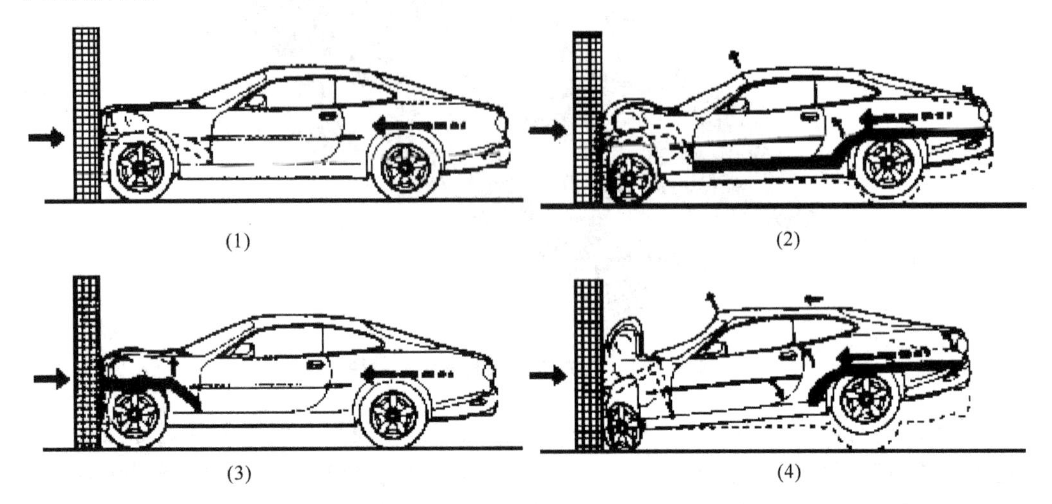

图1－24　汽车前部碰撞变形过程

如果碰撞的程度剧烈，那么前翼子板就会弯曲而触到前车门，发动机罩铰链会向上弯曲至前围上盖板，前纵梁也会折弯到前悬架横梁上并使其弯曲。如果碰撞力量足够大，前挡泥板及前车身立柱（特别是前门铰链上部装置）将会弯曲，并使车门松垮掉下。另外，前纵梁会发生折皱，前悬架构件、前围板和前车门平面也会弯曲。

如果从某一角度进行正面碰撞，前纵梁的连接点就会成为旋转中心。由于左面和右面的前侧构件是通过前横向构件连接在一起的，碰撞引起的冲击就会从碰撞点一侧传递至另一侧的前部构件并引起其变形，如图1－25所示。

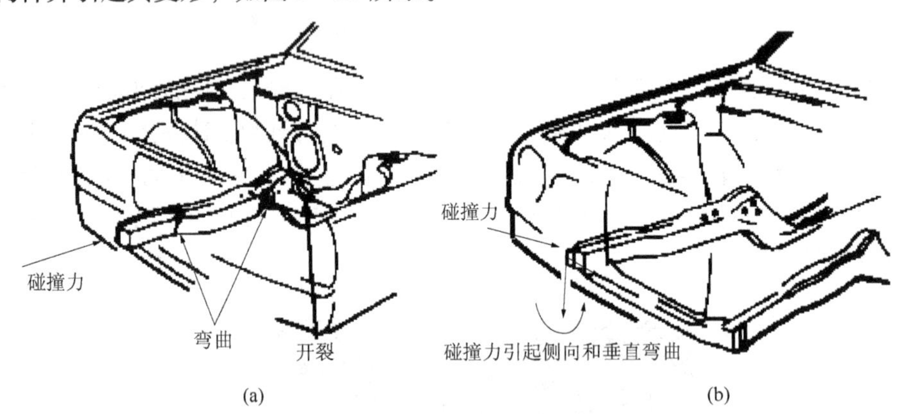

图1－25　前纵梁的弯曲及断裂效应

2）整体式车身后部碰撞变形。汽车后部碰撞时其受损程度取决于碰撞面的面积、碰撞时的车速、碰撞物及汽车的质量等因素。

如果碰撞力小，后保险杠、后地板、行李箱盖及行李箱地板可能会变形。如果碰撞力大，相互垂直的钢板会弯曲，后顶盖顶板会塌陷至顶板底面。而对于四门汽车，车身中立柱也可能会弯曲，如图1－26所示。

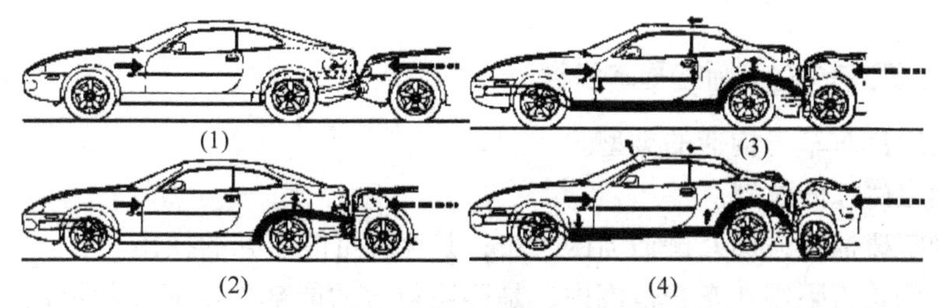

图 1-26　汽车后部碰撞力不同时受损情况

在汽车的后部由于有吸能区，碰撞时一般只在车身后部发生变形，保护中部乘员区的完整和安全。

3）整体式车身中部碰撞变形。当发生侧面碰撞时，车门、前部构件、车身中立柱以及地板都会变形。如果中部侧面碰撞比较严重，车门、中柱、车门槛板、顶盖纵梁都会严重弯曲，甚至相反一侧的中柱和顶盖纵梁也朝碰撞相反方向变形。随着碰撞力的增大，车辆前部和后部会产生与碰撞相反方向的变形，整个车辆会变成弯曲的香蕉状，如图 1-27 所示。

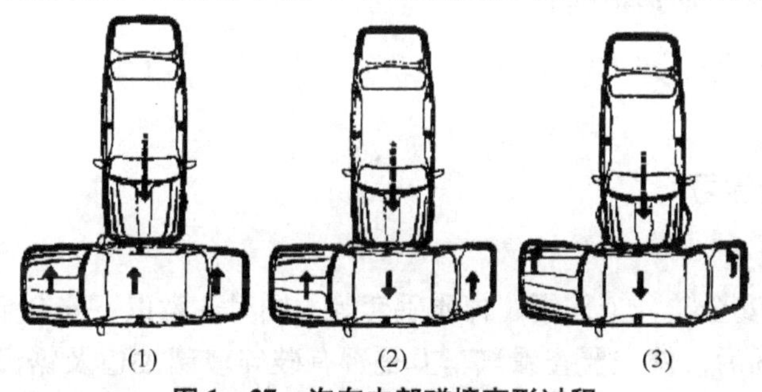

图 1-27　汽车中部碰撞变形过程

当前翼子板或后顶盖侧板受到垂直方向较大的碰撞时，振动波会传递到汽车相反一侧。当前翼子板的中心位置受到碰撞时，前轮会被推进去，振动波也会从前悬架横梁传至前纵梁。这样，悬架元件就会损伤，前轮的中心线和基线也都会改变。发生侧向的碰撞时，转向装置的连杆及齿轮齿条的配合也将被损坏。

4）整体式车身顶部碰撞变形。当坠落物体砸到汽车顶部时，除车顶钢板受损外，车顶纵梁、横梁和车窗也可能同时被损伤。

在汽车发生翻滚时，车的顶部顶盖、立柱，车下部的悬架会严重损伤，悬架固定点的部件也会受到损伤，如图 1-28 所示。如果车身立柱和车顶钢板弯曲，那么相反一端的立柱同样也会损坏。由于汽车倾翻的形式不同，车身的前部及后部部件的损伤也不同。就这些情况而言，汽车损伤程度可通过车窗及车门的变形状况来确定。

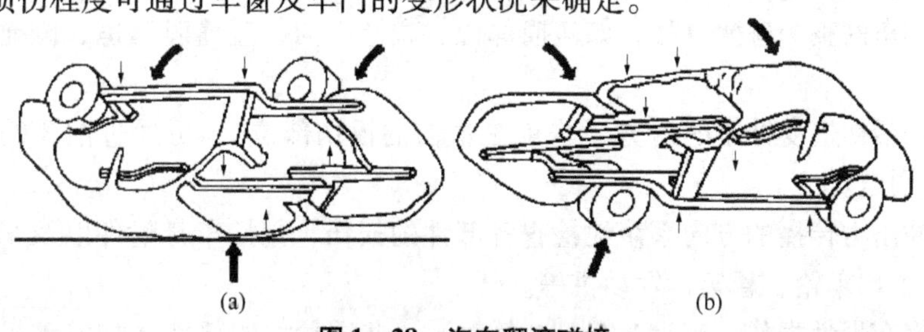

图 1-28　汽车翻滚碰撞

（a）汽车翻滚；（b）悬架遭到严重碰撞，板向上推

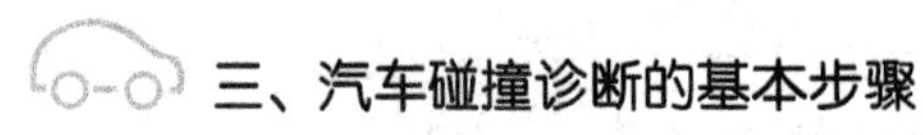

三、汽车碰撞诊断的基本步骤

1）了解受损汽车车身构造的类型。

2）目测确定碰撞的位置。

3）目测确定碰撞的方向及碰撞力的大小，并检查可能受到的损伤。

4）确定损伤是否限制在车身范围内，是否还包含功能部件或元件的损伤（如车轮、悬架、发动机等）。

5）沿着碰撞能量传递路线一处一处检查部件的损伤，直到没有任何损伤痕迹的位置。例如，通过检查车身外部板件的配合间隙来确定支柱是否损伤。

6）测量汽车的主要元件。对于小的碰撞，可以通过比较车身尺寸图表上的标定尺寸和汽车上的实际尺寸来检查，简单的测量检查可以用一个轨道式量规、定心量规来比较车身上的尺寸。对于比较复杂的车身损坏，除用定心量规等测量工具检查外，还需要用三维测量系统检查悬架和整个车身的损伤情况。

技能学习与考核

一、技能学习

1. 劳动安全与卫生

穿戴好工作服、安全鞋、工作帽、棉质手套等，同时注意以下安全事项：

1）汽车进入车间后，首先要查看汽车上是否有破碎玻璃棱边及锯齿状金属。锯齿状的金属刃口要贴上胶带纸，但最好用砂轮机或锉刀将其磨平。

2）如有变速箱油或润滑油等泄漏，一定要将其擦净。

3）车间照明应良好。如果功能件或机械部件损伤，需在举升机或矫正台上进行细致的检查。

4）拆除电气系统时，先要拆下蓄电池负极电缆，切断电源，以免突然点燃易燃气体，同时也保护电气系统。

5）在车辆修理车间进行诊断修复时，还应注意相关的安全规范。

2. 操作流程

整体式车身的碰撞损伤可以用图 1－29 所示的圆锥图形法来进行分析。将目测撞击点作为圆锥体的顶点，圆锥体的中心线表示碰撞的方向，其高度和范围表示碰撞力穿过车身壳体扩散的区域。圆锥体顶点通常为主要的受损区域。

1）了解汽车的整个碰撞过程，如碰撞部位、碰撞方向、碰撞时车速、碰撞的物体及碰撞次数等。

2）先找到最初遭受冲击的地方（也就是最初的损伤部位），可通过油漆的剥落程度及钣金的伤痕来判定。

3）沿着冲击力传播的方向系统地检查各部件的损伤，包括车身附件以及车身以外的其他总成和部件，如车轮、悬架、发动机等。

4）检查汽车惯性损伤。当汽车受到碰撞时，一些质量大的部件（如发动机）的惯性会转化成巨大的作用力，使其向相反方向移动而发生冲击，产生损伤，这就需要对固定件、周

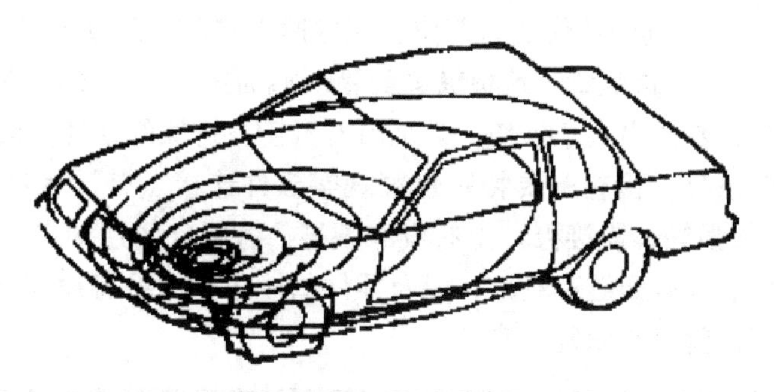

图 1－29 用圆锥图形法确定碰撞对整体式车身的影响

围部件及钢板进行检查。对于车架式车身，车身安装在橡胶隔离垫上以减小其惯性，但是剧烈的碰撞也会引起车身和车架的错位，破坏车身上的隔离件。

此外乘客在碰撞中由于惯性的原因，仪表盘、转向盘、转向支柱和座位靠背将受到损伤。行李箱中的行李也可能成为引起行李箱地板、行李箱盖和后顶侧板损伤的另一原因。

5）检查结构件上的吸能区。

① 首先打开发动机罩，检查前纵梁、挡泥板等部位变形情况。

② 再检查后纵梁、后挡泥板等部位的变形情况。

③ 最后检查车身中部。在碰撞中要保证乘员区的结构完整，车门能够打开。

6）用肉眼检查后，进行总体估测，从碰撞的位置估计汽车受碰撞力的大小及方向，判断碰撞如何扩散并造成损伤。

7）确定出车身上所有损伤部件后，应对损坏部位进行分析，以确定损伤程度和类型。

8）最后确定出车身上所有损伤的部件，以及它们之间的连接和装配关系。

目测评估损伤时应注意以下几点：

① 要找出汽车损伤，必须沿着碰撞力扩散的路径，按顺序一处一处的进行检查，确认出变形情况。

② 在估测中，先探查汽车上是否有扭转和弯曲变形，再设法确定出损伤的位置及各种损伤是否由同一碰撞引起的。

③ 检查时要着重注意车身结构中一些应力集中区域，如图 1－30 所示，这些部位是在车身设计中特别设置的。在碰撞冲击力的作用下，它们会按预先设定的方式变形，吸收冲击能量，保持车厢的形状，保护车内乘员的安全（被动安全）。

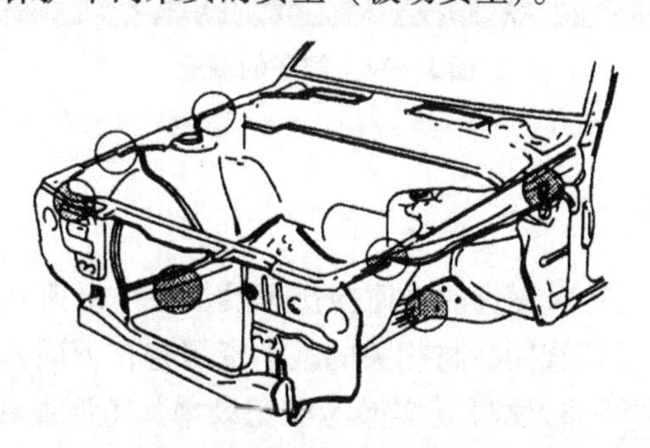

图 1－30 碰撞后应力集中部位的变形

④ 关注车身上容易识别的损伤变形部位。在碰撞中碰撞力穿过车身刚性大的部件传递，如车身前立柱（A柱）、车顶纵梁、地板纵梁等箱形截面梁，最终传递深入至车身部件内并损坏薄弱部件。因此，要找出汽车损伤，必须沿着碰撞力扩散的路径，按顺序一处一处的进行检查，确认出变形情况。检查中要特别仔细观察板件连接点有没有错位断裂，加固材料（如加固件、盖板、加强筋、连接板）上有没有裂缝，各板件的连接焊点有没有变形，油漆层、内涂层及保护层有没有裂缝和剥落，以及零件的棱角和边缘有没有异样等，如图1－31所示。这样，损伤部位就容易识别出来。

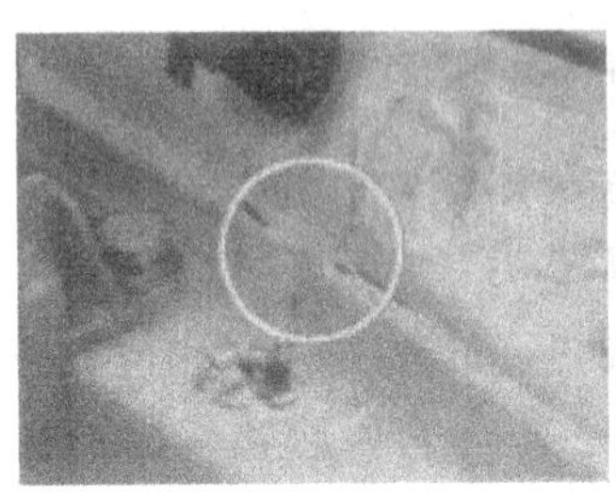
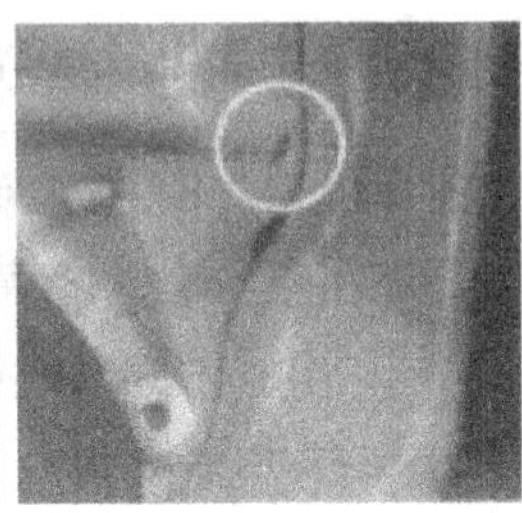
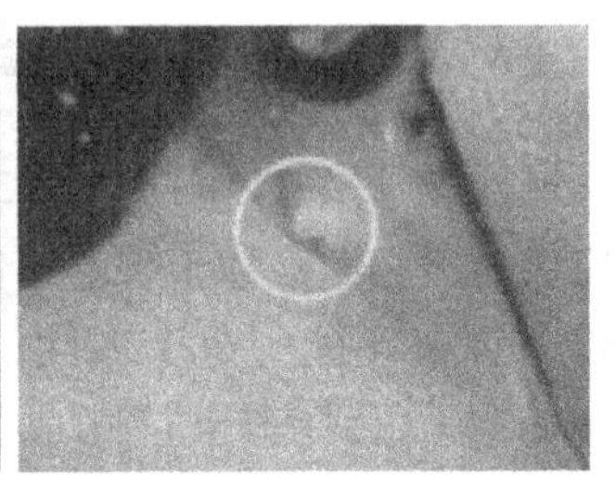

图1－31　车身上容易识别损伤的部位

⑤ 关注车身上的车门、翼子板、发动机罩、行李箱盖、车灯之间的配合间隙。这些间隙都有一定的尺寸要求，通过观察和测量它们之间间隙的变化可以判定发生了哪些变形，如图1－32所示。

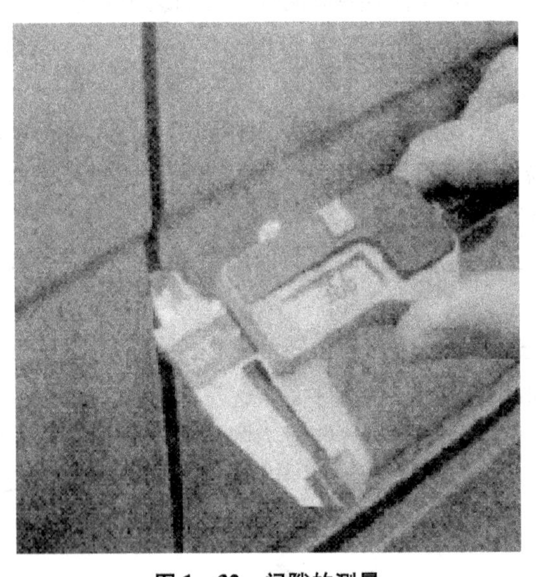

图1－32　间隙的测量

二、技能考核

学生每2名为一小组，针对提供的碰撞损伤车辆，各小组独立完成本项目规定的实操内容，并同时完成实训工单（请查阅教材相关的教学资源包，下同）。

指导教师全过程观察并随时填写《实操考核记录单》（请查阅教材相关的教学资源包，下同）。对学生操作过程中易引起事故的行为，指导教师应及时纠正。

任务 2 车身损伤的测量

学习目标

1. 能够正确描述车身测量的控制点、 基准面、 中心面及零平面的定义与作用。
2. 能够正确描述测距法、 定中规法及三维坐标法的测量原理。
3. 能够正确描述车身维修方案应包含的主要内容。
4. 能够正确识读车身尺寸图。
5. 能够用测距法、 定中规法及三维坐标法进行车身尺寸的测量。
6. 能够根据实际测量的结果， 给出车身损伤准确的评估。
7. 能够根据车身损伤的评估结果制定合理的维修方案。
8. 能够注意培养良好的安全、 卫生习惯及团队协作的职业精神。

案例分析

如图 1－33 所示，汽车车身测量是车身修理中不可缺少的一个重要环节，特别是现代轿车采用的承载式车身结构，发动机及底盘各总成都是直接或间接安装在车身上的。车身损伤如果修理得不彻底、不精确，势必对汽车使用时的安全性、稳定性、平顺性等造成影响。所以，精度是车身修理的首要问题，而精度的保证又是以对车身准确的测量为基础的。由此可见，测量在车身修理中占据着极其重要的地位，并且也是影响车身修理质量的关键。承载式车身修理中，允许误差通常不大于 ±3 mm，有时甚至更小。

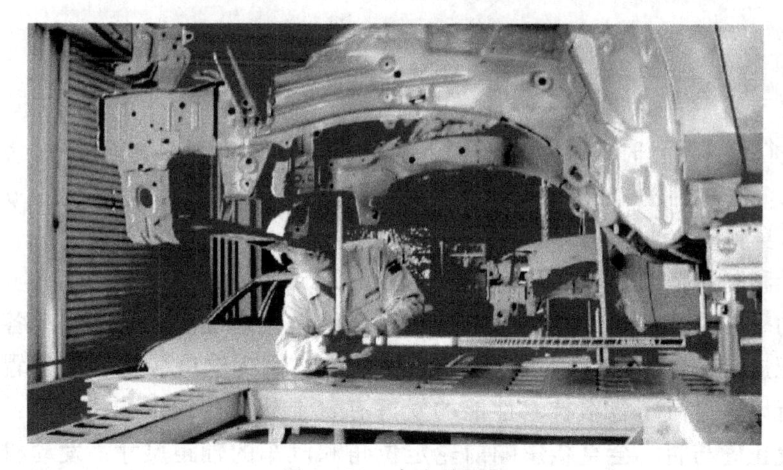

图 1－33 车身的测量

车身的测量往往贯穿车身修理作业的全过程，一般可分为作业前、作业中和竣工后三个阶段。作业前的测量，旨在判别车身损伤状态，把握变形程度的大小，并为确定修理方案提供可靠依据。修理作业过程中的测量，有助于对修复过程的质量进行有效的控制。竣工后的测量，为验收和质量评估提供可靠的数据。

相关知识

一、车身测量的基准

车身修理中对变形的测量，实际上就是对车身及其构件的形状与位置偏差的检测。选择测量基准又是形状与位置偏差检测中十分重要的内容。

正确的车身检测是车身修理的基础。掌握车身测量的点、线、面三个基本要素，又是高质量完成车身测量任务的关键。

1. 控制点

车身测量的控制点，用于检测车身损伤及变形的程度。

车身设计与制造中设有多个控制点，检测时可以测量车身上各个控制点之间的尺寸，如果测量值超出规定的极限尺寸时，就应对其进行矫正，使之达到技术标准规定范围。

承载式车身的控制点如图 1-34 所示。第一个控制点①通常是在前保险杠或前车身水箱支撑部位；第二个控制点②在发动机室的中部，相当于前悬架支撑点；第三个控制点③在车身中部，相当于后车门框部位；第四个控制点④在车身后横梁或后悬架支撑点。

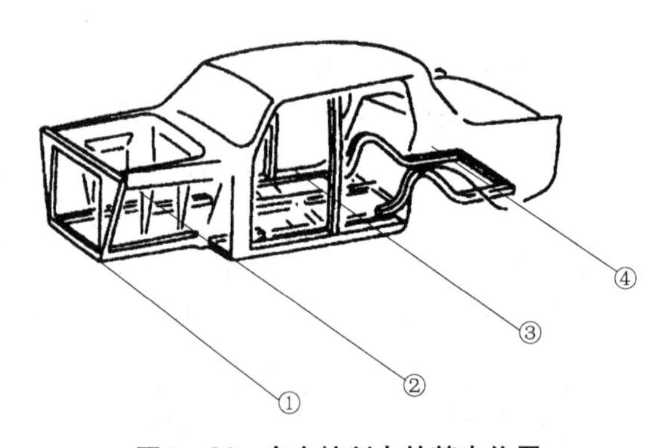

图 1-34　车身控制点的基本位置

对车身进行整体矫正时，可根据上述控制点的分布，将车身分为前、中、后三部分，如图 1-35 所示。这种划分方法主要基于车身壳体的刚度等级和区别损伤程度，分析并利用好各控制点在车身测量基准中的作用和意义。

车身设计和制造是以这些控制点作为组焊和加工的定位基准。这些控制点是在生产工艺上留下来的基准孔，同样可以作为车身测量时的定位基准。此外，汽车各主要总成在车身上的装配连接部位，也必须作为控制点来对待。因为这些装配孔的位置都有严格的尺寸要求，所以这对汽车各项技术性能的发挥有着十分重要的影响。例如：汽车前悬架支撑点的位置正确与否，会直接影响前轮定位角和汽车的轴距尺寸；发动机支撑点与车身控制点的相对位置，则会影响到发动机和传动系统的正确装配，如有偏差，会造成异响甚至零件损坏。

实际上，对控制点的测量就是对车身关键参数的检查与控制，并且这些参数又是有据可查的。一些车身测量设备就是根据控制点原则制成的，控制点原则是目前车身修理中比较实用和流行的测量原则。

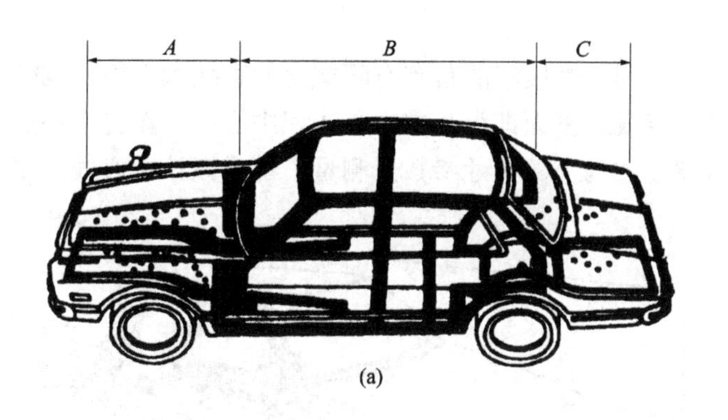

(a)

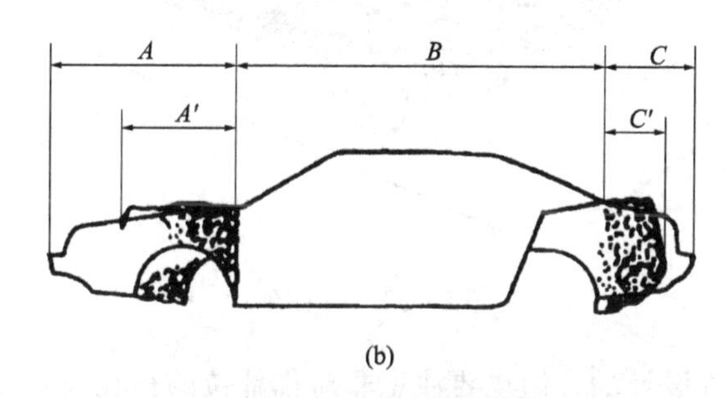

(b)

图 1-35　车身按吸收能量强弱的分段

（a）车身壳体的强度等级；（b）车身受冲击时的变形情况

2. 基准面

基准面是与车底平行且距车底一定距离的平面。车身设计时，往往是先选定一水平基准面，如图 1-36 所示，车身上各对称平行点所形成的线或面与之平行。车身图纸上沿高度方向上所标注的尺寸，都是车身各部位与水平基准面间的距离，即基准面是所有高度尺寸的基准。在车身测量与修理中，同样可以利用基准面作为车身高度尺寸的测量基准。

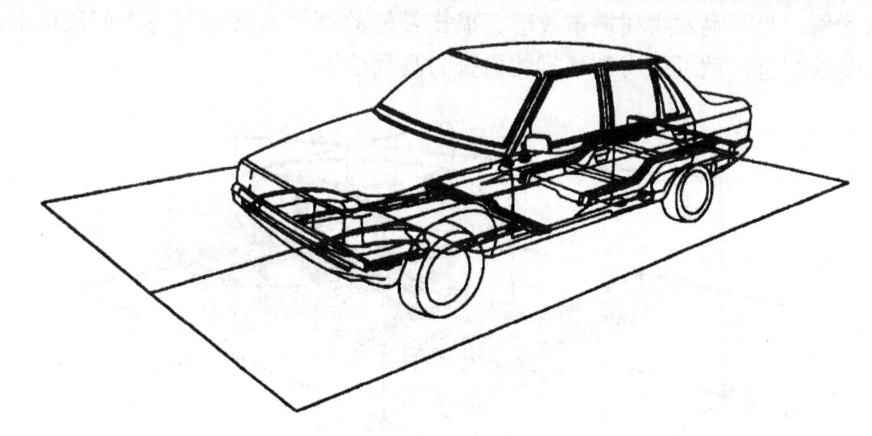

图 1-36　基准面

在实际测量中，如果遇到要测量部位不便于使用量具直接测量时，可以根据数据传递方法，将基准平面上移或下移，这样不仅有利于测量仪器的使用，而且还可以获得更加准确的测量结果。

3. 中心面

如图 1－37 所示，利用一个假想的具有空间概念的直线和平面，能够将车身沿宽度方向截为对称的两半，这一直线和平面即为基准中心线和中心面。车身上各点通常是沿中心面对称分布的，因此所有宽度方向上的尺寸参数及测量，都是以该中心线或中心面为基准的。

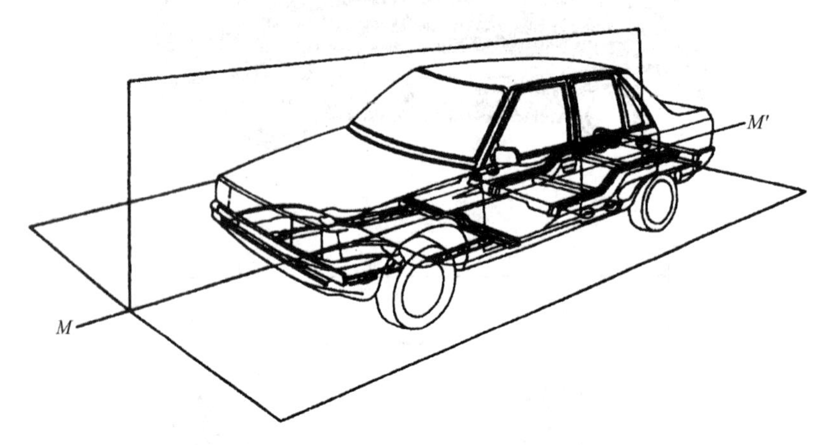

图 1－37 中心面

大多数车身都是对称设计的，但也要注意非对称部位的存在及其测量要求。选择带有补偿不对称性的中心量规，测量时先消除因不对称零件而造成的数据偏差后，再进行正常的测量。

4. 零平面

承载式车身是一个整体刚性框架，属于应力壳体式结构，整个车身都参与承载。对于一定载荷，车身会将其分散开来，分别作用于车身各个构件上。

根据车身应力壳体式结构的变形特点和损伤规律，测量时可以将车身前、中、后三部分和左右对称部分的界面，称为零平面，如图 1－38 所示。零平面的变形可以理解为最小。以车身中间段为例，当车辆发生碰撞事故时，损伤最轻的部位通常是车身中间段的对称中心，如果依此为基准测量，就可以得到可靠的检查与测量结果。

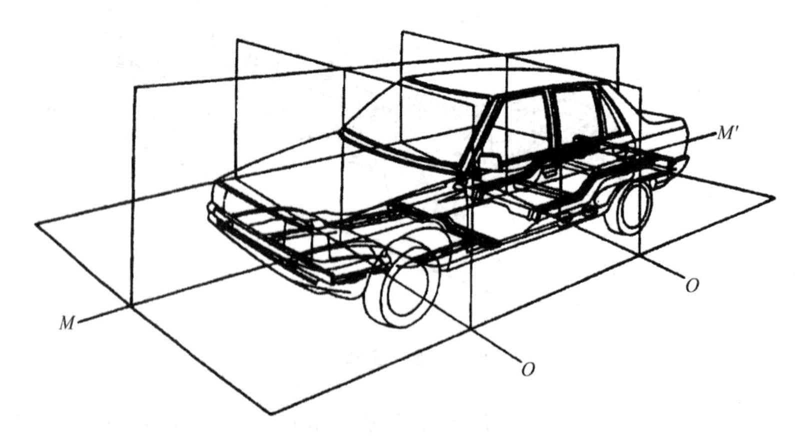

图 1－38 零平面

零平面是车身长度尺寸数据的标注基础，也是实际测量长度尺寸的参考基准。

二、车身损伤修理方案的确定

在对车身损伤准确判别的基础上，即可确定修理方案。其主要内容包括以下几方面：

1. 确定需要拆卸的构件

钣金修理过程中，有时需要拆下一些构件。某些构件拆下后修复更加方便，或是拆下需要更换的构件。

2. 确定需要更换的构件

损坏的车身构件是更换还是修复，判断的基本原则是：损坏以弯曲变形（弹性变形）为主就进行修复；以折曲变形（塑性变形）为主就进行更换。但在实际工作中，需考虑的因素还很多：如损伤的车身构件是否有配件；构件的修复费用与新件价格的比对；损伤构件在车身上的装配关系和精确度，例如车门在车身上装配的精确度是比较高的，若车门损坏严重就应选择更换；车主的意愿等。

3. 制订钣金修复的工作程序

这是修理方案中最为重要的一部分内容。具体的修复工作程序在制订时，要考虑作业者的能力和水平，以及可使用的工具和设备等情况，要结合实际，方便可行。

4. 确定车身修理后的检查方法

车身修理后，还要对车身结构进行测量，确保车身变形全部得以修复。此外，根据损伤程度和部位，必要时还需进行其他方面的检查：如前轮定位的检查，密封性检查，转向系、传动系和行驶系统性能的检测等。

技能学习与考核

一、技能学习

1. 劳动安全与卫生

进行车身尺寸测量时，应佩戴的劳动保护有工作服、工作帽、安全鞋、棉质手套等，同时注意以下事项：

1）拆卸零部件时，注意工具使用安全。

2）如需切割，采用气割法时，务必将贮气罐移开，防止气罐漏气引起爆炸；采用切割锯切割时一定注意使用安全。

3）拆除电气元件时，先要卸下蓄电池负极电缆，切断电路，以免突然点燃易燃气体，同时也保护了电气系统。

4）车间照明应良好。如果功能件或机械部件损伤，需在举升机或矫正台上进行细致的检查。

5）使用车身校正台时，应严格按其使用说明书规定操作。

6）测量时注意车身的尖角、板件的毛刺，以防造成人体损伤。

2. 车身上部尺寸的测量

（1）识读车身上部数据图

车身上部尺寸图通常为点对点的数据图。选择一个车身上部数据图后，首先概览全图，如图 1-39 所示。

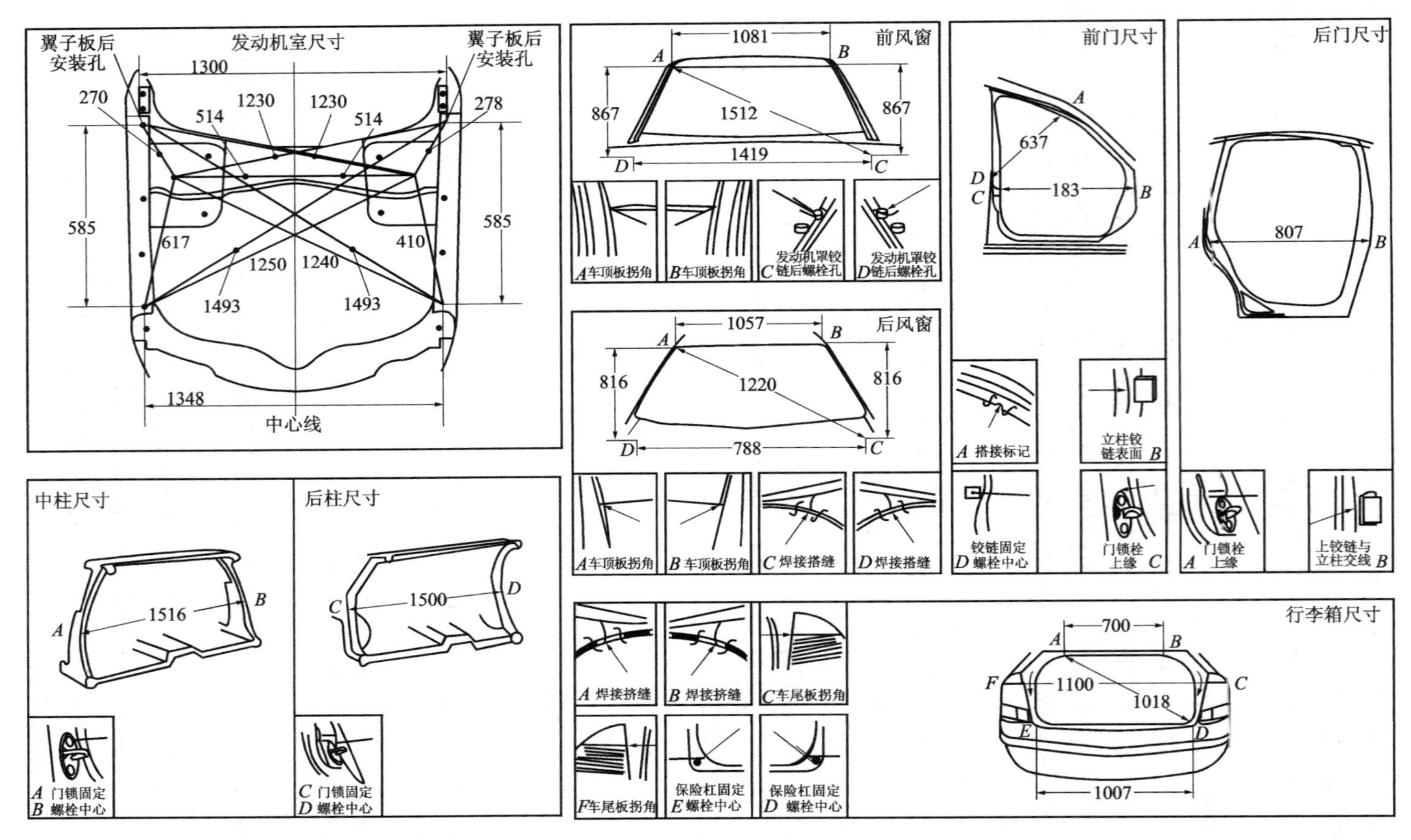

图1-39 车身上部的数据图

注：单位：mm。

图上主要显示上部车身的测量点：包括发动机室部位翼子板安装点、水箱框架安装点、减振器支座安装点和其他一些测量点，还有前后风窗的测量点，前后门测量点，前、中、后立柱铰链和门锁的测量点，行李箱的测量点等。

1）发动机室尺寸的测量。找到主要部件的安装点数据和测量点。

2）前风窗的尺寸通过测量图中 A、B、C、D 四点的相互尺寸得到，A 和 B 是车顶板的拐角，D 和 C 是发动机罩铰链的后安装孔。

3）后风窗的尺寸通过测量图中 A、B、C、D 四点的相互尺寸得到，A 和 B 是车顶板拐角，D 和 C 是行李箱点焊裙边上一条搭接缝隙。

4）前门的尺寸通过测量图中 A、B、C、D 四点的相互尺寸得到，A 点表示风窗立柱上的搭接焊缝位置，B 点表示前柱铰链的上表面，C 点表示中柱门锁栓的上表面，D 点表示中柱门铰链的上表面。

5）后门的尺寸通过测量图中 A、B 两点的尺寸得到，A 点表示后柱门锁栓的上表面，B 点表示中柱门铰链的上表面。

6）中柱的尺寸可以通过测量图中 A、B 两点的尺寸得到，A、B 点都表示中柱门锁栓的上面固定螺栓的中心。

7）后柱的尺寸可以通过测量图中 C、D 两点的尺寸得到，C、D 点都表示后柱门锁栓的上面固定螺栓的中心。

8）行李箱的尺寸通过测量图中 A、B、C、D、E、F 六点的相互尺寸得到，A、B 表示行李箱点焊裙边上一条搭接缝隙，C、F 表示行李箱车尾板拐角，D、E 表示保险杠上部固定螺栓的中心。

（2）孔中心距的测量

1）使用卷尺测量

① 用钢卷尺测量孔的中心距时，可从孔的边缘起测量，以便于读数，如图 1－40（a）所示。

② 当两孔的直径相等并且孔本身没有变形时，才能以孔的边缘间距代替中心距，如图 1－40（b）所示。

③ 但当两孔的直径不同时，如图 1－40（c）所示，其中心距按如下方法计算：

$$A=B+(R-r) \text{ 或 } A=C-(R-r) \text{ 或 } A=(B+C)/2$$

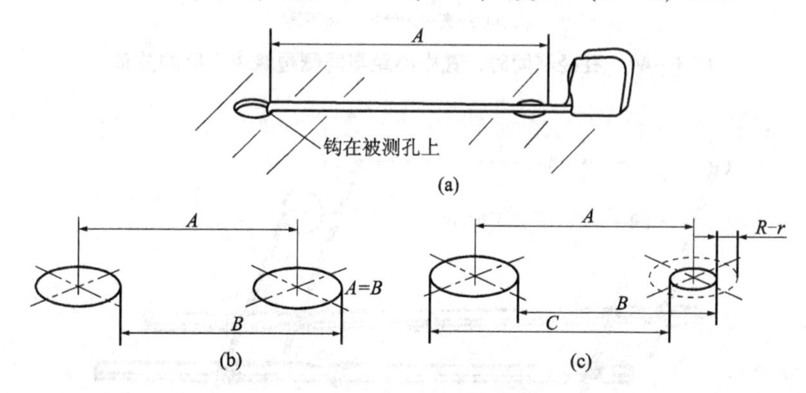

图 1－40　用钢卷尺测距

（a）在孔的边缘上测量；（b）孔径相等时；（c）孔径不等时

2）使用轨道式量规测量

图 1－41　轨道式量规测量发动机室尺寸

① 根据实际测量点距离的大小，选择合适规格的量规。

② 根据测量孔的大小、形状选择合适的测量头。

③ 将测量头安装在测量横杠上，就可以进行尺寸测量了，如图 1－41 所示。

测量孔径大于测量头直径时，为了用轨道式量规进行精确测量，就需用边缘测量法，如图 1－42 所示。

当需测量的两孔直径相同时，要测量间距只要测出两个孔同侧边缘的距离，此数值就是中心的距离，如图 1－43 所示。

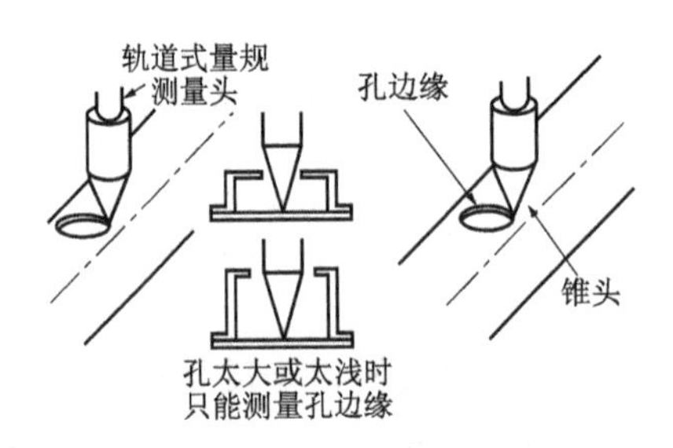

图 1－42　测量头直径小于测量孔径

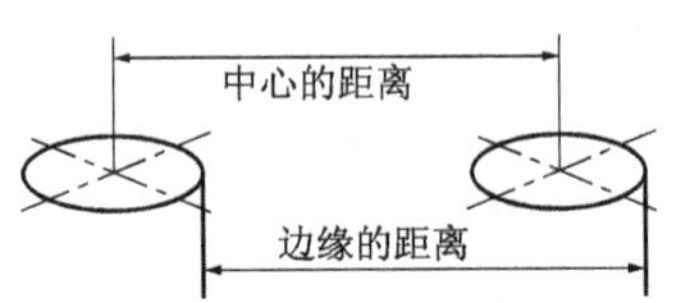

图 1－43　同缘测量法

当两孔直径不同时，孔的中心距与同侧边缘距不再相等，如图 1－44 所示。此时要先测得两孔内缘间距，后测得两孔外缘间距，如图 1－45 所示，然后将两次测量结果相加再除以 2 即可。

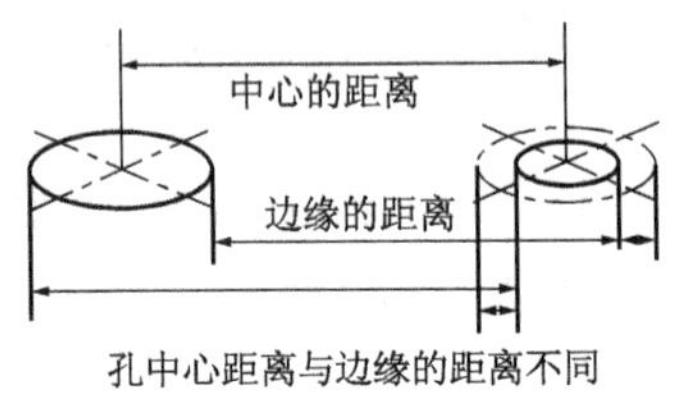

图 1－44　孔径不同时，孔中心距与同侧边缘中心距的关系

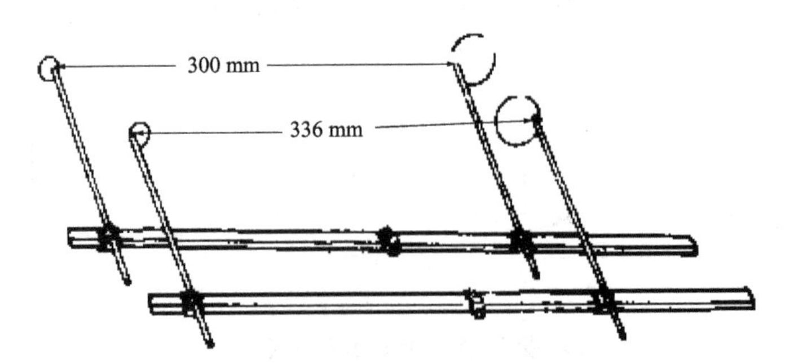

图 1－45　不同直径孔的测量

例如，如果测得其内缘间距为300 mm，外缘间距为336 mm，如图1－45所示，则孔中心距为：

$$(300+336)\div 2=318\ (mm)$$

（3）车身上部尺寸的测量

1）根据汽车制造厂提供的车身尺寸数据图，找到车身上部最重要控制点的位置和尺寸数据。

2）使用卷尺或杆规测量这些点之间的尺寸。

3）对照标准数据，检验测量部分车身是否有变形。

注意：

① 检验汽车前端尺寸时，轨道式量规测量的最佳位置是悬架及机械元件上的安装点。

② 每一尺寸应该对照另外的两个基准点进行检验，其中至少有一个基准点要进行对角线测量。

③ 通常，测量的尺寸越长，其精确度越高。例如，测量从车颈（前车身与中车身的交界处称为车颈）下端至发动机底座前部之间的尺寸要比测量车颈下端至另一侧车颈下端尺寸要好，因为它是在汽车较大范围内测得的一个较长尺寸。

3. 用机械式车身测量校正台测量车身数据

（1）车身三维数据图的识读

各汽车公司的汽车都有车身数据，有些车身测量维修设备公司也通过测量来获得数据。不同的维修设备公司和厂家提供的数据格式可能不同，但要表达的基本内容是一致的，都要提供出车身主要结构件、板件（车门、发动机罩、行李箱盖、翼子板等）的安装位置，机械部件（发动机、悬架、转向系统等）的安装尺寸。下面我们来看几种数据图，学习怎样通过车身数据图来辨别车身上测量点的三维数据。

不同公司提供的数据图在形式上可能有所不同，但是基本的数据信息是相同的，都要反映出车身上测量点的长、宽、高的三维数据。下面以几种常见的数据图来解读车身数据图中的内容。

1）车身底部数据图。车身底部数据图有以俯视图和侧视图表示的，也有只用俯视图表示的。

① 以俯视图和侧视图表示的车身底部数据图。图1－46是汽车车身底部的尺寸图，图的上半部分是俯视图，下半部分是侧视图，用一条虚线隔开。图的左侧部分代表车身的前方，右侧部分代表车身的后方。要读取数据，首先要找到图中长、宽、高的三个基准。

a. 宽度数据。在俯视图中间位置有一条贯穿左右的线，这条线就是中心面，又称为中心线，它把车身一分为二。在俯视图上的黑点表示车身上的测量点，一般的测量点是左右对称的。两个黑点之间的距离有数据显示，单位是毫米（有些数据图还会在括号内标出英制数据，单位是英寸），每个测量点到中心线的宽度数据是图上标出的数据值的1/2。

b. 高度数据。在侧视图的下方有一条较粗的黑线，这条线就是车身高度的基准线（面）。

线的下方有从 A 至 R 的字母，表示车身测量点的名称，每个字母表示的测量点一般在俯视图上部显示两个左右对称的测量点。俯视图上每个点到高度基准线都有数据表示，这些数据就是测量点的高度值。

c. 长度数据。在高度基准线上的字母 K 和 O 的下方各有一个小黑三角，表示 K 和 O 是长度方向的零点。从 K 点向上有一条线延伸至俯视图，在虚线的下方位置可以看出汽车前部每个测量点到 K 点的长度数据显示。从 O 点向上有一条线延伸至俯视图，在虚线的下方

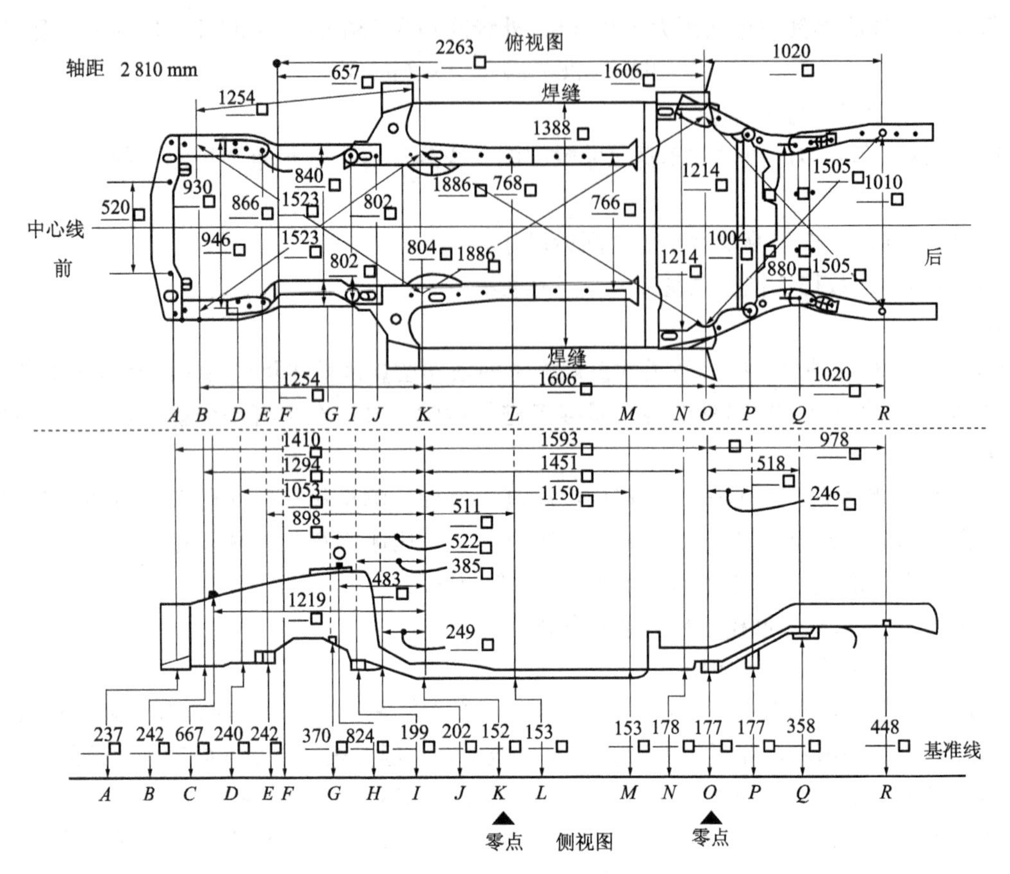

图 1－46　利用俯视图和侧视图来表达的车身底部数据图

位置可以看出汽车后部每个测量点到 *O* 点的长度数据显示。长度基准点有两个，*K* 点是车身前部测量点的长度基准，*O* 点是车身后部测量点的长度基准。

例如我们要找 *A* 点的长、宽、高的尺寸，首先要在图中找出 *A* 测量点在俯视图和侧视图上的表示位置，从俯视图中可以找出左右 *A* 点之间的距离是 520 mm，*A* 点至中心线的宽度值是前述距离的一半，即 260 mm。从侧视图的高度基准线可以找出 *A* 点的高度值为 237 mm。从 *A* 点和 *K* 点的向上延伸线可以找出长度值为 1 410 mm。

要使用这种数据图配合测量系统进行测量时，首先要把测量系统的宽度的基准调整到与车辆的宽度基准一致或平行；然后调整车辆的高度，让车辆的高度基准与测量系统的高度基准平行；长度基准就在车身下部的基准孔位置。找到基准后，就可以使用各种测量头对车身进行三维测量了。

② 只用俯视图表示的车身底部数据图。如图 1－47 所示，左侧为发动机室数据图，右侧为车身底部数据图，同样要找到图中表示基准的长、宽、高三个基准。图的左侧部分代表车身的前方，右侧部分代表车身的后方。

a. 宽度数据。在俯视图的中心部位有一条线把车身一分为二，这条线就是中心面。车身的测量点用 1～28 的数字表示，每个数字代表车身上左右两个测量点。分别通过每个测量点到中心面的数据，可以直接读出任一测量点的宽度数据。

b. 高度数据。在数据图的上方有一排图标，有圆圈、六角形和三角形等，内部有 *A*、

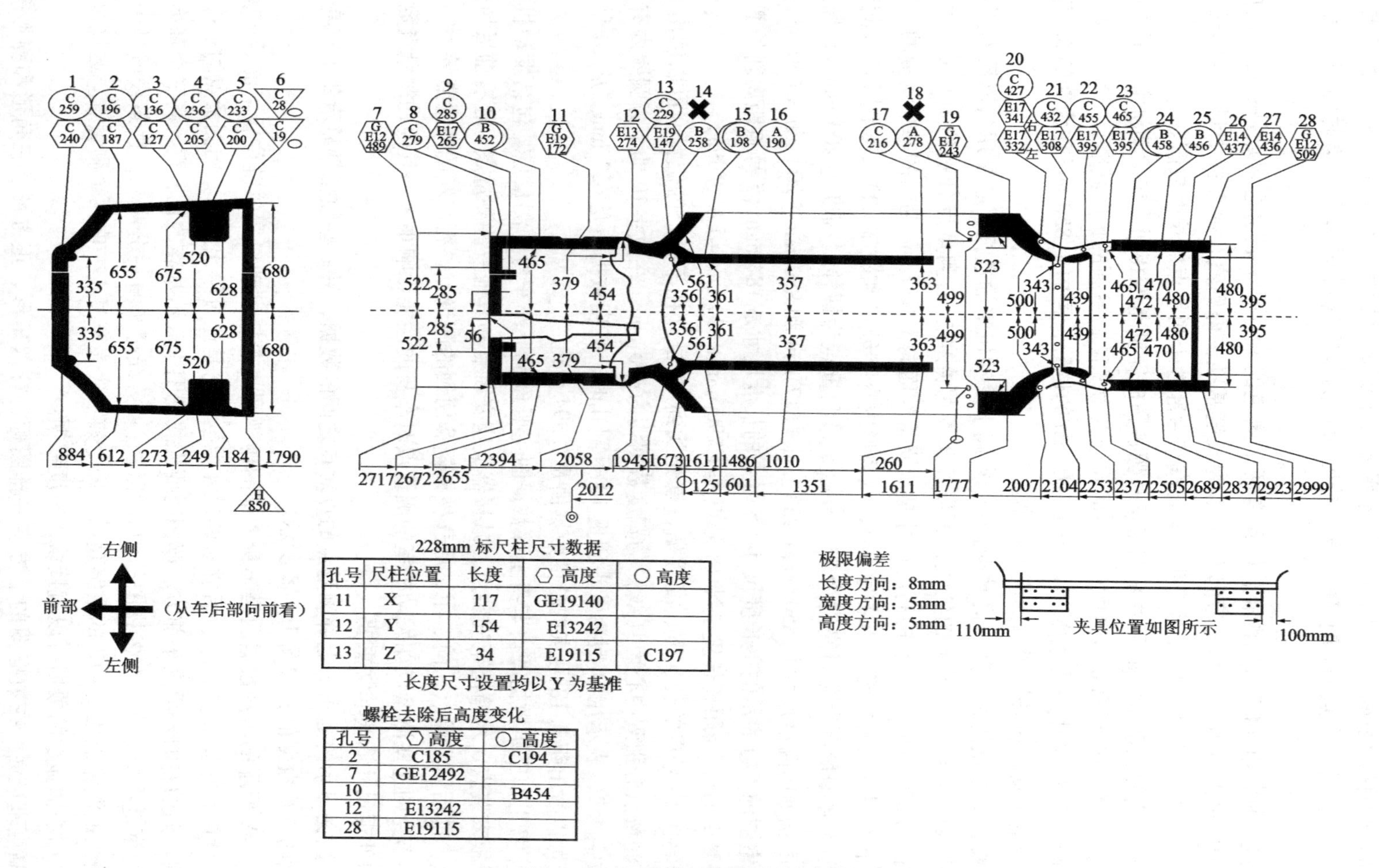

228mm标尺柱尺寸数据

孔号	尺柱位置	长度	⬡ 高度	○ 高度
11	X	117	GE19140	
12	Y	154	E13242	
13	Z	34	E19115	C197

长度尺寸设置均以Y为基准

螺栓去除后高度变化

孔号	⬡ 高度	○ 高度
2	C185	C194
7	GE12492	
10		B454
12	E13242	
28	E19115	

图1-47 只用俯视图来表达的车身底部数据图

B、*C* 和 *E* 等字母和数字。圆圈表示测量点是一个孔，六角形表示测量点是一个螺栓，三角形表示测量部件的表面。*A*、*B*、*C*、*E* 等字母表示测量时所用测量头的型号。数字表示高度数值，有时同一个点有两个高度值，是因为在测量有螺栓时和无螺栓时的高度是不同的。

c. 长度数据。在 14 和 18 测量点位置有两个黑色的 × 符号，表示这两点是长度方向的基准。在图中可以看出，以车身后部 18 号点为长度基准，得到汽车前部各个测量点的长度数值；以车身前部 14 号点为长度基准，得到汽车后部各个测量点的长度数值。

数据图左侧的发动机室的宽度基准与车身俯视图的宽度基准相同，在发动机室图下方的数字是表示 1 ~5 号点距离 6 号点的长度，而 6 号点为发动机室新的长度基准，它距离 18 号点 1 790 mm。高度尺寸是从距离 18 号点 1 790 mm 的位置，再向上 850 mm 作为新的高度基准测量得到的发动机室各测量点的高度数据。

例如要找 5 号点的长、宽、高数据，5 号点属于发动机室的数据，它是用门形尺架测量的。首先找到 5 号点在车身上的位置，可以读出 5 号点的左右测量点分别到中心面（线）的宽度数据为 628 mm。5 号点的高度尺寸是从原基准面向上 850 mm 为新的基准测量的，在数字 5 的下方圆圈内有字母 *C* 和数字 233，六角形内有字母 *C* 和数字 200，表示用 *C* 型测量头测量时，5 号测量点为孔时高度为 233 mm，5 号测量点为螺栓时高度为 200 mm（5 号点距离原高度基准的高度尺寸是 850 mm − 233 mm = 617 mm 和 850 mm − 200 mm = 650 mm）。在发动机室图的下方表示的是长度尺寸，5 号点的长度尺寸是 184 mm（5 号点距离新长度基准 6 号点 184 mm，而距离长度基准 18 号点是 1 790 mm + 184 mm = 1 974 mm）。

例如要找 10 号点的长、宽、高数据，首先找到 10 号点在车身上的位置，可以读出 10 号点左右测量点分别到中心面（线）的宽度数据均为 465 mm。在数字 10 的下方圆圈内有字母 *B* 和数字 452，表示用 B 型测量头测量 10 号圆孔时，高度数据值是 452 mm。从 10 号点的延伸线可以找出距离 18 号点的长度数据值是 2 394 mm。

2）车身上部三维数据图。车身上部数据图主要显示上部车身的测量点。包括发动机室部位翼子板安装点、水箱框架安装点、减振器支座安装点和其他一些测量点，还有前后风窗的测量点，前后门测量点，前、中、后立柱铰链和门锁的测量点，行李箱的测量点等。

上部车身的这些测量点如发动机室的测量点对车身的性能影响很大，其他的测量点数据对车身的外观尺寸调整非常重要。

有些数据显示的是车身上部测量点的点对点之间的数据，另一些数据是显示每个车身上部测量点的三维数据值，如图 1 − 48 所示。

图 1 − 48 所示的车身数据图是车身上部的俯视图，包括发动机罩铰链位置，前后风窗，前后门，背门，角窗和前、中、后立柱的尺寸数据，它是通过给出上述不同测量点的三维数据表达的。图的左侧表示汽车前方。读图时要先找到图中表示基准的长、宽、高三个基准。

① 宽度基准中心面。在俯视图的中心部位有一条线把车身一分为二，这条线就是中心面。车身上的测量点用 1 ~ 17 的数字表示，每个数字代表车身上左右两个测量点。通过每个测量点到中心面显示的数据可以直接读出宽度数据。

② 高度基准面。在数据图的上方有一排图标，有六角形、正方形、三角形和菱形等，内部有 C、E、F、DS、GF、GC 等字母和数字。六角形表示测量点是一个螺栓，正方形表示测量部件的表面，数据图下部的三角形表示测量的基准位置的变化情况。C、E、F、DS 等

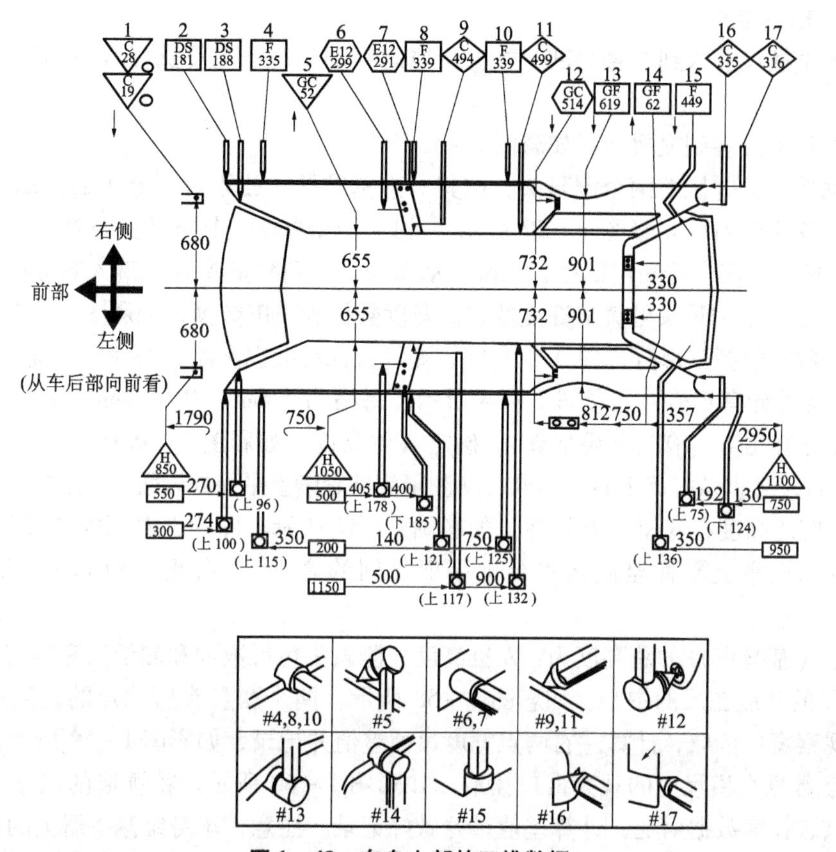

图 1－48　车身上部的三维数据

字母表示测量时所用测量头的型号，G 表示要用 G 型测量头与其他测量头配合使用。数字表示高度数值。

例如我们要找 1 号点的长、宽、高数据。首先找到 1 号点在车身上的位置，可以读出 1 号点左右两个测量点到中心面（线）的宽度数据为 680 mm。在数字 1 的下方有两个倒三角和圆圈内六角标志，内有字母 C 和数字 28 和 19，表示用 C 型测量头测量 1 号圆孔时，高度数据值是 28 mm，用 C 型测量头测量 1 号螺栓时，高度数据值是 19 mm。在 1 号点的延伸线的下部有标有 1 790 的弯箭头和内部有 H 和 850 的三角形标志，表示 1 号点距图 1－47 中 18 号点长度为 1 790 mm。850 表示 1 号点的高度尺寸是在此位置的高度基准向上 850 mm 为新的高度基准测得的。

（2）测量前的准备工作

1）拆下可拆卸的损坏件，包括机械部件和车身覆盖件。

2）如果损坏非常严重，则对车辆的中部或基础部分先进行粗略的矫正，然后将中部基准点的尺寸恢复成标准数值。

3）如果某些机械部件不需要拆除，则对这些部件要进行必要的支撑。

（3）调整车辆基准与测量系统基准

1）事故车被安置在车身矫正仪上时，尽量要把车辆放置在平台的中部。调整四个主夹具的位置和钳口开合程度，使车身底部裙边完全落入主夹具的钳口中，先不要拧紧紧固螺栓，如彩图 1－49 所示。

2）测量前基准点

① 把测量横尺放入到车身底部，根据所要测量的基准点高度选择合适的测量头，如彩图 1－50 所示。

② 将测量头安装到横尺上，如彩图 1－51 所示。

③ 移动横尺，并压缩两个测量头，使其对准基准孔，放松对测量头的压缩，使测量头的 A 锥落入基准孔内，如彩图 1－52 所示。此时，如果某一个测量头与基准孔不能对正，应松开主夹具与校正台的固定螺栓，稍微移动车身，直到测量头 A 锥落入基准孔。

④ 从左右两个测量头处读取高度数据、宽度数据和长度数据，如彩图 1－53 所示。

a. 高度数据包括三部分，即 A 锥高度、测量头标尺数据和测量头底座高度。

A 锥通常设计有 6 格，如彩图 1－54 所示，每格为 5 mm，共 30 mm。从测量孔下平面观察外露部分有几格（有时需要估算），确定 A 锥高度，如彩图 1－55 所示。

测量头标尺数据从标尺上直接读取（从测量头锁紧帽上平面处读数），如彩图 1－56 所示。

测量头底座高度在底座上有标注，如彩图 1－57 所示。图中，左侧的“125 mm”表示底座高度（从底座上平面至测量平台上平面之间的高度）；右侧“30 mm”表示 A 锥总高度。

测量点（基准点）的总高度为：A 锥高度、测量头标尺数据和测量头底座高度的和。

b. 横尺的 0 点在尺的中心，如彩图 1－58 所示。两个测量头所测点的宽度尺寸从测量底座上的观察窗口读取，计算左右两点宽度尺寸差值并记录，如彩图 1－59 所示。

c. 长度数据在横尺座的观察窗口读取，如彩图 1－60 所示。将读取的数据与维修手册上给出的该点长度数据对比，计算差值，并做好记录。注意，车身维修手册上的长度零点有两个，车身上各点的长度尺寸分别以这两个长度零点进行标注的。根据车辆的损坏情况，选择长度方向的基准点。如果汽车前部碰撞就选择后面的基准点作为长度基准点；如果汽车后部碰撞就选择前面的基准点作为长度基准点；如果汽车中部发生碰撞，就需要对车辆中部先进行整修，直到中部四个基准点有三个尺寸是准确的，然后按照前后损坏的情形选择前面或后面的基准点作为长度基准点。但实际的测量系统只有一个零点，通常位于校正台的后部，即在校正台上，长尺的零点位于最后部，如彩图 1－61 所示。所以在进行实测值与标准值差值计算时，一定要考虑标准数据的基准问题，需要时可能要对标准数据图上给出的长度数据进行计算。

⑤ 调整高度。根据两个基准点的实测高度数据，调整对应的两个前主夹具其中之一，如图 1－62 所示，使左右两个基准点的高度尺寸一致，并计算和记录此时的高度与维修手册上给出的标准高度差。

⑥ 将横尺移到车辆中后部下方（或在中后部再组装一组横尺），用同样的方法测量长、宽、高尺寸并记录。

⑦ 调整后部车身高度。方法与前部高度调整相同，但后部两个基准点高度除要相同外，高度数据与标准数据的差也应与前基准点与标准数据差值相同。

⑧ 调整车身横向位置（宽度）。根据后部两个基准点的实测宽度数据，计算左右差值。再与前部基准点的宽度差值对比，确定后部车身横向位置的调整方向和调整量，使前、后部的差值一致（包括数据大小和偏差方向）。调整时，松开后部两个主夹具与台面的紧固螺栓即可移动车身。

⑨ 上述调整均进行完成后，锁紧主夹具钳口螺栓和主夹具与台面的螺栓。

（4）测量。

1）将底部测量横尺安装到矫正台上，在底部横尺的两端安装测量高度的立尺，然后在立尺上安装测量车身上部尺寸的量规，以及测量车身侧面尺寸的刚性量规。门式测量系统组装完成后就可以进行车身尺寸的测量了，如图 1 – 63 所示。

图 1 – 62　高度调整

图 1 – 63　组装完成的门式车身测量系统

2）测量

① 根据车辆的损坏情况，确定要测量的点，在车身上找出要测量的点后，在图纸上找出相应的标准数据。根据数据图的提示，在机柜内选择正确的量杆和量头，安装在中心线杆（横尺）上，测量头与要测量的测量点配合。

② 车身底部测量点的测量。测量点的长度尺寸是通过移动标尺固定座上的孔去读取矫正台上的长度数据。宽度数据从测量横尺上读出，高度数据从不同高度的量杆上读出。那么要测量的点的三维数据就出来了，与标准数据对比就可以知道数据的偏差。注意，对比时，一定要考虑之前计算与记录的差值（高度差、宽度差和长度差）。

例如，在进行车身高度（前后）调整时，所调得的四个基准点的高度比标准数据均高 50 mm，则之后的实测点的所有高度尺寸，均应减去 50 mm 后，再与标准数据对照，确定变形情况。

③ 侧面数据的测量。根据图纸的要求把立尺放置在底部测量横尺上。在立尺上安装刚性量规的安装座，把刚性量规安装好，把标尺安装在刚性量规上，把标尺筒安装在长标尺上，然后再根据图纸要求选择合适的测量探头，对侧面测量点或测量面进行数据测量和对比，如图 1 – 64 所示。

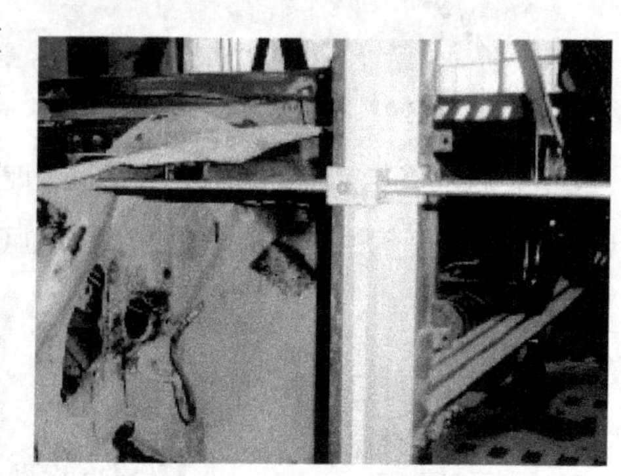

图 1 – 64　侧面数据的测量

④ 上部尺寸的测量。根据图纸的要求把立尺放置在底部测量横尺上。调整上横尺高度的基准，把上横尺安装到在两个立尺上，然后把刚性量规安装在上横尺上。在刚性量规上安装标尺座，选择合适的标尺筒、标尺柱和量头安装在标尺座上，然后就可以对上部发动机室或行李箱等的尺寸进行测量了，如图 1 – 65 所示。

图 1－65　上部尺寸的测量

4. 用电子测量系统测量车身三维数据（以红外线测量系统的操作为例）

1）安装车身。将车身装到校正平台上，调整高度，使车身底板基本与台面平行，并固定好。车身最好安装在矫正平台的中部。

2）连接系统。在车辆的中部下面放置红外线发射接收器，然后将红外线发射接收器的电缆插到电脑上。如图 1－66 所示。

3）电脑开机，进入车身测量界面。输入车型信息，调出被修车辆的车身数据尺寸图。

4）选择测量基准。根据车辆的损坏情况来选择长度基准。若汽车前端发生碰撞则选择后面的基准点作为长度基准；若汽车的后端发生碰撞则选择前面的基准点作为长度基准；如果车身中部发生碰撞，则要对车身中部进行整修，直到车身中部四个基准点有三点的尺寸被恢复。

5）按照电脑的提示选择合适数字的标靶，如图 1－67 所示。

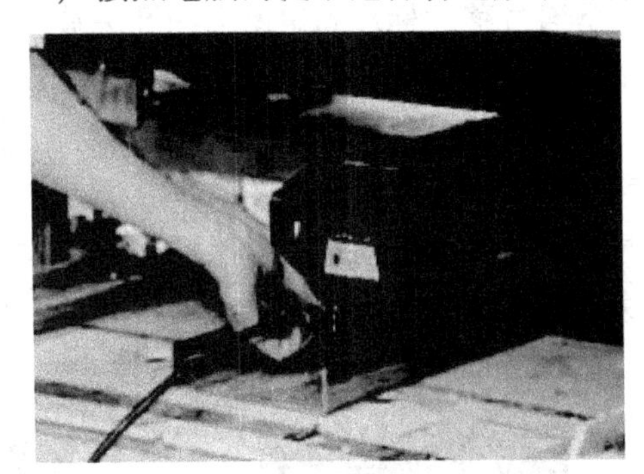

图 1－66　连接红外线接收发射器

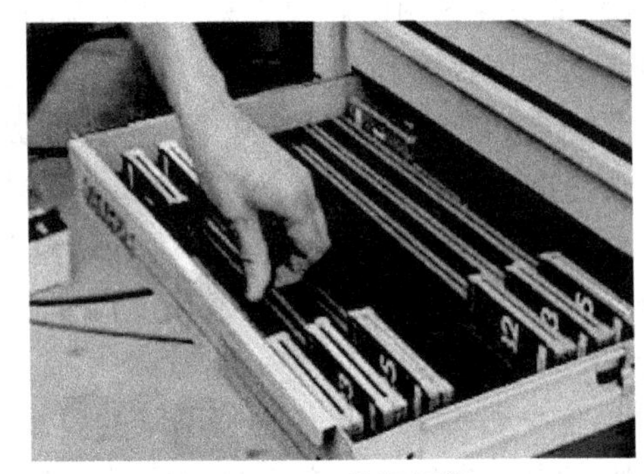

图 1－67　选择标靶

6）选择合适的标杆和磁性安装头如图 1－68。并安装到车辆上的测量点上，如图 1－69 所示（如果对车身结构不是很清楚，可使用电脑提供的测量点的实物参考图，如图 1－70 所示）。

图 1－68　选择标靶安装头

图 1-69 红外线测量系统的标靶和红外线发射器

图 1-70 测量点的实物参考图

注意：

① 由于车身测量点大部分是左右对称的，我们在安装标靶的时候，习惯于将单号标靶安装在车身左侧、双号标靶安装在车身右侧的测量点上。

② 为了测量车身上部的各个点，要在悬架拱形座（挡泥板上冲压成形的减振器支座）上安装一个专用支架。在量针接触减振器拱形座上特定的点时，支架底部的标靶反射的红外线就可以被红外线发射接收器读取。

7）测量。安装好红外线发射接收器和标靶之后，使用计算机对系统进行标定，然后再读取车辆的尺寸，通过一系列的计算机命令，测量系统就可以完成对损伤结构的精确测量。

① 基准点的测量。计算机根据需要能自动地把基准点的测量数值显示出来，包括测量点的实际数值、标准数值和两者差值，如图 1-71 所示。

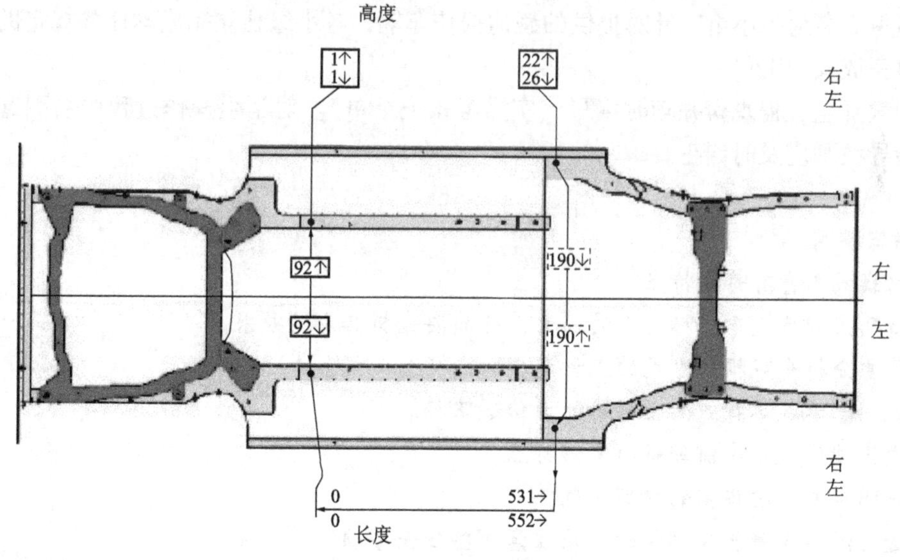

图 1-71 基准点的测量

② 其他点的测量。当基准点测量结果显示各基准点的误差小于 3 mm 时，即可认定该组基准点可用，即可进行其他点的测量。首先选择需要测量的点，根据提示选择合适的探头。将测量探头安装到测量点上进行测量。计算机同样也会把测量点的实际数值、标准数值和两者差值显示出来，如图 1-72 所示。如果基准点测量结果显示不合格，则应先修复车身中部

（基准点）直到基准点尺寸合格为止。

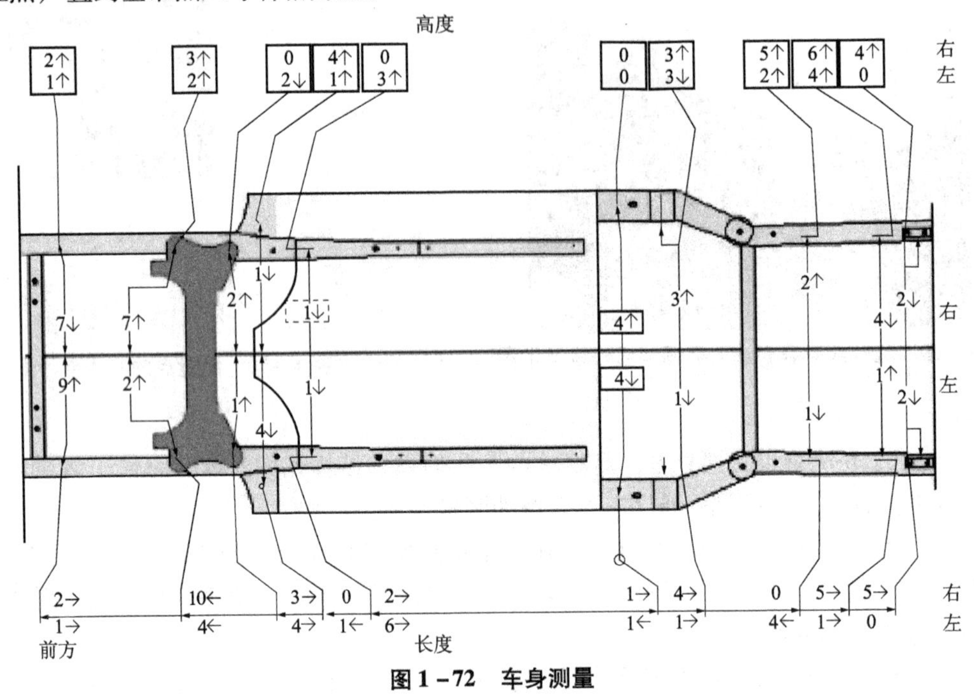

图 1－72　车身测量

8）车身测量完成后，可以将测量的数据进行存储及打印。

二、技能考核

学生每 2 名为一小组，针对提供的碰撞损伤车辆，各小组独立完成本任务规定的实操内容并同时完成实训工单。

指导教师全过程观察并随时填写《实操考核记录单》。对学生操作过程中易引起事故的行为，指导教师应及时纠正。

思考与练习

1. 承载式车身有哪些特点？
2. 请列出影响汽车碰撞变形的因素，并简要分析其影响效果。
3. 简要分析车架损坏形式的五种类型。
4. 说明整体式车身正面碰撞时的力传递路径。
5. 说明整体式车身前部碰撞变形特点。
6. 说明车身碰撞损伤的诊断步骤。
7. 进行汽车车身损伤测量时，应注意哪些安全事项？
8. 说明激光式车身测量系统的测量原理。
9. 说明超声波式车身测量系统的测量原理。
10. 简要说明修理方案应包括的内容。

2 项目二

车身校正

学习目标

1. 能够正确描述车身矫正的基本原理。
2. 能够正确描述常用车身矫正设备的结构与工作原理。
3. 能够牢记车身矫正时的安全与卫生注意事项。
4. 能够使用常用的矫正设备进行车身不同类型损伤的矫正操作。

案例分析

如图 2－1 所示，车身中部受到严重撞击，车门变形很大，可以更换；门槛板、B 立柱、C 立柱和地板也有很严重的损坏，其中门槛板可以局部更换，B 立柱、C 立柱和地板通过拉伸的方法可以修复。虽然有些板件要更换，也不能提前拆掉，在车身整体校正之后才能拆掉要更换的板件。

图 2－1　严重损坏的车身

车辆受到严重撞击后，车身的外覆盖件和结构件钢板都会发生变形。车身外覆盖件的损坏可以用锤子、垫铁和外形修复机来修理，但车身结构件的损坏修理仅仅使用这些工具是无法完成的。车架式车身的车架和整体式车身的结构件是非常坚固和坚硬的，强度非常高，对于这些部件的整形，必须通过车身校正仪的巨大液压力量才能够进行修复操作。图 2－1 中所示的后车门受到严重撞击，车身损坏严重，这种情况该如何维修呢？如果采用拉伸修复，拉伸的方向如何确定，拉伸的顺序和操作方法是什么？这些将在本项目中详细介绍。

相关知识

一、车身校正台

平台式车身校正台是一款通用型的车身校正设备（图 2－2），可以对各种类型、型号的车身进行有效校正。

图 2－2　平台式车身校正台

平台式车身校正台型式有多种，但一般配有两个或多个塔柱进行拉伸校正。这种拉伸塔柱为车身修理人员提供了很大的自由度，可在绕车身的任何角度、任何高度和任何方向进行拉伸。其中很多平台式车身校正台有液压倾斜装置或整体液压升降装置，利用一个手动或电动拉车器，将车身拉或推到校正平台的一定位置上。

平台式车身校正台同时也配备有很好的通用测量系统，通过测量系统精确的测量，可指导拉伸校正工作准确、高效的进行。

平台式车身校正台主要由以下几部分组成。

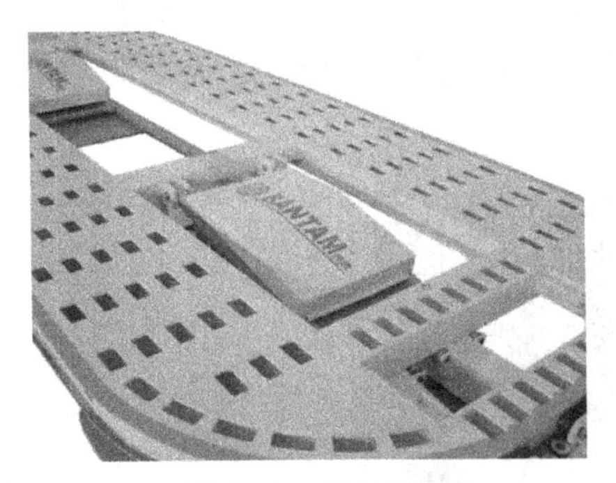

图 2－3　校正仪平台

（1）平台

平台（图 2－3）是车身修复的主要工作台，拉伸校正、测量、板件更换等工作都在平台上完成。

（2）上车系统及升降系统

通过上车系统和平台升降系统可以把事故车放置在校正平台上。上车系统包括上车板、拖车器、车轮支架（图 2－4）、拉车器（牵引器）等。通过液压升降机构把平台升起到一定的工作高度（图 2－5）。平台的工作高度有固定式和可调式的，固定式的一般为倾斜式升降，高度一般为 500 mm ~ 600 mm；可调式的一般为整体式升降，高度一般为 300 mm ~ 1 000 mm。

(a)

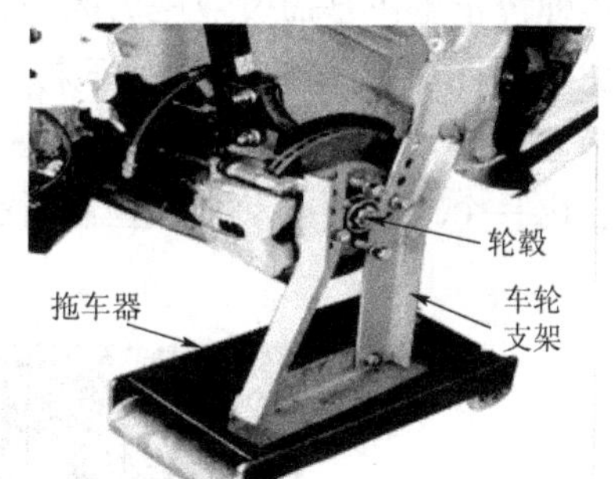

(b)

图 2-4　上车系统

(a) 上车板及升降系统；(b) 拖车器和车轮支架

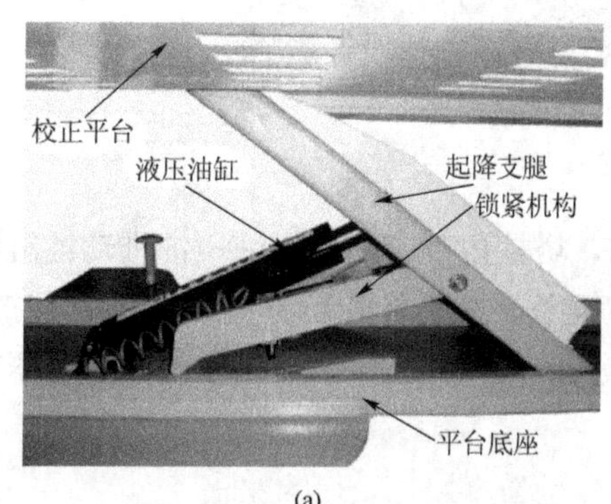

(a)

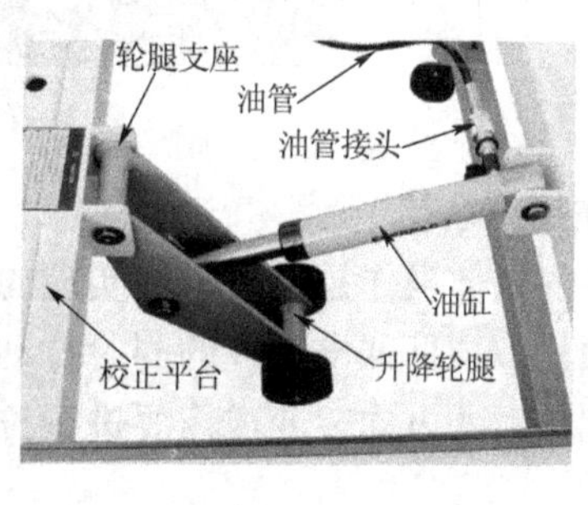

(b)

图 2-5　倾斜式和整体式液压升降机构

(a) 倾斜式；(b) 整体式

(3) 主夹具

维修前，固定在平台上的主夹具将车辆紧固在平台上，车辆、平台和主夹具成为一个刚性的整体，车辆在拉伸操作时不能移动。为满足不同车身下部固定位置的需要，主夹具结构有多种（图 2-6），双夹头夹具可以夹持比较宽的裙边部位，防止拉伸中损坏夹持部位；单夹头夹具的钳口很宽，能够夹持车架。对于一些特殊车辆的夹持部位有特殊的设计，如有些车没有普通车的电焊裙边，像奔驰或宝马车就需要专门的夹具来夹持。

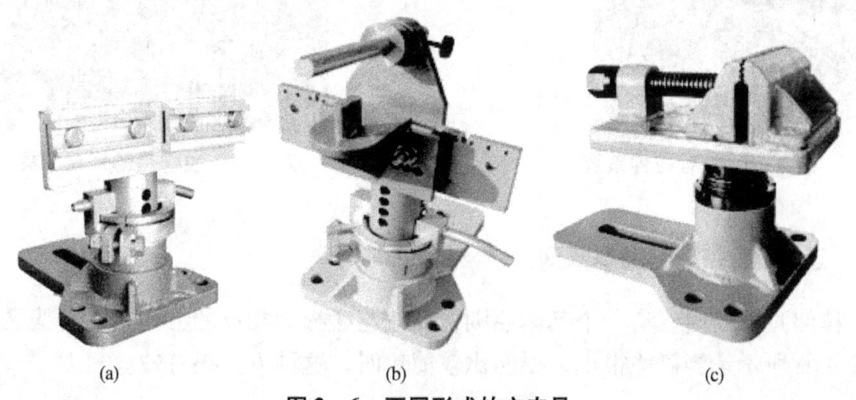

(a)　(b)　(c)

图 2-6　不同形式的主夹具

(4) 液压系统

车身拉伸校正工作是通过液压力的强大力量来把车身上的变形板件拉伸到位。校正台上的气动液压泵（图2-7）或电动液压泵，通过油管把液压油输送到塔柱内部的油缸中，推动油缸的活塞顶出。气动液压系统一般是分体控制的，而比较先进的电动液压系统一般是集中控制的，由一个或两个电动泵来控制所有的液压装置，这样效率更高，故障率更低，工作平稳。

图2-7　气动液压泵

(5) 塔柱拉伸系统

损坏板件的拉伸操作是通过塔柱实现的。塔柱内部有油缸，液压油推动油缸活塞，活塞推动塔柱的顶杆，顶杆伸出塔柱的同时拉动链条，在顶杆的后部有链条锁紧窝把链条锁住，通过导向环把拉力的方向改变成需要进行拉伸的方向（图2-8）。导向环通过摩擦力卡在塔柱上。

(6) 钣金工具

钣金工具（图2-9）包括各种对车身各部位拉伸的夹持工具。

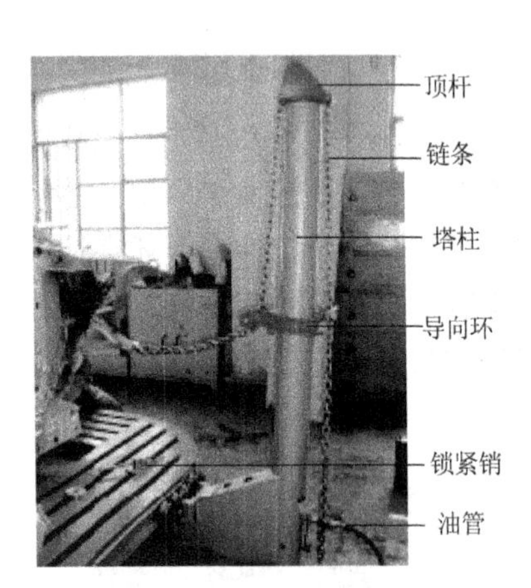

图2-8　塔柱拉伸系统

图2-9　拉伸用的钣金工具

二、车身校正的基本原理

校正（拉伸）车身时，有一个基本原则，即按与碰撞力相反的方向，在碰撞区施加拉伸力，如图2-10所示。当碰撞很小，损伤比较简单时，这种方法很有效。

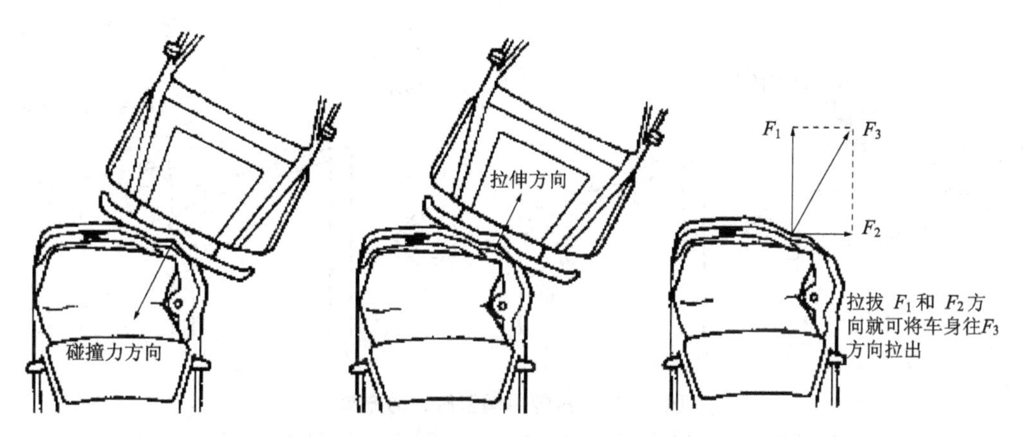

图 2-10 施加拉伸力的方向

但是当损伤区域有折皱，或者发生了剧烈碰撞，构件变形就比较复杂，这时仍采用沿着一个方向拉伸就不能使车身恢复原状。这是因为变形复杂的构件，在拉伸恢复过程中，其强度和变形也随着改变，因此拉伸力的大小和方向就需要适时改变，把力仅仅施加在一个方向，就不能取得好的修复效果。从力的分解和合成（图 2-11）中我们知道，分力与合力构成平行四边形关系，在正方形 $ABCD$ 中，$\boldsymbol{X}$、$\boldsymbol{Y}$ 是分力，$\boldsymbol{Z}$ 是合力，就可得到 $\boldsymbol{X}+\boldsymbol{Y}=\boldsymbol{Z}$ 的关系式。同理，在矩形 $AFHD$ 中，$\boldsymbol{X}+\boldsymbol{Y}'=\boldsymbol{Z}'$；在 $EGCD$ 中，$\boldsymbol{X}'+\boldsymbol{Y}=\boldsymbol{Z}''$，也就是说，改变了分力的大小就改变了合力的大小和方向。（注：正方形、矩形是平行四边形的特例，$\boldsymbol{X}$、$\boldsymbol{Y}$、$\boldsymbol{Z}$ 等是矢量。）

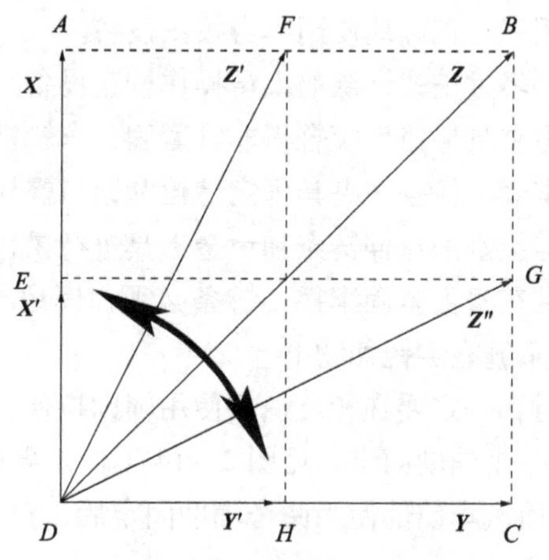

图 2-11 拉伸力的分解

下面我们来分析一下图 2-12 中的拉伸力的调整方法，如果碰撞力较小，损伤比较简单，那么直接按照与碰撞力相反的方向施加拉力就可以了；如果损伤较严重，就需要调节拉力的方向了。如图 2-12（a）所示，拉伸力两侧的板件 A 和 B 部分变形程度不一样，A 部分变形较小，施加较小的拉力就可以恢复，B 部分变形较大，需要施加较大的拉力。如果坚持在与碰撞力相反的方向上施加拉力，如图 2-12（b）所示那样，就会出现图 2-12（c）情况，A 部分已经拉直，B 部分还没有恢复；如果继续施加拉力，A 部分就会拉过了，这时，可以如图 2-12（c）所示调整拉伸力的方向，来减少施加在 A 部分的分力，增加 B 部分的分力。

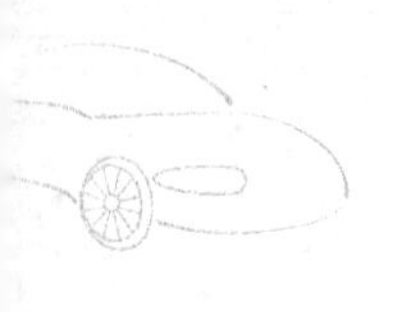

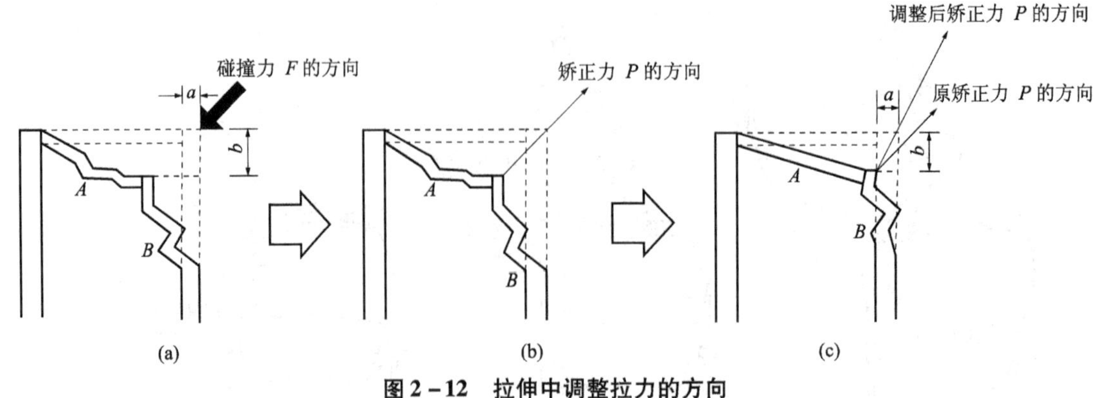

图 2－12　拉伸中调整拉力的方向

（a）碰撞力 F 的方向；（b）矫正力 P 的方向；（c）原矫正力 P 和调整后矫正力 P 的方向

技能学习与考核

一、技能学习

1. 劳动安全与卫生

（1）拉伸操作中的安全事项

使用校正台时，不正确的操作可能对人员、车身和校正仪都造成损坏，因此要注意以下安全规则：

1）根据所用设备的说明书，正确地使用车身校正设备。

2）严禁非熟练人员或未经过正式训练的人员操作校正设备。

3）车辆固定时要确保主夹具夹钳齿咬合得非常紧固，车辆被牢靠地固定在平台上。

4）拉伸前汽车要装夹牢固，检查主夹具固定螺栓和钳口螺栓是否紧固牢靠。

5）一定要用推荐型号与级别的拉伸链条和钣金工具进行操作。

6）拉伸时钣金工具要在车身上紧固牢靠，链条必须稳固地与汽车和平台连接，以防在拉伸过程中脱落。避免将链条缠在尖锐器物上。

7）向一边拉伸力量大时，一定要在相反一侧使用辅助拉伸（图 2－13），以防将汽车拉离校正台。如汽车前部只有一个辅助固定，见图 2－14（a），会在拉伸过程中对车身产生一个偏转力矩，使车身扭转。而汽车前部使用两个辅助固定后，拉伸过程中就不会对车身产生偏转力矩了，见图 2－14（b）。

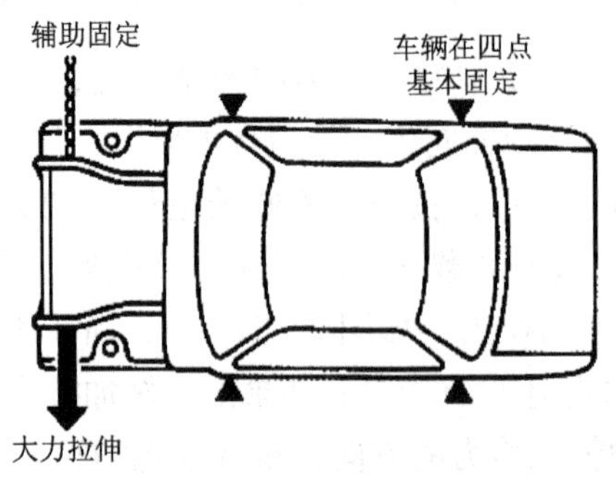

图 2－13　拉伸时要有辅助拉伸

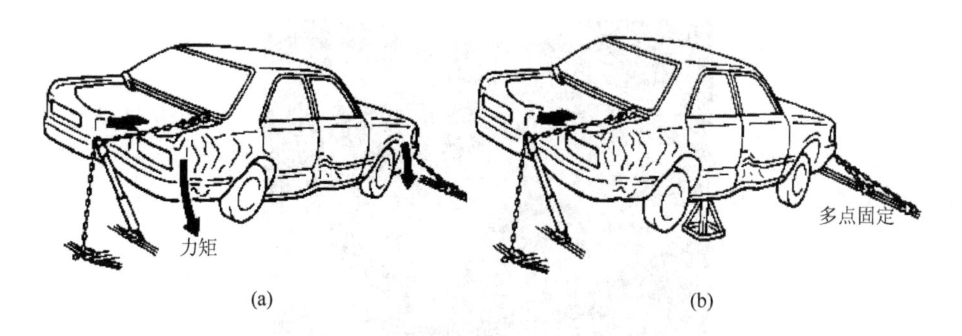

图 2－14 辅助拉伸防止在拉伸中汽车偏转

（a）只有一个辅助固定车辆在拉伸时会偏转；（b）使用两个辅助固定

8）操作人员在汽车上面和汽车下面工作时，不要用千斤顶支撑汽车。

9）严禁操作人员与链条或拉伸夹钳在一条直线上。因为当链条断裂、夹钳滑落、钢板撕断时，特别是在拉伸方向可能会造成直接的伤害事故。在车外进行拉伸校正时，人员在车内工作是很危险的。

10）用厚防护毯包住链条或用钢丝绳把链条、钣金工具固定在车身的牢固部件上（图2－15），万一链条断裂，可防止工具、链条甩出对人员和其他物品产生损坏。

11）在拉伸时要把塔柱与平台的固定螺栓紧固牢靠，否则拉伸中塔柱滚轮移动装置会受力损坏，可能导致塔柱突然脱离平台造成人员和物品的损坏。

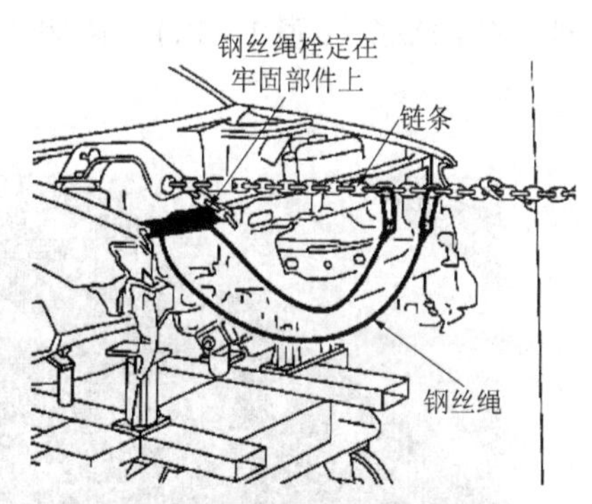

图 2－15 拉伸中要有安全绳防护

12）塔柱使用链条进行拉伸时，链条在顶杆的锁紧窝锁紧，链条不能有扭曲，所有链节都呈一条直线。导向环的固定手轮是在拉伸前固定导向环高度的，当拉伸开始后要松开手轮，手轮松开后，一旦链条断裂，导向环因自重向下滑，防止链条向左右甩出。

（2）拉伸操作中的车身防护

在进行拉伸校正之前，应对车身和一些部件进行保护，其事项如下：

1）拆卸或盖住内部部件（座位、仪表、车垫等）。

2）焊接时用隔热材料盖住玻璃、座位、仪表和车垫（特别是在进行惰性气体保护焊焊接时，这种保护更为必要）。

3）拆除车身外面的部件时，用棉布或保护带保护车身以防擦伤。

4）如果油漆表面擦破，这部分必须修复好，因为防腐涂层的损坏可能造成锈蚀。

2. 操作流程

以下面车身前部碰撞损坏为例，介绍校正操作的整个流程。

（1）校正前的准备工作

1）损坏分析。根据碰撞的位置和碰撞力的方向检查车身。图 2－16 所示车辆的左前部受到与车身对角线方向平行的碰撞力的损伤。它的左前部横梁、前挡泥板及左侧纵梁损坏严重需要进行更换。前保险杠总成、水箱框架、水箱、发动机罩、左前翼子板、前风窗玻璃灯损坏严重需要更换。

图 2-16　左前部严重受损的汽车

对于整体式车身来说，车辆前部受损，碰撞力有可能会传到车身的后部，会造成风窗立柱（图 2-17）、车顶框架等车身框架变形。在驾驶室内部也能看到左侧车门立柱内部内饰件错位的情况（图 2-18），说明该处立柱已经变形。

图 2-17　A 柱产生褶皱

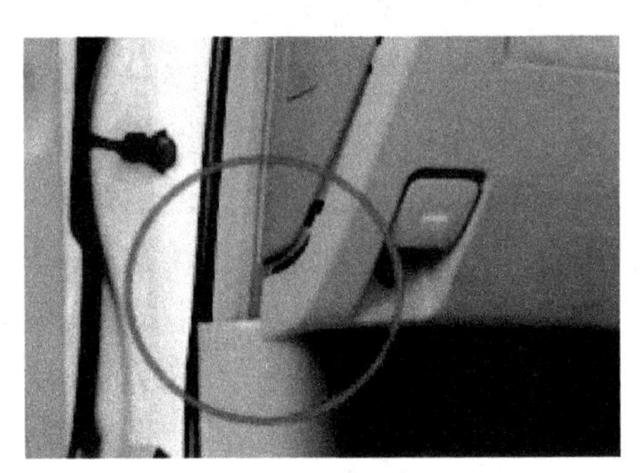

图 2-18　仪表台下部错位

2）确定拉伸程序。通过碰撞位置可以分析出车身的左前方受到碰撞（图 2-19），水箱框架和前纵梁都受到严重损坏，前柱也向后变形，就需要按照与碰撞方向相反的方向对左侧纵梁和前柱进行牵拉（图 2-20）。在前柱尺寸恢复后，再把需要更换的左前纵梁拆除。然后，再修理右侧挡泥板和纵梁。需要修理一侧的整个挡泥板或纵梁可能仅在右边或左边略有弯曲，在纵向方向没有变形。

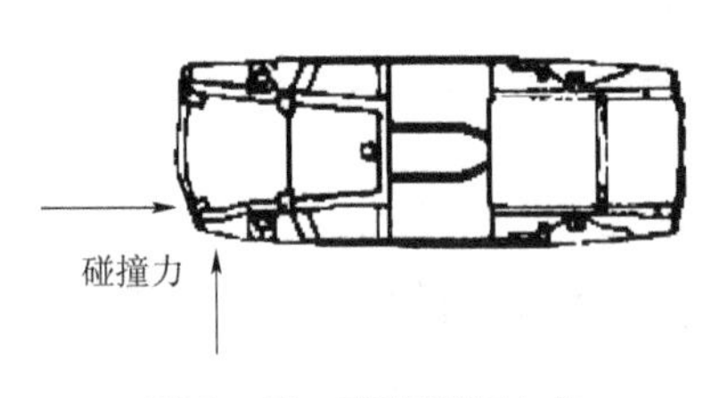

图 2-19　确定损坏方向

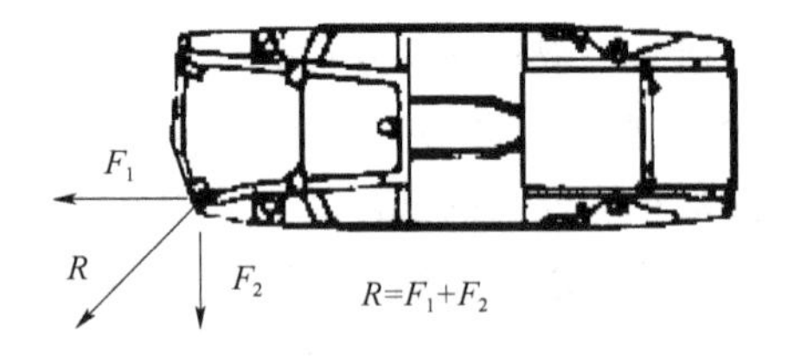

图 2-20　确定拉伸方向

3）拆卸妨碍工作的部件。在拉伸校正开始之前，应该拆去车上妨碍校正的部件，包括发动机室的有些机械部件。首先拆卸变形严重的发动机罩和左前翼子板（图 2-21），以及大灯、保险杠、保险杠支撑，发动机室左侧妨碍修复操作的机械部件也要拆卸。由于左侧前纵梁已经后移使车内地板隆起，对于仪表台、方向盘等也要进行拆卸，以便进行校正。减振器支座后移严重，造成左前轮卡死无法转动，需要将其拆卸更换上合适高度的支架（图 2-22），在支架下垫上移动拖车器，方便事故车辆的上平台操作。

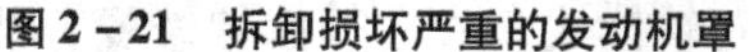

图 2－21　拆卸损坏严重的发动机罩

图 2－22　安装代替车轮的支架

4）事故车在平台上的定位。事故车上平台及在平台上的定位操作请参阅前述“用电子式测量系统测量车身尺寸”部分内容。

5）继续拆除妨碍测量和拉伸的零件。由于前横梁变形严重致使水箱等零件无法拆卸，需要对水箱框架进行预拉伸（图 2－23），有一定的操作空间后将水箱框架切除，可以用等离子切割枪切除水箱框架（图 2－24）和左纵梁前部损坏部位。然后将水箱拆卸下来，再把发动机的相关部件拆除。

图 2－23　预拉伸水箱框架

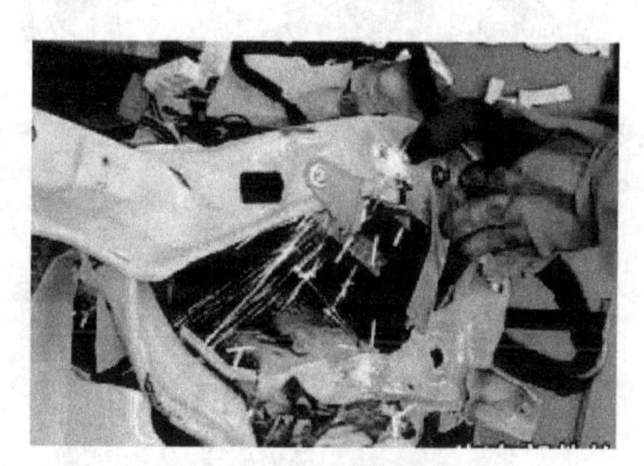

图 2－24　切割水箱框架

右侧水箱框架的拆除可以使用电焊转除钻切割焊点，分离板件（图 2－25）。对于左侧纵梁和挡泥板要保留，因为需要通过拉伸这些部位来校正前立柱的变形，当把前立柱的变形拉伸校正好了以后，再将其切割更换新件。

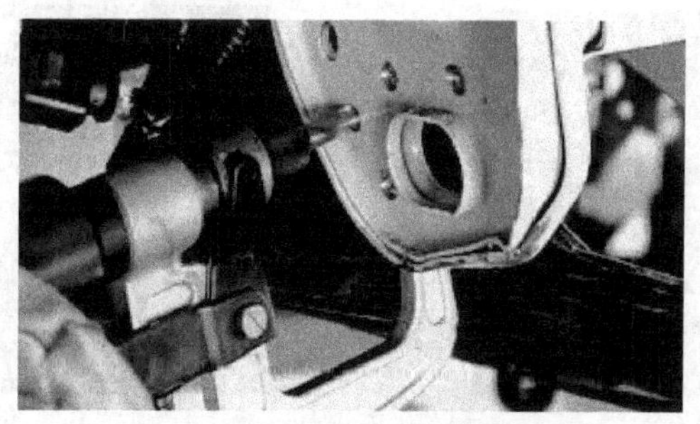

图 2－25　切割右侧水箱框架

（2）测量与校正

1）初步测量。首先对碰撞部位附近的车身形状进行简单的测量，比如对左前门框的测量可以知道（图 2－26），前立柱后移造成风窗立柱向上拱曲，门框变窄，所以车门无法关严。

图 2－26　测量变形的车门框的宽和高

2）初次校正。①选择钣金工具。为了更好地对整体式车身进行拉伸修复，针对车身不同部位的变形修复设计了多种钣金工具（图 2－27），可以对车身进行有效的拉伸修复。图 2－28 给出了一些钣金工具的用法。

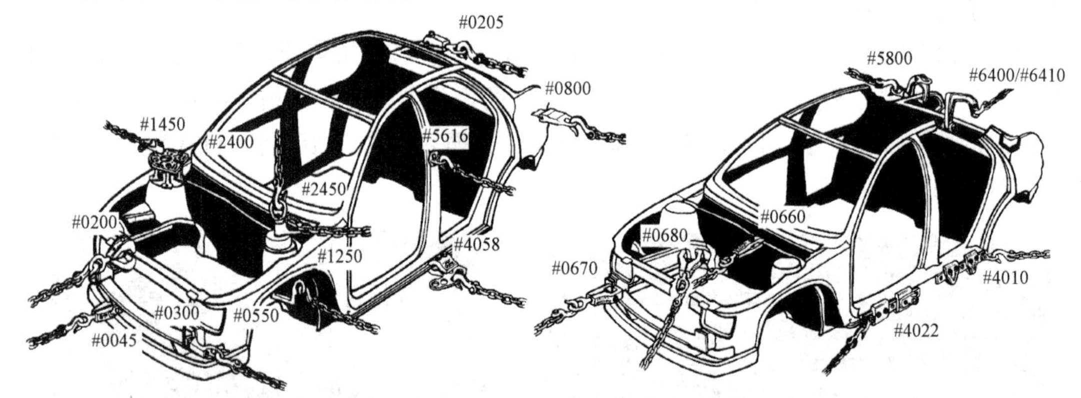

图 2－27　车身上安装的各种钣金工具

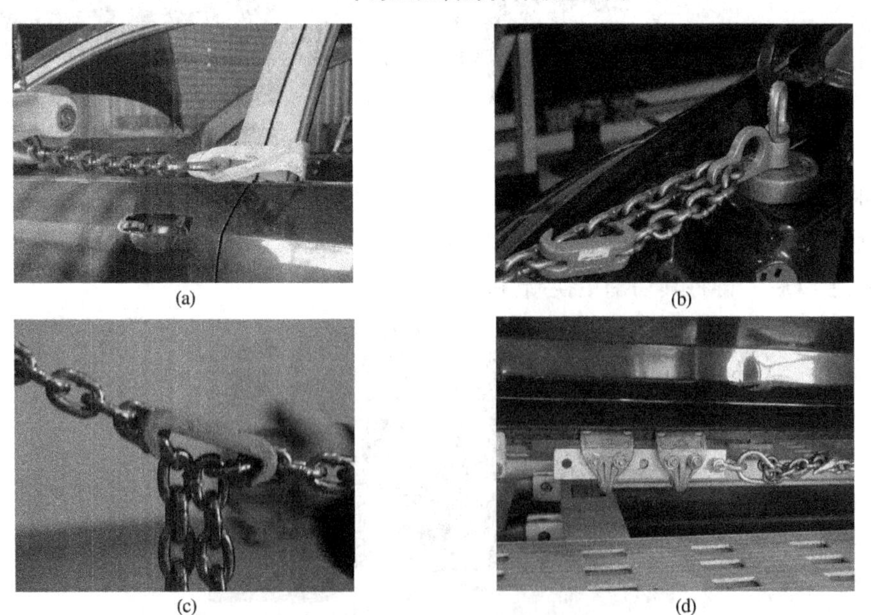

图 2－28　各种钣金工具的用法

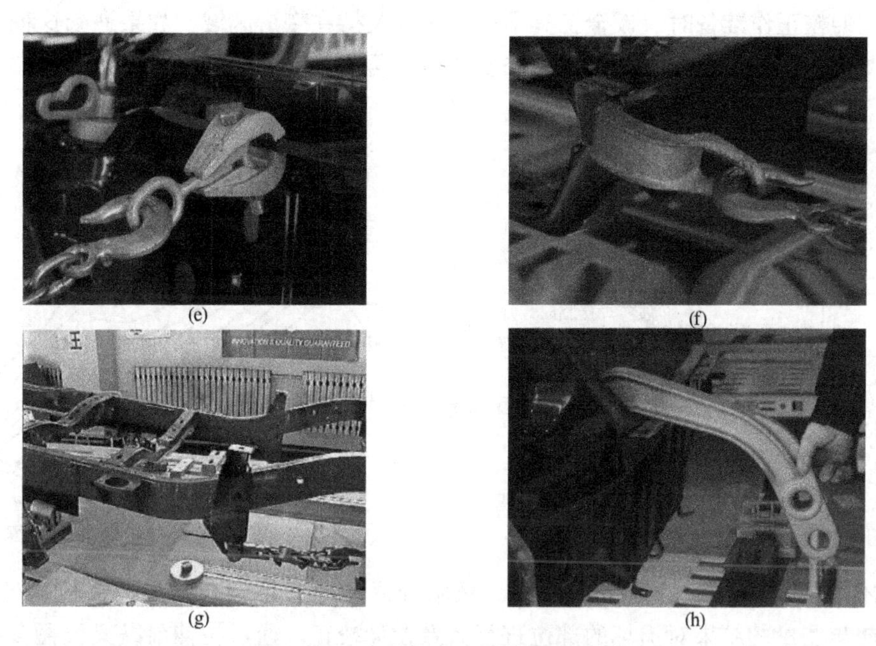

图 2－28 各种钣金工具的用法（续）

在使用钣金工具时必须注意正确的使用方法，否则会损坏夹具和车身。在拉伸时必须使拉力方向的延长线通过夹齿的中间，否则夹钳有可能受扭转的力而脱开，还会对钳口夹持的部位造成进一步的损坏。在设计拉伸夹钳进行多点拉伸时，需要充分发挥想象力和创造力。图 2－29 给出了一些钣金工具的正确的和错误的用法。

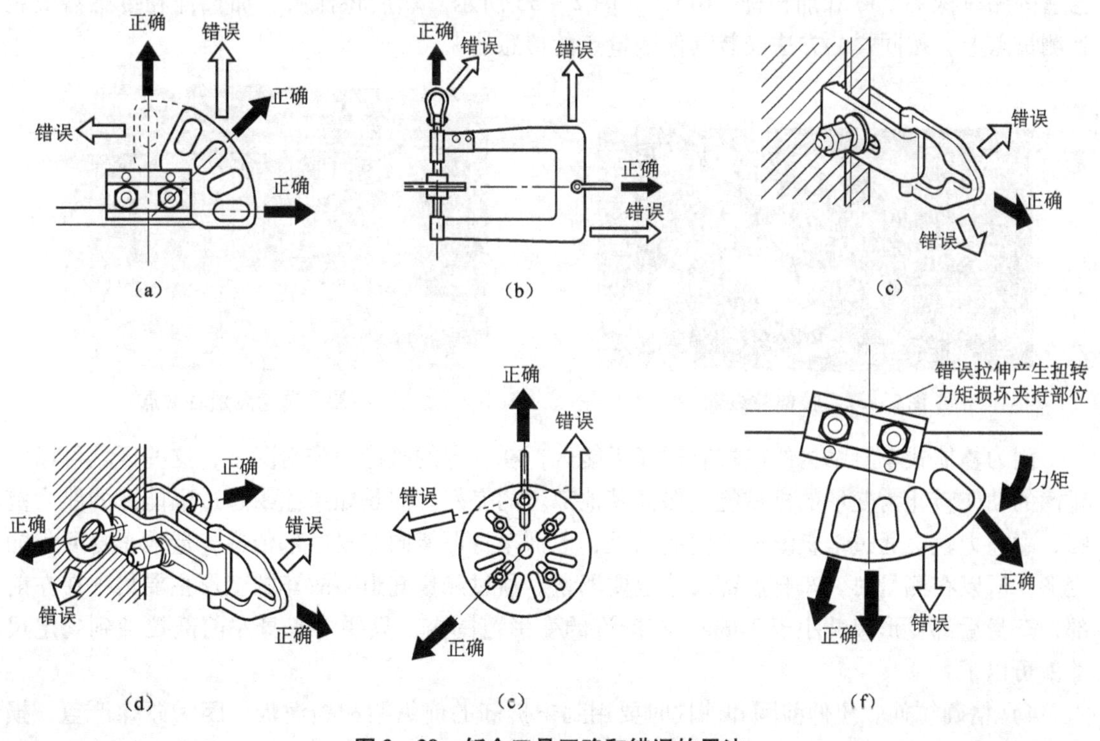

图 2－29 钣金工具正确和错误的用法

在为拉伸校正作准备时，钣金工具不可能正好夹持在变形区域，如果遇到这种情况，可暂时在需要拉伸的部位焊一小块钢片，修复之后，再去掉钢片（图2－30、图2－31）。

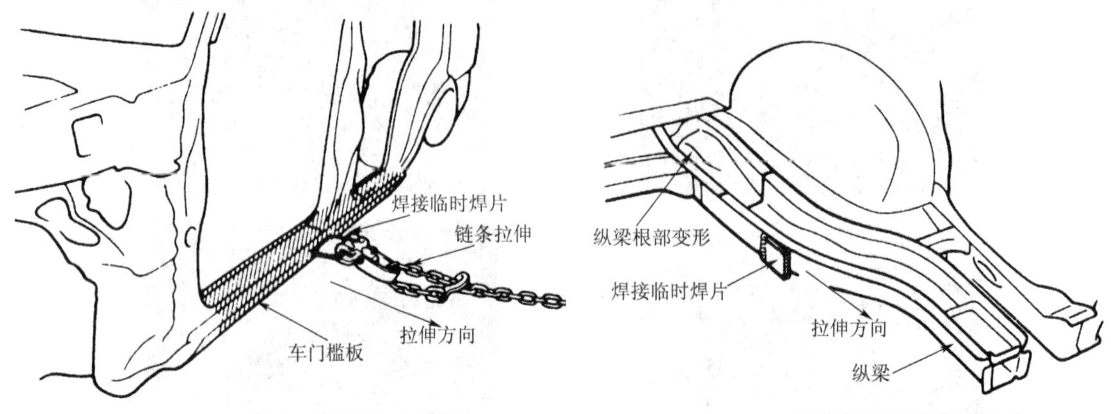

图2－30　门槛板拉伸的临时焊片　　**图2－31　前纵梁拉伸的临时焊片**

② 拉伸。选择好合适的钣金工具后，采用合适的方法将钣金工具与需拉伸件连接好，然后根据初步测量的结果对损坏的部位进行大致拉伸校正。通过拉伸前纵梁（图2－32）使前立柱变形得到一定的恢复，达到车门能关闭的程度就可以了。接下来需要用三维电子车身测量系统对车身进行精确的测量。

3）精确测量。按照测量系统的使用方法来对车身进行整车检查，对变形部件进行测量，还需要知道受损板件变形的方向和大小。将测量系统安装好，选择合适的车型和测量模式。因为车辆的前部受到损伤，所以测量的基准点要选择后部右侧基准点 *B*，根据提示选择合适的测量探头 C30 和加长杆 E100，如图2－33所示。然后将探头、加长杆和传感器安装到测量点上，按同样的方法安装其他测量点的传感器。

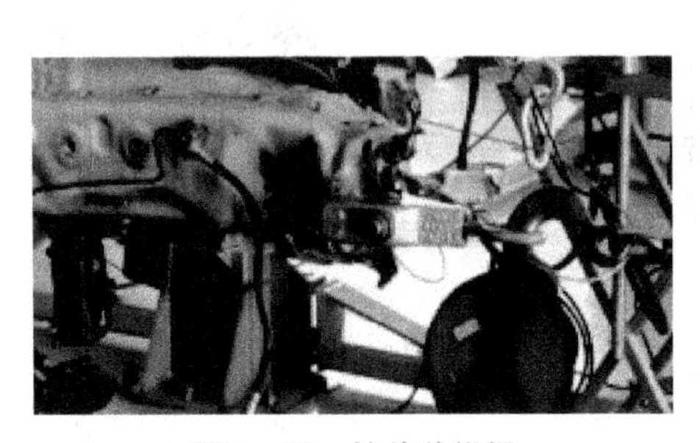

图2－32　拉伸前纵梁

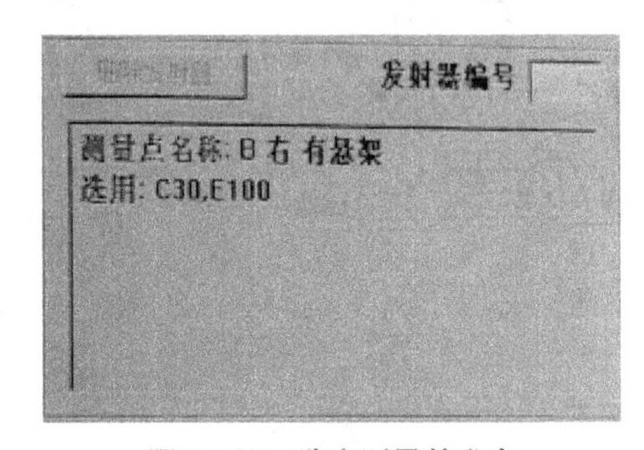

图2－33　选定测量基准点

因为整体式车身结构的前端有碰撞吸能区，在一定的碰撞损伤情况下，这些区域可以将碰撞的动能转化为变形的机械能，保证其他部位的完好。但是如果碰撞超过吸能区的能力范围，碰撞力就会通过地板纵梁、门槛纵梁、上部车身框架向车身后部传递，造成车身后部的变形。所以在测量时，车身后部尺寸也要测量。通过测量知道事故车的变形主要集中在左前部，车身后部变形尺寸小于3 mm，在准许的变形范围内，只要将车身左前部拉伸到规定尺寸就可以了。

4）精确拉伸。拉伸前围和前柱时要用到未拆卸的前纵梁和挡泥板，因为碰撞严重，损坏扩散到车体前立柱，所以车门关不上。通过拉伸恢复前柱的标准尺寸，在拉伸的过程中要不断地测量。拉伸变形部位到标准尺寸后稳定不动，对变形区域锤击（图 2－34）消除应力，使金属的弹性变形减小一些。然后释放拉力，再拉伸并维持拉力不变，锤击变形部位消除应力，再释放，进行测量，直到损伤部位的尺寸恢复到误差准许的范围内为止。

图 2－34　锤击变形部位，消除应力

通过拉伸恢复前柱的尺寸以后就可以将前纵梁和挡泥板拆下。在分离前纵梁和前柱时，首先要将电焊部位的防腐蚀涂层清除掉（图 2－35），注意清除的面积要尽可能小，能清楚地看到电焊的轮廓就可以了。可以使用电钻将焊点切除，在切除焊点时注意不要损坏下层金属。

图 2－35　分离纵梁与前立柱

通过测量发现前柱车门铰链处的尺寸误差较大，需要校正。用螺栓把拉伸工具固定在立柱铰链部位进行拉伸，如图 2－36 所示。把拉伸工具通过车身底部的孔固定在车身上（图 2－37），对前柱底部和前地板部位进行拉伸，拉伸中要不断地测量监控数据的变化。

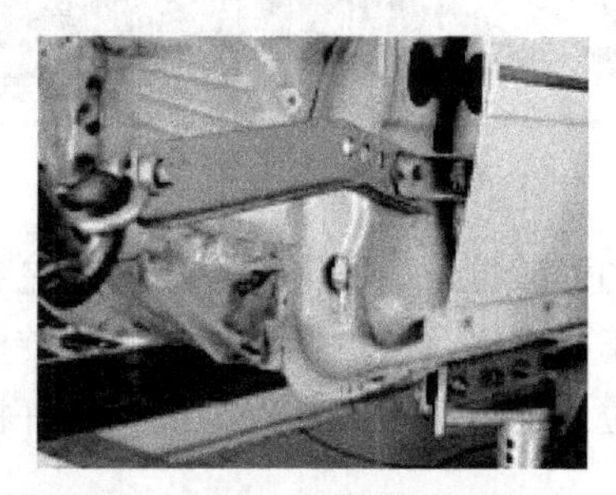

图 2－36　拉伸铰链部位

图 2－37　拉伸立柱下端

如果维修中简单地夹住挡泥板，对纵梁前缘进行拉伸，则不能修理好车身前柱或前围板的主要损坏。需要多点对损坏部位进行拉伸，如果拉伸效果不好，还可以一边拉伸一边用液压杆从里边推压，用夹具夹住前风窗立柱变形部位向下拉伸（图 2－38）。风窗立柱的校正要等到前立柱校正完成后进行。随着前立柱和风窗立柱尺寸的恢复，前门的安装尺寸也在变好，但是还需要调整风窗立柱和中柱（图 2－39），来达到良好的配合尺寸。

图 2－38　液压挺杆推压

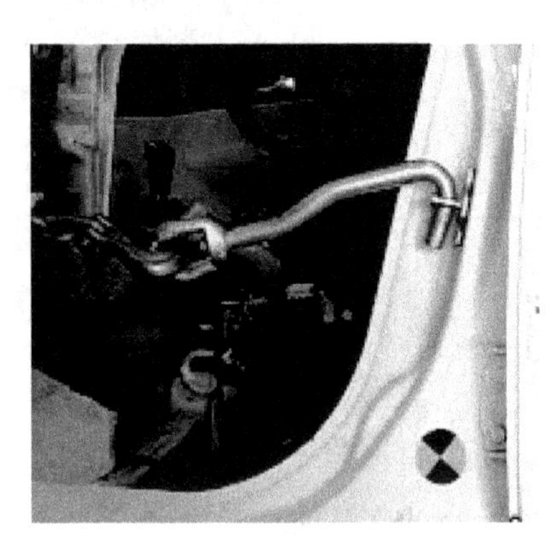

图 2－39　校正中柱

（3）安装更换部件

把变形的部位通过校正恢复尺寸后，就可以安装更换的部件了。车身前立柱、前围板、前地板、风窗立柱和中柱校正好以后，就可以安装前纵梁、前挡泥板和水箱框架了。更换的部件可以是新部件，也可以是从其他车身上更换下来的良好部分（图 2－40），新部件按照原来的安装痕迹来安装。将前纵梁的延伸段在前立柱处定位（图 2－41），再把前纵梁和挡泥板组件与前围板和前立柱按安装痕迹初步定位。在更换的前纵梁的检测孔内安装测量传感器，测量尺寸误差，并进行适当的调整，调整好后用大力钳和螺栓将前纵梁和挡泥板组件固定。把水箱框架安装到前纵梁上，并对水箱框架进行测量，把尺寸调整到误差范围内，用螺钉固定。

图 2－40　更换的前纵梁

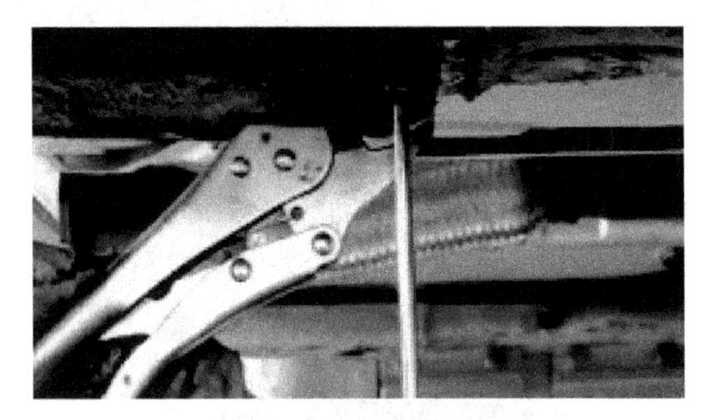

图 2－41　定位前纵梁

安装翼子板和发动机罩，要不断调整新安装板件的安装缝隙，直到缝隙均匀、左右位置对称，如图 2－42 所示，并对其进行临时紧固。通过车身结构尺寸的测量，来检验结构件的校正是否到位。通过装配检验车身覆盖件是否安装到位。通过测量和外观检测调整好板件以后，就可以对更换的结构件进行焊接了。

图 2－42　检查发动机罩和翼子板的装配

焊接前要将发动机罩、翼子板、水箱框架拆掉，拆卸前用记号笔做好定位标记。测量前纵梁与挡泥板组件的尺寸，确定无误后进行焊接操作。前纵梁的焊接要采用二氧化碳保护焊焊接，如图 2－43 所示。水箱框架可以用电阻点焊焊接，也可以用二氧化碳保护焊进行塞焊连接。结构件焊接完成后，安装翼子板、发动机罩、前保险杠总成和前大灯等，如图 2－44 所示。

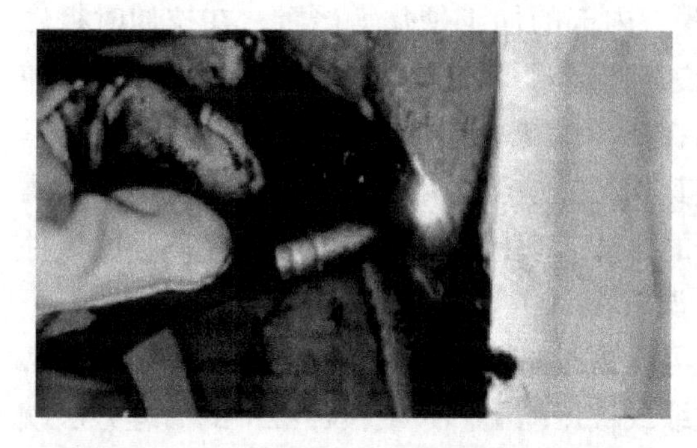

图 2－43　用二氧化碳保护焊焊接前纵梁组件

图 2－44　车身维修竣工后的车辆

（4）检查

修理（包括所有校正和焊接操作）完成以后，要对车辆进行最后的检查。在检查时，车身修理人员需要绕着汽车周围观察，看看是否有明显的校正错误。如果在车顶线和车门之间出现大的缝隙，就说明还有少量损坏存在。检查修理顺序，看每一项是否都做好了，如果检查中发现问题，应马上将车固定起来，重新进行拉伸，不要等到更多的修理程序完成之后，又发现损坏，再来修理。检查时应该注意以下几点：检查车门与车门槛之间的空隙，应该是一条又直又窄的缝隙；检查整个车身上部所有部位总的平整情况；然后开、关车门，掀、关发动机罩盖和行李箱盖，看开关时是否感觉过紧。

3. 拉伸操作的注意事项

1）整体式车身的强度比较高同时耐热很敏感。不要试图一次拉伸就可以完成拉伸校正操作，而要通过一系列的反复拉伸操作：拉伸→保持平衡（消除应力）→再拉伸→再保持平衡（消除应力）。在这样一个循环往复的操作过程中，车身金属板可以有更多的时间恢复变形，有更多的时间使金属松弛（消除加工硬化的应力），有更多的时间测量检查和调整拉伸校正的进度。

在拉伸开始时，要慢慢地启动液压系统，仔细观察车身损坏部位的移动，看它的变形是否与我们需要的变形相吻合，是否在正确的方向上变形。如果不是，要检查原因，调整拉伸角度后再开始。在拉伸到出现一定变形后要停止并保持拉伸拉力，再用锤子不断锤击损伤区域以消除应力，卸载使之松弛，然后再次拉伸并放松应力。

2）车身的每个部件都有足够的强度来承受载荷，但在拉伸中钣金工具的夹持部位由于夹持的面积小，会在夹持部位产生非常大的压强，导致夹持部位的板件损坏或断裂。在对一个部位施加拉力比较大时应该多使用一些夹钳，将拉伸力分散到板件的更大的区域。拉伸一个部位用两个夹钳时可以允许比用一个夹钳时增加一倍的拉力。

3）车身部件的拉伸要从靠近车中心的部分向外进行，当靠近中部部件的控制点尺寸到位以后，可以用一个辅助固定夹来固定，再拉伸下一段没有完全恢复尺寸的部分。如果对已经拉伸校正好的部位不进行辅助固定，再拉伸下一段时可能影响已修复好的部分。

4）在拉伸时要一边间歇地施加拉力，一边检查车身部件的运动，确定拉力在损坏部位是否有效。如果看不到任何效果，就要考虑改变拉伸的方向或拉伸的部位。

5）对于靠近交叉部位的弯曲，如纵梁的弯曲，可以夹住弯曲内侧表面进行牵拉。拉力的方向应与通过零部件原始位置的方向相同。

6）如果损坏部件一些部位折皱、折叠得太紧，内部的加工硬化太严重，在拉伸时板件有被撕裂的危险。如果这些部件在吸能区就不能进行维修了，需要进行更换。这些部件拉伸时需要对其加热放松应力。加热时要注意，只能在棱角处或两层板连接得较紧的地方加热。如果在车身纵梁或在箱型截面部分加热，只能使其状态进一步恶化。加热只能作为消除金属应力的一种手段，而不能把它作为软化某一部分的方法。现代车身一般不推荐在高强度板件上用焊炬加热，但有时可以小心地用焊炬加热（温度在 200 ℃以下）。

7）防止过度拉伸。钢板可以被拉长，但不可能通过推压使其缩短。任何损坏的钢板，在拉伸校正之后，超过了极限尺寸，就很难再收缩或被压缩了。过度拉伸唯一的修理方法就是把损坏的板件更换。为防止产生过度拉伸而损坏整体式车身，在每一次的拉伸校正过程中，都要对损伤部位的校正进程进行测量、监控。产生过度拉伸的原因一般有以下两个：

① 在修复中没有遵循“先里后外”的拉伸原则，导致修理程序的混乱，修理好的板件在其他变形板件进行修理时影响了它的尺寸，使原先已经校正好的板件长度又被加大了，超过了原尺寸。

② 在校正过程中没有经常地、精确地测量拉伸部位的尺寸，没有很好地控制拉伸的程度，这就可能导致过度拉伸（图 2－45）。

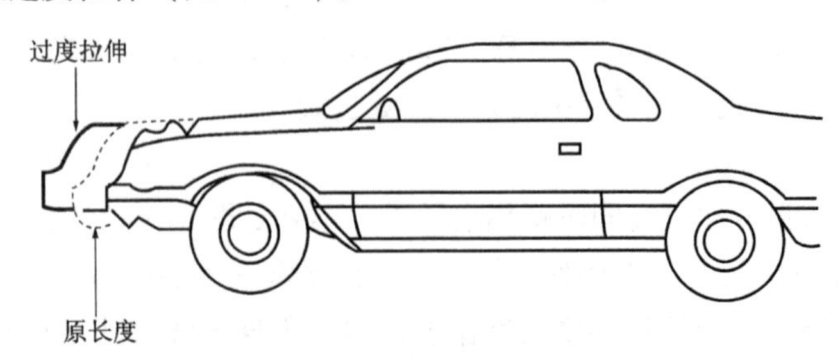

图 2－45　过度拉伸

二、技能考核

学生每 2 名为一小组，针对提供的碰撞损伤车辆，各小组独立完成本任务规定的实操内容并同时完成实训工单。

指导教师全过程观察并随时填写《实操考核记录单》，对学生操作过程中易引起事故的行为，指导教师应及时纠正。

思考与练习

1. 当损伤区域有折皱，或者发生了剧烈碰撞时，为什么要采用多点多方向拉伸？
2. 为什么对于整体式车身，建议采用复合式拉伸？
3. 复合牵拉方式有哪些优点？
4. 拉伸校正前，应对车身进行哪些必要的保护？
5. 修理（包括所有校正和焊接操作）完成以后，要对车辆进行哪些检查？
6. 产生过度拉伸的原因有哪些？

3 项目三

车身板件的修复

任务1 车身钢制板件的修复

学习目标

1. 能够分辨车身板件损坏的类型。
2. 能够根据板件损坏的类型选择合理的维修方法。
3. 能够使用手锤和垫铁维修变形的车身板件。
4. 能够使用整形机修复变形的车身板件。
5. 能够利用收缩工艺对钢板变形进行校正。
6. 能够注意培养良好的安全与卫生习惯及团队协作意识。

案例分析

如图3－1所示，车门外板有一些变形，这些变形都不是很严重，可以维修。那么，应该采用什么方法维修呢？损坏的车身板件可以使用手锤和垫铁来维修，也可以使用整形机来维修，有时还会用到收缩工艺，有时还要用到不损伤漆面的维修方法，具体采用什么方法要根据车身板件损伤的类型。本任务将详细介绍变形的车身钢板的维修方法。

图3－1 变形的车身板件

一、钢板变形的类型

金属材料抵抗变形的能力可用它的三种性能来表示：弹性变形、塑性变形和加工硬化。

1. 弹性变形

金属材料在外力的作用下，尺寸和形状发生改变，也就是说发生了变形。当外力消失后，金属材料可以恢复（回弹）到原来的尺寸和形状，亦即原来的变形消失了，这种变形就称为弹性变形。

2. 塑性变形

当金属材料所受到的外力超出弹性极限，将产生永久变形，这种变形就是在外力消失后也不能消除，亦即金属材料不能恢复原来的形状。这种永久变形就称为塑性变形。

当汽车在碰撞过程中受到损坏时，由碰撞而产生的变形将保留下来，除非人为将这种变形除去。产生永久变形的部位周围都会产生弹性变形，当永久变形不消失时，弹性变形也无法消除。在修理受到这种类型损坏的车身时，应首先修复永久变形，这样弹性变形也会随之消失，使车身恢复到原来的形状。

3. 加工硬化

加工硬化是达到塑性变形的上限时金属出现的一种现象。例如，将一钢板弯曲，在弯曲的部位出现弯折，这个部位的塑性变形非常大，迫使晶体组织完全离开了原来的位置，钢板变得非常硬，这种硬度的增加称为加工硬化，如图 3 – 2 所示。

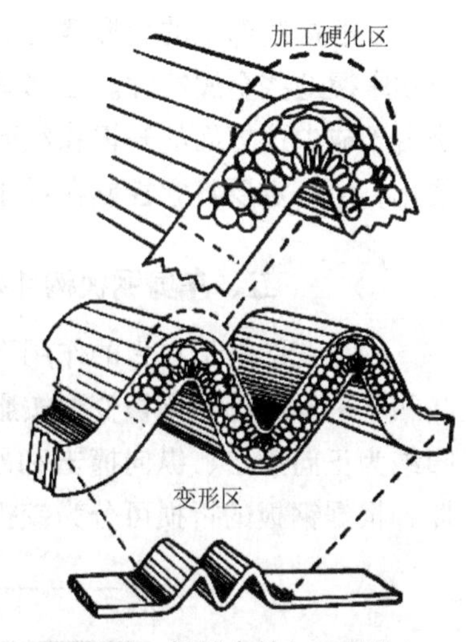

图 3 – 2　钢板内的加工硬化

在车身上未受任何损坏的钢板，都会因为在制造过程中的加工而存在某种程度的加工硬化。碰撞造成的弯曲只能使受到影响的部位产生更加严重的加工硬化。车身修理人员在校正受损坏的部位时，同样会加重该处加工硬化的程度。金属产生硬化而造成强度增加，但它却是钢板损坏的根源。

钢板在加工成翼子板之前相当柔软，冲压后被加工的部分变得很硬，仍保持平坦的部位则比较柔软。如图 3 – 3 所示，翼子板无阴影区为“柔软”部位，有阴影区为“硬化”部位。有阴影区（顶部和边缘）硬度高不容易损坏，而一旦变形损坏，也难以修复。钢板平坦的部位在修理过程中容易变形损坏，应采取正确的校正方法。由于汽车上的所有钢板都存在不同程度的加工硬化，所以在这些钢板受到损坏之前，就要知道哪些部位最硬或最软。

汽车上的钢板构件在受到碰撞时，造成的折损会加重原来存在的加工硬化程度。在图 3 – 4 中，弹性弯曲区虽然发生了弯曲，但并没有折损，而只在加工硬化区发生了折损。修理时把折损区修理好后，弹性弯曲区自然会恢复原状。如果先修理弹性变形区，就会使该区域损坏。若对钢板不适当加工，造成过度的加工硬化，钢板将会更加难以修理。

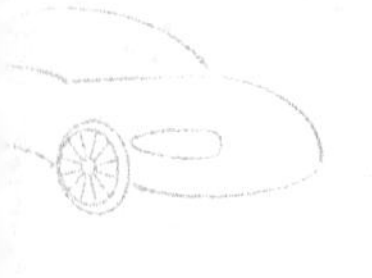

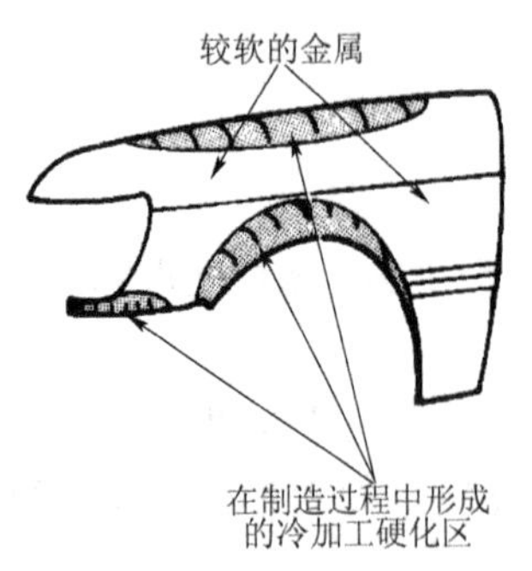

图 3－3 车身板件中的加工硬化部位

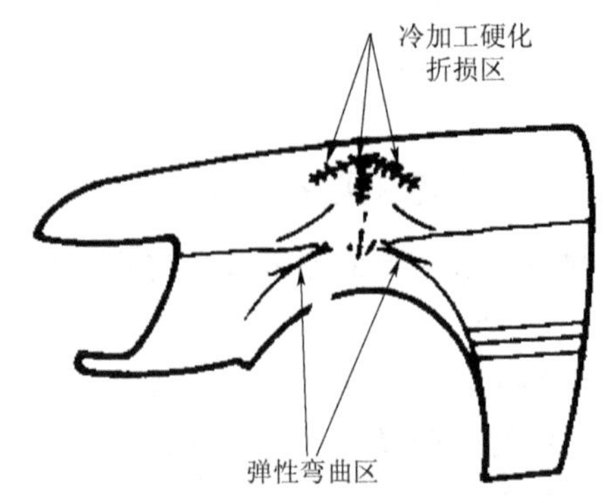

图 3－4 弯曲变形中的加工硬化区和弹性区

了解这些部位的变形情况对于确定正确的修理方法有着非常重要的作用，车身修理人员必须掌握这些金属特性。在修理过程中造成的损坏与碰撞对汽车造成的损坏几乎同样多，这是由于缺少这方面的知识和经验而造成的。在校正金属板的过程中，多少总要引起一些加工硬化，但一定要将它控制在最小范围内，不应造成损坏。

二、车身钢板构件损坏的类型

钢板变形是指在力的作用下，由于其内部组织发生变化，而导致板件产生弯曲、翘曲和凸凹不平等缺陷。钢板变形按影响力的不同可分为外力损伤和内应力损伤；按撞击力方向可归纳为正向撞击、纵向撞击和剐蹭损伤；按损坏的类型可分为直接撞击损坏和间接撞击损坏；根据钢板的折损可分为铰折折损和卷曲折损（图 3－5）。

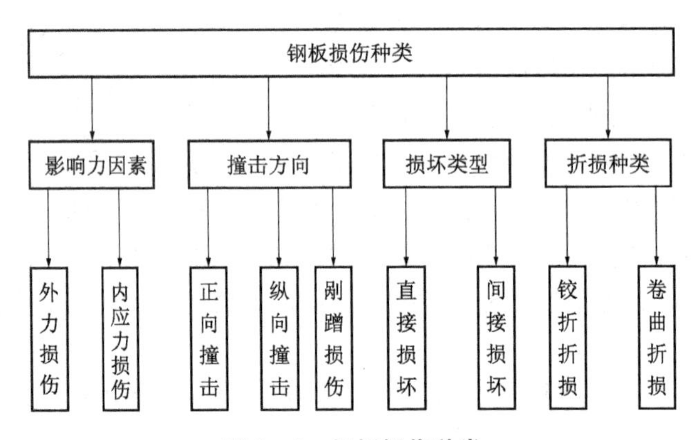

图 3－5 钢板损伤种类

（1）不同的力引起的损伤

对于因受外力所引起的变形，修复时主要针对变形部位采取矫正措施；对于内应力所导致的变形，则需要针对产生应力的部位而不是变形部位，采取措施以消除内应力，或者使其内部组织平衡以达到钢板平直的目的。车身外部钢板变形大多是受外力作用导致的，内应力引起变形的比例非常低。

（2）不同方向撞击导致的钢板损伤

撞击是指两个或两个以上的物体相互之间的机械作用。车辆在发生事故时，所受到的冲击力会来自很多方向，通常会遭受前部撞击、后部撞击、纵向撞击、翻车、高空坠物或托底事故等。在这一过程中，将会导致车身钢板发生变形，钢板会受到来自于与其平面垂直或接近于垂直方向的冲击（正向撞击）、与其平面接近于直线的纵向撞击力（纵向撞击）和与其平面呈一定角度的剐蹭冲击（剐蹭损伤）。

1）在受到正向撞击时（图3－6），钢板撞击部位通常会发生延伸、变薄，面积增大，修复时必须进行收缩作业，撞击严重时将导致构件整体尺寸缩短。

2）纵向撞击（图3－7）将导致钢板出现折损或大面积隆起，与钢板连接的内层结构往往也会发生变形，钢板通常会发生压缩，整体尺寸缩短，如不能采取正确的修理方法将造成损伤进一步恶化。对正向撞击和纵向撞击损伤，应首先进行受力分析，修复时注意控制好拉伸力的方向、大小和作用点。

图3－6　正向撞击导致钢板发生延展

图3－7　纵向撞击导致钢板出现折损

3）剐蹭损伤是指钢板平面与撞击力夹角很小的一种损伤，通常会伴有划伤、擦伤，与尖锐物体剐蹭时还会出现开裂现象。车辆在行驶中的托底、翻车时由于惯性与地面的摩擦（图3－8）也会造成钢板产生剐蹭损伤。剐蹭事故严重时会造成钢板撕裂、变薄、磨穿等现象，通常采用更换的方法，不建议修复。

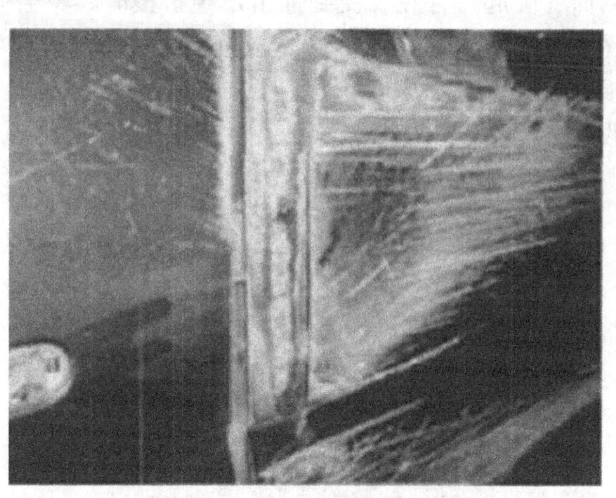

图3－8　与地面摩擦造成钢板磨穿

（3）直接损坏和间接损坏

1）直接损坏。直接损坏是指碰撞的物体与金属板直接接触而造成的损坏（图3－9），也就是碰撞点部位的损坏。直接损坏通常以断裂、擦伤或划痕的形式出现，用眼睛即可看到。在所有的损坏中，直接损坏通常只占 10% ~15%。但是如果碰撞产生了一条很长的擦伤或折痕，它将在总损坏中占 80%。可以对严重的直接损坏进行修理，但现在车身上使用的金属件太薄，难以重新加工，校正修理需花费很多时间。所以实际上一般不对受到直接损坏的部位进行修理，直接损坏部位的修复通常需要使用塑料填充剂（腻子），有时还需要使用铅性填充剂（铅性填充剂为了与钢板结合得更好，需要在操作中使用酸腐蚀，而酸腐蚀会对金属板产生损害，现在一般不推荐使用），在填充的过程中，间接损坏也得到了修理。

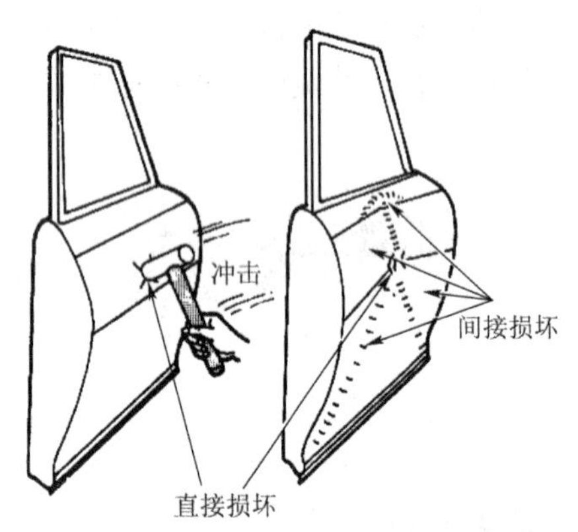

图 3-9　直接损坏和间接损坏

2）间接损坏。碰撞除产生直接损坏外还产生间接损坏，也就是说间接损坏是由直接损坏引起的。在实际中间接损坏占所有类型损坏的绝大多数（80% ~90%）。所有非直接的损坏都可认为是间接损坏。

各种构件所受到的间接损坏基本相同，它会产生同样的弯曲、同样的压缩。而 80% ~90% 的金属板都可采用同样的方法修理，只是由于受损坏部位的尺寸、硬度和位置的不同，所用的修理工具有所不同而已。

（4）钢板的折损

折损是钢板被弯曲到一定程度后，出现的一种塑性变形现象。钢板弯曲后不一定就会出现折损，只有弯曲到不能恢复原来的形状才能称之为折损，可以理解为日常工作中所说的“死褶”，它通常是以沟或槽的形式存在，根据其损坏种类可分为铰折折损和卷曲折损。铰折折损是指钢板受到撞击力后，像铰链（合页）一样的被弯曲，此时钢板的厚度几乎不会发生明显变化，这种折损在一些比较平坦的部位容易出现。对钢板铰折折损进行矫正时，通常采取拉伸的方法以消除应力，单纯的反向矫正很难保证整体尺寸恢复。

当钢板以一定的曲面（隆起）存在，受到撞击产生折损时，将会倾向于卷曲，这种折损称之为卷曲折损（图 3-10）。卷曲折损将会造成钢板折损两侧隆起部位收缩，并在折损处形成箭头形状，折损方向与隆起处方向相反。对卷曲折损进行修复时，也应采取拉伸的方法，消除应力，并将收缩部位放开。

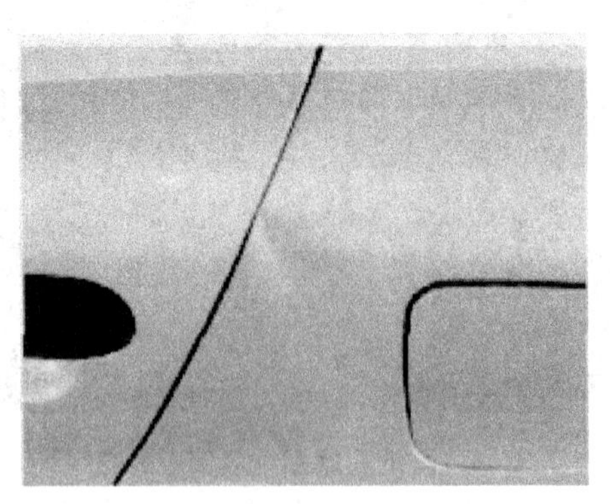
图 3-10　卷曲折损

（5）板件损坏的拉伸区和压缩区

板件损伤后，一般用“压缩”和“拉伸”来形容金属受损以后的状况。这些状况也可用"高点"和"低点"来描述。在任何损坏发生以前，金属内部都已存在压缩和拉伸，所有的拱形都受到压缩。但这里的"压缩"并不是指发生损坏时产生的力，而是指金属被挤压的部位受到一个新产生的压力的作用，该压力通过加工硬化被保留下来。如果该压力突然消失，金属将返回到它原来的形状。通常各种金属板的拱起程度会有所不同，拱形很高的金属板称为"高拱形"，而接近平坦的金属板称为"低拱形"。当低拱形的金属板受损时，金属被拉入损坏的中心部位。这个拉力使金属板低于它原来的高度，低于正常高度的损坏区称为拉伸区；相反，金属板上任何超出原高度的损坏区都称为压缩区。图3－11所示为一个受损部件截面上的拉伸区和压缩区。

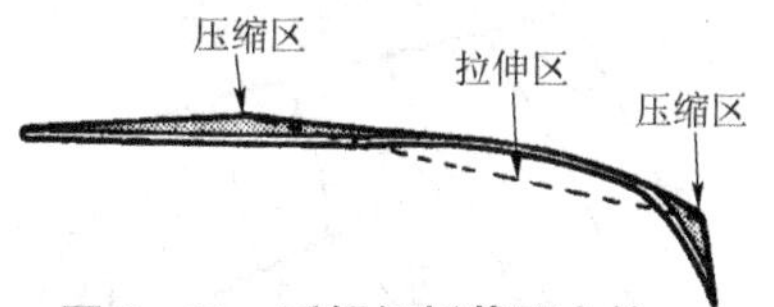

图3－11　受损钢板截面上的拉伸区和压缩区

判断金属板件产生的变化，应考虑金属板在受到损坏前压缩或拉伸的状况。校正时，先要确定受损部位受到的是拉伸还是压缩，然后才可确定修理的方法和使用的工具。不能用锤子敲打拉伸区，也不能用垫铁敲打压缩区的内侧，要根据压力的方向来决定需要施加的力，同样当损坏部位存在压缩区时，不能在此部位使用塑料填充剂。

（6）车身板件的拱起变形

汽车外部面板上的拱起类型有单曲拱形、复合拱形和双曲拱形三种。不同类型的拱形在受到外力时变形是不相同的。

1）单曲拱形的变形。如图3－12（a）所示为单曲拱形的金属板，在纵向（金属板的长度方向）是平坦的，而在横向（金属板的宽度方向）是拱形的。当向金属板拱形处顶端施加一个压力时，见图3－12（b），则在金属板的纵向方向受到拉伸，见图3－12（c），在金属板的横向方向受到压缩，见图3－12（d）。

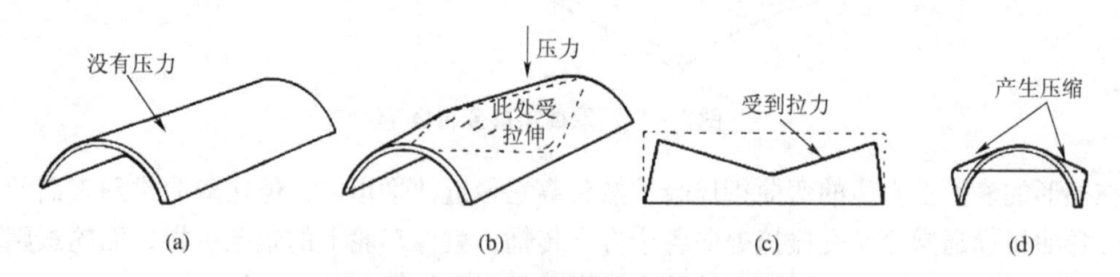

图3－12　单曲拱形金属板受力后的变形

（a）损坏前的金属板；（b）损坏后的金属板；（c）侧视图；（d）正视图

2）复合拱形的变形。所谓复合拱形就是平面与拱形的组合。图3－13所示就是复合拱形金属板受力后的变形图。板件压力的 P 方向是由上向下，几乎是垂直的。由于拱形处金属的强度比平面处大，抵抗压力能力强，所以凹陷卷曲 P 到 BC 段长度小于 P 到 BF 段。事实上，在受到损坏时，P 两边所受到的力相同，但是左侧金属损坏的面积较大。不熟练的修理人员在校正这种变形时，只是设法先让金属向上移动，这将会对金属板上平面的部位造成进一步的损坏。平面的部位将会屈服于校正力而断裂，但 P 到 BC 部位却未受影响。对这种情况进行的校正应该是先将 P 到 BC 部位折损处展开，因为这里是展开较平坦部位的关键。

当焊接不当或不正确操作铁锤、垫铁或拱形的折损等，使拱形的金属板上产生一个凹陷区（也叫收缩区）时，则凹陷区将低于正常的高度。对于出现在拱形处的凹陷区，如果在

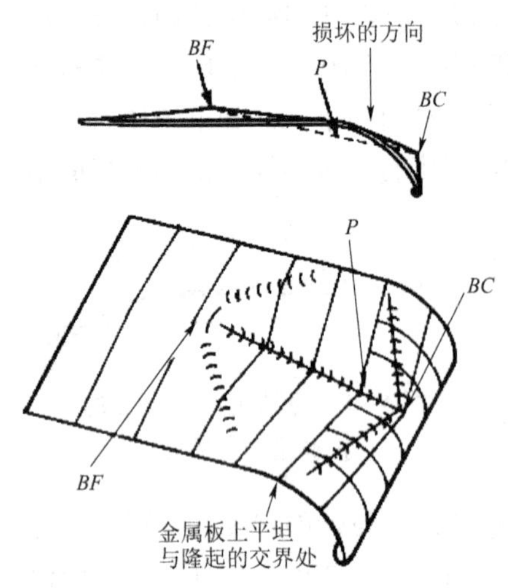

图 3－13　复合拱形金属板受力后的变形

它的附近没有伴随着出现一个压缩区，便可以用拉伸的方法来校正收缩的凹陷区。通过拉伸凹陷区的方法进行校正时，只会降低邻近部位的高度。但一块受到损坏的金属板上除出现凹陷区外总会出现一些压缩区，如果它不是受到来自下面的损坏，而采用拉伸方法校正，金属将受到向里面拉的力，使凹陷进一步加深。

掌握这些知识将有助于车身修理人员确定正确的修理方法。例如，在一个凹陷的表面上焊接时，由于金属材料的收缩，会造成金属的下沉还是上升？答案是金属会上升，形成一个拱形。解决这个问题可采用铁锤在垫铁上敲击，使金属表面得以降低。不熟练的修理人员常常不是对金属板的拱形用铁锤在垫铁上敲击，而是采用拉伸的方法使凹陷的金属表面升高，结果没有不失败的。

3）双曲拱形的变形。大多数金属板上的各种弯折都发生在一个方向上，而在另一个方向上保持平坦。但是，也有一些金属板在两个方向上都有拱形，这类拱形就是双曲拱形（图 3－14）。

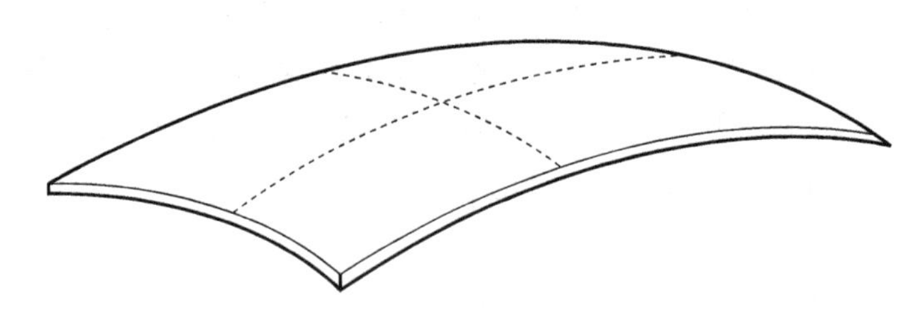

图 3－14　双曲拱形金属板

在拱形的表面上发生的弯曲折损会扩散到离它最近的平坦区，但在双曲拱形表面的金属板上，卷曲折损通常会从受碰撞处向各个方向传播，就像车轮上的辐条一样，而轮毂则相当于是最初的碰撞点。图 3－15 所示就是这种类型的金属板所受到的损坏。

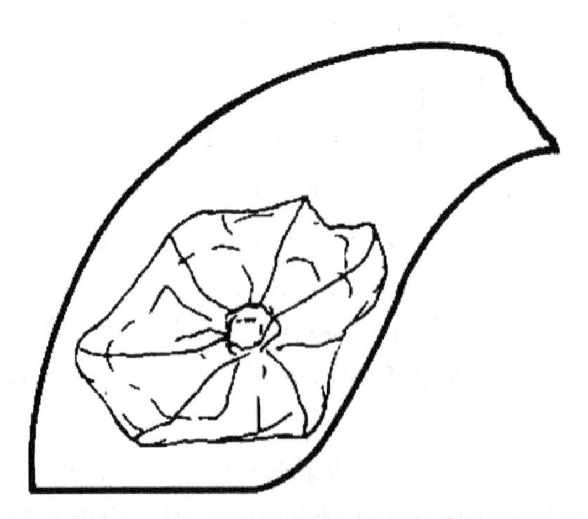

图 3－15　双曲拱形金属板的凹陷卷曲折损

三、钢板常用校正工具

车身钢板修复设备及工具种类繁多，能否正确采用，将直接关系到最终加工质量。

1. 手工工具

(1) 球头锤

球头锤（图3－16）用于校正弯曲的基础结构，修平厚度较大的钢板部件，用于车身锤和手顶铁作业之前粗成形的车身部件。一般球头锤的质量应在250～500 g之间，在车身修理中大量使用这种锤。

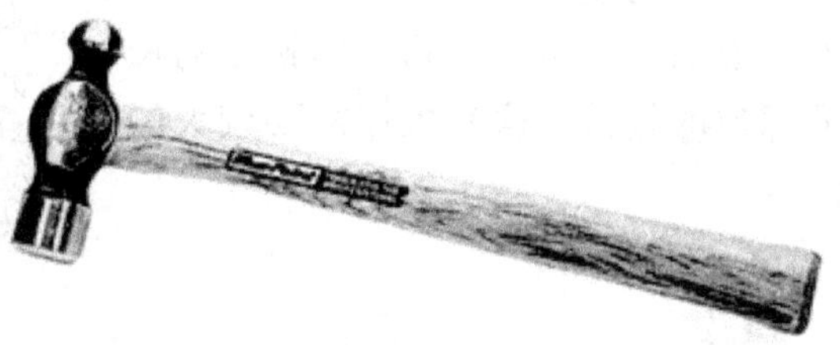

图3－16 球头锤

(2) 橡胶锤、木槌

橡胶锤或木槌（图3－17）用于柔和地锤击薄钢板，这样不会损坏喷漆表面。它经常与吸杯配合用于大面积的凹陷修复上。当用吸杯将凹陷拉上来时，用橡胶锤围绕着高起的点按圆周状轻打。

带有橡胶端部的钢锤是另一种在车身修理中使用的锤子。此种锤兼有硬面和可更换橡胶头的软面，有时称为软面锤。它用于镀铬钢修理或其他精密部件的作业并且不损伤其表面光洁度。

(3) 轻铁锤

轻铁锤（图3－18）是修复损坏的钣金件的第一阶段所必需的工具，它的重量是1 000～2 000 g，并有一个短把柄，因此能在紧凑的地方使用。在修理时用铁锤敲打损坏的金属板使其大致回到原形，在更换金属板时则用于清理损坏的金属板。

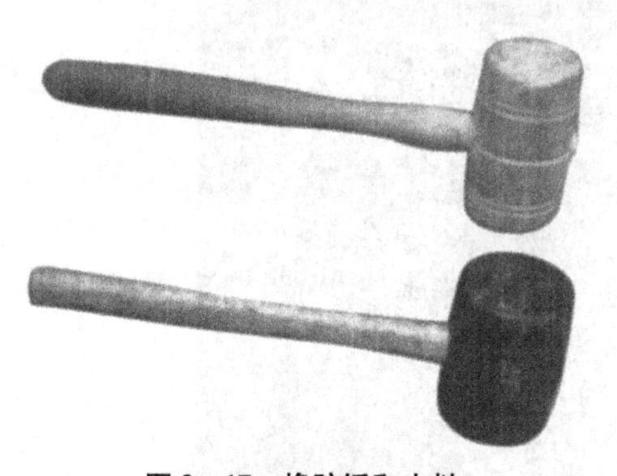

图3－17 橡胶锤和木槌

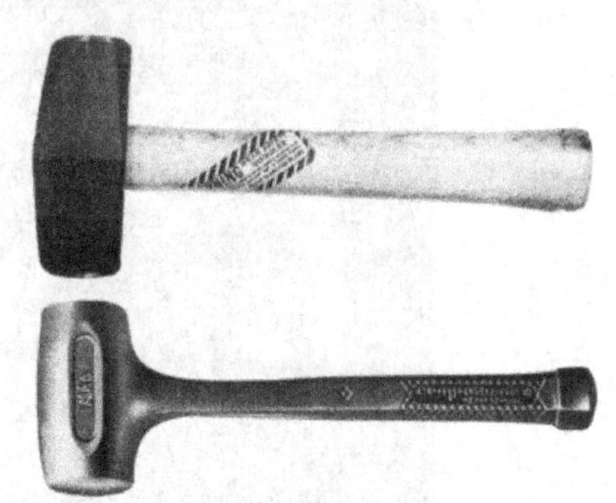

图3－18 轻铁锤

(4) 车身锤

车身锤是连续敲打钣金件以恢复其形状的基本工具。它有许多不同的设计，有方头、单头、圆头以及尖头的。每种形式都是为不同用途而设计的。

1）镐锤。镐锤（图 3－19）能修理许多小凹陷。其尖顶用于将凹陷从内部锤出，对中心进行柔和的轻打。其平顶端与顶铁配合作业可以去除高的点和波纹。镐锤有多种形状和尺寸，有些有锐利的锥形尖，有些则具有钝的锥形尖。

使用镐锤时要小心，假如敲击力量过大，尖顶端可能戳穿汽车上的薄钢板。只能在修复小的凹陷处用镐锤。

2）冲击锤。大的凹陷需要使用冲击锤（图 3－20）。冲击锤的顶角有圆的或方的，顶面的表面近似平的。这种锤顶面大，打击力散布在较大的面积上，用于凹陷板面初始的校正，或加工内部板和加强部位的板件。这些操作需要较大的力量而不要求光洁的表面。

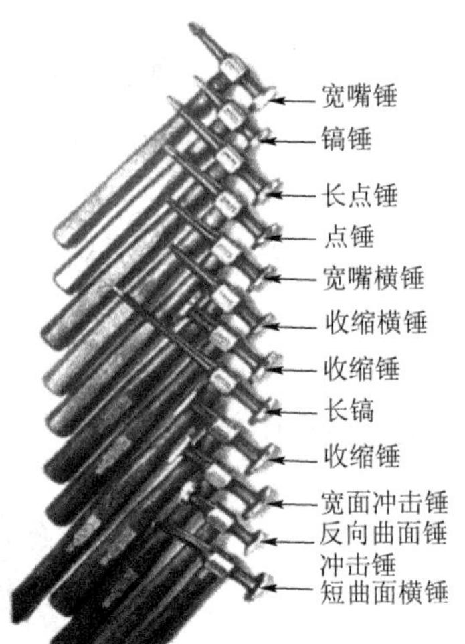

图 3－19　镐锤

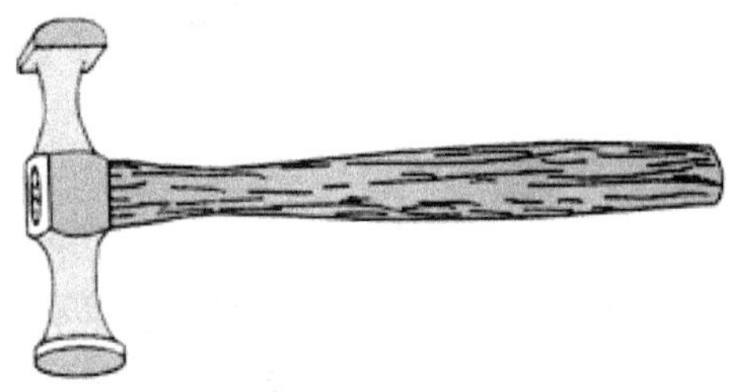
图 3－20　冲击锤

修复变形大的凹陷表面，如后顶侧板上的反向曲面、变形的车头灯座、门等，需要使用轻冲击锤。这种锤的锤面一面是拱形的，另一而则是平的。曲面锤面使下凹的金属受冲击而不发生延伸。锤子的曲面外形必须小于金属板凹陷的外形，以避免延伸金属板。

3）精修锤。在用冲击锤去除凹陷之后，用精修锤（图 3－21）以得到最后的外形。精修锤的锤面较冲击锤的锤面小，表面是拱形的，以便力量集中在高点或波峰的顶端。收缩锤是有锯齿面或交错缝槽面的精修锤，这种锤用来收缩那些被过度锤打而延伸的部位。

图 3－21　不同类型的精修锤

(5) 垫铁

垫铁（图3－22）的作用像一个铁砧，它通常顶在锤敲击金属板的背面，用锤和垫铁一起作业使拱起部位下降，或使凹陷部位上升。

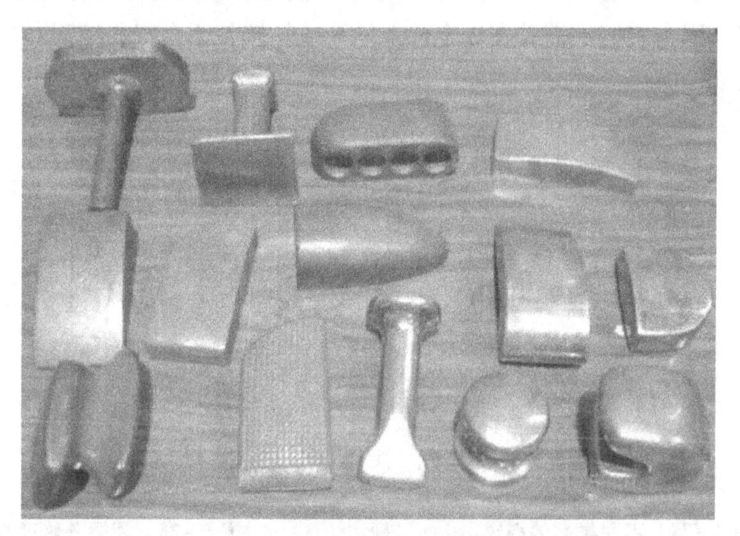

图3－22　不同类型的垫铁

垫铁有高拱形、低拱形、凸缘等多种不同形状，每种形状用于特定的凹陷形式和车身板面外形。垫铁与面板外形的配合非常重要，假如在高拱形的面板上使用平面或低拱形的垫铁，结果将会增加凹陷。轨形垫铁也是一种常用的垫铁，它也有许多形状，如足尖式和足根式垫铁用于在狭窄部位进行敲击，而其平面直角边则用以校正凸缘。

(6) 匙形铁

匙形铁（图3－23）是另一类车身修理工具，它可以当作锤或当作垫铁使用。有许多种形状和尺寸，可与不同的面板形状匹配，平直表面的匙形铁把敲打力分布在宽的接触面上，在皱折和拱形部位特别有用。当面板背面空间有限时，匙形铁可当作垫铁用。匙形铁与锤一起作业，可降低拱形。内边匙形铁可撬起低凹处，或与锤一起敲击来拉起凹陷。冲击锉匙形铁则有锯齿状的表面，用来拍打拱形或里边的皱折，使金属板回复到原来的形状。

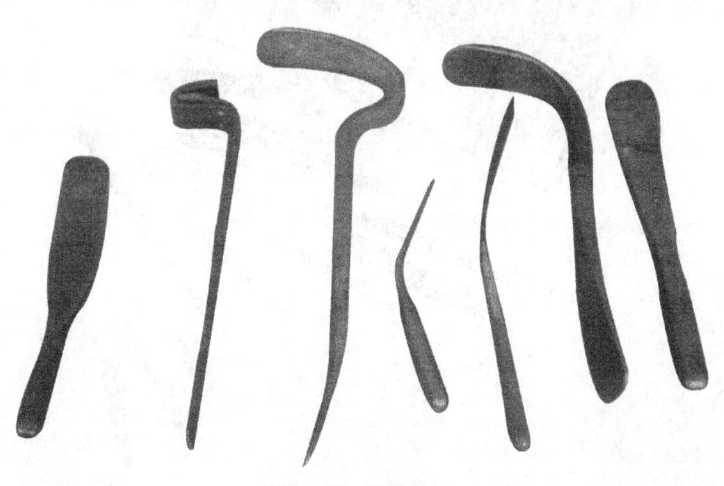

图3－23　匙形铁

(7) 撬镐

撬镐（图3－24）只用作撬起凹点，它们有不同的长度和形状，大多数有U形末端把手。如图3－25所示，撬镐可以用来升起门板或其他密闭的车身部件上的凹点。撬镐通常较惯性锤和拉杆好，因为它们不需要在钣金件上钻孔或焊接，不会损伤漆面。

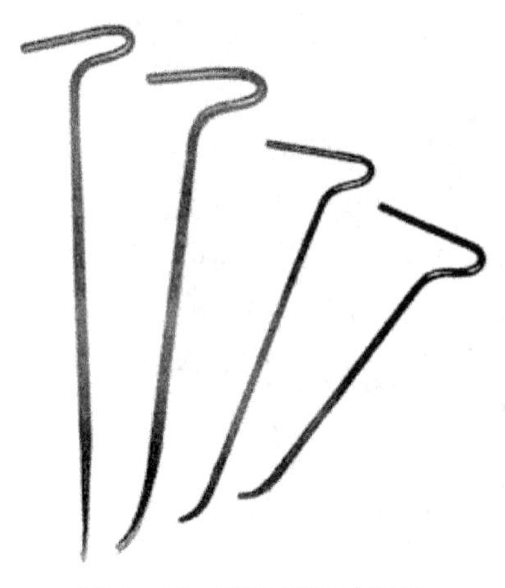

图3－24　不同类型的撬镐

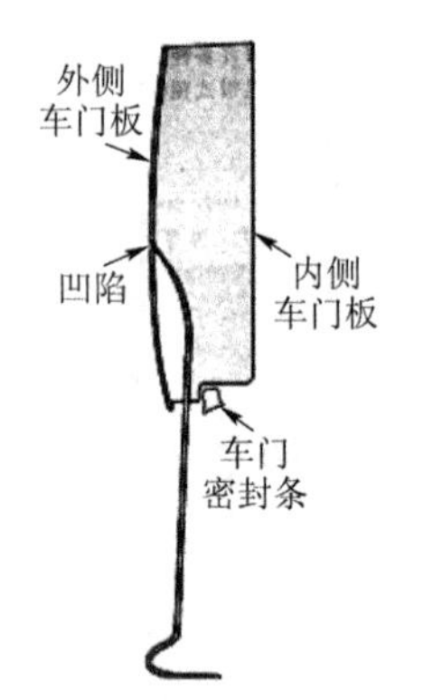

图3－25　用撬镐修理车门板

(8) 冲头和錾子

在修理时经常要用到冲头和錾子（图3－26）。中心冲用于部件拆卸之前对它们的定位打标记，作为钻孔冲击标点（标点可保持钻头不偏移）。铆钉冲的冲头为锥形，顶端是平的，用来顶出较小的铆钉、销钉和螺栓。销钉冲和铆钉冲相似，但是冲头不是锥形，这样它可以冲击出更小的铆钉或螺栓。长中心冲是一个长锥形冲头，用在焊接车身面板或其他车身部件（如翼子板螺栓孔和保险杠）等的定位。

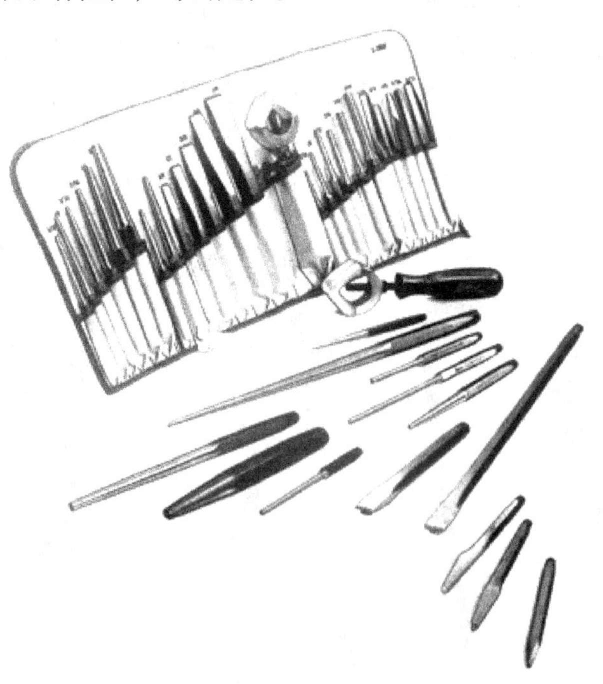

图3－26　冲头和錾子

錾子是有硬化刀口的钢棒，用于切断钢材。錾子有多种尺寸。冷錾用于分离咬死的螺母，切断生锈的螺栓和焊接点，以及分离车身和车架部件。

(9) 划针

划针（图 3－27）看起来像一个锥子，但其钢柄较重。用来在金属板上划出要切割、钻孔或紧固的标志，可以用锤轻敲划针穿过较厚的金属板。当不需要特定尺寸的孔时，可以用划针在金属板上戳穿一个孔。划针需要保持锐利，才能在各项作业中有效而安全地使用它。

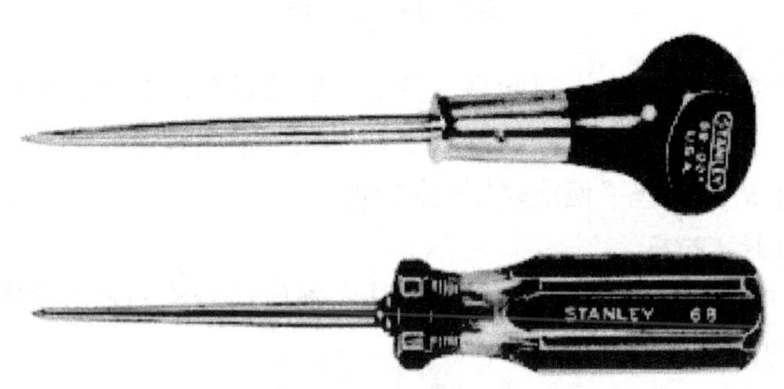

图 3－27 划针

(10) 金属剪切工具

金属剪切工具（图 3－28）用来修整面板。常用的几种金属剪切工具如下：

1）铁皮剪。铁皮剪是最通用的金属剪切工具，它可剪切出钢板的直线或曲线形状。

2）金属切割剪。金属切割剪用来切开硬金属，如不锈钢。这种剪的刀爪窄小可使其在所切金属之间移动。爪是锯齿形的，用来剪切坚韧金属。

3）面板切割剪。面板切割剪是一种特殊的铁皮剪刀，用来切断车身钣金件。这种切割剪常在板上作直线或曲线的切割，来切除腐蚀或损坏的部位。它的切口清洁、准直，容易焊接。

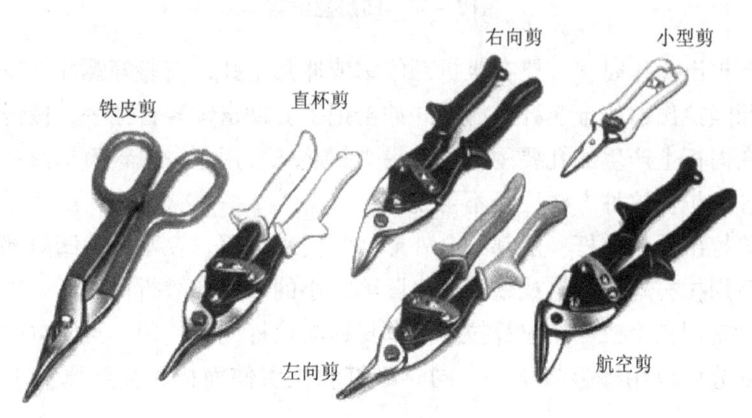

图 3－28 金属剪切工具

(11) 车身锉

车身锉（图 3－29）用于锉平大的表面。在对损伤部位进行修整后，用车身锉可以锉去高点而显露出需要再加以敲击的低点。操作时要注意，不要大力使用车身锉，否则可能会锉穿薄金属板。

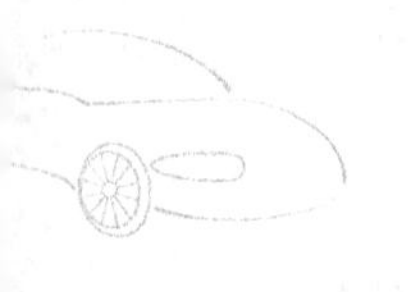

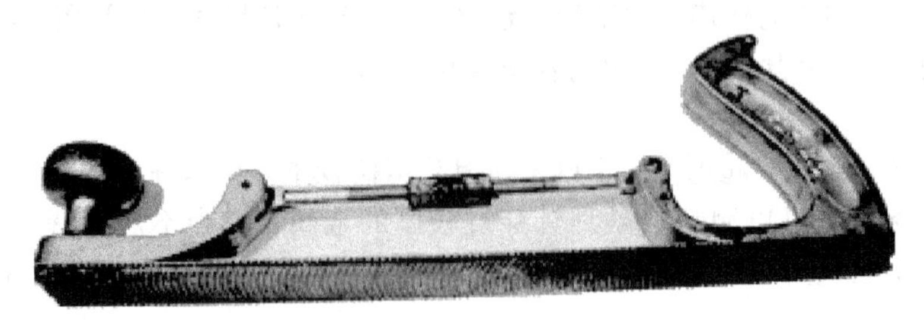

图 3－29　车身锉

车身锉的锉片安装在把柄上。把柄是一种带转动拉紧套筒的挠性把柄，转动拉紧套筒可以调整锉片的弯曲，挠性把柄可让锉的形状更好地配合金属板的外形。

固定式锉刀把柄适用于锉平面或轻度凸圆形状。

（12）凹陷拉出器和拉杆

修理板件时，如凹陷损伤在密封结构段，从内部使用最长的匙形铁也够不到，此时可以用如图 3－30 所示的凹陷拉出器或拉杆。

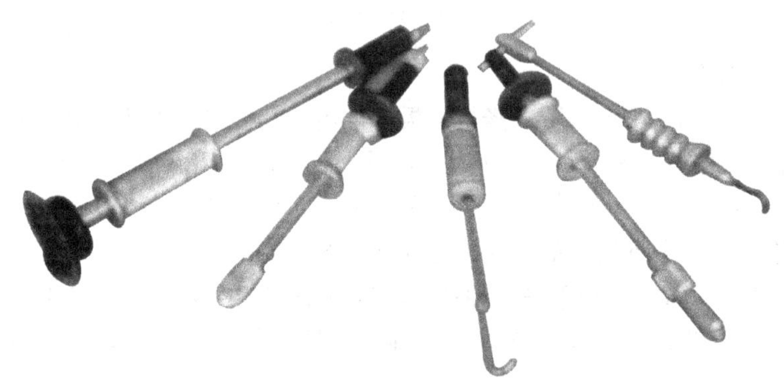

图 3－30　凹陷拉出器

以前在进行拉出操作时，都要在皱折部位钻或冲几个孔，安装好螺柱，拉出器钩住螺柱后用冲击锤在凹陷拉出器的金属杆上滑动并冲击把手。冲击锤轻打把手，慢慢拉起凹点。使用螺柱拉伸时在面板上产生的孔要用气焊或锡焊封起来，用车身填料简单修补这些孔，不能提供足够的锈蚀防护。这种方法已经不再使用。

现在的凹陷拉出器和拉杆一般都配合外形修复机来使用，在车身的凹陷部位焊接一个焊钉或垫圈，然后用拉杆勾住焊钉或垫圈拉出凹陷。小的凹坑或皱折可以用一根拉杆拉平，大的凹坑可以同时使用三个或四个拉杆拉平。车身锤与拉杆同时使用，当凹坑的低点拉上来的同时，其拱形部分可以用锤敲打下去，同时敲打和拉引使面板回复到原形，可以减少金属延伸。

（13）车身快速维修组合工具

车身快速维修组合工具由高性能的外形修复机、强力拉拔组合工具、棱线拉拔组合工具及省力拉拔组合工具等组成（图 3－31）。使用快速维修组合工具对车身外板覆盖件进行维修，可以有效提高维修质量和维修效率。

图 3－31　车身快速维修组合工具

（14）吸盘

吸盘（图 3－32）是一种简单工具，它可以拉起浅的凹坑，但凹坑位置不能有皱折。作业时用吸杯附着在凹坑的中心并拉起，凹坑就能恢复正常形状而不损伤油漆，也不需再作表面整修。有时凹陷拉出后，还需要用橡胶锤和顶铁来整平金属板，消除金属板上存在的弹性变形。

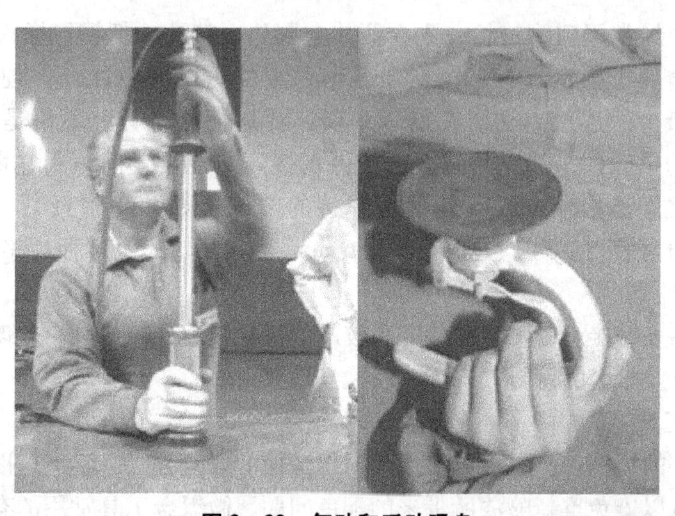

图 3－32　气动和手动吸盘

2. 电（气）动工具与设备

（1）车身外形修复机

对车身板件上不容易使用手工工具进行操作时，最好的工具是使用具有电流调整性能的外形修复机（图 3－33），它可以很轻松地把板件上的凹陷拉出来。外形修复机可以对焊接垫圈、焊钉、螺柱、星形焊片等进行拉伸操作，还可以使用铜触头和碳棒进行收缩操作。

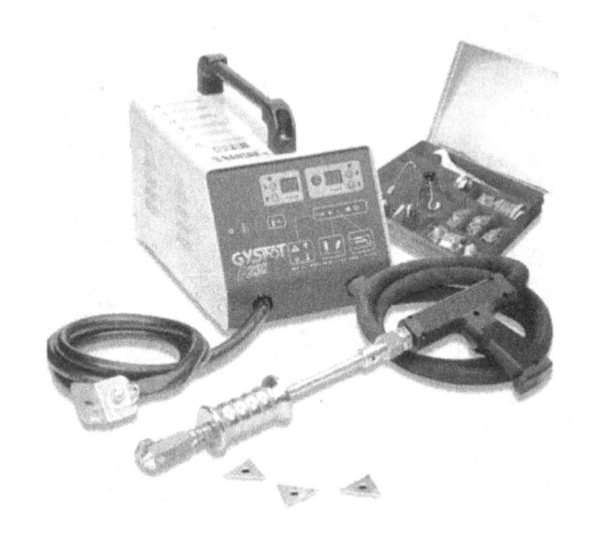

图 3－33　多功能外形修复机

外形修复机的电源电压是 220 V，通过内部的变压器转换成 10 V 左右的直流电。主机上有两条输出电缆线，一条为焊枪电缆，另一条为搭铁电缆，在工作时两条电缆形成一个回路。把搭铁线连接到工件上，焊枪通过垫圈等介子把电流导通到金属板的某一部分上，由于电流达到 3 500 A 左右，垫圈接触金属板的部位产生巨大的电阻热，使温度能够熔化钢铁，熔化的垫圈就焊接到面板上了。

（2）铆枪

在车身修理中经常用到铆钉枪，先在两片金属片上打孔，把铆钉插入孔中，然后用铆钉工具拉出，把金属板锁定在一起。对于各种钣金件更换如锈蚀孔修理，使用铆钉连接是最简易、费用最少的连接方法。在修理中要广泛地使用铆钉，不论是作为永久性的修理或是作为暂时的紧固件，如在将更换的板件焊接到指定位置前，用它做暂时的紧固件。车身上不同材料之间、铝合金或不能使用焊接的部位（如油箱附近），都要使用铆钉连接。最通用的铆枪（图 3－34）是 3 mm 和 6 mm 规格的。其他各种规格尺寸的铆枪适用于特种作业。

重型铆枪，用来铆接难以铆接的地方和较厚的机械装配件，如风窗玻璃升降器。它包含长手柄和长锥头以及整套的铆钉。

（3）微钣金工具

如果金属板件的损伤较小，可以使用不损伤漆面的修复方法，不但可以节省大量的时间和劳动，而且还可以避免重新喷漆所带来的配色问题。微钣金工具常用的有两种，黏结拉伸工具（图 3－35）和内部顶撬修复工具（3－36）。

图 3－34 电动铆钉枪

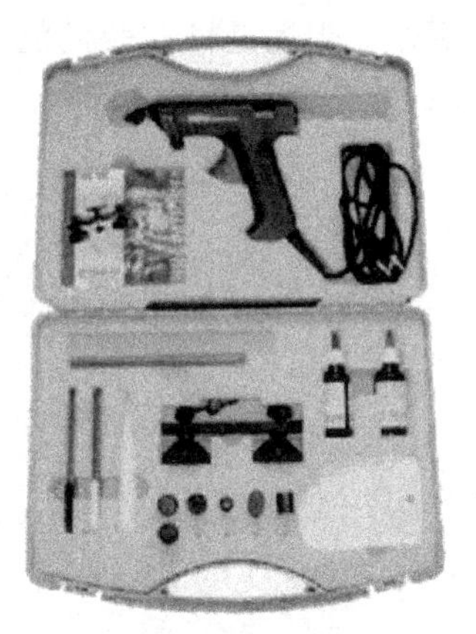

图 3－35 黏结拉伸工具

图 3－36 内部顶撬修复工具

(4) 气焊设备

气焊所用的设备及管路连接如图 3－37 所示。

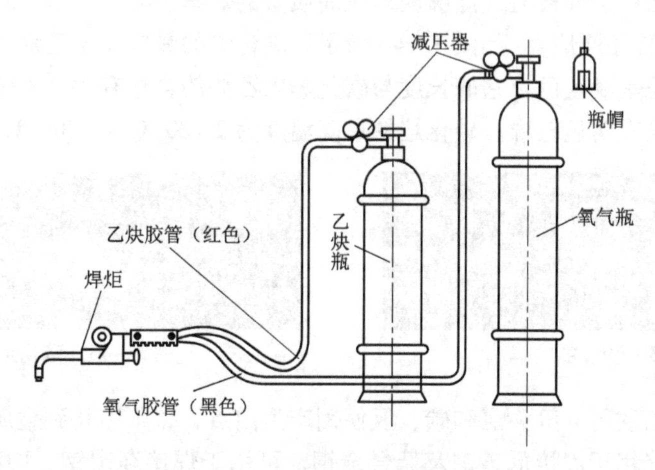

图 3－37 气焊设备及其管路连接

1）焊炬。焊炬是将气瓶内流出的氧气和乙炔在焊炬体内以适当的比例混合并产生火焰。焊炬有射吸式和等压式两种，常用的是射吸式，如图 3－38 所示。

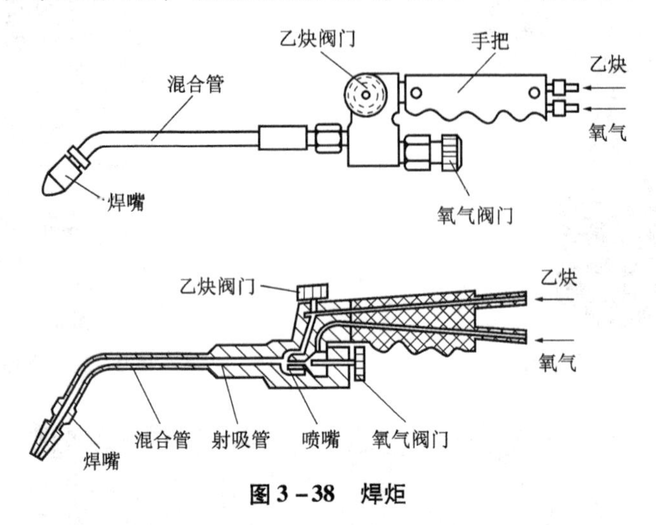

图 3－38 焊炬

2）乙炔瓶。乙炔瓶是存储溶解乙炔的钢瓶，外壳漆成白色，用红色写明“乙炔”字样和“火不可近”字样。瓶上配备减压器和回火安全器。

3）氧气瓶。氧气瓶是存储氧气的一种高钢瓶，外表漆成天蓝色，用黑漆标明“氧气”字样。瓶上也配有减压器。

4）氧乙炔火焰。氧乙炔的火焰由焰心、内焰、外焰组成，根据两种气体的比例不同，产生不同配比的火焰有着不同的用途。火焰有中性焰、碳化焰和氧化焰三种形式。

① 中性焰（也称标准火）。如图 3－39 所示。氧、乙炔比例为 1∶1（按体积计算）。焰心呈尖锥形，色白而明亮，轮廓清楚。焰心温度较低，一般为 800 ℃～1 200 ℃。内焰呈蓝白色，处在焰心前 2～4 mm 部位，燃烧最激烈，温度最高，可达 3 000 ℃～3 200 ℃。这个区域最适合焊接。外焰处在内焰的外部，与内焰没有明显的界限，颜色从淡紫色逐渐向橙黄色变化，温度只有 1 200 ℃～2 500 ℃。

中性焰在燃烧时生成的一氧化碳及氢气，能与金属中的氧作用使熔池中的氧化铁还原，适合于收缩加热。当用于焊接时，能够获得较高质量的焊缝。

② 碳化焰（也称还原焰）。如图 3－40 所示。碳化焰的氧气少于乙炔气的含量。焰心较长，呈蓝白色。内焰呈淡蓝色，它的长度与碳化焰内乙炔的含量有关。外焰带有橘红色。碳化焰三层火焰之间没有明显轮廓。碳化焰的最高温度为 2 700 ℃～3 000 ℃。

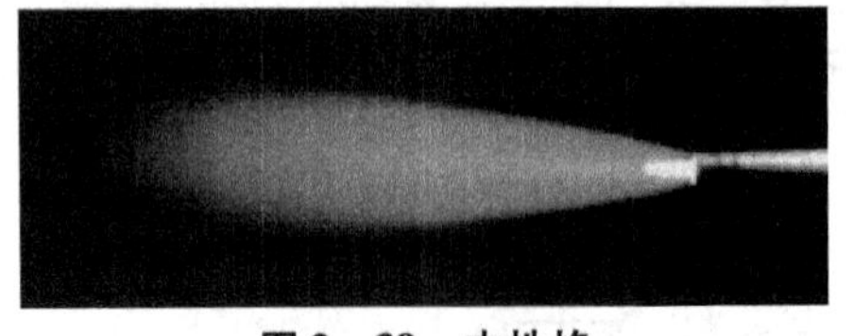

图 3－39 中性焰

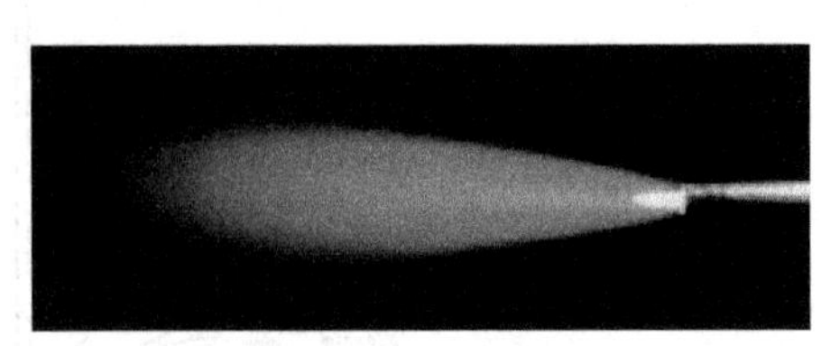

图 3－40 碳化焰

火焰中过剩的乙炔可分解为氢和碳，氢使钢产生白点，碳则熔化到金属中使焊件的含碳量提高。碳化焰不能用于焊接低碳钢及低合金钢，可用于焊接高碳钢、中高合金钢、铸铁、铝和铝合金等材料。

③ 氧化焰。如图 3 - 41 所示。氧气多于乙炔气的含量，整个火焰具有氧化性。焰心短而尖，内焰很短，几乎看不到，外焰呈蓝色，火焰挺直，燃烧时发出急剧的“嘶嘶”声。氧化焰的长度取决于氧气的压力和火焰中氧气的比例，氧气的比例越大，则整个火焰就越短，噪声也就越大。氧化焰的最高温度可达 3 100 ℃ ~3 400 ℃。

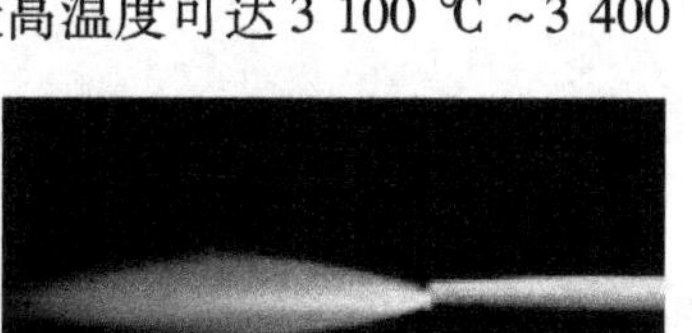

图 3 - 41 氧化焰

过多的氧和铁发生作用生成氧化铁，使钢的性质变坏、脆化，熔池的沸腾现象也比较严重。一般材料的焊接，绝不能采用氧化焰，但可用于焊接黄铜和锡青铜。气割时，通常使用氧化馅。

技能学习与考核

一、技能学习

1. 劳动安全与卫生

1）操作前必须穿戴好工作服。

2）进行敲打操作时，要戴好耳塞等保护用品。

3）小心锤头不要砸到手上。

4）经常关注锤头是否松动。

5）使用气焊设备、车身整形机等，一定要按设备使用说明书的要求进行。

2. 手锤与垫铁整形工艺

手锤与垫铁整形是一项传统的手工工艺，需要一定的经验和技巧，不是一朝一夕能够全部掌握的。作业时需要一手持锤，另一只手握持垫铁或其他工具配合进行敲击整形，修理范围主要包括变形曲面整形和线形校正等。

（1）手锤的敲击方法

在车身修理中，经常用手锤敲打金属板，促使金属板表面回弹。这种使用手锤的方法和钉铁钉所用的铁锤方法是不同的。如果像钉铁钉那样使用铁锤，会给金属板造成更多的损坏。

校正金属板件的关键是应知道在什么部位、在什么时间、用多大的力敲打多少次。应该按图 3 - 42 所示的方法握住铁锤，以下面的两个手指为支点，其他的手指（包括拇指）将铁锤向下推作垂直敲打。当锤子从金属表面上弹回时，可以绕着支点做轻微的旋转，用手腕发力（不是手臂发力）使锤作环状运动。每两次敲击点的间距为 9 ~ 12 mm，直到损坏处得到修复。在用钣金锤敲打到金属板上时，锤子的平面应该与金属板的平面一致，如图 3 - 43 所示，否则会对金属板产生损坏。

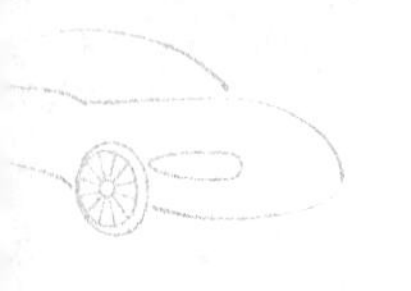

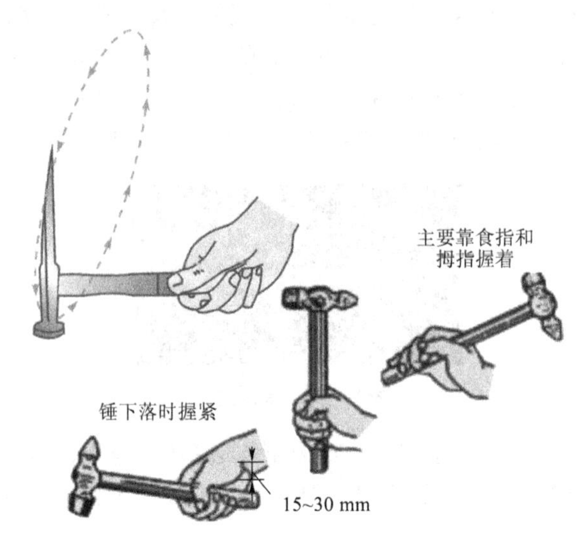

图 3－42　操作钣金锤的动作

图 3－43　钣金锤的正确操作

铁锤的工作面必须与金属板的形状相配合，具有平坦锤面的铁锤适用于平坦的或低拱形的金属板表面；凸形工作面的敲击锤适用于敲打内侧的弧形金属面；重的敲击锤可用来进行大致的修整，但要保证敲击不能加重损坏的程度。

精修锤用于最后的精整修复，精修锤比敲击锤轻，而且通常都带有锤头。精整修复时敲击的要领是快速轻敲，敲击时，锤子也应和金属表面垂直。用铁锤敲打金属表面的棱边将会加重金属的变形。

在敲击金属板以前，一定要清除掉金属板内外表面上的柏油、泥土、内涂层等，确保修理工具能够直接与金属相接触。

锤击法修复是车身面板常用的修复手段，根据作业方式可分为虚敲作业、实敲作业和弹性敲击。

1）虚敲。如图 3－44 所示，也称偏托法、错位法。作业时将垫铁顶在钢板内侧较低的部位，使用手锤敲击凹陷周围较高部位。由于锤击力的作用，高的部位被敲低，而低处则因为锤击的反作用力被提高。虚敲适合于面板损伤的初步校正，建议使用木槌或橡胶锤，尽量使垫铁和手锤的距离近一些，锤子离垫铁的距离越远，效果越不明显。作业时保持锤击力与垫铁贴紧力之间的平衡非常重要。

2）实敲。如图 3－45 所示，也称正托法、正位法。作业时将垫铁顶在凸起部位的内侧，然后使用手锤敲击凸起部位。由于手锤的冲击作用会使垫铁发生轻微回弹，手锤敲击的同时垫铁也会同时击打板材，垫铁靠的越紧，凸起部位的修平效果越明显。实敲作业适合于通过虚敲修整较大凹陷后，对轻微的凹凸部位进行的精细修整。实敲作业容易造成金属延展，作业时尽量选择木槌与垫铁配合。

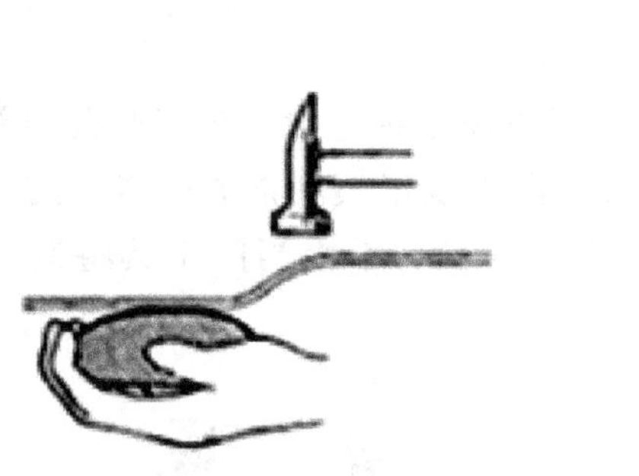

图 3－44　虚敲

图 3－45　实敲

3）弹性敲击。如图 3－46 所示，俗称“震一震”，是指通过手锤敲击隆起部位，内部不使用垫铁配合，以释放应力为目的的一种敲击方式，多数情况下需要在拉伸的同时进行。钢板变形导致金属内部晶粒结构改变，弹性敲击就是利用手锤敲击产生的振动及拉伸力的影响下，使金属晶粒重新排序，达到释放应力的目的。作业时，锤击力不可过重，适可而止，不可将锤击力着实的施加于钢板。锤击时尽量选择木槌、橡胶锤，或在敲击时垫上木块，避免进一步造成钢板损坏。

（2）垫铁使用方法

垫铁的作用相当于铁砧，也可以看作是小型的工作台，通常由平面、弧面和棱角组成，形状各异，可以满足不同部位的需求，常用材料是工具钢，有的是木制或塑胶制成。垫铁的作用至关重要，需要与手锤进行紧密配合。通常它在钢板内侧的作用是支撑和垫平，有时也可以作为敲击工具向外击打较低的凹陷部位。垫铁的使用方法，可分为紧贴法和断贴法两种。

1）断贴法。如图 3－47 所示，锤子落点与垫铁的顶贴点不一定重合，钢板内侧垫铁不但起到铁砧的支撑作用，而且还可以当作敲击工具，挥动以产生冲击力。击打钢板较低的部位使之上升，所以垫铁与锤子击打时间不一定同步。此种方法适合于凹陷较深的部位修理。作业时，将垫铁紧压在塑性变形的内侧，并向外施加一个推力，锤击隆起部位，也可使用垫铁从内侧击打凹陷部位。击打时，外侧的手锤可以顶住隆起部位，起到类似垫铁的支撑作用，手锤也可以同时击打隆起部位。

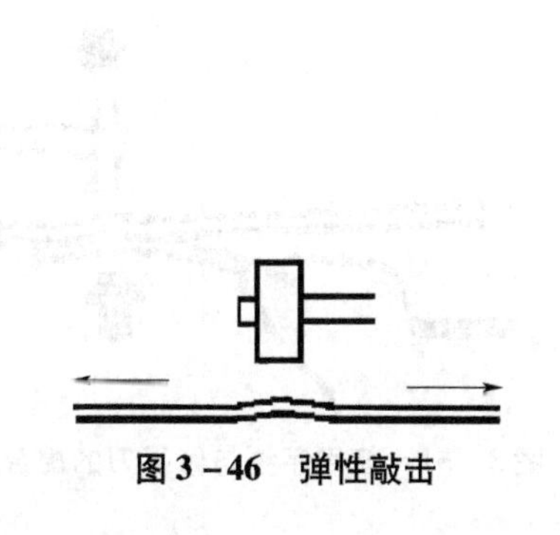

图 3－46　弹性敲击

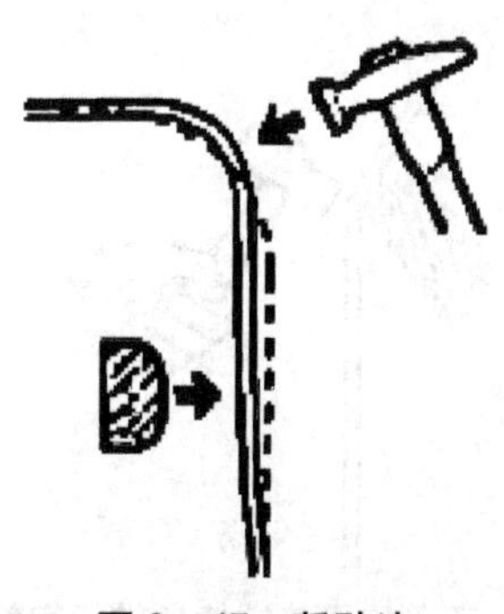

图 3－47　断贴法

2）紧贴法。如图3－48所示，锤子落点与垫铁的工作面一定重合，垫铁跟踪及时，确保锤子的落点与垫铁顶贴点一一对应。垫铁始终紧贴在钢板内侧，防止打空而破坏面板的平面度。此种方法适合于凸起部位的精加工作业。作业时注意手锤与垫铁的配合，确保垫铁跟踪及时，锤面落点准确。

（3）手锤、垫铁配合作业要领

1）面板修复前，应检查锤面、垫铁及修平刀表面是否光滑，对有瑕疵的部位应进行修理。使用有伤痕的锤子和垫铁，将导致面板表面出现击痕。根据被修复的面板形状与曲面，合理选择锤子、垫铁的形状与弧度（图3－49），不恰当的工具将造成钢板损坏加大。

图3－48　紧贴法　　图3－49　正确选择工具

2）使用手锤时，应轻轻握住锤柄的后部，以下面两个手指为支点，用其他手指将铁锤向下推，采用腕挥的敲击手法，并充分利用手锤敲击后产生的回弹，借力再次敲击下去，以降低劳动强度。握持垫铁时，可采用半包围的握法，用拇指和小指撑住，其他三个手指紧紧握住垫铁，防止垫铁脱落，这样便于和钢板贴紧，并且能充分运用腕力向外侧顶住钢板。

3）锤击时，锤子的平面应均匀的与钢板接触，如果锤击面的边缘接触钢板，则会在钢板上留下月牙形的凹痕。锤击落点要准，精细修整时应快速轻敲，过多的敲击次数和较大的锤击力量将造成钢板延展，为减少延展，可采用木槌、橡胶锤进行敲击作业。对车身冲压线的变形，可以在外部使用车身拉出器向外拉出，同时在内侧使用钝錾子向外敲击，不可用垫铁的棱角部位对面板曲面和冲压线进行实敲作业（图3－50）。

4）钢板内侧不易触及时，可使用修平刀替代垫铁（图3－51）。修平刀的作用广泛，用途取决于它的形状，某些类型的修平刀可以当作锤击工具，也可以利用杠杆原理使用修平刀进行面板修整。对于小的凹陷可以从车门顺水孔、工艺孔等部位伸进撬镐进行修整。

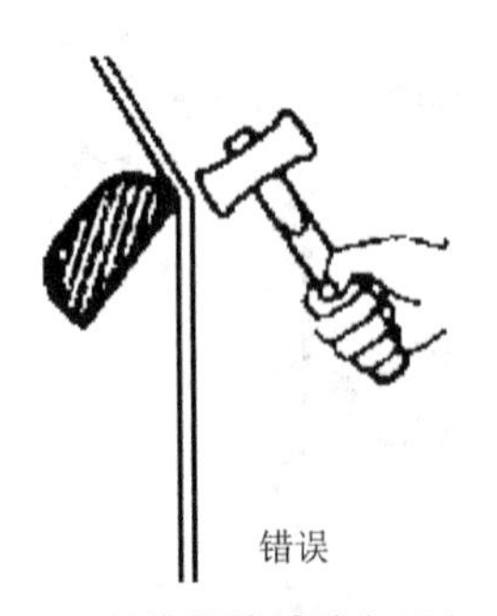

图3－50　不可使用垫铁棱角进行实敲作业

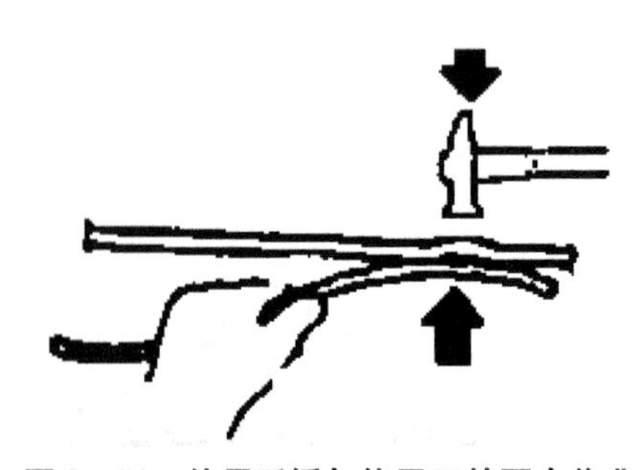

图3－51　使用手锤与修平刀的配合作业

3. 整形机修复

（1）判定损伤范围

车身面板损伤部位及程度的判定，主要以目测、手感、钢板尺与尺规样板检测等几种方法为主。损伤部位确定后，应进行标注，以确认损伤区域。

（2）磨除旧漆膜

磨除旧漆膜前，应佩戴好防护用品，如手套、口罩、护目镜、耳塞等。对单作用研磨机加注润滑油，使用P60砂纸正确安装至研磨机上，根据经验调整合适的转速，将研磨机倾斜一定角度，轻轻放于钢板损伤部位或预固定搭铁极头的部位（图3－52），开启开关将旧漆膜磨除。对于褶痕较深无法触及时应先消除应力，逐渐展开后再去除油漆，不易触及或凹陷较深的部位也可使用皮带式打磨机、手持砂纸或尖锐工具轻轻去除油漆层。研磨后应确保旧漆膜及油污清理干净，避免焊接瞬间出现火花伤及钢板。

通常损伤部位修复后的面积，由于周围弹性损伤的恢复而小于判定的损伤范围，即漆膜磨除的面积小于损伤判定范围，但有时弹性部位的油漆层，也会由于钢板变形出现轻微开裂现象，所以有的厂家要求，漆膜磨除面积应大于损伤范围。

（3）试焊

试焊是在不熟悉设备的情况下所必须进行的一项工作，其目的是通过调节整形机的电流与时间间隔参数，以获得最佳焊接效果。同等条件下，电流、时间间隔过大，将会造成焊接过度，对钢板产生热影响，钢板的背面出现过烧现象，拉拔后钢板的表面将会出现凹坑（图3－53），影响钢板表面精度。反之，则焊接不牢，无法进行拉拔作业。试焊时，电流与时间间隔应从较小的参数逐渐加大进行调试，并应将二者尽量控制在较小的范围内为最佳。对某一品牌的整形机使用较为熟悉的情况下，每次焊接前，在某一范围内只进行简单的微调即可。对于较重损伤，电流与时间间隔的参数并不是一成不变的，特别是电流参数，通常在对筋线、转角部位、车门槛板等有足够强度地方进行粗拉拔时，所需二者的参数略大，在修平作业时，二者的参数则相对较小，随着损伤的恢复，呈逐步递减的趋势。

图3－52 磨除旧漆膜

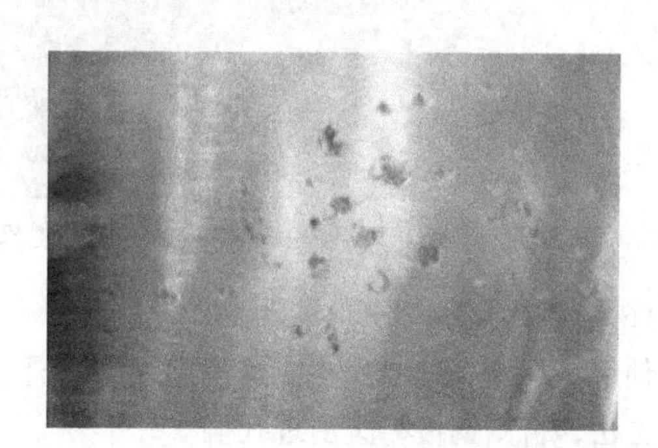

图3－53 焊接过度拉拔后造成钢板表面精度降低

（4）焊接

焊接时，应将搭铁极头和焊接极头处于同一钣金件上，二者距离通常不超过50 cm。搭铁极头可通过专用工具、夹钳固定在损伤部位的周围或边缘部位（图3－54）。将焊接极头上熔化物及时清理干净，无法使用时应进行更换，以免影响到焊接质量。焊接时，焊接垫片应与钢板轻轻接触，呈90°进行焊接，焊接加强筋部位时应按照预拉拔的角度进行焊接。损伤程度、面积及部位决定焊接垫片的数量及距离，损伤部位的原有强度越高，损伤越重，焊接的垫片越多，距离越近。

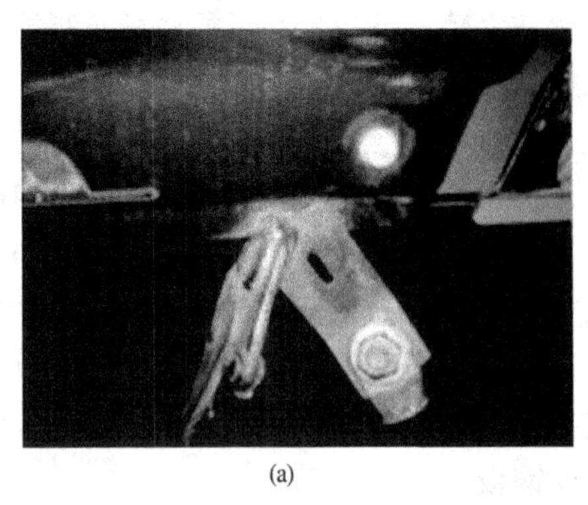

(a)

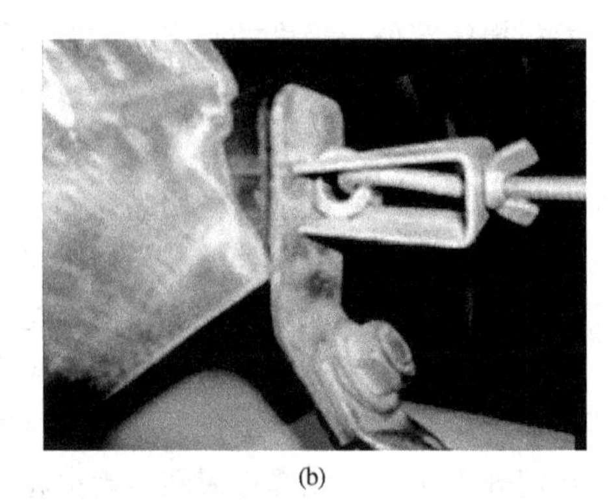

(b)

图 3－54　使用大力钳及专用工具固定搭铁极头

（a）使用大力钳；（b）使用搭铁极头

（5）拉拔

拉拔时，应根据损伤程度，注意控制力量的大小。力量太小，起不到应有的效果；力量较大往往会造成凸起点较高，对后期的修平造成一定的难度，强行拉拔甚至会造成钢板出现孔洞。拉拔效果不明显时，应重新考虑改变力的方向、焊接部位及拉拔方法。垫片整体式拉出时，可选用较粗的铁丝，围成圈后将两头焊接起来（图 3－55），以便将轴从此工具中穿过进行拉拔。中间轴的选用应根据经验确保达到强度要求，否则轴在拉伸力的影响下会产生弯曲，非常容易变形导致周围垫片脱落。

图 3－55　自制工具以方便进行拉拔

（6）垫片拆卸

使用一根杆穿过垫片孔或者使用手钳，通过扭转将垫片从钢板上取下。不要采取两边晃动的方法，否则钢板将会出现孔洞。

（7）磨除焊接痕迹与防腐

使用 P80 砂纸安装于研磨机上，磨除焊接后留下的痕迹，对钢板内侧进行防腐处理，完工。

4. 钢板的热收缩

（1）火焰收缩

1）火焰的点燃和调整。首先分别将氧气和乙炔调节器调节到适当的压力。将乙炔调节阀打开约1/2圈，点火，进而继续开大乙炔阀使之出现红黄色火焰。

缓慢打开氧气调节阀，使火焰变蓝直至获得清晰鲜明的亮白色焰心为止，得到中性焰，可用来焊接低碳钢（如部分汽车外部覆盖件）。在中性焰的基础上进行调节，可分别获得碳化焰、氧化焰。

2）确定拉延区域的中心或最高点位置。

3）按金属板的厚度选择合适的氧—乙炔焊嘴（使用1号或2号喷嘴），点火后将其调整成中性焰。

4）缓慢加热收缩区最高点直到金属开始发红，然后缓慢地沿着圆周运动方向向外移动，如图3－56所示，直到整个受热部位都变成鲜红色。

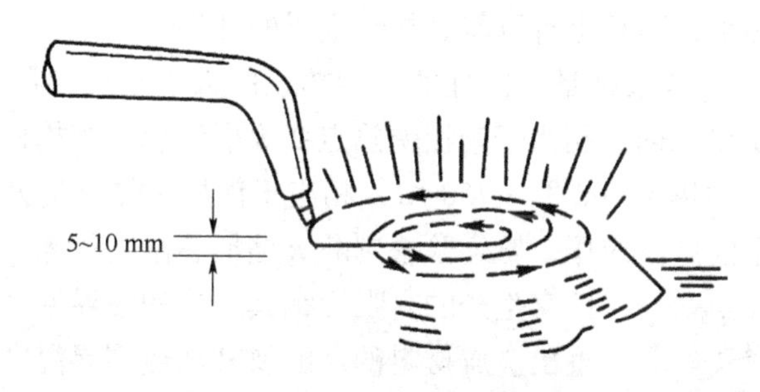

图3－56 焰炬的移动和距离

注意：加热点不要超过18 mm（一个硬币大小）。焰炬应与金属保持得足够远，焰心到金属的距离应稳定控制在5～10 mm，以免金属过热或烧出孔。

5）移开加热火焰，首先关闭乙炔调节阀，然后再关闭氧气调节阀使火焰熄灭。

6）用修平锤快速地、准确地敲击拱起区域，使此点凹陷下来。

注意：在此过程中，不需用垫铁支撑金属，除非金属发生塌陷。如果需要支撑金属，只能将垫铁轻轻放在金属的下面，绝不能重敲以免重新拉伸金属。

7）完成上述粗略整形后，应用钣金垫铁或修平刀直接插入到加热区域的下方，并施加轻微的压力顶住板件，然后按照图3－57所示的方法，在板件的上部用钣金锤敲平加热点区域及其周围皱褶和波峰。

注意：

① 锤击次序按图3－57中所标出的顺序号进行。

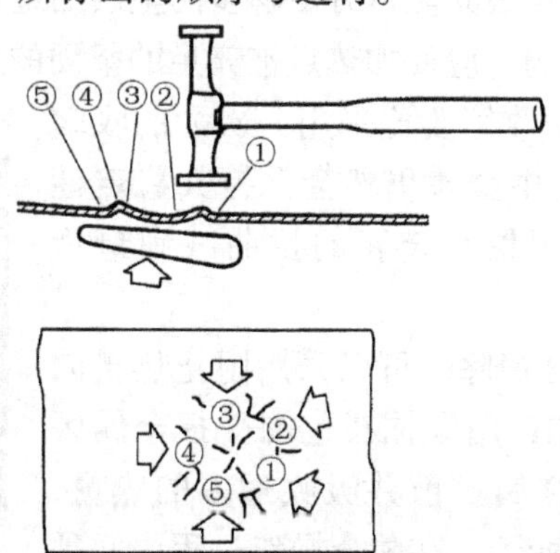

图3－57 敲平加热点的顺序

② 落锤点在波峰处并且用快速的并向着加热点中心区域滑动的敲击方法来敲打，锤击的力量不要过大。

③ 应该使用最少的锤击次数，因为在这个区域施加过多的锤击，会使金属变薄且使金属重新被拉延。

④ 在被加热的金属退去红色而变为黑色之前，应尽可能快速完成修复工作。

8）一旦受热金属变成了黑色，应使用浸水的抹布或海绵来将其冷却。观察变形处被收缩的程度，判断是否需要进一步收缩。

注意：

① 不要在加热点金属变成黑色之前就去冷却，否则金属会产生晶化并变硬，从而使最后的整形工作变得很困难，而且也有可能会导致金属的开裂。

② 火焰法加热对同一点最好是一次性的，加热点的大小也应控制在一定范围内。加热温度一般应控制在500 ℃以内，相当于钢板受热点变为橘红色。当构件的板料较厚且需要大面积收缩时，方可适当加热到700 ℃～750 ℃，相当于钢板受热点变为黄色或浅黄色。但是由于高强度钢在车身上的广泛应用，给经验法判断火焰加热温度带来一定的困难，因为不同厂家生产的高强度钢其加热的临界温度是不同的。如果能够查出金属材料的性能及其加热临界温度则可用热蜡笔更加精确地控制金属板的加热温度。使用时先按加热温度要求选择符合控制要求的蜡笔，在金属板的加热区域画上蜡笔标记。当使用火焰加热至蜡笔上所标明的指定温度时，热蜡笔记号便会熔化，此时应立即停止加热。

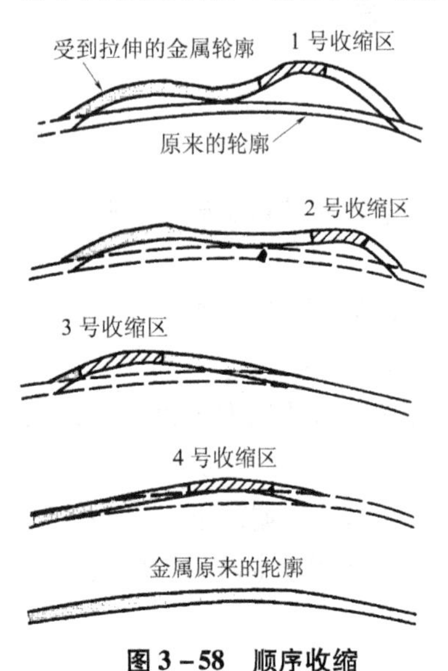

图3－58　顺序收缩

9）如果已经收缩过的点的周围金属还凸起，那么就应该对剩余的凸出点重复进行收缩操作，直到所有高出的点都被修理到所需要的水平。这个过程被称为顺序收缩，一般用在修理受到拉延的大的平板件上。如图3－58所示，用焊炬加热，先让延伸区的最高点收缩，然后再让下一个最高点收缩，以此类推，直到整个部位都缩回到原来的位置。

注意：

① 在进行顺序收缩操作时，加热点应尽可能地小而且分布广泛，以便在不同的加热点之间能留有足够多的坚硬的金属。因为收缩作业过程中所使用的热量会使金属板件有些变弱，应使加热点被充足的坚硬的金属分开。

② 一般使用一系列轻微的收缩要比采用一次大的收缩效果好得多，因为在这个过程中金属仍然会保持其稳定性和张紧度，而且也能将热量积聚和金属的扭曲减到最低程度。

③ 如果热量积聚不能完全消除，可以采用阻止热量向损伤区域外扩散的办法。例如：用湿抹布包围受损金属区域阻止热量向未受损区域的金属扩散并吸收过多的热量，如图3－59所示。抹布会很快变干，在整个操作过程中必须保证抹布是湿的，尤其是当热量积聚非常严重的时候。

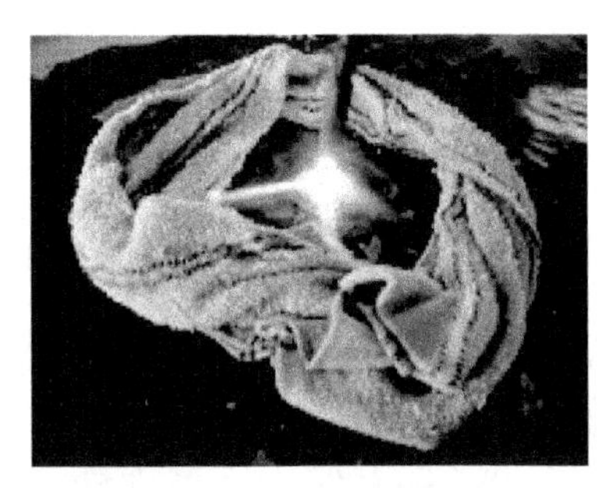
图3－59　防止热量扩散

④ 如果在对剩余的拉延金属进行收缩时，已经收缩过的部分金属发生了凹陷，那么应该使用垫铁和修平锤对这部分金属重新进行修复。

⑤ 当对冠形区域金属进行校正和整形时，会遇到很多小的拉延区（比周围金属不高于 1.5 mm）。修整时加热点不用加热到变成樱桃红色，只需加热到蓝色，而且加热点要很小，根据金属拉延的数量以及板件的厚度保持其直径大约为 3 ~6 mm。然后，立即用修平锤将每个加热点敲下来，然后对其冷却。应该使用最快的速度进行敲击。

（2）铜极收缩

1）将车身整形机的负极搭铁固定在损伤部位的附近，将铜极头安装于整形机正极。

2）将铜极对准延展部位（图 3 -60），轻轻施加一个压力，使钢板轻微变形。

3）按下开关，与极头接触的钢板会逐渐出现红热。

4）使用压缩空气枪对加热部位进行冷却。

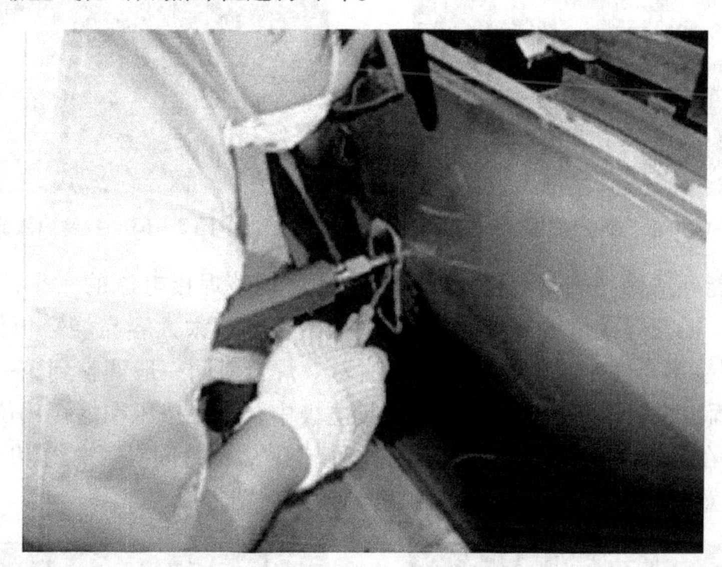

图 3 -60　铜极收缩

（3）碳棒收缩

1）将车身整形机的负极搭铁固定在损伤部位的附近，将碳棒头安装于整形机正极。

2）将碳棒倾斜，轻轻接触钢板。

3）启动开关加热。加热时应从外侧开始，沿螺旋方向直至中心，以连续方式收缩延展部位，螺旋线之间的距离、圈数及收缩面积视延展程度而定，没有统一的标准。

4）松开开关，将碳棒从钢板移开，然后使用压缩空气进行冷缩。

对于面积较大的延展部位，碳棒收缩时的运行方向，应从外侧以螺旋方向直至中心部位，对于较窄较长的延展部位可以做直线或曲线运动，如图 3 -61 所示。

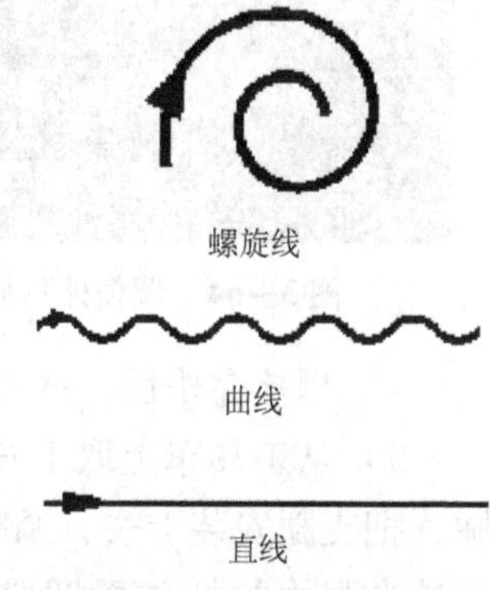

图 3 -61　碳棒运行方式

5）热收缩作业后，应将收缩痕迹使用研磨机磨除，并对内侧钢板进行防腐处理。

5. 强力拉拔组合工具拉拔工艺

在实际钣金维修工作中，经常碰到像车身门槛等强度较高的外板损坏（图 3－62），损坏变形区域强度较高，使用传统的介子机拉拔修复很困难，经常使用气体保护焊焊接铁片等，借助大梁校正仪等拉拔，对车身具有很严重的损坏，强力拉拔组合工具可以很好地解决这方面问题。

1）对损坏门槛板进行分析，找出损伤区域凹陷最深的位置，使用打磨机局部打磨掉最深区域的油漆涂层（图 3－63）。

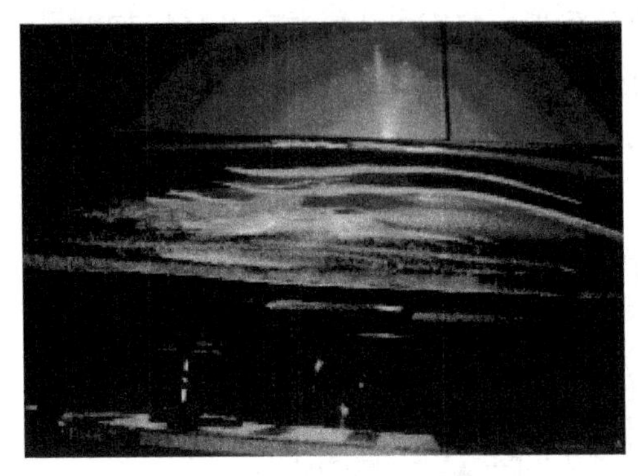

图 3－62　损伤的门槛板

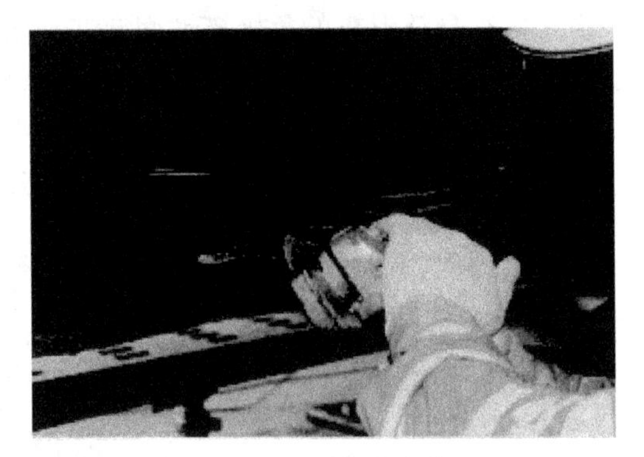

图 3－63　打磨油漆涂层

2）将高性能外形修复机调整到焊接模式，然后调整焊接电流的大小，一般调整到数字显示 50 左右，根据焊接情况可在 40～60 间调整，电流太大容易烧穿板件，形成孔洞；电流太小垫片焊接不牢固，拉伸中垫片容易脱落。焊接时间一般调整到 3～5（图3－64）。

3）把搭铁固定在板件上，把垫片放入焊接电极中，轻轻按压在焊接部位，按动焊枪开关，把垫片焊接在板件上。依次在需要的位置焊接垫片，垫片间隔距离约 10 mm，成排的焊片在焊接时要注意拉孔成一条直线，方便拉杆的插入（图 3－65）。

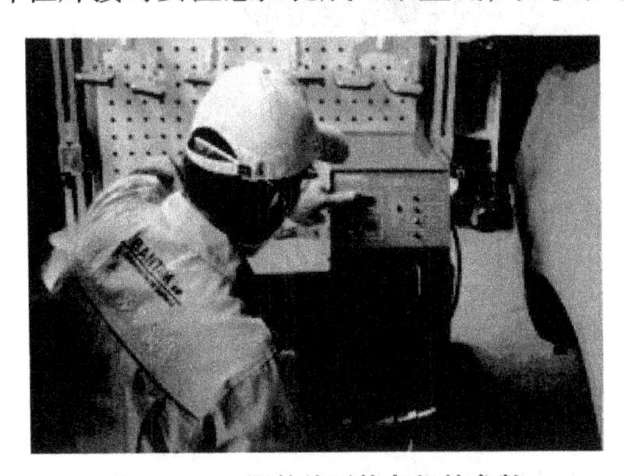

图 3－64　调整外形修复机的参数

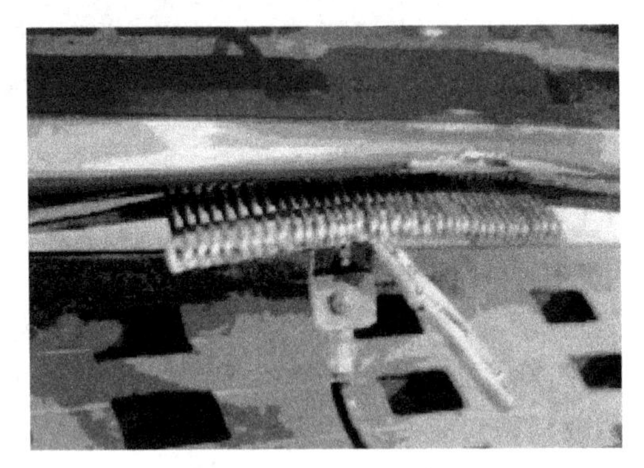

图 3－65　焊接垫片

4）焊接完毕后，选择长度合适的拉杆插入垫片的拉孔中（图 3－66）。

5）从工具车上取下长度最短的强力拉伸组合工具，根据门槛位置选择适当高度的支腿，把支腿安装上去，调整螺杆的长度到合适的拉伸位置（图 3－67），把螺杆前面的拉钩安装在强力拉杆位置凹陷最深的位置，调整好支腿后，向内慢慢拉动把手，可反复拉伸几次。

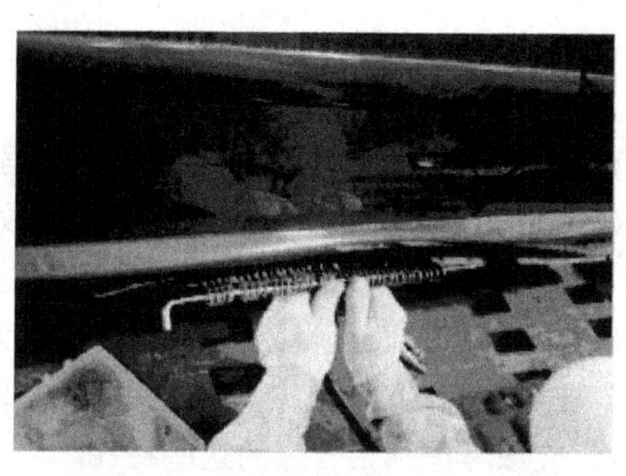

图 3-66　将拉杆插入垫片的拉孔中

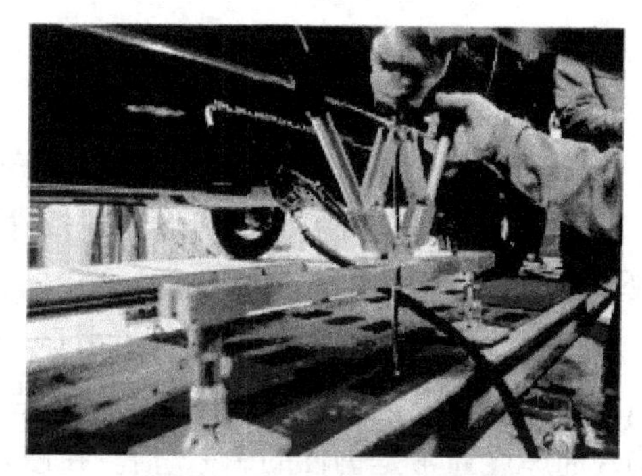

图 3-67　调整螺杆的长度

6）拉钩拉动拉杆把凹陷的板件逐步拉出（图 3-68），注意，每次拉出的高度不要超过 5 mm。当把手合拢后，强力拉伸工具处于锁止状态，这时要用钣金锤不断轻敲周边板件，释放板件变形位置的应力。

7）松开把手，调整螺杆，使螺杆长度变短，然后再次向内拉动把手，让板件再次被拉出，把手合拢后，再次使用钣金锤轻敲板件释放应力（图 3-69）。一般一个深度超过 10 mm 的板件凹陷变形需要 3 次以上的重复动作才能修复完毕。不能一次拉伸太多，否则会导致板件应力太大，拉伸困难或板件破裂。

图 3-68　拉出凹陷

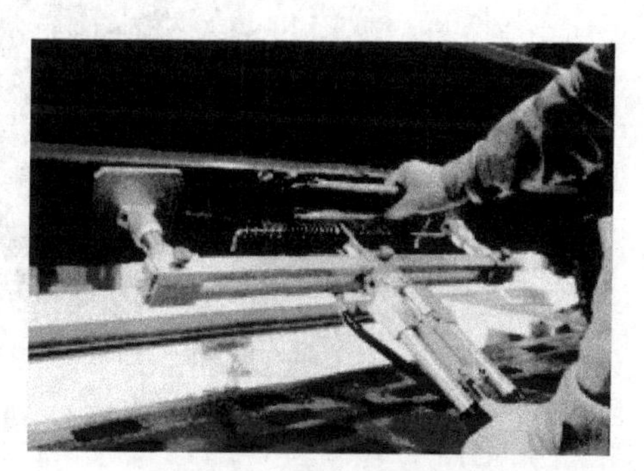

图 3-69　释放板件应力

二、技能考核

学生每 2 名为一小组，针对提供的碰撞损伤车辆，各小组独立完成本任务规定的实操内容并同时完成实训工单。

指导教师全过程观察并随时填写《实操考核记录单》，对学生操作过程中易引起事故的行为，指导教师应及时纠正。

任务 2　车身铝制板件的修复

学习目标

1. 能够正确使用铝合金板的专用维修设备。
2. 能够采用正确的方法校正变形的铝制板件。

案例分析

铝合金可用来制造汽车上各种板件，例如车门板、翼子板、发动机罩等。因纯铝强度低，不能用于制作车身板件，所以上述板件均为铝合金制件，但行业中均称其为铝件，故以下叙述也简称为铝件。

与钢板相比，铝板的修理更需要小心。铝合金比钢软的多，而且当铝合金受到损坏后由于加工硬化的影响，更难以修复；它的熔点也较低，加热时容易变形；铝合金制的车身及车架构件的厚度通常是钢件的 1 ~2 倍。在修理铝板时，应该考虑到铝合金的这些特性。

对铝板进行钣金操作时，由于铝板的强度比较低，不能使用常规钢板的整形工具。一般使用橡胶锤、木槌或木垫铁维修表面，可以防止在校正中对铝板敲击过重产生过度拉伸。如图 3 －70 所示，就是正在使用木槌和木垫铁维修铝合金制车身板件。

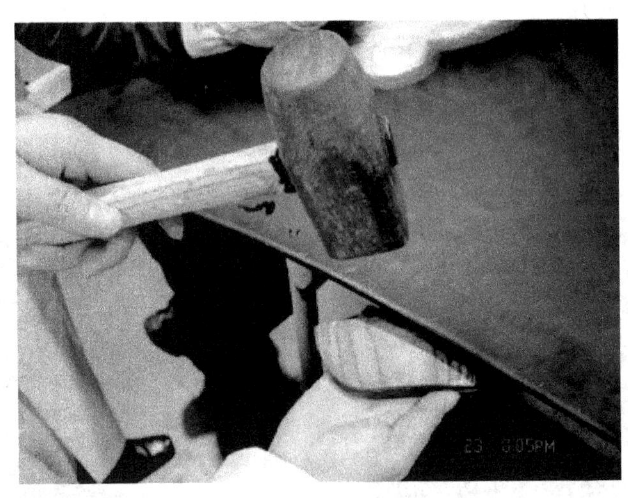

图 3 －70　维修铝板

相关知识

一、车身铝件的类型

车身中的铝件，依照它们在车身中功能的要求，可分为铸造件、冲压件、压铸件。车身板件大部分使用压铸件。

1. 压铸件

压铸件用来制造能够承载大载荷的部件，能明显减轻质量但同时还具有高的强度。这些板件外形复杂，通常是用真空压铸的方式生产，使它具有高强度。它还具有高的延展性，良好的焊接性能，较高的塑性，保证它在碰撞时有很高的安全性。这些压铸件的铝合金类型是铝硅、铝镁系列铝合金，合金中主要合金元素是镁、硅，有的加入铜等。

铝合金部件一般应用在碰撞吸能区域（图3 －71）。除了能够承载正常的载荷外，在碰撞变形中还可以吸收大量的能量，保护后面的部件完整不变形。一般用来制造横梁、保险杠及其支撑件等。

图 3－71　车身前部铝合金吸能部件

2. 冲压件

冲压件有非常高的强度，它们能够加强车身的强度和刚性，使车身能够在剧烈的碰撞中保持结构的完整性。在车身的铝合金件上一般都标有铝合金的类型标识。

二、铝质车身修复应具备的条件

1. 维修技师应接受专门培训

铝质车身的修复与传统钢质车身修复有很大的区别。维修技师不仅对铝材的特性要非常了解，还要对铝质车身的修复工艺、连接方式与接口形式、粘接剂与铆接工具等性能了如指掌。实际操作过程中，维修技师要时刻牢记安全注意事项。

2. 需要独立的维修空间和防爆吸尘系统

铝质板材在打磨过程中会产生很多铝粉，吸入后不但对人体有害，而且在空气中易燃易爆，所以，在维修铝质车身时要设置独立的维修空间和防爆集尘、吸尘系统，以保证车身修复操作更加安全。

3. 带有定位夹具的大梁校正设备

车辆发生碰撞后，损伤部件经检查确认无法修复或修复后无法达到其原有性能时，就必须更换该部件。更换铝质部件时，其连接方式与钢质车身有很大区别。钢质车身的接缝处一般采用焊接方式，而铝质车身的连接处多采用粘接或粘接、铆接共用的连接方式。由于粘接剂固化时间长，如果不对更换部件进行定位，修复后的车身就很难恢复原技术尺寸。当校正架没有专用定位夹具时，使用辅助夹具或通用夹具固定是一种比较有效的方法。

4. 专用的维修设备和工具

在进行铝质车身修复时，具备带有定位夹具的校正架是远远不够的，还要有专用的气体保护焊机、铝整形机、强力铆钉枪、铆钉取出器等设备和工具。在修复过程中，一定注意工具要单独摆放，不能与修复钢质车身的工具放在一起。修复钢质车身的工具残留有钢铁碎屑，如用其修复铝质车身，钢铁碎屑会对铝造成腐蚀。

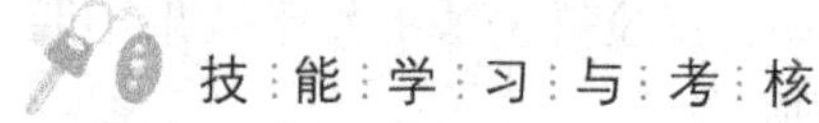

一、技能学习

1. 劳动安全与卫生

1）铝板修复时，打磨飘起的铝粉对人体会造成伤害，作业应在独立的车间内完成，并正确佩戴防护用具。

2）铝板焊接前，应确认合金铝中，没有金属元素镁或确保其含量在安全范围内，因为镁遇热会燃烧，一旦燃烧常规的方法无法扑灭。

3）修复钢板、铝板的工具应分别摆放，不能混用。

2. 铝板的校正

（1）手锤与垫铁作业

作业时选用铝制手锤和垫铁，或采用木槌与垫铁。铝锤与木槌较软，敲击时不会造成柔软的铝板表面损伤。传统的手锤与垫铁，特别是表面不平或断裂产生的碎屑，将造成铝板表面损伤和腐蚀。

用铝制手锤和垫铁配合进行铝板变形的平整作业操作与对钢板进行的操作相似，但因为铝合金材料的特殊性，操作时，应注意以下几点：

1）铝板的抗凹性较好，韧性较差。使用匙形铁从内部翘起铝板的某一点时，受力点的周围会出现大面积的隆起，只有随着力量的增加并达到一定程度后，受力点外侧才会出现鼓包，这与钢板的特性有着较大区别，钢板稍微用力，受力点外侧就会出现鼓包。基于此，铝板修复应进行加热。

2）铝板的熔点较低，加热时没有火色，氧乙炔焊设备很难控制加热温度，可采用较为安全有效的热风枪（图 3－72）进行加热。

3）使用热风枪加热时，应通过调节按钮调整加热温度，并使用 120 ℃～160 ℃改变颜色的热敏笔、热敏纸控制铝板受热温度（图 3－73）。使用时，将上述热敏材料按照使用说明，涂敷或贴在损伤部位边缘以外约 25 mm 的周围，对损伤部位进行均匀加热。当加热到热敏材料改变颜色时，停止加热，迅速进行矫正作业。此时损伤中心部位的温度一般在 200 ℃～400 ℃之间，离铝板熔点还有较大的安全距离，也便于矫正作业。

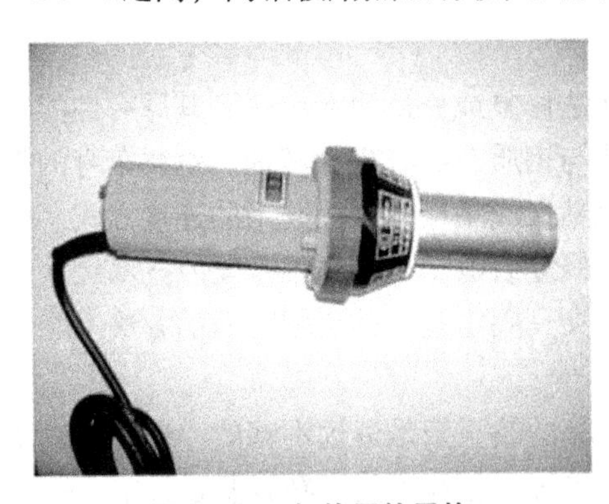

图 3－72　加热用热风枪

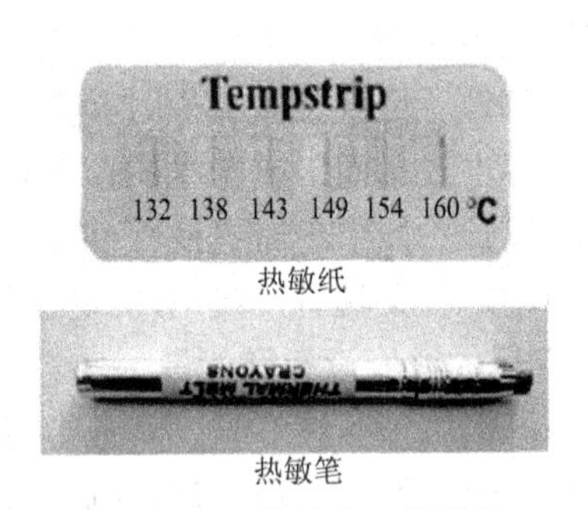

图 3－73　热敏纸和热敏笔

4）加热位置、面积应与变形位置、面积相同，不能随意更改，也不能过大或过小。

5）敲平作业一般选择碾锤错位法，铝板的延展性较差，正位敲击法的修平效果不明显，不像钢板那样容易“流动”，还会造成铝板表面的精度降低。

6）敲击时，避免重敲，应多次轻敲。对于垫铁不易触及内部的损伤，可以采取两人合作的方式，一人使用匙形铁从内侧翘住或顶住凹陷部位，另一人开始加热，达到预定温度后，匙形铁从内部开始加力，同时从外侧敲击隆起部位，这样便于消除应力及修平作业。匙形铁与铝板的接触面积不应过小。无法确定匙形铁是否与凹陷内部正确接触时，可以从外侧使用铝锤轻轻敲击凹陷部位，同时从内部移动匙形铁的位置，通过发出的声音进行判断，位置正确时，声音较为清脆，反之则发闷。

（2）整形机作业

与钢板修复流程相同，铝板修复前也应进行损伤判断，以确定具体部位及损伤程度，主要也是通过眼睛观察、触摸时的手感、钢板尺或样板等方法进行判断。

用铝外形修复机修复的步骤如下：

1）磨除油漆层。建议使用专用风动钢丝刷（图3－74），以便将油漆层，特别是较深凹坑内不易触及的底漆层处理干净。使用研磨机研磨时，应调低转速，并采取间歇性打磨，防止高速旋转的砂轮烧穿铝板，及热量过度累积造成铝板变形，切勿使用打磨过钢板的钢丝刷或打磨盘。彻底的清除油漆层及油污非常重要，否则下一步焊接铝质螺纹钉时，由于接触不良会出现打火现象，造成铝板击穿或表面出现凹坑。打磨时，只可以将油漆层和底漆层磨除，不可磨伤金属表层。如果修复工作中停滞的时间较长，裸露的铝板表面会迅速形成一层较薄的氧化膜，再次焊接时需要清除。

图3－74　风动钢丝刷

2）试焊。当铝板损伤从内部无法触及时，需要专用铝整形机（图3－75）。相对于钢板修复，铝板修复前的试焊工作尤为重要，不正确的焊接参数将导致焊接强度差、铝板击穿或表面出现凹坑。试焊时，需要在同样材质及厚度的铝板上进行，根据不同品牌的整形机，按照使用说明书推荐的参数，对电压、电流、焊接时间等参数进行微调，直到获得良好的焊接效果为止。

铝的电阻约为钢板的1/4～1/5，对铝焊接时的电流是钢铁焊接的4～5倍，但很难做到这么大的电流。铝整形机内部没有线圈变压器，里面有十几个大容量的电容，通过所有电容瞬间放电来焊接。

图3－75　专用铝整形机

3）焊接。试焊工作完成后，焊接工作随即可以进行。

① 首先将铝质螺纹焊钉推进转换器，铝钉头部与转换器保持1～2 mm的距离，然后安装到焊枪上并进行紧固（图3－76）。不要使用工具将铝钉用力砸进转换器，铝钉头部的尖头不能损坏（图3－77），这个尖头与板件接触，接触面积小电阻大，产生电阻热大，容易焊接。如果铝焊

钉没有尖头就不能用了，因为这么大的接触面积正常的焊接电流不能够焊接。所以铝焊钉是一次性的，不能重复使用。

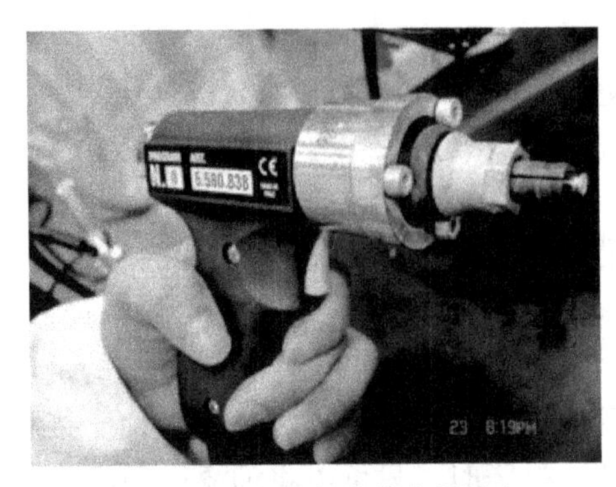

图 3－76　把焊钉安装在焊枪上

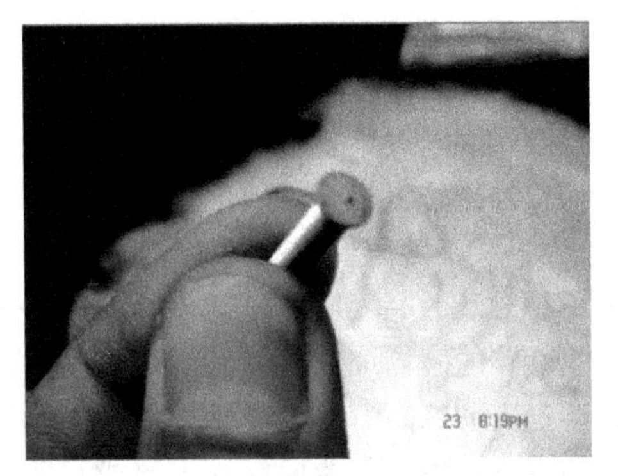

图 3－77　铝修复用的专用铝焊钉

② 根据损伤面积、程度，合理制订出下一步所要进行的拉拔方式，在此基础上，正确选择铝钉焊接的位置及数量。

③ 将焊枪垂直于铝板进行焊接（图 3－78），然后将焊枪从铝钉上垂直拔出，铝钉将牢固地焊接在铝板上（图 3－79）。

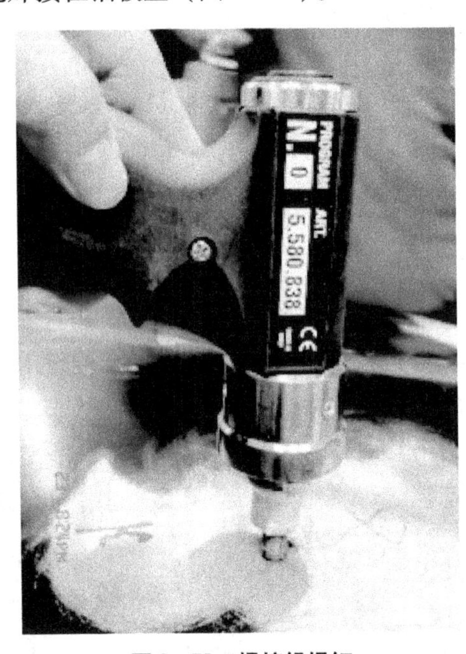

图 3－78　焊接铝焊钉

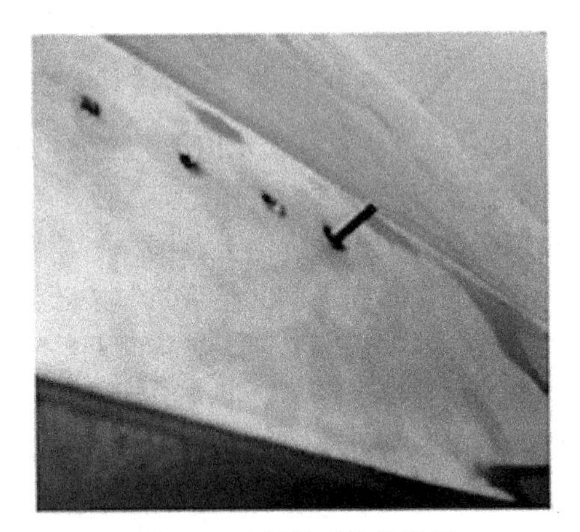
图 3－79　焊接后的铝焊钉

4）拉拔。在进行拉拔前，要注意以下事项：

a. 由于铝板材质软、韧性差，拉拔时不能采用冲击力，而应施加缓和的矫正力，即使采用缓和的矫正力，也不宜过大，否则焊接部位将拉出孔洞或表面撕裂。所以铝板修复不能利用撞锤冲击拉拔，整形机也不具备带有焊接极头的拉拔锤焊接功能。

b. 钢板修复过程中，可以在拉拔凹陷的同时，敲击周围隆起部位以消除应力。此类方法用于铝板修复时应当小心谨慎，仅限于面积较小、程度较轻的损伤，并且力量要轻。

c. 修复相对较重的损伤时，可以先将整个损伤部位大面积进行加热，达到温度后，使用铝锤或木槌，弹性敲击隆起部位，迫使凹陷部位升高，隆起部位下沉，借此达到消除应力的目的，随后再进行余下损伤的修复。

① 单点拉拔。

a. 准备好铝板拉拔时使用的专用拉力器（图 3-80）及配套的附件。

b. 将拉环安装在铝钉上，拉拔环与拉拔器连接好后，即可以实施拉拔，如图 3-81 所示。

图 3-80 专用拉力器

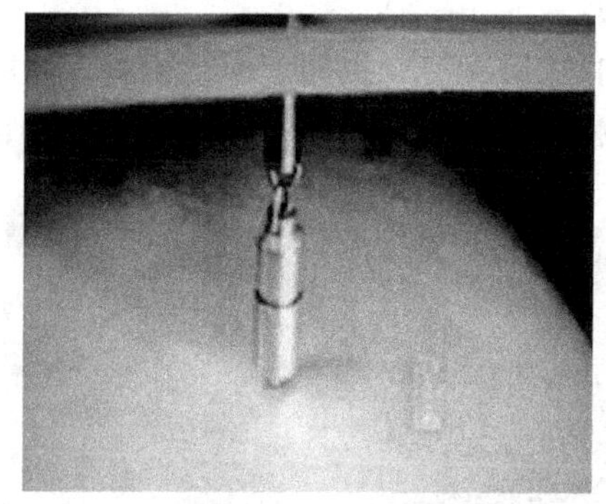

图 3-81 单点拉拔

② 拉环穿轴拉拔。

a. 将拉环安装到铝钉上（图 3-82）。

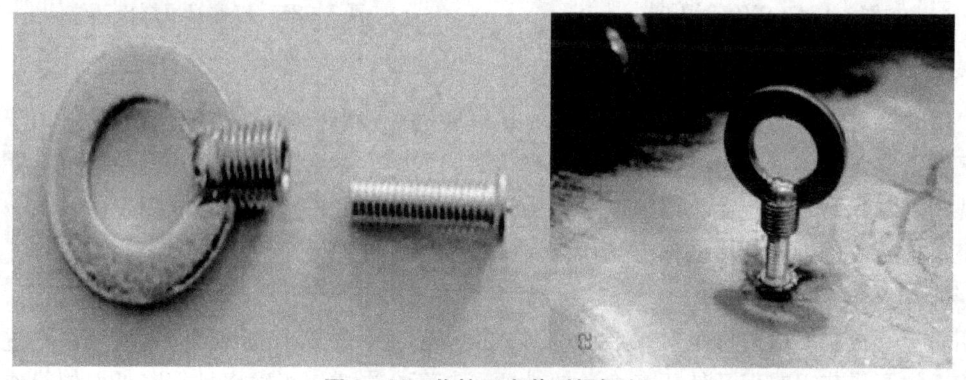

图 3-82 将拉环安装到铝钉上

b. 在拉环中间穿上钢棒轴。将拉拔器的锚钩与轴挂好，如图 3-83 所示。

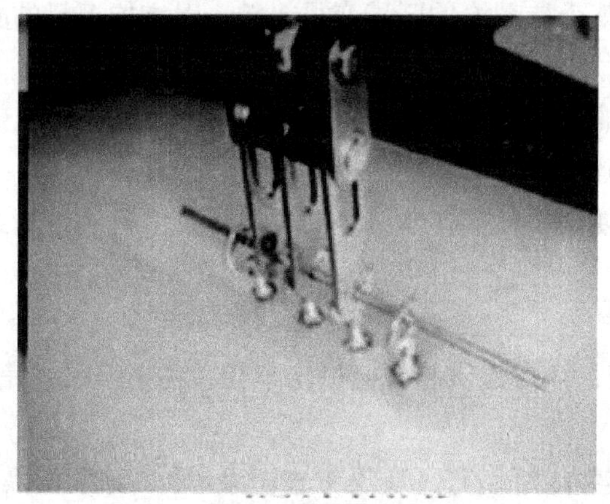

图 3-83 对凹陷进行拉伸修整

c. 调整拉拔器的支座位置。支点尽量放在外板的边缘、车身线或有足够强度的高隆起部位，必要时可在支点的下部放置胶垫或木块，以增大受力面积防止铝板变形。

d. 准备就绪后，进行加热，当热敏材料改变颜色时，停止加热。

e. 将拉拔器的把手向上抬起，利用杠杆原理进行拉拔，拉拔力应该垂直，不能使铝钉倾斜。根据损伤程度，适当控制拉拔力的大小，并通过铝锤或木槌轻轻敲击拉拔点的周围消除应力。

5）去除铝钉。拉伸工作结束后，使用单边偏口钳将铝钉剪下（图 3－84），通过柔性锉或研磨机将铝钉剩余的部分修平（图 3－85），注意不能损伤到铝板。

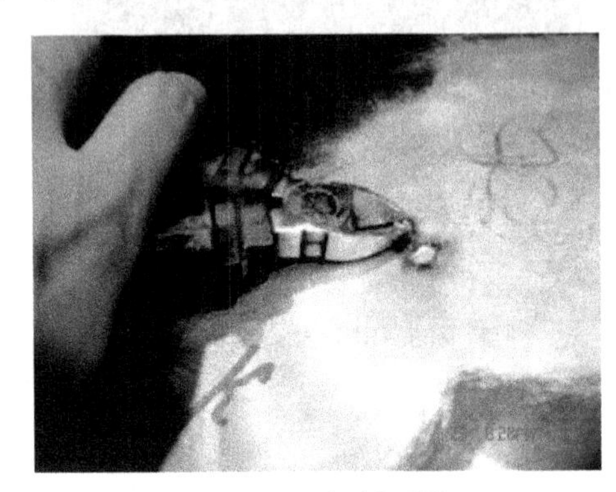

图 3－84　清除铝焊钉

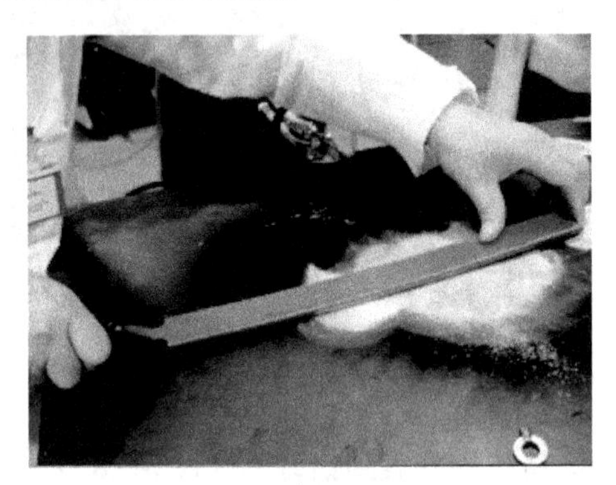

图 3－85　打磨修平焊接部位

（3）收缩作业

使用碳棒对铝板的收缩效果较为明显，这需要钢板整形机配合完成，氧乙炔焰由于热量过于集中不建议使用。收缩时，将电流和焊接时间调整到尽量低的数值，避免铝板击穿或表面出现凹坑。收缩时应避免收缩过度，因为铝的延展性能非常差，一旦收缩过度，下一步的延展将很难有效进行。具体操作方法请参考钢板的收缩方法。

（4）填料填平

相对于钢板，铝板的修平效果要差一些，很多情况下，较小的凹坑需要使用填料进行填平。普通的原子灰很难保证使用寿命，铅性原子灰还会造成铝板防腐性能降低。铝粉作为金属元素，具有较高强度及韧性，其与专用胶水的混合物，非常适合对铝板凹坑进行填平。

1）使用钢丝刷，使整个待刮涂的区域变得粗糙，以增加填料的附着力。

2）使用除油布清洁。

3）将铝粉与胶水按照约 3∶1 的比例混合搅拌均匀，刮涂于凹陷部位，一次无法成型时，可分几次刮涂，中间间隔约 15 min。

4）待填料固化后，使用柔性锉初步修平，再使用研磨机进行精细研磨。

二、技能考核

学生每 2 名为一小组，针对提供的碰撞损伤车辆，各小组独立完成本任务规定的实操内容并同时完成实训工单。

指导教师全过程观察并随时填写《实操考核记录单》，对学生操作过程中易引起事故的行为，指导教师应及时纠正。

任务3 车身塑料件的修复

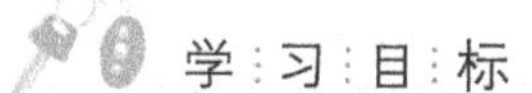
学习目标

1. 能够正确描述塑料部件的维修原则。
2. 能够使用黏结的方法修理塑料件。
3. 能够注意培养良好的安全与卫生习惯及团队协作的意识。

案例分析

随着科技的发展和节能减污的时代要求，汽车上应用的塑料件越来越多，例如保险杠、车灯罩、翼子板喇叭口、保险杠左右弧形接板、翼子板、挡泥板、格栅开口板、防飞石护板、仪表板、装饰板、燃油管、车门面板、后侧围板和发动机部件等（图3－86）。因此，掌握塑料件的维修技术是车身维修人员不可或缺的。

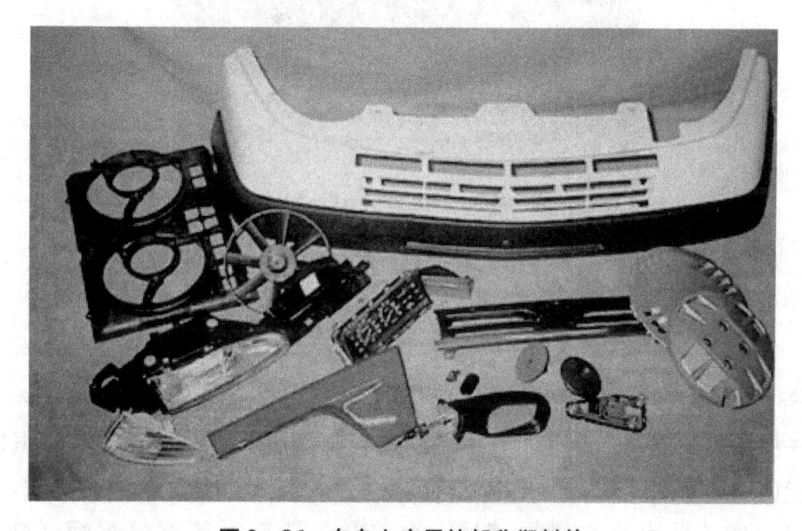

图3－86 车身上应用的部分塑料件

塑料件常用的维修方法有热塑成形、焊接和黏结等，本任务中将详细讲述这几种维修方法以及各维修方法的适用条件。

相关知识

一、塑料部件维修原则

虽然可以对大量损坏的塑料部件进行维修，但通常应更换这些部件。做出这项决定的原因是，所用维修方法和每次维修的成本核算常常不可预见。但是，无论对于事故车辆维修还是二手车修复来说，塑料部件维修都是成本较低的备选方案。塑料部件的损坏通常分为三种损伤类型：轻度损坏、中度损坏和严重损坏。

轻度和中度损坏通常仅指表面损伤，鉴定损伤情况时通常无须拆卸部件。严重损坏时，大多数情况下不仅部件表面损坏，位于其后的变形元件（聚苯乙烯泡沫塑料、铝合金托架）也可能已损坏。确定整个损伤范围时需要拆卸相关部件。严重变形或变形元件损坏时建议不要进行维修，此时应更换部件。就是说，只有造成轻度和中度损坏时才能维修塑料部件。其中包括车身面板刮痕、裂缝、穿孔，但位于其后的结构部件未损坏。

对待“更换或维修”这个问题还要考虑维修成本与维修时间。不包括喷漆的维修费用不超过新部件成本的50%时，可以进行维修（无法提供或短期内无法提供新部件时例外）。

二、塑料部件损伤常用的维修方法

1. 热塑成形

这种方法仅适用于热塑性塑料，适于维修凹痕。裂缝、穿孔或刮痕无法用这种方法进行维修。由于这种方法迅速、简单、干净且成本低廉，因此通常采用。

使用这种方法时，通过加热使塑料软化，然后将有凹痕的塑料件通过按压等方法恢复原状，如图 3－87 所示。

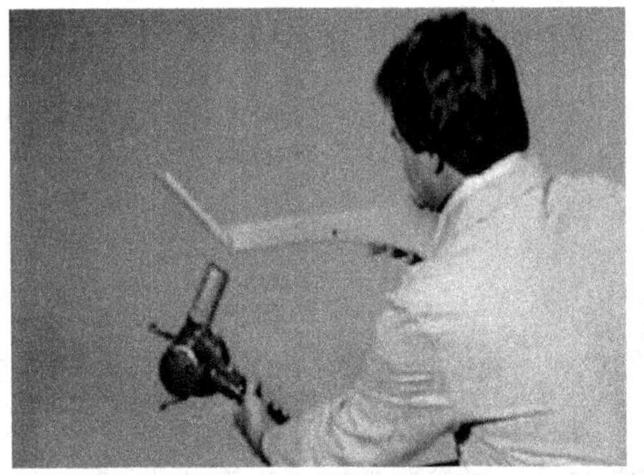

图 3－87　通过加热来维修塑料件

2. 塑料部件焊接

塑料部件焊接问题较大，并非所有类型的塑料都能进行焊接，因此需要识别塑料种类，但不一定都能识别出来。此外，穿孔维修难度也很大，因此很少采用这种方法。

塑料焊接主要是采用热空气焊接法。焊接时一般都用热空气焊炬（热吹风机，图 3－88），热空气焊炬是采用一个陶瓷或不锈钢电热元件来产生热风，热风的温度为 230 ℃～340 ℃，热风通过喷嘴吹到焊件及焊条上，加热塑料接缝，使其软化，同时将加热的塑料棒压入接缝即可。在焊接过程中塑料的焊接收缩量较金属大，所以在焊接下料时应多留焊接余量。

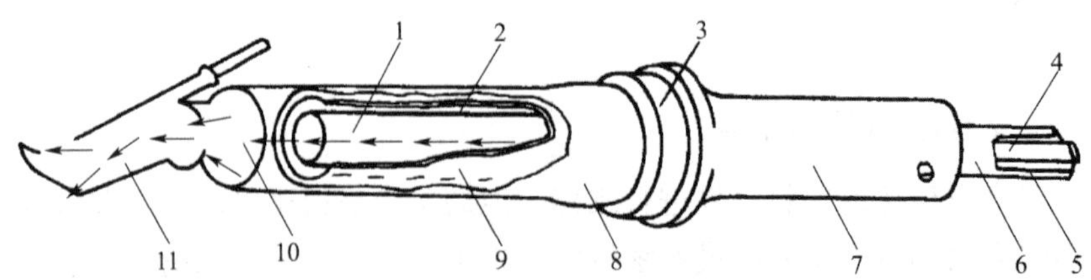

图 3－88　典型的热空气塑料焊接焊炬

1—加热元件；2—加热腔；3—固定螺母；4—电缆；5—压缩空气或惰性气体；6—空气管；7—把手；8—外套管；9—内套管；10—热空气；11—焊嘴

热空气塑料焊接焊炬配有不同种类的焊嘴，其应用范围不同。定位焊焊嘴用于断裂板件的定位焊，这种焊接在必要时可以容易地拉开，以便重新定位；圆形焊嘴用于充填小的孔眼或形成短焊缝，以及用于难以靠近部位的焊接和尖角部位的焊接；快速焊焊嘴用于直而长的接缝焊接，这种焊嘴可以夹持焊条，可以对焊条预热，并将焊条喂到焊道处，因而可进行快速焊接。

3. 粘接

这种方法最适于作为维修解决方案。带有底漆的粘接剂适用于所有塑料部件。因此无须识别塑料种类。粘接方法也适用于修理穿孔、刮痕和裂缝。这种维修解决方案因强度较高而很受欢迎，且具有很好的喷漆附着性。

进行塑料件粘接维修，需使用塑料件维修套件。塑料件维修套件包括以下产品：塑料粘接剂、塑料底漆、清洁剂和稀释剂、涂敷枪、网状加强织物、加固条，如图 3-89 所示。此外，维修塑料部件时还需要一个红外线灯，借助这个红外线灯将维修部位加热 15 min，以便为后继处理（喷漆）做好准备。

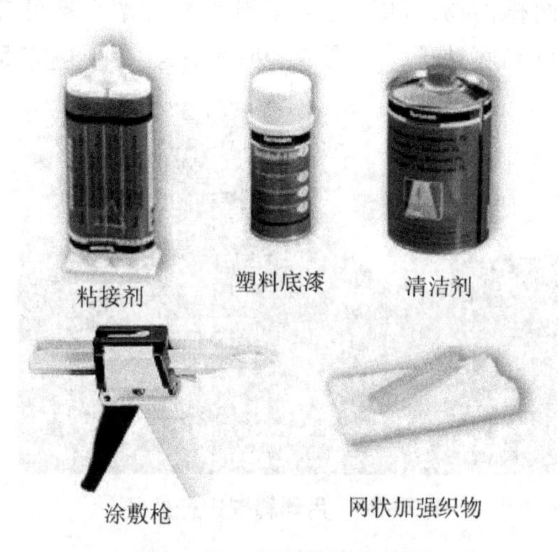

图 3-89 塑料件维修套件

1）塑料粘接剂。塑料粘接剂以双组分聚氨酯为基础制成。其优点是适用于车辆上的所有塑料类型。因此无须花时间识别塑料类型。这种粘接剂具有很好的研磨特性，能够附着在所有车漆上。部分使用的双筒可重复使用。

2）塑料底漆。塑料底漆以合成树脂为基础制成。它适用于车辆上的所有塑料和车漆类型。底漆的风干时间非常短，大约 10 min。通过喷嘴进行操作可达到最佳处理结果。底漆为填料和喷漆提供了附着基础。

3）清洁剂和稀释剂。清洁剂和稀释剂的风干时间非常短而且具有突出的清洁作用。

4）涂敷枪。涂敷枪用于涂敷塑料粘接剂。

5）网状加强织物。网状加强织物用于维修穿孔和裂缝，可加固维修部位。除网状加强织物外，在裂缝端部处还使用加固条。这样可以最佳固定维修部位并提高所维修塑料部件的扭转刚度。加固条已经过电镀锌处理，因此不会形成腐蚀。在上述维修方法中，热整形和粘接法应用较多。由于热整形工艺相对简单，故本任务只介绍粘接法。

一、技能学习

1. 劳动安全与卫生

1）工作时不能吃东西、喝水或吸烟。

2）避免粘接剂接触到眼睛和皮肤，因为粘接剂对眼睛、呼吸器官和皮肤有刺激作用。对异氰酸酯过敏的人应避免接触这类产品。如果粘接剂接触到眼睛、皮肤时，应立即用流水冲洗。

3）只有在通风不足的情况下才需要呼吸防护装置。

4）粘接剂弄脏衣服时，应脱去衣服。必要时去医院皮肤科就诊。

2. 塑料部件粘接修理

（1）清洁损坏部件

用高压清洗器清除大面积污物，随后用大量清水冲洗塑料部件并进行干燥处理。最后用清洁剂和稀释剂对部件进行彻底处理，如图 3－90 所示。必须遵守 5 min 的风干时间。

图 3－90　用稀释剂进行处理

（2）对塑料部件进行预处理

用一个砂带研磨机将维修部位边缘正面磨削成楔形，如图 3－91 所示。用粒度为 P120 的砂纸可达到最佳效果。如果损伤部件有一个裂缝，那么必须在裂缝端部钻孔，最好钻出直径大约 6 mm 的孔，这样可以避免裂缝继续扩大。这个孔也应磨削成楔形，如图 3－92 所示。

图 3－91　磨削维修部位

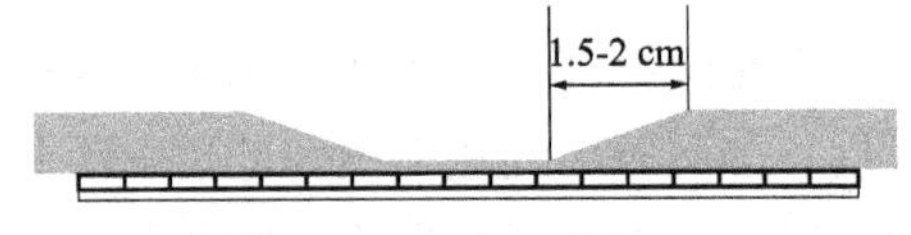

图 3－92　楔形磨削面

(3) 处理待维修部位的两侧

背面与正面同样要进行打磨处理，如图 3－93 所示。此外还要清除研磨粉尘。

(4) 喷涂底漆

在涂敷底漆之前，必须用清洁剂和稀释剂对维修部位两侧重新进行处理。此时也必须遵守 5 min 的风干时间，之后才能在两侧喷涂一层底漆，如图 3－94 所示。在室温条件下，底漆的风干时间大约为 10 min。

图 3－93　使维修部位粗糙化

图 3－94　喷涂底漆

(5) 粘接

底漆风干后，就可以开始进行粘接处理了。建议在裂缝端部处粘接加固条，这样可明显加固薄弱部位。开始在损伤部位背面涂敷粘接剂，如图 3－95 所示。大约 10 min 后可对粘接剂进行处理。

建议固定前在所粘接的加固条上放一层聚乙烯膜，以免粘住或弄脏夹紧钳。此外还应使加固条弯曲，以使更多粘接剂进入加固条和塑料部件之间，从而进一步加固裂缝部位。随后根据损伤部位的大小裁减一块网状加强织物，将其放入粘接剂中，使粘接剂完全渗入整块织物。用一把塑料刮刀或刷子将粘接剂涂敷在网状加强织物上。必须用粘接剂完全覆盖住维修部位，如图 3－96 所示。

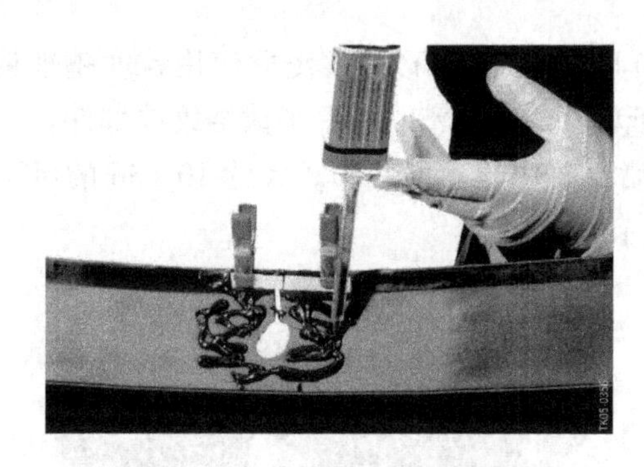

图 3－95　粘接剂、加固条处理

图 3－96　粘接网状加强织物

(6) 烘干

开始对维修部位正面进行粘接之前，必须先等经过处理的背面硬化。为此可使用一个红外线灯，以 60 ℃～70 ℃照射维修部位大约 15 min，如图 3－97 所示。

图 3－97　使维修部位背面硬化

（7）在维修部位的正面涂敷粘接剂

将粘接剂涂敷在正面时尽量不要渗入空气，用刮刀从维修部位中部向外刮平，如图 3－98 所示。在此过程中，应始终涂敷过量的粘接剂，以确保研磨时能够重新恢复塑料部件原来的形状。此外，涂敷时还要确保喷嘴尖始终在粘接剂内。

随后必须使粘接剂硬化。为此再次用红外线灯以 60 ℃～70 ℃对维修部位干燥处理约 15 min，如图 3－99 所示，使其在室温条件下冷却下来。

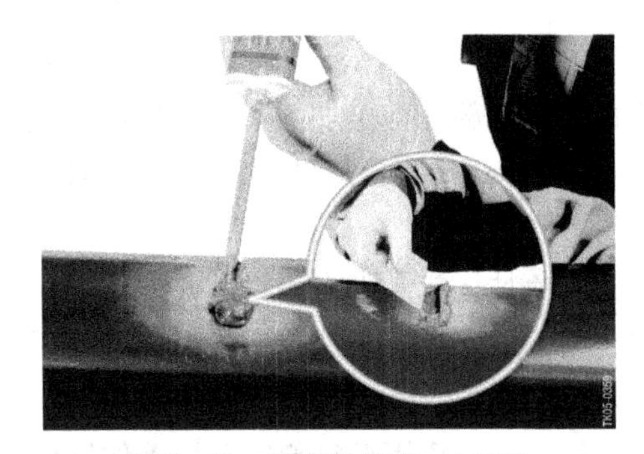

图 3－98　涂敷粘接剂（正面）

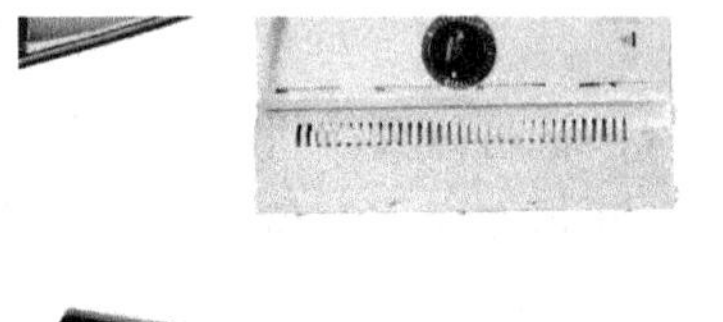

图 3－99　用红外线灯进行硬化处理（正面）

（8）磨掉过量的粘接剂（正面）

要确保磨削出维修部件的原有形状。开始操作时使用 P120 砂纸，随后使用粒度越来越小的砂纸，如图 3－100 所示。用粒度 P240 的砂纸精磨后，用清洗液仔细清洁维修部件。

在维修部件上喷漆之前，必须在维修部位上喷涂薄薄的一层底漆。大约 10 min 的风干时间后，可涂敷用于车漆的底漆，如图 3－101 所示。

图 3－100　磨掉粘接剂

图 3－101　在维修部位涂敷底漆（正面）

二、技能考核

学生每2名为一小组，针对提供的碰撞损伤车辆，各小组独立完成本任务规定的实操内容并同时完成实训工单。

指导教师全过程观察并随时填写《实操考核记录单》，对学生操作过程中易引起事故的行为，指导教师应及时纠正。

思考与练习

1. 加工硬化是如何产生的？修理钢板时，对加工硬化区应如何处理？
2. 对于由外力和内应力产生的变形，如何修复？
3. 什么是铰折折损和卷曲折损，对这两类损伤，通常采用什么方法进行修复？
4. 怎样来判别板件上的变形哪些是拉伸区和压缩区？在进行修复时，如何考虑？
5. 什么是微钣金？什么情况下可采用微钣金？
6. 使用铁锤和垫铁修理钢板时有几种操作方法？各用在哪类变形的修复？
7. 外形修复机的主要使用步骤是什么？
8. 详细说明铝合金车身的优点。
9. 用锤和垫铁修复铝板件时应注意哪些问题？
10. 在使用铝整形机修复铝板件的打磨油漆层操作时，应注意哪些要点？
11. 在对铝合金件进行拉拔修复前，要注意哪些事项？
12. 车身上的塑料件维修时，确定是维修还是更换应考虑哪些因素？
13. 进行塑料件粘接修复前，应准备哪些材料和工具？
14. 详细说明车身塑料件的识别方法。
15. 进行塑料件修理要注意哪些安全与卫生事项？

车身板件更换

任务 1　车身外覆盖件的更换

学习目标

1. 能够正确进行发动机罩、行李箱盖、保险杠、车门等车身外覆盖件的更换。
2. 能够进行密封条式和粘接式风挡玻璃的更换。
3. 能够注意培养良好的安全与卫生习惯及团队协作的意识。

案例分析

严重的事故车辆，经常造成挡风玻璃、发动机罩、行李箱盖、保险杠、车门等车身外覆盖件的严重损坏，当经过分析，这些板件从技术上很难修复或修复成本较高以及客户（包括保险公司）的要求更换时，则需进行整体更换。如果能够维修，通常也需要拆下来修理，这些就涉及正确的拆装和调整。

汽车零部件可以用螺钉、螺栓、螺母、金属或塑料卡子、胶粘剂及其他方法固定，为了有效地更换这些零部件，必须仔细研究零部件的结构，查看它们是如何固定到车辆上的。这样，才能得出清晰的维修思路，如哪个零件应当先拆，哪个零件应当在第二步拆卸，以及所需的拆卸方法等。

实际工作经验是提高技能、加快车身零件的拆卸和更换速度的唯一途径。有时，零件必须一个一个地拆下来，而有时却最好将几个零件作为一个总成拆下来。

一、技能学习

1. 发动机罩的更换

(1) 拆卸

在拆卸发动机罩以前，要分析它的零部件状况。通过开关发动机罩，检查铰链是否发生干涉或弯曲。如果可行的话，检查发动机罩是否与翼子板和前围板对齐。这样做可帮助您确定维修期间哪些操作是必须做的。

1）断开所有的线束和软管。线束通常连接到发动机罩下面的照明灯。风窗玻璃洗涤器系统的软管可能会穿到发动机罩内，如图 4－1 所示。

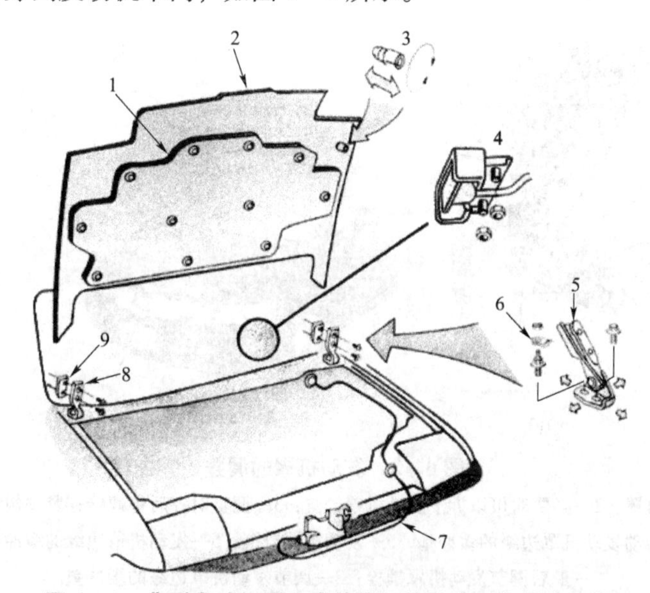

图 4－1　典型发动机罩总成的零部件及其开启拉索机构

1—隔音垫；2—发动机罩；3—发动机罩边缘的缓冲垫；4—发动机罩开启手柄；
5—铰链；6—限位器；7—发动机罩开启拉索；8—铰链；9—铰链垫片

2）拆下发动机罩铰链螺栓。如果发动机罩损坏不严重并可继续使用，应当在上面做上铰链位置的标记。在发动机罩上做标记时，在发动机罩周围与铰链接触的位置划上定位标记。可能还需要将铰链在车身上的安装位置做上标记，以便在将来重新安装时，可以利用这些标记大致调整铰链和发动机罩的位置。

为了避免损坏零部件，在固定发动机罩时可以找个助手帮忙。用肩部顶在发动机罩盖下面，同时用一只手托住发动机罩的底缘，这样可以防止发动机罩滑下来撞到风窗玻璃、前围板或翼子板上。用肩部支撑住发动机罩的重量，用另一只空闲的手拆卸发动机罩的螺栓。同样，请来帮助的助手也应该这样做。在松开螺栓后，不要让发动机罩的重量作用在这些松开的螺栓上面。

记下所有的发动机罩铰链垫片的位置，这些垫片是用来调整发动机罩的。如果没有较大的损伤，这些垫片可能还要安装到原来的位置上。

3）将发动机罩拿下来，放到不容易撞到的地方。

（2）发动机罩的安装与调整

1）安装。按与拆卸相反的顺序安装发动机罩。同样，在安装螺栓时，要找一个助手帮助顶住发动机罩。装上铰链和发动机罩之间的固定螺栓，但不要将它们拧紧，必须在调整好发动机罩的位置后，才能将这些螺栓完全拧紧。

在装上发动机罩后，将它关闭时动作一定要慢。如果发动机罩没有正确对中，可能会撞到翼子板并形成凹坑。可以在翼子板的边沿贴上胶带，以对它进行保护。

2）调整。发动机罩的调整是调整铰链、可调整的限位器和发动机罩锁栓。发动机罩可以上下、前后调整，以便使它与翼子板和前围上盖板在垂直和水平方向上对齐。铰链上的孔是带槽的，这样就可以在上盖或翼子板上抬高和降低铰链的位置，并且使发动机罩在铰链上前后移动，如图4-2所示。

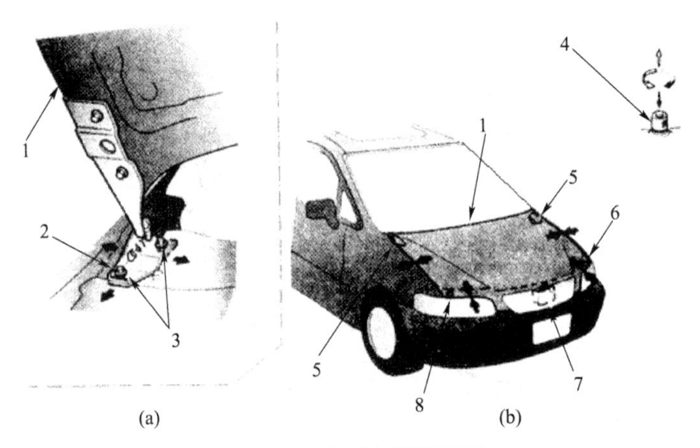

图4-2 发动机罩的调整

1—发动机罩；2—必要时可以拆下发动机罩铰链；3—调整对齐后将螺栓拧紧到规定力矩；
4—转动发动机罩边缘的缓冲垫；5—发动机罩铰链；6—发动机罩边缘的缓冲垫；
7—最后调节发动机罩锁栓；8—调节发动机罩边缘的缓冲垫

① 如图4-2（a）所示，在调整发动机罩的定位时，将铰链与车身之间的连接螺栓稍微松开一些，这样就可以左右前后地移动装在长条形孔中的铰链。为了避免漆面损伤，在检查发动机罩的定位时一定要将它慢慢地降下。当发动机罩与前围上盖板和翼子板对齐时，将铰链螺栓拧紧。

② 如图4-3（a）所示，在拧松发动机罩与铰链之间的螺栓后，根据需要移动发动机

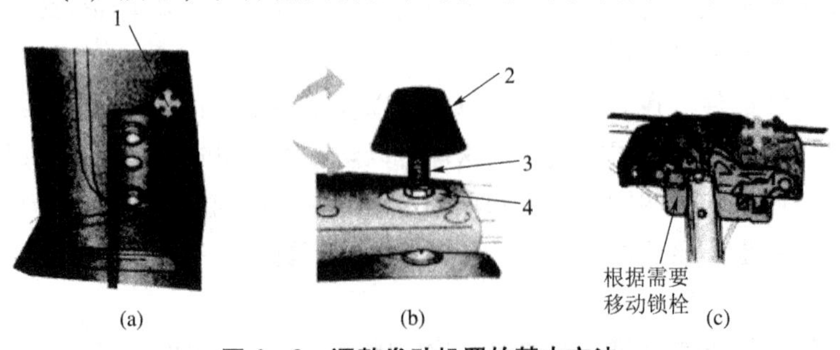

图4-3 调整发动机罩的基本方法

1—移动发动机罩；2—橡胶缓冲垫；3—螺纹；4—摩擦螺母

罩，将其与车身板件正确对正，将这些螺栓拧紧。在车身上将发动机罩调正，并且其后部必须有足够的间隙。

③ 如图4－3（b）所示，转动缓冲垫，对它们进行上下调整，使发动机罩的前部与翼子板及其他零部件对齐。

④ 如图4－3（c）所示，慢慢地关闭发动机罩，在锁扣与锁栓啮合时，发动机罩应当不会向两边偏移。将锁栓在锁扣中对中，然后上下调整锁栓，将发动机盖在缓冲垫上轻微地向下拉动。

2. 保险杠的更换

在拆卸保险杠时，首先应当拔掉所有车灯的线束，拆卸步骤可能随车而异，所以需要参考具体车型的维修手册。可能有一些螺栓隐藏在示廓灯、翼子板内板等部件的后面，如图4－4所示。

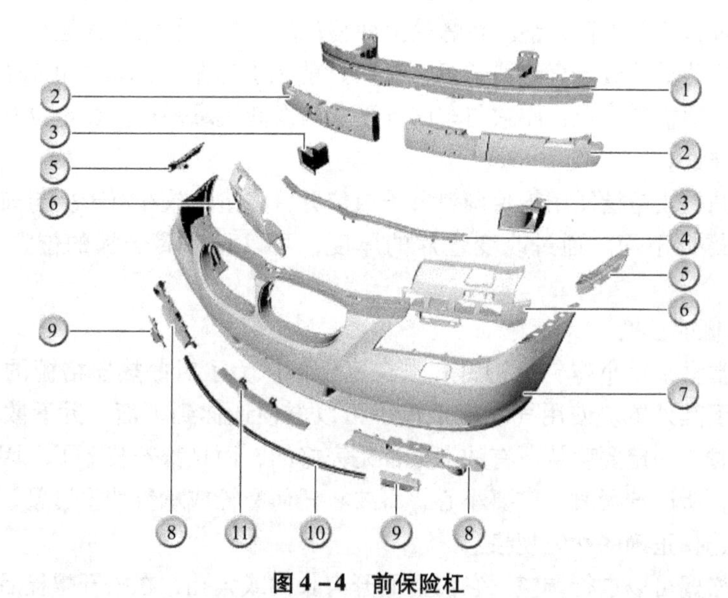

图4－4　前保险杠

1—带有变形元件的保险杠托架；2—碰撞吸能器；3—制动器导风管；4—车前盖密封条；5—保险杠饰板的侧托架；6—保险杠侧衬垫；7—保险杠饰板；8—侧冷风格栅；9—制动器导风管饰板；10—唇型缓冲条；11—中部冷风格栅

保险杠的拆卸比较简单，只要拆下连接螺栓，即可由两人配合拆下。安装时按拆卸相反顺序进行即可。但拆装时要注意以下事项：

1）保险杠可能会很笨重，所以在拆下最后一根固定螺栓以前，要将它支撑住，可以请一个助手帮忙，也可以使用移动式千斤顶。如果要对保险杠进行维修后重新使用，那么要在千斤顶的支撑座上放块木块或一块厚泡沫橡胶块，以防损坏漆面。升起千斤顶，支撑住保险杠的重量，拆下各个螺栓。然后，将保险杠和千斤顶从汽车上移开。这些常规操作步骤也适用于后保险杠。

2）当保险杠中使用了缓冲器时，通常用缓冲器上的螺栓或螺母固定保险杠。如果汽车前端遭受严重的碰撞损坏，有时最好拆下大的总成装置，如整个前围板或保险杠挡板总成。这样，这些总成上面难触及的零件部件就可以更方便地进行拆装操作了。这样做还可以用较少的时间修复损坏的保险杠、车灯支架及其他前零部件。

3. 前翼子板的更换

在拆卸前翼子板时，应当找出将翼子板固定到车身上的所有螺栓，将它们都拆卸下来。另外，还要拆下翼子板上车灯的所有线束。翼子板通常用螺栓固定在散热器支架、翼子板内板和前围上盖板上。这些螺栓通常隐蔽在车门、翼子板内板的后面，还有一些在汽车的下面。

在拆下所有的螺栓后，小心地将翼子板抬下来。将所有必需的零件（装饰件、车身卡夹等）从旧的翼子板转移到新的翼子板上。

按照与拆卸顺序相反的步骤装上新换的翼子板。如果车门或前围上盖板没有损伤，要将它们的边缘包上遮盖胶带或管道胶带，这样做可以在安装翼子板时防止它们的漆面被刮伤。

在安装翼子板时，先用手拧上所有的翼子板螺栓，但不要拧紧它们。使螺栓保持足够松的状态，以便于对翼子板进行调整。在螺栓上面移动翼子板，使它与其他车身零部件正确对齐。向前或向后移动翼子板，直到翼子板、车门、前围上盖板之间具有正确的间隙或缝隙。另外，向内和向外调整翼子板，使它与车门齐平，与发动机罩平行。在定位好翼子板后，将所有翼子板螺栓拧紧。

翼子板垫片调整法是指使用垫片调整翼子板位置，将垫片放在翼子板与前围上盖板或翼子板内板的固定螺栓下面。通过改变垫片的厚度，可以移动翼子板的位置，获得正确的定位。

4. 散热器格栅的更换

散热器格栅常常是用小螺钉、铆钉和卡夹固定的。为了对散热器格栅的紧固件进行操作，可能需要拆下其外罩。使用气动棘爪扳手可以方便地伸到下面，拆下散热器格栅的螺栓。在安装格栅时，一定要确认所有的卡夹都是完好的，而且都安装上了。因为大多数散热器格栅是塑料件，所以拧紧时一定要小心，不要将任何螺栓或螺钉拧得过紧，否则会使散热器格栅开裂。要选择正确的铆钉规格。

有些散热器格栅可以进行调整。它们上面开有长槽或大孔，在松开螺栓后，可以移动格栅，将它与其他零部件对准。在对准后，再慢慢拧紧格栅的紧固件。

5. 行李箱盖的更换

行李箱盖在结构上与发动机罩非常相似，由两根铰链将行李箱盖连接到后部车身板上，后缘由锁栓固定。

行李箱盖或后置发动机罩的拆卸与更换步骤与发动机罩类似。行李箱盖必须均匀地放置在相邻的板件之间。铰链上的槽孔和行李箱盖上的固定板使得行李箱盖的位置可以进行调整。为了前后调整行李箱盖，将两根铰链上的螺栓都稍微松开一些，关闭行李箱盖后，根据需要进行调整，然后抬起行李箱盖并拧紧螺栓。

密封条是一根橡胶密封条，用来防止活动部件（行李箱盖，后背式行李箱门或车门）与车身之间的接缝处产生渗漏。为了防止漏气和漏水，行李箱盖在关闭时必须均匀地与密封条紧密接触。必须对锁栓进行正确调整，使它能够将行李箱盖或后背式行李箱门紧紧地闭合在密封条上。

行李箱盖支撑通常是气动杆，可以将行李箱盖保持在开启的位置，并使行李箱盖以较慢的速度进行关闭。这些支撑通常与车身上的小球形支座接合，支撑的末端卡装在球形支座内。如果行车箱盖支撑损坏，它们就不能支撑住行李箱盖的重量，就必须进行更换。

6. 车门的更换

（1）拆卸

1）如图4－5所示，拆下车门两个铰链螺栓或起出铰链的铰销，拆开进入门框内的线束。车门外部的一些线束很容易断开，而其他一些线束则完全需要拆开车门装饰板从内部断开。

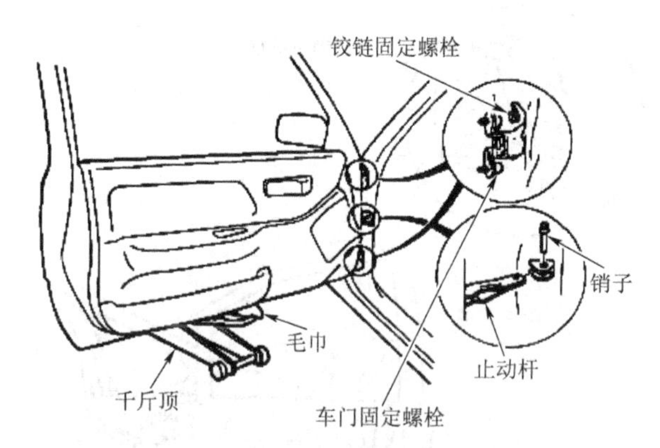

图4－5　拆卸车门

2）将车门打开大约一半，将移动式千斤顶放到车门下面。用护罩、抹布、带切口的木块或车门固定工具放到千斤顶支撑座上以保护车门的油漆边缘不受损坏，还有专用的车门固定工具，如千斤顶支撑座橡胶垫（图4－6），上面有长长的槽以啮合车门凸缘的底部。

图4－6　车门拆卸时用橡胶垫支撑

3）将支撑座靠近车门下部，将千斤顶升到刚好支撑住铰链上的大部分质量，这样可以使铰链螺栓容易转出（图4－7）。不要过度升起千斤顶，否则会损坏车门。

4）拆卸最后一个螺栓之前，必须有人协助握住车门，防止其从千斤顶上掉落，然后，两个人将车门移动到其他地方，通常将车门外板向下放。如果车门不需要进行重新喷漆，要在车门外板包一块毯子以防擦伤漆面。

（2）车门总成的安装与调整

1）如果车门旁边的板件没有受损，在安装车门前要用胶带包住涂漆边缘，防止意外擦伤或碰伤。

2）车门的安装顺序与拆卸顺序相反。用移动式千斤顶将车门升起，使车门铰链与车身上的安装孔高度一致，并保持在水平状态（图4－7）。

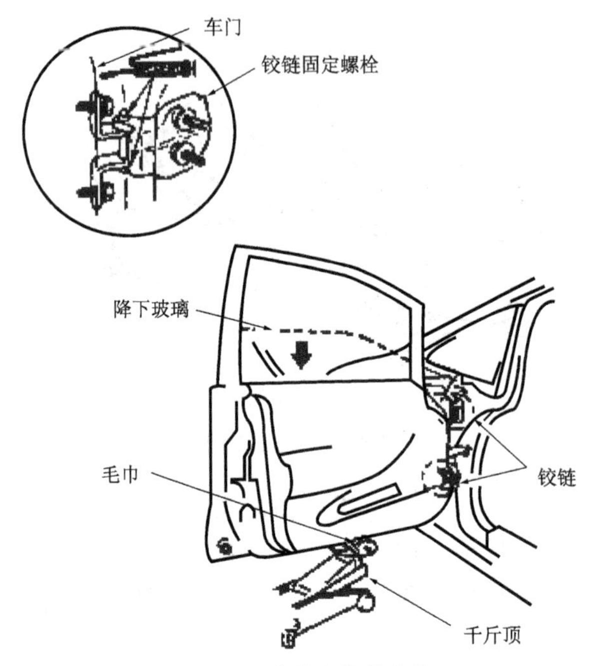

图4－7　安装车门的方法

3）将铰链对准到原来的位置，拧入铰销，不要锁紧。

4）调整。在螺栓固定的车门铰链上安装调整车门时按照以下的步骤进行。

① 拆下锁闩螺栓，使其不会影响定位程序。

② 为了方便车门的移动要先松开铰链螺栓，确定车门的高度。

③ 松开铰链螺栓后，可以用撬杠或千斤顶和木块移动车门。

④ 调整车门，检查车门的装配情况，若不干涉相邻板件，且车门缝隙又符合要求，则拧紧铰链螺栓。

⑤ 重复操作，直到获得期望的装配效果。

⑥ 装上锁闩螺栓并进行调整，使车门可以平顺关闭且与后门或后侧围板平齐。检查确定车门处于完全上锁位置。

⑦ 对于所有的硬顶车门，还必须检查车门和后侧围窗的玻璃，以确保与顶盖纵梁和密封条正确对准（里外调整是非常重要的）。车门必须匹配门框并且里外调整定位，直到与车身板件配合。车门还必须在密封条和车门开口之间密封良好。密封条要有足够的压缩量，以防止水、尘土、风和噪声进入汽车。

7. 挡风玻璃的更换

（1）由密封条固定的挡风玻璃的更换

密封条法在旧式汽车上使用的较为普遍，在新型汽车上也有使用。密封条上开有沟槽，用来装夹玻璃和在钢板翻边固定，有的还装有外装饰条，如图 4－8 所示。

1）拆卸

① 拆下周围的装饰件和后视镜，在车窗玻璃和车窗框的中心做标记，如图 4－9 所示。

② 拆除刮水臂。用专用工具拆下内外装饰条。用专用工具撬开密封条，使其与压焊翻边分离，慢慢将挡风玻璃取下。

注意：拆卸玻璃时一定要小心，防止玻璃发生大弧度的扭曲和振动，而造成玻璃的损坏。

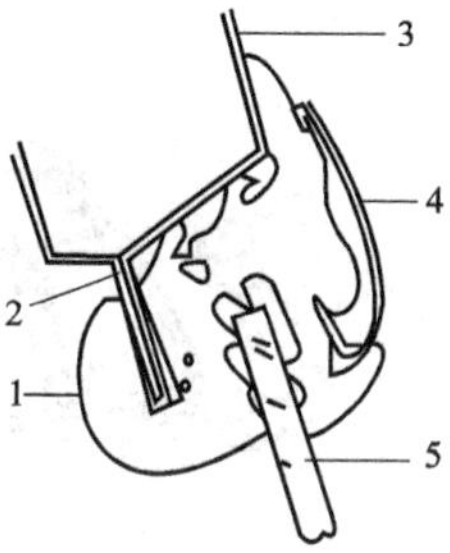

图 4－8　密封条的装配

1—密封条；2—压焊法兰；3—车顶盖板；4—外装饰条；5—玻璃

2）安装

① 用溶剂清理窗框翻边上的污物和残留的密封胶，安装垫块和垫条。小心地将玻璃安放到垫块上，检查安装位置并对中。玻璃定好位后，用纸胶带做好标记，然后沿玻璃周边将胶带切断，把玻璃放置在一边。在正式安装时，使窗框上的胶带对准玻璃上的胶带来定位，如图 4－10 所示。

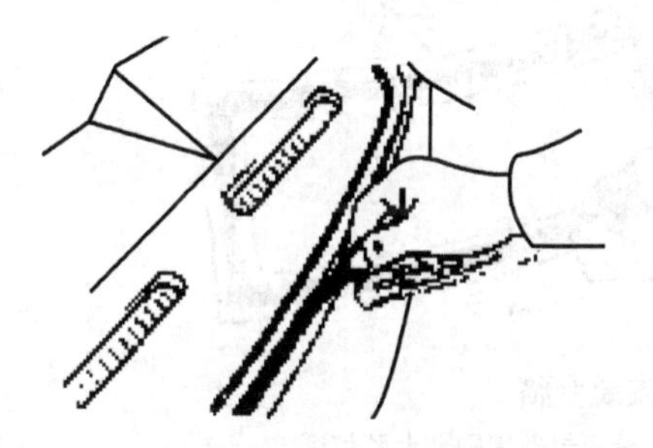

图 4－9　做中心标识

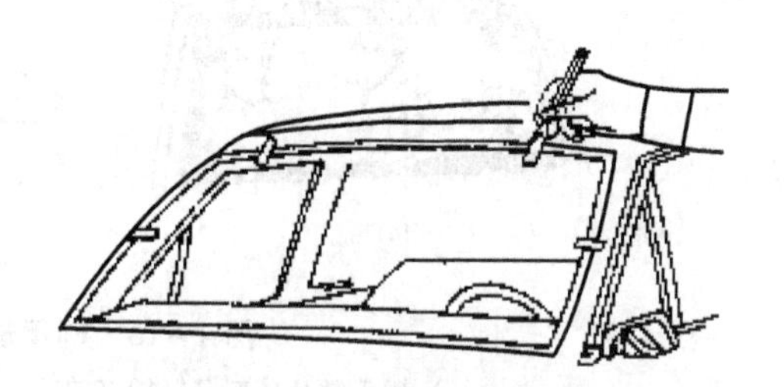

图 4－10　用胶带做定位标记

② 将玻璃的边缘和密封条清理干净。把密封条安装在玻璃上，并沿密封条的凸缘槽内埋入预先准备好的尼龙软线。塞线时应从玻璃的顶端开始塞，使线的两端在玻璃的下缘中部会合，用胶带把线的末端粘贴到玻璃的内表面上，如图 4－11 所示。

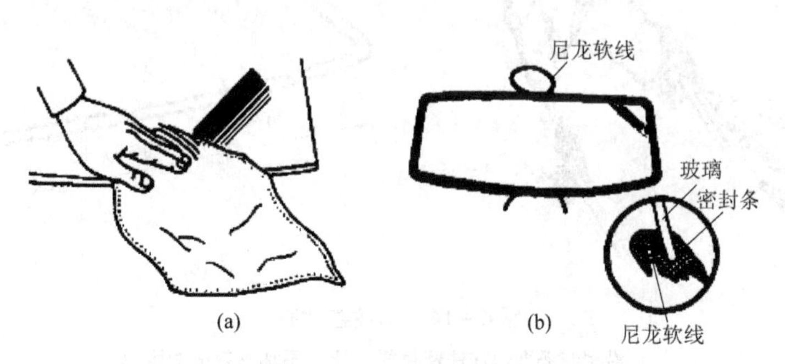

图 4－11　准备玻璃

（a）清洁玻璃；（b）装上密封条并埋入软线

③ 在密封条凸缘槽和窗口压焊翻边的边缘上涂抹肥皂水。在车外用手掌压住密封条的同时，于车内玻璃下部的中间部位起，牵拉装玻璃用的尼龙作业线，风窗玻璃随之被镶装在车身的压焊翻边上，如图 4－12 所示。应注意按标记胶带调整对位。拉线时应从玻璃的下缘

开始，使密封条进入位置，然后侧缘，最后是上缘。线的两端要同时拉，否则玻璃容易破裂。

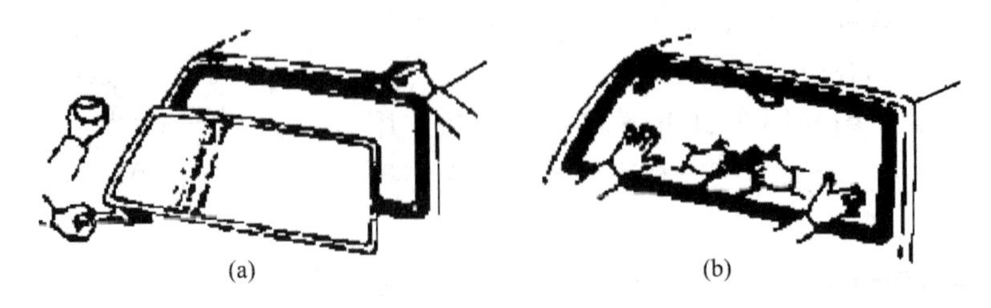

图 4－12　安装玻璃

（a）边缘涂上肥皂水；（b）牵拉尼龙线

为使橡胶条、玻璃、窗口三者之间贴合紧密，在镶装过程中可用手掌从外部轻轻拍打玻璃。确认安装合格后，沿密封条周围贴上胶带纸，以防止涂胶过程中或密封胶挤出后弄脏玻璃和车身油漆，如图 4－13 所示。

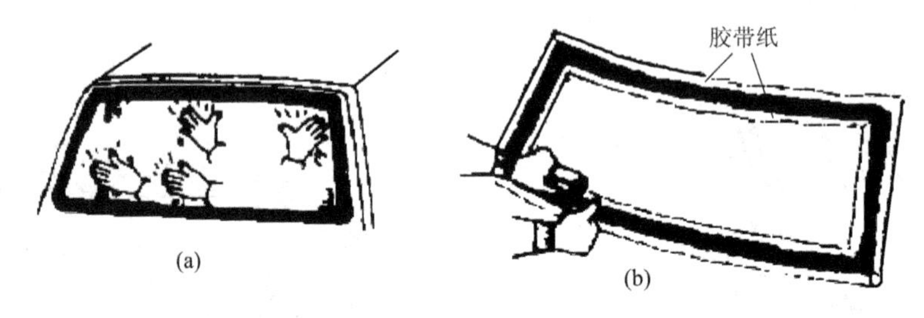

图 4－13　确保玻璃安装合格

（a）用手掌从外部轻轻拍打玻璃；（b）沿密封条周围贴上胶带纸

④ 在橡胶条、玻璃、车身三者之间加注玻璃密封剂，如图 4－14 所示。

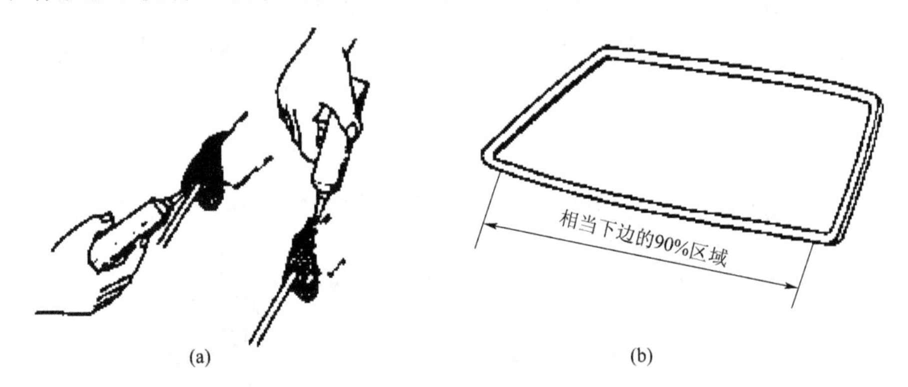

图 4－14　加注密封剂

（a）沿密封条两边加注密封剂；（b）不加密封剂的区域

（2）由胶粘法固定的车窗玻璃的更换

1）拆卸。

① 首先拆除玻璃嵌条和所有应拆除的元件。

② 切割黏结剂。必须使用专用的工具和保护措施，图 4－15 所示为钢丝切割系统，用

于割断黏结剂条的工具。

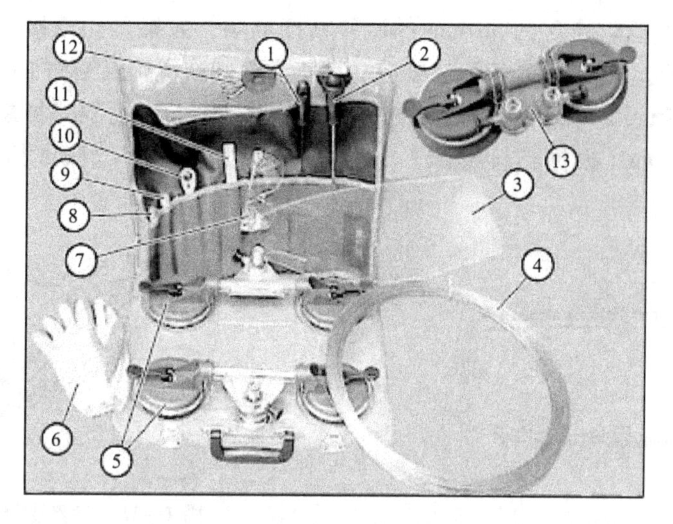

图 4－15　车窗玻璃拆卸系统

1—钢丝牵引头；2—抛物面凿子；3—塑料垫圈；4—切割钢丝卷；5—卷盘；6—防护手套；7—防护眼镜；8—加长件（短）；9—加长件（长）；10—转换棘轮；11—塑料楔；12—牵引针；13—双槽卷盘

将卷盘固定在玻璃的内侧。切割时先用钢丝牵引头将原黏结剂钻透，再将切割钢丝穿过并固定在卷盘上。通过钢丝将黏结剂割断，如图 4－16 所示。黏结剂条应尽可能贴着车窗玻璃周围被切下。车身开口处的（以及在重复使用时，在车窗玻璃上的）残余黏结条被切下的厚度应约为 0.5 mm。

图 4－16　使用钢丝切割黏结剂

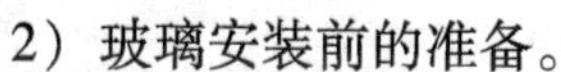

2）玻璃安装前的准备。

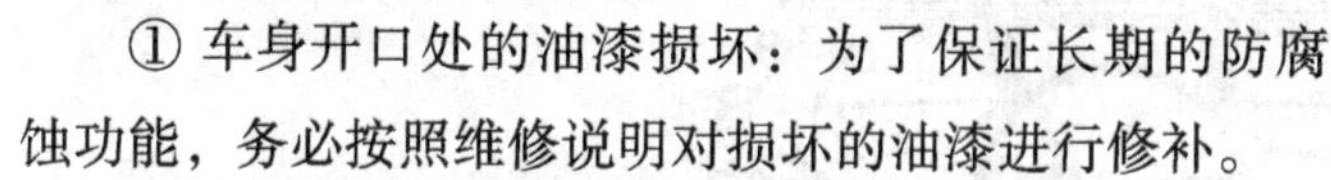

① 车身开口处的油漆损坏：为了保证长期的防腐蚀功能，务必按照维修说明对损坏的油漆进行修补。

② 车身开口处黏结区域的处理：

a. 用酒精（可从药房购得）清洁；

b. 至少保持 1 min 的干燥时间（在涂覆残余黏结条时，至少 15 min）；

c. 将油漆活化剂涂覆到油漆和残余黏结条上；

d. 至少保持 1 min 的干燥时间（在涂覆残余黏结条时，至少 10 min）。

③ 玻璃陶瓷表面的处理（车窗内侧）：在车窗内侧的边缘区域，为保护黏结剂条涂上一层黑色的、紫外线无法穿透的玻璃陶瓷。它不得损坏，必须按以下方式进行处理：

a. 用酒精（可从药房购得）清洁；

b. 保持至少 1 min 的干燥时间；

c. 涂上一层薄薄的玻璃活化剂；

d. 保持至少 10 min 的干燥时间。

3）涂敷黏结剂。如果没有车窗玻璃安装的标准尺寸，涂胶前应将风窗玻璃放到窗口定位，并做出准确安装位置的定位标记，如图 4－17 所示。

将黏结剂筒装入粘接剂枪中，拆下封口，并将粘接剂的两个组分挤出。均匀地刮去粘接剂组分，并装上混合管。压出约 50 mm 的试验粘接剂条，如果是热粘接，则应注意在试验条中是否有气泡产生，如果没有气泡，则应立即将黏结剂涂覆到黏结面上。在涂覆黏结剂条时，中断时间不得超过 5 min，并保持黏合剂筒垂直于黏结面。用刮刀将黏结剂涂在黏结面上，涂层厚度约 2 mm（根据粘接缝隙），如图 4 – 18 所示。用纸张或抹布清除多余的黏结剂。

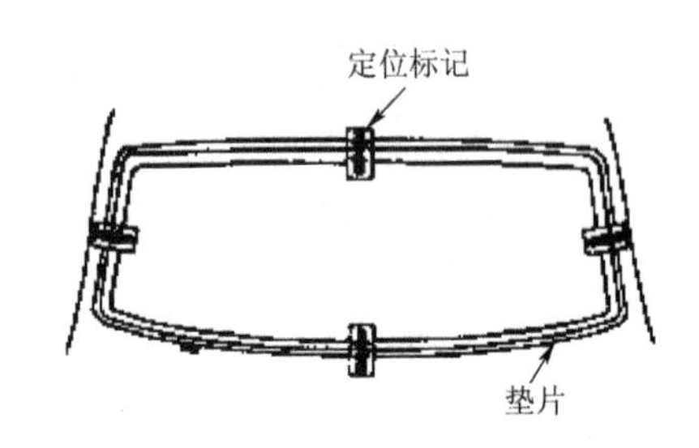

图 4 – 17　做定位标记

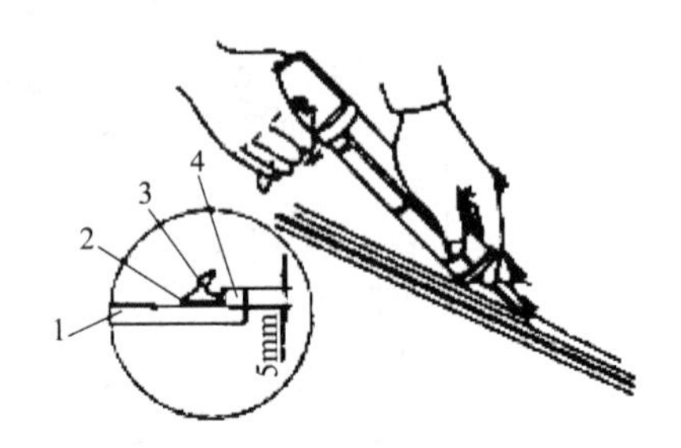

图 4 – 18　涂敷黏结剂

1—玻璃；2—胶带；3—挡水圈；4—黏结剂

在涂覆了黏结剂后，应检查后部的黏结剂筒上是否有一个粘接剂组分排出。如果是的话，则应停止粘接过程。清洁新零件，使用新的黏结剂筒。混合后黏结剂的使用期约为 2 h，只有当在 1 h 内没有粘接剂流过混合器的情况下，才需要更换混合器。

4）安装。塑料胶粘带的黏结区域必须保持无油脂、无尘。首先安装橡胶密封带，同时注意中点标记。接着按照以下说明，用两个吸力装置小心地装上后窗，如图 4 – 19 所示。

图 4 – 19　后窗的安装

1—塑料胶带；A—距车顶边缘的距离

① 上部在距车顶边缘的距离（A）处安装；

② 侧面均匀校正；

③ 下部装入并按上；

④ 向上推，直至达到与车顶边缘距离 $A = 5$ mm 为止；

⑤ 用塑料胶粘带固定；

⑥ 压住下部，直到橡胶密封带均匀贴紧为止。

后窗位置必须比车顶外蒙皮低，只有这样才能避免风噪声。将专用工具 510010 根据不同的尺寸（A）固定在车辆中部，并检查后窗的高度差，如图 4 – 20 所示。

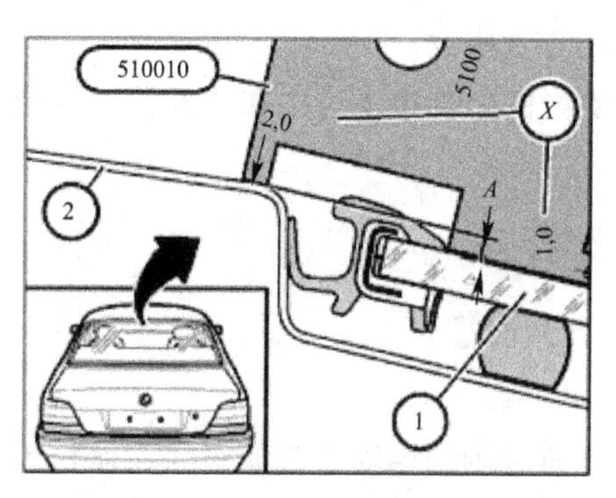

图 4－20 对后窗上部进行预压紧

1—风窗玻璃；2—车顶；A—高度差；X—测量挡

后窗玻璃高度差（A）：

$A=3.2\ \mathrm{mm}\pm1\ \mathrm{mm}$

$X=$测量挡 1～4 mm

5）密封性能试验。待黏结剂基本硬化后，再进行水密封性能试验。如有渗漏时，可使用黏结剂进一步加以密封。

二、技能考核

学生每 2 名为一小组，针对提供的碰撞损伤车辆，各小组独立完成本任务规定的实操内容并同时完成实训工单。

指导教师全过程观察并随时填写《实操考核记录单》，对学生操作过程中易引起事故的行为，指导教师应及时纠正。

任务 2 车身结构件的更换

学习目标

1. 能够熟悉各类车身分割工具与设备的用途。
2. 通过车身后侧围板的更换操作， 初步掌握车身紧固性连接的外板的更换方法。
3. 通过车身前纵梁的更换操作， 初步掌握车身结构件的更换方法。
4. 能够注意培养良好的安全与卫生习惯及团队协作的意识。

案例分析

图 4－21 严重撞伤的车身

如图 4－21 所示的汽车，中部车身损坏严重，这种情况首先要通过拉伸校正，使车身整体形状尺寸恢复，然后维修受损的相关板件。对于车身中柱下部以及和门槛板连接部位的板件，由于损坏非常严重，无法进行维修，只能采取更换的方法维修。

需要注意的是，确认要更换的板件也不可以在拉伸校正结束之前拆下，否则会影响拉伸校正工作的进行。

相：关：知：识

一、板件分割工具及设备

1. 常用分割工具

在修理厂大量应用气动工具，因为电动工具质量大、体积大，应用比较少。而气动工具质量轻、体积小，可减轻工人劳动强度。气动工具一般采用调速机（高速控制机构）控制，可使工具更为安全。

（1）气动磨削工具

如图 4－22 所示，主要用于金属磨削、切割，油漆层的去除，研磨腻子等工作。

图 4－22　气动磨削机

（2）气动切割锯

车身维修中常用的是往复式切割锯，如图 4－23 所示，用于金属（钢板、铝板）结构件、外部面板的分割。

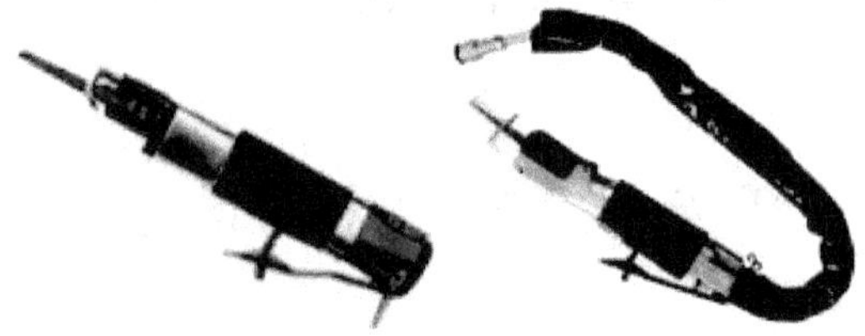

图 4－23　气动切割锯

（3）气动錾子

如图 4－24 所示的气动錾子能快速进行粗切割作业，节省大量时间。还能破开咬死的减振器螺母，以及去除焊接溅出物和破碎焊点。

（4）焊点转除钻

如图 4－25 所示，焊点转除钻可以进行车身电阻点焊焊点的去除分离。

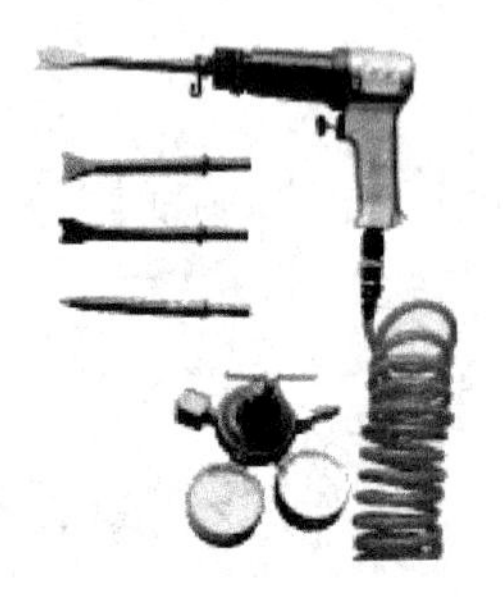

图 4－24　气动錾子

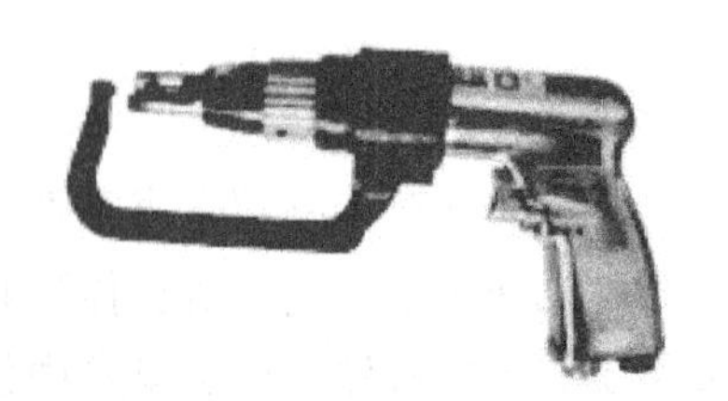

图 4－25　气动焊点转除钻

在板件中钻掉许多焊点可能是很慢的，使用自身具有夹紧装置的焊点转除钻进行工作就容易些，手的压力迫使特殊的圆形钻头进入焊点，而且钻头有行程限制，在钻透第一层板后不会损伤下面的板件（图4－26）。

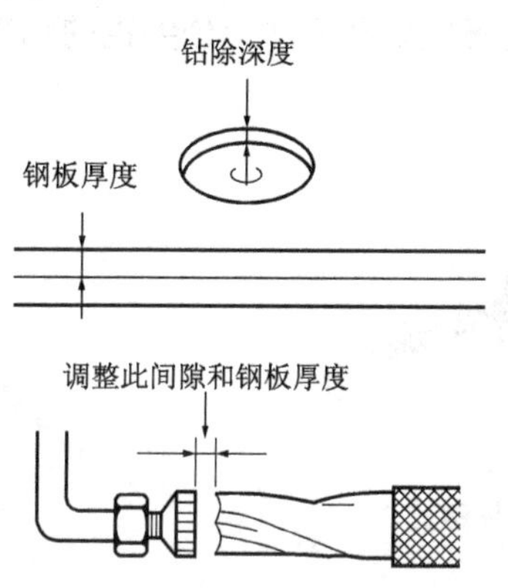

图4－26 调整间隙和钢板厚度

（5）打孔器

打孔器有气动和手动之分（图4－27），用于车身板件塞焊时在新板件上打孔的操作。

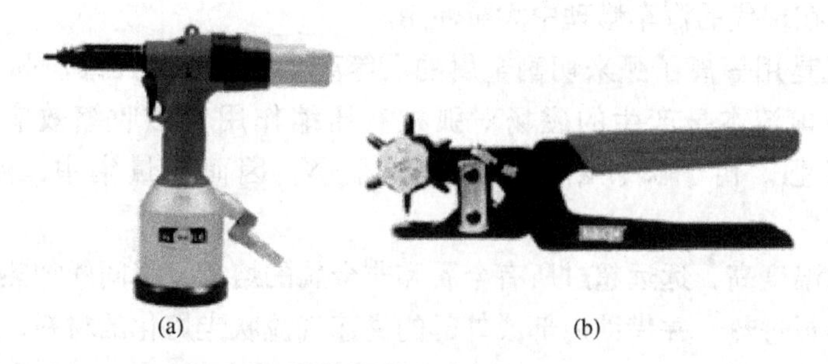

图4－27 打孔机

（a）气动；（b）手动

（6）折边机

用于车身板件搭接接缝的折边或车门等内外板的折边成形（图4－28）。

（7）气动剪

如图4－29所示，用于切断、修整和剪切外形，或剪切塑料、白铁皮、铝和其他金属板（包括各种规格的轧制钢板）。

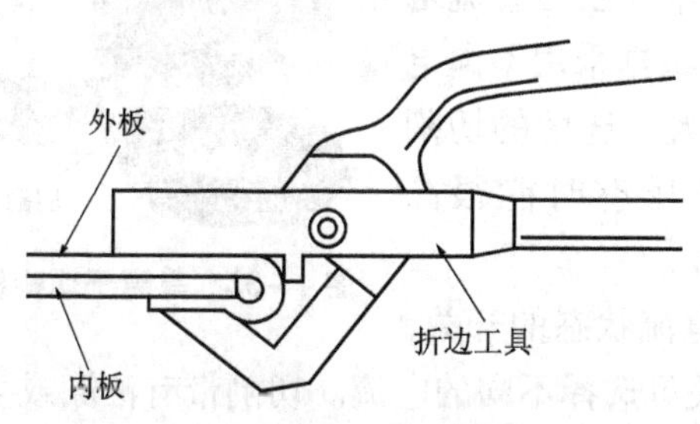

图4－28 手动折边机操作方法

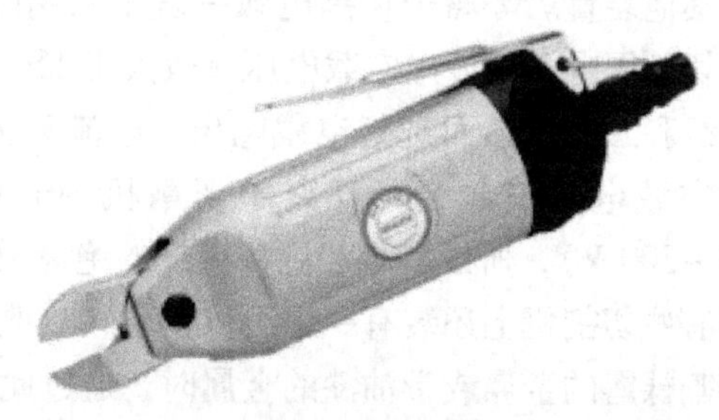

图4－29 气动剪

（8）气动除锈器

如图4－30所示，用于清除金属板上的锈迹。

（9）气动挫

如图4－31所示，用于快速清理车身板件十分尖锐的毛刺等工作。

图4－30　气动除锈器

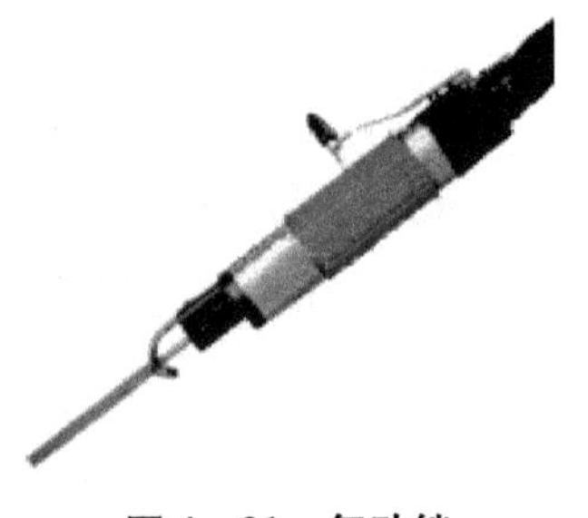

图4－31　气动锉

2. 等离子切割机

（1）等离子切割机的工作特点

在现代汽车中，大量应用高强度钢和超高强度钢，这类钢材的硬度、强度非常大，用切割锯、气割钻时切割效率不高，而使用氧乙炔切割会产生大量的热从而破坏金属内部的结构，因此也不能够在现代的汽车修理中大量使用。

等离子切割机是用等离子弧来切割金属的。等离子弧是一种压缩电弧，是通过磁收缩方式获得的，弧柱电流本身产生的磁场对弧柱有压缩作用（磁收缩效应）。电流密度越大，磁收缩作用越强。由于弧柱断面被压缩得很小，因而能量集中，温度高，焰流速度大。

等离子弧柱的温度高，远远超过所有金属和非金属的熔点，瞬间能加热和熔化被切割的金属却不会使金属板过热。并借助内部或外部的高速气流吹走熔化的材料，直到等离子气流束穿透余层板而形成切割口。等离子弧切割过程不是依靠氧化反应，而是靠熔化来切割材料，因此比氧切割方法使用范围大得多，能够切割绝大部分金属和非金属材料。

（2）等离子切割机的组成

等离子切割机（图4－32）的控制装置一般都很简单。专门用于切割较薄金属的切割机只需有关闭—接通开关和一个待用指示灯，当切割机具备切割条件时，该指示灯显示。较复杂的等离子切割设备还包括一个安装在内部的空气压缩机，可调节的输出控制装置，以及机载的冷却剂和其他装置。等离子切割电弧一般不采用陡降外特性的直流电源，切割用电源的输出空载电压一般大于150 V。根据采用不同电流等级和工作气体而选定空载电压，电流等级越大，选用的切割电源空载电压就越高，等离子切割机的开路电压有时能很高（250～300 V），所以割炬和内部接线的绝缘很重要。

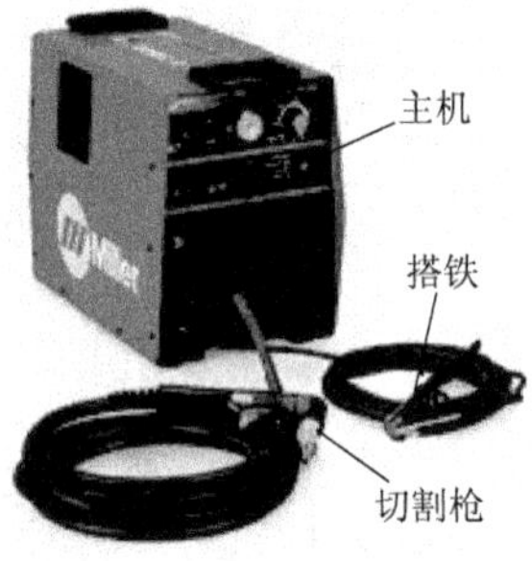

图4－32　等离子切割机

有些切割机上还装有一个可供操作人员改变电流状态的开关，当切割裸露的金属或带油漆的金属时，通过此开关可选择不同的电流。切割带有油漆或生锈的金属时，最好用连续的高频电弧切入不导电的金属表层，然后继续用这种电弧切割；而切割裸露的金属时，只需高频电弧作为触发电弧，当切割枪开始切割后，用直流电弧使切割继续进行下去。切割裸露的金属时，对电极和喷嘴的损耗较小。

切割汽车车身零部件的切割枪（图4-33）是小型、便于操作的，能在零部件比较密集的部位工作。切割枪上的两个关键部件喷嘴和电极，是等离子切割机中的易损件。喷嘴和电极的损坏都将影响切割的质量，它们在每次切割中都略有损耗，而且如果压缩空气中有水分，或切割过厚的材料，或操作者水平太低都将使它们过早地损坏。

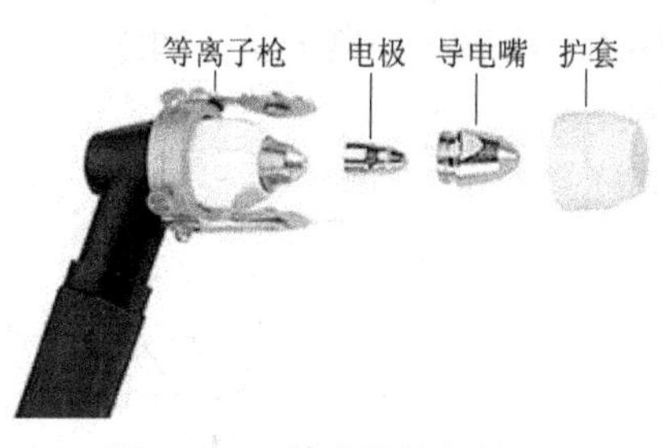

图4-33 等离子切割枪

电极又称为“嵌条”，用金属套管将它固定在所需要的位置上。电极通常由锆和钨制成，这两种金属的硬度高、使用寿命长。在切割厚度超过5 mm的钢板时，钨电极适用于除空气以外的其他气体，例如氩气、氮气或氢气，不过在碰撞修理中很少用这几种气体。现在车身修理中用的电极一般是锆电极。

等离子切割机由机内或机外空气压缩机供应压缩空气，也可以采用压缩空气气瓶供气。空气要求干燥、清洁，为了减少污染，在气路上应安装过滤器。空气压力一般应在0.3~5 MPa，气压过高或过低都将降低切割质量、损坏电极或喷嘴，并降低切割机的切割能力。

（3）等离子切割机的操作过程

1）将等离子切割机连接到一个清洁、干燥的压缩空气源上，切割机和压缩空气连接处的最大输送管压力为0.3~0.5 MPa。

2）将切割枪和搭铁的电线连接到切割机上。将切割机电源插头插到符合规定的电源插座上，然后将搭铁夹钳连接到汽车的一个清洁表面，连接处应尽量靠近切割部位。

3）在等离子弧被触发之前，应先将切割喷嘴与工件上一个导电部分相接触。（必须进行这项操作，以符合安全流程的要求。一旦等离子弧被触发以后，切割机将很容易切入涂有油漆的表面。）

4）拿起等离子切割枪，使切割喷嘴与工件表面垂直，向下推动切割枪，这将迫使切割喷嘴向下移动，直到与电极相接触。这时，等离子弧被触发，然后，立即停止推动等离子切割枪，让切割喷嘴返回到原来的位置。当等离子弧被触发后，不需要切割喷嘴与工件保持接触。不过，两者保持接触会使切割更容易进行。当切割喷嘴与工件保持接触时，施加在等离子焊炬上向下的力非常小，只需要将它轻轻地拉到工件的表面上。注意切割枪的电极和喷嘴非常容易损坏，要及时更新（图4-34、图4-35）。

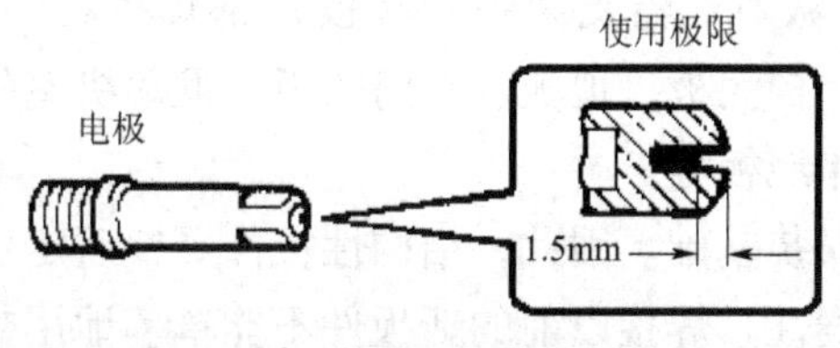

图4-34 等离子切割枪的电极

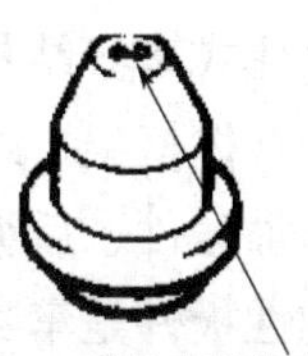

图4-35 等离子切割枪的喷嘴

5）开始在金属板需要切割的部位移动切割枪，切割的速度由金属的厚度决定。如果移动切割枪过快，它将不能切透工件；如果切割枪移动太慢，将会有太多的热量传入工件，而且还可能熄灭等离子弧，如图4－36所示。

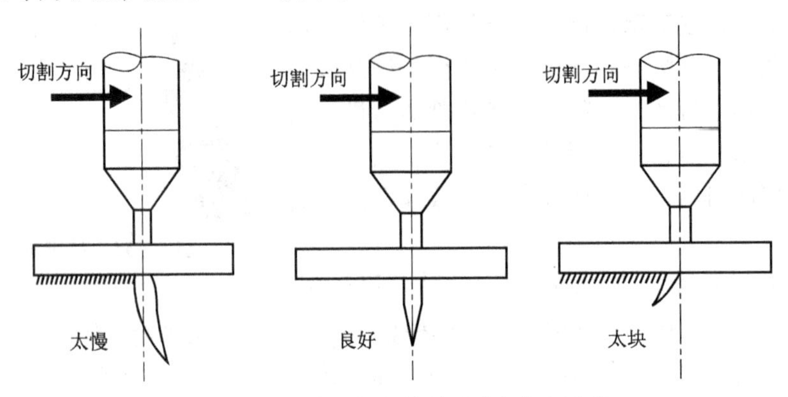

图4－36　等离子切割枪的速度与切割火焰

（4）使用等离子切割机的注意事项

1）当切割厚度在3 mm以上时，最好使等离子切割枪与工件成45°角，直到等离子焰切入金属板，等离子焰不能反射到喷射器上。如果在切割较厚的材料时，等离子切割枪与工件保持垂直，火花将被射回到气体喷射器中，这时熔化的金属可能会附着到气体喷射器上，会堵塞各气孔并极大地缩短气体喷射器的寿命。

2）切割枪的冷却对延长电极和喷嘴的寿命非常重要。完成一次切割后，在开始下一次切割前，应关闭切割枪开关，让空气连续几秒流过割炬，以防止喷嘴和电极过热。

3）在进行长距离的直线切割时，使用一个金属的靠尺会更加方便。只需将靠尺夹到工件上即可。

4）对于需要切割形状复杂的地方，可用薄木板做一个样板，让喷嘴沿着样板进行切割。

5）切割厚度6 mm以上的材料时，最好先从材料的边缘开始切割。

6）修理锈蚀的部分时，可将新的金属材料放在锈蚀部位的上面，然后切割补上去的金属，同时也将生锈的部分切除掉。在后侧板上进行连接时，也可采用这种方法。

7）在切割过程中，从切割电弧中喷出的火花会损坏油漆的表面，火花还会在玻璃上留下凹点，可用一个焊接防护套来保护这些表面。

二、车身结构性板件更换的要求

在整体式车身结构中，所有的结构性板件（从散热器支架到后端板）都焊接在一起，构成一个整体框架。结构性板件包括散热器支架、挡泥板、地板、车门槛板、发动机室的纵梁、上部加强件、后纵梁、内部的护板槽、行李箱地板等。

结构性板件是车身其他零部件和外部板件的安装基础。因此，结构性板件更换后定位的精确性，决定了所有外形的配合和悬架装置的准确性。焊接以前的新板件不能草率地用垫片进行调整，结构性板件必须精确地定位后才能进行焊接操作。

修理结构性板件时，当需要切割或分割板件时，应完全遵照制造厂的建议。有些制造厂不允许反复分割结构板件，有些制造厂只有在遵循他们的正确工艺规程时才同意分割。所有制造厂家都强调：不要割断可能降低乘客安全性的吸能区区域、降低汽车性能的区域或者影响关键尺寸的地方。

对于高强度钢板，例如保险杠加强件和侧护板门梁，这些板件受损后必须更换。在任何条件下，都不能用加热来校直高强度钢板。

三、结构性板件的拆卸方法

1. 车身点焊焊点的分离

车身结构性板件在制造厂用点焊连接在一起，则拆卸板件主要是把电阻点焊的焊点分离，可以用钻钻去焊点、用等离子焊枪切除焊点、錾去焊点或用高速磨削砂轮磨去焊点。拆卸电阻点焊板件的方法由焊点的数目、配合的排列以及焊接的操作方法来决定。当一些点焊区域有若干层金属薄板时，拆卸的工具由焊接的位置和板件的布置来决定。

（1）确定电阻点焊焊点的位置

为了找到电阻点焊焊点的位置，通常要去除底漆、保护层或其他覆盖物。可用氧乙炔或氧丙烷焰烧焦底漆，并用钢丝刷将它刷掉（氧丙烷的火焰温度比氧乙炔火焰温度低些，金属所受的热应力也小些）。最好用粗钢丝砂轮、砂轮机或刷子来磨掉涂料。

在清除油漆以后，焊点的位置仍不能看清的区域，在两块板件之间用錾子錾开，这样可使焊点轮廓线显现（图 4－37）。

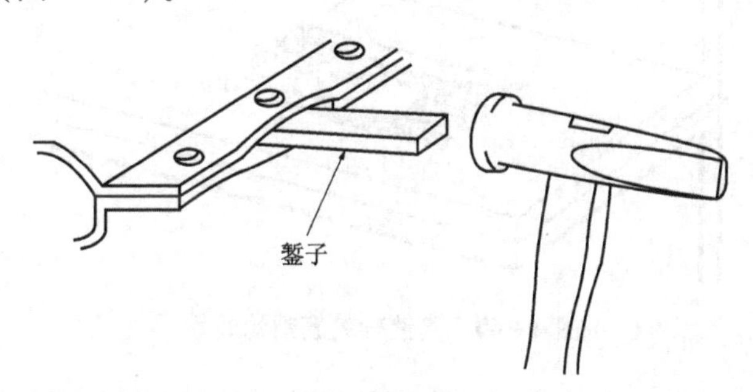

图 4－37 用錾子确定焊点位置

（2）分离电阻点焊焊点的方式

1）钻头分离。确定焊点的位置以后，使用钻头、点焊切割器等工具来钻掉焊点。可以使用两种型式的切割器，一种是钻入式的，见图 4－38（a），另一种是孔锯式的，见图 4－38（b）。无论用哪一种型式的切割器。在切割时都不要切割下面的板件，并且一定要准确地切掉焊点，以避免产生过大的孔。

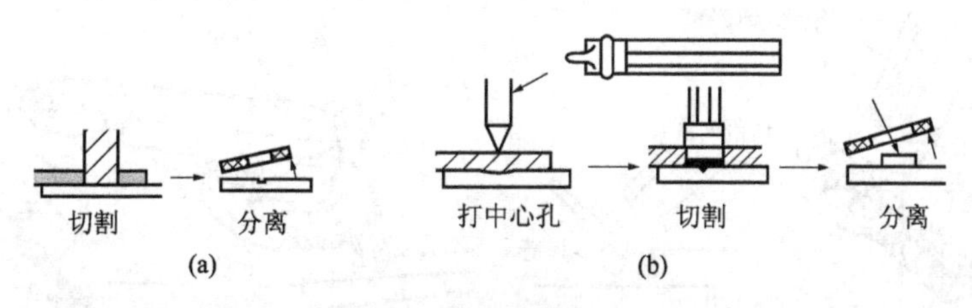

图 4－38 钻头分离焊点

（a）钻头式切割器钻除焊点；（b）孔锯式切割器钻除焊点

2）等离子切割分离。等离子切割枪可以很快地除去焊点。使用等离子切割枪，可以同时在各种厚度的金属中吹洞来清除焊点。但是使用等离子切割不能保证下层板件的完整。

3）磨削分离。用高速砂轮也可分离点焊的板件（图 4－39）。用钻头不能够钻除的焊点，或更换板件的塞焊点（来自早先的修理）太大，钻头不能钻掉时，可以采用这种方法。操作时只需要磨削掉上层板，而不要破坏下层板（图 4－40）。

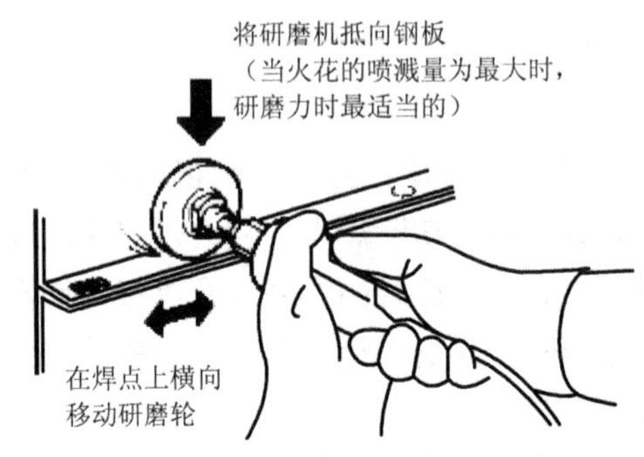

图 4－39　高速砂轮磨削清除焊点

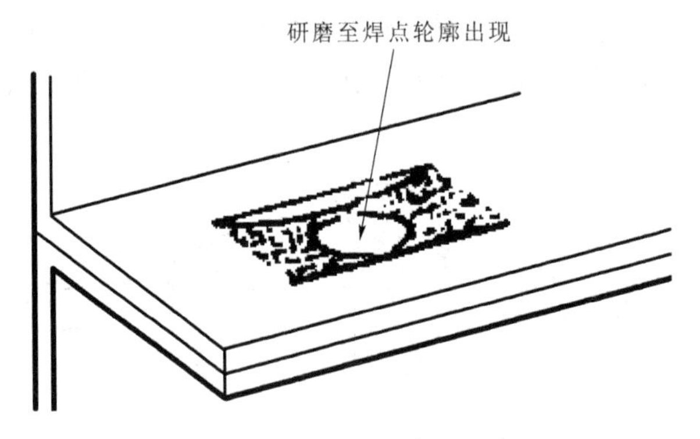

图 4－40　高速砂轮磨削的效果

钻除、等离子吹除或磨掉焊点以后，在两块板件之间打入錾子可以分离它们，但不要切伤或弄弯未受损伤的板件。

2. 分离连续焊缝

在一些汽车的局部板件连接中，板件是用惰性气体保护焊的连续焊连接的。由于焊缝长，因此要用砂轮或高速砂轮机来分离板件，如图 4－41 所示。要割透焊缝而不割进或割透板件。握紧砂轮以 45°角进入搭接焊缝。磨透焊缝以后，用锤子和錾子来分离板件。

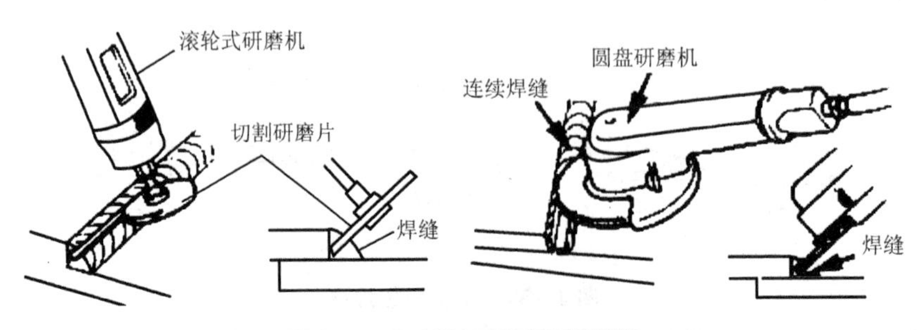

图 4－41　砂轮切割机分离焊缝

3. 分离钎焊区域

钎焊用于外盖板边缘处或车顶与车身立柱的连接处。通常是用氧乙炔焊枪或氧丙烷焊枪熔化钎焊的金属来分离钎焊区域。在用电弧钎焊的区域，电弧钎焊金属熔化的温度比普通钎焊的高些，而熔化钎焊金属会导致下面板件的损坏，因此，通常采用磨削分离电弧钎焊的方法。普通钎焊与电弧钎焊可以通过钎焊层金属的颜色来识别，普通钎焊区域是黄铜色的，而电弧钎焊的区域是淡紫铜色的。

1）用氧乙炔焊枪使油漆软化，用钢丝刷或刮刀将油漆除掉。然后加热钎焊焊料，直到它开始熔化呈糊状，再快速将它刷掉，如图4－42所示。注意不要使周围的金属薄板过热。

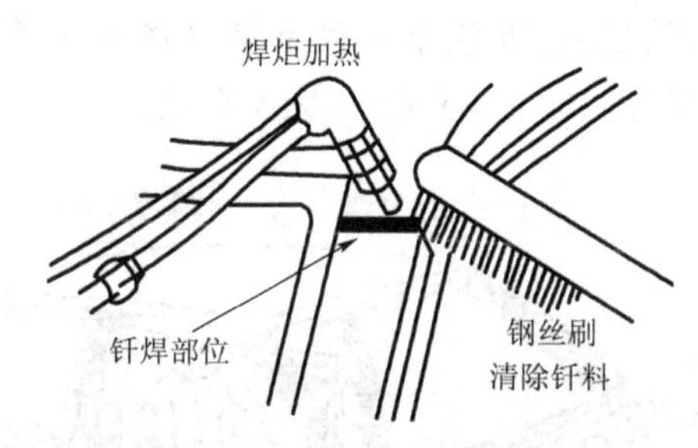

图4－42 用钢丝刷清除铜焊

2）用起子或錾子錾入两块板件之间（图4－43），将板件分离。保持板件的分离状态，直到钎焊金属冷却并硬化。在所有其他焊接部分分离以后，分离钎焊区域是比较容易的。

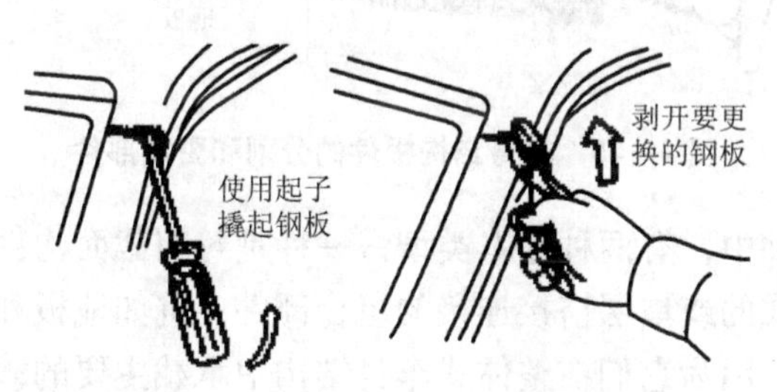

图4－43 撬起、分离钎焊的钢板

3）如果除去油漆以后，确定连接是电弧钎焊，可采用高速砂轮机（图4－44），用砂轮切除钎焊。如果更换上面的板件，不要切透它下面的板件。磨透钎焊接头以后，用錾子和锤子分离板件。

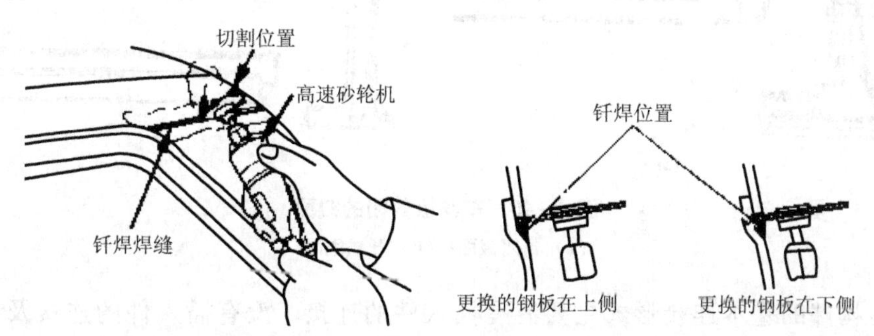

图4－44 使用高速切割砂轮来分离钎焊区

四、结构性板件的维修连接方式

整体式车身部件一般在接缝处进行更换。但当有许多必须分离的接缝在车辆未受损伤的区域时，如果全部更换费用太高，就需要进行局部切割更换。如对梁、立柱和车门槛板进行分割部分更换，可使昂贵的修理费用降低。分割结构件时，同时要保持防撞吸能区的完整，使修理区域的强度像撞击以前一样，再遭碰撞时还具有吸收碰撞的能力。

在分割时要考虑车辆的特殊设计，例如防撞吸能区、内部的加强件、制造时的接缝位置，以及理想的分割区域。当分割高强度钢和超高强度钢时，要在确认分割将不危害车辆结构的完整性时才能实施。

关于结构性板件的分割和更换主要包括下列部件（图 4－45）：车门槛板、后顶侧板、地板、前纵梁、后纵梁、行李箱地板、B 立柱以及 A 立柱。

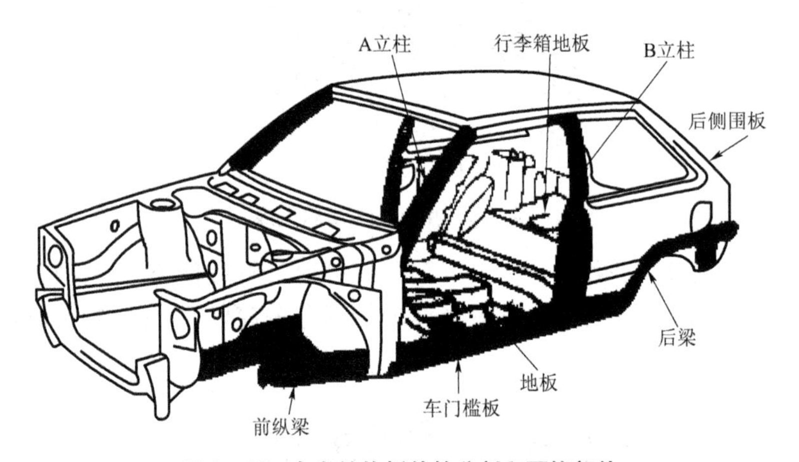

图 4－45　车身结构板件的分割和更换部件

在整体式车身结构件中，有两种基本类型：一种是封闭截面构件，例如车门槛板、立柱和车身梁；另一种是开式的或单层搭接连接的组合部件，例如地板和行李箱地板。封闭截面构件是要求最高的构件，因为它们在整体式车身结构中承载主要的载荷，而且相同截面大小的强度，要比其他部件截面的强度大得多（图 4－46）。

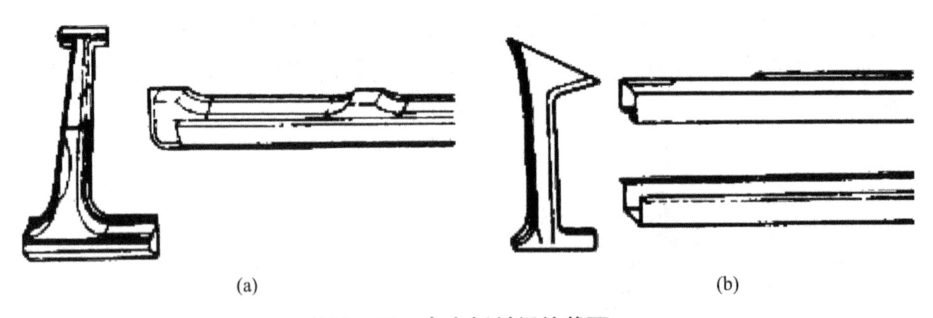

图 4－46　车身板封闭的截面

（a）封闭截面；（b）开式截面

结构性构件的基本连接形式主要有有插入件的连接、没有插入件的连接及搭接三种形式。

（1）有插入件的连接

主要用于封闭截面构件，例如车门槛板，A、B 立柱以及车身梁（图 4 –47）。插入件使这些构件容易装配和正确对中连接，并且使焊接过程比较容易。

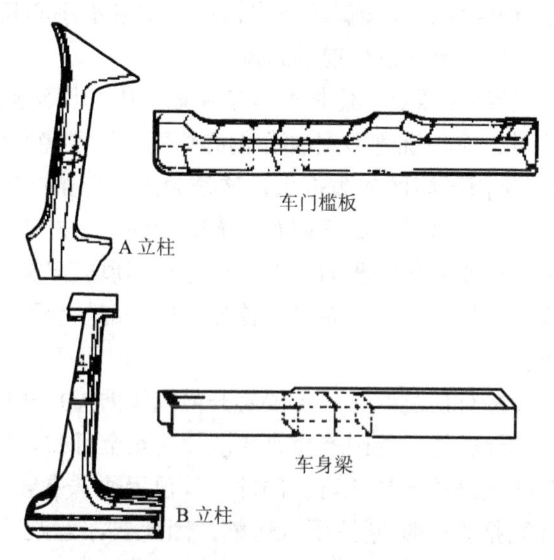

图 4 –47　有插入件的连接方式

（2）没有插入件对接方式的连接

没有插入件的对接，通常又称为偏置对接。这种类型的焊接连接用于 A 立柱、B 立柱及前梁，如图 4 –48 所示。

（3）搭接

搭接用于后梁、地板、后备厢地板及 B 立柱，如图 4 –49 所示。

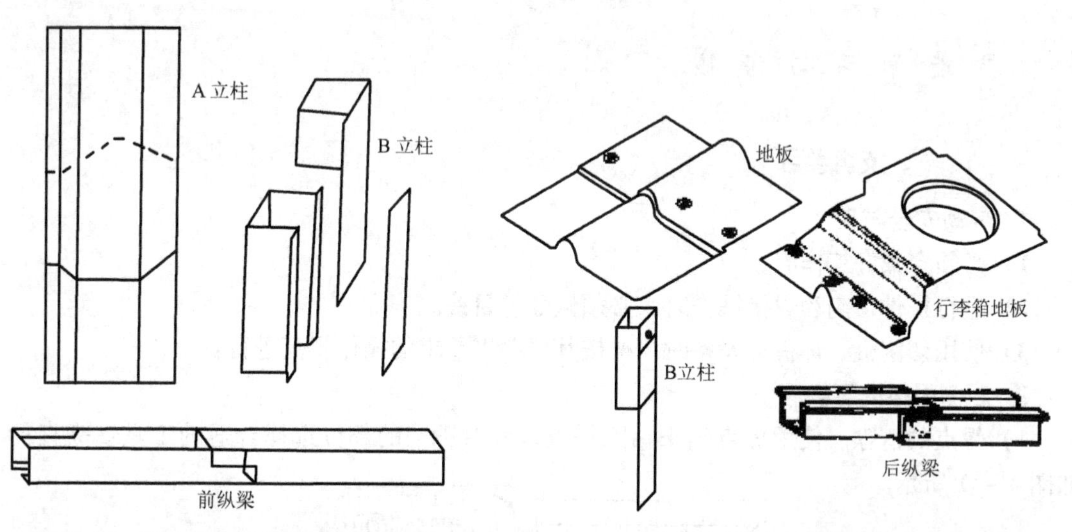

图 4 –48　没有插入件的偏置对接方式

图 4 –49　搭接方式

根据被分割构件的形状和结构，有时采用组合的连接类型。例如，分割立柱，可能要求在外件上用偏置对接连接，而在内件上用搭接连接。

五、结构性构件分割注意事项

1）分割时有些部位要避开，如要避开构件中的一些“孔”。

2）不要切穿任何内部加强件，如金属的双层构件。如果不小心切穿了内部加强件的封闭截面，则不可能使该部位恢复事故发生前的强度。

3）应避开支撑点，如悬架支撑点，座椅安全带在地板中的固定点，以及肩带 D 环的固定点。例如当切割 B 立柱时，应环绕着 D 环面作偏心切割，以避免影响固定点的加固。

4）有些结构件设计有防撞吸能区或皱折点，这是为了在撞击时吸收冲击能量。尤其是前梁和后梁上更是如此，所有的前梁和后梁都有防撞吸能区，通过它们的外观可辨认出这些防撞吸能区。有些是以回旋状或波状的表面形式，有些是凹痕或陷窝形式，另外一些是孔或缝的形式。这样做是有意设计的，使梁在碰撞时首先在这些部位变形。防撞挤压区设在前悬架的前面和后悬架的后面。

在维修中需要对前纵梁进行切割时，一定要避开前纵梁防撞挤压区，要按照维修手册中指定的位置（图 4－50）进行切割，否则就会改变设计的安全目的。如果一根梁遭受到较大的损坏，这根梁通常将在防撞挤压区被压弯。因此，其位置通常是容易确定的。在中等损坏的场合，其冲击能量不可能把整个防撞挤压区压缩，因此要注意观察可能出现损伤的其他区域。

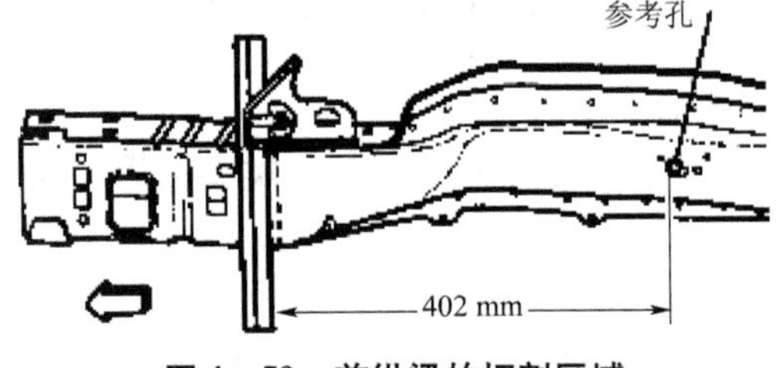

图 4－50　前纵梁的切割区域

技能学习与考核

一、技能学习

1. 劳动安全与卫生

1）必须穿戴好工作服。

2）进行板件切割和焊接操作时，必须佩戴护目镜。

3）使用切割机、焊机等设备时严格按其说明书要求的操作规范进行。

2. 后侧围板的更换

1）焊点的清除。使用焊点钻来钻除焊点，针对不同的部位选择合适的工具钻头直径。如图 4－51 所示。

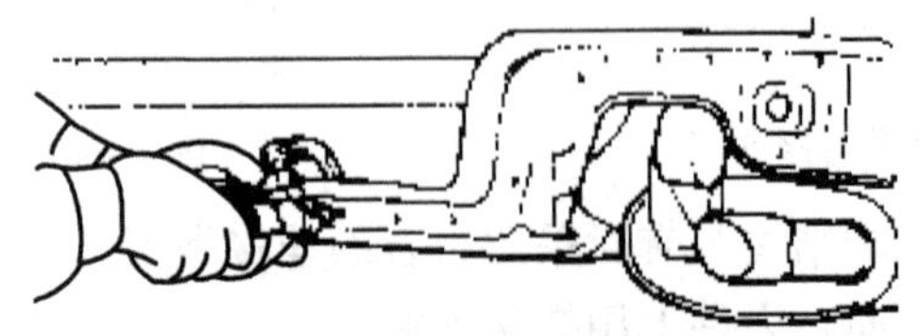

图 4－51　焊点的清除

2）C 立柱的切割。用样板规在 C 立柱外板画出切割线，在切割线上进行切割。对铜焊部位加热，分离钎焊区。如图 4－52 所示。

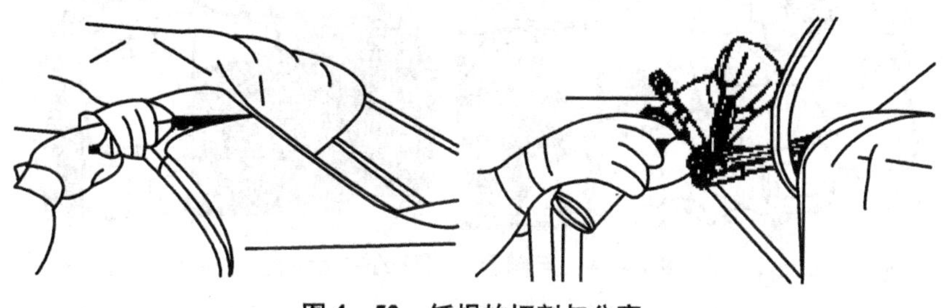

图 4－52　钎焊的切割与分离

3）车身结合部位的整理。用研磨机磨平焊点部位的多余金属，使金属平整，去除粘着物（图 4－53），对焊接面板件进行整修，涂抹点焊防锈底漆（图 4－54）。

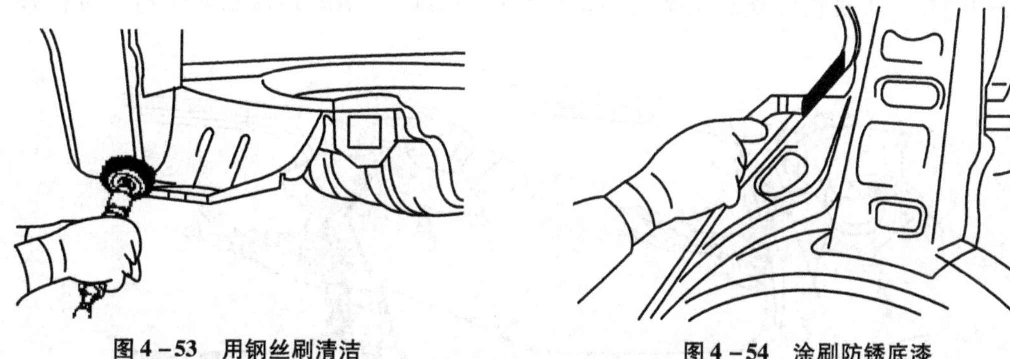

图 4－53　用钢丝刷清洁　　**图 4－54　涂刷防锈底漆**

4）新板件的切割准备。用塑胶样板规刻划切割线，使用气动锯在切割线上进行切割（图 4－55），要防止钢板变形。

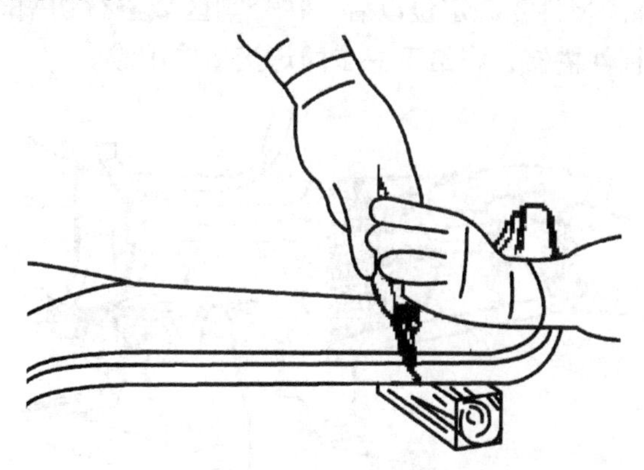

图 4－55　切割新板件多余部分

5）暂时安装后顶侧板。用大力钳夹在若干点将它固定，要保证板件的末端和边缘的匹配。

6）仔细调节新板件与周围板件的配合（图 4－56）。调节板件以便与车门和车身轮廓彼此匹配。然后将行李箱盖安装在正确位置上，并调节间隙和水平差。要进一步确定后窗孔对角尺寸，若有差别，适当地进行校正，使后窗玻璃与窗孔相吻合。

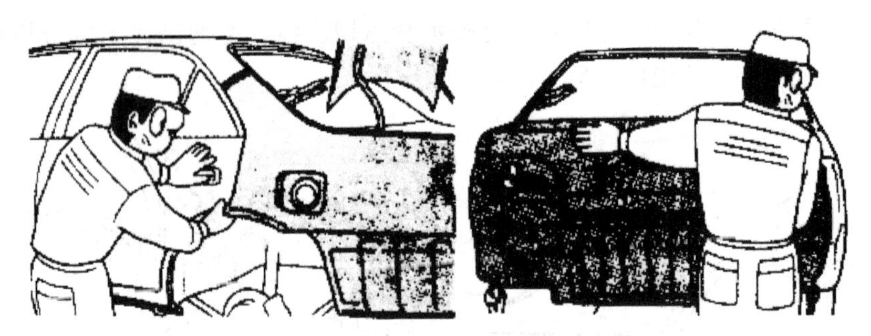

图 4-56　后侧围板间隙的安装调整

7）将板件装配到门和行李箱盖以后，可以钻些小孔，用自动攻丝螺钉将它固定（图 4-57）。如果用虎钳夹固定，将不能检验配合的正确性。调整车身轮廓线和板件的搭接处，使其与后围板及后部框架相匹配。安装尾部组合灯，并使板件与灯组件配合。当每个部分的间隙、车身轮廓线和水平偏差都已经调整好时，用肉眼检查整体的扭曲和弯曲程度。

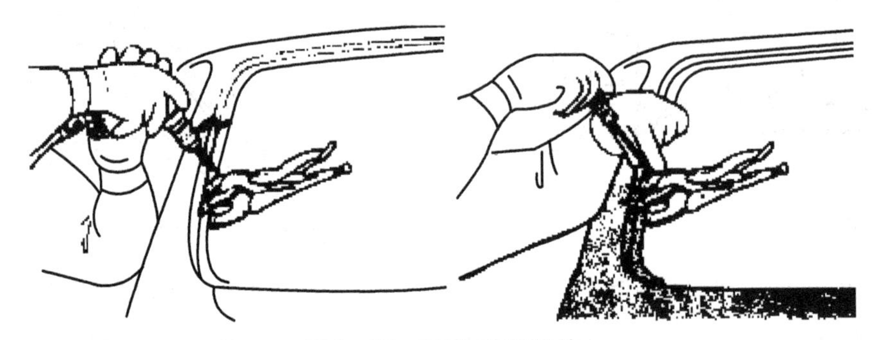

图 4-57　临时固定新板件

8）切割搭接的板件。板件正确定位以后，在分割区域进行切割时要精确（图 4-58），如果切割后出现间隙或板件搭接，将给下一步的焊接造成困难。

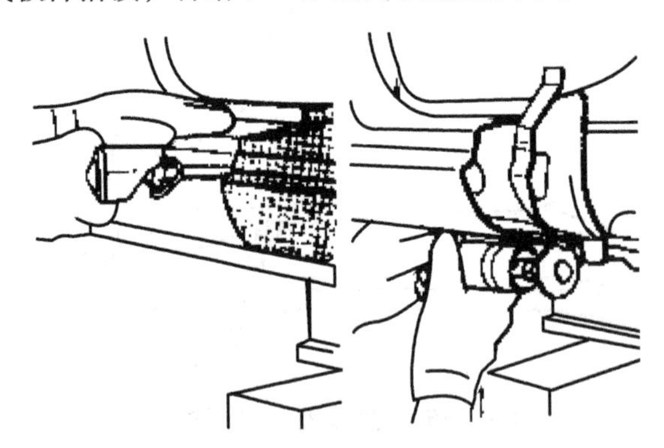

图 4-58　切割新板件的搭接部分

可以用以下的基本方法完成切割搭接：如果搭接得大，两块板件可以同时进行切割；如果搭接得小，可以用划线笔在搭接板件的端部划一条直线，沿着所划的直线用手动锯或切割砂轮切去位于连接区域的搭接部分。此时板件应整齐地配合在一起，只能有小的间隙或者没有间隙。

在切割好搭接部分以后，进一步加工以前，要将更换的板件移开，从里面的板件上清除所有的碎屑和异物。

围绕后顶侧板的内周边涂上密封剂，并且如前所述的那样，在相同的螺孔中，用自动攻丝螺钉安装板件和其他零件。再一次检查配合情况。

9）焊接前准备。在新零件上用不同记号来辨别是要进行塞焊还是点焊，先将实施点焊部位的底漆磨除，对塞焊部位根据板厚度选择钻头来钻取塞焊所需要的塞孔。确保新板件与车身的结合面吻合间隙很好，在焊接处涂抹点焊防锈底漆。

10）焊接新板件。一旦新板件的尺寸和位置确定以后，就将它焊接就位。要采用分段焊接，以防止热变形和应力。对钎焊部位进行钎焊，如图 4－59 所示。

图 4－59　新板件电阻点焊和钎焊

11）焊接接头的处理。对表面的焊缝进行研磨，直到平滑。在没有底漆的部位实施清洁及去油脂工作，车身上涂抹车身密封胶和喷涂底层漆。

12）调整装配间隙。先调整行李箱盖的前后方向间隙，再调整行李箱盖的左右方向间隙，最后调整行李箱的高度，如图 4－60 所示。

3. 前纵梁的更换

1）拆除旧的板件。使用点焊钻钻除所有焊点（图 4－61），然后用錾子检查所有焊点的钻除情况，但不能施力于錾子上以免使钢板裂开。

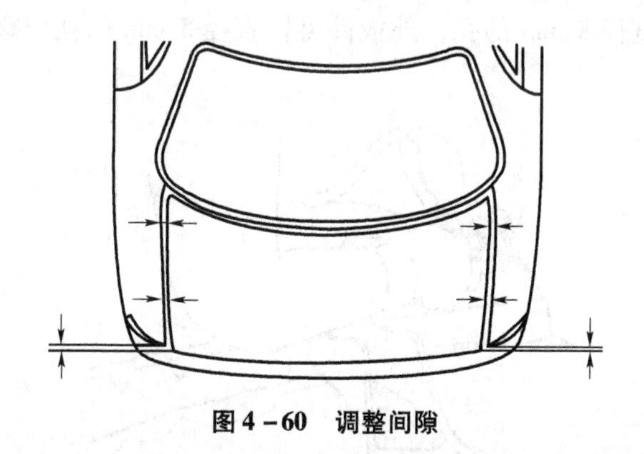

图 4－60　调整间隙

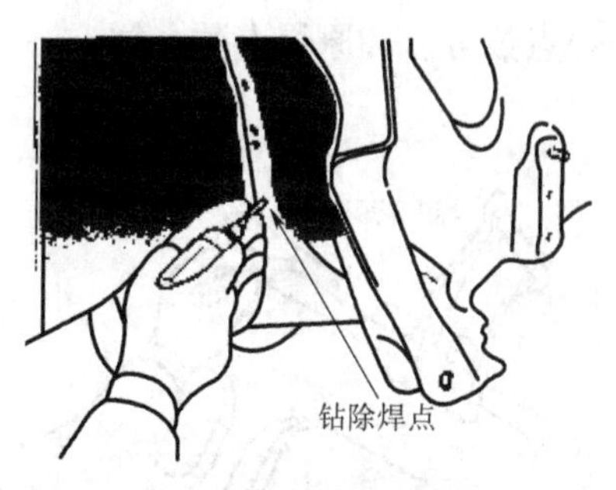

图 4－61　钻除焊点

2）车身准备。要磨平钻除焊点时或剥离钢板所产生的毛刺（图 4－62），注意不要把钢板磨薄。把要进行焊接的部位清理干净，露出新的金属（图 4－63）。

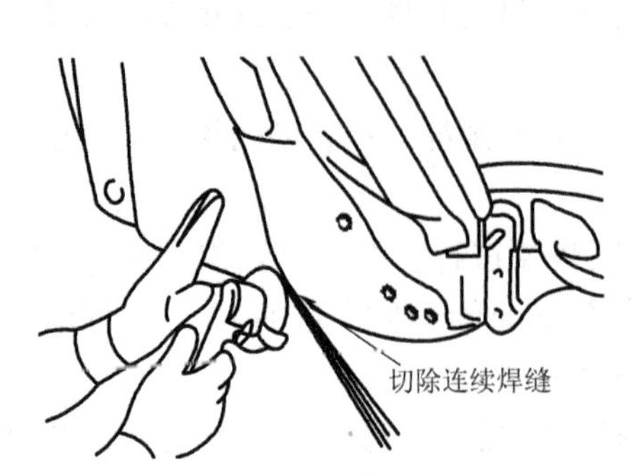

图 4－62　焊点连接部位清理毛刺

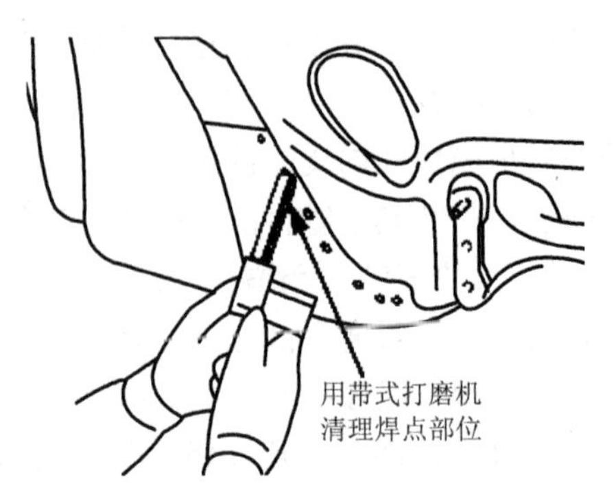

图4－63　清洁电阻点焊部位露出新金属

3）清洁车身结合面。用钢丝刷刷除钢板焊接部位周围的车身密封胶及底层漆。在清洁和去油脂后，在钢板焊接的结合面涂抹点焊防锈底漆（图 4－64）。

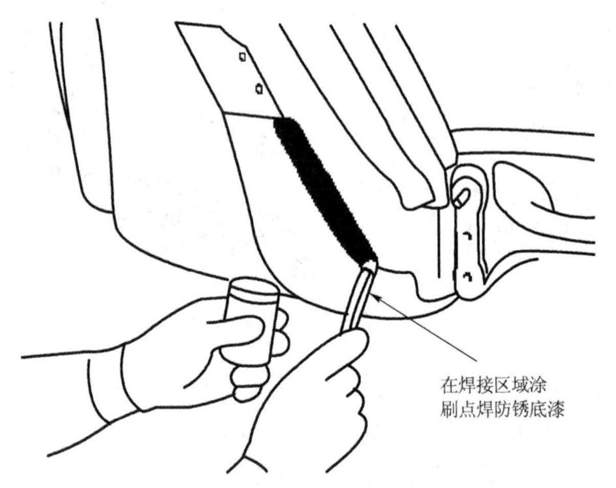

图 4－64　涂抹点焊防锈底漆

4）新钢板焊点位置定位。在点焊或塞焊的位置做上不同的记号（图 4－65），以便于辨认，并在新的钢板上做记号（点焊焊点数要比原焊点数多出 30%，先决定两端的位置，再分配其余的焊点数）。如果用塞焊则先要在新板件上钻孔（图 4－66），钻孔的大小可参考维修手册，如果没有要求，结构性板件上钻直径 8 mm 的孔，外板件可钻直径 5 mm 的孔，塞焊的焊点数可以和原焊点数一样。

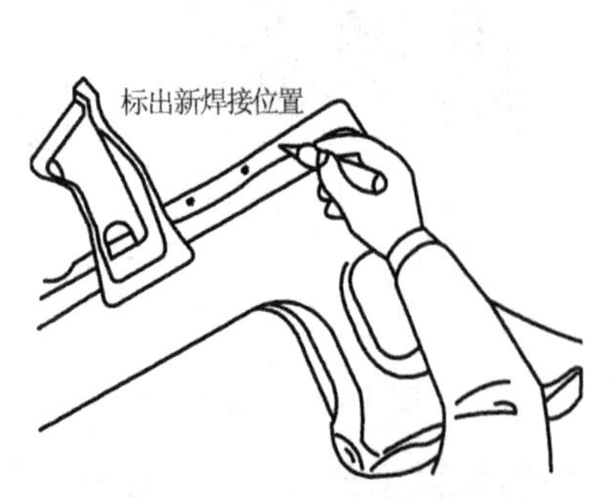

图 4－65　标出电阻点焊位置

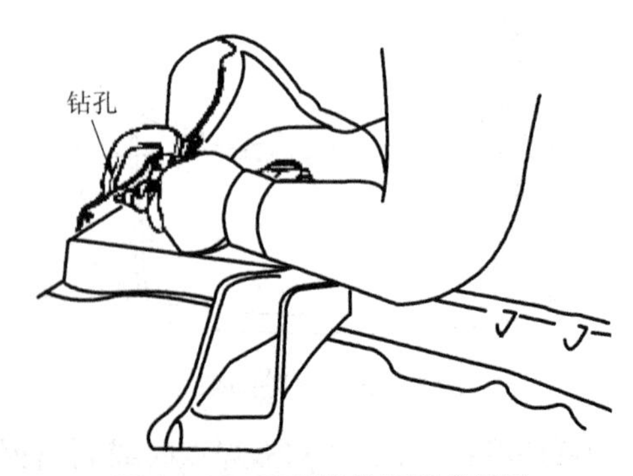

图 4－66　塞焊操作要提前钻孔

5）要磨除实施点焊焊接部位的底漆，在磨除底漆后的表面上涂抹点焊专用底漆。

6）将前挡泥板和纵梁的装配标记对准，并用大力钳将它们夹紧。没有参考标记的零件，新板件应安装在旧板件的相同位置上（图4－67）。

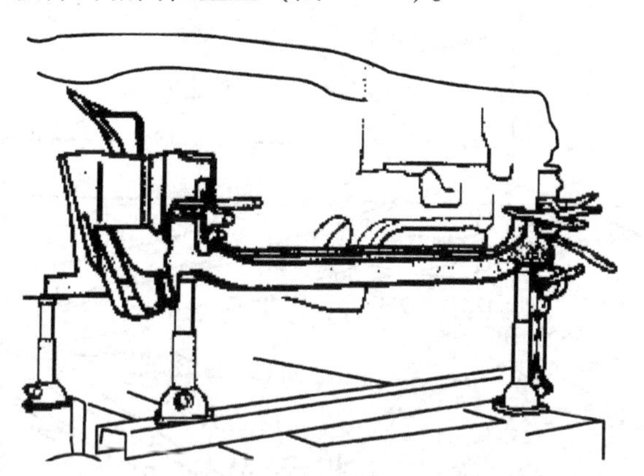

图4－67　新板件安装在旧板件相同位置

7）暂时安装车身前横梁。用锤子和木块依次轻轻敲击板件，使它按需要的方向移动，直至彼此相配。同时要用测量工具来确定安装部件的尺寸位置。

8）假如测量尺寸与参考值相符，通过二氧化碳保护焊点焊一个点（图4－68），将板件暂时固定。

图4－68　新板件定位焊点

9）依照标准孔或旧零件的装配痕迹来暂时固定安装散热器支架（图4－69）。

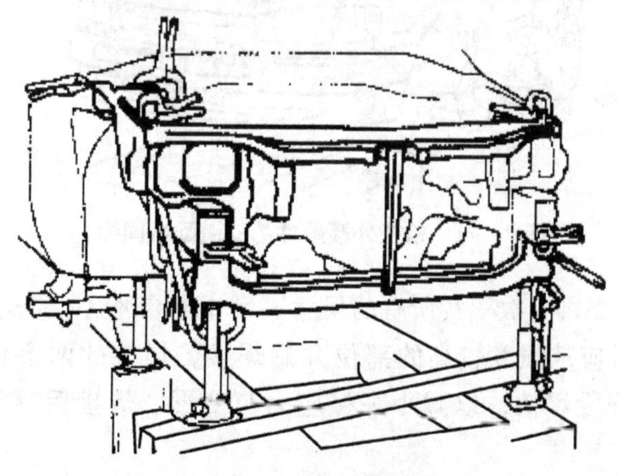

图4－69　安装散热器支架

10）调整尺寸（图4－70）。首先进行测量，来确定悬架上支座及前翼子板隔板前后端安装点的定位。检查零件与前大灯左右尺寸的差异，并调整到完美状态。

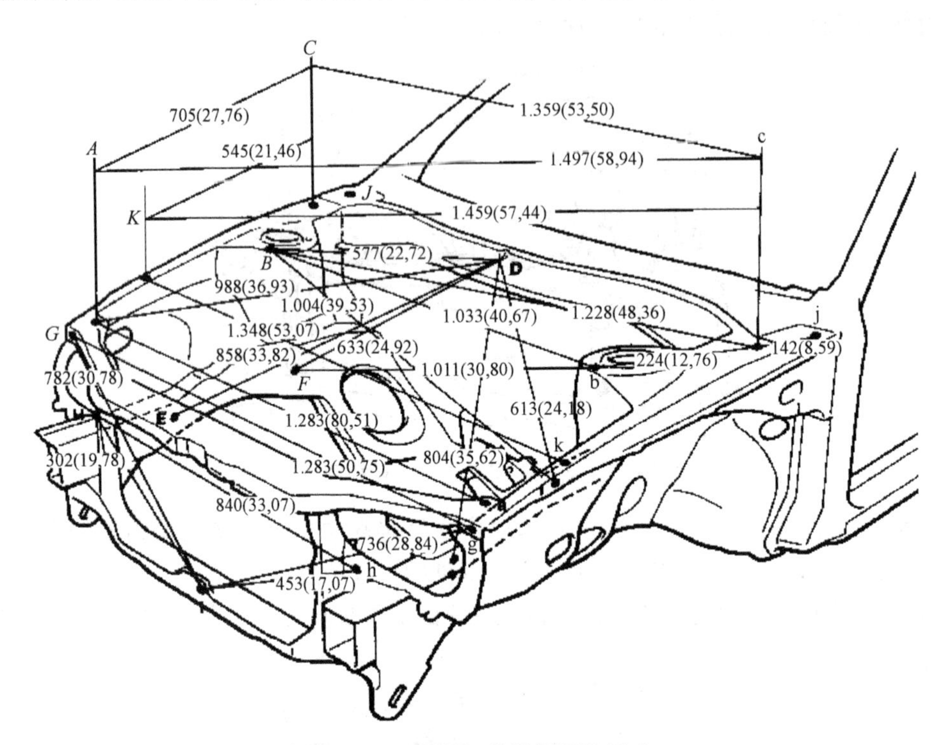

图4－70　根据标准数据调整尺寸

11）检查左右翼子板隔板上端的高度，通过测量调整到误差范围内。

12）组装车身覆盖件并检查装配间隙，在此操作中必须判定安装间隙是否调整到标准范围内。图4－71所示为检查外覆盖件安装的配合间隙。

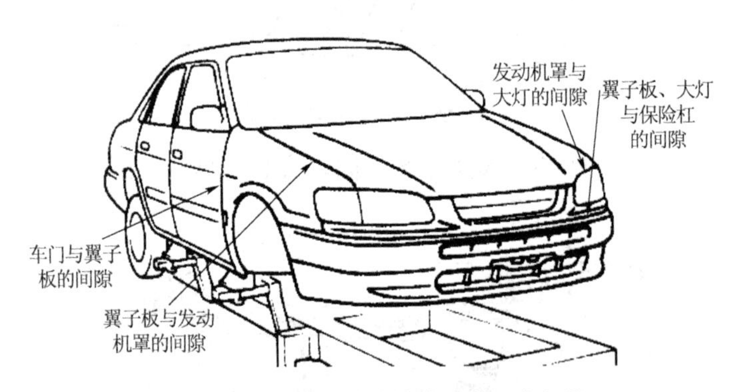

图4－71　检查外覆盖件的安装配合间隙

13）在焊接以前，要再一次核实所有的尺寸，尺寸不准确就不能进行焊接操作。

14）焊接新钢板时应从强度较高的部位开始焊接，焊接的两个板件要结合良好没有缝隙，焊接时要采用分段焊接，以减小焊接应力与变形。焊接后拆除焊接夹钳，并重新测量。

15）在有些部位能明显看到的焊点必须研磨至板件平齐，而要喷涂底层漆的部位只要稍微研磨修饰即可。钢板清洁及去油脂后在焊接部位或裸钢板上喷涂防锈底漆（图4－72）。

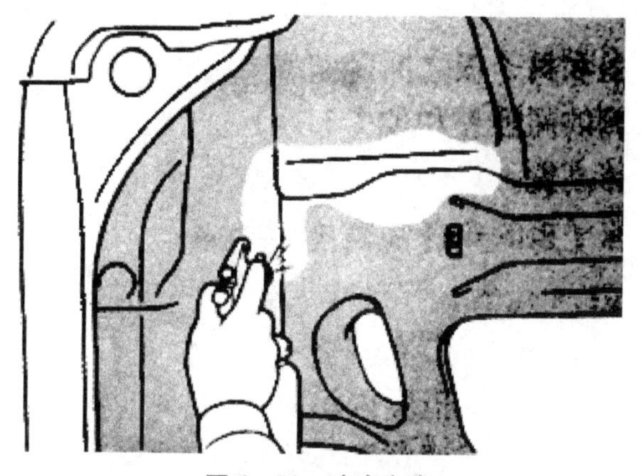

图4－72 喷涂底漆

16）在完成涂装后进行车身部件装配。先调整发动机罩的前后方向，再调整发动机罩和翼子板之间的间隙，然后调整发动机罩高度，最后调整车门与翼子板的车身线高度和曲率。

二、技能考核

学生每2名为一小组，针对提供的碰撞损伤车辆，各小组独立完成本任务规定的实操内容并同时完成实训工单。

指导教师全过程观察并随时填写《实操考核记录单》，对学生操作过程中易引起事故的行为，指导教师应及时纠正。

思考与练习

1. 详细说明发动机罩的调整项目。
2. 说明在螺栓固定的车门铰链上安装调整车门的步骤。
3. 使用等离子切割机时有哪些注意事项？
4. 对于车身结构件更换，有哪些要求？
5. 结构性构件分割时，应注意哪些事项？

单元二　汽车车身漆膜修复

5 项目五

底处理

在涂装前对被涂物表面进行的一切准备工作，称为底处理，也称为表面预处理。它包括采用物理、化学或电化学方法，使金属或非金属材料表面的化学成分、组织结构、物理形貌发生变化，从而使漆膜更好地附着在底材之上，充分发挥漆膜的性能，起承上启下的作用，底处理是涂料涂装的第一道工序。

底处理的目的，主要是清除表面的污垢、损伤的旧漆膜、底材的锈蚀等，使新涂的漆膜与被涂工件表面具有良好的附着能力，并保证漆膜具有良好的性能。如果处理后的表面不平度较大，就需要用腻子来填平。在国外，腻子归类于底层涂料，而在国内大多归类于中间涂料。

任务1 漆膜损伤的评估

学习目标

1. 能够正确描述涂料的组成及各组成成分在涂料中的作用。
2. 能够正确描述涂料的分类方法。
3. 能够正确解释涂料的成膜方式。
4. 能够正确描述汽车原厂漆膜的结构特点。
5. 能够利用高压水清洗机进行全车清洗。
6. 能够用稀释剂法鉴别涂层的类型。
7. 能够用目测法和触摸法评估漆膜损坏的程度。
8. 能够注意培养良好的安全、 卫生习惯和团队协作意识。

案例分析

如图 5－1 所示，这是一台漆膜受损的车辆，其车身中部、后轮罩及后保险杠处均有漆膜损伤。对这类漆膜损伤进行修复时，第一步便是进行漆膜损伤程度的评估。

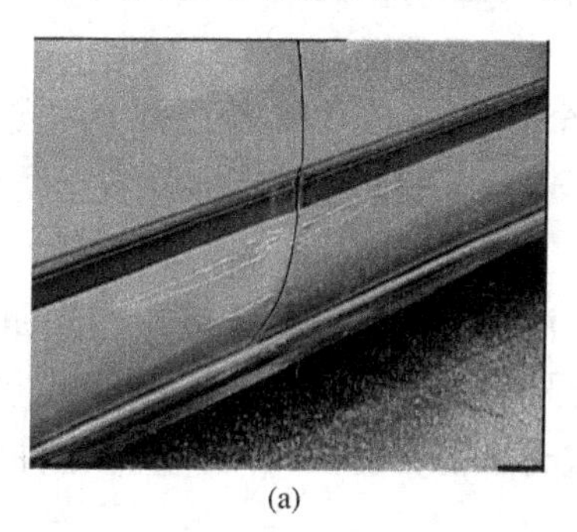
(a)

(b)

图 5－1　漆膜受损的车辆

（a）车身中部；（b）后轮罩

正确的评估损坏程度，是确定维修成本，保证涂装质量的关键因素之一。对漆膜损坏进行了正确的评估后，才能确定修补范围，从而确定各道工序处理的范围、确定过渡区域、需遮盖保护的部位、需拆卸的零件等，为后续工作的正确实施及保证满意的修补质量奠定基础。

车身由于碰撞造成的损伤外观较明显，关于该种损伤的分类和评价在车身钣金维修中已有详细的介绍，对于涂装维修来说不做过多要求。我们要掌握的是车身覆盖件的轻微变形（不需要钣金修复或者只要简单的敲打就可恢复的变形），以及车身板件的腐蚀等损伤的评估方法。

评估损坏程度的方法有目测、触摸和用直尺评估。

鉴别车身表面的涂层类别，在修补涂装工艺中是非常重要的。如果不能正确鉴别漆膜，在施涂面漆时会出现严重的问题。例如，准备修理的车身板件以前涂装的是硝基漆，那么在涂底漆后面的涂层中，所含有的稀释剂就会透入以前施涂的硝基漆，这会引起已涂装了的表面产生皱纹（收缩）。为了防止发生此类问题，在处理底材时必须正确鉴别涂层的类型。

为了便于进行漆膜损伤评估及后续作业，首先应进行全车清洗。全车清洗的目的是：

1）保持涂装车辆的清洁。

2）便于准确鉴定漆膜损伤程度。

3）防止产生涂装缺陷，提高涂装表面的质量。

虽然涂装操作可能是车身的某一块板件或板件的某一部分，但仍需要彻底清洗车上的泥土、污垢和其他异物，尤其注意门边框、行李箱、发动机罩缝隙和轮罩处的污垢，如果不清除干净，新涂装的漆膜上就可能会沾上很多污点。

相关知识

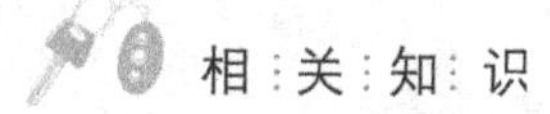

一、职业安全与健康

1. 涂装安全守则

1）所有漆料产品应适当贮存并远离孩童。

2）所有产品必须在通风较好的环境下及装有排气系统的操作间内使用。

3）汽车修补漆只供专业喷涂或工业施工之用。

4）有关产品说明书及安全守则可向经销商或油漆制造商索取并查阅。

5）所有产品在使用前必须详细阅读有关资料及化学品安全技术说明书。

2. 涂装作业安全防护

喷漆工作中时刻要注意自身的安全防护，安全防护措施不仅需要硬件上的支持，例如良好的工作环境和维修设备，更需要维修厂的管理人员和维修人员充分认识到安全防护的重要性。

（1）环境控制

环境控制中很重要的内容是通风。在使用油漆、稀释剂以及腻子等化学品时，适当的通风是非常重要的，通常采用换气扇等换气系统强制通风。特别是喷漆车间，更需要充分换气，这样不仅可以加速漆面的干燥，也可以除去有害混合物和气体。如果条件允许，最好在具有强制换气扇的烤漆房或无尘车间内喷漆。

（2）使用先进的工具设备

先进的喷漆设备可以有效地降低化学物质对操作者的危害。

1）使用高质量的喷枪（如 HVLP 喷枪），可提高喷涂时的油漆利用率，减少飞漆。

2）使用无尘干磨设备可以使打磨造成的粉尘降到最低，减少了操作者呼吸系统吸入粉尘的几率。

3）改进喷漆室的排风效率，减少喷漆时漆雾对人体的影响。

4）在准备工作、调漆和喷漆作业时，为抵御产生的溶剂蒸气和漆雾，应佩戴高质量的劳动保护用品。

（3）使用环保的涂装产品

1）使用高固体成分含量的涂料。

2）使用水性漆等。

（4）佩戴个人劳动防护用品

从事汽车涂装作业的个人安全防护如图 5 – 2 所示。在工作中采取安全防护措施的成本，永远比健康损害和挣钱能力降低的损失要低。

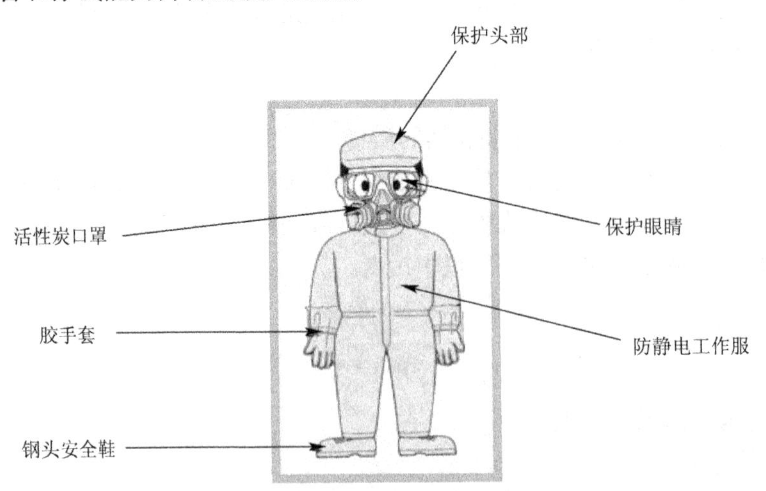

图 5 – 2　涂装作业个人安全防护用品

1）护目镜。用于防止稀释剂、固化剂、飞溅的油漆以及打磨灰尘对眼睛造成伤害。

2）防尘面具。用于保护肺部免受打磨时产生的固体微粒的危害。

3）防护手套。工作手套主要有两种，一种是棉手套，主要用于在打磨或处理汽车零件时避免手部伤害；另一种是胶手套，主要用于在可能接触到涂料、稀释剂等时，防止有害物质通过皮肤渗入人体。

另外，对手部皮肤的保护还可在操作前涂抹防护霜；如果皮肤沾有漆料，应用专用的清洗膏清洁；如果皮肤出现划伤等，应采用有助于皮肤再生的护理措施。

4）防护面罩。涂装作业中的防护面罩主要有三种类型。

① 过滤式呼吸防护面罩。如图 5－3 所示，适用于短时间接触有害气体的操作时佩戴。

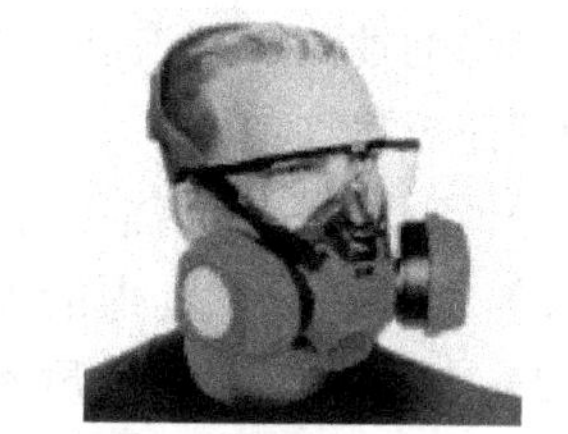

图 5－3　过滤式呼吸防护面罩

② 半面式供气面罩。如图 5－4 所示，适用于长时间接触有害气体的操作时佩戴。这种类型的防护面罩，呼吸空气的质量与环境空气无关。两侧送风，气流均匀，通过附设的气压计可随时调整最舒适的送风气压，可以随时观察活性炭滤芯的有效性。需配活性炭过滤器（配腰带）、空气加热器、空气加湿器等。

③ 全面式供气面罩。如图 5－5 所示，其用途、配套装置及特点与半供气式面罩相同，只不过它能够将整个面部全部遮盖起来，实现对头部的完全保护。

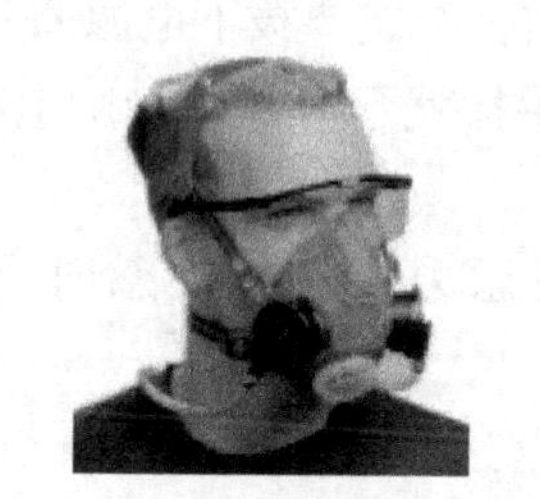

图 5－4　半面式供气面罩

图 5－5　全面式供气面罩

5）防护服。从事涂装作业的防护服通常分两种，一种是机械危险防护服，即普通棉质工作服。主要在打磨等从事机械性作业时穿戴，用于防止受到边缘锋利的材料伤害，以及避免一般的机械影响和脏污。另一种防护服为化学防护服，主要在从事调漆、喷漆及抛光等作业时穿戴，用于防止涂料、稀释剂及抛光剂飞溅等造成的危害。喷涂作业防护服最好是带帽连体式，用透气、耐溶剂、防静电、不起毛材料制作，袖口收紧式。

6）安全鞋。在设有排水（排漆雾）的金属格栅的喷漆房内作业，必须穿安全鞋。安全鞋通常具有耐溶剂、绝缘等特性，鞋头和后跟均有内置钢板。

3. 安全生产

（1）安全用电

安全用电是企业经营管理的基本原则之一。如果认识和掌握了电的性能及安全用电的知识，便可利用电能来为人类造福。相反，如果没有掌握安全用电的知识，违反用电操作规程，不仅会造成停电、停产、损坏设备和引起火灾，而且容易发生触电事故，危及生命。因此，研究触电事故的原因和预防措施，提高安全用电的技术理论水平，对于安全用电，避免各种用电事故的发生是非常重要的。

（2）防火

火灾危害是在生产和生活中经常遇到的危险，针对它的措施重点是预防，因为一旦发生火灾，它的危害性不可估量，并且它的损害往往都是无法弥补的。

（3）设备的安全使用

设备的使用也是生产安全里面很重要的一项内容，有很多的工伤事故都是由于设备的违规操作造成的。使用设备一定要严格按使用说明书的要求操作，尤其是新的设备使用前，一定要将它的性能了解透彻。汽车涂装经常使用电动工具，对于这些设备的使用要遵循以下安全操作注意事项：

1）工作场所应该清洁，无杂物，杂乱无章的工作环境会导致意外事故的发生。

2）不要在易燃易爆的场所使用电动工具，在潮湿的场所使用时要做好电路的绝缘。

3）与作业无关的人员不要靠近工作场所，尤其是幼童。

4）工作时衣服穿戴要合适，不要让松散的衣角或长链首饰卷入旋转工具的转动部分。长发者应戴工作帽，把头发拢起。

5）绝大多数的电动工具作业时，均需戴护目镜。进行粉尘飞扬的切削作业时，需戴防尘面罩。

6）不要握电线提起电动工具，也不要强行拉扯电线从电源插座拆除插头。要保证电线与热源和油液隔开，并避免与锐利的边缘接触。

7）电动工具不使用时、维修以前以及更换附件之前，一定要拔下电源插头。

8）电动工具谨防误开动，插头一插上电源插座，手指就不可随便接触电源开关。插接电源之前，要确定开关是否切断。

9）保持高度警觉，密切注意所进行的作业，注意力集中。疲惫时不要使用电动工具。

10）电动工具应妥善维护，保持工作部位清洁，以达到更好、更为安全的使用效能。应按规定加注润滑脂、更换附件。线缆应定期检查，如发现破损应立即修复。手柄要保持干燥，并防止黏附油脂类的脏污。

11）不使用的电动工具要妥善保存，存放地点干燥并加锁保管。

4. 急救与医护

尽管技术上、组织上和个人的安全措施上已相当周全，但有时仍无法避免事故发生，同时也必须要考虑到员工突然发病的可能性。因此，急救在发生事故损伤和其他紧急情况时是必不可少的。

汽车维修企业、相关培训机构等，只允许安排在经过认证的救助机构中接受过培训和进修的人员作为急救员。只有受过培训的、熟悉各种必要措施的急救员才能提供有效的急救。因此，必须在适当的时间范围内提升和更新急救员的知识和能力。

常遇的特殊情况及相应的急救措施如下：

（1）呼吸困难

尽快将患者移至有新鲜空气处，保持适合呼吸的姿势休息，如没有呼吸，应实施人工呼吸，并呼叫求助。

（2）眼睛溅入有害物

1）将受害者引到眼睛清洗站或水槽边，使其伏在水槽上。

2）将可随时取用的眼睛冲洗瓶小心地以朝向眼睛的角度放在鼻子上，轻轻地持续按压喷射按钮，使清洗液连续冲洗眼睛。

3）此期间要求伤者保持眼睛微睁，必要时用两个手指小心地将眼睑分开。

4）注意应从鼻梁向太阳穴方向冲洗，以避免有害物质进入另一只眼睛。

5）连续冲洗至一瓶清洗液全部用完。

6）根据事故情况咨询医生。

（3）皮肤接触有害物

立即除下污染物并以大量清水及肥皂水清洗。

（4）误服有害物

立即呼叫中毒控制中心或就医。不要催吐或诱使呕吐，保持体温和安静并尽快送医救治。

二、涂料的组成

如图 5－6 所示，涂料由成膜物质（树脂）、颜料、溶剂和添加剂组成。

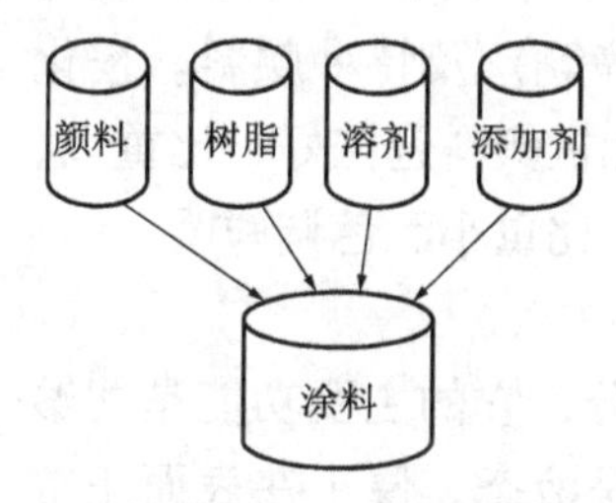

图 5－6 涂料组成

1. 成膜物质（树脂）

树脂是涂料中不可缺少的部分，涂膜的性质也主要由它所决定，故又称之为基料。树脂在常温下可以以固态和液态的方式存在，如图 5－7 所示。汽车涂料所用树脂一般为有黏性的透明液体，在被施涂到一个物体上干燥以后便形成一层薄膜。它结合湿润颜料，赋予涂膜附着力、硬度和耐久性等特性，同时也影响饰面的质量（纹理、光泽度）。

图 5－7 树脂

树脂按来源不同可分为：天然树脂和合成树脂；按结构和成膜方式不同可分为：非转化型（热塑型树脂）和转化型（热固型树脂）。天然树脂一般是从动物和植物中提炼出来的，如虫胶、松脂等；合成树脂主要是由炼油工业提炼出来，其类型和特点，见表5－1。

表5－1 合成树脂的类型及特点

类型		特点
合成树脂	热塑性树脂	可还原树脂，在高温时软化及容易被溶剂溶解
	热固体树脂	不可还原树脂，高温时产生化学反应，冷却后树脂不会再受热软化，硬度好、耐溶剂性强
	自交链树脂	不可还原树脂，加入硬化剂后产生化学反应而固化，效果同热固性树脂

2. 颜料

颜料是涂料中的不挥发物质之一，呈微细粉末状、有颜色，如图5－8所示。它赋予面漆色彩和耐久性，起美观装饰作用，同时使涂料具有较高的遮盖力，具有提高强度和附着力，改善流动性和涂装性能，改变光泽等性能。颜料分着色颜料（包括有机颜料、无机颜料及金属颜料），体质颜料（主要用于改进涂料性能并降低成本，大多为天然白色或无色物），防锈颜料（如氧化铁红、铝粉、红丹、铬黄、磷酸锌等）及特种颜料。按化学成分可分成无机和有机颜料。无机颜料遮盖好、比重大、色调稍不鲜明；有机颜料遮盖低、比重小、色调鲜明。

图5－8 颜料

3. 溶剂

溶剂是涂料中的“挥发”成分，它的主要功能是能够充分溶解涂料中的树脂，使涂料呈液态，便于在表面正常涂布。大多数溶剂是从原油中提炼出来的“挥发性”配料，它具有良好的溶解能力。优质的溶剂能改善面漆的涂布性能和漆膜特性，并能增强其光泽，同时也有助于更精确配色。

溶剂按用途不同可分为真溶剂、助溶剂和稀释剂；按蒸发速度不同可分为低沸点溶剂、中沸点溶剂、高沸点溶剂。真溶剂能够溶解树脂，主要应用于涂料生产；助溶剂本身不能溶解树脂，但能够提高真溶剂溶解树脂的能力，主要应用于涂料生产；稀释剂不能溶解树脂，但能够稀释树脂，主要应用于涂装生产。

涂料中使用各种各样的树脂，各种不同的树脂用各种不同的溶剂来溶解和稀释。不同的稀释剂应用于不同的涂料。有几种不同的稀释剂，其所含的溶剂及其混合比各不相同，使用时可以按环境的温度，选用最适合蒸发速度的稀释剂，例如快、中、慢及特慢稀释剂等。

4. 添加剂

由于近年来涂料生产工艺发生了巨大变化，添加剂的使用也越来越普遍。虽然添加剂在涂料中的比例不超过5%，但它们却对涂料贮存过程、施工成膜过程、漆膜性能、颜色调整方面起着各种重要的作用。

常用的涂料添加剂有：柔软剂、硬化剂、分散剂、防沉降剂、防分离剂、流平剂、增塑剂等。

1）柔软剂。能够使漆膜柔软性增加，主要应用于塑料专用涂料的生产及塑料件涂装施工。

2）硬化剂。也称催干剂、固化剂、干燥剂，是一种具有催化作用的化合物。硬化剂加入到双组分涂料中，能与合成树脂发生交联反应形成涂膜。硬化剂主要应用于不能自然干燥和烘烤成膜的涂料中，例如环氧涂漆、聚氨酯漆、聚酯漆等。

3）分散剂。能够促进颜料的分散，使颜料与树脂混合均匀，主要应用于涂料生产。

4）防沉降剂。能够防止涂料在存储中出现沉淀。

5）防分离剂。能够防止涂料中的某些成分分离。

6）流平剂。又称为抗鱼眼添加剂，能够提高漆膜的流动性和浸润性，防止涂装时漆膜出现缩孔（俗称鱼眼）现象。

7）增塑剂。能够增加涂料的黏性及塑性，主要应用于塑料专用涂料的生产及塑料件涂装施工。

有些添加剂起的是综合作用，能减少起皱、加速干燥、防止发白、提高对化学物质的耐受能力等。

三、涂料的分类和命名

1. 涂料的分类

根据国家标准 GB 2705—2003，涂料产品有两种分类方法。

1）主要是以涂料产品的用途为主线，并辅以主要成膜物的分类方法。将涂料产品划分为三个主要类别，即建筑涂料、工业涂料和通用涂料及辅助材料，见表5－2。

表5－2　涂料的分类方法一

主要产品类型			主要成膜物类型
建筑涂料	墙面涂料	合成树脂乳液内墙涂料 合成树脂乳液外墙涂料 溶剂型外墙涂料 其他墙面涂料	丙烯酸酯类及其改性共聚乳液；醋酸乙烯及其改性共聚乳液；聚氨酯、氟碳等树脂；无机黏合剂等
	防水涂料	溶剂型树脂防水涂料 聚合物乳液防水涂料 其他防水涂料	EVA，丙烯酸酯类乳液；聚氨酯、沥青、PVC 泥或油膏、聚丁二烯等树脂
	地坪涂料	水泥基等非木质地面用涂料	聚氨酯、环氧等树脂
	功能性建筑涂料	防火涂料 防霉（藻）涂料 保温隔热涂料 其他功能性建筑涂料	聚氨酯、丙烯酸酯类、醇酸、硝基、氨基、酚醛、虫胶等树脂

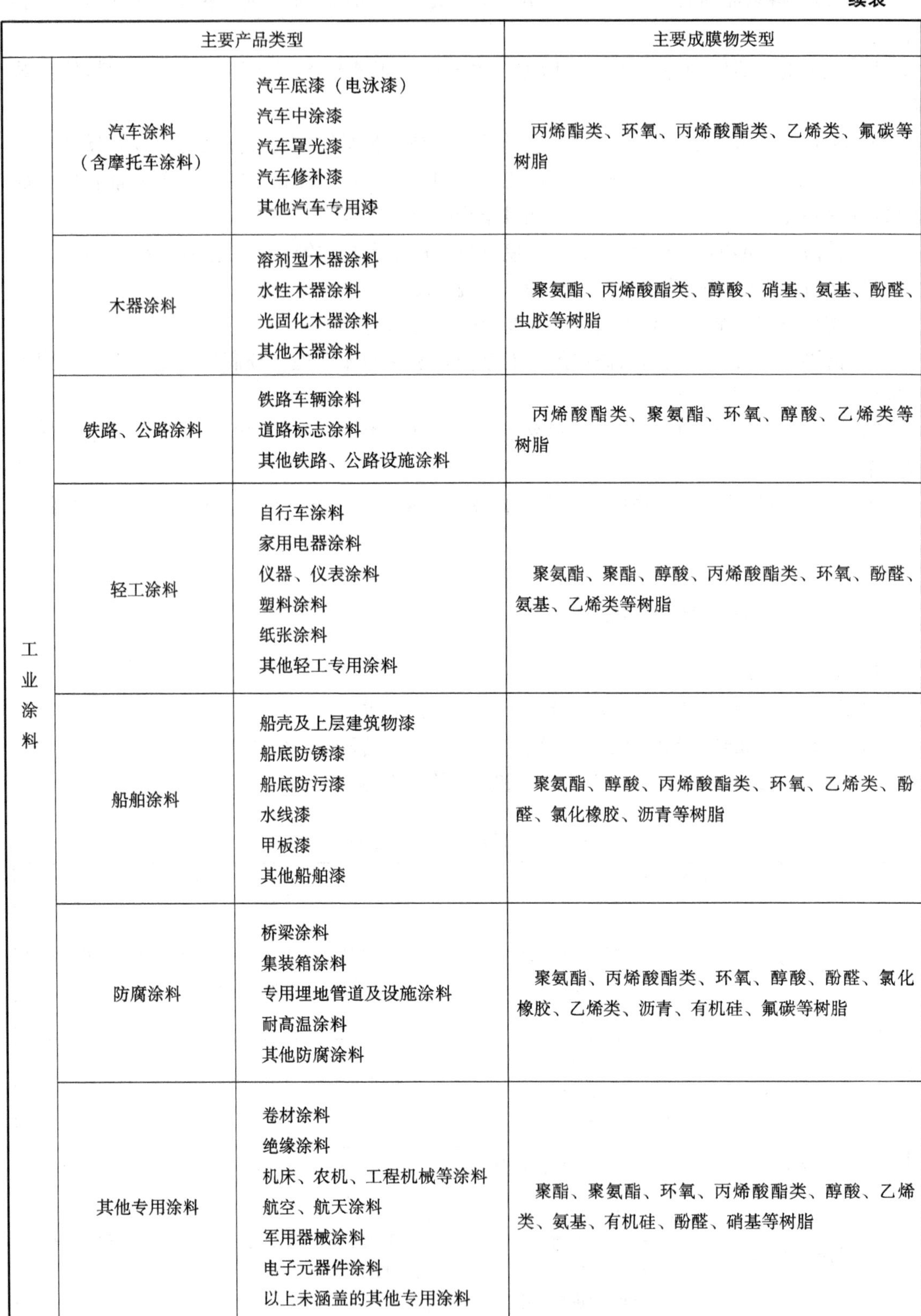

续表

主要产品类型			主要成膜物类型
工业涂料	汽车涂料（含摩托车涂料）	汽车底漆（电泳漆） 汽车中涂漆 汽车罩光漆 汽车修补漆 其他汽车专用漆	丙烯酯类、环氧、丙烯酸酯类、乙烯类、氟碳等树脂
	木器涂料	溶剂型木器涂料 水性木器涂料 光固化木器涂料 其他木器涂料	聚氨酯、丙烯酸酯类、醇酸、硝基、氨基、酚醛、虫胶等树脂
	铁路、公路涂料	铁路车辆涂料 道路标志涂料 其他铁路、公路设施涂料	丙烯酸酯类、聚氨酯、环氧、醇酸、乙烯类等树脂
	轻工涂料	自行车涂料 家用电器涂料 仪器、仪表涂料 塑料涂料 纸张涂料 其他轻工专用涂料	聚氨酯、聚酯、醇酸、丙烯酸酯类、环氧、酚醛、氨基、乙烯类等树脂
	船舶涂料	船壳及上层建筑物漆 船底防锈漆 船底防污漆 水线漆 甲板漆 其他船舶漆	聚氨酯、醇酸、丙烯酸酯类、环氧、乙烯类、酚醛、氯化橡胶、沥青等树脂
	防腐涂料	桥梁涂料 集装箱涂料 专用埋地管道及设施涂料 耐高温涂料 其他防腐涂料	聚氨酯、丙烯酸酯类、环氧、醇酸、酚醛、氯化橡胶、乙烯类、沥青、有机硅、氟碳等树脂
	其他专用涂料	卷材涂料 绝缘涂料 机床、农机、工程机械等涂料 航空、航天涂料 军用器械涂料 电子元器件涂料 以上未涵盖的其他专用涂料	聚酯、聚氨酯、环氧、丙烯酸酯类、醇酸、乙烯类、氨基、有机硅、酚醛、硝基等树脂

续表

主要产品类型			主要成膜物类型
通用涂料及辅助材料	调和漆 清漆 磁漆 底漆 腻子 稀释剂 防潮剂 催干剂 脱漆剂 固化剂 其他通用涂料及辅助材料	以上未涵盖的无明确应用	油脂；天然树脂、酚醛、沥青、醇酸等树脂

注：主要成膜物类型中树脂类型包括水性、溶剂型、无溶剂型、固体粉末。

2）除建筑涂料外，主要以涂料产品的主要成膜物为主线，并适当辅以产品主要用途的分类方法，将涂料产品划分为两个主要类别，即建筑涂料、其他涂料及辅助材料，见表5－3～表5－5。

表5－3　涂料的分类方法二（1）

主要产品类型			主要成膜物类型
建筑涂料	墙面涂料	合成树脂乳液内墙涂料 合成树脂乳液外墙涂料 溶剂型外墙涂料 其他墙面涂料	丙烯酸酯类及其改性共聚乳液；醋酸乙烯及其改性共聚乳液；聚氨酯、氟碳等树脂；无机黏合剂等
	防水涂料	溶剂型树脂防水涂料 聚合物乳液防水涂料 其他防水涂料	EVA，丙烯酸酯类乳液；聚氨酯、沥青、PVC泥或油膏、聚丁二烯等树脂
	地坪涂料	水泥基等非木质地面用涂料	聚氨酯、环氧等树脂
	功能性建筑涂料	防火涂料 防霉（藻）涂料 保温隔热涂料 其他功能性建筑涂料	聚氨酯、丙烯酸酯类、醇酸、硝基、氨基、酚醛、虫胶等树脂

表5－4　涂料的分类方法二（2）

主要产品类型			主要成膜物类型
其他涂料	油脂漆类	天然植物油、动物油（脂）、合成油	清油、厚漆、调和漆、防锈漆，其他油脂漆
	天然树脂漆类	松香、虫胶、乳酪素、动物胶及其衍生物等	清漆、调和漆、磁漆、底漆、绝缘漆、生漆，其他天然树脂漆

续表

主要产品类型			主要成膜物类型
其他涂料	酚醛树脂漆类	酚醛树脂、改性酚醛树脂等	清漆、调合漆、磁漆、底漆、绝缘漆、船舶漆、防锈漆、耐热漆、黑板漆、防腐漆，其他酚醛树脂漆
	沥青漆类	天然沥青、（煤）焦油沥青、石油沥青等	清漆、磁漆、底漆、绝缘漆、防污漆、船舶漆、防锈漆、耐酸漆、防腐漆、锅炉漆，其他沥青漆
	醇酸树脂漆类	甘油醇酸树脂、季戊四醇醇酸树脂、其他醇类的醇酸树脂、改性醇树脂等	清漆、调和漆、磁漆、底漆、绝缘漆、船舶漆、防锈漆、汽车漆、木器漆，其他醇酸树脂漆
	氨基树脂漆类	三聚氰胺甲醛树脂、脲（甲）醛树脂及其改性树脂等	清漆、磁漆、绝缘漆、美术漆、闪光漆、汽车漆，其他氨基树脂漆
	硝基漆类	硝基纤维素（酯）等	清漆、磁漆、铅笔漆、木器漆、汽车修补漆，其他硝基漆
	过氯乙烯树脂漆类	过氯乙烯树脂等	清漆、磁漆、机床漆、防腐漆、可剥漆、胶漆，其他过氯乙烯漆
	烯类树脂漆类	聚二乙烯炔树脂、聚多烯树脂、氯乙烯醋酸乙烯共聚物、聚乙烯醇缩醛树脂、聚苯乙烯树脂、含氟树脂、氯化聚丙烯树脂、石油树脂等	聚乙烯醇缩醛树脂漆、氯化聚烯烃树脂漆，其他烯类树脂漆
	丙烯酸酯类树脂漆类	热塑性丙烯酸酯类树脂、热固性烯酸酯类树脂等	清漆、透明漆、磁漆、汽车漆、工程机械漆、摩托车漆、家电漆、塑料漆、标志漆、电泳漆、乳胶漆、木器漆、汽车修补漆、粉末涂料、船舶漆、绝缘漆，其他丙烯酸酯类树脂漆
	聚酯树脂漆类	饱和聚酯树脂、不饱和聚酯树脂等	粉末涂料、卷材涂料、木器漆、防锈漆、绝缘漆，其他聚酯树脂漆
	环氧树脂漆类	环氧树脂、环氧酯、改性环氧树脂等	底漆、电泳漆、光固化漆、船舶漆、绝缘漆、划线漆、罐头漆、粉末涂料，其他环氧树脂漆
	聚氨酯树脂漆类	聚氨（其甲酸）酯树脂等	清漆、磁漆、木器漆、汽车漆、防腐漆、飞机蒙皮漆、车皮漆、船舶漆、绝缘漆，其他聚氨酯树脂漆
	元素有机漆类	有机硅、氟碳树脂等	耐热漆、绝缘漆、电阻漆、防腐漆，其他元素有机漆
	橡胶漆类	氯化橡胶、环化橡胶、氯丁橡胶、氯化氯丁橡胶、丁苯橡胶等	清漆、磁漆、底漆、船舶漆、防腐漆、防火漆、划线漆、可剥漆，其他橡胶漆
	其他成膜物类涂料	无机高分子材料、聚酰亚胺树脂、二甲苯树脂等以上未包括的主要成膜材料	

注：主要成膜物类型中树脂类型包括水性、溶剂型、无溶剂型、固体粉末等，包括直接来自天然资源的物质及其经过加工处理后的树脂。

表 5-5　辅助材料

主要产品类型	
稀释剂	脱漆剂
防潮剂	固化剂
催干剂	其他辅助材料

2. 涂料的命名

1）命名原则。涂料全名一般是由颜色或颜料名称加上成膜物质名称，再加上基本名称（特性或专业用途）而组成。对于不含颜料的清漆，其全名一般是由成膜物质名称加上基本名称而组成。

2）颜色名称通常由红、黄、蓝、白、黑、绿、紫、棕、灰等颜色，有时再加上深、中、浅（淡）等词构成。若颜料对漆膜性能起显著作用，则可用颜料的名称代替颜色的名称，例如铁红、锌黄、红丹等。

3）成膜物质名称可做适当简化，例如聚氨基甲酸酯简化成聚氨酯；环氧树脂简化成环氧；硝酸纤维素（酯）简化为硝基等。漆基中含有多种成膜物质时，选取起主要作用的一种成膜物质命名，必要时也可选取两或三种成膜物质命名，主要成膜物质名称在前，次要成膜物质名称在后，例如红环氧硝基磁漆。成膜物名称可参见表 5-4。

4）基本名称表示涂料的基本品种、特性和专业用途，例如清漆、磁漆、底漆、锤纹漆、罐头漆、甲板漆、汽车修补漆等。涂料基本名称见表 5-6。

表 5-6　涂料基本名称

主要产品类型	
清油	铅笔漆
清漆	罐头漆
厚漆	木器漆
调合漆	家用电器涂料
磁漆	自行车涂料
粉末涂料	玩具涂料
底漆	塑料涂料
腻子	（浸渍）绝缘漆
木漆	（覆盖）绝缘漆
电泳漆	抗弧（磁）漆、互感器漆
乳胶漆	（黏合）绝缘漆
水溶（性）漆	漆包线漆
透明漆	硅钢片漆
斑纹漆、裂纹漆、桔纹漆	电容器漆
锤纹漆	电阻漆、电位器漆
皱纹漆	半导体漆
金属漆、闪光漆	电缆漆

续表

主要产品类型	
防污漆	可剥漆
水线漆	卷材涂料
甲板漆、甲板防滑漆	光固化涂料
船壳漆	保温隔热涂料
船底防锈漆	机床漆
饮水舱漆	工程机械用漆
油舱漆	农机用漆
压载舱漆	发电、输配电设备用漆
化学品舱漆	内墙涂料
车间（预涂）底漆	处墙涂料
耐酸漆、耐碱漆	防水涂料
防腐漆	地板漆、地坪漆
防锈漆	锅炉漆
耐油漆	烟囱漆
耐水漆	黑板漆
防火涂料	标志漆、路标漆、马路划线漆
防霉（藻）涂料	汽车底漆、汽车中涂漆、汽车面漆、汽车罩光漆
耐热（高温）涂料	汽车修补漆
示湿涂料	集装箱涂料
涂布漆	铁路车辆涂料
桥梁漆、塔漆及其他（大型露天）钢结构漆	胶液
航空、航天用漆	其他未列出的基本名称

5）在成膜物质名称和基本名称之间，必要时可插入适当词语来标明专业用途和特性等，例如白硝基球台磁漆、绿硝基外用磁漆、红过氯乙烯静电磁漆等。

6）需烘烤干燥的漆，名称中（成膜物质名称和基本名称之间）应有“烘干”字样，例如银灰氨基烘干磁漆、铁红环氧聚酯酚醛烘干绝缘漆。如名称中无“烘干”词，则表明该漆是自然干燥，或自然干燥、烘烤干燥均可。

7）凡双（多）组分的涂料，在名称后应增加“（双组分）”或“（三组分）”等字样，例如聚氨酯木器漆（双组分）。

注：除稀释剂外，混合后产生化学反应或不产生化学反应的独立包装的产品，都可认为是涂料组分之一。

四、汽车用涂料的品种

1. 按汽车上的使用部位分类

1）汽车车身用涂料。是汽车用涂料的主要代表，所以从狭义上讲，所谓的汽车用涂料主要指车身用涂料。车身涂层一般是由底层涂层、中间涂层和表面涂层等三层或由底层涂层和表面涂层二层构成，它们基本上要兼备汽车用漆的要求。

2）货箱用涂料。其质量要求较前者低，一般为底、面两层涂层。

3）车轮、车架等部件用的耐腐蚀涂料。它的主要技术指标是要求耐腐蚀性能（耐盐雾性、耐水性）等好；要求漆膜坚韧耐磨，具有耐机油性。

4）发动机部件用涂料。因发动机体不能高温烘烤，故要求涂料具备低温快干性能，要求漆膜的耐汽油、耐机油和耐热性较好。

5）底盘用涂料。也因车桥、传动轴等底盘件不能高温烘烤，要求具备低温快干性能。因在车下使用环境恶劣苛刻，经常与泥水接触，故要求其耐腐蚀性优良，具备较好的耐机油性。

6）车内装饰件用涂料。指轿车和大客车车内装饰件用涂料，其主要性能是要求极高的装饰性。

7）特殊要求用涂料。蓄电池固定架用耐酸涂料，汽油箱内表面用耐汽油涂料，汽车消声器、排气管和气缸垫片用耐热涂料，车身底板下用耐磨防声涂料，车身焊缝用密封涂料等。

2. 按在涂装工艺及涂层中所起的作用分类

1）涂前表面处理用材料，主要包括清洗剂和磷化处理剂。

2）汽车用底漆。底涂层是防腐系统中最重要的组成部分，它能阻止水分和氧侵入金属表面同时提高漆膜与板件表面的附着力。原厂备件的正反面一般带有黑色的电泳涂层。所使用的底涂层类型视使用领域而定。

3）汽车用中间涂料。中间涂料包括腻子（原子灰）和中涂漆。腻子主要用于填平凹陷，提高漆膜与底材（底漆）之间的附着力。中涂漆用于填平底层缺陷，增加漆膜抗石击能力，提高漆膜间的附着力，为面漆涂装获得平滑的表面，同时可以防止面漆有溶剂溶解旧漆膜而产生咬底。对于可调色中涂漆，还可使面漆容易遮盖底涂层颜色。

4）汽车用面漆。面漆是整个涂层的最外层，使漆膜具有良好的耐候性、外观、硬度、抗石击性、耐化学性、耐污性和防腐性等性能。

5）辅助材料：溶剂、粘尘涂料、抛光材料、防噪声浆等。

3. 按涂料的组成中是否含有颜料分

1）清漆。涂料的组成中，没有颜料或体质颜料的透明体，称为清漆。

2）色漆。涂料的组成中，加有颜料体质颜料的，或加有体质颜料的有色漆，称为色漆。

3）腻子。加有大量体质颜料的稠厚浆状体，称为腻子，学名为原子灰。

4. 按溶剂构成情况分

1）无溶剂涂料。涂料的组成中，没有挥发性稀释剂的，称为无溶剂涂料。其中呈粉末状的称为粉末涂料。

2）溶剂涂料。涂料的组成中，以一般有机溶剂为稀释剂的，称为溶剂涂料。

3）水性涂料。涂料的组成中，以水作为稀释剂，称为水性涂料。

五、涂料的成膜方式

涂料的干燥成膜是指涂料施工后，由液态或黏稠状漆膜转变成固态漆膜的化学和物理变化过程。为了达到预期的涂装目的，除了合理地选用涂料，正确地进行表面处理和施工外，充分而适宜的干燥过程也是重要的环节。涂料的成膜方式有溶剂挥发成膜和反应型成膜。反应型又包括氧化聚合型、热聚合型和双组分聚合型成膜等几种。

1. 溶剂挥发型（风干型）

当涂料中的溶剂蒸发后形成一个涂层。但是由于树脂分子没有结合在一起，所以涂层可以被稀释剂溶解。这种涂料的特性是干得快，容易使用。但是，它在耐溶剂性和自然老化性能方面不及反应型涂料。溶剂蒸发型涂料主要有硝基涂料和热塑性丙烯酸涂料。

溶剂挥发型涂料的干燥机理如图 5－9 所示，靠溶剂挥发而干燥成膜，属于物理成膜方式。成膜前后，物质分子结构不发生变化，仅靠溶剂（或水）挥发、温度变化等物理作用使涂料干燥成膜。

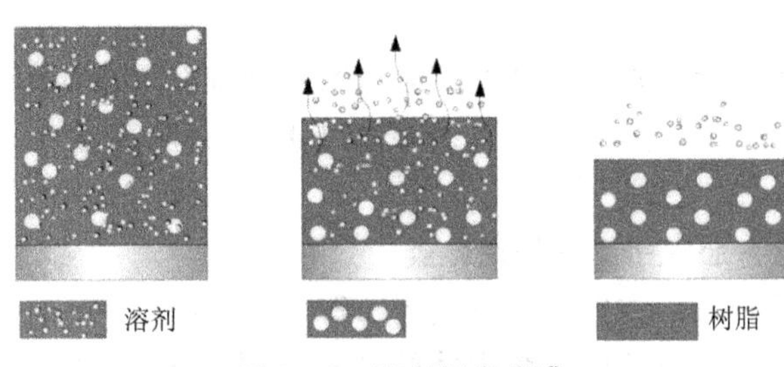

图 5－9　溶剂挥发成膜

2. 反应型

在此类涂料中，涂料中的溶剂和稀释剂蒸发，而树脂通过“聚化”的化学反应固化。如图 5－10 所示，刚刚喷涂以后，新涂料是一种液化层，其中的树脂、颜料、溶剂及稀释剂是混合在一起的。

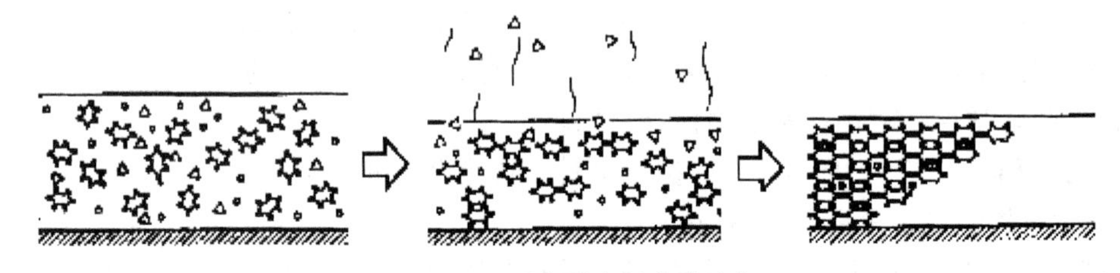

图 5－10　反应型涂料成膜过程

在固化过程中，溶剂和稀释剂蒸发，树脂中分子由于化学反应而互相逐渐结合。在完全固化以后，涂层完全没有溶剂和稀释剂。分子的化学反应结束，形成一固态的高聚物层。

分子通过化学反应结合成三维交联结构。如果涂层具有较大、较密的交联结构，它便具有更好的涂层性能，例如较高的硬度和耐溶剂性，如图 5－11 所示。

反应型涂料的特点是，除非向涂料施加能引起化学反应的要素，否则涂料不会开始固化。能引起化学反应的要素包括热、光、氧、水、催化剂及固化剂。在汽车用的大多数反应型涂料中，固化是由于热式催化剂引起的。具体的反应包括以下几种：

（1）氧化聚合

当树脂中的分子吸收空气中氧气从而氧化时，它们便聚合为交联结构，这种涂料很少用

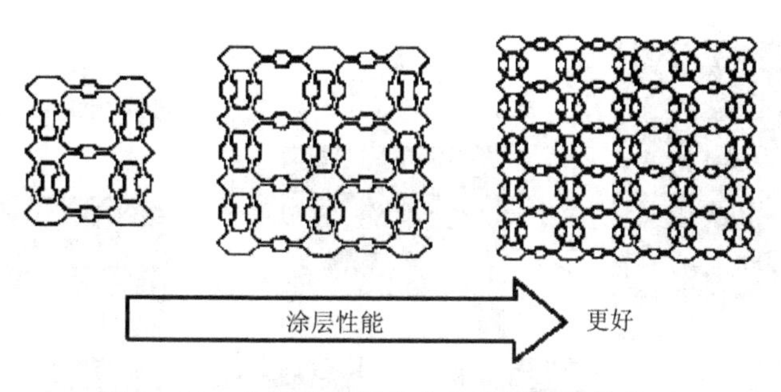

图 5-11 分子结构的变化与涂层性能的关系

于汽车，因为形成交联结构的时间太长，而且粗交联结构不能产生理想的涂层性能。邻苯二甲酸酯和合成树脂混合涂料是氧化聚合涂料的两个例子，其反应机理如图 5-12 所示。

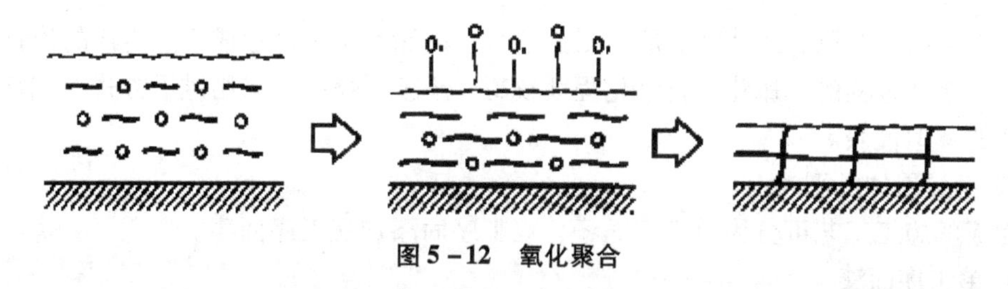

图 5-12 氧化聚合

(2) 加热聚合

当这种涂料加热至一定温度（一般在 120 ℃以上）时，树脂里便发生化学反应，使涂料固化。所形成的交联结构密度很大，所以在该涂料彻底固化以后，不会溶解于稀释剂，如合成聚酯（OEM 涂料）等，其反应机理如图 5-13 所示。它广泛使用于汽车装配线上，但是在修补涂装中很少使用。这是因为，为了保护有关区域的塑料及电子零件，在重涂以前必须将它们拆下或用其他方法加以保护，以免受热影响，而大量的拆装作业势必影响作业效率。

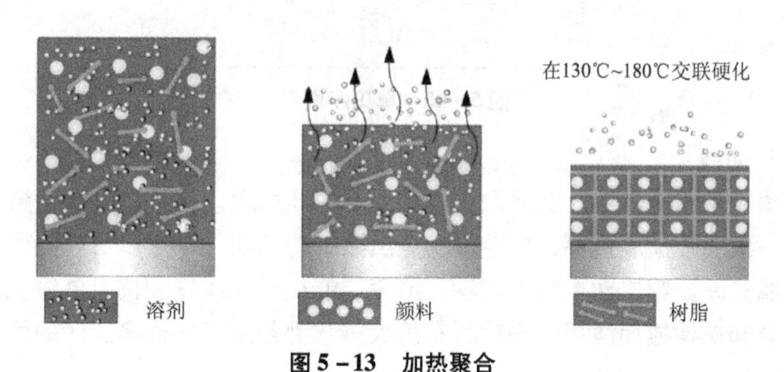

图 5-13 加热聚合

(3) 双组分聚合

在这种涂料中，主要成分与固化剂混合，以便在树脂中产生化学反应，从而使涂料固化。虽然该反应可以在室温下发生，但是也可以使用 60 ℃ ~70 ℃的中温来加速干燥过程。汽车修补涂装大多使用这种涂料，其反应机理如图 5-14 所示。有些双组分聚合涂料的性能与热聚合型相同，形成的漆膜不能再被溶剂溶解或受热溶化。

反应后
树脂将燃料包在里面
溶剂
颜料
树脂
固化剂

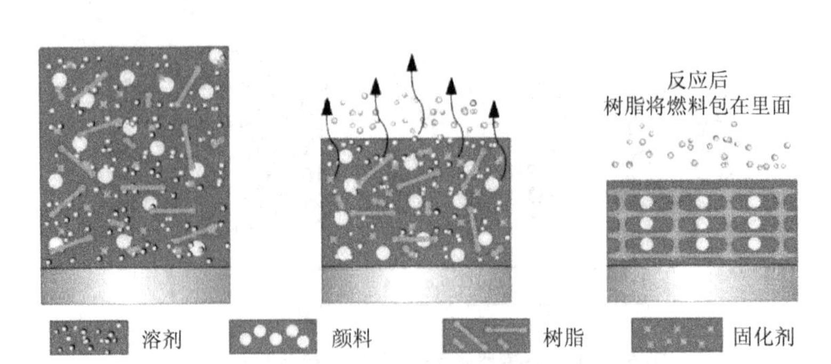

图 5－14　双组分聚合

六、涂层标准

汽车涂装属工业涂装的范畴。所谓工业涂装，即涂装工艺已形成工业生产的流程，流水作业生产，涂装过程的机械化和自动化程度较高，漆膜干燥一般采用烘干方式。汽车涂装是工业涂装的典型代表。

1. 车身涂层的类型

按面漆的施工工艺可分为单工序面漆、双工序面漆和三工序面漆。

（1）单工序面漆

单工序面漆也称素色漆，其涂层结构如图 5－15 所示。单工序是指面漆只施工一次即可获得颜色和光泽。形成的漆膜既有遮盖力（能遮盖住底漆颜色，呈现出需要的颜色），还有一定的光泽度，并且还有很好的抗机械损伤能力。白色的普通桑塔纳轿车和红色捷达轿车多为单工序面漆。

面　漆（既有颜色又有光泽）
底　漆
底　材

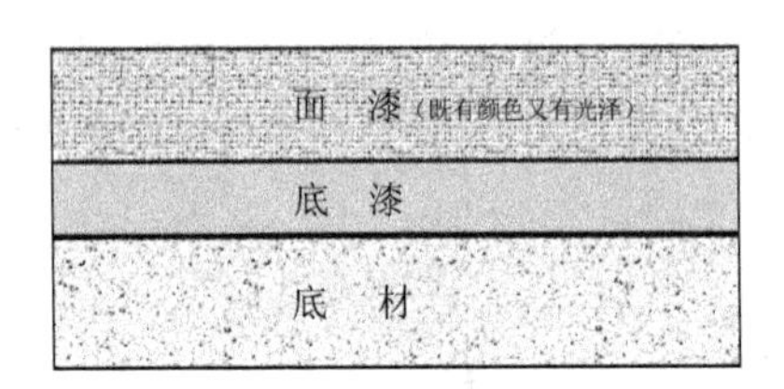

图 5－15　单工序面漆

（2）双工序面漆

双工序面漆通常指金属漆，其涂层结构如图 5－16 所示。双工序是指面漆需要分两次施工来获得：第一次要喷涂底色漆，底色漆为金属漆或珍珠漆，干燥以后只能提供遮盖力，展现出绚丽的金属光泽。第二次要喷涂清漆，清漆层能提供光泽度和抗机械损伤的能力。底色漆层和清漆层合起来构成面漆层。现代轿车绝大多数都是双工序或多工序的面漆。

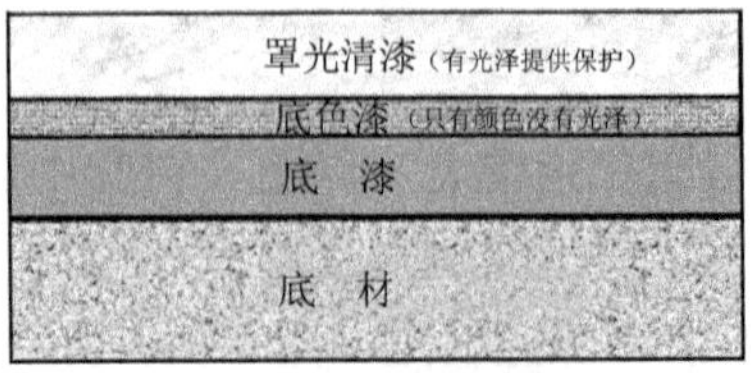

罩光清漆（有光泽提供保护）
底色漆（只有颜色没有光泽）
底　漆
底　材

图 5－16　双工序面漆

（3）三工序面漆

三工序面漆顾名思义就是面漆层要分三次施工才能获得，通常指珍珠漆，如图 1－17 所示。施工时第一次要喷涂底色漆，这种底色漆为没有金属颗粒的素色。第二次喷涂珍珠层，喷涂的方法和喷涂的道数要求严格，否则会影响到涂层的颜色。第三次喷涂清漆层，喷涂方法与双工序一致。

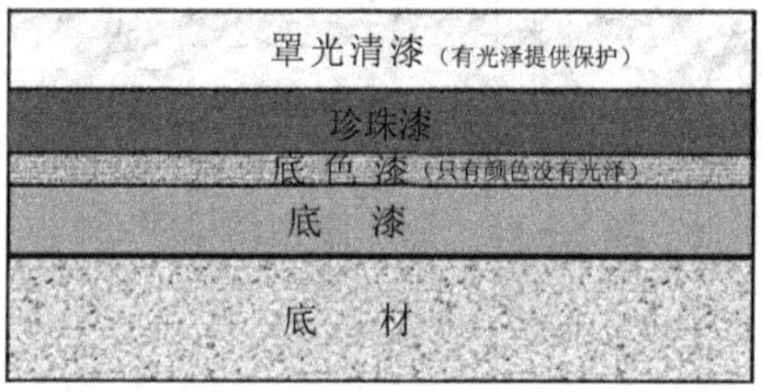

罩光清漆（有光泽提供保护）
珍珠漆
底色漆（只有颜色没有光泽）
底　漆
底　材

图 5－17　三工序漆膜结构

2. 原厂涂层结构

汽车涂装一般属于多层涂装，按涂层的层数及烘干次数不同，又可分为单层涂装体系（1coat 1bake 简称为 1C1B）、双层（2C2B）、三层（3C3B）、四层（4C4B）、五层（5C5B），发展到今天的最高达 7C5B 等涂装体系。涂层的总厚度也由原来的 30～40 μm 增加到 130～150 μm，逐步实现了由低级到高级的过渡，能够初步满足汽车工业对不同档次车辆涂装的要求。汽车总装厂通常所采用的涂装系统大体上可归纳为以下几类：

① 底漆→腻子→本色面漆。

② 底漆→腻子→中间涂料→本色面漆。

③ 底漆→腻子→中间涂料→单层金属闪光漆。

④ 底漆→腻子→中间涂料→金属闪光底色漆→罩光清漆。

⑤ 底漆→腻子→中间涂料→本色底色漆→罩光清漆。

⑥ 底漆→腻子→防石击中间涂料→中间涂料→金属闪光底色漆→罩光清漆。

⑦ 底漆→腻子→中间涂料→金属闪光底漆→底色漆→罩光清漆。

⑧ 底漆→腻子→防石击中间涂料→中间涂料→金属闪光底漆→底色漆→罩光清漆。

上述涂装系统中，第①类是汽车工业发展初期所采用的涂装系统，国外基本不采用了，但在我国的一些低档车辆如载货车、农用车、公共汽车等仍然采用；

第②、③类在国外被用于大型车辆如巴士、卡车等中档车上，国内则用于小型面包车、各种微型车等中、高档车上；

第④、⑤类则用于轿车的涂装中；

第⑥、⑦、⑧类是最近几年发展成功的一种新型的涂装系统，其中的金属闪光底漆不同于以往的金属闪光底色漆，在这一道涂层中不含着色的透明颜料，只有铝粉、珠光粉之类的闪光颜料，在底色漆中则仅仅含有某些透明的着色颜料，不含闪光颜料。采用这类涂装系统，涂层装饰性更为优越，外观显得更加美观、豪华、别致；铝粉和珠光粉的排列更为规整，闪烁均匀，立体感强。观察这类涂层时，明显地感受到它不同寻常的丰满度、深度，其艺术感染力更为强烈。现代轿车涂装系统中，由于板材加工成型工艺精湛，腻子层多数都被取消了。

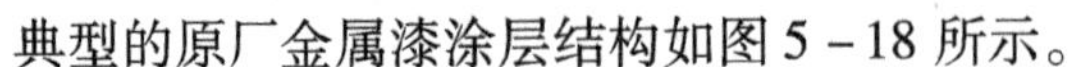

典型的原厂金属漆涂层结构如图 5－18 所示。

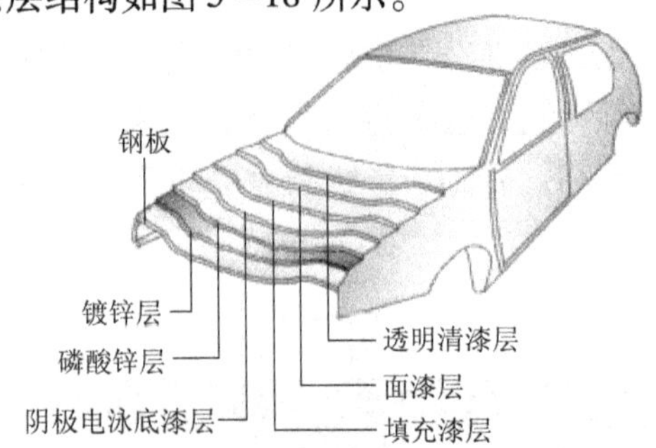

图 5－18　原厂漆膜结构图

3. 原厂漆膜厚度

（1）单工序的素色漆

如图 5－19 所示，传统型（溶剂涂料）单工序的素色漆从底到面的总膜厚约为 80 μm。单工序水性漆涂层厚约在 70～150 μm，其涂层结构如图 5－20 所示。

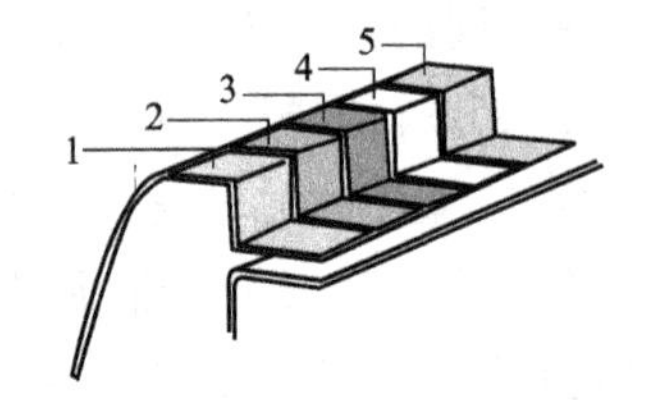

图 5－19　单工序素色漆原厂涂层结构

1—钢板；2—锌磷酸盐涂层；3—阴极电泳涂层；4—中间漆；5—单色面漆

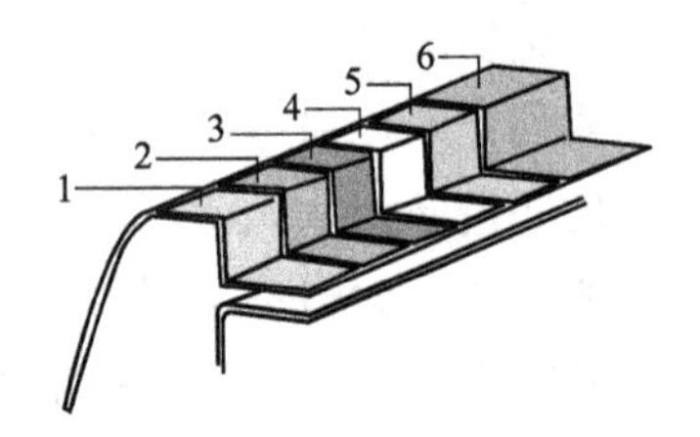

图 5－20　单工序水性素色漆涂层结构

1—钢板；2—锌磷酸盐涂层；3—阴极电泳涂层；4—水性中间漆；5—水性底漆；6—2 K 清漆

（2）双工序的金属漆

如图 5－21 所示，双工序的金属漆从金属底材到表面的总膜厚为 100 μm 左右。漆膜抗刮、抗磨等机械性能好，光泽均匀。双工序水性漆涂层厚 70～150 μm，其涂层结构如图 5－22 所示。

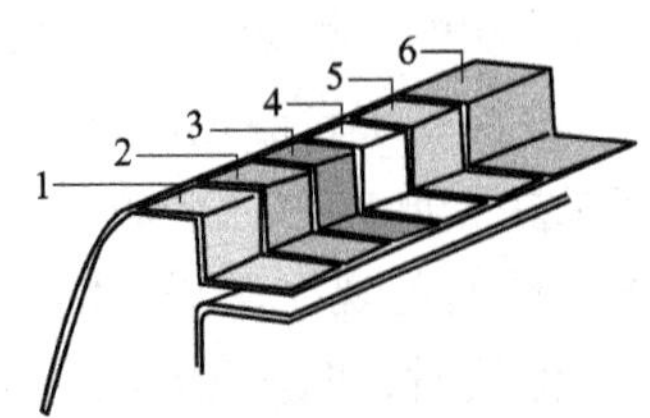

图 5－21　双工序金属色漆原厂涂层结构

1—钢板；2—锌磷酸盐涂层；3—阴极电泳涂层；4—中间漆；5—金属底漆；6—清漆

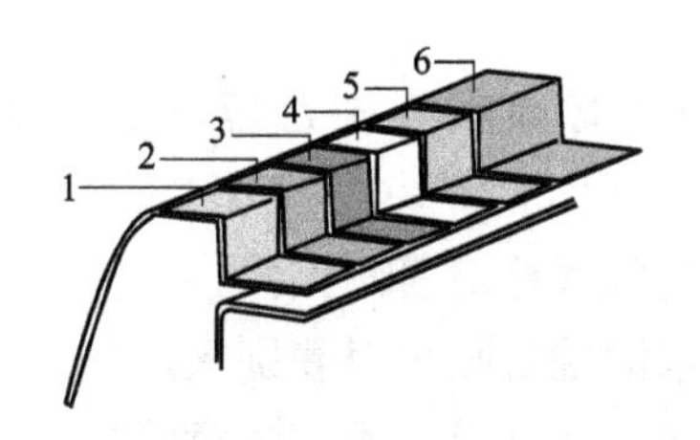

图 5-22 双工序水性金属漆涂层结构

1—钢板；2—锌磷酸盐涂层；3—阴极电泳涂层；4—水性中间漆；5—水性底漆；6—2 K 清漆

4. 修补涂装后的涂层结构

修补后的涂层是指钣金修复的表面，经涂装修复后要达到与原厂漆性能相近的漆膜。修补涂装过程所用的原材料基本上为双组分的化学反应型涂料，采用室温固化或烘烤强制固化工艺。

按要求维修后漆膜厚度约 150 μm（不包括腻子层），但是实际情况与维修材料和维修技师的技术水平有直接关系。图 5-23 为典型的修补涂装涂层结构。

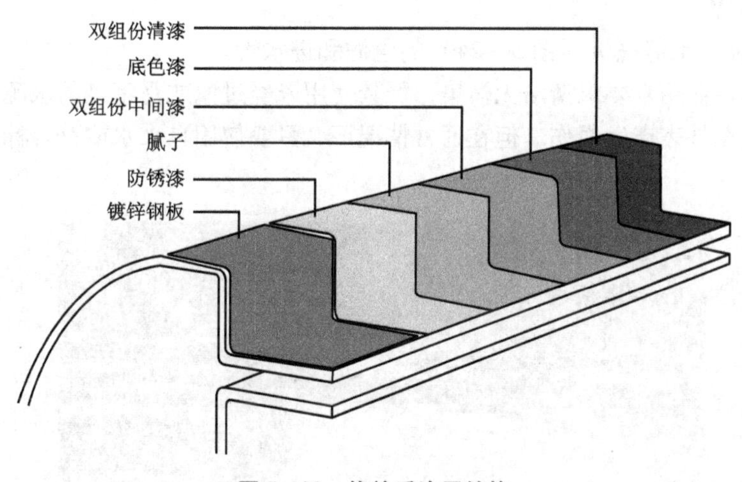

图 5-23 修补后涂层结构

技能学习与考核

一、技能学习

1. 全车清洗

全车清洗的一般方法是：先使用干净水冲洗，再用中性肥皂水或车辆清洗剂清洗，然后用水彻底冲净，再用压缩空气吹干。

当然，如果车体比较干净，而漆膜损伤区域又比较小，可以用擦拭纸在较大范围内进行清洁处理即可。

（1）劳动安全与卫生

操作前，学生必须牢记以下劳动安全事项：

1）必须穿好工作服。

2）在使用高压水清洗机时，必须戴好护目镜（或面罩）、橡胶手套、水鞋及防水围裙。

3）无论何时，禁止将压缩空气气枪对着别人。

4）无论何时，禁止将高压水清洗机喷枪对着别人。

5）剩余的洗涤剂、门窗玻璃清洁剂等，不能随意倒掉。

（2）场地准备

1）可停放大型车辆的混凝土地坪或相当于混凝土的地坪，操作、排污水方便。

2）高压水源。最好使用冷热水高压泵。

3）足够长度的水管。这种水管的手柄上装有控制水流的开关。

4）适度的照明。

（3）设备与工具准备

1）一定数量的水桶、海绵或泡沫塑料、洗涤剂、门窗玻璃清洁剂、抹布、大毛巾、鹿皮等。

2）压缩空气、气管、气枪。

（4）清洗步骤

1）连接好高压水清洗机（图5－24）的电源和进水管。

注意：洗车作业用水要求清洁无污染，严禁使用未经过滤或受污染的水源，以免影响清洗效果，或对汽车外表产生损伤。但在通常情况下，只要使用自来水或符合标准的循环水就基本符合要求。

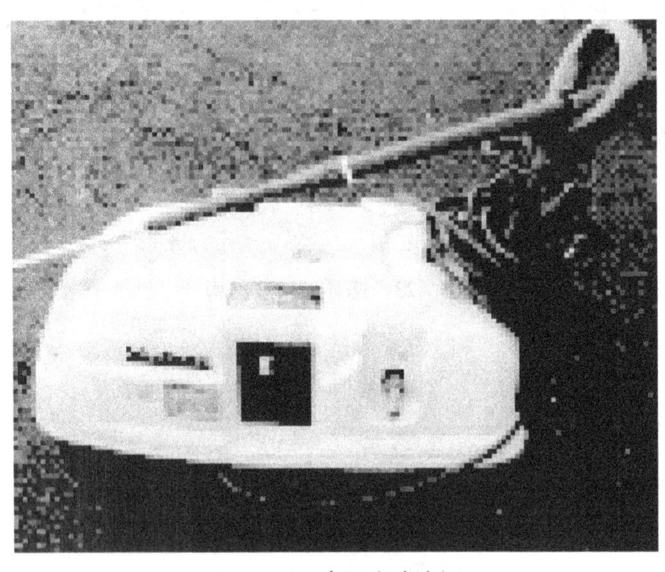

图5－24　高压水清洗机

2）连接好泡沫机的压缩空气管，按规定比例从加液口加入泡沫液和水（水和泡沫液加入量通过观察泡沫机侧面的透明刻度管来确定），如图5－25所示。

3）调整泡沫机的气压至规定值（泡沫机说明书建议值），如图5－26所示。

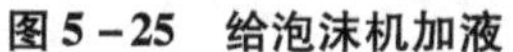

图 5－25　给泡沫机加液

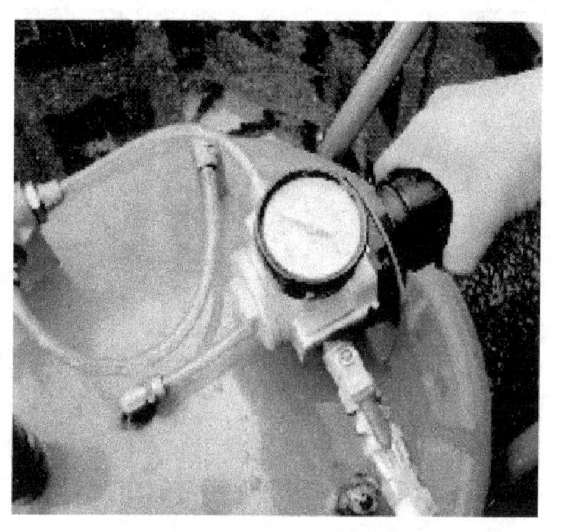

图 5－26　调整泡沫机气压

4）取出地毯清洗、晾干，清理烟灰盒、沙发坐垫等物品。

5）关好车门窗（这一操作很重要）。

6）在开始清洗汽车之前将汽车表面淋湿，这一步很重要，可以大大减少划伤汽车表面的可能性。可以用高压水清洗机，调整为宽的喷射水流进行喷淋。

7）调整高压水清洗机为柱状水流，对缝隙和拐角等容易积存砂土的地方进行冲洗，特别是车轮上方的车身圆弧里，由于车轮滚动甩上来大量的泥沙和污物，一定要清洗干净，如图 5－27 所示。

图 5－27　对易积存污垢的地方进行冲洗

8）喷涂泡沫。喷涂的泡沫要均匀、适量，喷洒泡沫的顺序应按从上到下来进行。

9）戴好兔毛手套（或用软海绵块）擦车，如图 5－28 所示。擦车的顺序是：车顶、挡风玻璃、发动机罩、保险杠、灯具、车的一个侧面（包括玻璃）、车身后部（包括玻璃、尾灯）、车身的另一侧（包括玻璃）以及车轮。

注意：对于轮胎和门槛下缘等车体下部部位，一定要用专用的海绵或刷子（图 5－29）单独清理，以防止工具混用对车漆和玻璃造成意外损伤。必要时可配合喷水壶进行辅助喷水。

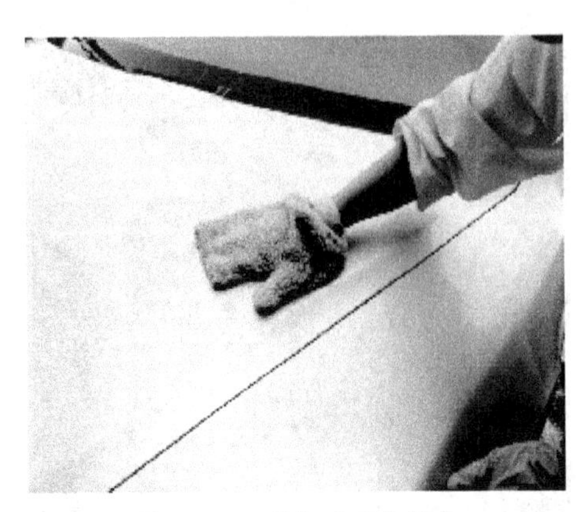

图 5-28 戴兔毛手套擦车

图 5-29 用刷子清洁车轮

10）二次冲洗。水压低，扇面大，冲掉泡沫即可。

11）刮水。用刮水板将车身上的水膜刮干净，如图 5-30 所示。

图 5-30 刮水

12）精细擦拭。用大毛巾及鹿皮将整个车身擦拭干净。

注意：鹿皮在使用前一定要浸泡透，拧干后再使用，这样它的吸水性会更好。

13）吹干。锁孔、门缝、车窗密封条、倒视镜壳、油箱盖等部位用压缩空气辅助吹干，尤其是钥匙孔里的水分更要吹干净，如图 5-31 所示。

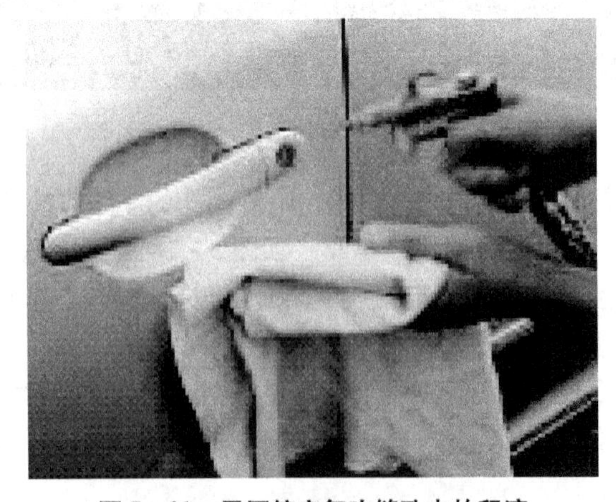

图 5-31 用压缩空气吹缝孔内的积液

2. 漆膜损坏程度的评估

（1）目测评估

根据光照射钣金件的反射情况，以评估损坏的程度及受影响面积的大小，如图 5－32 所示。稍微改变人的眼睛相对于钣金件的位置，即可看到微小的变形和损伤。

图 5－32　目测评估漆膜损伤

目测评估车身损伤的内容主要有：观察车身有无划伤、锈蚀损伤，车身覆盖件有无凹坑和凸起变形等。

1）对于板件外表破损形成锈蚀的部位，一般都会有红色或黄色的锈渍，观察起来很简单。需要我们注意的是有些锈蚀是从板材的底部开始的，尤其是经过车身修复的部位，从外表看不到锈渍，只是在板件表面有不规则的凸起。把凸起部分敲破就能看到板材的锈蚀情况。一般情况下已经在表面产生凸起的，基本上板材都已经被锈蚀穿了。修复锈蚀损伤时，必须要处理到金属板材，并做适当的防腐处理。

2）观察车身覆盖件的凹坑和凸起变形。根据光线照射到不同形状板件后反射的情况进行判别。观察时目光不要与板件垂直，而是有一定的角度，角度的大小根据光线来调整，以能看清板件表面情况为准。如果板件表面有变形，由于变形部位与良好部位反射光线不同，眼睛就会很容易的观察到变形的部位。找到损伤部位以后，要及时做好标记，便于维修。

（2）触摸评估

戴上手套（最好为棉质），从各个方向触摸受损的区域，但不要用任何压力。做的时候要将注意力集中在手掌的感觉上，以感觉来评定不平度及漆膜损伤情况。为了能准确找到受影响区域的不平整部分，手的移动范围要大，要包括没有被损坏的区域，而不是只触摸损坏的部分。此外，有些损坏的区域，手在向某个方向移动时，可能比向另一个方向移动时更易感觉到，如图 5－33 所示。

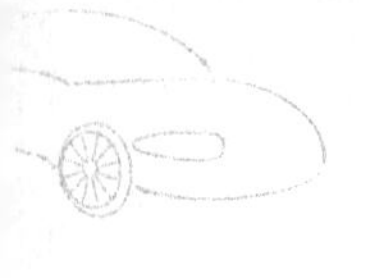

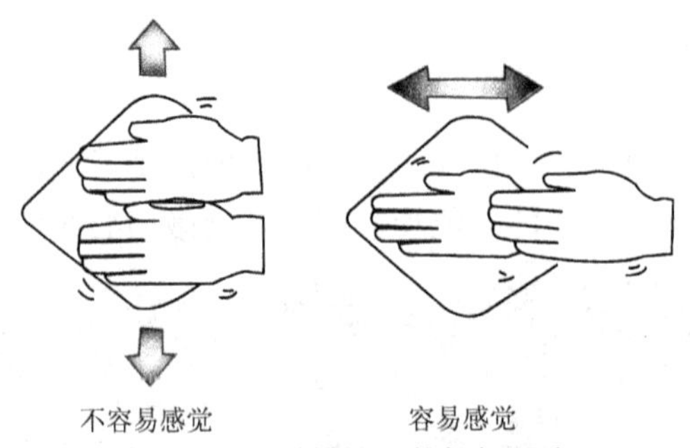

图 5-33　触摸法评估损坏程度

(3) 直尺评估

如图 5-34 所示，将一把直尺放在车身与损坏区域对称的没有被损坏的区域上，检查车身和直尺间的间隙；然后将直尺放在被损坏的车身钣金件上，评估被损坏的和未被损坏的车身板之间的间隙相差多少，来判断损伤的情况。

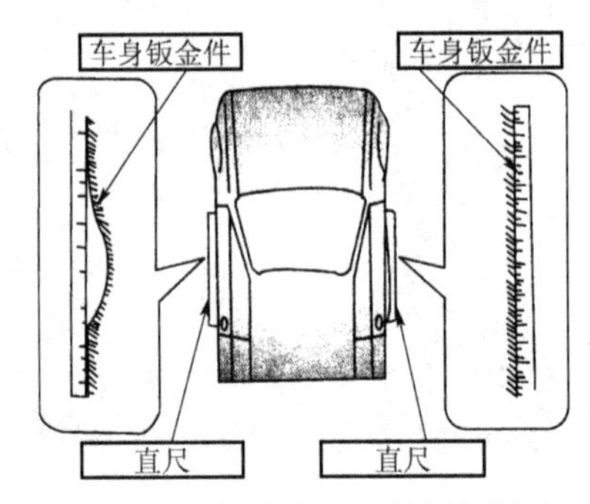

图 5-34　用直尺法评估损坏程度

如果在用直尺评估时，损坏件有凸出部分，将影响评估操作，此时可用冲子或鸭嘴锤，将凸起的区域敲平或稍稍低于正常表面，如图 5-35 所示。

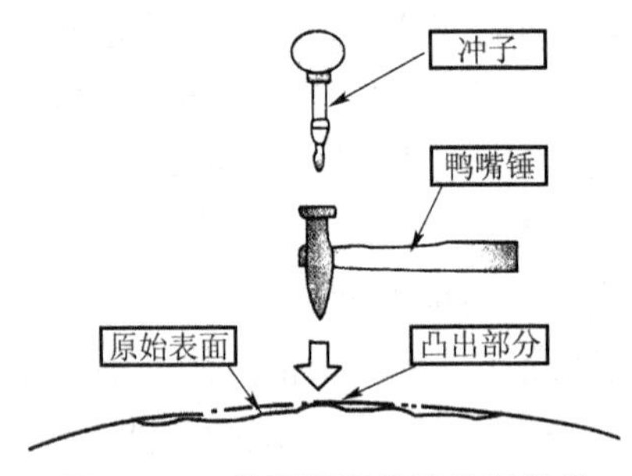

图 5-35　敲平损坏件的凸出部分

注意：实际评估时，通常是各种方法综合运用，以获得准确的评估结果。评估过程中，一定要随时做好记录，以便为后续的维修方案的制订提供依据。

3. 不同结构涂层的鉴别

(1) 观察法

因为单工序面漆（素色漆）中没有金属颗粒，只有颜料，比如红、白、黑、偏黄白等等。漆膜外观看上去没有金属闪烁感，同时，由于面漆之上没有清漆层，立体感不强，即各方向观察颜色基本一致。

多工序面漆多为金属漆，底色漆里含有金属及金属氧化物颗粒，比如铜、铝、氧化铜等等，阳光反射后，色彩斑斓。加上透明的清漆层对光线的折射作用，使漆面富有立体感。如果角度合适还会发生光线干涉现象，使漆膜表现更加耀眼夺目。

(2) 打磨法

1) 工具准备：P2000 水磨美容砂纸、喷水壶、抹布等。

2) 操作步骤：

① 在车身涂层上选一块不显眼的位置，比如车门、油箱盖、后备厢盖等处的内侧。用 P2000 抛光砂纸轻轻打磨。打磨时一定要加水湿磨，因为干磨下来的清漆也呈现灰白颜色，不容易分辨。加些水湿磨后，磨掉的清漆就不会显示颜色了。

② 观察打磨后砂纸上附着的涂料颜色，如果是带颜色的（与车身漆色相同），说明面漆是单工序的。如果打磨后砂纸上没有颜色，说明面漆是双工序的，打磨下来的是清漆层。如图 5 - 36 所示。

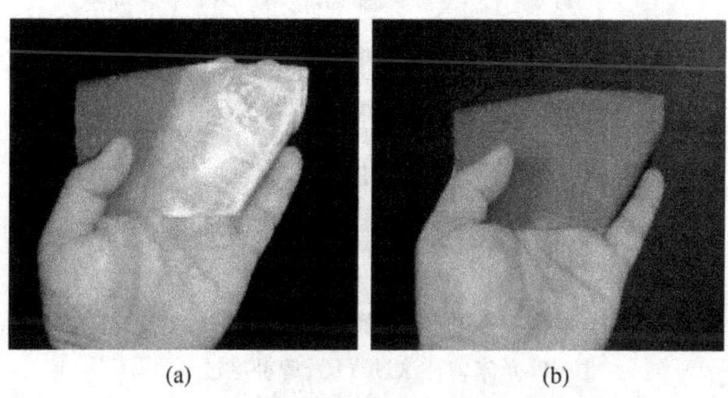

(a)　　(b)

图 5 - 36　打磨法判断面漆层结构类型

(a) 打磨后有颜色；(b) 打磨后没有颜色

4. 不同类型面漆鉴别

(1) 溶剂擦拭法

1) 用白色的除尘布蘸适量的硝基稀释剂在破损涂层周围或在车身隐蔽处轻轻擦拭。

2) 观察除尘布表面状况。如果原涂层溶解，并在布上留下颜色痕迹，说明原涂层属于溶剂挥发干燥型，如图 5 - 37 所示。如果原涂层不溶解，说明原涂层属于烘干型或双组分型漆。

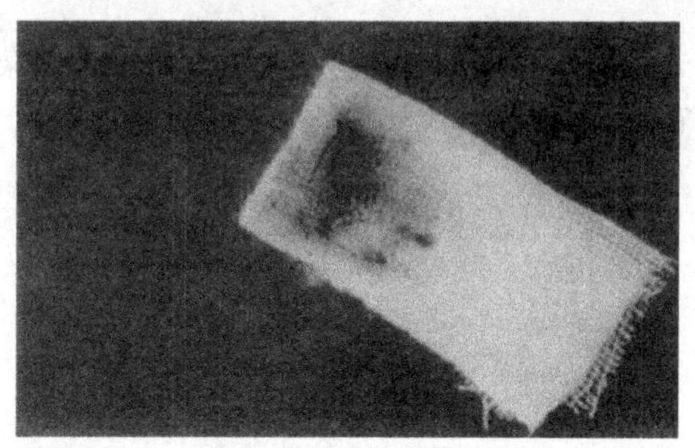

图 5 - 37　用溶剂涂抹法确定车身原有涂层类型

(2) 加热检查法

1) 用红外线烤灯对测试板进行加热，待板件表面感觉稍微烫手时停止加热。

2) 用手触摸漆膜感觉其变化。如果漆面有软化现象则可证明为热塑性漆膜，否则为热固性漆膜。

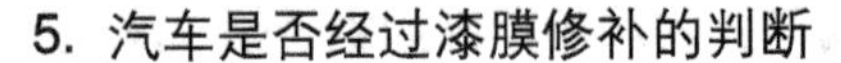

5. 汽车是否经过漆膜修补的判断

(1) 打磨法

1) 裁一小块砂纸(粒度为 P60)。

2) 在漆膜受损区域内选一小块漆面,用打磨块配合对漆膜进行打磨,直到露出金属,如图 5－38 所示。

3) 通过涂层的结构可以看出这辆汽车过去是否经过修补涂装。图 5－38(a)的面漆单一均衡,未曾补涂过;而图 5－38(b)面漆明显分层,或因曾喷涂过与原车不一样面漆,漆膜呈现不同颜色的两层面漆层,由此可以判断为过去曾补涂过。

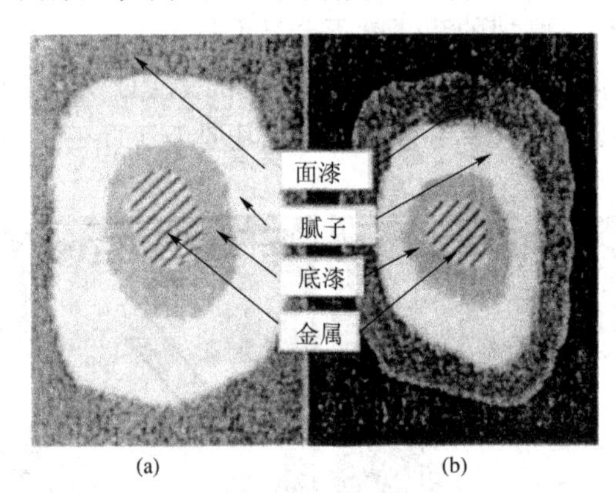

图 5－38 采用打磨的方法确定是否以前做过修补涂装

(a) 未曾补涂过 (b) 曾补涂过

(2) 测量涂层厚度法

用膜厚仪测量车身涂层厚度,如果涂层厚度大于新车涂层的标准厚度,说明这辆汽车曾经进行过修补涂装。

二、技能考核

学生每 2 名为一小组,针对提供的有漆膜损伤车辆,各小组独立完成本任务规定的实操内容并同时完成实训工单。

指导教师全过程观察并随时填写《实操考核记录单》。对学生操作过程中易引起事故的行为,指导教师应及时纠正。

任务 2 旧漆膜的处理

学习目标

1. 能够正确描述清除旧漆膜的目的。
2. 能够正确描述对不同的漆膜损伤的处理要求。
3. 能够用砂纸 (或与磨块配合) 清除旧漆膜。
4. 能够正确使用打磨机进行除旧漆膜的操作。
5. 能够手工或使用电、 气动工具清除钢板表面的锈蚀。

6. 能够注意培养良好的安全、卫生习惯与团队协作意识。

案 例 分 析

汽车清洗好后，要仔细检查车身漆面，寻找漆膜破损迹象，如气泡、龟裂、脱落、锈蚀以及在烤补、气焊等修理过程中引起的部分损坏。

对于上述破损，必须将旧漆膜清除掉，清除程度可根据旧漆膜的损坏程度和重新涂装后的质量要求，进行全部或部分清除。图 5－39（a）所示的漆膜损伤，必须彻底处理（清除损坏的旧漆膜和羽状边等），以达到可以进行后续的工作（如刮腻子、喷底漆等）的状态。

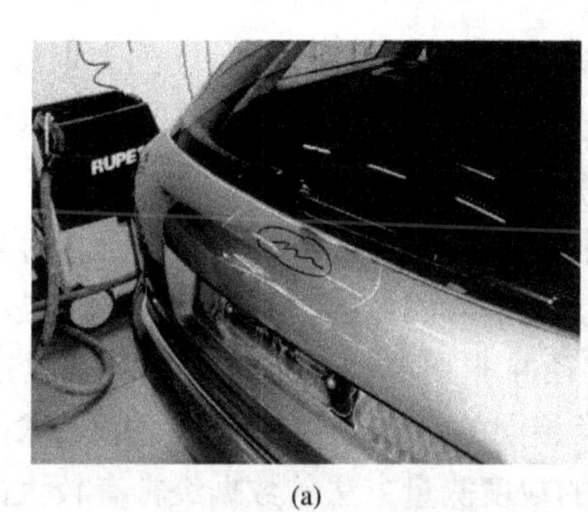

(a)

(b)

图 5－39 板件的漆膜损伤与处理后的状态

（a）漆膜损伤；（b）处理后的状态

相 关 知 识

一、不同程度损伤漆膜的处理要求

对于损伤漆膜的处理原则是，损伤到哪一层，即处理到哪一层。

1）如果损伤仅限于面漆层，打磨时只要将损坏部分磨掉即可。

2）如果损伤到了中涂层，则需打磨到原厂底漆层。因原厂底漆性能非常好，所以打磨时一定注意，尽量保留完好的原厂底漆。

3）如果损伤到了原厂底漆层，则需打磨到露出底板表面，并对底材表面可能存在的锈蚀、穿孔等进行修复。

4）对于严重漆膜损伤，通常需要在较大面积区域内清除旧漆膜至裸金属（板材表面）。

二、底处理用工具、设备及材料

1. 砂纸

砂纸是汽车维修中经常使用的打磨材料，用于除锈，砂磨旧涂层、腻子及中涂底漆等。图 5－40 所示是典型干磨砂纸的结构，是将各种不同粒度的磨料 5 通过黏结层 4 粘于基材 2 上，制成各种规格的砂纸。通常基材为纸质材料时称为砂纸，基材为布质材料时称为砂布。磨料黏结牢固程度是砂纸质量的一个重要标志。操作人员选择合适的砂纸规格并正确使用才能产生最佳效果。

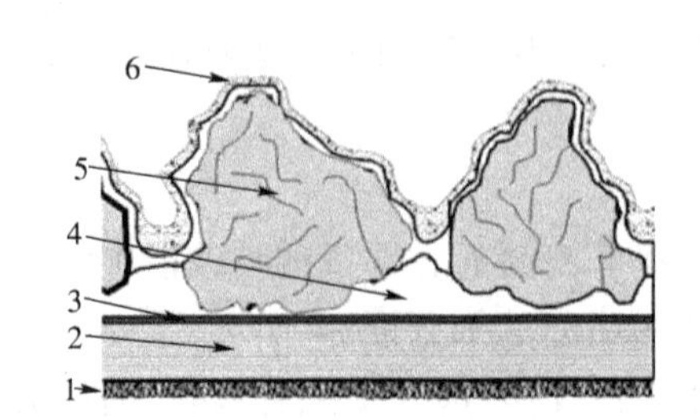

图 5－40　干磨砂纸结构

1—丝网连接层；2—基材；3—乳胶涂层；4—粘接层；5—磨料；6—特制抗灰涂层

（1）磨料

1）磨料的种类。制造砂纸的磨料根据原料可分为氧化铝（刚玉）、金刚砂（碳化硅）和锆铝三种。根据磨料在基材上的疏密分布情况可分为密砂纸和疏砂纸两种，密砂纸上的磨料几乎完全粘满磨料面，疏砂纸的磨料只占磨料面积的 50%～70%。

2）磨料的尺寸及粒度号。颗粒的大小称作粒度，颗粒的直径称做粒径。通常用粒径来表示粒度。通常只有圆球形的几何体才有直径，而实际测量的磨料形状各异，是不存在真实直径的。因此在粒度分布测量过程中所说的粒径并非颗粒的真实直径，而是虚拟的“等效直径”。当被测颗粒的某一物理特性与某一直径相同的球体最相近时，就把该球体的直径作为被测颗粒的等效直径。因此用不同原理设计的粒度测量方法的数据经常有较大的差异。

磨料的粒度决定了加工的精度和效率，是磨料的最基本指标。

对于颗粒尺寸大于 40 μm 的磨料，采用筛分法表示，如 80#，还可称“80 目”，数值越小磨料颗粒越大。

小于 40 μm 的微粉，直接以粒度尺寸标以“W”表示，如 W5 表示粒径 5 μm 的微粉。其他测量方法还有显微镜法、刮板法、沉降法、电阻法、激光衍射法、透气法、超声波法和动态光散射法等。

（2）砂纸的规格

砂纸的规格用上面磨料的大小表示，一般标注在砂纸的背面，用“F－”和“P－”表示，比如“P60”“P80”等。F 是固结磨具用磨料的粒度标准，P 是涂附磨具的标准。磨料的粒度越大砂纸越粗，适合进行要求不高的粗打磨，主要用来处理缺陷、打磨形状等。磨料的粒度越小砂纸越细，适合进行精细打磨，主要用来作喷涂前修整和喷涂后涂层缺陷的处理。各国砂纸的粒度划分不是完全一致的，欧洲标准为 PEPA，美国标准为 ANSI，日本标准为 JIS 等。不同标准的砂纸粒度对比见表 5－7。

表 5－7　不同标准砂纸磨料粒度号标准

平均尺寸/μm	PEPA 粒度号	ANSI 粒度号	平均尺寸/μm	PEPA 粒度号	ANSI 粒度号
1200	P16	16	60	P220	220
900	P20	20	59	P240	
690	P24	24	53	P280	240
580	P30	30	46	P320	280
490	P36	36	41	P360	

续表

平均尺寸/μm	PEPA 粒度号	ANSI 粒度号	平均尺寸/μm	PEPA 粒度号	ANSI 粒度号
380	P40	40	35	P400	320（P400 与 P500 之间）
310	P50	50	30	P500	
240	P60	60	25	P600	360（P500 与 P600 之间）
180	P80	80	22	P800	400
145	P100	100	19	P1000	500
110	P120	120	15	P1200	600
90	P150	150	10	P1500	
73	P180	180	8	P2000	

（3）砂纸的分类

1）水砂纸。水砂纸是汽车修理厂最常用的砂纸之一，其大小规格约 23 cm×28 cm，如图 5－41 所示。根据修理作业的不同，打磨部位的形状、大小的不同，可以将砂纸裁成适合打磨需要的尺寸。水砂纸湿磨使用时应先浸水，使砂纸完全浸湿，这样可防止因为手工打磨折叠而引起的脆裂，特别是冬天气温低时，应用温水浸泡，以防止砂纸脆裂。

图 5－41　水砂纸

2）干磨砂纸。汽车修补涂装中所使用的干磨砂纸多为搭扣式（也称粘扣式）砂纸，目前国内市场上搭扣式砂纸以进口为主，使用时需与电动或气动研磨机配套使用。根据制作工艺不同分为干磨砂纸、干磨砂网和三维打磨材料（图 5－42）；根据作用分为干磨砂纸和漆面干研磨砂纸；形状有圆形和方形，圆形直径尺寸以 12.7 cm（5 英寸）和 15.24 cm（6 英寸）的使用较多。

① 搭扣式干磨砂纸。搭扣式干磨砂纸一面有丝网连接层，俗称快速搭扣，可以跟打磨头快速黏结和分离。一般圆形砂纸圆周均匀分布 8 小个孔，中心有 1 个大孔；方形砂纸在长边边缘均匀分布 8 个孔，在将砂纸粘贴到打磨头上时，一定要保证砂纸上的圆孔与打磨头上的孔相吻合，确保吸尘效果良好，如图 5－42（a）所示。砂纸规格一般为 P60～P500，用于除油漆、金属打磨等。漆面研磨砂纸用于清除漆面的粗粒、橘皮等，砂纸规格一般为 P600～P1 500。

② 干磨砂网。干磨砂网是干磨设备制造商 MIRKA 公司的专利打磨产品，它是将不同规格的磨料黏结到网状的基材上制成的打磨工具。干磨砂网的规格与干磨砂纸一样，形状有圆形和方形。与干磨砂纸不同是它的吸尘通路更大，吸尘效果更好。如图 5－42（b）所示。

③ 三维打磨材料。三维打磨材料是研磨颗粒附着在三维纤维上形成的打磨材料，这类材料有非常好的柔性，适合打磨外形复杂或特殊材料的表面，可用于各种条件下的打磨。如菜瓜布（百洁布）就是三维打磨材料中的一种，如图 5－42（c）所示，主要用于塑料件喷涂前的研磨、驳口前对漆膜的研磨，板件背面打磨以及修补前去除漆膜表面的细小缺陷等。

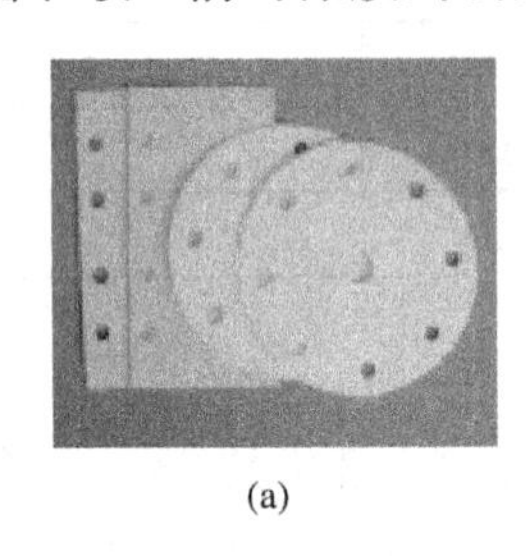
(a)

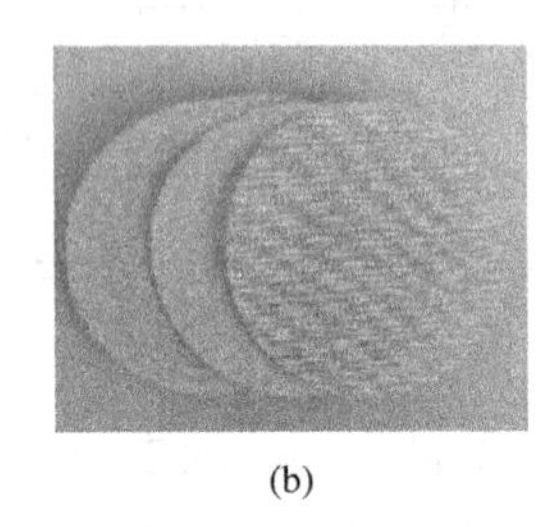
(b)

(c)

图 5－42　干磨砂纸

（a）干磨砂纸；（b）干磨砂网；（c）菜瓜布

百洁布有不同的颜色，以代表不同的砂纸料度型号，通常红色百洁布相当于 P320 ~ P400 水磨砂纸；灰色百洁布相当于 P800 ~ P1000 水磨砂纸。

3）干磨砂纸与水磨砂纸号数的比较。一般来说在进行打磨操作时，采用干磨砂纸打磨对砂纸的号数要求较严格，不同号数砂纸间的过渡要合理，号数变化不要超过 100。跟水磨砂纸对比来说，相同号数的干磨砂纸用机器法打磨后的痕迹要比水磨砂纸小得多。打磨效果相同时，采用干磨砂纸与水磨砂纸的对比，见表 5－8。

表 5－8　干磨砂纸与水磨砂纸的对比

砂纸种类	粗细对比									
干磨砂纸	P60	P80	P120	P150	P180	P240	P280	P320	P360	P400
水磨砂纸	P150 ~ P180	P180 ~ P220	P240 ~ P280	P280 ~ P320	P320 ~ P360	P40 ~ P500	P500 ~ P600	P600 ~ P800	P800 ~ P1 000	P1 000 ~ P1 200

2. 打磨垫

无论是使用水砂纸还是干磨砂纸进行打磨操作时，尽量不要直接用手握砂纸直接打磨，手握砂纸直接打磨，会使打磨的质量无法保证。与砂纸配套的打磨垫是用砂纸打磨工件操作中必不可少的工具，有手工打磨垫和研磨机专用托盘。

（1）手工打磨垫

手工打磨垫（也称磨块）分水磨垫和干磨垫（手刨）。水磨垫有硬橡胶垫、中等弹性橡胶垫及海绵垫几种。目前由于汽车维修业迅速发展，打磨垫由过去操作人员自己制作，发展到市场上开发出了各种需要的专用打磨垫。

1）硬橡胶打磨垫。硬橡胶打磨垫使用时要外垫水砂纸，一般用于湿磨腻子层，把高凸的腻子部分打磨掉，使表面达到平整的要求，如图 5－43（a）所示。其长短大小对磨平腻子层有一定的影响，自制的打磨垫一般取厚 2 ~ 3 cm 橡胶块裁剪成 11.5 cm × 5.5 cm 的长方形，此打磨垫适用于一张水砂纸竖横裁剪成4份，即尺寸为11.5 cm×14 cm，既有利于水砂的充分利用，又灵活方便，是汽车维修业施工人员较普遍使用的操作工具。对于大面积波浪形物面的腻子层可适当使用加长的打磨垫（也可用平整的水浸不易变形的木板代替）。

2）中等弹性橡胶垫。中等弹性橡胶垫是一种辅助打磨工具，利用它的柔软性，可外包水砂纸打磨棱角和形状多变部位。市场上大部分中等弹性橡胶垫分两层（两面），一面是中等弹性橡胶，另一面是硬质塑料，兼具硬打磨块和中等弹性磨块的功能，如图5－43（b）所示。

3）海绵垫。海绵垫适用于漆面处理，如抛光漆面前垫细水砂纸磨平颗粒、橘皮等，不易对漆面造成大的伤害。还有将抛光砂纸与3 mm厚海绵粘接成一体，制成打磨块，进行抛光等精细研磨操作，如图5－43（c）所示。

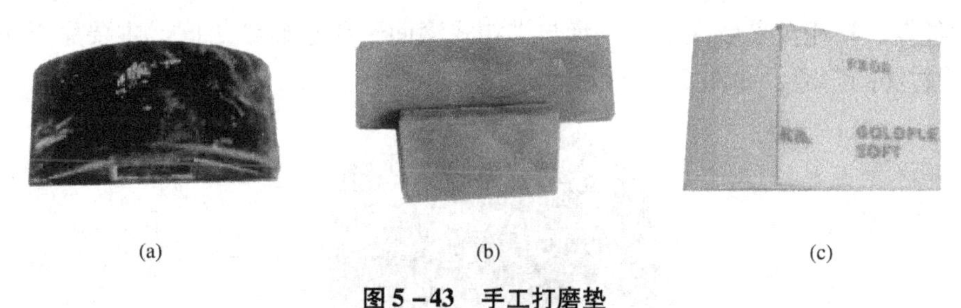

(a) (b) (c)

图5－43 手工打磨垫

（a）硬打磨垫；（b）中等硬度打磨垫；（c）海绵打磨垫

4）干磨手刨。干磨手刨是用来干磨的手工打磨垫，可以与粘扣式砂纸或纱网配合使用，形状为方形，根据实际工作需要有大、中、小各种不同的规格，如图5－44所示。干磨手刨握持舒适，操作方便，它最大的优点是能够与吸尘器连接，将打磨掉的粉尘收集，安全环保。它可以在一定程度上弥补机器打磨不能灵活机动的缺点，操作方法更接近手工水磨。

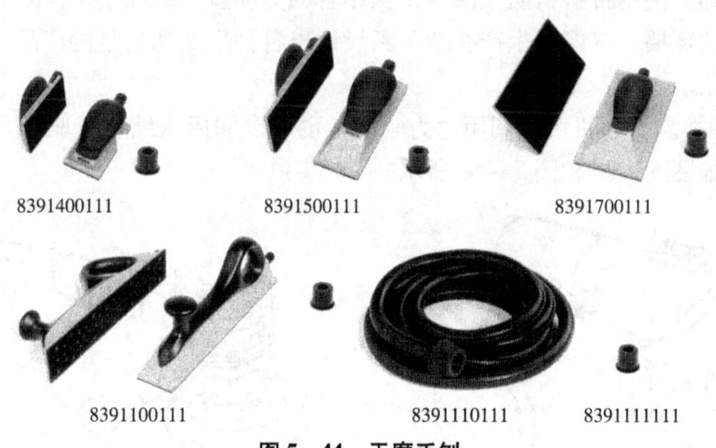

图5－44 干磨手刨

（2）研磨机专用托盘

用于电动、气动研磨机的打磨垫称为托盘。根据功能的不同有以下两种托盘：

1）快速搭扣式干磨托盘。此托盘有高密度海绵材料制成，硬度适中，通过内六角螺栓与打磨机连接，配合干磨砂纸，特殊表面设计能紧扣砂纸，装卸快速、方便、牢固，打磨时省时省力（图5－45）。由FESTOOL公司喷射流专利技术设计的九孔磨垫，其对流通道设计能够显著增强吸尘效果，延长砂纸使用寿命，大大降低砂纸消耗达30%。

(a)
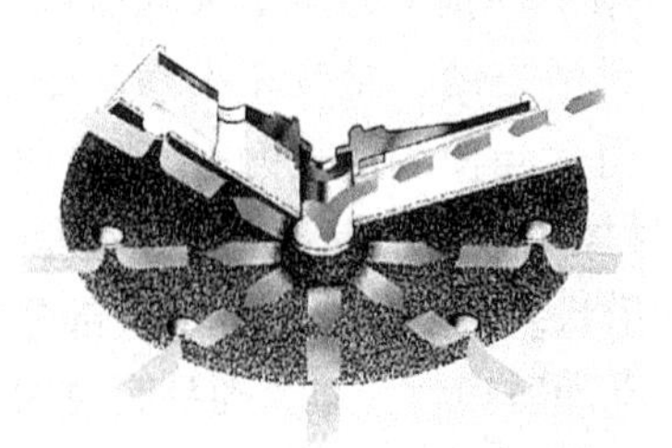
(b)

图 5－45　干磨托盘

（a）托盘外形；（b）托盘内气流路线

2）软托盘。软托盘安装在干磨托盘与搭扣式漆面干研磨砂纸之间，主要用于中途底漆打磨等后续较细的研磨，如图 5－46 所示。

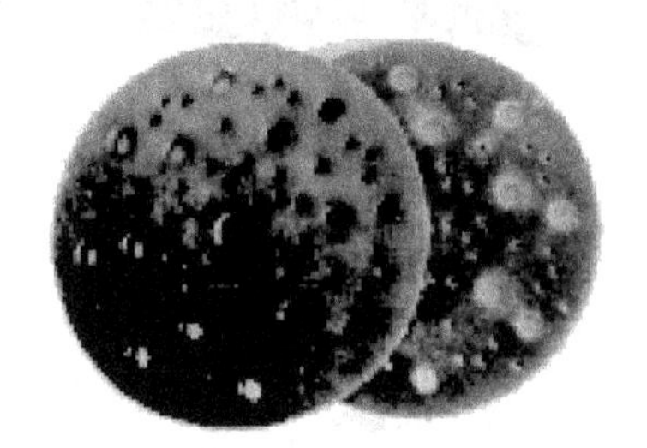

图 5－46　软托盘

3. 打磨机

打磨机是利用电或压缩空气作为动力源，带动砂纸等研磨工具，对工件需要修整部位进行研磨操作的工具。使用打磨机明显减少了操作者的劳动量，提高了工作效率。为了适应汽车车身维修发展的需要，打磨机生产企业不断设计出各种形式和型号的产品，使车身维修工作变得越来越轻松。

1）打磨机种类。打磨机可以利用电力驱动，也可以利用压缩空气驱动。电动打磨机与气动打磨机外形如图 5－47 和图 5－48 所示。

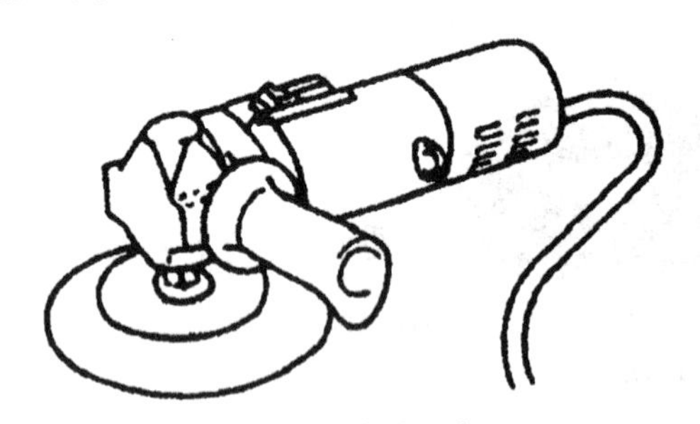

图 5－47　电动打磨机

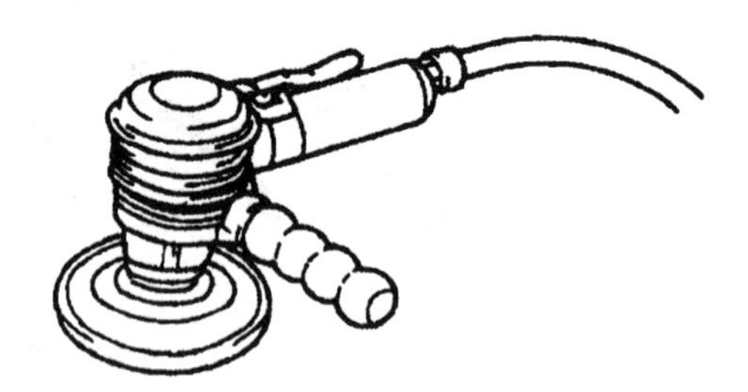

图 5－48　气动打磨机

由于喷漆车间内有易燃物品，要尽量减少电动工具的使用，所以打磨机主要采用压缩空气驱动的。气动打磨机主要有单作用式、轨道式、双作用式、往复直线式四种类型。

① 单作用打磨机。打磨盘垫绕一固定的点转动，砂纸只作单一圆周运动，称为单一运动圆盘打磨机或单作用打磨机，如图 5－49 所示。这种打磨机的扭矩大。低速打磨机主要用于磨去旧涂层，钣金磨就属于这类打磨机；高速打磨机主要用于漆面的抛光，也就是抛光机。

使用单作用打磨机除旧漆膜时，由于磨头中心没有切削力，主要是靠旋转力切削，故与旧漆膜的接触方式应如图 5－50 所示，保持与漆膜表面 15°～20°的夹角；除此之外，压力不能过重。但用于腻子和中涂底漆表面打磨时，由于要求获得平滑的表面，故磨头须平贴于表面。

注意：由于打磨机转速非常高，使用时一定要牢牢握持住打磨机，以避免脱手的危险。

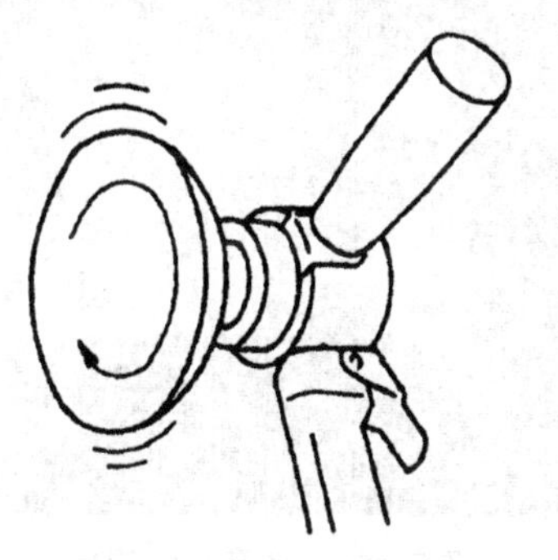

图 5－49　单作用打磨机

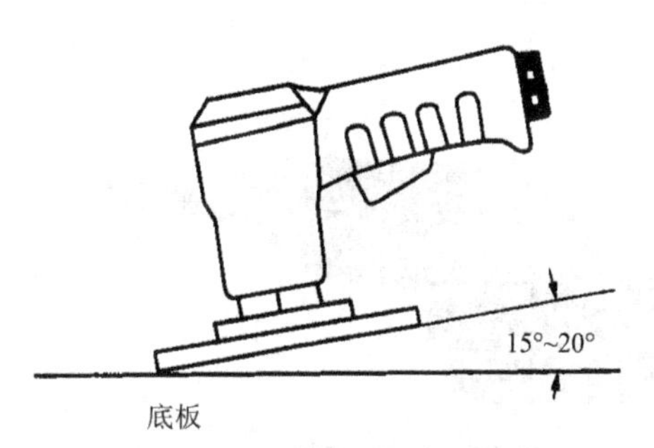

图 5－50　气动打磨机的使用

② 轨道式打磨机。轨道式打磨机的砂垫外形都呈矩形，便于在工件表面上沿直线轨迹移动，整个砂垫以小圆圈振动。此类打磨机主要用于腻子的打磨，如图 5－51 所示。该类打磨机可以根据工件表面情况采用各种尺寸的砂垫，以提高工作效率，轨迹直径亦可改变。

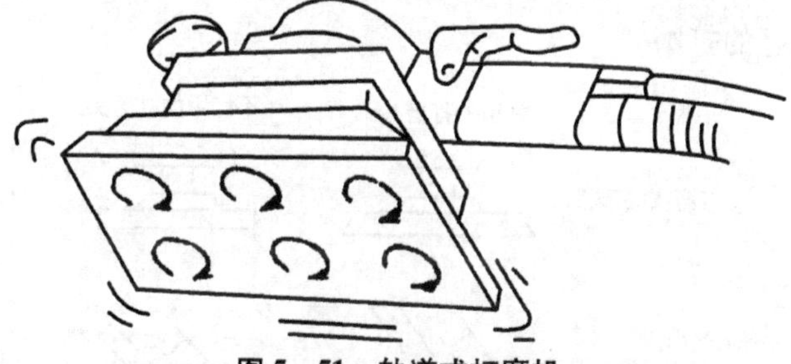

图 5－51　轨道式打磨机

③ 双作用打磨机（也称为偏心振动式、双轨道式、双动式等）。打磨盘垫本身以小圆圈振动，同时又绕其自身的中心转动，因而兼有单作用及轨道式打磨机的运动特点，如图 5－52 所示。其切削力比轨道式打磨机强。在将该种打磨机用于表面平整或初步打磨时，要考虑轨道的直径，轨道直径大的打磨较粗糙，反之较细。

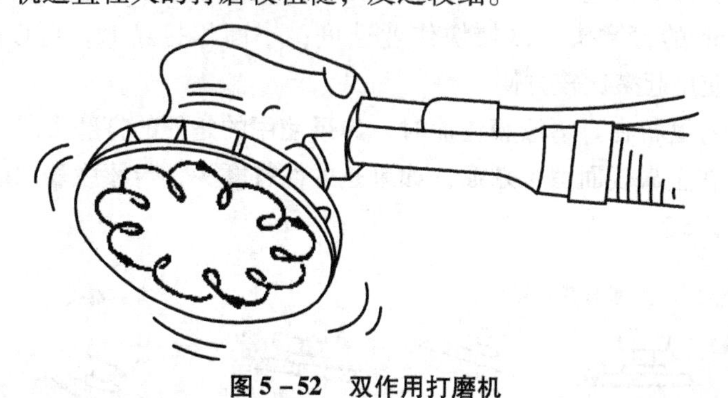

图 5－52　双作用打磨机

④ 往复直线式打磨机。砂垫作往复直线运动的，称为直线式打磨机，主要用于车身上的特征线和凸起部位的打磨。

电动打磨机的类型与气动式基本相同。但有一种电动打磨机与气动打磨机区别较大，称为锐角打磨机（简称角磨机），如图5－53所示。因有保护罩，所以打磨时只能以锐角接触板件表面，如图5－54所示，故称为角磨机。它主要用于打磨严重的锈蚀、焊缝及旧漆膜较厚处。

图5－53　角磨机

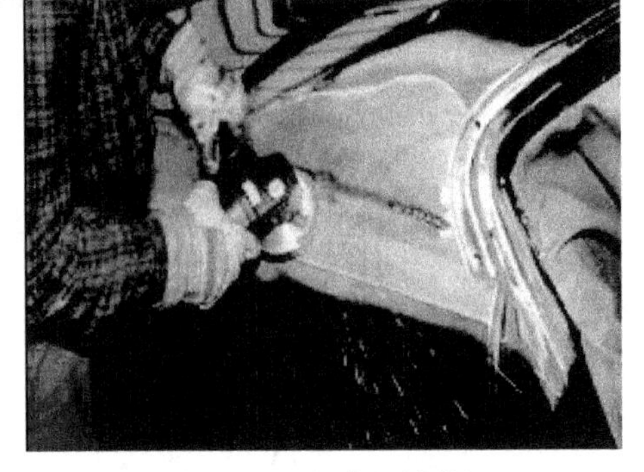

图5－54　角磨机的使用

2）打磨机的选择。电动式打磨机选择时，首先应根据操作者的体力，选择大小适宜的打磨机，否则，太大会很快疲劳，不能持续作业，太小则效率低。然后再选择转速稳定、输出力量大、振动小的为宜。

打磨头的形状有两种，如图5－55所示。其中有倒角的一种使用起来比较方便，对于板件的边角均能进行很好的打磨。

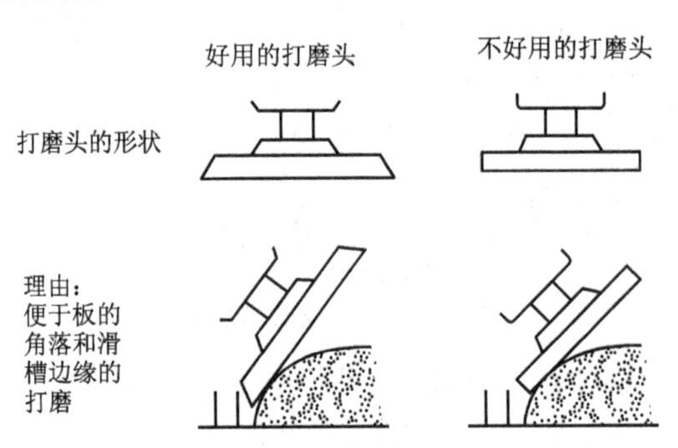

图5－55　两种形状打磨头的使用比较

打磨头尺寸的大小选择应视打磨面积来决定。如对车顶和发动机罩等大面积的打磨时，可使用直径为18 cm的打磨头，以加快作业速度；小面积打磨时，可以使用直径为10～12 cm的打磨头，使用起来比较方便。

请注意：电动打磨机在打磨漆膜作业时，如果使用的是硬的打磨头时，要保持与漆膜表面相平行，否则会在金属表面留下划痕；如果是柔性打磨头，与漆膜表面的接触方式应采用如图5－56所示的方式。

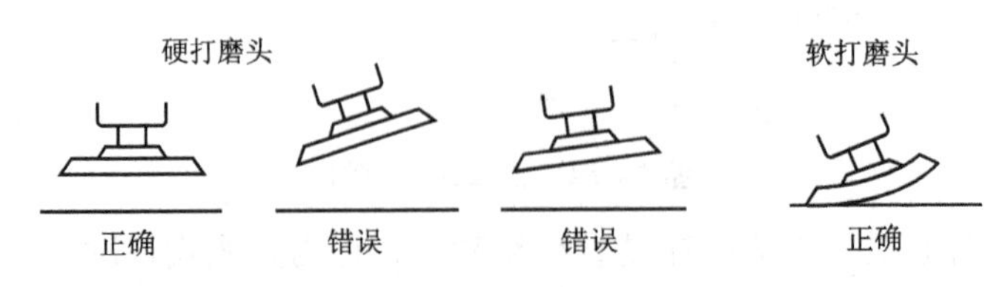

图5－56　硬性磨头与软性磨头的正确使用

振动式打磨机有振动幅度大小之分（磨头型号），不同型号的磨头与砂纸配套情况，以及适应的打磨要求不同，见表 5-9。振动幅度为 7 mm 的圆形气动打磨机以及振动幅度为 5 mm 的圆形电动打磨机振动幅度大、力量更强，适合于粗磨、中级磨；振动幅度为 3 mm 的圆形打磨机振动幅度较小，力量也较小，更适合于细磨的要求；振动幅度为 2～2.5 mm 的圆形电动打磨机，特别适合小面积超精细研磨处理。

表 5-9　打磨机与砂纸配套适合不同的打磨作业

打磨要求	预磨	粗磨	中级磨	细磨	精细打磨	超精细打磨
打磨过程	打磨损毁部位、打磨钢板、打磨焊缝	打磨损毁部位、打磨钢板、粗磨原子灰	中级磨原子灰、打磨底涂层	细磨中涂层	喷面漆前精细打磨中涂层、打磨原有漆膜	打磨细小缺陷、驳口处理等
砂纸型号	P24～P60	P80～P180	P120～P240	P240～P360	P320～P500 S500～S1 000	P1 200～P3 000 S1 000～S4 000
磨头型号	7 mm（气动）	7 mm、5 mm（气动）	5 mm（气动）	3 mm（气动）	3 mm（气动）	2～2.5 mm 的圆形电动磨机

常用的打磨机的选择，见表 5-10。

表 5-10　常用的打磨机的选择

	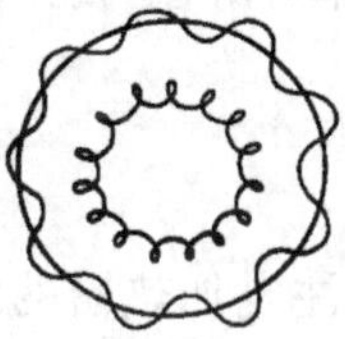	双轨道圆周转动打磨机 适用范围： （1）损坏表面、原子灰 （2）底漆、补土 （3）菜瓜布打磨
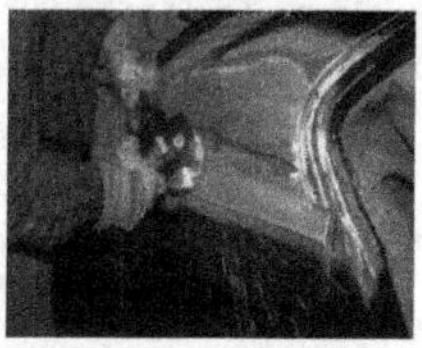	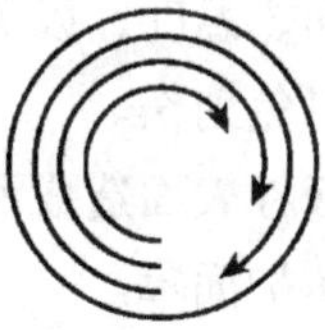	旋转式打磨机 适用范围： （1）除去锐角打磨机的刮痕 （2）案例除去漆层
	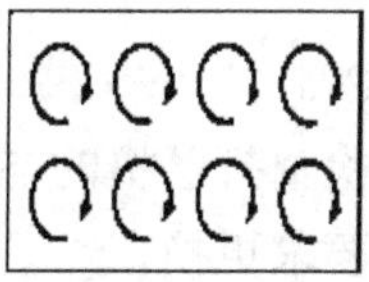	方形轨迹打磨机 适用范围： 打磨大面积原子灰

技能学习与考核

一、技能学习

1. 劳动安全与卫生

(1) 劳动保护

手工除旧漆（打磨）时可能存在的危害及需配备的劳动保护如图 5－57 所示。

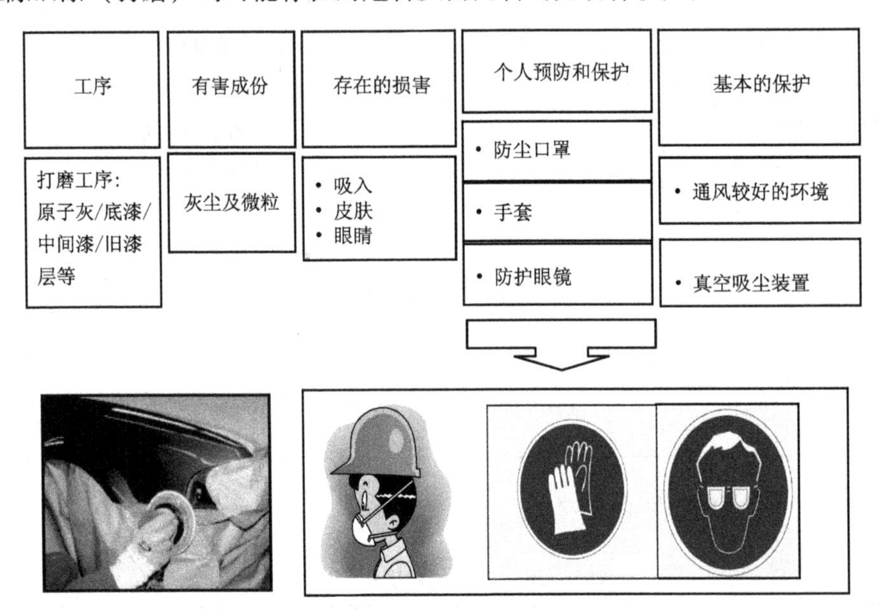

图 5－57　打磨时可能存在的危害及劳动保护

(2) 安全注意事项

操作前，学生必须牢记以下劳动安全事项：

1）如果采用加热法除旧漆时，应时刻关注电加热器的温度，过高时应关闭电源冷却。尽量不用火焰加热。

2）用加热法除旧漆时，要控制好板件的加热温度，以免因温度过高而使板件变形。

3）用铲刀除旧漆时，应注意使用安全，以免划伤。

4）切记不要用刀尖用力铲漆膜，以免对板件表面造成深度划伤。

5）用打磨机打磨时应该佩戴防护眼镜和防护面罩。

6）检查打磨机叶轮的品种及规格是否与当前操作所要求的性能相一致。破损的叶轮，哪怕只有很小一点缺陷，也绝不能继续使用。

7）检查电源是否在该产品所规定的范围内。

8）将电源插头插入电源插座之前应仔细检查打磨机的电源开关是否关闭。

9）更换叶轮时，务必认真按照说明书的要求更换。

10）绝不可采用电动打磨机打磨铝材、塑料等。可采用磁铁检查基材。

11）绝不可采用电动打磨机交叉打磨曲面弧度较大、凸出很高的表面或非常凹的表面。

12）绝不可采用电动打磨机打磨边角、皱褶缝、焊缝、粘接处或刮涂过塑料密封胶的区域。

2. 手工除旧漆膜

因为除旧漆膜时，通常会打磨到裸露钢板，此时如果有水沾到钢板上，会很快产生锈蚀，所以在除旧漆打磨时，建议使用干磨。

（1）砂纸的裁剪

选择合适的磨料，采用氧化铝磨料的疏式砂纸比较适合干打磨，粒度为 P60。根据打磨的需要，将砂纸裁成适合打磨的尺寸。

（2）打磨

1）将裁好的砂纸用手握住，在需除旧漆处进行打磨。如果要配合磨块打磨，应将裁好的砂纸平贴于磨块下面，两边多出的部分向上折，贴靠到磨块边缘以便用手握住，如图 5－58 所示。将磨块平放于打磨表面，前后及左右移动。打磨时，磨块须保持平移，用力要适当。

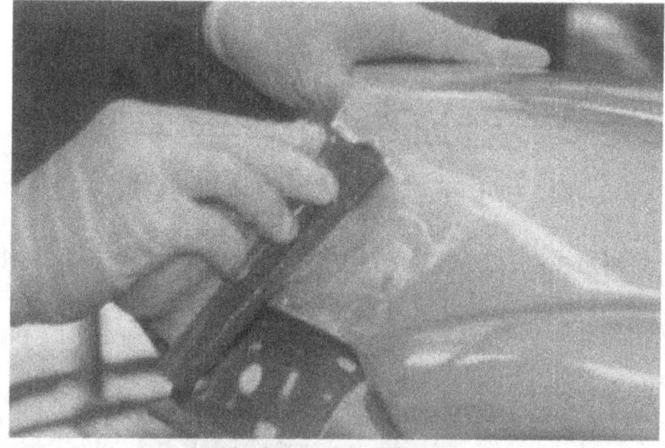

图 5－58　打磨块的握法

手工打磨的姿势应该以舒服、顺手为原则。对于较大表面，最好是采用拇指和小指夹住磨块，中间三指配合手掌用力的握法。

2）打磨时应尽量轻地握住砂纸。打磨时施加于表面的压力仅仅限于手掌的力量。有时还必须经常改变打磨姿势，以适应不同部位表面结构。

3）在打磨较大面积的表面时，最好采用走直线的方法。在过渡区对相邻表面打磨时，应采用交叉打磨法（也称为米字形打磨），如图 5－59 所示，就是打磨时经常改变打磨方向，因为这样操作获得的基材表面较平整。改变打磨方向可以起到和切削差不多的作用，砂平表面的速度最快。如果以 90°的角改变方向，就无法采用交叉打磨法，这主要是受汽车表面绝大部分结构所限。只有在角度为 30°或 45°时改变方向才有可能。

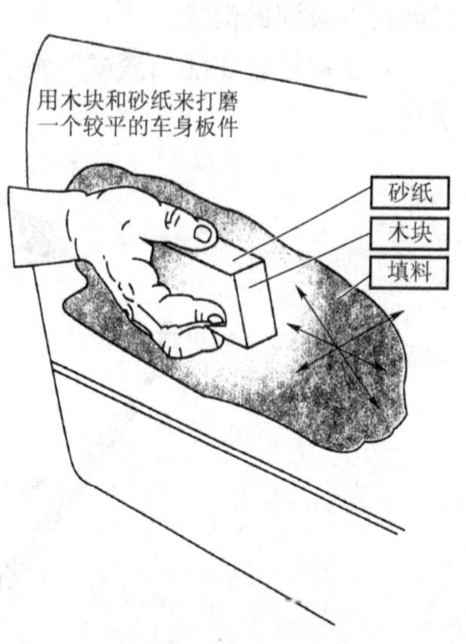

图 5－59　米字形打磨

4）打磨时来回的行程应长而直，如果掌心没有平压在表面上，手指就会接触到打磨表面，这将导致手指与表面之间受力不均匀，所以应避免手指接触打磨表面。打磨时尽量不要进行圆周运动，否则会产生在表面涂层下可见的磨痕。为了获得最好的打磨效果，应该始终与车身轮廓相同的方向进行打磨，如图 5－60 所示，也可采用 45°角方向交叉打磨。如果进行的是大面积的打磨，则应该分成块，一块一块地进行打磨。每一块面积最好不大于 0.1 m^2。不得将身体的重量加压在砂纸上，而只能用手轻轻压着砂纸进行打磨。用手摸、眼看检查打磨是否符合要求。

图 5－60　沿车身轮廓线的方向进行打磨

5）对于旧漆膜有剥离或裂纹处，以铲刀（图 5－61）刀尖部插入剥离层间或缝隙处可以一块块铲掉旧漆膜。

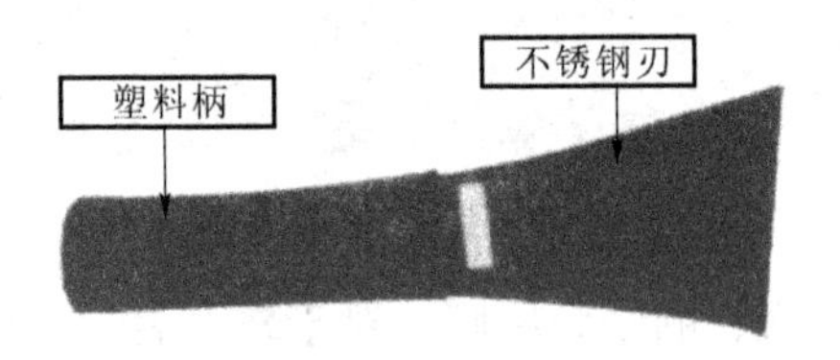

图 5－61　铲刀

注意：铲刀的尖部非常锐利，一定小心不要损伤不需修补的表面；注意尖部不要在底层表面留下较深的沟槽。

对于粘接较实的旧漆或凹槽、拐角等特殊部位，可配合使用其他手工工具（图 5－62）清除。

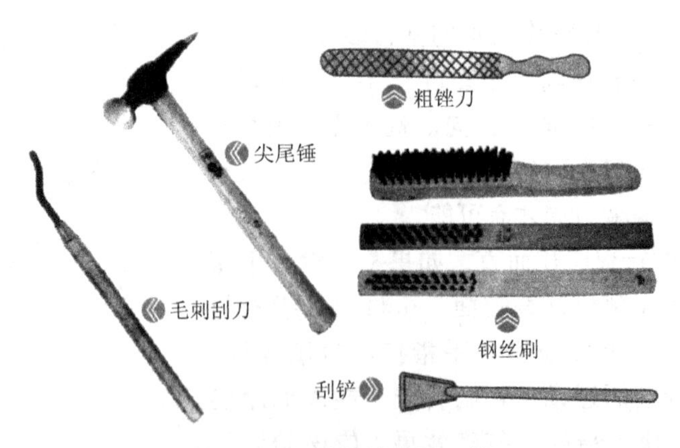

图 5－62　除旧漆常用工具

6）除旧漆过程中，也可配合加热法。加热法除旧漆就是利用火焰（或烤灯、烤枪，如图 5－63 所示）的高温，使旧漆膜软化或炭化（烧焦）从而配合铲刀等工具清除旧漆的一种方法。

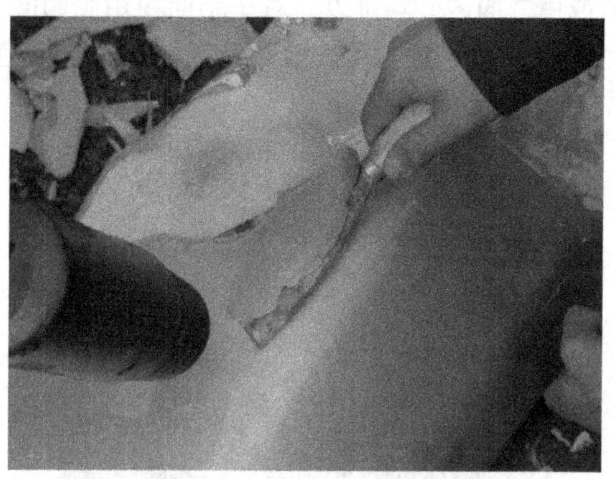

图 5－63 用热风枪配合铲刀除旧漆

注意：

① 加热法除旧漆的缺点是如果加热温度过高，板件会产生热变形，从而产生不良后果。所以使用中一定注意控制加热温度，必要时可采用多层多次清除。

② 如果打磨的表面经过钣金处理，表面凸凹不平，则旧的涂层需完全清除掉，以便打腻子；如果打磨表面没有经过钣金处理，表面平整，只是旧漆膜损坏，则应打磨到原底漆层，若由于失误将底漆打磨过度，则应重新喷涂底漆。

③ 由于清除旧漆膜时，通常要清除到露金属为止，如果此时金属表面沾上水，会引起金属表面生锈，给后续工作带来很大麻烦，甚至使接下来的涂装产生缺陷，因此，清除旧漆膜时建议用干磨法。

④ 无论是打磨大的还是小的面积，用粗砂纸打磨 50%～75%，用细砂纸进行精加工。粗砂纸打磨的目的是尽快砂掉旧漆膜、腻子、锈斑、大块的底漆等。

除旧漆区域最后一道打磨所用的砂纸型号视下道工序而定。如果下道工序为刮腻子，则 P60 或 P80 砂纸打磨完成即可（包括羽状边）；如果下道工序为补喷底漆，则应用 P180 砂纸打磨原底漆（包括羽状边）；如果下道工序为喷中涂底漆，则最后用 P320 砂纸打磨（包括羽状边及过渡区域）；如果下道工序为喷面漆，则需用 P400 或 P600 砂纸打磨（包括羽状边及过渡区域）。注意：砂纸的递进级差不应超过 100 号。

（3）做羽状边

所谓做羽状边（也称为砂薄漆膜边缘）是指在已破坏的漆膜周围，将完整漆膜的边缘打磨成逐渐变薄的平滑过渡状态，如图 5－64 所示。当待修补漆膜的破坏程度还没有深入到金属基材时，则这里的薄边要求更为精细、平滑，为无痕迹修补创造先决条件。

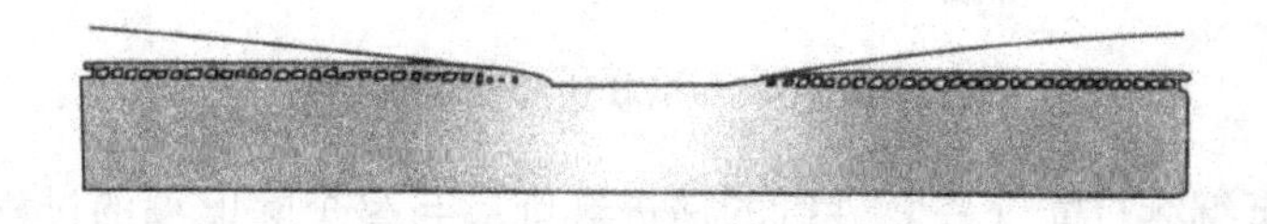

图 5－64 边缘的砂薄过渡

1）选择合适的砂纸。做羽状边时选择的砂纸型号与除旧漆时的选择要求是相同的，也要考虑到下一道工序的要求。

2）采用由内向外砂或由外向内砂均可以。对于小面积用画圆圈砂的方法，对于大面积则用走直线砂。做羽状边时，一定要认真细致，保证坡口的角度基本一致，如图 5－65 所示。

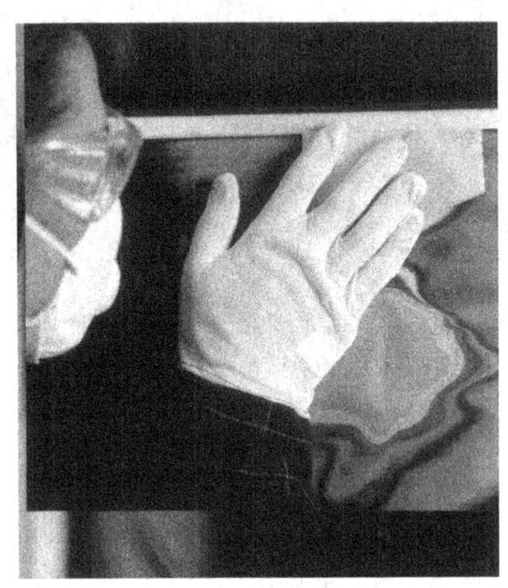

图 5－65　做羽状边

羽状边坡口的大小取决于漆膜的厚度（层数），通常每一层漆的坡口宽约为 5 mm，总坡口宽在 5 cm 左右即可，如图 5－66 所示。

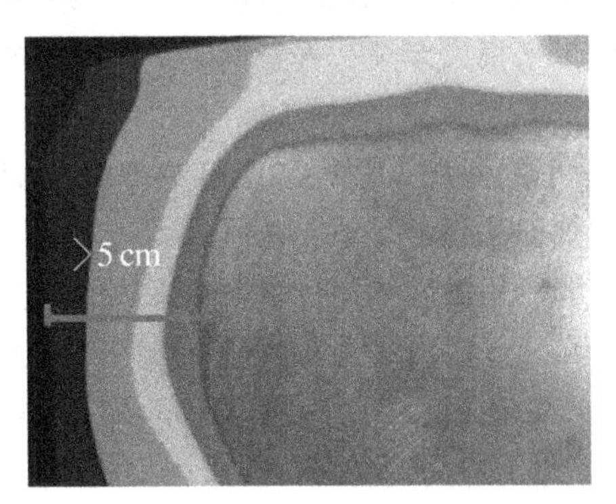

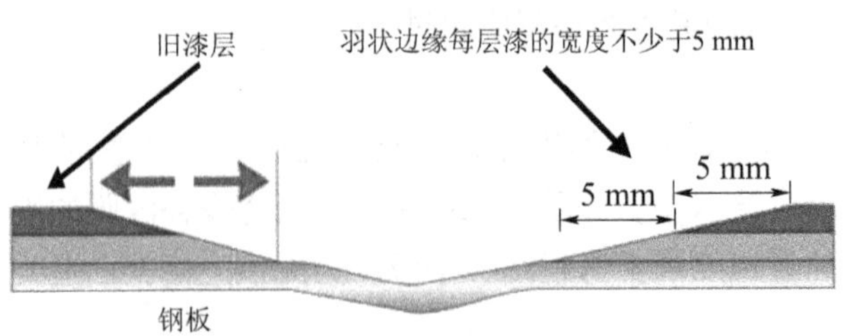

图 5－66　羽状边的宽度

3）换成细砂纸继续打磨（注意砂纸的递进规则应与整个除旧漆的过程保持一致），以除去粗砂纸打磨时留下的痕迹。

（4）砂光

砂光是对损伤部位周围区域（过渡区）的表面进行处理，使表面无光、粗糙，这样新喷的漆膜才能牢固地黏附在旧漆膜表面上。如果下道工序为刮腻子或喷涂头道底漆，则不需进行砂光操作，等到进行中涂底漆喷涂前再进行此项作业。

1）选择合适的砂纸，一般为 P320 或 P400。

2）将砂纸按需要裁开。

3）按干打磨的工艺走直线的方式进行打磨。

4）经常检查砂纸的表面状态，如果砂纸上粘的漆灰较多，应用手刷、钢丝刷或压缩空气将它清理干净。

（5）整车清理

采用黏性抹布或气枪对整车进行清理。

3. 用打磨机除旧漆

（1）干磨系统准备

1）打磨车间准备。典型的打磨车间控制箱操作面板图如图 5－67 所示，打开照明开关 2，再打开电动风门 4 和排风开关 3，就可以进行打磨或者喷涂操作了。

注意：实际工作中很多人会因为工作时间短，而不打开打磨间排风系统直接进行打磨操作，这样做不但会影响工作质量，还会污染整个车间，是绝对要禁止的。

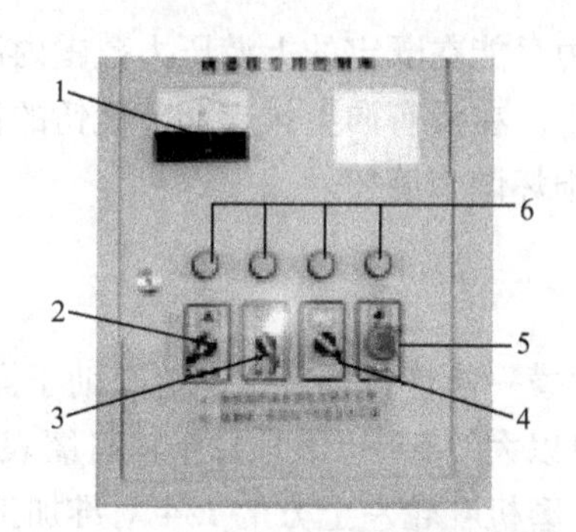

图 5－67　打磨车间控制面板

1—电压指示表；2—照明开关；3—排风开关；4—电动风门开关；5—紧急电源切断按钮；6—指示灯

2）干磨机的准备。使用前，先将三合一套管分别与吸尘器和打磨机连接，检查吸尘器选择旋钮是否旋至 AUTO 挡，电源、气源是否接通。启动磨机开关试运行一下，如图 5－68 所示。

3）安装砂纸。选择合适的砂纸后（对于清除旧漆膜，开始应选用 P80 的砂纸，然后根据下道工序要求，逐级递进至下道工序要求的砂纸型号），将砂纸孔对准磨垫孔，砂纸应完全覆盖磨垫，如图 5－69 所示。

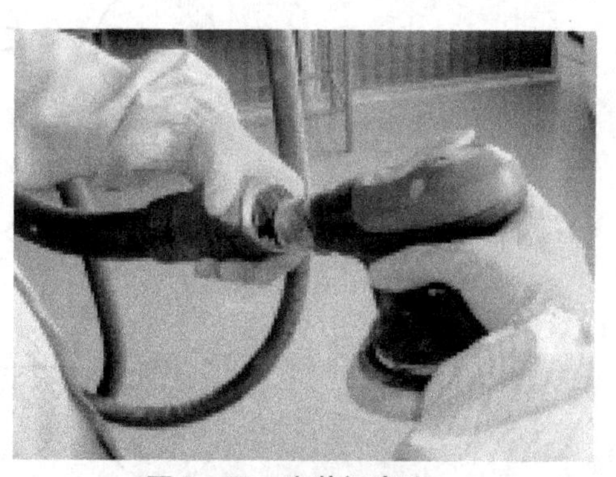

图 5－68　安装打磨头

注意：绝对避免不装砂纸打磨或装上砂纸后磨垫搭扣层没有被完全覆盖的情况。

4）调节压力。打磨机工作的最佳压力是在工作状态下 0.6 MPa，工作状态下压力低于 0.6 MPa 将影响磨机工作的力量，工作状态下压力超过 0.65 MPa 会导致磨机加速磨损。

向上拔起压力调节旋钮，顺时针旋转为提高压力，逆时针旋转为降低压力。

让打磨机处于工作状态下，旋转调节旋钮，将压力调节到“6”的刻度，按下旋钮锁定，如图 5－70 所示。

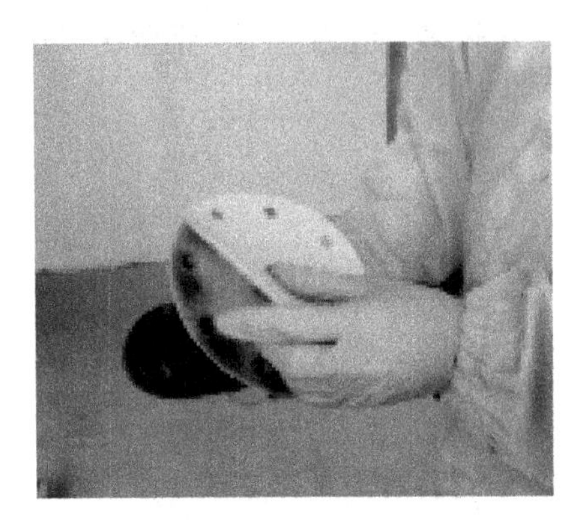

图 5－69　安装砂纸

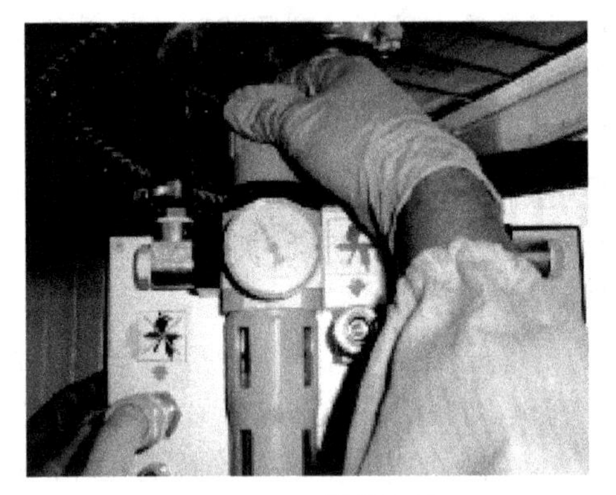

图 5－70　调节气压

注意：通过压力表调节压力只能在既定的上游压力范围内调节，不可能通过调节压力表将压力调高到上游既定压力以上。在没有向上拔起调节旋钮的情况下旋动调节旋钮，首先是旋不动，如果强行旋转可能会损坏调节旋钮。

（2）打磨

1）穿戴好安全劳保用品。

2）戴好手套，然后轻轻地摸一遍待打磨表面，这有助于操作工人决定如何进行打磨。

3）握紧打磨机，将打磨机以大约 5°～10°角贴于待打磨表面，打开开关。

4）使打磨机向右移动，打磨机叶轮左上方的 1/4 对准加工表面，如图 5－71 所示。

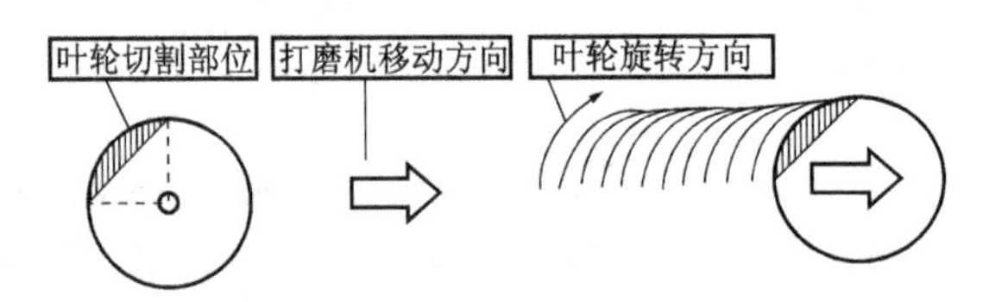

图 5－71　打磨机向右移动的操作

5）当打磨机从右向左移动时，叶轮右上方的 1/4 对准加工表面，如图 5－72 所示。

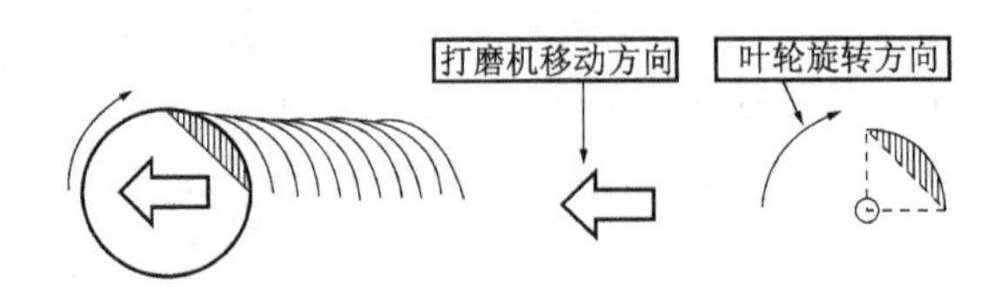

图 5－72　打磨机左向移动的操作

6）打磨较为平整的表面时的移动方式如图 5 – 73 所示。

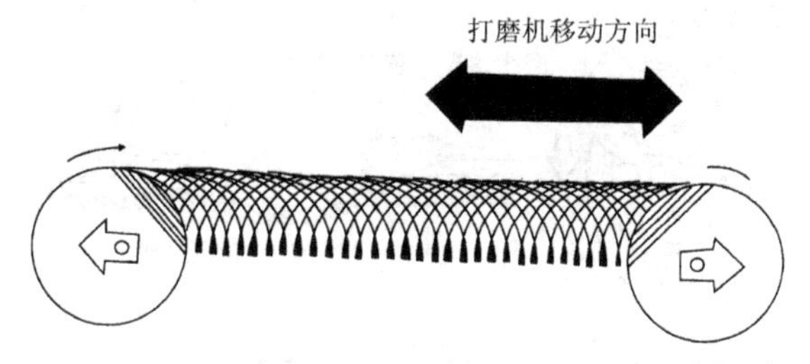

图 5 – 73　打磨较为平整表面时的移动的操作

7）对于较小的凹穴处，应采用如图 5 – 74 所示的方法。注意，此方法仅限于使用砂轮机。

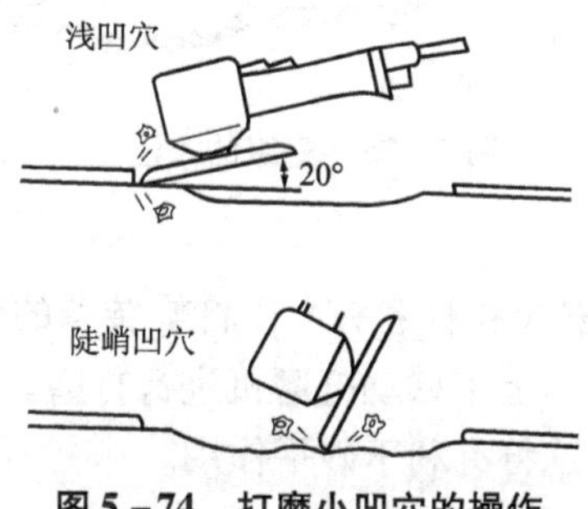

图 5 – 74　打磨小凹穴的操作

8）打磨操作时应注意以下事项：

① 操作打磨机时，一定要在接触到钣金件表面后，才能开动打磨机。如果打磨机在接触到钣金件表面之前开动，由于空转转速过高，会在初始接触的区域产生很深的划痕并且使打磨机控制困难。

② 为了防止钣金件过热变形，不要将打磨机在一个位置打磨时间过长。

③ 不允许采用粗砂磨料以 90°角交叉打磨凸出很高的表面，这样做将会造成很深的打磨伤痕，以后将很难将其除去。

④ 千万不要让粗砂磨料接触打磨区域附近完好的油漆表面，最好用胶带把完好的涂层部位保护起来。

⑤ 由于干磨机磨头边缘没有砂纸，所以对于较深的凹穴处不能用干磨机打磨，可换用角磨机或手工打磨。

⑥ 经常检查磨料是否清洁，以保证打磨效率。如果磨料被塑料密封胶污染，则应该及时用毛刷、钢丝刷或气枪进行清理。如果出现类似情况，则表明密封胶固化不完全。打磨操作应该在密封胶充分固化后才能进行。

⑦ 对于边角、棱线等处，打磨机无法进行打磨，这时需用手工配合砂纸进行打磨，最好选用带软衬垫的砂纸打磨。

（3）做羽状边

使用干磨机正确的磨缘操作如图 5 – 75 所示，将整个打磨机压在车身板上，提起一边，仅向图上标的“A”的区域施压，然后沿边界线移动打磨机。边界线和打磨机之间的关系必须保持恒定。

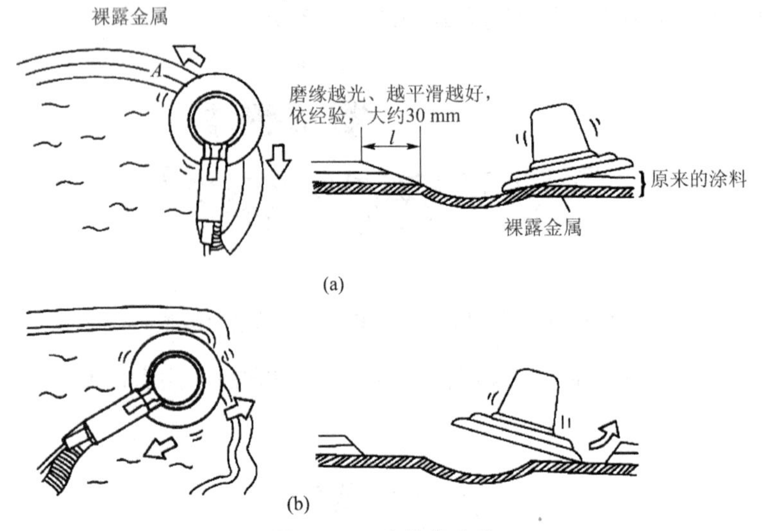

图 5－75　磨缘的方法

（4）砂光

1）选用 P320 或 P400 砂纸安装在打磨头上，将旋转着的砂轮前方对着表面，而后方稍稍离开表面一点。保持这个方位，上下移动打磨机进行打磨。每一道磨痕之间覆盖面积大约 50%～60%，如图 5－76 所示，这将有利于砂平作用。

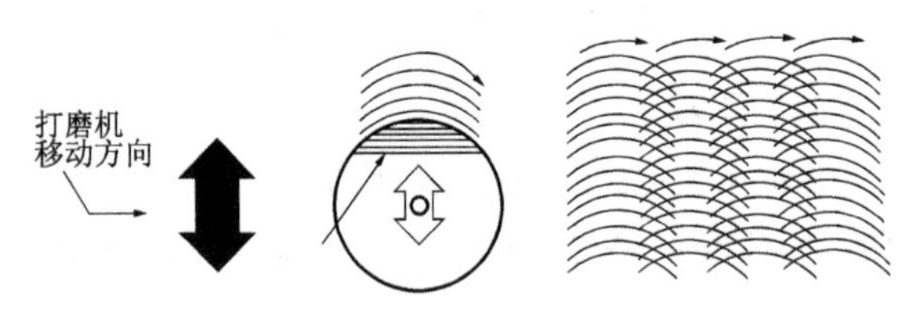

图 5－76　砂光操作时砂轮叶片的移动

2）用戴着手套的手在打磨过的表面上来回摸一下，检查打磨效果。重复上述打磨过程，直到完成打磨工作的 3/4 左右。

3）更换细砂纸。

4）重复打磨操作，先用打磨的方法，然后用砂光的方法，直到表面达到所要求的平整度。

注意：

① 由于打磨机转速较快，一定要时时观察打磨进度，千万不要打磨过度。尤其玻璃钢及塑料件，因其与涂层颜色差较小，更容易打磨过度甚至将板件打漏。

② 尽量避免倾斜打磨，避免让磨垫的边沿碰触立面。

③ 不要让重物轧过三合一套管，以免导致三合一套管损伤；在移动设备时，请将三合一套管缠绕好后再移动，以免三合一套管在移动的过程中磨穿或被尖锐物体划伤而导致吸尘效果不好。

④ 不要让三合一套管两端沾水。如果三合一套管两端沾水将可能导致里面的轴承锈死而引起旋钮旋转不灵活，最后导致三合一套管破裂。

⑤ 绝对避免用三合一套管来吸尘。

⑥ 绝对避免在没有装吸尘袋或吸尘袋破裂的情况下继续打磨操作。如果空气滤清器破损，请立即更换，这些情况可能导致吸尘器马达损坏或磨机损坏。

⑦ 如果吸尘效果变差，请首先检查吸尘器是否工作（有可能电源未连通）、控制选择开关是否置于“AUTO”挡，接着打开吸尘器上盖检查集尘袋是否破裂，或有其他地方出现破裂情况，检查吸尘通道是否有堵塞情况。

⑧ 如果磨机工作无力，或者不工作，请首先检查气压是否太低、导气管是否断裂、导气铜管上是否有密封垫圈；气路各个连接处是否有漏气情况。

⑨ 长时间没使用磨机，在重新使用前请从导气铜管开口滴入几滴润滑油。

（5）清洁车身

最好用压缩空气吹净打磨灰尘，必要时可配合使用粘除尘布除尘。

4. 钢板表面的除锈

钢板表面的锈蚀存在，会严重影响涂料的附着性并成为进一步扩大腐蚀的根据，所以必须清除干净，如图 5－77 所示。

(a)

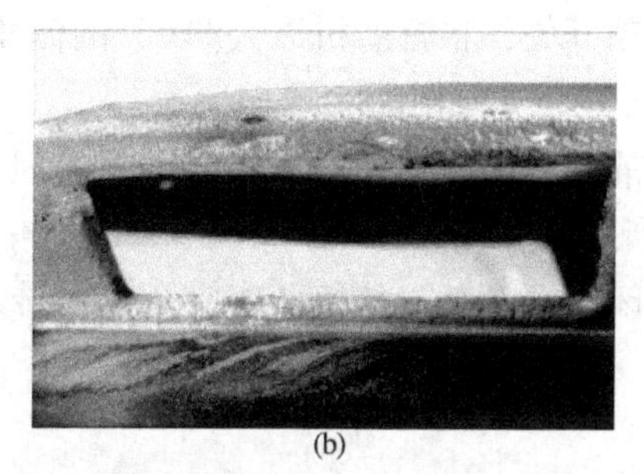
(b)

图 5－77　钢板表面的锈蚀及清除后的效果

（a）表面的锈蚀；（b）清处后的效果

（1）手工除锈

将 P100 砂纸按 1/4 规格裁好，垫好打磨垫，不要加水，直接干磨锈蚀部位。要把锈蚀完全处理掉，露出金属的本身颜色，并且打磨要向未锈蚀的部位扩展 10 mm 左右的范围。手工除锈适合锈蚀不严重、锈蚀范围小的情况。

（2）机器法除锈

1）轻度锈蚀清除。对于轻度锈蚀，可选用专用毛刷配合专用打磨机进行清除。毛刷上黏附有磨料，如图 5－78 所示，靠离心旋转力和磨料的磨削力清除锈蚀。该方法特别适合边角、缝隙等很难触及的地方，如图 5－79 所示。

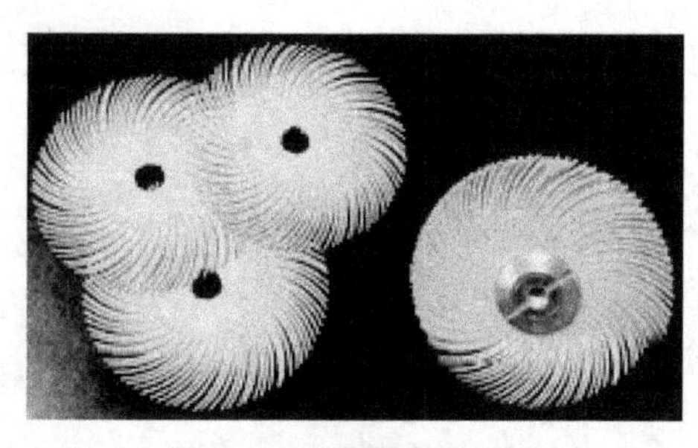

图 5－78　除锈专用毛刷

图 5－79　用专用毛刷清除狭缝中的锈蚀

使用时应注意以下几点：

① 必须佩戴护目镜。

② 由于转盘需要以较高转速运转，因此打磨下来的颗粒会飞溅到空气中。

③ 必须始终注意旋转方向（参见转盘上的说明），如果安装错误，刷毛就会破裂。

④ 注意要达到足够的转速和扭矩，只有这样转盘才能高效工作。

⑤ 使用时不要施加压力，它的性能是由离心力和磨粒的共同作用产生的。这样可以显著延长转盘的使用寿命。

⑥ 锈蚀严重时禁止使用。

2）严重锈蚀的清除。如果锈蚀严重，最好使用打磨机配合钢丝轮进行打磨。

① 拆下角磨机上的砂轮片，换上钢丝轮并按规定的力矩紧固，如图 5－80 所示。

② 在保证电动打磨机上的开关处于关闭的状态下，将打磨机的电插头插入插座内。

③ 双手握住打磨机，置于身体前方，身体正对需打磨部位，将打磨机靠近需打磨的板件表面。

④ 扣动开关，将打磨机以大约 15°的倾角移向待打磨表面，以手腕的力量轻压，使钢丝刷紧贴金属表面进行切削除锈。

⑤ 用前后或左右移动的方式移动打磨机，直到将全部表面打磨至光亮无锈迹为止，如图 5－81 所示。

⑥ 关闭电源开关，待钢丝刷完全停止转动后，将电插头拔下，妥善放置打磨机。

图 5－80　装上钢丝轮的电动打磨机

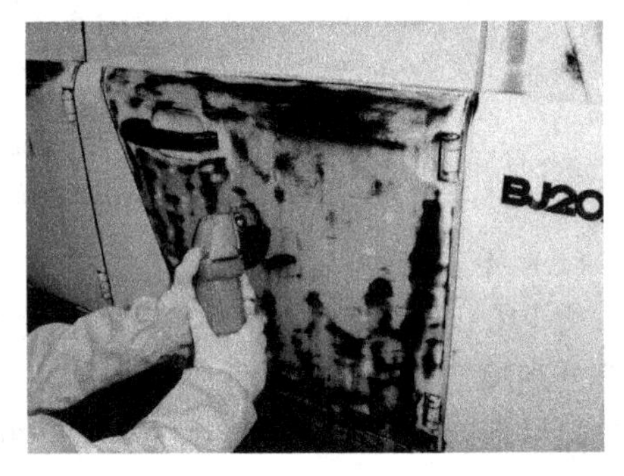

图 5－81　用带钢丝刷的电动打磨机除锈

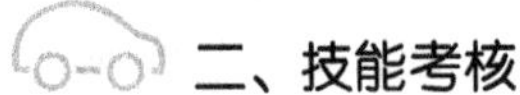

二、技能考核

学生每 2 名为一小组，针对提供的漆膜损伤车辆（或板块），各小组独立完成本任务规定的实操内容并同时完成实训工单。

指导教师全过程观察并随时填写《实操考核记录单》。对学生操作过程中易引起事故的行为，指导教师应及时纠正。

任务 3　腻子的涂装

学习目标

1. 能够正确描述腻子种类及各类型腻子的特点及用途。

2. 能够正确刮涂腻子。
3. 能够用正确的方法对腻子进行加热干燥。
4. 能够正确进行腻子的打磨。
5. 能够规范地进行腻子修整。
6. 能够注意培养良好的安全、卫生习惯及团队协作意识。

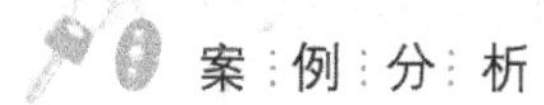

如图5-82所示，车门板处的漆膜损伤经打磨处理后，由于板件表面不平，且旧漆膜较厚，所以应刮涂腻子，以填充不平并快速建立足够的涂层厚度。

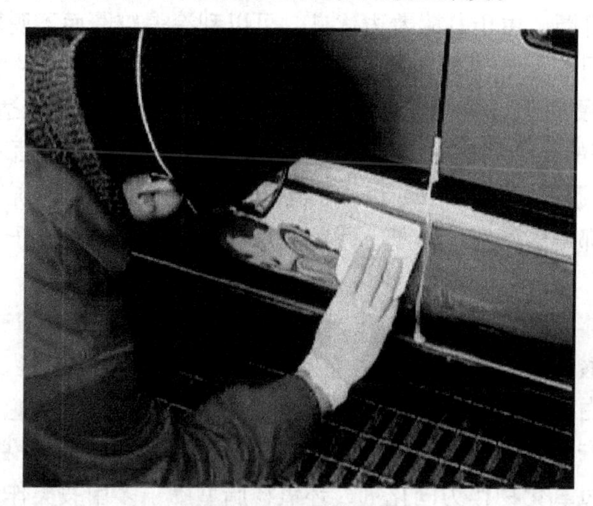

图5-82 刮涂腻子

对旧漆膜较厚，通过表面预处理打磨到露出金属底材，或底材表面凸凹不平度较大，但在3 mm以内，以及对塑料件打磨露出塑料底材时，通常需要刮涂腻子。刮涂后的腻子表面非常不平，必须经过充分的打磨后才适合进行下一涂层的涂装。

另外，刮涂的腻子干燥后，其表面要比周围的旧漆膜高，所以必须经过打磨，使其有合适的涂膜厚度，保证在其上涂装中涂底漆和面漆后，总漆膜厚度与周围的旧漆膜接近。

腻子打磨后的表面，会有一些气孔和大的砂纸痕，必须经过修整。

相关知识

一、腻子的组成

腻子学名为原子灰，又称为聚合型腻子，是一种膏状或厚浆状的涂料，它容易干燥，干后坚硬，能耐砂磨。腻子一般使用刮具刮涂于底材的表面（也有使用大口径喷枪喷涂的浆状腻子，称为“喷涂腻子”），用来填平底材上的凹坑、缝隙、孔眼、焊疤、刮痕以及加工过程中所造成的物面缺陷等，使底材表面达到平整、匀顺，使面漆的丰满度和光泽度等能够充分显现。

严格地讲，原子灰与通常所指的腻子是有区别的。通常所指的腻子一般是用油基漆作为黏结剂，加以熟石膏粉等填充料，并加入少量的颜料和稀释剂调和后填补用。这种腻子干燥时间长，干燥后质地比较软而且会出现不同程度的凹陷，对其上面的涂膜具有一定的吸收作用，不利于涂装修补和面漆的美观，现已很少使用。20 世纪 80 年代我国研制出了水性腻子，用水作为稀释剂调和后使用，该种腻子在一定程度上对油性腻子的性能有所改善，但仍存在塌陷、吸收、质软等缺点，现在也已很少使用。而原子灰硬化时间短，常温下 0.5 h 即可干燥硬化，可以进行打磨；经打磨后的原子灰表面细腻光洁，表面坚硬，基本无塌陷，对其上面的涂料吸收很少甚至不吸收；附着能力强，耐高温，正常使用时不出现开裂和脱落现象，因此现在被广泛应用于汽车的制造和修补工作中。

腻子是涂料，所以也是由树脂、颜料、溶剂和填充材料等组成的。现在较为常用的腻子树脂有聚酯树脂和环氧树脂等。环氧树脂腻子具有良好的附着力、耐水性和防化学腐蚀性能，但涂层坚硬不易打磨，由于其附着力优良，可以刮涂得较厚而不脱落、开裂，多用于涂有底漆的金属或裸金属表面。聚酯树脂腻子也有着优良的附着力、耐水性和防化学腐蚀性能，而且干后涂膜软硬适中，容易打磨，经打磨后表面光滑圆润，适用于很多底材表面（不能用于经磷化处理的裸金属表面，否则会发生盐化反应造成接触面不能干燥而影响附着力），经多次刮涂后，膜厚可达 20 mm 以上而不开裂、脱落，所以是应用最为广泛的一种。现在常见的腻子基本都是聚酯树脂腻子，因此，现代的汽车修补用腻子人们几乎全部称之为原子灰。

腻子中的颜料以体质颜料为主要物质，配以少量的着色颜料。填充材料主要使用滑石粉、碳酸钙、沉淀硫酸钡等，起填充作用并提高腻子的弹性、抗裂性、硬度以及施工性能等。着色颜料以黄、白两色为主，主要是为了降低彩度，提高面层的遮盖能力。

腻子多为双组分产品，需要加入固化剂后方能干燥固化，以提高硬度和缩短干燥时间。聚酯树脂型腻子多用过氧化物作为固化剂，环氧树脂型腻子多用胺类作为固化剂。

二、腻子的种类

腻子的种类很多，经常使用的有以下几种：

1. 普通腻子

普通腻子多为聚酯树脂型，膏体细腻，操作方便，填充能力强，适用于大多数底材。例如良好的旧漆层、裸钢板表面等。因其具有良好的附着力和弹性，也可用于车用塑料保险杠和玻璃钢件，但刮涂不宜过厚。普通型腻子不适用于镀锌板、不锈钢板和铝板等和经磷化处理的裸金属表面，否则易造成附着能力不够而开裂。但在这些金属表面首先喷涂一层隔绝底漆（通常为环氧基）后即可正常使用。

2. 合金腻子

合金腻子也称金属腻子，比普通腻子性能更加良好，除可用于普通腻子所用的一切场合外，还可以直接用于镀锌板、不锈钢板和铝板等裸金属而不必首先施涂隔绝底漆，但不适用于经磷化处理的裸金属表面。合金腻子因其性能卓越，使用方便，所以应用也很广泛，但价格要高于普通腻子。

3. 纤维腻子

纤维腻子其填充材料中含有纤维物质，干燥后质轻但附着能力和硬度很高，因此能够一次刮涂得很厚，可以直接填充直径小于 50 mm 的孔洞或锈蚀而无须钣金修复，对孔洞的隔绝防腐能力也很强。纤维腻子用于有比较深的金属凹陷部位，填补效果非常良好，但表面呈现多孔状，需要用普通腻子做填平工作。

4. 塑料腻子

塑料腻子专用于柔软的塑料制品的填补工作。调和后呈膏状，可以刮涂也可以揩涂，干燥后像软塑料一样，与底材附着良好。虽然干后质地柔软，但打磨性很好，可以用机器干磨也可以用水磨，常用于塑料件的修复。

5. 幼滑腻子

幼滑腻子也称填眼灰，有双组分的也有单组分的，以单组分产品较为常见。填眼灰膏体极其细腻，一般在打磨完中涂层后，喷涂面漆之前使用，主要用途是填补极其微小的小坑、小眼等，提高面漆的装饰性。因其填补能力比较差，且不耐溶剂，易被面漆中的溶剂咬起，所以不能作为大面积刮涂使用。但它干燥时间很短（几分钟），干后较软易于打磨，用于填补小坑非常适合，可以提高生产效率并能保证质量，所以也是涂装必备的用品。

日本立邦油漆公司生产的耐可施（nax）系列汽车修补腻子主要有：修补腻子（为单组分硝基腻子，主要用于细小凹陷修补）；中间腻子（为双组分不饱和聚酯腻子，主要用于防锈钢板和浅度或中度凹陷修补）；钣金腻子（为双组分不饱和聚酯腻子，主要用于防锈钢板和深度凹陷修补）。

三、填眼灰

腻子表面经打磨后，会出现气孔及打磨留下的划痕，如图 5－83 所示。对这类缺陷，应该用填眼灰进行填充，打磨后方可形成平整表面，以适合喷涂中涂底漆或面漆，如图 5－84 所示。

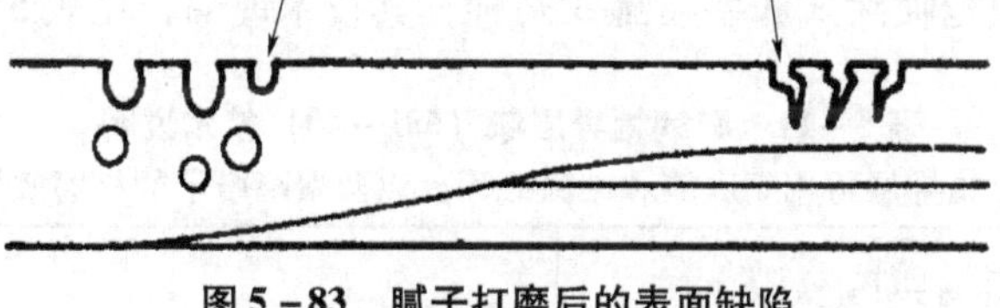

图 5－83　腻子打磨后的表面缺陷

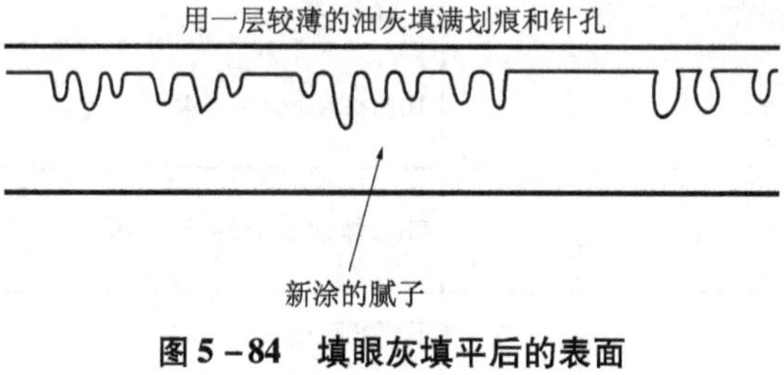

用一层较薄的油灰填满划痕和针孔

新涂的腻子

图 5－84　填眼灰填平后的表面

填眼灰，也称为麻眼灰、沙眼灰、幼滑原子灰、油灰、红灰等，是专门用来填充腻子或中涂底漆打磨后留下的气孔、划痕等缺陷的涂料，通常有装在罐内和胶管内两种包装形式，如图 5－85 所示。

图 5－85　填眼灰

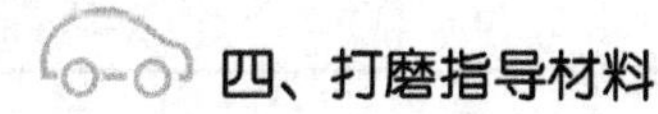

四、打磨指导材料

为了使腻子打磨平整，有时需要施涂打磨指导层，用于指导腻子的打磨。

打磨指导材料有打磨指导碳粉和打磨指导涂料两种。

打磨指导碳粉，如图 5－86 所示，由粉扑和粉盒两部分组成。粉扑用于将黑色的碳粉涂于待打磨表面，粉盒内盛装碳粉。

图 5－86　打磨指导碳粉

打磨指导涂料，也称为指导层漆。使用时应在打磨前，将指导层漆喷涂至待打磨表面。鹦鹉指导层漆有使用喷枪喷涂式和手喷罐式两种，其技术说明，见表 5－11 和表 5－12。

表 5－11　鹦鹉指导层漆（581－40）技术说明

应用：鹦鹉® 581－40 指导层可用于底漆和中涂底漆，以及聚酯腻子的打磨效果检查。

	修补涂装工艺系统	
	VOC 应用含量	<804 g/L
	混合比例	10% 体积比 581－40
	稀释剂	90% 体积比 352－50. －91
	重力喷枪 喷涂气压	HVLP 喷枪：1.7～1.9 mm 0.2～0.3 MPa（30～45 p. s. i.）/0.07 MPa 兼容喷枪：1.2～1.4 mm（10 p. s. i.）风帽气压
	喷涂层数	1 雾喷层
	刷涂	1 层

表 5-12　鹦鹉指导层漆（581-90）技术说明

鹦鹉®指导层漆，黑色

应用：鹦鹉® 581-90 指导层漆，黑色可以用于底漆和中涂底漆及聚酯腻子，以便于检查打磨的效果。

特性：该产品是自喷罐式包装。

	修补涂装工艺系统	
	摇动	2 min
	喷涂层数	1~2 雾喷层

五、腻子涂装流程

常用的腻子施工程序如图 5-87 所示。

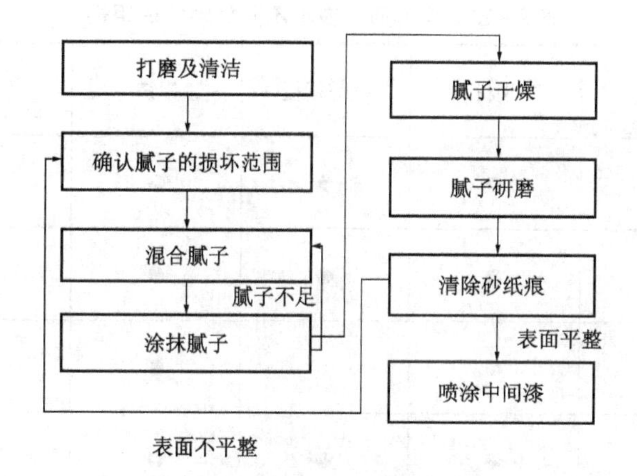

图 5-87　刮腻子的一般施工程序

技能学习与考核

一、技能学习

1. 劳动安全与卫生

操作前，学生必须牢记以下劳动安全事项：

1）必须穿好工作服。

2）腻子在固化中会产生热。如果遗留在混合板上的腻子在腻子施涂工作以后立即放在垃圾筒里，腻子产生的热可能引燃易燃物品。因此，一定要确认腻子已经凉透了，才能将之弃置。

3）报废的砂纸，不要随地乱扔，应丢弃在废物箱内。

4）打磨腻子时必须佩戴防尘口罩。

5）用干磨机打磨腻子时，必须佩戴护目镜。

2. 刮腻子

（1）准备工作

1）板件（车身）的准备。清除掉受损伤或老化的旧涂膜，修整好与保留旧涂膜的边缘交接部位之后，对于需刮涂腻子的表面，必须用压缩空气彻底清除粉尘。对于外露的金属表面，要用洗件汽油和溶剂进行脱脂处理。

雨天和湿度高的季节，金属表面往往沾附有湿气，应该用红外线灯和热风加热器，提高金属表面温度，除去湿气。寒冷季节也可采用相同的办法处理，这既可以提高腻子的附着力，又可以避免面漆涂装后出现起层、开裂等质量事故，同时腻子层的干燥速度也随之提高。

2）腻子的准备

① 腻子的选择。在实际汽车修补涂装工作中，选择腻子重点考虑的因素是被涂物面材料，因为不同类型的腻子与板材之间的适用性是不同的。表 5－13 所示为鹦鹉原子灰与不同材料的适用性。

表 5－13　鹦鹉原子灰与不同材料的适用性

原子灰＼材料	钢材	镀锌钢板	铝镁	有电泳底漆的原厂件	旧涂层
839－20/20 K 鹦鹉®多功能原子灰	●	●	●	●	●
839－25 鹦鹉®越细原子灰	●	●	●	●	●
839－53 鹦鹉®原子灰	●		●	●	●
839－70/70 K 鹦鹉®通用原子灰	●	●	●	●	●
839－80 鹦鹉®刷漆型原子灰	●		●	●	●
901－21 鹦鹉®玻璃纤维原子灰	●	●	●	●	●
106－23 鹦鹉®高浓聚酯喷漆原子灰	●	S1	●	●	●

注：●表示可以直接使用；空格表示不适用。

各涂料生产商均为自己所生产的汽车修补涂料开发设计了多个修补涂装系统，在各系统中均对采用的处理工艺、各类涂料的选用及其涂装要求等做了详细的规定。实际运用中，根据修补损伤的具体情况首先应选择合适的涂装系统，然后根据系统的建议选择各自需用的涂料。鹦鹉经典系统（RATIO-CLASSIC），如图 5－88 所示，从表中可知应选用多功能原子灰（839－20/20 K），其技术说明见表 5－14。

技术说明

RATIO-HS

11/2007

鹦鹉® 高浓系统

特性：　　使用22—系列溶剂型面漆，一个高效、快速、经济的修补系统

工序										
清洁	541-5 鹦鹉® 除硅除蜡清洁剂	1×	擦干	对损坏部位机械除锈	P16-P150	541-5 鹦鹉® 除硅除蜡清洁剂	1×	擦干		
原子灰(粗+细)	839-20/-20K 鹦鹉® 对功能原子灰	948-36 鹦鹉® 原子灰固化剂	+2%~3%	20~30min 20℃	3~5 min.	P80/P150 粗打磨	581-40 鹦鹉® 指导层	P240/P320 细打磨	541-5 1×	擦干
底漆	283-150VOC 鹦鹉® 磷化底漆	352-228 鹦鹉® 催化剂	352- 鹦鹉® 稀释剂	1:1+30% 调漆尺	HVLP 1.7~1.9mm 0.2~0.3	1薄层 10~15μm	10 min 20℃			
填充底漆	鹦鹉®285-55/-65VOC 高浓填充底漆/通用填充底漆/	929-55/56 鹦鹉® 高浓固化剂	352- 鹦鹉® 稀释剂	4:1:1 调漆尺	HVLP 1.7~1.9mm 0.2~0.3	2 50~70 μm	30 min 60℃	5~10min	P400	

或者：鹦鹉® 通用高浓填充底漆285-60VOC，鹦鹉®高浓可调色底漆285-95 VOC，鹦鹉® 高浓填充底漆285-51VOC

工序								
面漆	22 Line 鹦鹉® 双组分高浓面漆 VOC 3.5	929- 鹦鹉® 固化剂	352- 鹦鹉® 稀释剂	2:1+10% 调漆尺	HVLP 1,2~1.3mm 0.2~0.3	2	30 min 60℃	7~10min.
清漆	923-255 鹦鹉® 高浓多功能清漆	929- 鹦鹉® 高浓面漆固化剂	352- 鹦鹉® 稀释剂	2:1+10% 调漆尺	HVLP 1,2~1.3mm 0.2~0.3	2	30 min at 60℃	7~10 min.

或

工序								
面漆	22 Line 鹦鹉® 双组分高浓面漆	929- 鹦鹉® 高浓面漆固化剂	352- 鹦鹉® 稀释剂	2:1+10% 调漆尺	HVLP 1,2~1.3mm 0.2~0.3	2	30 min 60℃	7~10 min.

图5－88　鹦鹉经典系统

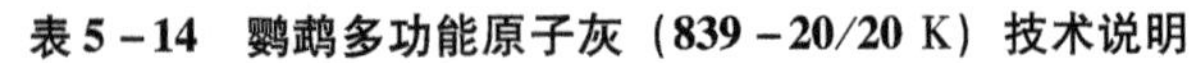

表 5－14　鹦鹉多功能原子灰（839－20/20 K）技术说明

应用：粗细兼用的多功原子灰

特性：普遍适合用于铁板，镀锌钢板，铝材：快干，易磨，附着力好。

注意：■施涂前充分混合原子灰和催化剂（要求颜色均匀，无大理石效果）

■不要添加超过 3% 的催化剂。

■过多的过氧化物会造成面漆表面有浮色现象

	应用	839－20 粗整平原子灰和细整平原子灰	829－20 K 粗整原子灰和细整平原子灰
	涂装系统	RATIO-AQUA 水性系统，RATIO-CLAS-SIL 经典，RATIO-HS 高浓系统	RATIO-AQUA 水性系统，RATIO-CLASSIL 经典，RATIO-HS 高浓系统
	混合比例	100% 重量比　839－20（罐装）	100% 重量比 839－20 K（火箭筒式包装）
	固化剂	2%～3% 重量比　948－36	948－52 由罐化剂筒自动控制添加量
	稀释剂		
	活化时间 在 20 ℃	4～5 min	4～5 min
	干燥在 20 ℃ 在 60 ℃	20～30 min	20～30 min
	红外线（短波） （中波）	4 min 5～10 min	4 min 5～10 min
	打磨： 轨道式打磨机	P80/150 581－40 指导层 P240 整平区域和周边旧漆层	P80/150 581－40 指导员 P240 整平区域和周边旧漆层

② 腻子用量的确定：

a. 检查需刮涂腻子的表面面积及凸凹不平度的大小。

b. 确认腻子的刮涂范围。原则上腻子只刮涂在裸金属表面及其羽状边范围内，特别是对于单组分旧漆膜及热塑型旧漆膜，其表面不允许刮涂腻子（双组分），否则容易因附着力不足而产生开裂，为此最好做旧漆膜类型测试，如图 5－89 所示。用棉布配合稀释剂检查羽状边是否有热塑型的涂层（可被溶解），如果有，腻子只能刮涂在该涂层范围以内。

c. 根据以上检查，最终确定应拌和多少腻子，这类数据通常需要凭经验确定。

③ 取腻子。腻子通常装于铁制的罐内，固化剂装在软体的管子内，如图 5－90 所示。

注意：腻子罐每次用后必须盖好，以防溶剂蒸发。如果溶剂蒸发了，要向罐中倒入专用的溶剂。

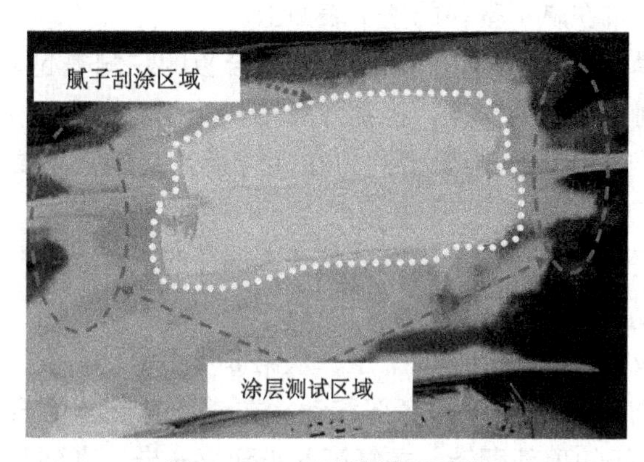

图 5－89 旧漆膜类型测试

图 5－90 腻子与固化剂的盛装

腻子装在罐中的时候，其各种成分如溶剂、树脂及颜料会分离。由于腻子不可以以这种分离的形态使用，故使用前必须将罐盖打开并充分搅拌。用专用工具撬开腻子盒盖，可使用长柄腻子刮刀或搅拌棒之类的工具将腻子充分搅拌均匀，如图 5－91 所示。装在管子中的固化剂也是如此，应充分挤压装固化剂的胶管，使管中的固化剂在使用前充分混合，如图 5－92 所示。

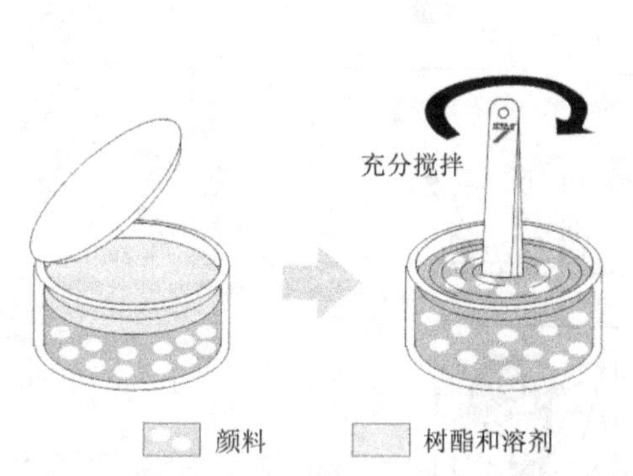

图 5－91 盒装腻子的搅拌

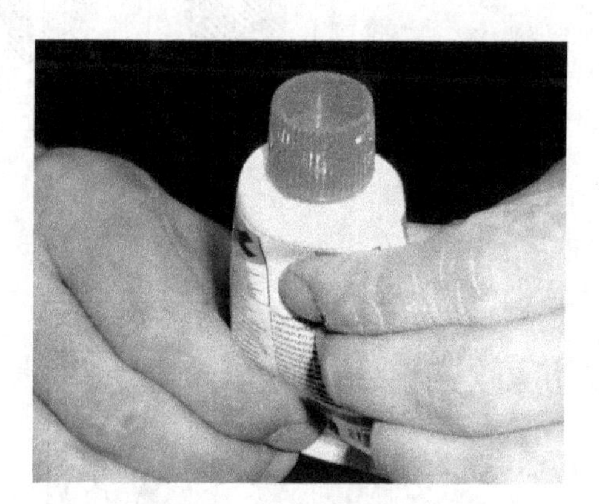
图 5－92 管装固化剂的搅拌

将适量的腻子基料放在混合板上。然后按规定的混合比添加一定量的固化剂。腻子基料与固化剂的加入量比例一般是 100∶2～100∶3，具体数据应以涂料技术说明书为准。鹦鹉 839－20/20 K 原子灰的技术说明见表 5－14。从表中可以查到，原子灰 839－20 适合的配合比例为 3% 重量比（固化剂为 948－36）。

注意：若固化剂过多，干燥后就会开裂；如果固化剂过少，就难以固化干燥。近来有一种方法将主剂和固化剂采用不同的颜色相区别，通过其混合后的颜色来判断其混合比。腻子主剂与固化剂拌和时，固化剂的容许量有一定范围，可以随气温的变化以适当调整，具体数值应以产品说明书为准。

一次不要取出太多的腻子调和，因为调和后的腻子会很快固化，如果还没刮涂到规定部位即固化，则调和的腻子便不能再用，造成浪费。

④ 拌合腻子（图5－93）：

a. 用刮刀的尖端舀起固化剂，将其均匀散布在腻子基料的整个表面上。

b. 抓住刮刀，轻轻提起其端头，再将它滑入腻子下面，然后将它向混合板的左侧提起。

c. 在刮刀舀起大约1/3腻子以后，利用刮刀右边为支点，将刮刀翻转。

d. 将刮刀基本上与混合板持平，并将它向下压。一定要将刮刀在混合板上刮削，不要让腻子留在刮刀上。

e. 拿住刮刀，稍稍提起其端头，并且将上述在混合板上混合的腻子全部舀起。

f. 将腻子翻身，翻的方向与c步中的相反。

g. 与第d步相同，将刮刀基本上与混合板持平，并将它向下压，从第b步重复。

h. 在进行第b步到第g步时，腻子往往向上朝混合板的底部移动。在腻子延展至混合板的边缘时，舀起全部腻子，并且将它向混合板的顶部翻转。重复第b步到第g步，直到腻子充分混合。

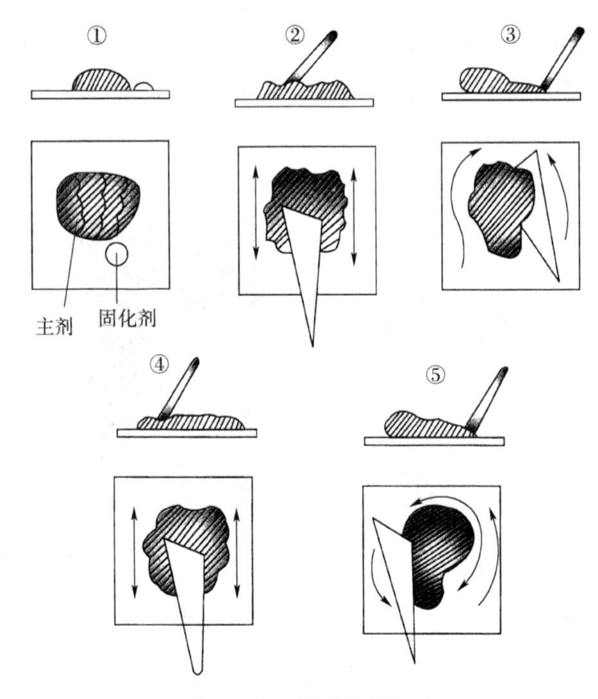

图5－93　腻子的拌和法

注意：腻子有可用时间的限制。所谓可用时间是指主剂和固化剂混合后，保持不硬化，能进行刮涂的时间。通常在20 ℃条件下，可以保持5 min左右。因此应根据拌和所需时间和刮涂所需时间，决定一次拌和的量。如果总是拌和不好，反复长时间拌和，超过可用时间（或留给涂抹的时间过短），就会使其固化而不能使用，因此拌和的关键是速度要快，动作要熟练。

是否拌和良好，可通过混合物的颜色是否均匀来判定（不呈现大理石效果）。如果拌和不良，就会引起固化不良和附着不良等问题。有的腻子随季节不同，固化剂的配合比也要变化，应根据产品说明书要求去做。

（2）刮腻子

平面局部修补腻子时，一般采用填刮的刮涂方法，如图 5 –94 所示。第一步先将腻子往金属表面上薄薄地抹一层，刮刀上要加一定的力，以提高腻子与金属表面的附着力；第二步逐渐用腻子填满修补的凹坑，刮涂时刮刀的倾斜角度，随作业者的习惯而存差异，通常以 35°～45°为好。要注意腻子中不要混入空气，否则会产生气孔和开裂；第三步用刮刀轻轻刮平修补表面。如果是曲面，第一和第二步可采用填刮，第三步应换用橡皮刮刀进行刮涂，以刮出正确的曲面形状。

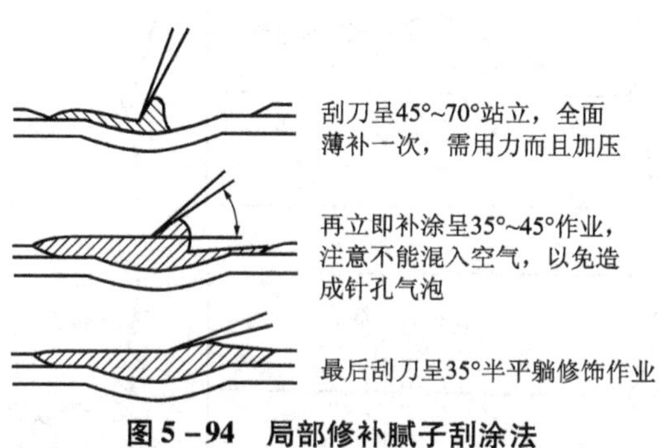

图 5 –94　局部修补腻子刮涂法

大面积刮腻子时，使用宽刮刀比较方便。比如车顶、发动机罩、行李箱盖、车门等，使用宽的刮板，可以提高刮涂速度。

曲面刮涂，应使用橡胶刮刀。如图 5 –95 和图 5 –96 所示，根据被刮涂面的形状，使用弹性不同的刮刀，可以促使作业合理化。

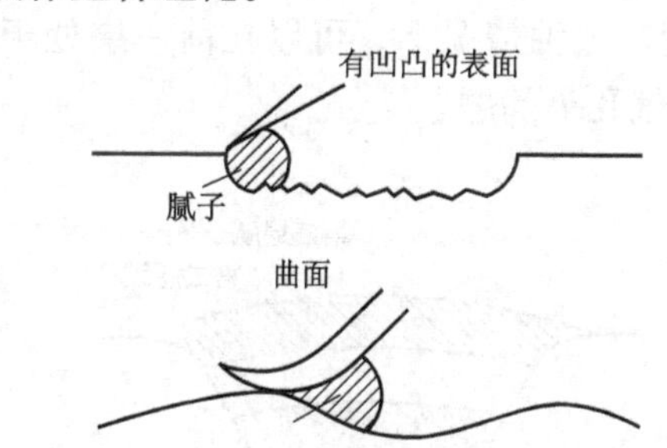

图 5 –95　根据刮涂面的形状选用不同弹性的刮刀

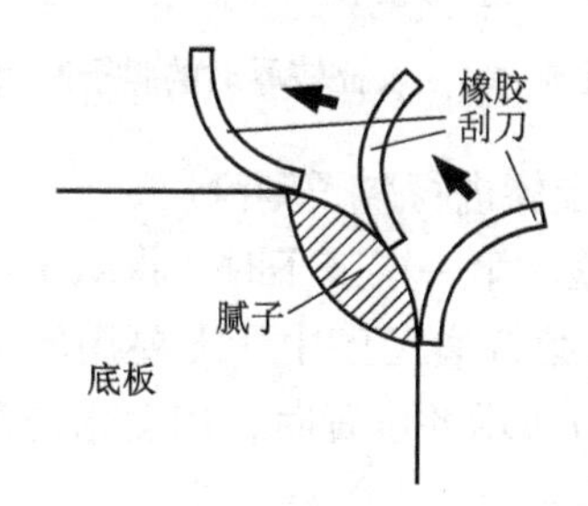

图 5 –96　带曲面的刮刀使用方法

对于冲压形成按一定角度交接的两个面，若需在冲压线部位进行刮腻子修补，其方法如图 5 –97 所示。沿交接线贴上胶带纸遮盖住一侧，刮好另一侧的腻子；稍隔片刻（约5 min）待腻子干了，揭下胶带，再在已刮好的一侧贴上胶带纸遮盖，接着刮涂好余下的一侧。如此进行，可很好地恢复冲压棱线的线形。

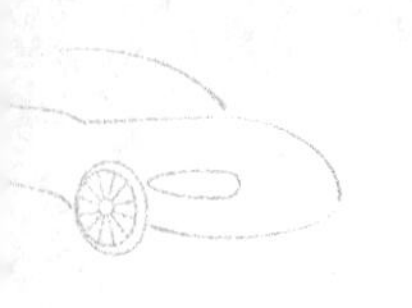

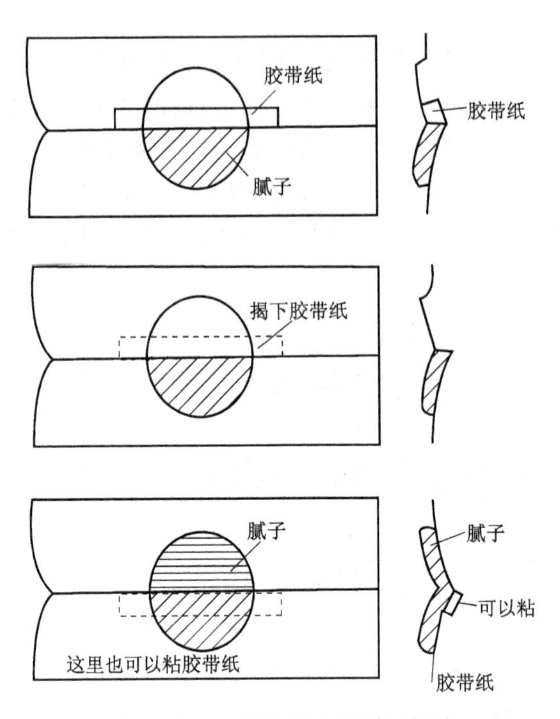

图 5－97　冲压线部位的腻子修补

当冲压线部位的腻子修补严重，或原来的旧涂膜较厚，一次刮涂填不满时，可以像图5－98那样，分成2～3次刮涂。这种情况下，可以在前一层处于半干的状态下，刮上新的一层。一次刮涂过厚，会形成气孔等问题。

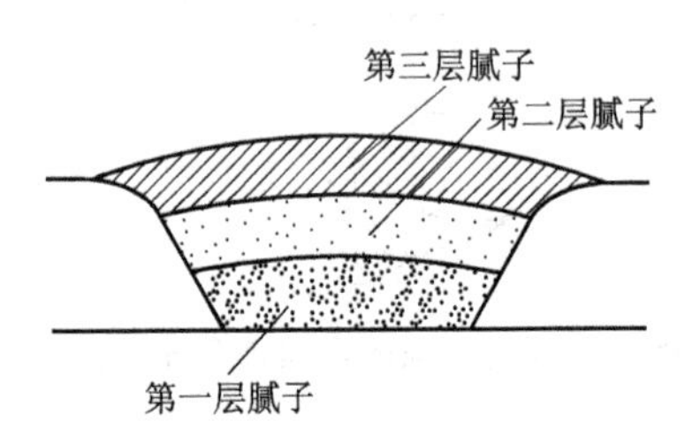

图 5－98　填补较厚时的腻子刮涂

对于较大平面，可以按下述步骤进行腻子刮涂

① 如图5－99（a）所示，施涂第一层腻子时，将腻子薄薄施涂在整个表面上。

② 为了最大限度地减少在后续打磨工序中所需要用的力，施涂第二层腻子时，边缘不要厚。如果刮刀处于图5－99（b)所示的位置时，用食指向刮刀的顶部施力，以便在顶部涂一薄层。

③ 在下一道施涂腻子时，如图5－99（c）所示，要与在第二层中覆盖的部分稍有重叠。为了在这一道开始时涂一薄层，要用一点力，将刮刀抵压在工件表面上，然后释放压力，同时滑动刮刀。此外，在施涂结束时，要向刮刀施一点力，以便涂一薄层。

④ 重复第③步，如图5－99（d）所示，直到在整个表面上施涂的腻子达到要求。

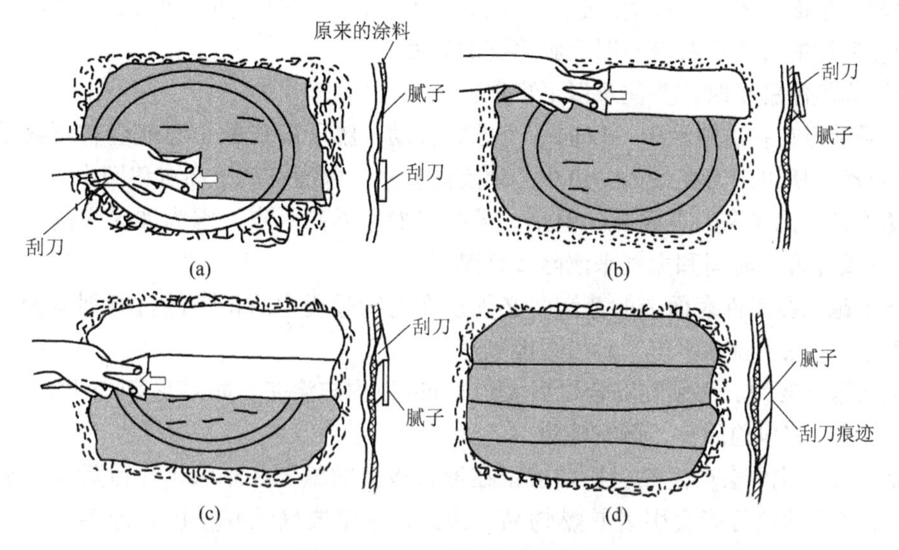

图 5－99　平面施涂腻子步骤

（a）施涂第一层；（b）施涂第二层；（c）施涂第三层；（d）最后遍达到要求

较大平面刮涂也可采用图 5－100 所示的方法，首先将腻子涂与待刮涂区域中间，然后用刮刀向四周摊开。

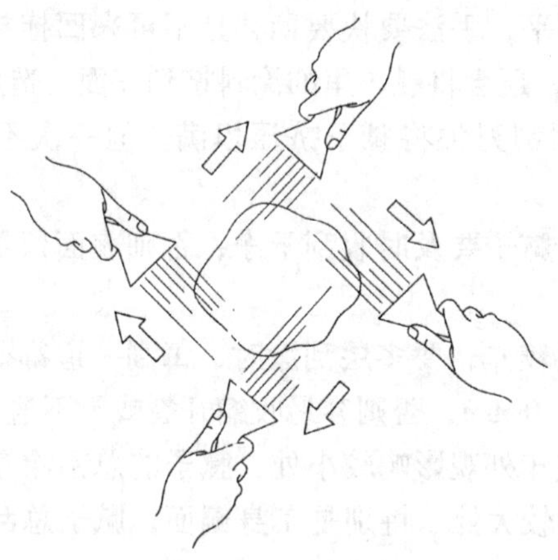

图 5－100　由中间向四周的刮涂方法

在进行刮涂操作时，一定要注意，各次运刮应有一定的重叠（约 1/3），如图 5－101 所示，以防止出现“刮棱”而影响表面平整度及打磨。

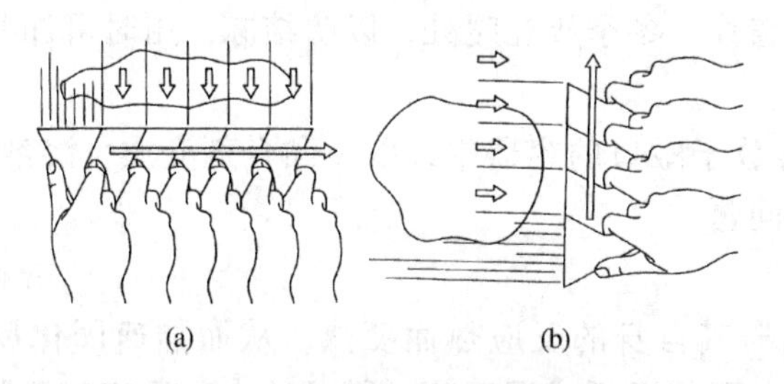

图 5－101　各次运刮的重叠

（a）由上而下；（b）由左而右

无论是大平面，还是局部刮涂腻子，最后完工后，腻子的表面一定要比周边的旧漆膜要高，以便在后续的打磨后获得与旧漆膜等高的表面。

在向平面施涂腻子时，要注意以下事项：

① 如果刮刀在各道施涂中，仅向一个方向移动，腻子高点的中心就会有所移动。这种情况很难打磨，所以刮刀在最后一道中必须反向移动，以便将腻子高点移回中央。

② 腻子必须比原来的表面高。但是，最好只能略微高一点，因为如果太高了，在打磨过程中，就要花许多时间和力气来清除多余腻子。

③ 腻子施涂在工件表面上的范围，必须以在磨缘过程中所留下的打磨划痕为限。如果没有打磨划痕，腻子就粘不牢，日后可能剥落。

④ 施涂腻子要快，必须在混合以后大约 3 min 以内施涂完。如果花费时间太长，腻子就可能在该道施涂完成前固化，影响施涂。

⑤ 腻子在固化中会产生热。如果遗留在混合板上的腻子在施涂工作以后立即放在垃圾筒里，腻子产生的热可能会引燃易燃物品。因此，一定要确认腻子已经凉透了，才能将之弃置。

4）刮腻子时应注意的事项。

① 刮涂前被涂装表面必须干透，以防产生气泡或龟裂，若被涂装表面过于光滑，可先用砂纸打磨，以使腻子与底面结合良好。

② 应在一两个来回中刮平，手法要快要稳，且不可来回拖拉。拖拉刮涂次数太多，腻子易于拖毛，表面不平不亮，还会将腻子里的涂料挤到表面，造成表干内不干，影响性能。

③ 洞眼、缝隙之处要用刮刀尖将腻子挤压填满，但一次不宜刮涂太多太厚，防止干不透。

④ 刮涂时，四周的残余腻子要及时收刮干净，否则表面留下残余腻子块粒，干燥后会增加打磨的工作量。

⑤ 如果需刮涂的腻子层较厚，要多层刮涂时，每刮一道都要充分干燥，每道腻子不宜过厚，一般要控制在 0.5 ~ 1.0 mm，否则容易收缩开裂或干不透。

⑥ 在板件连接处或对整车外观影响较小处，腻子的总刮涂厚度（打磨后）不允许超过 3 mm；而在对整车外观影响较大处，特别是车身侧面，腻子总刮涂厚度（打磨后）不允许超过 1 mm。

⑦ 腻子刮涂工具用完后，要清理干净再保存。刮刀口及平面应平整无缺口，以保障刮涂腻子的质量。

⑧ 夏季天气炎热，温度较高，腻子容易干燥，成品腻子可用稀料盖在上面，自配的石膏腻子可用湿布或湿纸盖住。冬季放在暖处，以防结冻，用时可加些清漆和溶剂，但不宜久放。

⑨ 腻子不能长期存放于敞口的容器中，以免黏合剂变质，溶剂挥发，造成粘挂不住、出现脱落或不易涂刮等问题。

3. 腻子的干燥

新施涂的腻子会由于其自身的反应热而变热，从而加速固化反应。一般在施涂以后 20 ~ 30 min 即可打磨。如果气温低或湿度高，腻子的内部反应速度降低，则要较长的时间来使腻子固化。为了加快固化，可以用红外线灯加热。

加热时间的控制请查阅涂料的技术说明。如从鹦鹉原子灰 839－20/20 K 的技术说明（表5－14）中可查到，原子灰 839－20 的干燥时间为：常温（20 ℃），15 min；短波红外线烤灯烘烤，4 min；中波红外线烤灯烘烤，5～10 min。

因腻子多数为局部施涂，故强制干燥时多采用烤灯烘烤干燥。用红外线烤灯烘烤腻子的操作方法如下（以 IRT400 型烤灯为例）：

1）调整灯光的位置

通过调节活动支臂的高低来适应不同高度的烘烤要求，烤灯头部可以作任何角度的调整以适应车身不同的形状要求，如图 5－102 所示。

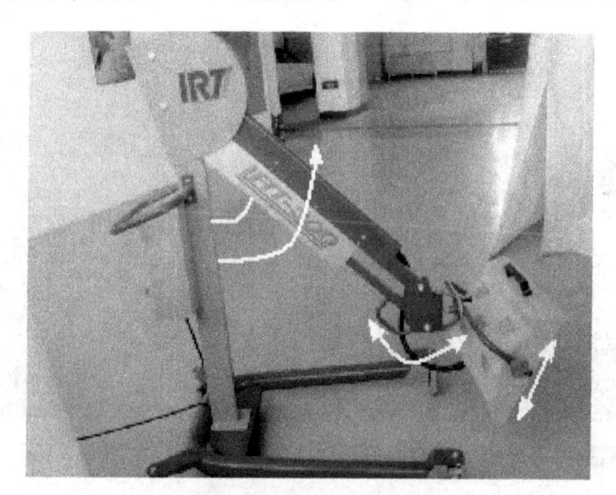

图 5－102　调节角度

2）控制面板的操作

烤灯的控制面板如图 5－103 所示。打开电源后，数字面板 1 上会显示运行程序，系统提供了：底层腻子、中层腻子、表层腻子、底漆、水基、面漆、光漆、塑料件和自设程序 1 等多个程序供选择。根据实际工作情况通过上翻键 2 或下翻键 3 选择合适的程序，按确定键 5 进入该程序。

图 5－103　控制面板

1—数字面板；2—上翻键；3—下翻键；4—模式选择键；5，6—确定键；7—取消键

如果需要重新设定烘烤功率和烘烤时间可以长按 5 键进入重新设定，如图 5－104 所示。此时上排第 1 位表示时间的数字会闪烁，可以按 2 键或 3 键在 0～30 min 之间选择，按 5 键确定。同时第 2 位表示功率的数字会闪烁，可以在 1～8 之间选择，按 5 键确定。同时下排第 1 位表示时间的数字会闪烁，可以按 2 键或 3 键在 0～30 min 之间选择，按 5 键确定。同时第 2 位表示功率的数字会闪烁，可以在 1～8 之间选择，按 5 键确定。

全部设定完成后，或者不需要重新设定时，按确定键 6，屏幕会显示“人工检查距离”，此时需要通过使用烤灯头部的卷尺测量烤灯与被烤工件之间的距离，如图 5－105 所示。确

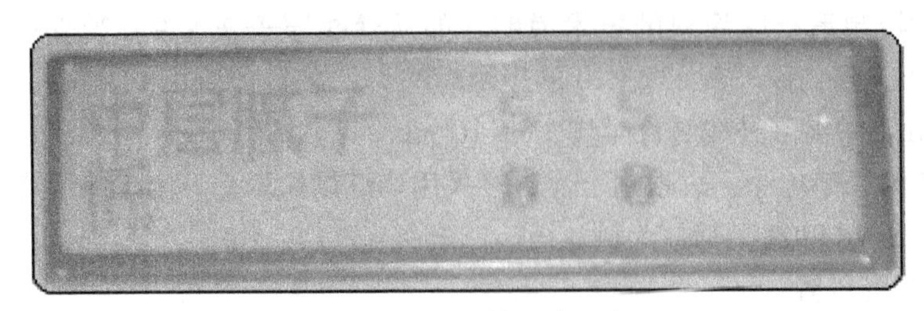

图 5－104　烘烤程序设定

定好烘烤距离后，按 6 键进行烘烤，如图 5－106 所示。

图 5－105　测量烘烤距离

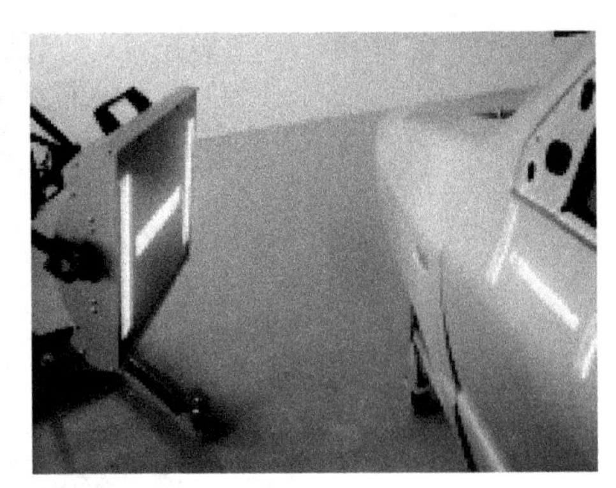

图 5－106　开始烘烤

烘烤过程分两个阶段，第一阶段为闪烁烘烤，屏幕显示闪烁关闭的剩余时间，单位为秒，倒数计时。闪烁关闭后进入下一阶段。第二阶段为烘干，屏幕显示烘干剩余时间，单位为秒，倒数计时。烘烤结束后烤灯自动关闭，并有蜂鸣提示。此时切记不要关闭电源，因为烤灯风机还需要运转 1 min 使自身散热，当风机停机后再关闭电源，同时要整理好电线，将烤灯支臂升起，轮子锁止防止烤灯自己移动。

注意：在使用红外线灯或干燥机来加热和干燥腻子时，一定要使腻子的表面温度控制在 50 ℃以下，以防止腻子分离或龟裂。如果表面热得不能触摸，则说明温度太高了。

涂层薄的地方的温度，往往比涂层厚的地方低。这种较低的温度会减缓涂层薄的地方的固化反应。因此，一定要检查涂层薄的部分，以确保腻子的固化状况。

检测腻子是否完全干燥通常用刮刀在腻子表面轻划，如果有轻微的划痕即可。注意检查是重点检查腻子的周边区域，如图 5－107 所示，因为边缘区域干燥慢（反应热少）。

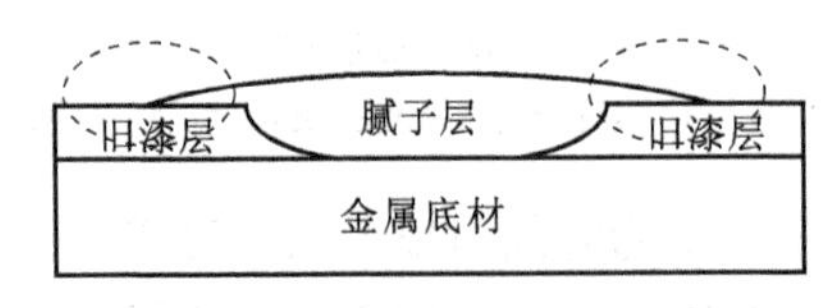

图 5－107　检查腻子干燥的区域

4. 腻子的打磨与修整

（1）手工干打磨

1）用锉刀粗修整。

① 要先用半圆锉锉削。锉削中要注意不能施力过大，否则会在表面留下深深的锉痕。

另外锉削方向始终要保持平行，既可全部沿前后方向，也可倾斜或沿上下方向，总之要锉削出平整的表面。

② 为消除半圆锉锉痕，使用平锉进行第二次锉削。如果最初腻子表面比较平整，可以开始就用平锉。

如果腻子过于干燥，锉起来就很困难，所以应争取在腻子完全固化前完成锉削作业。如果锉削下来的腻子呈较长的粗线状，说明腻子质量好，锉削的时机也掌握得较适宜。

注意：如果刮涂的腻子表面比较平整，可不用锉刀锉修，而直接进行砂纸打磨。

2）手工砂纸打磨。在汽车涂装施工过程中，打磨操作通常采用手工打磨和机械打磨两种方式。手工打磨适用于对小面积腻子的粗磨和大面积的细磨以及需精工细磨部位（如对型线、曲面、转角及圆弧和弯曲等部位）的修整。手工打磨是用磨块上包砂布（纸）的方法进行打磨的。

手工打磨又分为手工干磨法和手工湿磨法两种。手工湿磨法也称水磨法，操作时无粉尘飞扬，生产效率高，打磨质量好，但水磨后的涂层上有水分，需经烘干后方可进行下道工序施工，故生产周期长，而且会造成由于水分清理不彻底而形成后续施工的缺陷。故几乎所有的涂料生产商均建议采用干磨法。

① 选择合适的磨料，采用氧化铝磨料的疏式砂纸比较适合干打磨，粒度为 P80。

② 准备好气枪，将气枪连接到压缩空气管道上。

③ 戴好手套和防尘口罩。

④ 裁好砂纸。

⑤ 初打磨。打磨时砂纸的递进规则程序如图 5－108 所示。

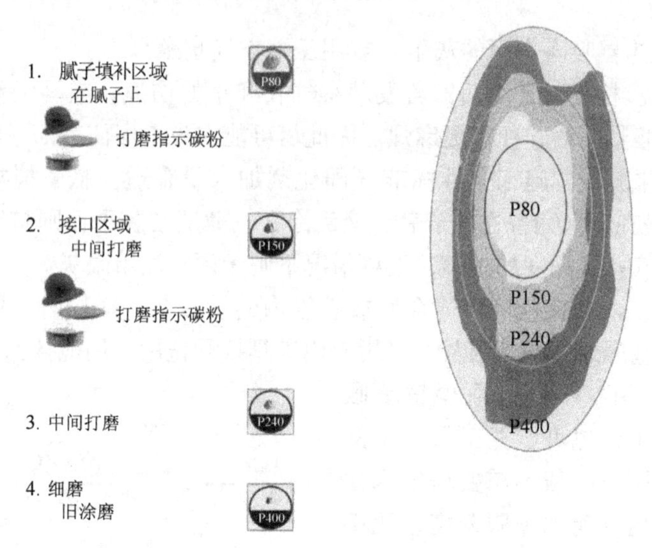

图 5－108　手工干打磨时砂纸的递进程序

a. 用 P80 砂纸打磨。只打磨腻子中部较高的表面，直到整个腻子表面略高于旧漆层为止。打磨时注意不要始终按一个方向打磨，即应经常改变打磨方向，以“米”字形交叉打磨可获得较为平滑的表面。

b. 换用 P150 砂纸打磨。此次打磨应扩展到整个涂了腻子的区域。

⑥ 检查腻子表面。如果腻子表面有明显的凹陷等缺陷或整体/局部表面高度不够（低于旧漆膜），则应再次补涂腻子→干燥→初打磨，直到确认腻子表面平整，高度符合要求（比旧漆膜高）。注意再次补涂腻子前，需清洁表面，因为聚酯腻子表面多孔容易有水或灰尘残留在孔中，如图 5－109 所示。因此打磨以后需要用压缩空气吹去灰尘，才可以再次刮涂腻子。

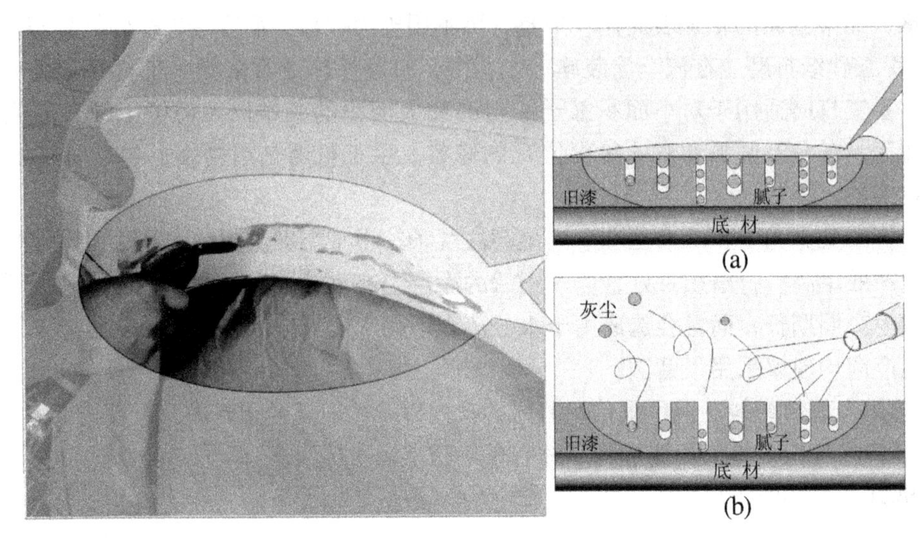

图 5－109　用压缩空气吹净腻子表面

（a）重新刮涂腻子；（b）吹尘

⑦ 清洁。用吸尘器吸净表面的灰尘（或用压缩空气吹净）。

⑧ 施涂填眼灰。检查腻子表面，若发现有气孔和小的伤痕，应马上修补。如果都等到喷中涂底漆之后再修整的话，往往更麻烦。因此尽可能在该工序使表面平整，消除引起缺陷的原因。但是，如果腻子的施工非常标准（固化剂加入量合适，腻子搅拌均匀，每一道刮涂都很薄），特别是在刮涂完普通腻子后，又刮涂了一薄层细腻子，则打磨后表面将非常平整，几乎不会存在气孔及深度的划痕，这种情况下则无须施涂填眼灰。

a. 搅拌填眼灰。对于盛装于软体金属或胶管内的填眼灰，搅拌时，用手反复捏揉管体即可；对于盛装于金属罐内的填眼灰，可用专用工具打开盖后，用搅拌棒充分搅拌。

b. 取填眼灰。用腻子刮刀取少量填眼灰，置于腻子托板上，也可以置于另一个刮刀刀片上。由于填眼灰一般不需要填加固化剂，取出后即可使用（有的填眼灰需按比例加入稀释剂混合后才能使用），而且其固化时间很短，用量也少，所以应少取，并且应在尽量短的时间内用完。

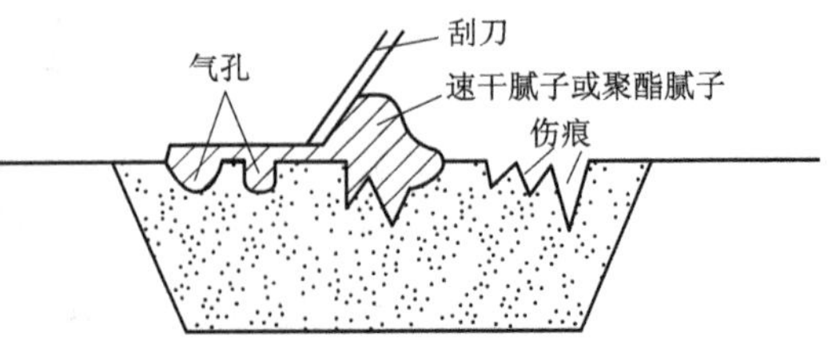

气孔和深的伤痕，用速干腻子或聚酯腻子填补。用刮刀将腻子用力挤满空隙

图 5－110　气孔和伤痕的修补

c. 施涂填眼灰。如图 5－110 所示，用小的腻子刮刀，以刀尖部取很少量的填眼灰，对准气孔及划痕部位，用力将填眼灰压入气孔或划痕内，必要时可填补多次。

d. 干燥填眼灰。一般填眼灰施涂后，在自然条件下 5 ~ 10 min 即可完全干燥，无须烘烤。

e. 打磨填眼灰。填眼灰施涂后，会破坏原来打磨平整的腻子表面，另外，填眼灰的性能不如腻子，所以必须将多余的填眼灰完全打磨掉。干打磨采用粒度为 P150 ~ P180 的砂纸；若湿打磨采用 P240 ~ P320 砂纸。打磨时要配合磨块，直到孔和划痕外的填眼灰完全被打磨掉为止，如图 5 - 111 所示。

图 5 - 111　打磨填眼灰

⑨ 细打磨。

a. 施涂打磨指导层。将粉扑按压在粉盒上面，上下摇晃粉盒使粉扑上粘上碳粉，然后用粉扑将碳粉涂抹在腻子表面，如图 5 - 112 所示。

图 5 - 112　涂打磨指导碳粉

如果采用自喷罐式指导层漆（如鹦鹉 581 - 90），只需将罐充分摇均后，在腻子表面薄喷 1 ~ 2 层，待其闪干约 5 min 后即可打磨。

如果采用喷涂式指导层漆（如鹦鹉 581 - 40），则需将 581 - 40 与稀释剂（352 - 50 或 352 - 91）以 1:9 的体积比配比并搅拌均匀后，选用 HVLP 喷枪（口径 1.7 ~ 1.9 mm，喷涂气压 0.2 ~ 0.3 MPa）或兼容喷枪（口径 1.2 ~ 1.4 mm，0.2 MPa），以雾状薄喷一层或刷涂一层，待其闪干后即可进行打磨。

b. 用 P240 砂纸整体打磨，区域限制在底处理留下的羽状边以内。此时应重点关注腻子与旧漆膜交界处，因为此处往往有较深的砂纸痕，必须仔细打磨，如图 5 - 113 所示。

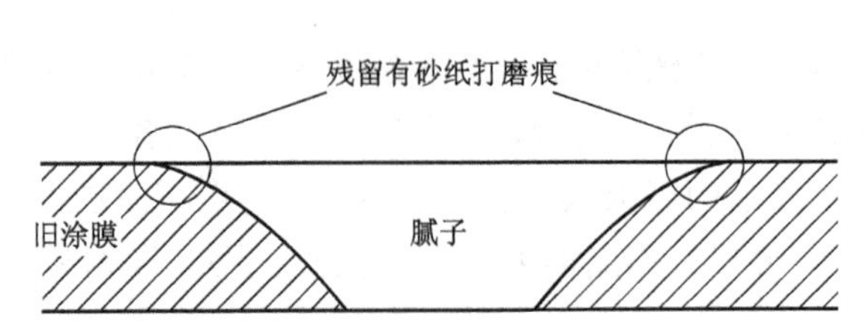

图 5-113　交接处的砂纸磨痕

c. 换用 P400（或 P320）的砂纸整体打磨，如图 5-114 所示。打磨的区域应扩展到旧漆膜上凡准备喷涂中涂漆的范围，如图 5-115 所示。此时还需重点关注腻子与旧漆的交界处，如果此处不打磨平滑，则会在后续喷涂中涂漆时，由于砂纸痕内易存留溶剂而产生起泡现象，如图 5-116 所示。

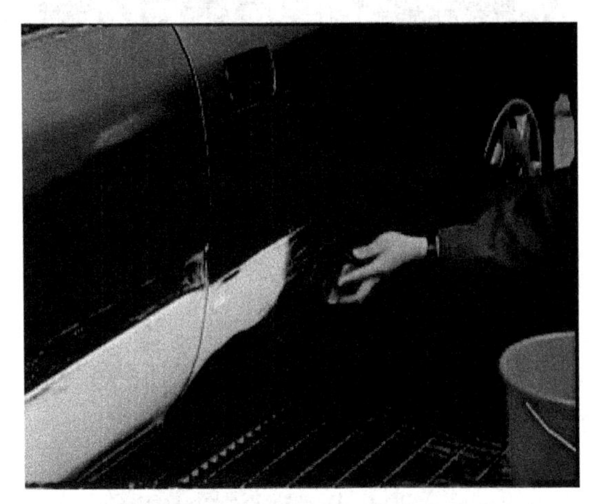

图 5-114　打磨腻子周边的旧漆膜

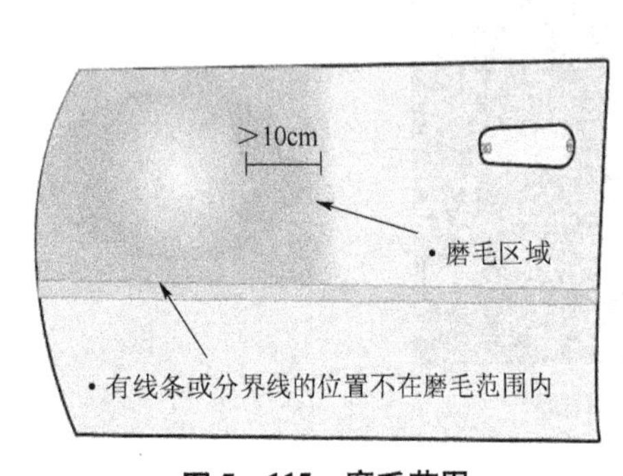

图 5-115　磨毛范围

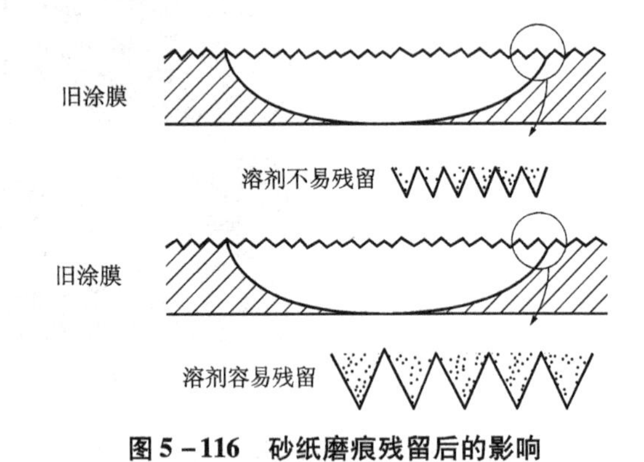

图 5-116　砂纸磨痕残留后的影响

⑩ 清洁表面。用吸尘器吸净表面的灰尘（或用压缩空气吹净）。

（2）用干磨机打磨

1）准备好干磨系统。开始选用 P80 的砂纸，之后的砂纸递进程序与手工干打磨相同。

2）打磨

① 穿戴好安全劳保用品。

② 戴好手套，然后轻轻地摸一遍待打磨表面，这有助于操作工人决定如何进行打磨。

③ 握紧打磨机，将打磨机轻压在腻子层表面，打开开关进行打磨。

打磨时应注意，打磨头的工作面应保持与腻子表面平行，如图 5-117 所示。打磨时不能施力过大，应将打磨机轻轻压住，靠旋转力进行打磨。若施力过大，就不能形成平整表面。打磨机的移动方向应采用米字形打磨。

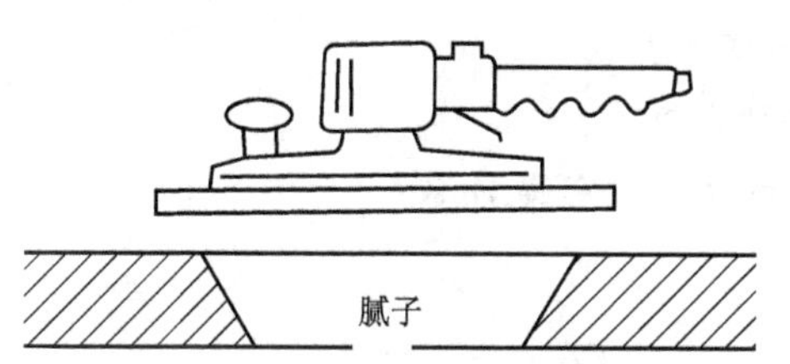

图 5-117 打磨机的使用方法

用打磨机打磨腻子时的操作程序与手工干打磨相似，一般包括以下操作步骤：

a. 用 P80 砂纸打磨。只打磨腻子区域的中部较厚处，整个腻子表面略高于旧漆层为止。

b. 换用 P150 砂纸打磨。此次打磨应扩展到接口区域即底处理留下的羽状边区域。

c. 根据需要施涂填眼灰，待填眼灰干燥后用 P150 砂纸手工打磨填眼灰。

d. 施涂打磨指导层。

e. 换用 P240 砂纸打磨。此次打磨应扩展至旧漆膜，区域不要太大，按 P150 打磨区域向外扩约 3~5 cm，重点关注腻子与旧漆膜交界处。

f. 换用 P400 砂纸打磨。此次打磨扩展至旧漆膜，区域为需要喷涂中涂底漆的整个表面。

注意：

a. 无论是手工打磨还是用打磨机打磨，腻子最终打磨完成后，如果下道工序为喷中涂底漆，则腻子表面应与周边的旧漆膜等高。

b. 因干磨机的打磨效果不是很好，而且对边角区域打磨困难，故在用干磨机打磨时，常配合手工干打磨，彻底清除细小的凹凸不平及打磨边角区域。通常从第一级砂纸打磨开始，至最后一级砂纸打磨完成的过程中，更换每一级砂纸前，均要用同型号的砂纸进行手工打磨，重点是打磨机打磨不到的地方。

④ 清洁车身。最好使用压缩空气吹净打磨灰尘，必要时可配合使用除尘布除尘。

二、技能考核

学生每 2 名为一小组，针对前一任务已经完成旧漆膜处理的车辆（或板块），各小组独立完成本任务规定的实操内容并同时完成实训工单。

指导教师全过程观察并随时填写《实操考核记录单》。对学生操作过程中易引起事故的行为，指导教师应及时纠正。

思考与练习

1. 进行全车清洗时，应注意哪些安全事项？
2. 说明判断汽车板件是否需要经过重新涂装的两种方法。
3. 说明确定漆膜是否为溶剂挥发型涂料的方法。
4. 说明确定漆膜是否为热塑性涂料的方法。
5. 说明评估车身表面损坏程度的三种方法。

6. 为什么要对旧漆膜做清除处理？清除损坏的旧漆膜时，处理到什么程度合适？
7. 什么情况下需要刮涂腻子？
8. 涂腻子的一般工序是什么？
9. 局部修补时怎样刮涂腻子？
10. 对交接线部位怎样刮涂腻子？
11. 用打磨机打磨腻子的操作要领是什么？

6 项目六

中涂漆的施工

学习目标

1. 能够正确描述中涂漆的功用、 性能及选择方法。
2. 能够正确描述车身遮盖用各类材料的用途。
3. 能够正确进行局部涂装、 整板涂装及整车涂装的遮盖。
4. 能够正确进行板件表面的除尘与除油。
5. 能够正确调制中涂漆。
6. 能够用正确的方法进行中涂漆的喷涂操作。
7. 能够用正确的方法进行中涂漆的干燥。
8. 能够正确进行中涂漆的修整。
9. 能够正确进行中涂漆的打磨。
10. 能够正确进行中涂漆打磨后的质量检查， 并对出现的缺陷进行合适的处理。
11. 能够注意培养良好的安全、 卫生习惯与团队协作意识。

案例分析

腻子表面打磨完成后，通常需要喷涂中涂漆，如图 6－1 所示，以填平腻子表面缺陷，为面漆喷涂建立良好的表面质量。但如果在腻子的表面整体施涂了细腻子，经打磨平整后检查，表面符合喷涂面漆的需要，则可不喷涂中涂漆。

对于施涂了底漆的表面，如果无须施涂腻子，可在其表面直接喷涂中涂漆，以封闭底层缺陷，并快速建立涂层厚度。

对旧涂膜起细微皱纹的部位，喷涂了中涂漆，填平凹陷部位，然后经打磨平整后即可喷涂面漆。

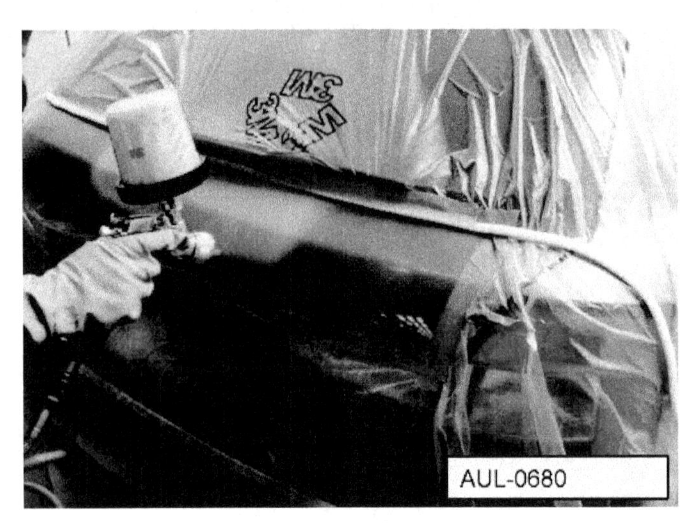

图 6－1　喷中涂漆

相 关 知 识

一、中涂漆的功用

对腻子层表面的气孔进行填眼灰填平后，由于填眼灰干燥后的收缩，会在表面留下凸凹不平点，如图 6－2 所示。尽管经过手工精打磨操作，仍不能满足喷涂面漆的需要。另外，腻子表面打磨后，仍会留下细小的划痕，也不适合直接喷涂面漆。此时一般需要喷涂中涂漆。

中涂漆的主要作用一是填补平整表面，二是防锈保护。作为汽车修理涂装，主要偏重于前者，而且一直是以作业性为中心来选择使用。因此，对于中涂漆，一直受到重视的是如何提高其厚涂性、干燥性、打磨性、防渗透能力等施工性能，对涂层自身的质量性能要求却居于其次。

但是近来，随着合成纤维素丙烯酸硝基漆涂料和丙烯酸聚氨酯、聚氨酯等各种面漆涂料的使用，出现了更加强调涂膜质量保证的倾向。为此，要求使用打磨性、耐水性优良的腻子，厚涂性好、不吸水的中涂漆与之相匹配。

例如起泡问题，当各涂层耐水性不均衡，水分（溶剂）就会集中到耐水性差的部位，使涂膜膨胀起泡。在图 6－3 中，中涂漆层被夹在耐水性能较好的腻子层和水难以透过的面漆涂膜之间，因此水分将会聚集在耐水性差的中涂漆层。

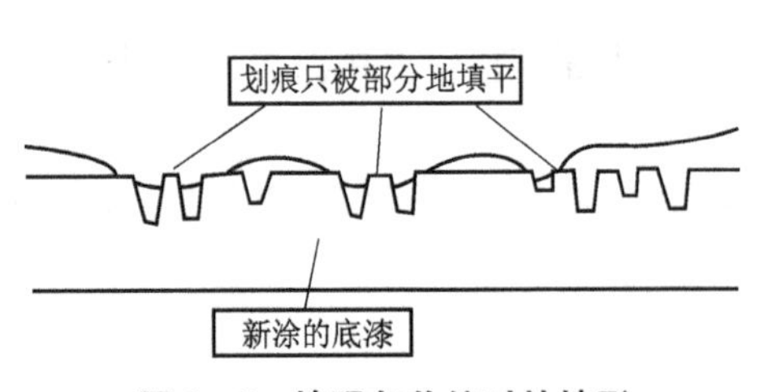

图 6－2　填眼灰收缩时的情形

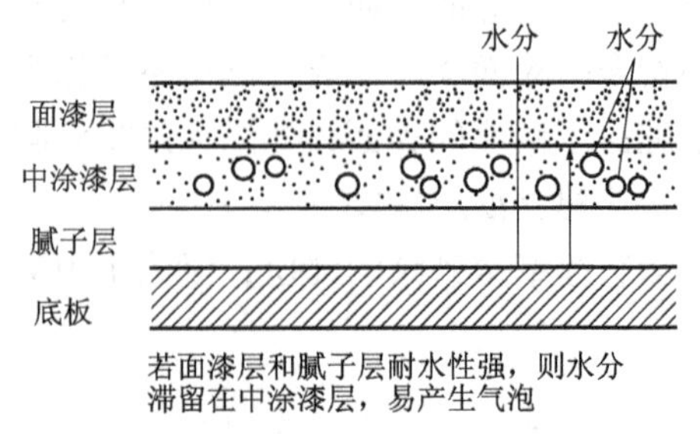

图 6－3　各涂层性能不均衡产生的起泡问题

由此可见，随着对涂膜质量要求的提高，中涂漆层的耐水性和附着性显得更为重要。尤其是当面漆涂料使用丙烯酸聚氨酯这一类涂膜性能和表面质量好的涂料时，应使用耐水性和附着力高的中涂漆涂料。

除上述功能之外，中涂漆还有覆盖作用。有皱纹的旧涂膜，如果直接喷涂面漆，会使旧涂膜溶解，打磨痕会渗到表面，或引起开裂、气孔等质量问题。先喷涂中涂漆，形成涂膜层，可以抑制面漆溶剂向旧涂膜的渗透，防止质量事故的出现。另外，如果待中涂漆涂膜硬化后再喷面漆，则防止溶剂的渗透效果会更好。

由于上述原因，在国外汽车修理业，双组分的聚氨酯类中涂漆很受欢迎。

二、中涂漆涂料的选择

目前使用的中涂漆有硝基中涂漆（1 K 型）、丙烯酸中涂漆（1 K 型）和聚氨酯中涂漆（2 K 型）。各类型中涂漆的特点对比，见表 6－1。

表 6－1　常用中涂漆的特点对比

性　能	1 K 丙烯酸中涂	聚氨酯中涂	1 K 硝基中涂
附着力	○	◎	X
填充性	○	◎	#
隔离性	○	◎	X
抗水性	#	◎	X
干燥性	○	#	◎
打磨	◎	○	◎
防吸收性	#	◎	X
配合面漆颜色	#	◎	X
注：◎优越；○良好；#一般；X 不良。			

随着面漆涂料的不同，与之配套使用的中涂漆涂料也应不同。中涂漆涂料的合理选用，是避免涂装出现质量问题的关键。

1）当旧涂膜是烤漆涂料或丙烯酸聚氨酯涂料时，选用硝基类中涂漆也问题不大，但要注意其质量、层间黏着力和耐水性一定要满足要求。

2）当旧涂膜是改性丙烯酸或合成纤维素丙烯酸硝基漆时，以采用聚氨酯类中涂漆为宜。这种中涂漆，涂膜性能好，覆盖效果好，即使旧涂膜有轻微缺陷，也不易出质量问题。但应注意，这种中涂漆不适宜用于局部修补，因为局部喷涂了聚氨酯类中涂漆后，再喷涂面漆，往往会在补修腻子与旧涂膜的边缘交接处出现起皱现象，故这种中涂漆只适宜对旧涂膜或腻子的整块覆盖。

3）厚涂型合成树脂中涂漆的涂膜性能比不上聚氨酯中涂漆，但由于其所使用的溶剂溶解力较弱，不会侵蚀底漆，干燥速度也比较快，因而常常被采用。对这种中涂漆，重点应检查其层间黏着力和耐起泡性。

4）硝基类和丙烯酸类中涂漆，通常若耐起泡性和层间黏着力好，则覆盖效果差；反之若覆盖效果好，则前两种性能差。因此有必要检查其溶剂挥发性能、覆盖效果、耐水性、丰满度、施工性能等。

5）在全涂装、腻子涂装面积宽的场合以及当旧涂膜起皱时，使用聚氨酯类中涂漆效果最好。除此之外，从作业性方面考虑，厚涂型合成树脂中涂漆也很方便。这些中涂漆的使用方法，有时随厂家不同而有若干差异，故应注意不要弄错。若需对中涂漆进行稀释时，应使用指定的专用稀释剂，否则会影响性能。

有的聚氨酯中涂漆被称为无须打磨型中涂漆，但实际上随着中涂漆层的不断硬化，层间黏着力往往会下降，为提高层间黏着力，仍需轻轻打磨，在表面留下打磨痕，以提高与面漆层的黏着力。

实际施工中，只要购买了质量合格的涂装产品，上述性能即均能满足要求。表 6－2 所示为鹦鹉系列中涂漆与板件材料的适用性说明。从表中可以看出，中涂漆是不能直接施涂在板件表面上的，必须经过适当的处理后使用（如喷涂填充底漆）。因而实际工作中，选择中涂漆重点关注的是中涂漆与底漆的搭配。不同涂料生产商的产品，搭配情况是不同的。

表 6－2　鹦鹉系列中涂漆与底材的适用性

材料 中涂底漆	钢材	镀锌钢板	铝镁	有电泳底漆的电厂件	旧涂层
285–0 VOC 鹦鹉® 高浓透明中涂底漆VOC	—	—	—	❶	❶
285–31 VOC 鹦鹉® 高浓免磨中涂底漆（VOC）	❶	❶	❶	❶	❶
285–38 VOC 鹦鹉® 高浓免磨中涂底漆，白色	❶	❶	❶	❶	❶
285–49 VOC 鹦鹉® 高浓免磨中涂底漆，黑色	❶	❶	❶	❶	❶
285–95 VOC 鹦鹉® 高浓可调中涂底漆	❶	❶	❶	❶	❶
285–100 VOC 鹦鹉® 快干中涂底漆	❶	❶	❶	❶	❶

注：

— 不适用。

● 可以直接使用，甚至在裸露的金属表面也可使用。

❶ 在打磨至裸露金属或裸露金属表面，使用：鹦鹉®283–150 VOC磷化填充底漆或鹦鹉®285–16 VOC高浓热固填充底漆。

❷ 在打磨至裸露金属或裸露金属表面，使用：鹦鹉®285–16 VOC双组分水性底漆或鹦鹉®285–16VOC高浓热固底漆。

❸ 在打磨至裸露金属或裸露金属表面，使用：鹦鹉®285–16 VOC高浓热固底漆。

鹦鹉系列中涂漆与底漆的搭配，见表 6－3，从表中可以看出，除水性底漆外，系列中涂与底漆基本上均能相互搭配。

表 6－3　鹦鹉系列中涂漆与底漆的搭配

底漆 中涂底漆	70-2 VOC	283-150 VOC	285-16 VOC	801-72 VOC
285-0 VOC 鹦鹉® 透明底漆	—	●	●	●
285-31 VOC 鹦鹉® 高浓免磨中涂	—	●	●	●
285-38 VOC 鹦鹉® 高浓免磨中涂白色	—	●	●	●
285-49 VOC 鹦鹉® 高浓免磨中涂黑色	—	●	●	●
285-95 VOC 鹦鹉® 高浓可调色中涂	—	—	●	●
285-100 VOC 鹦鹉® 快干中涂	—	●	●	●
注： —　不适用。 ●　适合的底漆/填充底漆/中涂底漆搭配。 表中70-2 VOC为鹦鹉双组分水性底漆；283-150 VOC为鹦鹉磷化填充底漆；285-16 VOC为鹦鹉高浓热固填充底漆；801-72 VOC为鹦鹉环氧填充底漆。				

三、中涂漆涂装程序

中涂漆涂装程序如图 6－4 所示。

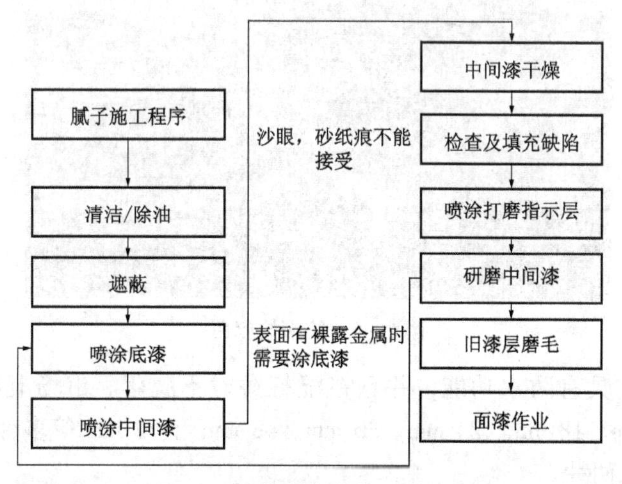

图 6－4　中涂漆涂装工艺程序

四、遮盖材料

在准备喷涂过程中，遮盖是很重要的一步。对于不需要涂装的表面一定要遮盖好，否则会引起不必要的麻烦。遮盖需要使用遮盖材料。常用的遮盖材料为遮盖纸和遮盖胶带等，不仅在车身修补涂装中使用，而且在汽车生产厂涂装过程中也广泛使用。

1. 胶带

胶带在家庭中也经常可以用到，所以其用途较广泛，如图 6－5 所示。用于将遮盖纸粘贴于车身表面，如图 6－6 所示。由于使用的环境复杂，有的适用于炎热干燥的沙漠地区，有的则适用于寒冷潮湿的区域。因此，为了很好地完成喷漆前的遮盖工作，所选用遮盖胶带必须满足气候环境的变化和防止车间中脏物和灰尘对漆面的影响。有些遮盖胶带有专门的用途，例如用在风干油漆面的情况下，而有些遮盖胶带适合在烘干的情况下使用。

图 6－5　遮盖胶带

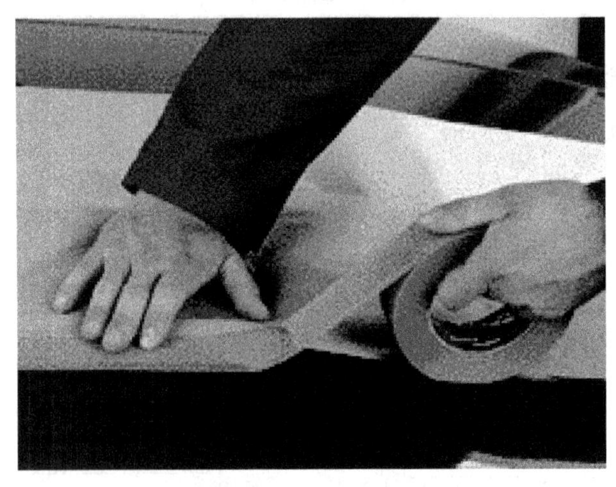

图 6－6　胶带的应用

高质量的胶带应具有防水功能，并且在湿打磨时不脱落。市场上出售的遮盖胶带有 3 mm、6 mm、12 mm、18 mm、24 mm、36 mm、48 mm 和 72 mm 等多种尺寸。最常用的胶带为 6 mm 和 18 mm 两种。

另外，还有一种细胶带，这种胶带常用在两种颜色交界处或非专业喷漆时用，因为这种胶带柔性好、较薄，并且专门的聚丙烯胶带底层允许胶带粘贴在新喷的瓷漆或清漆面上，不会留下痕迹，如图 6－7 所示。这种胶带具有防止溶剂浸透功能。常用的有 1.5 mm、3 mm、5 mm、6 mm、10 mm、12 mm 和 18 mm 宽的胶带卷。

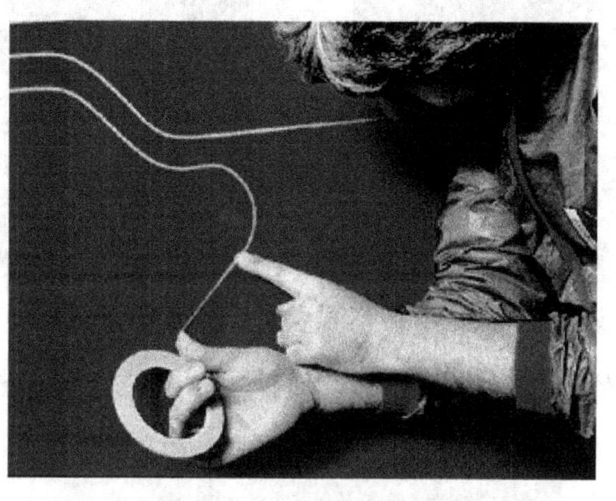

图 6－7　细胶带的应用

目前市场上还出现了各种各样的专用胶带，是专门为车身特殊部位遮盖而设计的，如风窗玻璃密封条胶带、塑料软发泡胶带、缝隙遮盖胶条等。

2. 遮盖纸

遮盖纸是一种耐溶剂的纸，喷涂时可保护较大面积的被覆盖部分不受涂料的影响。

一般制成 100 cm、80 cm、50 cm 等不同宽度系列的纸卷。通过中间通孔可将其装于专用的遮盖纸机上。图 6－8 所示的是一种常用的遮盖纸与胶带机，该机器上装有不同宽度的遮盖纸和不同规格的遮盖胶带。该机器可以很方便地把胶带按需要粘贴到遮盖纸的边缘。同时，机器上还装有一个切刀，可以根据需要切断一定长度的遮盖纸，从而有效提高工作效率。

还有一种经特殊处理的遮盖纸，宽度有 8 cm、15 cm、23 cm、30 cm、38 cm、46 cm、69 cm 和 91 cm 几种。这种纸的一侧采用特殊材料处理，比另一侧亮。通常应把光滑明亮的一侧朝外。也有的遮盖纸两侧均用树脂进行浸渍处理，具有较好的防渗透功能和防脏物功能，常用在基层和透明涂层的喷涂过程中。

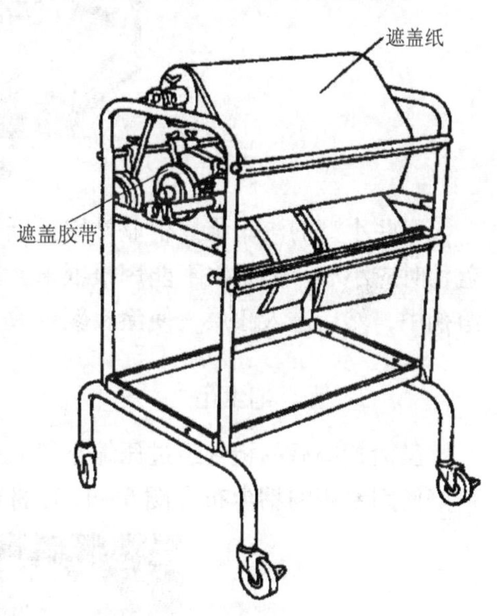

图 6－8　遮盖纸与胶带机

3. 遮盖膜

用于遮盖用的塑料薄膜通常为聚乙烯膜，它能既经济又有效替代遮盖纸，如图 6－9 所示。

4. 其他遮盖材料

1）车身罩。车身罩也称车衣，用于快速将整车遮盖，只需将待涂装部位露出，并进行必要的遮盖（用胶带及遮盖纸等）即可，如图 6－10 所示。

图 6－9　遮盖膜

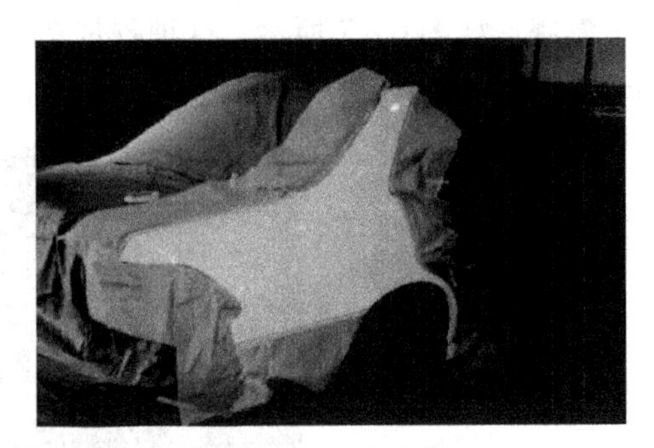

图 6－10　车身罩

2）车轮罩。按车轮外形设计制造，能够快速遮盖车轮，如图 6－11 所示。

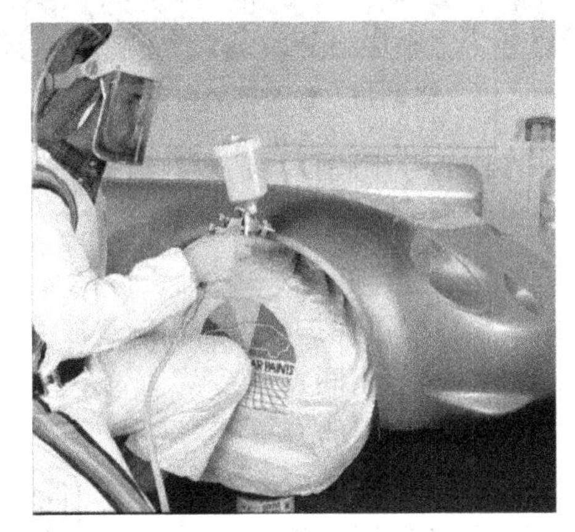

图 6－11　车轮罩

一些小型的汽车维修企业常用报纸进行遮盖。由于报纸较易被撕扯，因此使用报纸做遮盖物时应小心。但是决不能用报纸来遮盖清漆面，因为报纸中含有油墨，油墨会溶入涂料的溶剂中，然后进入漆层，使涂料颜色改变。

五、粘尘布

虽然打磨后的板件经过压缩空气吹拂甚至用擦纸等擦拭，也不能完全清除黏附的灰尘，最好使用专用的粘尘布（图 6－12）将整个待涂装表面仔细擦拭一遍。

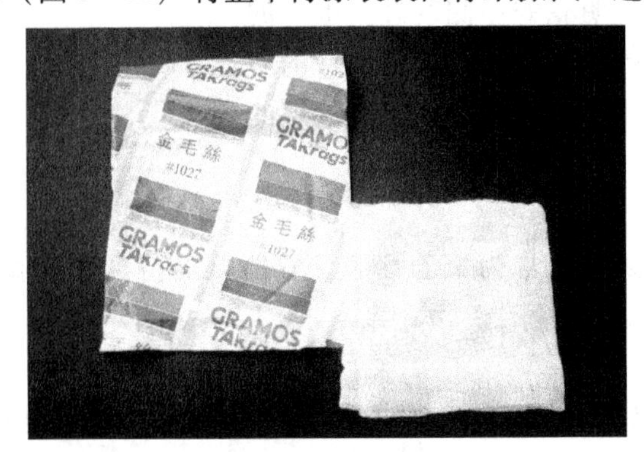

图 6－12　粘尘布

六、除油剂

汽车的主要部件为钢铁等材料制成，在加工、储运过程中常使用以矿物或动、植物油脂为基础成分，加各种有机添加剂或无机物质的油品保护，这是汽车钢铁部件表面的主要油污来源。另外，经除旧漆处理后的裸露的金属表面，也会因操作过程（如手触摸）而沾有油脂。油污的存在，会影响酸洗除锈和磷化质量，影响涂层的干燥性能和降低涂层的附着力。

在进行正式喷涂之前，必须确保板件表面没有灰尘和油污，否则必然会造成喷涂缺陷。因此在正式喷涂之前，必须进行除油操作。

油污清除的难易程度与油污组成的物理化学性质有关。动、植物油可以皂化，可用皂化、乳化和溶解作用除去；矿物油不能皂化，主要靠润湿、乳化、溶解、分解等作用除去。通常黏度越大、熔点越高的油污越难清洗。极性较强的油污，由于对金属表面的附着力强，也较难清洗。因长期存放或高温烘烤形成的氧化性干膜难清洗。带有固化微粒的润滑剂、研磨剂、抛光膏等也很难清洗。

有机溶剂脱脂法是指应用有机溶剂溶解皂化和非皂化油脂。用有机溶剂除油的特点是速度快，效率高，操作简单。可用浸洗法、擦洗法、先喷后擦净法等多种方法进行施工，即可在常温条件下进行，也可将有机溶剂加热浸洗后再用蒸汽除净油污等方法进行。常用的有机溶剂有石油系溶剂、芳香族溶剂、氯系溶剂、氟系溶剂以及醇类溶剂与酮类溶剂等。

对于难以清洗的油污，需采用增强化学反应或加强物理机械作用，提高清洗温度等措施方能清除干净。

除油剂，也称为脱脂剂，一般封装于金属或塑料容器内，使用时可先将其倒入喷水壶内，如图 6－13 所示。

图 6－13　喷水壶

同一个涂料生产商所供应的除油剂会有不同的规格（型号），每一类型的除油剂有各自的特点和用途。以 BASF 生产的鹦鹉系列涂料为例，其除油剂有以下种类：

1）360－4（金属清洁剂）。主要用于钢材、镀锌板及铝合金表面的清洁与除油。

2）541－30（通用塑料清洁剂）。主要用于塑料表面的清洁、除油，并能清除塑料表面的脱膜剂。

3）541－5（除硅除蜡清洁剂）。主要用于有原厂底漆的新板件、旧漆层的清洁，能够清除灰尘、硅油、石蜡等。

4）700－10（水性除油漆清洁剂）。主要用于水性漆系统，能够清除硅油、油脂和打蜡的残留物以及塑料件表面的脱膜剂，并可消除塑料件表面的静电。

5）700－1（水性漆清洁剂）。主要用于鹦鹉 1 K 型中涂底或水性底色漆系统。在中涂漆和底色漆施工前及 90 系列水性漆驳口区域预处理时使用，能够清除灰尘。用于塑料件时可起到抗静电的作用。可以用来清洗水性漆喷枪。

七、涂料调制工具

调黏度所用工具为黏度计和调漆比例尺。

1. 黏度计

我国根据 GB 1723—1979《涂料黏度测定法》规定，常用测试涂料黏度的黏度计有：涂－1、涂－4、落球黏度计。计量单位为“s”。在实际生产中。涂－4 黏度计使用较为广泛，它能用于测定黏度在 10～15 s 之间的各种油漆产品。

常用的国产涂－4 黏度计有金属和塑料两种。其形状如图 6－14 所示，上部为圆锥形，底部有不锈钢制成的可以更换的漏嘴，圆筒上沿有环形凹槽，用于盛装溢出的多余试样涂料，黏度计容量为 100 mL。

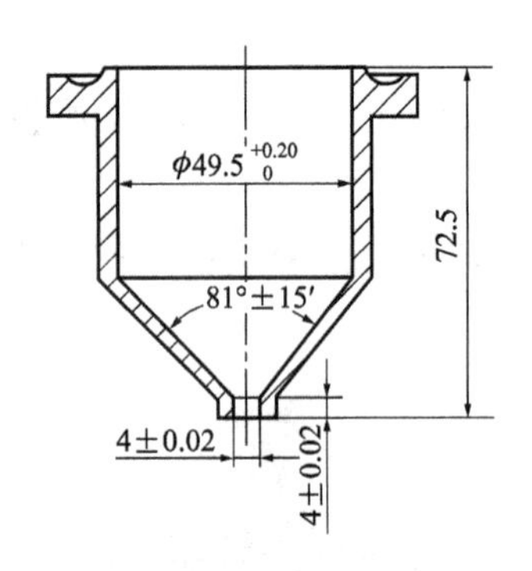

图 6－14　涂－4 黏度计

在国际上通用的有两种涂料黏度计，即福特杯和扎恩杯。福特杯适用于大批量涂料黏度的测试，而扎恩杯适用于修补或小批量涂料黏度的测试。

汽车涂料使用的福特杯是一个底部成圆锥形的圆柱形容器。圆锥的顶部开有测量孔。视孔径的不同又分为两种规格，即福特 3 号杯和 4 号杯。在实际生产中常用的是福特 4 号杯，简称涂－4 黏度计，也称 4 号黏度杯，它分为台式和手提式两种，如图 6－15 所示。它们主要用于测试各种涂料的施工黏度，以使涂料达到便于喷涂、刷涂或浸涂的施工黏度。台式涂－4 黏度计为固筒型，主要使用于涂料检测室或化验室测试涂料黏度用。手提式涂－4 黏度计具有体形小、重量轻、携带方便等特点，适用于涂装施工前现场测试涂料黏度用。涂－4 黏度计的杯容量为 100 mL，有铜制、不锈钢制、铝合金制、塑料制等多种，杯的底部有一标准的小流量圆孔。使用台式黏度计时，需要配合一个容量为 250 mL 的玻璃烧杯（其他容器也可）和一根玻璃棒或刮漆小刀。使用手提式黏度计时，可直接将黏度杯浸入漆液中进行测试。测试时，还必须配备秒表（体育秒表）等。图 6 – 16 所示为福特 4 号杯黏度计示意图。

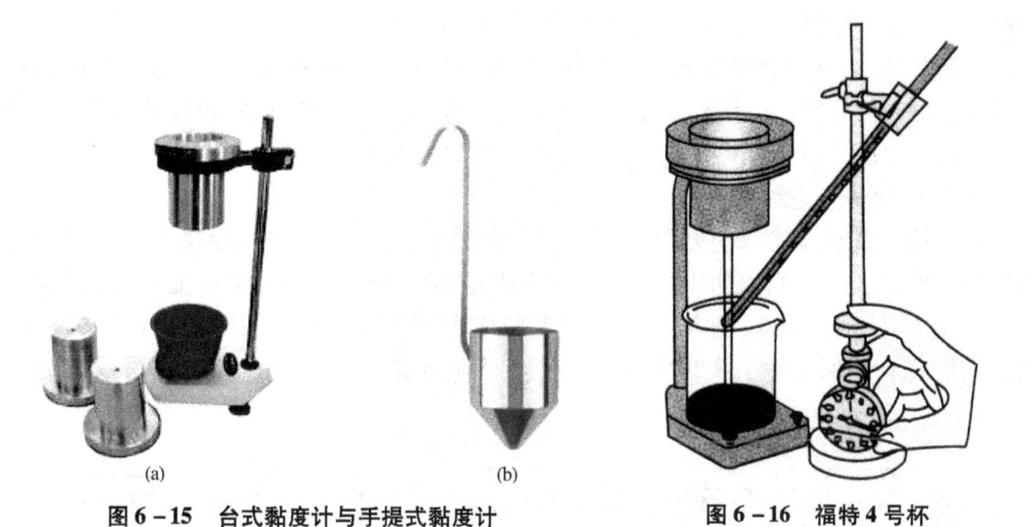

(a)　(b)

图 6 – 15　台式黏度计与手提式黏度计

（a）台式黏度计；（b）手提式黏度计

图 6 – 16　福特 4 号杯

2. 调漆比例尺

为了避免涂料、稀释剂等的称重调配，世界各油漆生产厂商供给一批油漆调配比例尺，便于调漆工简化操作。如 BASF 公司提供的调漆比例尺选用铝质底材，每边用不同颜色蚀上不同比例的刻度，图 6 – 17 所示为系列比例尺的一种，其中一面是为调配比例为 2∶1∶（5% ~10%）的产品而设计的，即主剂（底漆、中涂底漆、调好色的色浆等）∶固化剂∶稀释剂 =2∶1∶(5% ~10%)；另一面则是为 4∶1∶1 的产品设计的，即主剂∶固化剂∶稀释剂 =4∶1∶1。

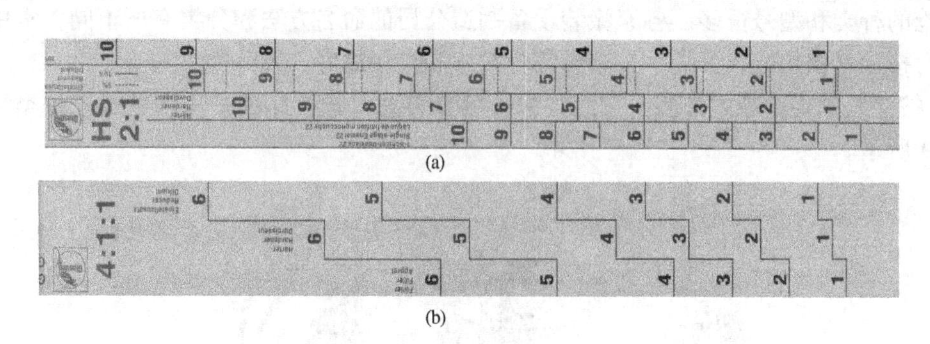

(a)

(b)

图 6 – 17　BASF 公司提供的调漆比例尺

（a）正面；（b）背面

八、压缩空气喷涂系统

空气喷涂法就是以压缩空气的气流为动力，以喷枪为用具，使涂料从喷枪的喷嘴中喷出呈漆雾而涂布到工件表面的一种施工方法，它是一种最为常用的喷涂方法。

1. 空气喷涂法的特点

1）主要优点：设备简单，容易操作，能够获得厚薄均匀、光滑平整的涂层膜，使有缝隙、小孔的物件，以及倾斜、弯曲的地方均能喷到。它的适应性强，大部分涂料品种都可用此法施工，对快干漆更为适用。其工效比刷涂高 5 ~ 10 倍。

2）缺点：涂料有效利用率低，有相当一部分的涂料随溶剂在空气中飞散，飞散的漆雾污染环境、对人体有害，且易造成火灾，甚至发生爆炸，故需要有良好的通风设备；漆膜较薄，涂料利用率低。但随着新型喷枪的出现，这些缺点在逐渐改进。

2. 空气喷涂法的基本原理

典型喷枪空气喷涂的原理见图 6－18。当扣动扳机时，压缩空气经接头进入喷枪从空气喷嘴急速喷出，在漆喷嘴的出口处形成低压区，漆壶盖上有小孔使漆壶内与大气相通，漆壶气压始终等于大气压。这样，在压力差的作用下使涂料从漆喷嘴喷出，并被压缩空气吹散而雾化，喷到工件上实现空气喷涂。空气喷涂是当前车身修补中应用最广的一种方法。

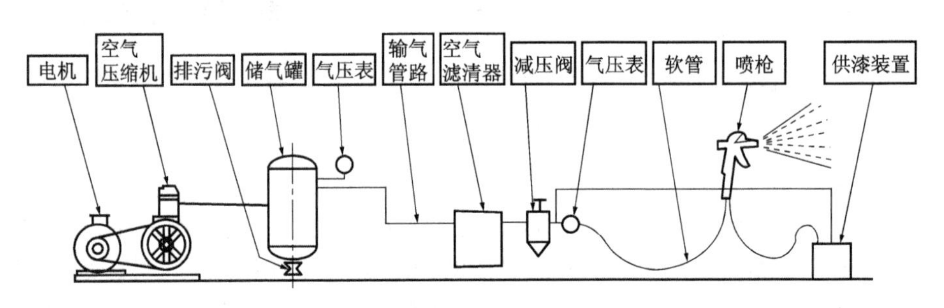

图 6－18　空气喷涂基本原理

3. 喷枪

（1）喷枪的品种

喷枪的种类和型号很多，各家涂装设备制造公司的命名方法和分类有所不同，常用的分类方法有按涂料供给方式分类、按涂料雾化技术和按用途等三种分类方法。

1）按涂料的供给方式分类。按此方法，可分为重力式、虹吸式和压送式三种类型，如图 6－19 所示。

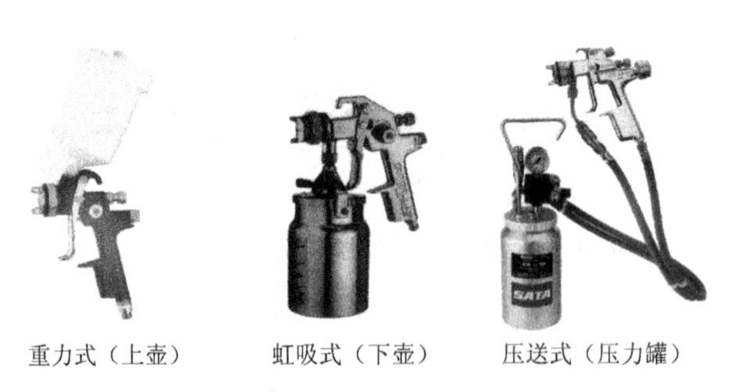

图 6－19　按涂料供给方式分类的三种喷枪

① 重力式（上壶式喷枪）。涂料杯位于喷枪喷嘴的后上方，喷涂时利用涂料自重及涂料喷嘴尖端产生的空气压力差使涂料形成漆雾。杯内涂料黏度的变化对喷出量影响小，而且杯

的角度可由漆工在限度内任意调节，但是它的容量较小（约0.5 L），仅适用于小物件涂装，且随着杯内涂料的减少，喷涂稳定性降低，同时不宜仰面喷涂。

② 虹吸式（下壶式）喷枪。涂料杯位于喷枪嘴的后下方，喷涂时利用气流作用，将涂料吸引上来，并在喷嘴处由压力差而引起漆雾。喷涂时出漆量均匀稳定。大面积喷涂时可换掉涂料杯，抽料皮管直接从容器中抽吸涂料连续工作，但当黏度变化时易引起喷出量的变化。

③ 压力式喷枪。涂料喷嘴与气帽正面平齐，不形成真空。漆料被压力压向喷枪，压力由一个独立的压力瓶（罐）提供。它适合连续喷涂，喷涂方位调整容易，涂料喷出量调整范围广。缺点是需要增添设备、清洗麻烦、稀释剂损耗大，不适合汽车修理厂修补漆方面应用。

2）按雾化技术分类。按此种分类方法，可分为高气压、低流量中气压和高流量低气压三种。此三种喷枪在外形上没有多大区别，只是在内部结构上会有所不同，从而产生不同的雾化效果，并且为便于区别，也会在外形和颜色设计上有所不同。

① 高气压喷枪，即为传统喷枪，其雾化气压较高，耗气量大，上漆率低。

② 高流量低气压喷枪也称为HVLP喷枪，其雾化气压低，上漆率高（在65%以上）。

③ 低流量中气压喷枪的各项性能居中。

3）按用途分类。按此种分类方法，可分为底漆用喷枪、中涂用喷枪、面漆用喷枪、清漆用喷枪、金属漆专用喷枪、小修补用喷枪等。

（2）喷枪的组成及各部分的作用

虽然不同的喷枪有许多通用的零部件，但每种类型或型号的喷枪只适用于一定范围的作业。选择合适的工具是以最短时间高质量完成作业的保证。

典型的喷枪由枪体和喷枪嘴组成，如图6－20所示。枪体又分为空气阀、漆流控制阀、雾形控制（即漆雾扇形角度调节）阀、控漆阀、压缩空气进气阀、扳机、手柄等。喷枪嘴由气帽、涂料喷嘴、顶针组成。

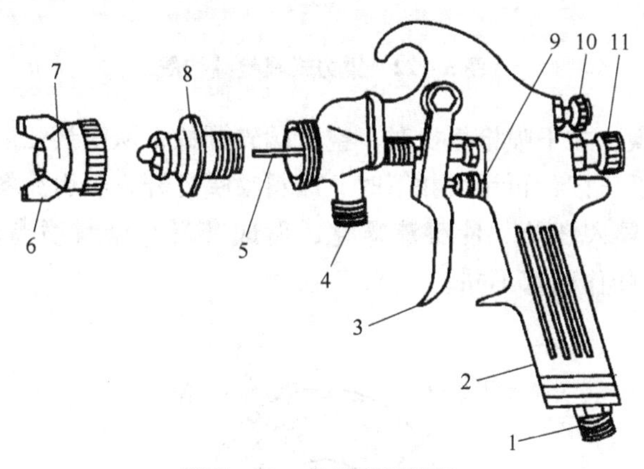

图6－20　典型喷枪构造

1—压缩空气进气阀；2—手柄；3—扳机；4——控漆阀；5—顶针；6—气帽角；7—气帽；8—涂料喷嘴；9—空气阀；10—雾形控制阀；11—漆流控制阀

图6－21所示的上吸式空气喷枪的结构纵剖图。

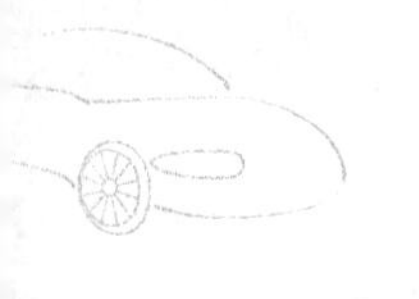

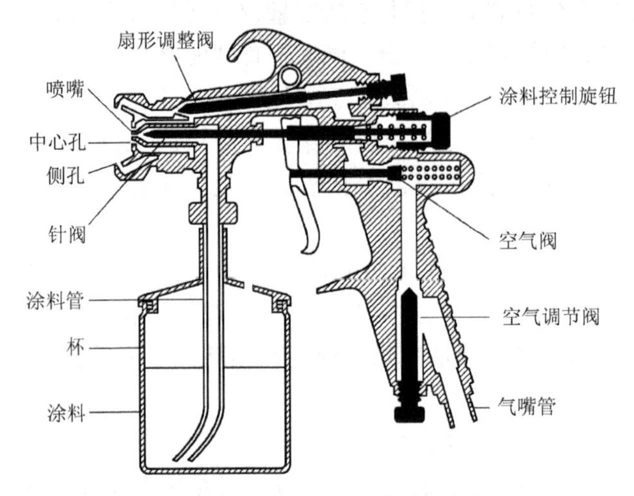

图 6－21　上吸式空气喷枪结构纵剖图

重力式喷枪的结构与虹吸式相似，如图 6－22 所示。

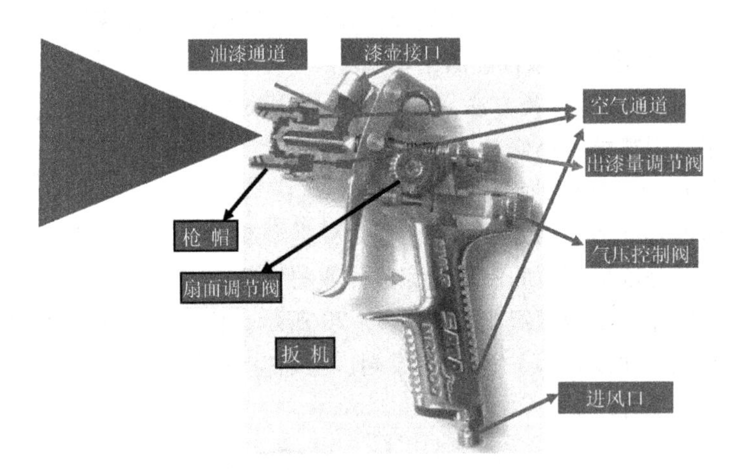

图 6－22　重力式喷枪结构图

扳机为两段式转换，扣下喷枪扳机时，空气阀先开放，从空气孔以高速喷出的压缩空气在涂料喷嘴前面形成低压区；再用力扣下时，涂料喷嘴打开，吸引涂料。

气帽把压缩空气导入漆流，使漆流雾化，形成雾形。涂料喷嘴上有很多小孔，如图 6－23所示，每个小孔的作用都不同。

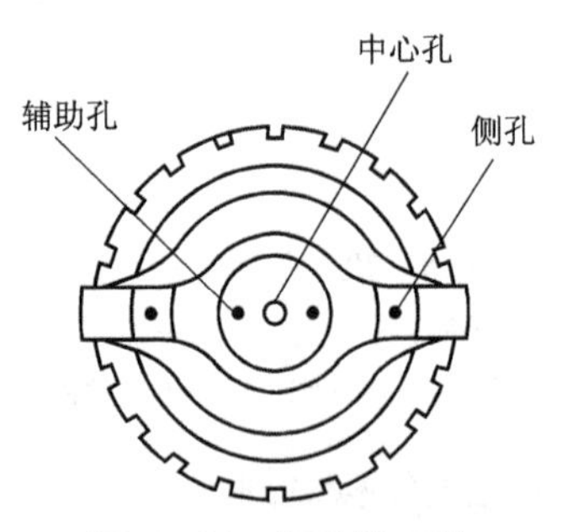

图 6－23　气孔的名称

主空气孔的作用是形成真空，吸出漆液，通常喷枪的口径就是指主空气孔的直径；侧面空气孔是2~4个，它借助空气压力控制雾束形状；辅助空气孔是4~10个，它促进漆液雾化。各孔的排列方式有多种，如图6－24所示。

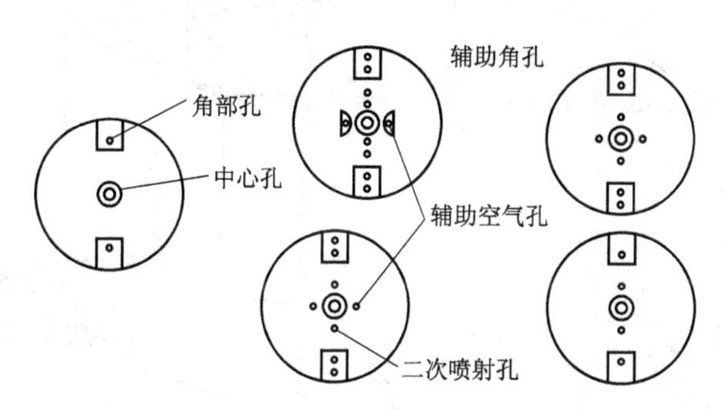

图6－24　空气帽气孔排列

辅助空气孔对喷枪性能有明显影响，如图6－25所示。孔大或多，则雾化能力强，能以较快的速度喷涂大型工件；孔小或少，则需要的空气少，雾形小，涂料雾化程度差，喷涂量小，但便于小工件的喷涂或低速喷涂。空气也从两个侧孔流出，其作用是控制雾束形状。雾形控制阀关上，雾束呈圆形；控制阀打开，雾束呈扁椭圆形。

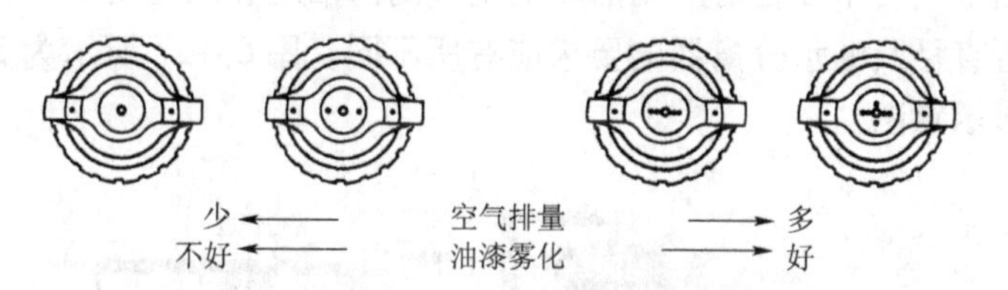

图6－25　辅助孔的大小与喷枪工作性能的关系

顶针和涂料喷嘴的作用都是控制喷漆量，并把漆流从喷枪中导向气流。涂料喷嘴内有顶针内座，顶针顶到内座时可切断漆流。从喷枪喷出的实际漆量由顶针顶到内座时涂料喷嘴开口的大小决定。控制阀可以改变扳动扳机时顶针离开其内座的距离。

涂料喷嘴有各种型号，可以适应不同黏度的涂料。涂料喷嘴的口径越大时涂料喷出量越大，因此防锈底漆等下层涂装用大口径的涂料喷嘴。

喷枪的性能取决于涂料喷出量与空气消耗量的关系，即涂料喷出量少而空气消耗量大时涂料粒度较小，涂料喷出量多而空气量少时涂料粒度较大、较粗，涂面的效果较差。通常涂料喷出量小型喷枪为10~200 mL/min，大型为120~600 mL/min，空气使用量小型为40~290 L/min，大型为280~520 L/min。涂料喷出量越大，则空气使用量越大。

4. 压缩空气供给系统

压缩空气供给系统用于提供充足的达到预定压力值的压缩空气，以确保喷涂车间所有的气动设备都能有效的工作，如图6－26所示。系统的规格从小型的便携式装置到大型的安装在车间内的设备应有尽有。这些系统的基本配置和安装要求都有以下相同点：一台或一组空气压缩机；动力源一般为电动机，室外工作时可使用便携式汽油机驱动的压缩机；一只或一组用于调节压缩机和电动机工作的控制器；规格合适的储气罐或容器；分配系统是压缩空气系统连接的关键，是指从空气容器到需要压缩空气的分配点的软管和固定管道，或者软管和固定管道的组合，包括规格合适的软管或固定管道、接头阀、油水分离器、气压调节器、仪表和其他能使特定的气动工具以及喷涂设备有效工作的空气与流体控制装置。

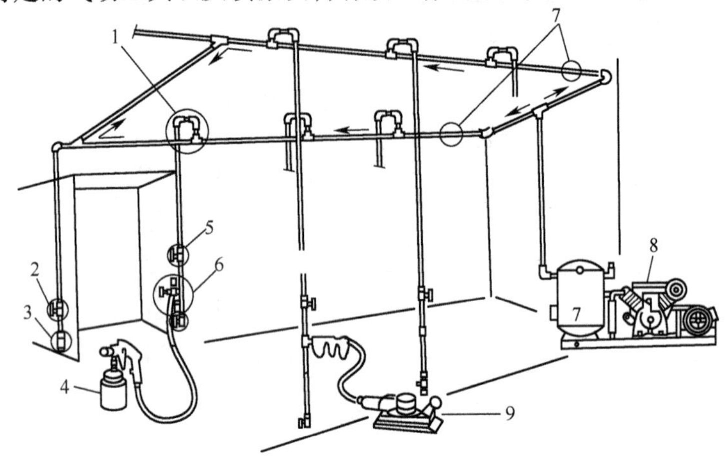

图 6－26　压缩空气供给系统

1—二级管道；2—截止阀；3—自动排水阀；4—空气喷枪；5—截止阀；6—气压调节器；7—主供气管道；8—空气压缩机；9—轨道式打磨机

由于各种压缩空气使用设备对所用的压缩空气的清洁度和压力要求不同，所以对通往各快换接口的连接管直径及油水分离器的要求应有所不同。图 6－27 所示为 SATA 公司建议的压缩空气管路连接示意图。

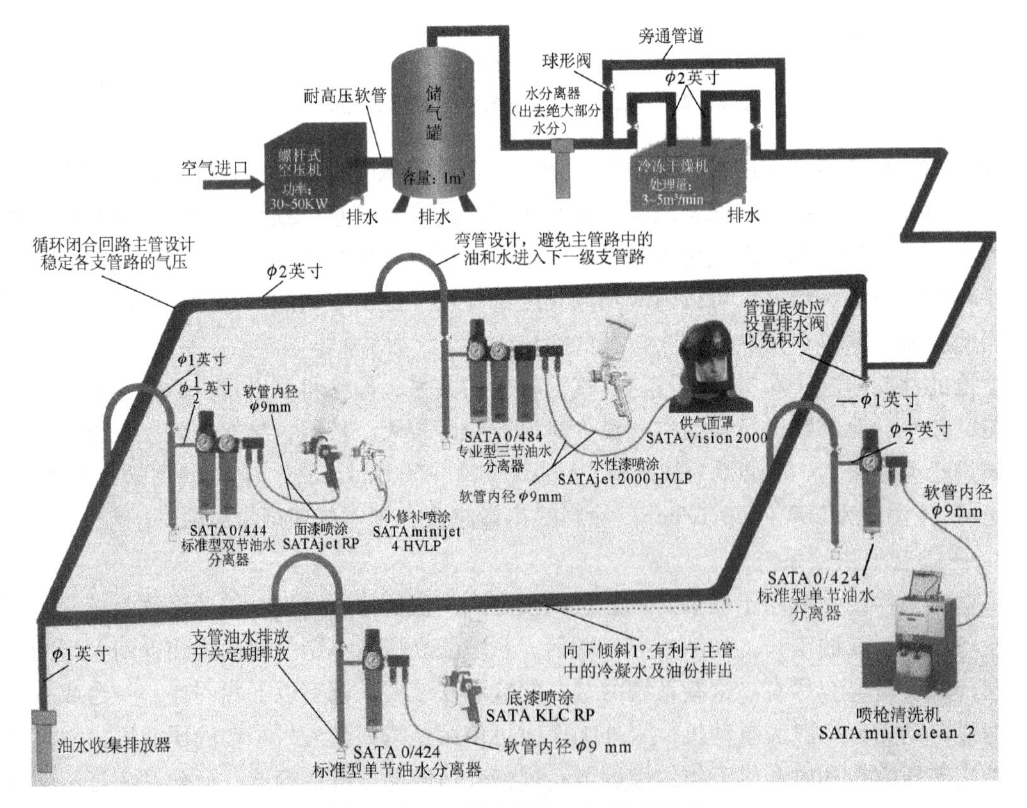

图 6－27　压缩空气管路连接示意图

九、喷漆室

如果没有一个符合要求的喷漆室，即使拥有经验丰富、技术熟练的高级喷漆技师、效果良好的喷枪、高品质的汽车修补涂料等，仍可能出现意想不到的质量问题。其主要原因是：在汽车修补工作中，最棘手的事情是如何避免在涂装过程中，空气中的灰尘黏附到刚刚喷涂完成但尚未达到表干的涂层上。如果涂层表面黏附有粒径在 ϕ1 mm 以上的颗粒，这些点即使是肉眼都很容易分辨出来，给喷漆质量带来影响。同时漆雾无法排除，严重影响操作人员的身体健康。所以，设立喷漆室的主要目的是提供干净、安全、照明良好的喷漆环境，使喷漆过程不受灰尘的干扰，并把挥发性漆雾限制在喷漆室内。因此要求喷漆室必须具备以下条件：

1）可以防止尘埃等脏物混入喷漆室。

2）可以比较完全的清除漆雾、溶剂等有碍人体健康的有机物质。

3）喷漆室的噪声不允许超过 85 dB，如果室内噪声过高，将分散操作人员的注意力，心情烦躁，影响工作质量。

4）为了实现精确配色，喷漆室内要求采用“消色差”灯光，这样才能提供纯粹的中性光。

5）符合油漆厂安全防火的通则。

汽车维修企业所采用的喷漆房通常为集喷漆与烤漆为一体的喷烤两用房，采用高能钢组件式房体、无接缝式无机过滤棉，配合进风过滤系统及正风压，确保进入房内的空气得到良好的净化。全自动循环进风活门使烤漆时的热空气，以循环方式在烤漆房内循环，配合房体的夹心式隔热棉，升温及保温效果特佳。烤漆房还采用无影灯式日光照明光管，色温与太阳光线极为接近，令颜色校对更准确。全自动操作控制仪表台一经预调，便能自动提供适当的喷漆、挥发、烤红、冷却等工序所需的时间及温度。

喷烤两用房的工作原理是：当作喷漆室时，室内温度可控制在 20 ℃ ~22 ℃。同时从天花板送下暖空气，空气流速为 16 ~40 m/min，顺重力方向至底部并被抽出，经排风系统分离出漆雾和空气后排除室外。

喷漆完毕后的工件静置 10 min 左右后，随即进行加温。送进经热能转换器加温的热空气，使房内温度达到指定的烘烤温度。空气流速为 3 m/min 左右（流速太高，会引起漆膜出现小凸泡）。此时气流为封闭式循环系统，空气为加速工件干燥做重复循环。

在喷烤两用房中有的还配备活动旋转台、轨道式拖车系统，便于操作人员喷施涂工、烘烤，以及加速车辆的进出。一间喷烤两用房每天可喷烤 7 ~9 辆车。图 6 –28 所示为一种型式的喷烤两用房外形图，其结构示意图如图 6 –29 所示。

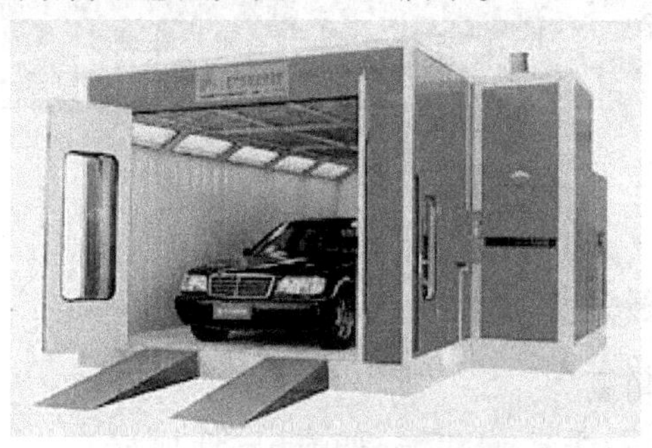

图 6 –28　喷烤两用房外形图

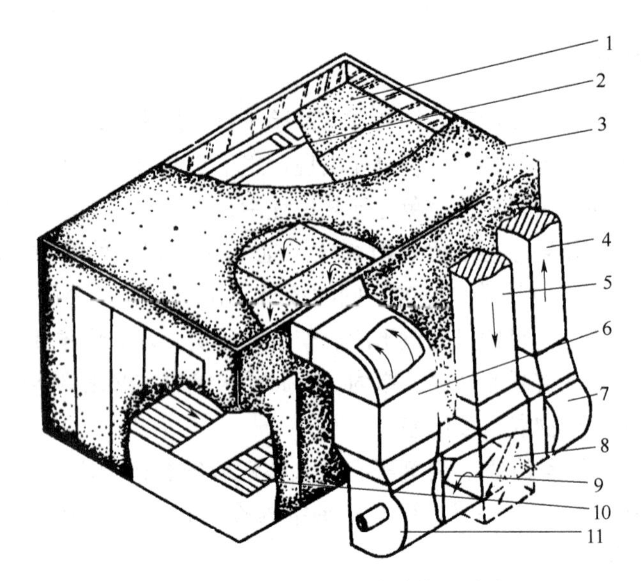

图 6-29　热空气对流式喷烤两种房

1—顶部过滤网；2—日光灯；3—房体；4—排气管；5—进气管；6—加热器；
7—排风机；8—工作状态选择活门；9—二次过滤网；10—底沟；11—进气机

对于车身的局部烘烤，常采用红外线烤灯。红外线烤灯也称为 IRT 灯，通常由 1 ~4 个短波（或中波）红外线灯管组合而成，其可移动的特点非常适合车身任何部位的局部烘烤。图 6-30 为一种典型的红外线烤灯外形图。

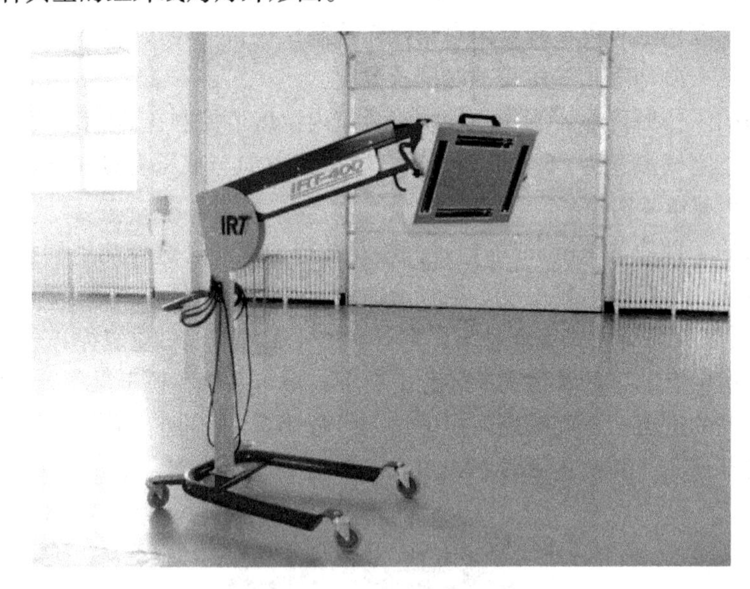

图 6-30　红外线烤灯

十、喷涂操作要领

1. 喷枪与工件表面的角度

喷枪与工作表面必须保持垂直（90°），如图 6-31 所示。

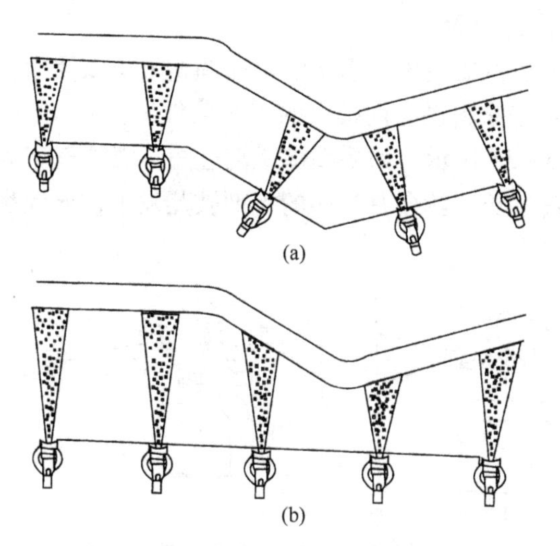

图 6－31　喷枪与工件表面的角度

（a）正确；（b）不正确

即使对于弧形表面，也应掌握这一要领，如图 6－32 所示。

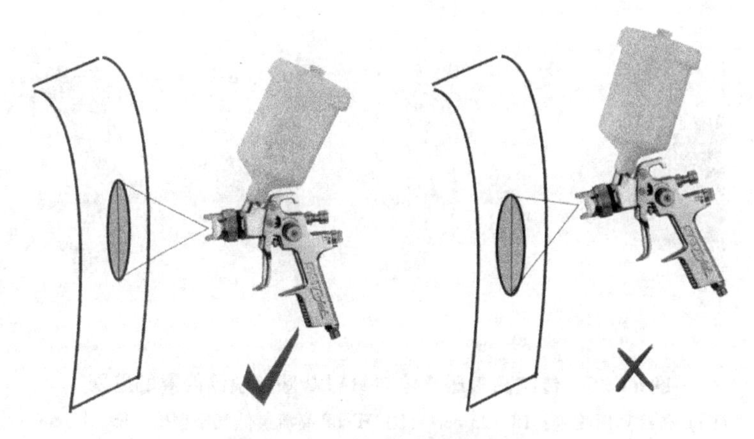

图 6－32　弧形表面喷涂要领

绝对不可由手腕或手肘作弧形的摆动，如图 6－33 所示。

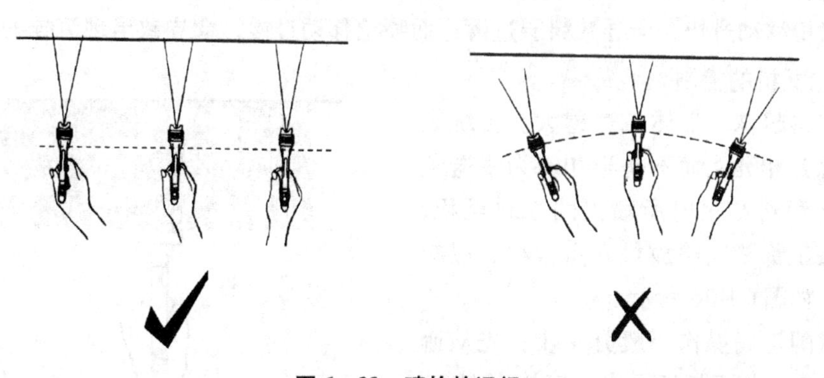

图 6－33　喷枪的运行

2. 喷枪嘴与工件表面的距离

正常的喷涂距离应与喷枪的气压、喷枪的扇面调整大小以及涂料的种类相配合。一般喷涂距离为 20 cm 左右（可按涂料供应商提供的工艺条件操作）。实际距离可通过对贴在墙上的纸张试喷而定，如图 6－34 所示。如果喷涂距离过短，喷涂气流的速度就较高，从而会使涂层出现波纹；如果距离过长，就会有过多的溶剂被蒸发了，导致涂层出现橘皮或发干，并影响颜色的效果。

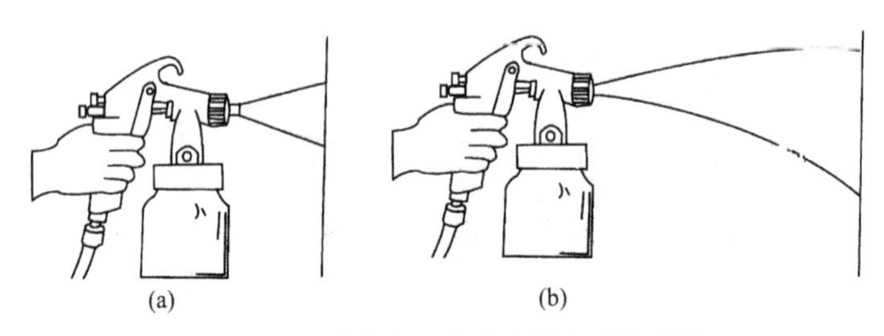

图 6－34　喷枪与工件表面的角度和距离

（a）涂料堆积；（b）喷雾落到喷涂表面时已经无力

喷涂距离还与喷枪的类型有关，传统高气压喷枪与 HVLP 喷枪喷涂距离的差别如图 6－35所示。

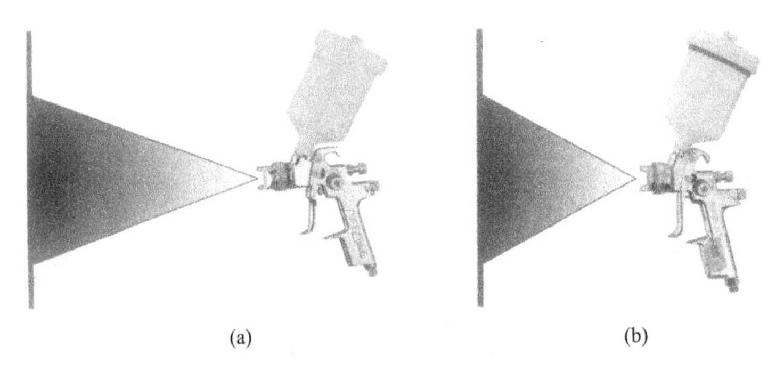

图 6－35　传统高气压喷枪与 HVLP 喷枪喷涂距离的差别

（a）传统高压喷枪：18～23 cm；（b）HVLP 高流量低气压喷枪：13～17 cm

3. 喷枪的移动速度

喷枪的移动速度与涂料干燥速度、环境温度、涂料的黏度有关，约以 30 cm/s 的速度匀速移动。喷枪移动过快，会导致涂层过薄；而喷枪移动过慢，会导致出现流挂的现象。

4. 喷枪扳机的控制

扳机扣得越深，液体流速越大。传统走枪，扳机总是扣死，而不是半扣。为了避免每次走枪行程将结束时所喷出的涂料堆积，有经验的漆工都要略略放松一点扳机，以减少供漆量，如图 6－36 所示。

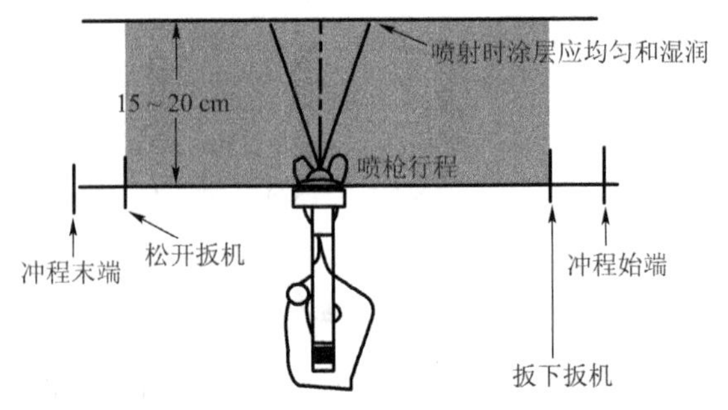

图 6－36　扳机的控制

扣扳机的正确操作一般分 4 步：先从遮盖纸上开始走，扣下扳机一半，仅放出空气；当走到喷涂表面的边缘时，完全扣下扳机，喷出涂料；当走到另一头时，松开扳机一半，涂料停止流出；反向喷涂前再往前移动几厘米，然后重复上述操作步骤。

在“斑点”修补或者新喷涂层与旧涂层的边缘润色加工时都要进行“收边”操作。意思就是在走枪开始时不扣死扳机，也就是说，开始时的供漆量很小，随着喷枪的移动，逐渐加大供漆量，直到走枪行程将结束时再将扳机放开，使供漆量大大减少，从而获得一种特殊的过渡效果。

5. 喷涂方法、路线的掌握

喷涂方法有纵行重叠法、横行重叠法、纵横交替喷涂法。喷涂路线应按从高到低、从左到右、从上到下、先里后外的顺序进行。在行程终点关闭喷枪，喷枪第二次单方向移动的行程与第一次相反，喷嘴与第一次行程的边缘平齐，雾形的上半部与第一次雾形的下半部重叠，两次走枪重叠幅度应为1/3或1/2左右，如图6－37所示。

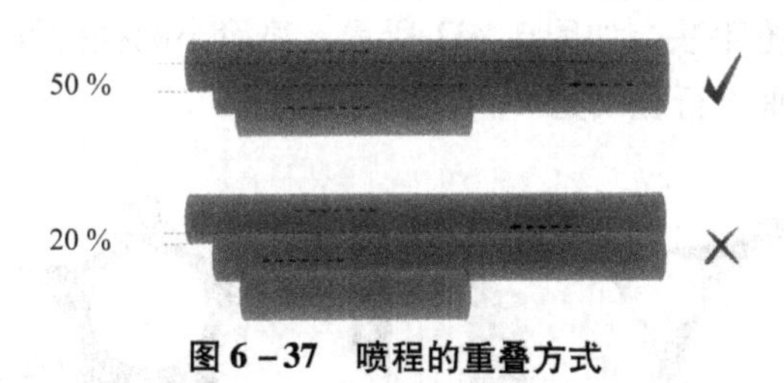

图6－37 喷程的重叠方式

6. 走枪的基本动作

汽车修补涂装中，被涂物的情况不同，喷漆走枪的手法也不同，以下叙述几种常用的喷漆走枪手法。

1）构件边缘的走枪手法。在构件边缘喷涂时，一般采用由右至左而喷涂，并采用纵喷（喷出涂料呈垂直方向），如图6－38所示。

2）构件内角的走枪手法。在构件内角喷涂时，一般采用由下而上，再由上而下喷涂，并采用横喷（喷出涂料呈水平方向），如图6－39所示。

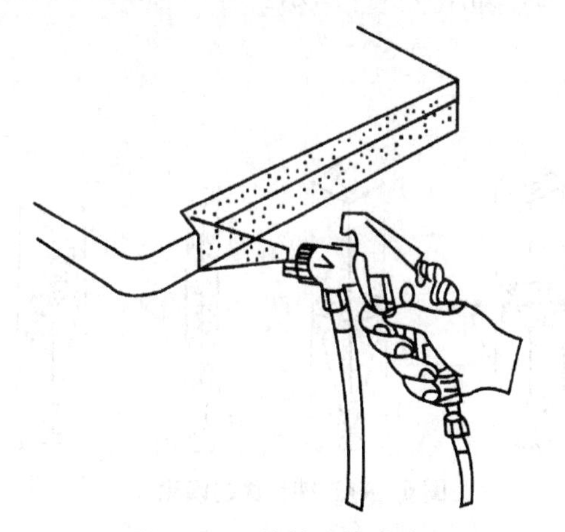
图6－38 构件边缘喷涂

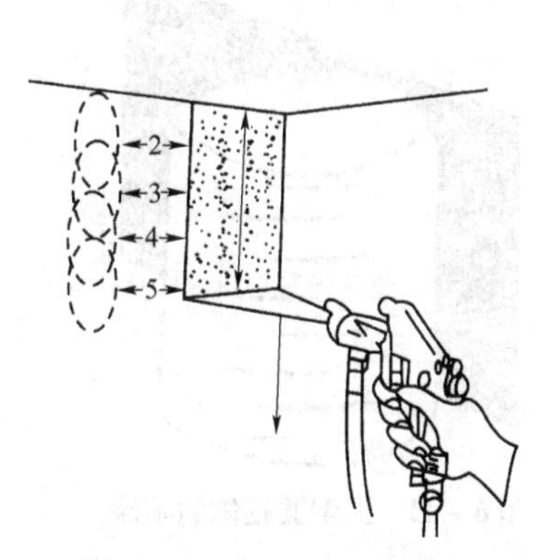

图6－39 构件内角的喷涂

3）小而直立的构件平面的走枪手法。喷涂小而直立的构件平面时如图6－40所示，是由上而下的行程进行（1→2），然后由左至右（2→3），再由下而上进行（3→4），依次完成（5→6→7→8→9）。

4）长而直立的构件平面的走枪手法。如图6－41所示，喷涂长而直立的构件平面时也是由上而下行程进行，再由左而右，依次沿横向行程，每行程45～90 cm，即按板长方向分段进行，每段之间交接处，有10 cm左右的行程重叠。

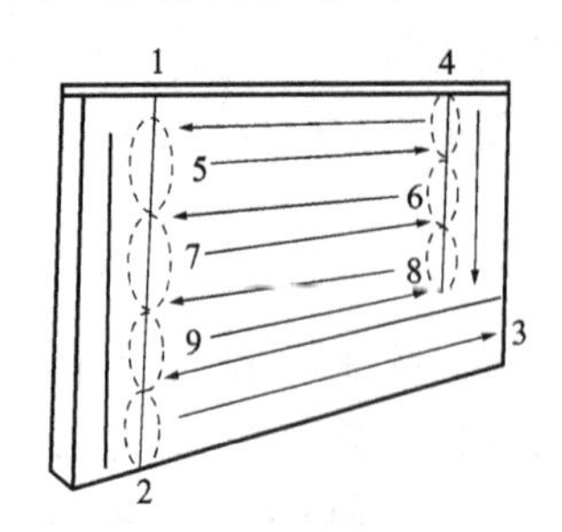

图6－40　小而直立平面的喷涂

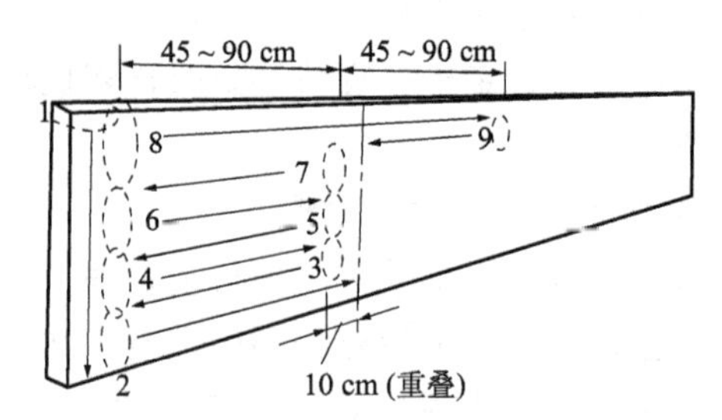

图6－41　长而直立平面的喷涂

5）小圆柱构件的走枪手法。如图6－42所示，喷涂小圆柱构件时，由圆柱顶自上往下，再自下往上，分3～6道垂直行程喷完。

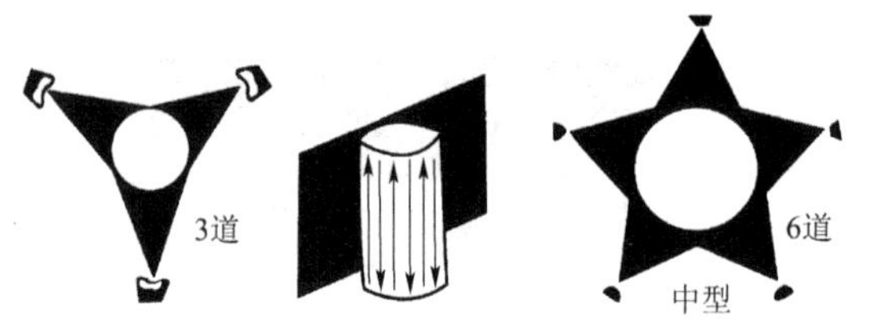

图6－42　小圆柱体、中圆柱体的喷涂

6）大圆柱构件的走枪手法。喷涂大圆柱体时，则由左至右再由右至左，水平行程，依次喷完，如图6－43所示。

7）棒状构件的走枪手法。喷涂较长的、直径不大的棒状构件时，最好将雾束调窄一些与之配合。然而很多漆工为了省事，不愿经常调整喷枪，而是将喷枪雾束的方位与棒状构件相适应。这样即可达到完全覆盖又不过喷的目的，如图6－44所示。

图6－43　大型圆柱体的喷涂

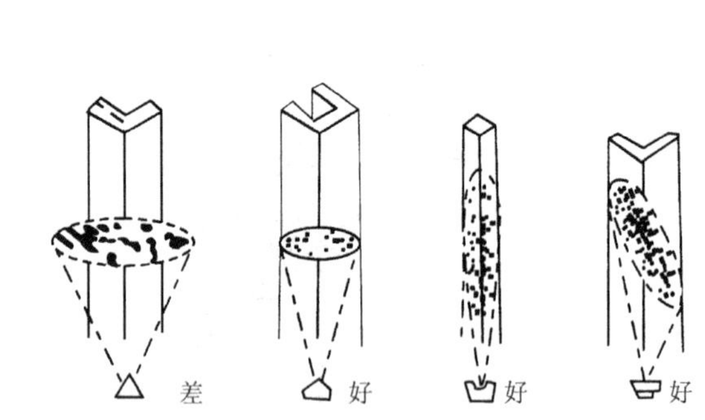

图6－44　狭长面的喷涂

8）大型水平表面的走枪手法。喷涂大型水平表面如发动机罩、车顶、行李箱盖等，可以采用长而直立构件平面的走枪手法。即由左至右移动喷枪至临近基材表面时扣扳机，继续移动喷枪至离开基材表面时放开喷枪。这样可以获得充分润湿的涂层，而不过喷或干喷最少。

在喷枪使用上，最好使用压送式喷枪，如果采用的是虹吸式喷枪，也应尽量保持与板件呈垂直状态，如图 6－45 所示。当需要倾斜喷枪时，千万小心，不要让涂料滴落到构件表面上。为了防止涂料泄露、滴落，在喷杯中涂料不要装得太满，整个操作过程要平稳、协调，随时用抹布或纸巾擦净泄露出来的涂料。

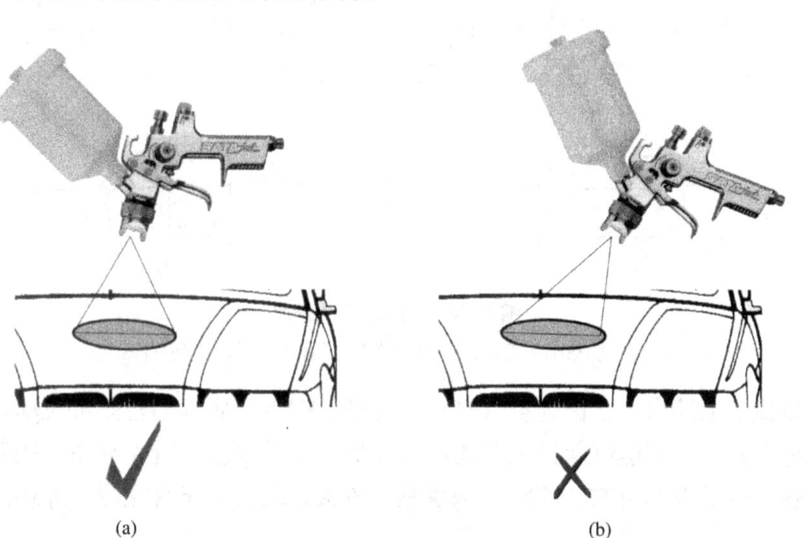

图 6－45　水平板件的喷涂要领

（a）垂直状态；（b）倾斜状态

7. 板件的走枪顺序

不同的板件，走枪顺序均遵循一个原则，即先边缘，后表面。例如，对于车门的喷涂，如图 6－46 所示。首先喷涂车门框的顶部，然后下移直到车门的底部。如果只喷涂一个车门，首先应喷涂车门边缘；喷涂门把手时应该特别小心，因为某点的涂料太多将会导致下垂。

对于大型水平板件，一般采用两侧喷涂法。例如发动机罩的喷涂顺序如图 6－47 所示。首先喷涂发动机罩的边缘，然后是发动机罩的前部，下一步是前翼子板的侧面，从中心开始向边缘进行喷涂；另一侧也使用相同的方法喷涂。

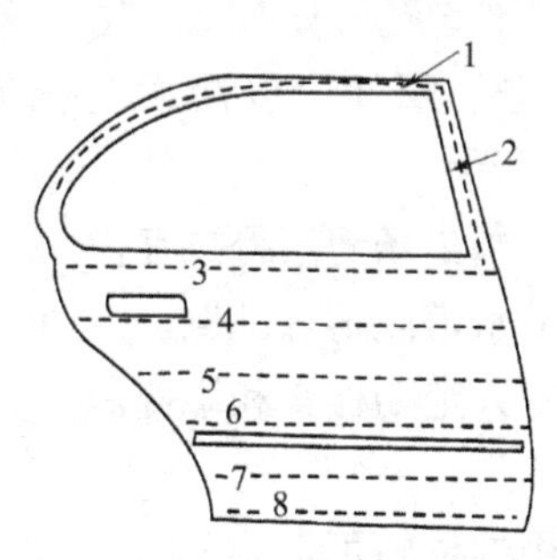

图 6－46　车门的喷涂顺序

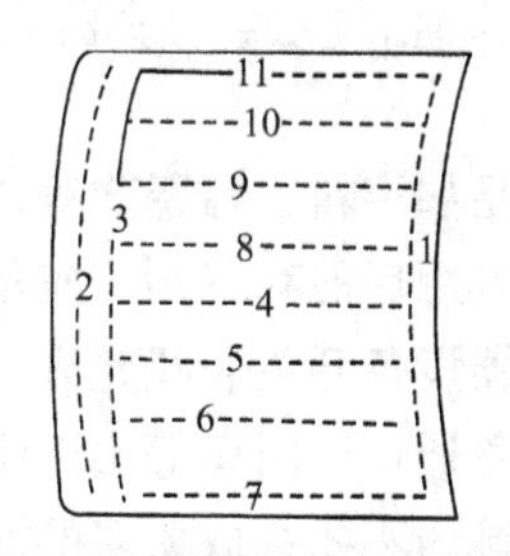

图 6－47　发动机罩的喷涂顺序

当修整整个汽车时，对汽车不同部位喷漆顺序可能不同。通常，在横向排风的房间里，离排风扇最远的地方首先喷涂，从而能保证落在喷漆表面的灰尘最小，使漆面更光滑。具体操作如图 6－48 所示，首先对车顶盖喷涂，然后是左侧或右侧车门，下一步是同侧的后翼子板，接着是行李箱盖和后围板。对汽车另一侧的喷涂是从后翼子板开始，然后是车门和前翼子板、发动机罩、前裙板、门窗框，最后对另一侧的前翼子板喷涂。

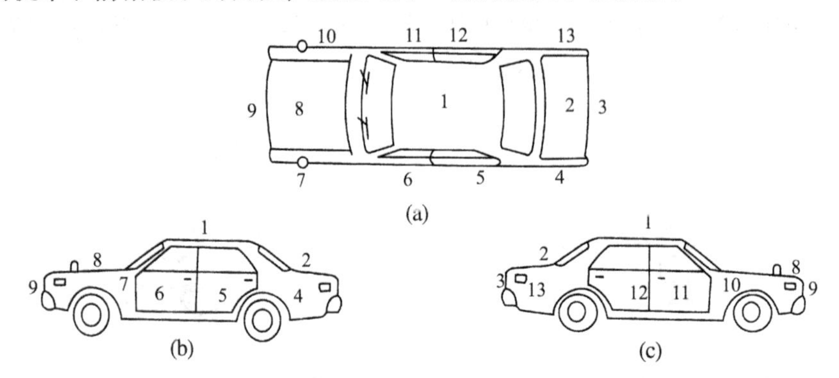

图 6－48　整车喷涂顺序

（a）先喷涂车顶盖；（b）然后喷车左侧；（c）最后喷车右侧

在向下排风的喷涂房里，因为空气是从天花板顶向汽车底部的检修坑流动，所以喷漆工必须改变喷漆方法。为了能够保持涂料边缘的湿润，车顶盖应该首先喷漆，接着是发动机机罩和行李箱盖，然后对车身右侧喷涂，跟着是后围板，最后是车身左侧，并逐渐向前移动直到全部完成。

技能学习与考核

一、技能学习

1. 劳动安全与卫生

操作前，学生必须牢记以下劳动安全事项：

（1）防火安全措施

① 每个工作人员应会使用防火设备，懂得各种灭火方法。

② 涂装场地严禁烟火，不准携带各种火种进入施工现场。

③ 擦拭涂料用的沾污棉丝、棉布等物品应集中，并应妥善存放在贮有清水的密封桶中，不要放置在暖气管或烘房附近，以免引起火灾。

④ 施工操作时，应避免铁器之间敲打、碰撞、冲击、摩擦，以防发生火花而引起火灾。

⑤ 易燃物品如涂料、稀释剂等，应存放在贮藏柜内，施工场地不得贮存。

⑥ 清洗工具用后的稀释剂，应集中存放，不得倒入下水道或随意乱倒。

⑦ 各种电器设备开关非经允许，不得随意操作，由专人定期检查和维修。

⑧ 确保紧急通道、门窗等出口畅通。

⑨ 工作区域内不要存放太多的涂料，一般够半天使用的量即可。

（2）个人劳动保护

喷涂底漆时的危害及应该佩戴的劳动保护如图 6－49 所示。

（3）发生意外情况的应对措施

① 着火。在安全距离内用灭火器灭火。对于一般的涂料着火，可以用水进行灭火。

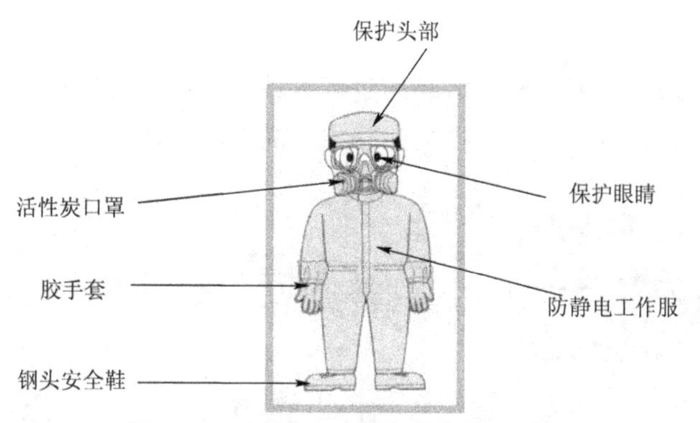

图 6-49 喷底漆时应佩戴的劳动保护

② 涂料撒落。用膨胀云母（郅石、珍珠岩）吸收，然后用塑料板铲除，用大量的水冲洗。

③ 皮肤接触涂料、溶剂等。用肥皂水彻底清洗，涂抹羊毛脂的护肤膏。

④ 眼睛和嘴接触涂料、溶剂等。立刻用水或5%的抗坏血酸钠或2%的苏打水冲洗，然后找医生。不要使用油膏和油类物质处理。

⑤ 过氧化物残渣处理。用膨胀云母吸收，然后小心焚毁，运离建筑物和可燃物。

2. 喷烤漆房的准备

典型的喷烤漆房控制箱面板，如图 6-50 所示。

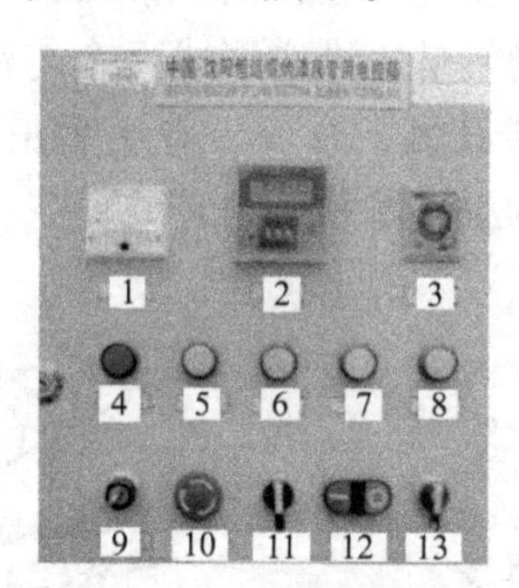

图 6-50 喷烤漆房控制柜

1—电压表；2—温控仪；3—烘烤时间设定；4—电源指示灯；5—升温指示灯；6—喷漆指示灯；7—烤漆指示灯；8—照明指示灯；9—电源开关；10—急停开关；11—喷漆开关；12—烤漆开关；13—照明开关

1）使用烤漆房首先要打开电源开关 9，电源指示灯 4 点亮，电压表显示 380 伏。

2）打开照明开关 13，照明指示灯 8 点亮，烤房内的光线达到施工要求。

3）常温喷漆时，顺时针旋转喷漆开关 11，需要加温喷漆时，逆时针转到开关 11，同时调整温控仪 2，设定恒定的喷涂温度到 18 ℃即可。

注意： 喷漆完毕后风机再工作 5 min，使烤房内的漆雾彻底排净。

3. 遮盖

（1）胶带的基本粘贴方法

粘贴带应选用质量好的，若质量差，使用后会出现粘贴剂残留或其他问题，造成不必要的麻烦。聚氨酯涂料需加热干燥，应使用耐热胶带纸。粘贴带的基本贴法如图 6-51 所示。

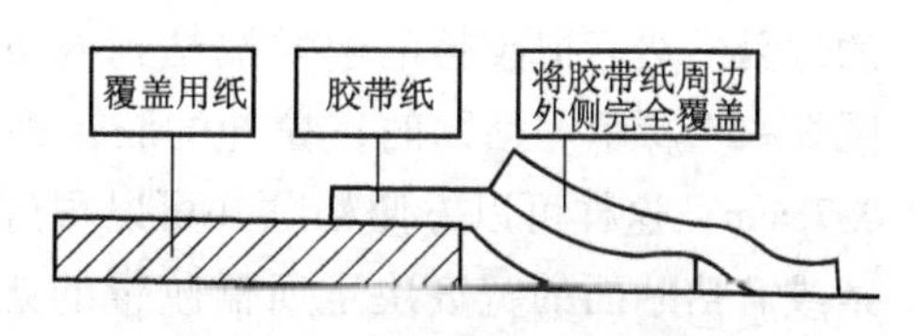

图 6-51 粘贴带的基本贴法

(2) 反向遮盖

在对板件的局部修补涂装、整板涂装的过渡区域及流线型边缘进行遮盖时，应该使用反向遮盖法，如图 6－52 所示，一般在喷涂中涂漆和面漆时运用。

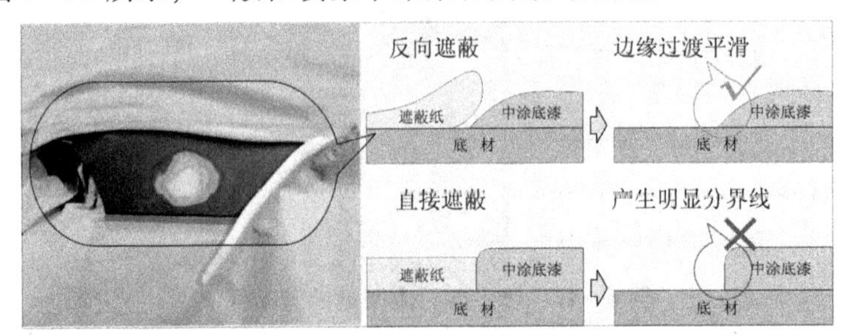

图 6－52　用胶带和遮盖纸进行反向遮盖

注意：进行反向遮盖时，应使用软的胶带，不能使用遮盖膜。

沿流线边缘进行反向粘贴时可以采用预先粘贴好胶带的遮盖纸。首先把遮盖纸沿流线型板件边缘的最高端放置好，用胶带固定。使遮盖纸自然下垂，然后反向折叠，使反向折叠的弧线超过流线型边缘 12～20 mm。最后，把遮盖纸的另一边固定到板件合适的位置上。

如果必须沿一个曲面流线型边缘进行遮盖时，必须使用遮盖胶带。首先把 19 mm 宽的胶带以正确的角度分别粘贴到流线型边缘上。每条胶带应有 10～13 mm 长，胶带与胶带之间应有足够的重叠量，整个胶带的粘贴边缘应形成一个与流线型边缘相平行的曲线，然后，把胶带条反折，应从最后一条胶带开始，并保证有一个正确的弧度，如图 6－53 所示。最后，用一条胶带把所有反折过来的胶带端粘贴固定。

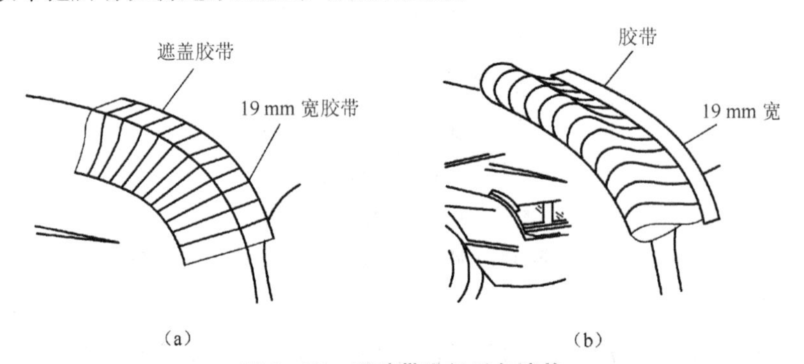

图 6－53　用胶带进行反向遮盖

(a) 分别粘贴到边缘；(b) 胶带条反折与固定

(3) 装饰条和嵌条的遮盖

当用胶带粘贴装饰条、嵌条等表面时，用一只手的手指塞入胶带卷中间的孔中，把大拇指放在胶带的外面，控制胶带的方向。拉伸胶带时，胶带的粘贴面背向操作者。不要把胶带拉的过紧，然后把胶带的起始端粘到嵌条或车轮罩的边缘上，如图 6－54 所示。粘贴时，拉伸的胶带面与漆面的间距至少应有 0.7 mm，这样可以方便粘贴并可以很好地控制胶带的方向。嵌条或需粘贴面的宽度决定所需胶带的条数。但是，一定要记住在所需喷漆的表面与嵌条间应留有一个小间隙，涂料特别是清

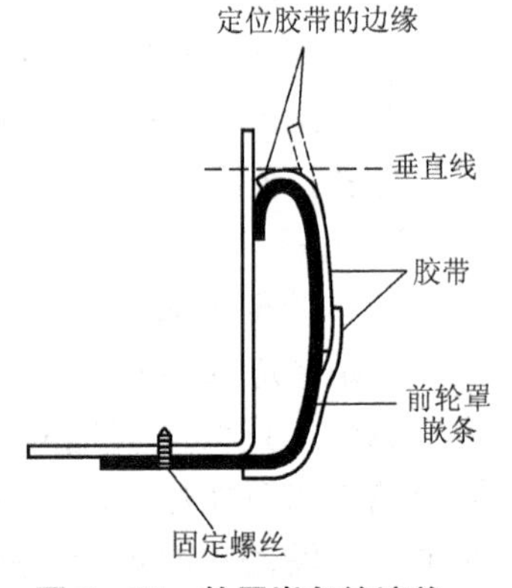

图 6－54　轮罩嵌条的遮盖

漆会填补这个间隙。用足够的压力把胶带压牢。但是在曲面上粘贴胶带时，还必须拉伸胶带，以适应曲面的要求。如果胶带太宽，应用剪刀把胶带多余的宽度剪去。

（4）喷涂两种颜色时的遮盖

当汽车被喷涂成两种不同的颜色时，应首先喷涂一种颜色。涂料干燥后，用 19 mm 的胶带把这种颜色的周边遮盖。有些车身喷漆工喜欢选用细胶带，因为细胶带薄，可以精确地把两种颜色的漆面分开，留下的条纹少。然后，把该颜色的漆层用合适尺寸形状的遮盖纸遮盖好。遮盖纸上的胶带粘到已粘好的周边胶带上，多余的边折叠，粘贴牢固。然后，根据需要，可以再用遮盖胶带沿遮盖纸的底部和边缘粘贴，清晰地标出另外一种颜色涂料的喷漆面。

（5）其他部位的遮盖

汽车其他部位的遮盖，方法基本类似，只是注意一项遮盖原则，即该遮盖的地方一定要盖住，不该遮盖的地方一定要露出来。以下仅以车门的遮盖为例，介绍具体遮盖操作。车门的遮盖最好使用车身遮盖膜进行。

1）将车身遮盖膜覆盖车身。

2）将车身遮盖膜覆盖在车门部分用专用刀具割开，如图 6－55 所示。

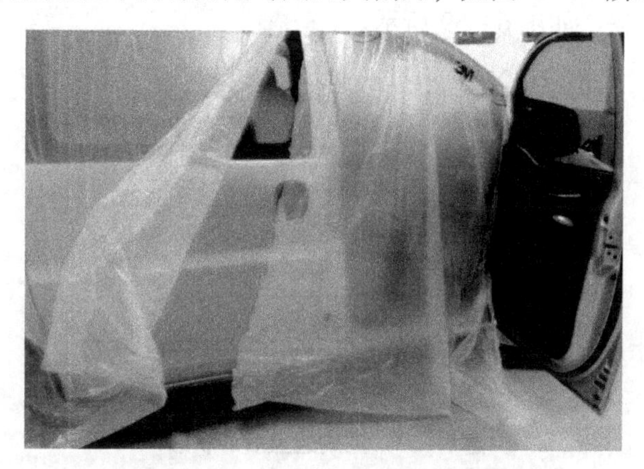

图 6－55　剪开车门部分的遮盖膜

3）将开门方向的膜用遮盖胶带再次密封。

4）为防止飞漆污染门内，门缝用门缝胶条配合车身遮盖膜进行密封，关上车门，如图 6－56 所示。

5）用窗缘遮盖胶带遮盖窗子下的密封胶条，如图 6－57 所示。

图 6－56　车门周围的遮盖

图 6－57　遮盖门窗玻璃下密封条

6）用遮盖膜配合窗缘遮盖胶带遮盖窗子及后视镜。注意在油漆驳口部位留下空隙，可以利用门缝遮盖条来配合支撑。

7）用聚酯遮盖胶带遮盖门把手。如果门拉手已拆下，其遮盖后的情况如图6－58（a）所示；如果门拉手没有拆下，则遮盖后的情形如图6－58（b）所示。

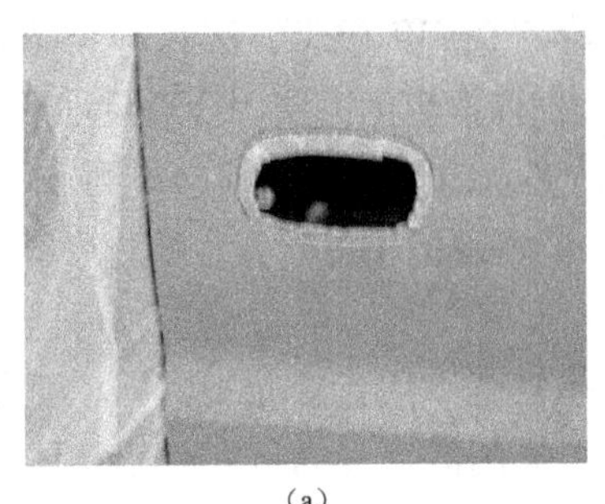

（a）

（b）

图6－58　门拉手的遮盖

（a）拆除门拉手后的遮盖；（b）没拆除门拉手的遮盖

8）检查，完成遮盖，如图6－59所示。

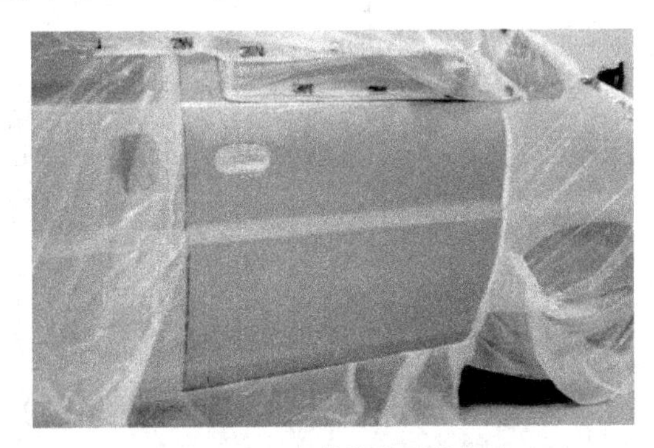

图6－59　完成遮盖后的状态

4. 除尘与除油

（1）除尘

1）带好胶皮手套。

2）先用擦拭纸将整个待涂装表面擦拭一遍，如图6－60所示。

3）手握粘尘布，按从上到下的顺序将待涂装表面擦拭干净，如图6－61所示。

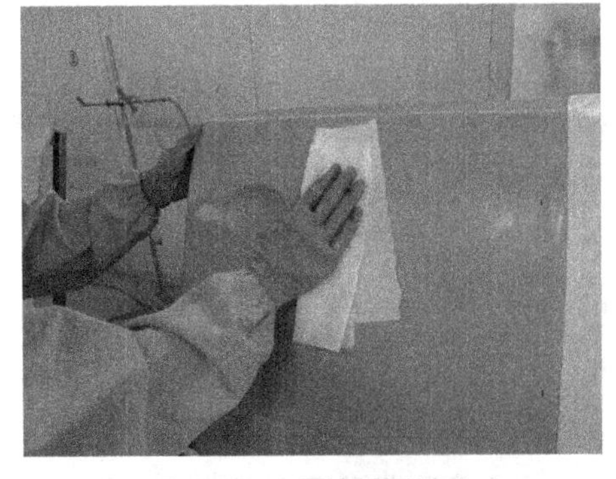

图6－60　用擦拭纸除尘

图6－61　用粘尘布除尘

(2) 除油

1) 擦拭法:

① 双手带好胶皮手套。

② 双手各持一块干净的除油擦布,其中一块蘸有脱脂剂。

③ 先用带脱脂剂的擦布擦拭待除油表面,一次不要多于一个来回。

④ 紧跟着用干爽的擦布擦拭沾有脱脂剂的表面。

⑤ 重复这样的动作,直到待清理表面全部清理完毕,如图 6-62 所示。注意及时蘸脱脂剂和更换擦布,并且注意不要摸碰已经除过油的表面。

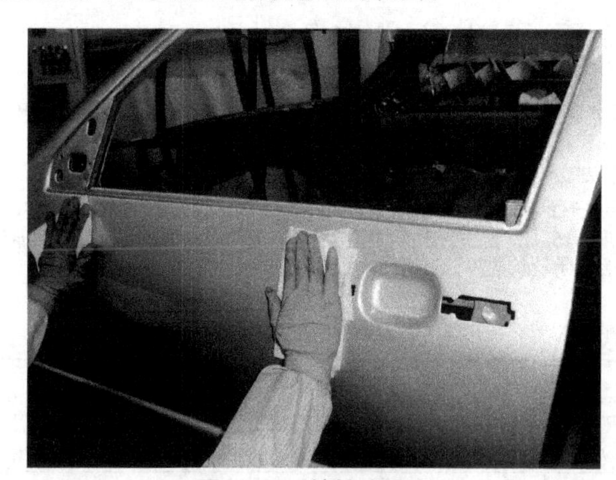

图 6-62 擦拭法除油

2) 喷擦结合法:

① 将除油剂装入喷液壶内。

② 反复按压喷液壶操纵手柄,直到感觉有足够的反弹力。

③ 手持喷液壶,对准需除油表面,保持 20 cm 左右的距离,按压喷水开关,将除油剂均匀地喷到工件表面,如图 6-63 所示。

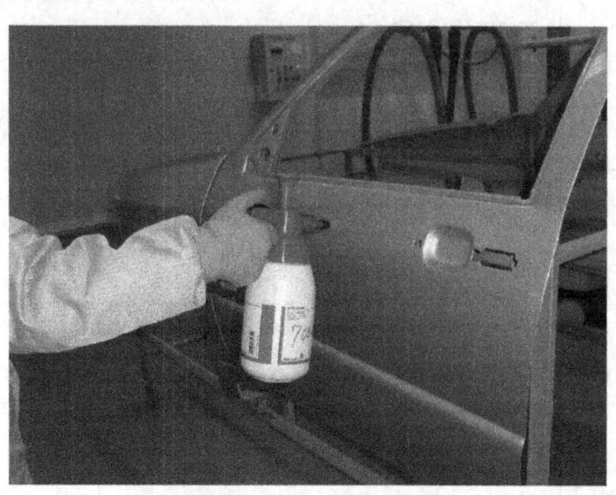

图 6-63 喷淋除油剂

④ 手持一块干净的擦布,将喷淋的除油剂擦拭干净。

5. 中涂漆的调制

(1) 中涂漆的选择

因准备涂装中涂漆的表面为腻子，之后要进行打磨以获得更为平滑的表面，故在鹦鹉系列中涂漆中，选择快速中涂漆（285－100 VOC），其技术说明见表6－4。

表6－4　鹦鹉®快速中涂漆（285－100 VOC）技术说明

技术说明

285–100 VOC

11/2007

鹦鹉® 快速中涂漆（VOC），白色

应用：打磨中涂漆（3层涂装系统）：湿对湿中涂，塑料件涂装的填充底漆；图案喷涂的附着力增强剂；TPA修补时，整个板的填充底漆。

特性：良好的填充性，抗溶剂性，和附着力；快干；最终涂膜完美。

注意：■针对磨穿区域，要先喷涂鹦鹉®283-150 VOC磷化底漆（以1:1的比例混合352-228，再加30%352-）。

■最低常温干燥温度：15 ℃，当作为表面图案喷涂层下的黏附层下或用于热塑性旧涂膜（TPA）表面时，仅喷涂薄层，并且给予较长的闪干时间。

1. 打磨的中涂漆

	应用	快速——打磨中涂	
	涂装工艺系统		
		可喷涂面积：375 m²/l at 1 μm	
	混合比例	4:1:1 100%体积比285-100 VOC	
	固化剂	25%体积比929-56，-55	
	稀释剂	25%体积比352-91	
	喷涂黏度 DIN 4 在20 ℃	18~21 s	活化时间20 ℃：2 h
	重力喷枪 喷涂气压	HVLP喷枪：1.7~1.9 mm 0.2~3.3 MPa（3~45 p.s.i.）/0.07 MPa（10 p.s.i.）在喷嘴处	兼容喷枪：1.6~1.8 mm 0.2 MPa
	喷涂层数	2	膜厚：50 μm
	干燥　20 ℃ 　　　60 ℃ 红外线（短波） 　　　（中波）	2 h 30 min 8 min 10~15 min	
	打磨	P800	

(2) 确定中涂漆用量。根据涂料技术说明的参考数据来确定。鹦鹉快速中涂漆(285-100 VOC)的技术说明表中可以查得,该中涂漆的可喷涂面积效率为当膜厚为1 μm时,375 m^2/L;喷涂层数为2层,总膜厚为50 μm。然后根据需喷涂面积在大小(估算),及喷涂的总膜厚即可估算出漆的用量。

(3) 根据涂料说明书建议的各成分比例(主剂、固化剂和稀释剂),利用调漆比例尺进行涂料的调制,视需要进行黏度测试。中涂漆的喷涂黏度随厂家而异。采用4号福特杯时,硝基类中涂漆16~20 s,丙烯酸类中涂漆13~15 s为宜,丙烯酸类黏度不宜过高。聚氨酯中涂漆适宜于喷涂的黏度,一般为16~18 s。但随厂家不同有所差异,应注意使用说明书要求。从表6-4中可以看出,鹦鹉快速中涂漆(285-100 VOC)的调制比例(体积比)为4:1:1,即中涂漆(285-100 VOC):固化剂(929-56/55):稀释剂(352-91)=4:1:1。黏度在常温下为18~21 s。

(4) 调制

1) 将比例尺放置于调漆杯内,用手扶正,如图6-64所示。

2) 选择蓝色字的一面(4:1:1),假设底漆的用量为3,把底漆倒进容器至左边第一列刻度3,再将固化剂倒入至第二列刻度3,其比例刚好是4:1。

3) 再加入稀释剂至第三列刻度虚线刻度3,则各成分的加入比例刚好是4:1:1。

4) 各成分加好后,一定要充分搅拌均匀。

调配单组分涂料时,根据涂料的种类和施工方式,同配套的稀释剂进行混合调配。先将底漆充分搅拌均匀,然后按工艺制订的黏度标准逐渐加稀释剂调,然后搅拌均匀即可。

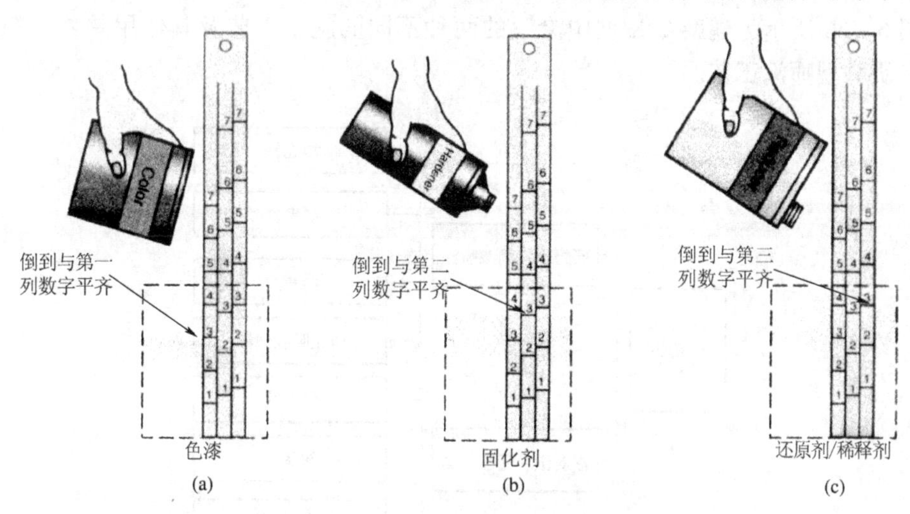

图6-64 用比例尺调制涂料

(a) 倒入化漆;(b) 倒入固化剂;(c) 加入稀释剂

(5) 黏度测试与调整

为了检验所调制的涂料的黏度是否符合要求,则需要进行黏度测试。尽管在汽车维修行业中很少进行黏度测试,但为保证涂装质量,建议进行测试。进行黏度测试时,因所用的黏度计不同,测试方法也不同。

使用台式黏度计测试黏度时,可先利用黏度计台面下的四个螺栓使黏度计在工作台上调放平稳。用左手的中指堵严黏度杯底部的流孔,然后将加入稀料并充分搅拌均匀的漆料倒满黏度杯，用玻璃棒将液面刮平之后，松开堵孔的中指，并同时开动秒表，待杯中的漆料流完（断流）时，立即关闭秒表，秒表上的数据即为该漆的黏度。一般需要测试三次，取其平均值，作好记录。测试条件通常要求在室温（25±1）℃条件下进行。

使用手提式黏度计测试时，可在施工现场将黏度计直接浸入调好的漆料中灌满漆液，提起黏度计，待黏度计脱离液面的同时立即开动秒表，观察黏度计底部的流孔，待漆料快流完且出现断流时，快速关闭秒表，表上的数据即为测试的黏度。其黏度测试方法如图 6－65 所示。

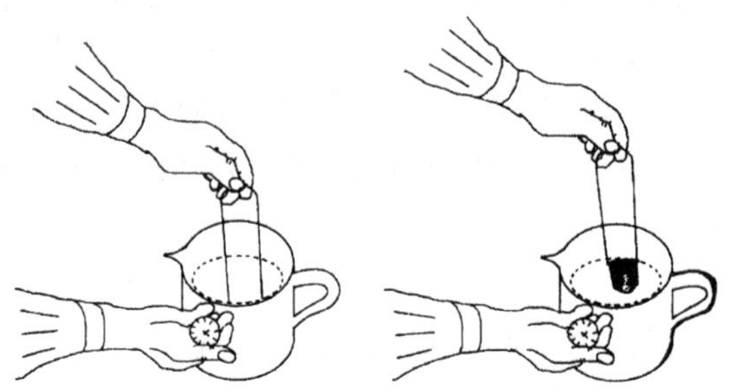

图 6－65　用手提式黏度计测试黏度示意图

测试结束后，根据测试的结果进行微调，即补加适量的底漆或稀释剂，并充分搅拌均匀。

6. 中涂漆的喷涂

根据中涂漆涂料种类的不同，其作业方式也有一定差异。同一种中涂漆可以有两种施工工艺，图 6－66 所示为鹦鹉 2 K 型中涂漆的两种不同的施工工艺及其作用差异。在本任务中，选择研磨型喷涂工艺。

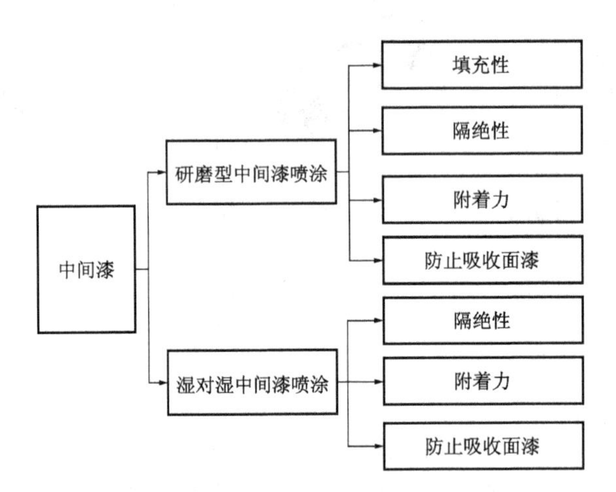

图 6－66　中涂漆的两种施工工艺

（1）选择合适的喷枪

从表 6－4 中可以查到，喷涂鹦鹉中涂漆（285－100）选用重力式喷枪，用 HVLP 喷枪时，口径为 1.7～1.9 mm；用兼容喷枪时，口径为 1.6～1.8 mm。

（2）将调好黏度的中涂漆充分搅拌后通过漏斗过滤后装入喷枪漆罐内，如 6－67 所示。

注意：盛装中涂漆、固化剂和稀释剂的容器，使用之后一定要盖严实。

（3）调整喷枪

1）根据涂料的产品说明书调喷枪的气压。从表 6 －4 中可以查到，喷涂鹦鹉中涂漆（285 －100）时，选用重力式喷枪，用 HVLP 喷枪时，气压 0.2 ~0.3 MPa；用兼容喷枪时，气压为 0.2 MPa。

手握喷枪柄，以食指与中指压扣扳机到 1 挡位，压缩空气阀门首先打开，如 6 －68 图所示。当喷涂气压调节旋钮处于与枪体平行位置（最大雾化状态），顺时针方向旋转喷涂气压调节旋钮，喷涂气压变小；当喷涂气压调节旋钮处于与枪体垂直位置（最小雾化状态），逆时针方向旋转喷涂气压调节旋钮，喷涂气压变大。调整过程中，观察气压表直到气压符合规定。调整气压的大小，一定要按涂料说明书的规定。

图 6 －67　涂料的过滤与装枪

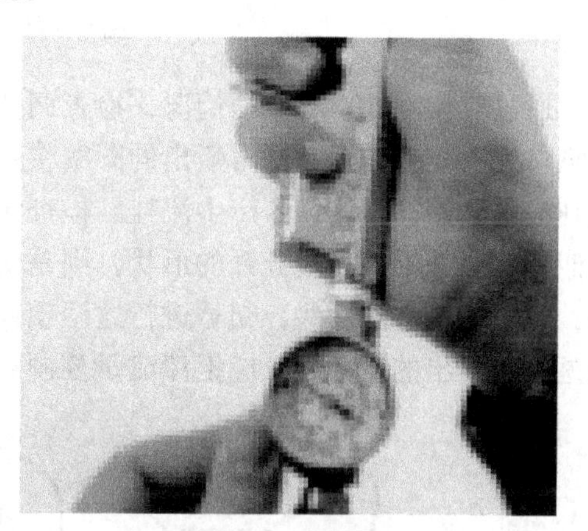

图 6 －68　调整气压

2）喷幅调整。如图 6 －69 所示，增大喷幅，需要逆时针方向旋转喷幅调节旋钮；减小喷幅，需要顺时针方向旋转喷幅调节旋钮。喷幅的大小主要取决于修补面积的大小，一般情况下对于整板（或整车）喷涂，为了获得良好的喷涂效果，建议将喷枪喷幅调节到最大状态。

3）流量调整。如图 6 －70 所示，增大涂料流量，需要逆时针方向旋转涂料流量调节旋钮，增大枪针行程，从而增大涂料流量；减小涂料流量，需要顺时针方向旋转涂料流量调节旋钮，减小枪针行程，从而降低涂料流量。

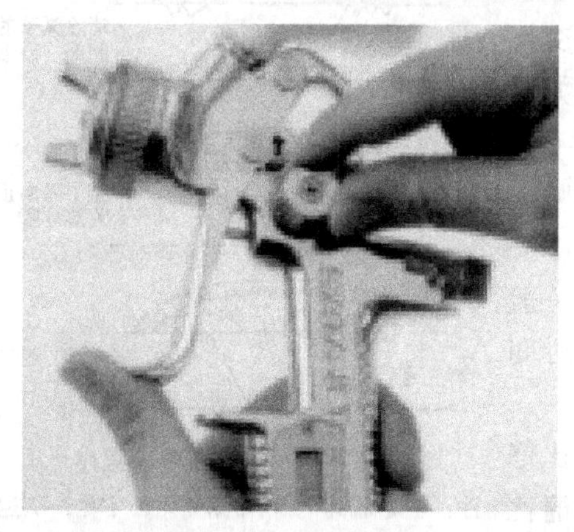

图 6 －69　调整喷幅

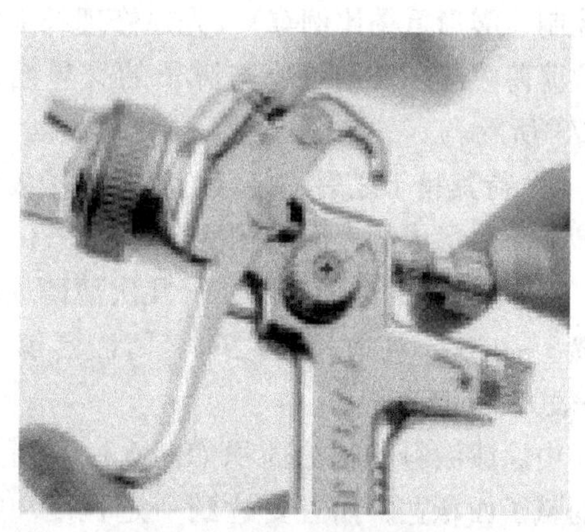

图 6 －70　调整流量

4）雾形测试与调整。将气帽角调整至垂直位置，使雾形呈水平状态，如图6－71所示，进行雾形测试，并视情况调整。

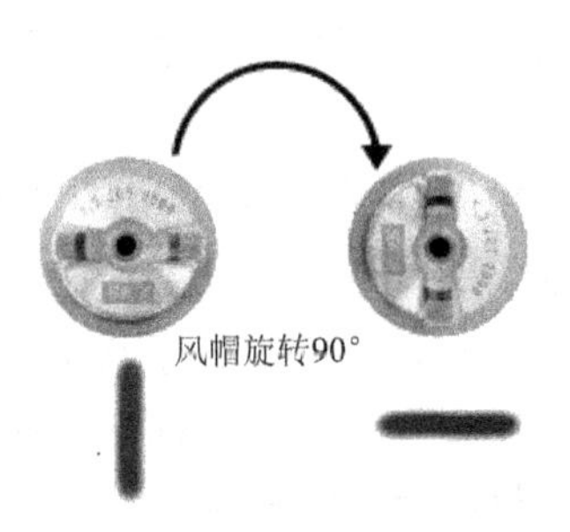

图6－71　气帽位置与扇形

通过雾形测试，看流挂情况，检查调整是否正确。松开空气帽定位环并旋转空气帽，使喇叭口处于竖直位置，此时喷出的图案将是水平的。如图6－72所示，再喷一次，按住板机直到涂料开始往下流，即产生流挂，检查流挂情况。如果各项调整正确，各段流挂的长度应近似相等。如果流挂呈分开的形状，则是由于喷束太宽或气压太低，应把雾形控制阀拧紧半圈，或把气压提高一些，交替进行这两项调整直到流挂长度均匀；如果流挂中间长两边短，则是由于喷出的漆太多，应把漆流量控制阀拧紧，直到流挂长度均匀。

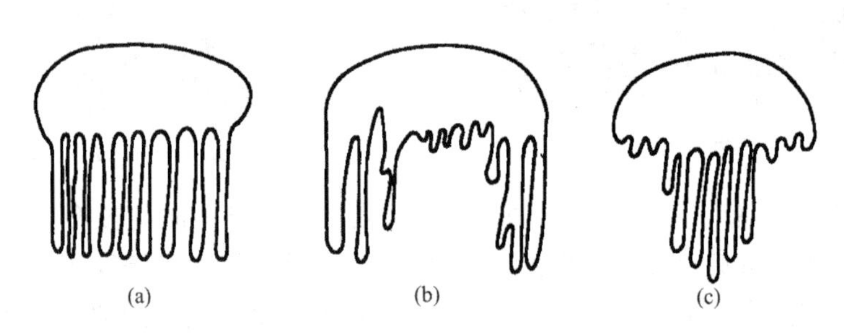

图6－72　雾形测试

（a）流程长波均匀；（b）流程两边长中间短；（c）流程中间长两边短

（4）喷涂

1）按正确的喷涂要领（喷涂距离、走枪速度、扳机控制、雾形重叠比例等），先在修理补涂膜边缘交接部位薄薄喷涂，使旧涂膜与腻子的交界面溶合，如图6－73所示。

2）待其稍干之后，接着给整个腻子表面薄薄喷一层，喷涂后形成的表面应平整光滑。

3）取适当的时间间隔，分几次薄薄地喷涂，一般要喷3～4层，注意每层之间需留出足够的闪干时间（一般为5 min）。

中涂漆涂料的喷涂面积如图6－74所示，应比修补的腻子面积宽，而且要达到一定程度。喷第二遍比第一遍宽，第三遍比第二遍宽，逐渐加大喷涂面积。

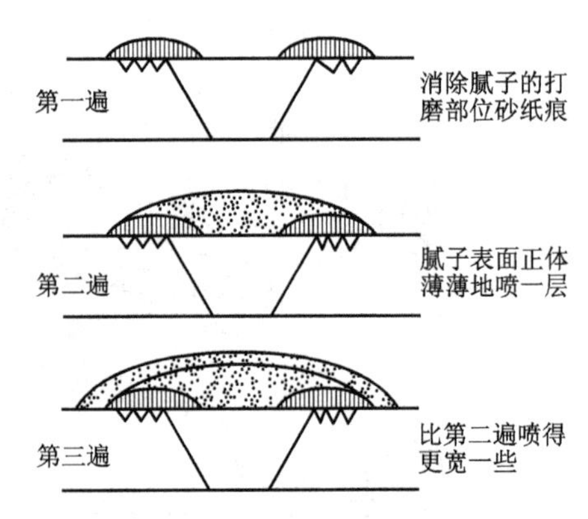

图6－73　中涂漆喷涂顺序

注：三遍完成后，可根据需要重复喷1～2遍

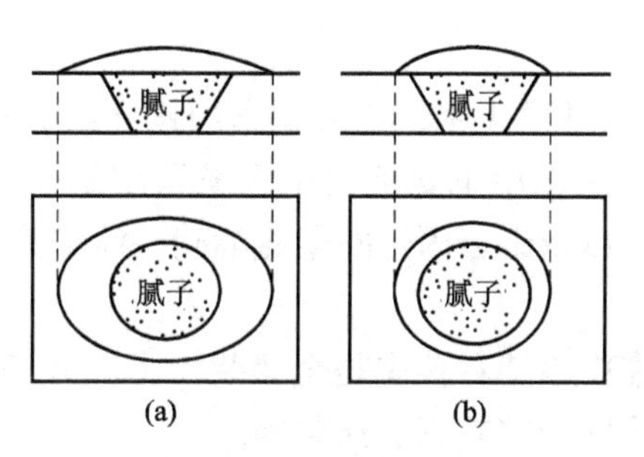

图 6－74 中涂漆喷涂面积

(a) 正确；(b) 错误

如图 6－75 所示，相邻的几小块油灰修补块，可先分别预喷两遍，然后再用整体喷涂 2～3次，连成一大块，这样处理，可以取得良好的效果。这种场合也不宜一次喷得过厚，而且应取适当的时间间隔，分几次喷涂。

当旧涂膜是改性丙烯酸硝基漆等易溶性涂料时，对黏度和喷涂时间间隔应十分注意。若采用硝基类中涂漆涂料，黏度应取 18～20 s，要反复薄薄地喷涂，以免喷涂后表面显得粗糙。如果用丙烯酸类中涂漆，黏度可取 14～15 s。

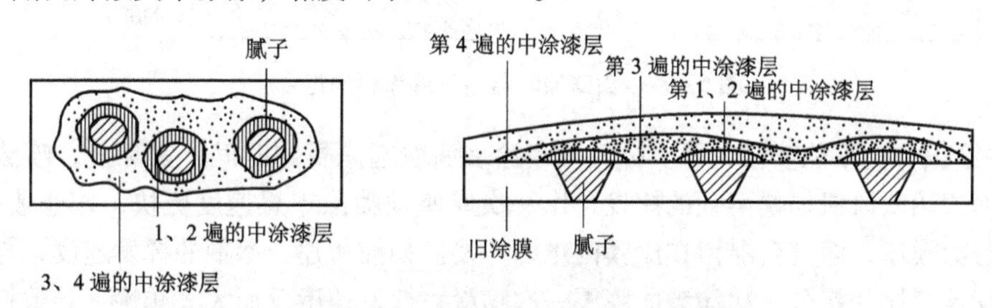

图 6－75 相邻油灰修补块的中涂漆喷涂

聚氨酯中涂漆的喷涂方法与硝基类中涂漆一样，但聚氨酯中涂漆每道形成的涂膜较厚，一般喷两遍就够了。若需更厚可喷三遍，比如旧涂膜剥离后的表面，如果直接喷涂中涂漆，就需喷涂三次。

当旧涂膜是硝基类涂料时，如果只在修补了腻子的部分喷涂聚氨酯中涂漆的话，则在中涂漆与硝基旧涂膜的交界处，在喷涂了面漆之后，往往会起皱。为防止这一点，应在整块板上全部喷涂聚氨酯中涂漆。如图 6－76 所示，旧涂膜为硝基漆时应整体喷涂中涂漆，应先在补腻子处薄薄地喷一层，然后整体喷涂两遍。

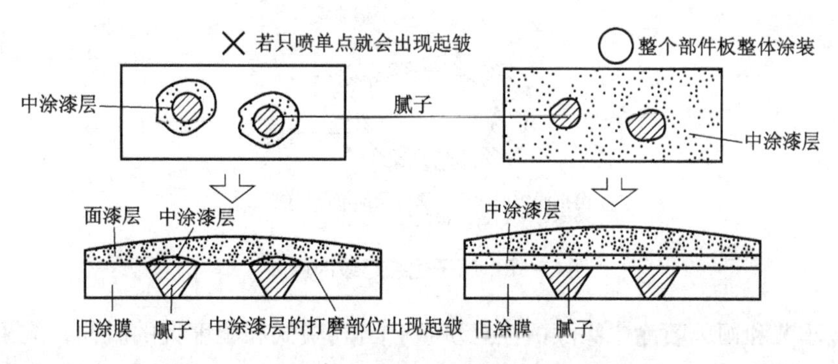

图 6－76 旧涂膜为硝基漆时应整体喷涂中涂漆

(5) 中涂漆喷涂注意事项

1) 聚氨酯中涂漆涂料使用注意事项。当面漆采用聚氨酯涂料时，中涂漆也应采用聚氨酯类。如图6－77所示，当面漆采用聚氨酯而中涂漆采用硝基涂料时，涂膜形成就会不完全，引起起泡和开裂。另外，以双组分丙烯酸聚氨酯硝基漆作为面漆时，也以聚氨酯类中涂漆为好。

下列场合尤其应用聚氨酯中涂漆：首先是全涂装（尤其是静电涂装）；除此之外，车顶和行李箱等大面积涂装；旧涂膜为硝基漆的涂装等。

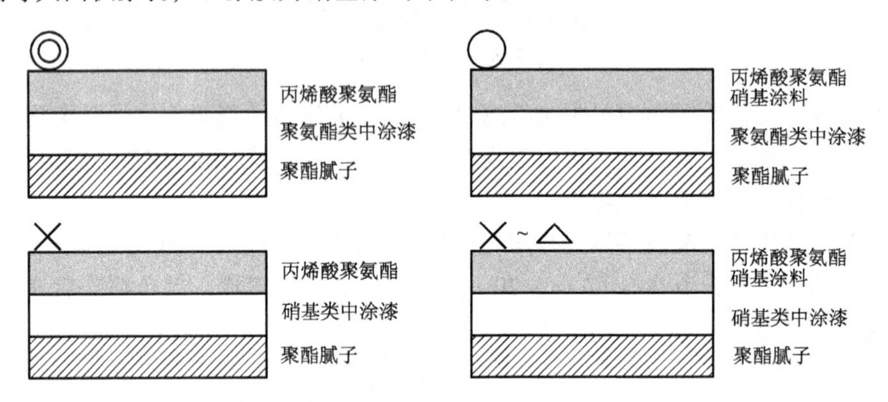

图6－77　面漆涂料与中涂漆涂料的组合

2) 中涂漆一次不能喷涂太厚。分几次喷涂表面看起来更花时间，实际上，喷涂二道涂料时，边喷边用吹风机加快溶剂的挥发，比一次厚厚地喷涂干燥速度更快，作业效率也高。其原因是若涂膜厚，溶剂会滞留在涂膜内难以挥发。如前所述，溶剂的挥发速度，与膜厚的二次方成反比。比如将分三次涂装的膜厚一次喷涂，挥发速度反而大大减慢，导致打磨和修补无法进行，最终结果是作业速度下降。

如果一次喷涂过厚，使溶剂残留在涂膜内难以挥发，如图6－78所示，腻子边缘的旧涂膜会被浸润膨胀，在喷涂了面漆之后就会起皱，所以中涂漆涂料切忌一次喷涂过厚。就是所谓厚涂型中涂漆，也并不是指一次喷涂就很厚，而是分几次喷涂，最终形成的中涂漆涂层较厚。

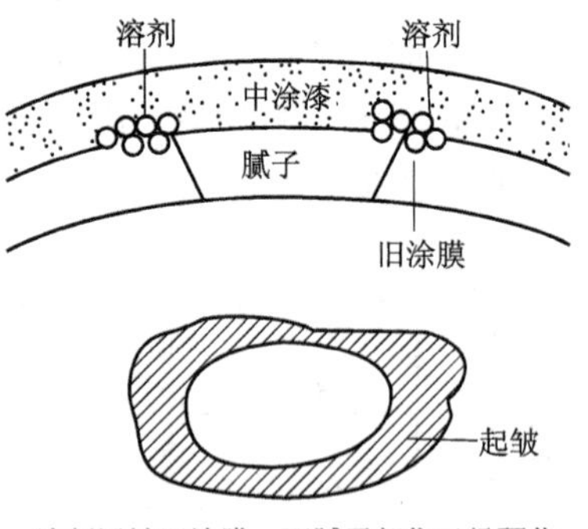

图6－78　腻子边缘起皱的原因

3) 寒冷季节和雨天喷涂中涂漆的注意事项。当气温低和湿度大的时候，应采用红外线灯管或热风加热器，将涂装面加热到25 ℃左右，以除去湿气。喷涂的中涂漆黏度取18～

20 s为宜，其他作法基本不变。加热干燥时，不能突然提高温度，而要渐渐加热，否则易产生大量的气孔。

7. 中涂漆的干燥

1）中涂漆喷涂完后，闪干10～15 min后，即可拆除遮盖纸。

2）若采用常温干燥，则关好喷漆间的门，关闭相关电源即可。从表6－4中可查到，鹦鹉中涂漆（285－100）的常温（20 ℃）干燥时间为2 h。

3）若采用烤房烘烤干燥，则应先关闭喷漆开关，根据涂料产品说明书的规定，调好烘烤温度和时间，启动“烘烤”按钮，关好喷漆间的门即可。从表6－4中可查到，鹦鹉中涂漆（285－100）的烘烤干燥温度为60 ℃，时间为30 min。

4）若采用红外线烤灯烘烤，操作方法须参阅烤灯的说明书。从表6－4中可查到，鹦鹉中涂漆（285－100）采用短波红外线灯烘烤时，时间为8 min；使用中波红外线灯烘烤时，时间为10～15 min。

如果干燥不充分，不仅打磨时涂料会填满砂纸，使作业难以进行，而且喷涂面漆之后，往往出现涂膜缺陷。

8. 喷涂效果检查

中涂漆喷涂干燥后，应达到下列要求：

1）涂层丰满，达到规定厚度。

2）橘皮纹理均匀，能将所用缺陷部位完全遮盖，边缘过渡平顺、无明显凸台。

3）无明显流挂产生，流挂高度不超过1 mm，长度不超过10 mm。

4）无咬底、油点等涂膜缺陷。

5）车身其他部位保护良好，无漆雾附着。

如果不能达到上述要求，视情况进行补喷。

9. 中涂漆涂层的修整

1）准备好刮刀。

2）如果填眼灰为胶管式包装，则在取灰前，应用手反复揉搓使填眼灰充分混合均匀；如果为铁罐包装，打开盖后若发现有明显的分层现象，也应用搅拌杆充分搅拌均匀。

3）取少量填眼灰置于小托板上（也可置于一个刮刀上）。

4）用刮刀的尖部用力将填眼灰薄薄地刮涂于缺陷处，如图6－79所示，切忌一次填得过厚。若一次填不满，间隔5 min左右再填。

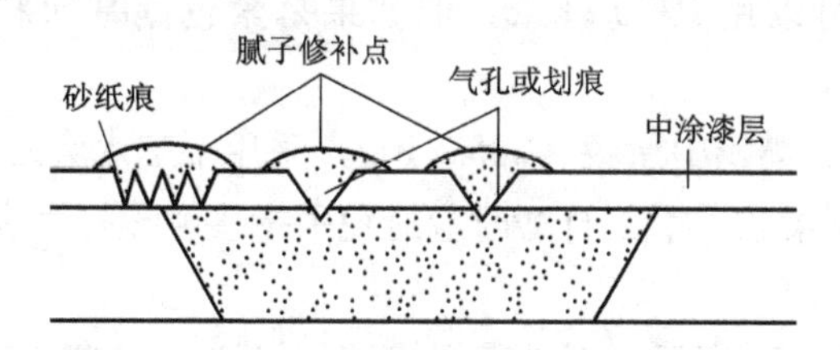

图6－79　用填眼灰修补中涂漆表面缺陷

实际施工中，并不是对中涂漆表面一定要施涂填眼灰，主要取决喷涂质量和汽车的档次。如果喷涂质量很好，缺陷极少，则不必施涂填眼灰。

10. 中涂漆层的打磨

(1) 干打磨

1) 手工干打磨。用手工打磨板干打磨时，也应使用软磨头或橡胶块。如图 6－80 所示，对于用麻眼灰修补部位，先以修补部位为中心，用 P320～P400 砂纸，将凸出部分磨平，然后用 P400 或 P600 砂纸将整个表面打磨平整（包括需喷涂面漆的旧漆膜）。

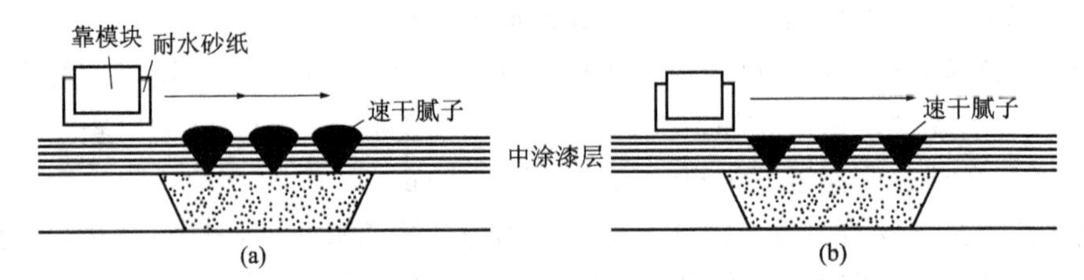

图 6－80　麻眼灰修补部位的打磨

(a) 首先以速干腻子为中心研磨，消除其与中涂漆层的高差；

(b) 消除与中涂漆层的高差后，整体研磨

注： 目前，涂料制造商基本不建议手工干打磨中涂漆。

2) 干磨机打磨。若采用双动式打磨机进行打磨，开始所用砂纸粒度以 P240～P280 为宜。若采用往复式打磨机，砂纸粒度开始以 P280～P320 为宜。往复式打磨机打磨，比双动式速度慢，但操作比较简单。

干打磨时使用往复式打磨机，先用 P240 砂纸将凸起部位打磨平，随后用 P320 砂纸整体打磨，最后用 P400 砂纸整体打磨（包括需喷涂面漆的旧漆膜）。不同的涂料，要求的打磨砂纸粒度有所不同。

不论使用哪种打磨机打磨，都不用太大的力压在涂膜上，只能稍用点力沿车身表面移动。用力过大，砂纸磨痕就会过深。

打磨时应注意不能只打磨喷涂了中涂漆料的部位，旧涂膜及其与中涂漆的交界区域也应进行打磨。

打磨过程中可配合使用碳粉作为打磨指导，以便获得良好的打磨效果。

干打磨结束后，拆去遮盖，用吹风机进行清洁，也可用黏性抹布擦拭打磨表面。

(2) 湿打磨

湿打磨一般采用 P320～P600 耐水砂纸。当面漆为金属闪光涂料时，可以用 P400 砂纸；如果面漆是硝基涂料时，要用 P600 砂纸，若用 P400，涂膜表面往往会有较深的砂纸磨痕。

当面漆为素色时，可以用 P320 砂纸，但如果是素色硝基涂料，应用 P400 以上砂纸打磨。

从表 6－4 中可查到，鹦鹉中涂漆（285－100）采用手工水磨时，应选用 P800 的砂纸。

打磨时使用的垫块应柔软。手工打磨时应避免手指接触被打磨表面。打磨要仔细，不能有遗漏。

打磨结束后，如图 6－81 所示，对玻璃滑槽缝、门把手、玻璃四周等边缘部位，要用刷子沾上研磨膏进行打磨，清除残余的污物。也可以使用 P2 000 美容砂纸打磨。

现在许多涂料生产商制造了免磨中涂漆，这类型的中涂漆喷涂完后，表面非常平整光滑，因此无须进行打磨，如鹦鹉的 286－31VOC、286－38VOC 和 286－49VOC，均为免打磨

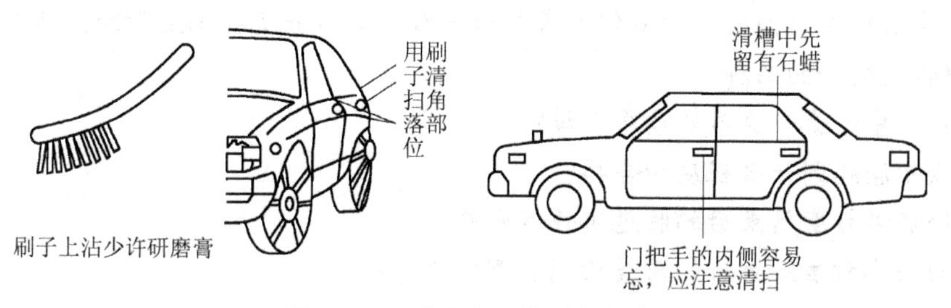

图 6－81　边缘部位的清扫打磨

型中涂漆。但如果表面有灰点等喷涂缺陷，还是用细砂纸（可选用 P800）打磨，表面效果会更好。

11. 收尾工作

若采用的是湿打磨，就要用清水冲洗干净打磨部位，然后用红外线灯泡和热风加热器等将表面除湿干燥。

若采用的是干打磨，应用吸尘器将打磨粉尘彻底清除干净。如果是局部补修涂装，周围的旧涂膜，要用粗颗粒的研磨膏进行研磨，以彻底清除污物和油分。

最后应仔细检查涂膜表面，不能遗漏未经打磨的部位，如果有，再用 P400 ~ P600 砂纸打磨。

12. 中涂漆施工质量检查

中涂漆施工结束后，应达到下列要求：

1）打磨彻底，但是无打磨露底。对于整板喷涂，打磨露底范围要控制在 20 mm × 20 mm 范围内，并且露底情况不明显。

2）打磨后表面光滑，无橘皮纹。

3）所有需要喷涂的部位都要打磨到，不能有遗漏，尤其是窗口饰条、板件边缘等部位更要打磨到。

二、技能考核

学生每 2 名为一小组，针对已经完成腻子施工的车辆（或板块），各小组独立完成本任务规定的实操内容并同时完成实训工单。

指导教师全过程观察并随时填写《实操考核记录单》，对学生操作过程中易引起事故的行为，指导教师应及时纠正。

思考与练习

1. 为什么要喷涂中涂漆？
2. 什么情况下需要喷中涂漆？
3. 如何确定涂料的用量？
4. 空气喷涂有何特点？
5. 喷枪气帽上都有哪几类孔，各起什么作用？
6. 什么情况下应使用反向遮盖？为什么？
7. 如何使用手提式黏度计测试涂料的黏度？

8. 汽车车身板件表面的油污从何而来？为什么喷漆前一定要彻底清除油污？
9. 简单描述喷枪的品种。
10. 为什么中涂漆一次不能喷得太厚？
11. 喷涂中涂漆到什么程度为合格？
12. 中涂底漆打磨结束后的收尾工作有哪些？
13. 中涂底漆打磨结束后的质量检测有哪些要点？

面漆的调色

任务 1　素色漆的调色

学习目标

1. 能够正确解释颜色的三个属性。
2. 能够正确描述颜色的变化规律。
3. 能够正确解释颜色的三原色、 间色、 复色和补色
4. 能够正确解释颜色的同色异谱现象。
5. 能够正确描述素色漆的光谱特性。
6. 能够正确解释色母和颜色配方。
7. 能够正确描述调色时应准备的工具、 仪器的种类及各工具、 仪器的用途。
8. 能够正确描述标准的调色流程。
9. 能够利用色卡进行素色漆的调色。
10. 能够注意培养良好的安全、 卫生习惯及团队协作意识。

案例分析

中涂底漆打磨完成后，即准备喷涂面漆。如图 7 - 1 所示，为了使修补区域喷涂的面漆颜色与周边的旧漆膜一致，必须对准备喷涂的面漆进行颜色调配，即所谓调色。

涂料本身有一定的颜色，但在实际使用中，特别是在汽车的涂装维修中，往往是购得的涂料与维修汽车的表面颜色不同，这就必须对涂料的颜色进行调配，尽量使之与汽车原色漆颜色一致。根据色彩的基本知识和原理，再结合涂料使用的具体要求，进行色漆的调配。

在涂装工业中，调色是一种非常重要的基本技法，也是一种不容易掌握的技法。在涂料的调色中，首先要将材料的化学性质搞清，不同性质的涂料是不能进行色彩调配的。

图 7－1　准备喷涂面漆表面

由于素色漆中不含有金属粉粒（铝粉、云母粉等），所以漆面色彩呈单一性，从各角度观察基本一致，故素色漆的调色工作难度也相对较小。

相关知识

一、标准光源

1. 光源的分类

光源有自然光源和人造光源之分。太阳是自然光源，是最佳的光源，这是因为太阳光中含有不同波长的光，并且光能的分布比较均衡。但是在太阳光的光谱曲线上（图 7－2），在光谱的蓝色一端走势较高，因此日光在本质上有些发蓝。而白炽灯、日光灯是人造光源，若将日光与白炽灯光曲线（图 7－3）作一比较，将会看到白炽灯产生的波长更趋向于在光谱的红色一端达到峰值。因为白炽灯光是由加热灯丝产生的，光中主要含有红色的光线，是属于较温暖的光线。冷白色的日光灯曲线（图 7－4）在可见光的蓝色部分放射更多的能量。所以当你步入日光灯照明的房间，你会注意到你的衣服和脸色看上去有些发青，日光灯灯光中主要含有蓝色的光线，是属于较冷的光线。

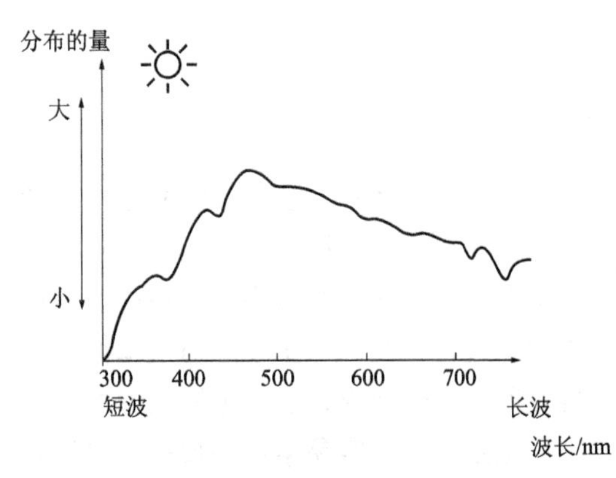

图 7－2　日光曲线

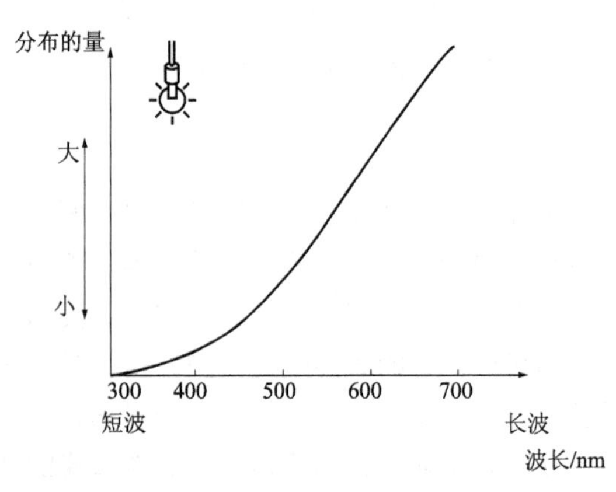

图 7－3　白炽灯光曲线

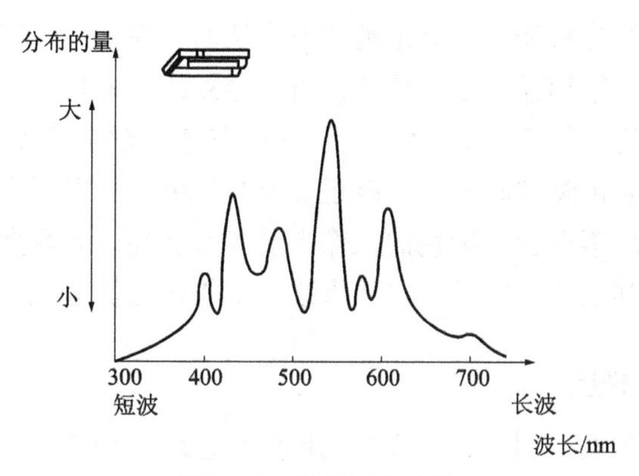

图7－4　荧光灯光曲线

2. 光源的色温

色温以绝对温度K来表示（0 ℃相当于273 K），是将一标准黑体（例如铂）加热，温度升高至某一程度时颜色开始由红、橙、黄、绿、蓝、紫，逐渐改变。如果某光源的光色与黑体的光色相同，其光谱功率分布曲线也相吻合，那么我们将黑体当时的温度称之为该光源的色温度，简称色温，它是描述光源本身颜色外貌的重要指标。

色温度在3 000 K左右时，光色偏黄。色温度在5 000 K以上时，光色偏蓝。不同色温度的光，具有不同的照明和视觉效果。

3. 几种典型的人造光源的特点

1）A光源：色温为2 856 K，白炽灯光线，光色为黄—橙色。

2）F光源：以荧光灯为代表的光源。F2光源：色温为4 200 K，代表冷白荧光灯，光色偏蓝色；F7色温为6 500 K，代表宽频日光荧光灯；F11色温为4 200 K，代表窄频白荧光灯。

3）D65标准光源：即模拟正午日光，其色温为6 504 K。

4）TL84光源：荧光灯光线，色温为4 150 K。

二、色盲与色弱

色盲是Huddart（1777）首先发表的，中国在《列子》与《左仓子》上也有视颜色困难的记载。最精细地记述色盲者是化学家道尔顿（Dolton，1798），他发觉他看光谱的颜色和常人不同：常人所见的红色部分，他只看到是淡黑色的影子；常人所见的橙、黄、绿部分，他所感觉的是从暗黑的黄色渐渐转移为淡淡的明黄色；他能辨别绿和青之间颜色的移行情况，但对青和紫之间的移行情况不能认识；他看紫色只觉得比青色浓暗一些而已。Dolton是红色盲患者，其家属中也有几个色盲者。因为色盲是Dolton所首先详论的，故色盲曾名为Dolton病。

一个具有正常色彩知觉能力的人，在感受可见光谱时将其看成是一系列连续的颜色，其顺序为：暗红、亮红、橙色、黄、亮绿、绿、蓝和暗紫。光谱的最明亮部分位于540～570 nm（黄—绿）之间，从该部分的两侧向外明度逐渐降低，直至光谱的两端。肉眼所感觉到的明度变化与其发光功能吻合，该功能在555 nm时一般可达到峰值。由于正常的观察者在知觉过程中可感受三色，因而它能够分辨明与暗，黄与绿、红与蓝以及黄绿和蓝绿、绿蓝和红蓝。然而，肉眼的分辨能力也会出现缺陷，从而出现了红—绿色盲、黄—蓝色盲和全色盲，其原因是肉眼的圆锥形晶体带有缺陷，由此导致的后果是视力低下及昼盲。色盲是先天性遗传疾病，患病率为：男性4%～5%，女性0.16%。随着年龄的增长，眼睛的倦怠与病痛会影响人的色感。有色觉缺陷的人不能正确分辨颜色，所以不适宜从事调色工作。由于女性色盲的患病率低，从事调色、测色的工作人员多为女性，而且女性对颜色的辨认比男性敏感，同时又具有细心和耐心的特征，对从事这项工作很有优势。

三、色彩的性质

色彩的性质就是指色调、明度、彩度，也称为颜色的3个空间或颜色的三属性，要想完整、准确描述一个颜色，需要包含这三方面的内容，缺一不可，如图7－5所示。

1. 色调

色调（也叫色相或名称，通常用H表示）是颜色之间的区别，是一定波长单色光的颜色相貌，它取决于光源的光谱组成以及物体表面对各种波长可见光的反射比例，是表示物体的颜色在“质”的方面的特性。

色调是色彩的第一种属性，这一特性使我们可将物体描述为红色、橙色、黄色、绿色、蓝色和紫色等。色彩系统中最基本的色调是红色、黄色和蓝色，它们也称为“三原色”，几乎所有的颜色都可以用它们调配出来。而橙色、绿色、紫色又是红、黄、蓝三原色按1∶1的比例两两调配出来的，称为“三间色”，这六种颜色又统称为颜色的六种基本色调。把这些色调排列成一个圆环，沿着圆环的周边每向前一步，色调都会产生变化，如图7－6所示。若从色光的角度来看，色调又随波长变化而变化，紫红、红、橘红等都是表明红色类中间各个特定色调，这三种红之间的差别就属于色调差别。同样的色调可能较深或较浅。

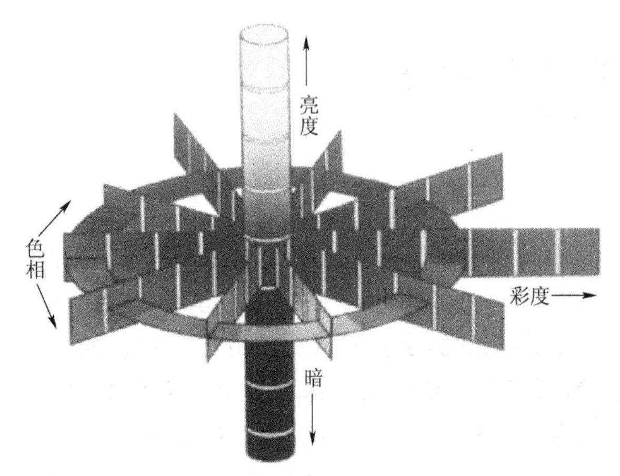

图7－5　颜色的三属性

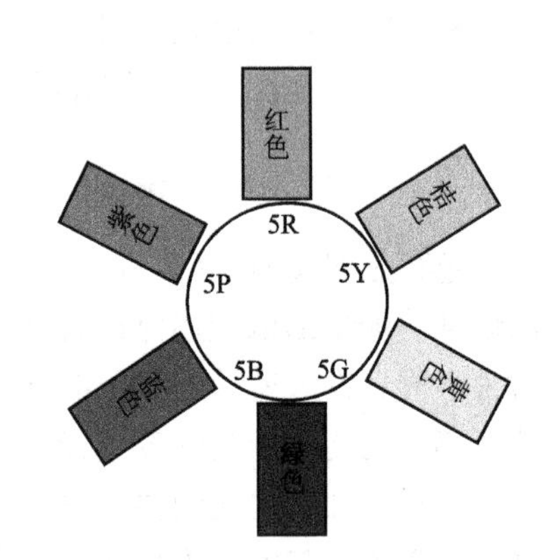

图7－6　色调

颜料的三原色可以配成数不胜数的其他各种颜色。每两种原色混合就可得到一种复色。如黄＋蓝＝绿，红＋黄＝橙，蓝＋红＝紫。两种原色混合时，有多些的和少些的，混合成的复色就带有多原色色相。如黄和蓝混合，当黄色较多时成为黄绿，蓝色较多时成为蓝绿；同理，黄和红混合，会得到黄橙、红橙；红和蓝混合，会得到蓝紫、红紫。而红、黄、蓝加在一起可呈黑色。

2. 明度

明度是人们看到颜色所引起视觉上明暗（深浅）程度的感觉（通常用L表示），也叫亮度、深浅度、光度或黑白度，是说明从有色物体表面反射能量的数量，是表示物体的颜色在"量"方面的特性。

明度随光辐射强度的变化而变化，是色彩的第二个最容易分辨出的属性。明度是一种计量单位，它表明某种色彩呈现出的深浅或明暗程度。同一色调可以有不同的明度，例如红色就有深红、浅红之分。不同色调也有不同的明度，如在太阳光谱中，紫色明度最低，红色和绿色明度中等，黄色明度最高，人们感到黄色最亮就是这个道理。明度可标在刻度尺上，从黑至白依次排列，如图7-7所示。愈近白色，明度愈高；愈近黑色，明度愈低。因此无论哪个颜色加上白色，也就提高了混合色的明度；而加入灰色，则要根据灰色深浅而定。

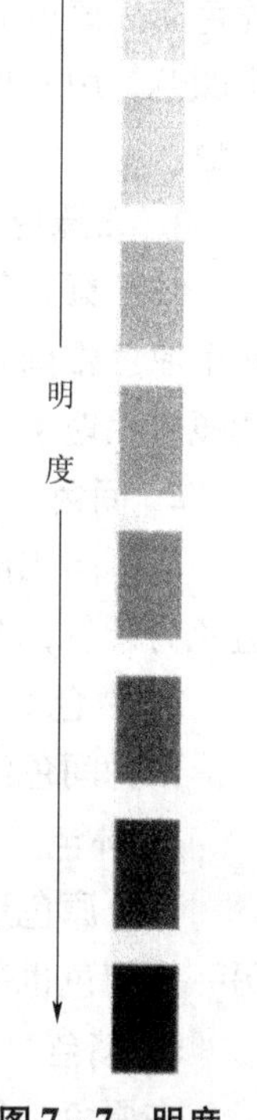

图7-7 明度

3. 彩度

彩度是表示颜色偏离具有相同明度的灰色的程度，是颜色在心理上的纯度感觉（通常以C表示）。彩度还有纯度、鲜艳度或饱和度之称。彩度是色彩的第三个性质，也是一种不易觉察并经常受到曲解的性质。除非我们比较同一色调和明度的两种颜色，我们才会意识到它的表现形式。作这种比较时，我们通常会使用"鲜艳"或"黯淡"、"鲜亮"或"浑浊"这样一些词语来进行描述。如彩图7-8所示，在图表中央，颜色看上去很黯淡，沿着图的中央每向外一步，彩度的值就会相应增加，而颜色看上去也更加鲜亮。当某一颜色浓淡达到饱和，而又无白色、灰色或黑色渗入其中时，即称正色。若有黑、灰渗入，即为过饱和色；若有白色渗入，即为未饱和色。

物体反射出的光线的单色性越强，物体颜色的彩度值越高。每个色调都有不同的彩度变化，标准色的彩度最高（其中红色最高，绿色低一些，其他居中），黑、白、灰的彩度最低，被定为零，称之为消色或无彩色。除此之外其他颜色称之为有彩色，有彩色有色调、明度和彩度变化；无彩色只有明度变化，没有色调和彩度。无彩色从白到黑的黑白层次为明度等级，从0~10共11个等级。如果将色调连续起来，并且每个色调均以其标准色为最高彩度等级，再按明度连续变化，则构成了颜色立体球，如彩图7-9所示。由于各色调的彩度值不同，所以实际的颜色立体球并不是标准的球形。

为了准确的描述某一个颜色，人们发明了颜色三维坐标，如彩图7-10所示。其中"L"明度，相当于空间三维坐标的垂直轴（Z轴），共分100个等级；"a"值表示红绿值，相当于空间三维坐标的X值；"b"表示黄蓝值，相当于空间三维坐标的Y值。这样在颜色三维坐标中的任何一点，均可用L、a、b三个具体的数值来表示；同样，任何一组L、a、b数值，则确切地表示某一个颜色。

四、颜色的变化

颜色有数百万个，但色群有着它们最基本的颜色，即原色。万千个颜色都是以原色按一定规律混合而调配成的成色。成色之间相互交错混合，产生了色的无穷变化。颜色按照其三属性的基本特征，按有彩色与无彩色的规律进行多种变化，形成无数色的组合。

人对颜色的视觉感是光刺激人的眼睛后，由人的视觉生理本能反应的结果，因此，人能看得到各种颜色。光的波长不同，其强度也不一样，同一种光源却能产生不同的颜色。所以辨别颜色仅靠人的眼睛是比较困难的，人们必须找出基本颜色，由此进行混合成色，才能使配色有规律可循。颜色的三个原色是红、黄、蓝。所以称红、黄、蓝色为原色，是因为这三个颜色是用其他任何色也不能调出来的，而以这三个基本色混合调配可以调出其他无数的颜色。

1. 三原色

红、黄、蓝是三原色。用色彩的产生和颜色的色调、明度和饱和度来解释三原色，以及两个原色相调并继续再用其中的两个色相相调，如此下去，其颜色的名称含义十分复杂，只能概念性地了解它们的配色与成色的规律，以供配色之用。

2. 间色

以不同比例的两种原色相调配而形成的一种颜色称为间色。间色也只有三个，即红色 + 蓝色为紫色；黄色 + 蓝色为绿色；红色 + 黄色为橙色。

3. 复色

两种间色混调或三原色按不同比例混调而形成的颜色为复色。

4. 补色

两个原色形成一个间色，另一个原色即为补色；两个间色混合调为复色，与其相对应的另一个间色也称为补色。

5. 消色

在原色、复色中加入一定量的白色，可调出粉红、浅红、浅蓝、浅天蓝、淡蓝、浅黄、牙黄、奶黄等深浅不一的多种颜色；加入黑色可调出棕色、灰色、褐色、墨绿等不同的颜色。由于白色和黑色起到了消色的作用，因此将白色和黑色称为消色。

五、颜色的调配

1. 颜色调配的定义

将两个颜色调节到视觉上相同或等同的方法称为颜色匹配或颜色调配，具体到涂料工业便是复色漆的配制，简称配色。

2. 颜色调配的类型

颜色调配有两种类型，即相加混合和相减混合。

（1）颜色相加混合

色光相加后的混合色光，其明度是原来各单色光的明度之和，所以加色混合，明度与饱和度都提高，颜色鲜艳。譬如，彩色电视机的呈色是通过红、绿、蓝三色电子枪将彩色光束射在荧光屏上，依靠颜色叠加而获得各种各样颜色的。在颜色相加混合中，我们称红、绿、蓝为三原色。

（2）颜色相减混合

色混合的实质是色料的选择性吸收，使色光能量削弱。故色料相加，能量减弱，越加越暗，饱和度下降。涂料呈色就属于这一类。

3. 色彩的基本色

与涂料颜色匹配的三原色是品红、黄、青，而不是通常所讲的红、黄、蓝。但是在涂料配色实践中因为没有品红、青这两种颜色的颜料，所以颜色的配制只能用红、黄、蓝三色来配制，我们把红、黄、蓝叫三基色，将橙、绿、紫叫次级色。这六种颜色构成了一个颜色圆环，叫色环，如彩图 7 – 11 所示。

色环中，相互对应的颜色叫补色，比如红和绿、黄和紫、橙和蓝互为补色，如彩图 7 – 12 所示。

如果混合 2 个补色，将得到一个灰暗的颜色，这 2 个颜色相互减弱对方。所以在实际调色工作中，尽量不要使用补色。

在从事颜色系统的工作时需要用到红色、黄色、蓝色、绿色、黑色和白色，这 6 个颜色叫基本色。

4. 颜色对比

颜色的对比调和需用对比色来进行检验，如果没有对比色来检验就很难说颜色调和得准确与否。颜色的对比方法有两种，一种是同光谱色对比，即同色调的颜色进行对比，这种方法可采用光泽计、光电比色仪、分光光度计等仪器进行检测对比；另一种是不同色调、不同明度、不同纯度的对比方法，即在没有检测设备、仪器下用目测对比，多数是根据标准色卡相对比，其关键是标准色卡要制作得非常准确。标准色卡应按照光谱色作为标准制作。颜色的对比内容包括色调、明度和纯度。对比时所用的色板面积不宜过小，应在具有足够自然光线下或人工照明的条件下才能对比得更为准确。

5. 调色的次序

以基本色调配成色时，要首先找出主色，并依次找出调整时使用的其他颜色，最后才可加入补色和消色。两相近色相调配时，一般都可以调配出鲜艳明快的颜色，其颜色柔和协调。补色是调整灰色调，所有颜色与其补色相调都会调出灰色调，是较为沉着的色调，因此在调配颜色时，补色一定要慢慢地、少量地加入，否则加入量过大则很难再调整过来。消色同样也要慎重，少量、慢慢地加入，一次加入量过多也很难调整过来。复色调整时应将主、次色搞清楚，按比例顺序逐步加入。用实色调整的颜色应在色调调好后，再调明度，最后调整纯度，使颜色调配时有顺序、有层次、按步骤进行，这样才能调得又快又准确。

当需要调配某种颜色的涂料时，首先应分析判断是由哪几种色漆组成的，哪种是主色，哪种是副色，拟出配方，再经过认真细致的小样调试对比，找出正确的配比情况，再进行调配。

六、颜色的同色异谱现象

当一对颜色在某一光源下，所呈现的颜色是相同的，而在另外的光源下，其呈现的颜色有差异，此现象称为“同色异谱”（亦称为照明体同色异谱）。如果颜色不匹配是由观察者的变化所引起，产生的现象则称为“观察者同色异谱”；如果一对颜色在某一检测角度下相匹配，但角度改变则不相匹配，这现象称为“几何同色异谱”。

我们遇到的物体常处在各种不同光源的照明下，最重要的光源是日光和灯光。照明光源不同，物体的颜色就会有差异。为了统一测量标准，国际照明委员会（简称 CIE）规定了标准光源。CIE 对颜色的评价是在它规定的光源下进行的。D65 光源、A 光源、F 光源等为

CIE 规定的标准光源。所以在天气情况良好的前提下，调色的最佳时间是上午 10 点到下午 3 点这段时间。当太阳光线的条件不具备，而还需要调色时就要使用 CIE 规定的标准光源，进行颜色对比使所调颜色尽可能准确。

七、素色漆光谱特性

在汽车涂装中，汽车面漆的颜色可分为两大类：素色（也称为本色、纯色）和金属色（也称为闪光色）。素色按其色彩又可分为有彩色（系指红、黄、蓝、绿等带有颜色的色彩）和无彩色（系指白、灰、黑等不带颜色的色彩）。闪光色也可细分为金属闪光色和珠光色，并有彩色化的倾向。

素色面漆是用一般着色颜料配制的面漆，其着色均一，涂膜不透明。光线照射到素色漆涂膜表面，颜料对其选择性吸收后，再经过颜料颗粒散射到各个方向，如图 7－13 所示。只要在入射光的一侧观察，观察的角度对颜色影响不大。一般取 45°角作为对比颜色的观察角度。

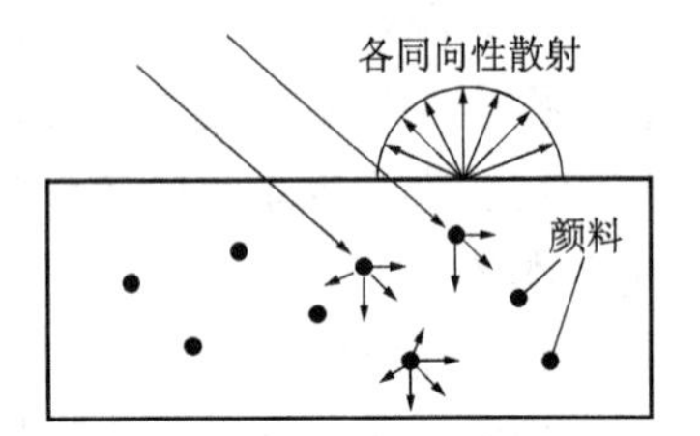

图 7－13　素色漆光谱特性

八、色母

色母是涂料生产厂家提供的调色的基本原料，厂家会将各种色母编好号码作为该色母的代号，形成一个系列，各个系列之间的色母不能通用。比如德国鹦鹉牌汽车漆 22—系列代表素色面漆色母；55—系列代表金属面漆色母；90—系列为水性漆色母。国产银帆牌汽车修补漆 FM 200 系列代表双组分素色面漆色母；FM 100 系列(7－1 表)代表单组分金属漆面漆色母。

表 7－1　银帆 FM100 单组分金属漆系列

代号	颜色	代号	颜色	代号	颜色	代号	颜色
FM101	特细银	FM117	墨黑	FM147－A	中黄	FM163－A	红珍珠（细）
FM102	细亮银	FM120	紫色	FM150	透明红	FM163	红珍珠
FM102－A	细闪银	FM125	通用蓝	FM150－A	透明鲜红	FM164	浅黄珍珠
FM103	中灰银	FM126	调蓝	FM151B	紫红	FM165	青绿珍珠
FM104	中粗银	FM127	标准蓝	FM152	玫瑰红	FM166	宝红珍珠
FM105	粗银	FM128	有机蓝	FM153	粟红	FM167	紫珍珠
FM106	中细银	FM129	紫蓝	FM154	红紫	FM168	紫红珍珠
FM107	亮白银	FM131	调绿	FM155	鲜红	FM169	红铜珍珠
FM108	特粗银	FM132	青金	FM160－A	白珍珠（细）	FM170	枣红珍珠
FM109	调白银	FM133	黄口绿	FM160	白珍珠（中）	FM171	金黄珍珠
FM111	调白	FM137－A	芥末绿	FM161－A	绿珍珠（细）	FM190	金红
FM112	宝石白	FM140	透明黄	FM161	绿珍珠	FM192	褐红
FM114	浓黑	FM141	棕红	FM162－A	蓝珍珠（细）		
FM115	通黑	FM142	鲜黄	FM162	蓝珍珠		

九、颜色配方

涂料的调配可分为两类：重量制与容量制，两者特性对比见表 7－2。车身涂料大部分都是采用重量制来调配的，但是包装都以容量（升）为单位。

表 7－2 重量制与容量制调配涂料法特性对比

项目	重量制	容量制
容器选择	漆料倒入天平秤上的容器内，无须特殊容器	涂料倒入容器直到预告设定的容积记号，也有用压缩空气警示系统代替记号的。两者均需使用平底且在可用高度内有均一横断面的容器
重量、容量到达所需值时的操作	操作员倒漆时，应注视天平指针（或数字）。需要小心，决定何时停止的技巧则靠经验。电子秤可使此操作变得较容易	操作员注视涂料水平面，在到达刻度时停止倾倒。刻度在小容器内部时，不易观察。加装液面表时可帮助操作，但操作人员的反应快慢仍会影响效果

车身涂料的颜色大都是通过几种色母按比例混合后获得的，所使用的色母和色母的比例，即为该种油漆的颜色配方。混合 1 L 涂料需要的配方叫标准配方，见表 7－3。标准配方里包含 1 L 单量配方（各个色母后的质量数代表它的实际质量）和 1 L 累积配方（色母后的质量数为本身和以前色母的质量和）。还需要注意的是，在配方中调配好的油漆是按体积计算的，而色母的加入量是按质量计算的，因质量积体积存在正比关系，所以完全可以按体积比例用质量调配。

涂料供应商提供的都是标准配方，实际工作中可以根据需要调的油漆量，按比例去调整。比如需要调 LB5N 油漆 0.2 L，需要将配方中所有色母的量除 5 得到 0.2 L 油漆的配方。

表 7－3 色卡背面的标准配方

色号：LB5N		
车色：珠光靛蓝（偏浅红）		
车型：捷达/宝来		
色母	1 升单量	1 升累积
35－M00	267.6	267.6
35－M1510	331.1	598.7
35－M351	172.1	770.8
35－M1910	61.0	831.8
35－M1540	45.9	877.7
35－M1920	33.3	911.0
35－M1120	9.8	920.8
35－M1010	1.0	921.8

十、调色工具

1. 色母特性表

由于素色漆不存在随角异色的问题，所以对素色漆色母特性我们只要能判定出它的色相、明度和饱和度就可以了。为了调色方便，油漆经销商都会提供配套的色母特性表（也叫色母挂图）。彩图 7－14 所示为德国鹦鹉汽车修补漆 22—系列色母特性表，从表中能很容易地找到各个色母的特性。其中 M326、M43、M40、M68、M52、M30 分别为红、橙、黄、绿、青、紫六种基本色母，它们的色相最纯，饱和度最好。色母挂图的中心明度最低。这样就能很容易的判定出其他任何一个色母的特性，比如色母 A146 为偏绿黄。

各涂料生产商提供的色母特性图表形式不一样，但基本原理是一样的。

2. 标准色卡

色卡根据车辆的产地分成几册，有国产车色卡、欧美车色卡、日本车色卡等，如图 7－15 所示为 BASF 公司提供的国产汽车色卡册（也称色卡扇）。每一册又根据车辆制造厂或颜色组别分类，例如国产车色卡里根据厂名分为上海大众车色卡、一汽丰田车色卡、北京现代车色卡等等，根据车型去查找需要的颜色。色卡的正面是标准油漆小样和颜色代号，背面为对应的油漆配方（见表 7－3）。

3. 电子秤

如图 7－16 所示，电子秤为精确的称量工具，其精确度为 0.1 g，调色时利用电子秤称量颜色配方中各色母质量。

图 7－15　色扇

图 7－16　电子秤

4. 试板

为了进行颜色对比，需要喷涂试板。汽车维修业常用扑克牌做试板，因为是纸质材料，与实际车身板件相差较大，而且面积太小，故易产生调色误差。标准的试板也有不同的形式，材料均为钢板，表面已喷涂了底漆，并且有黑色条纹（有的为黑白相间的方格），如图 7－17 和图 7－18 所示。

喷涂试板时，最好选择有条纹的一面，要求喷涂面漆的厚度使黑白底色达到完全遮盖，即正、侧面观察看不出底漆的黑白颜色。

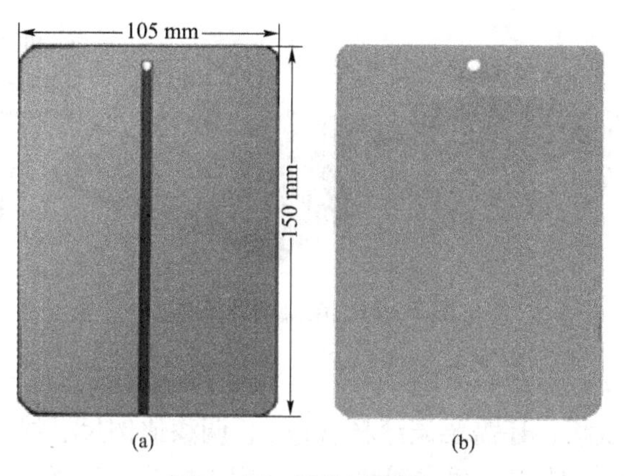

图 7－17 标准试板样一

（a）正面；（b）背面

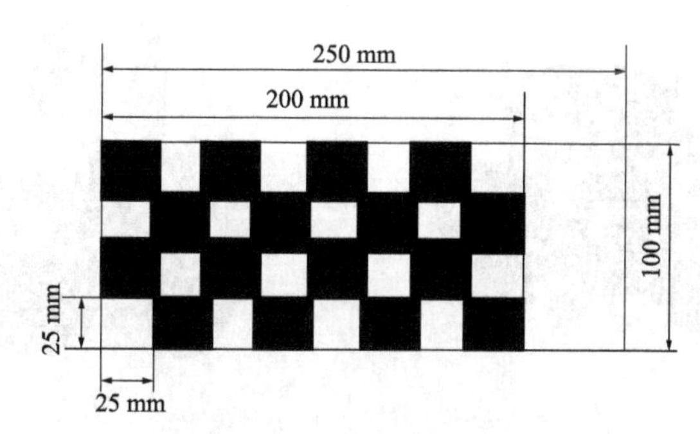

图 7－18 标准试板样二

5. 配色灯

车间的光线有时不能满足比色的需要，因此，调漆间有必要配备配色灯。配色灯是以标准光源制作的，形式多种。图 7－19 所示为简单的配色灯外形图。

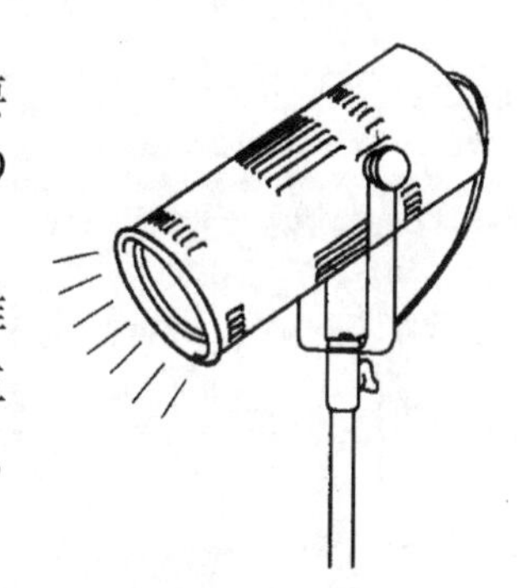

图 7－19 配色灯

精确的比色，需要将试板与标准板（车身板）在不同的标准光源下对比，所以还应配备标准比色灯箱。常用的配色灯箱有三种光源，即白炽灯光源、相当于午间太阳光的光源和 D65 光源，如彩图 7－20 所示。

6. 电脑调色工具

如图 7－21 所示，电脑调色工具由颜色光盘、光盘读取器、终端、专用电子秤等组成。

1）颜色光盘软件由涂料生产商提供，软件内包含所有本品牌涂料的颜色说明、调色配方以及国际代码、厂商代码、生产代码等颜色信息，并且会定期更新，适应车身颜色变化的需求。

2）光盘读取器读取颜色软件内的数据，连接终端。

3）终端连接读取器，显示操作界面，选择产品系列和油漆数量，指导调色。

4）专用电子秤与终端相连，通过终端确定分量，也可以单独称量。

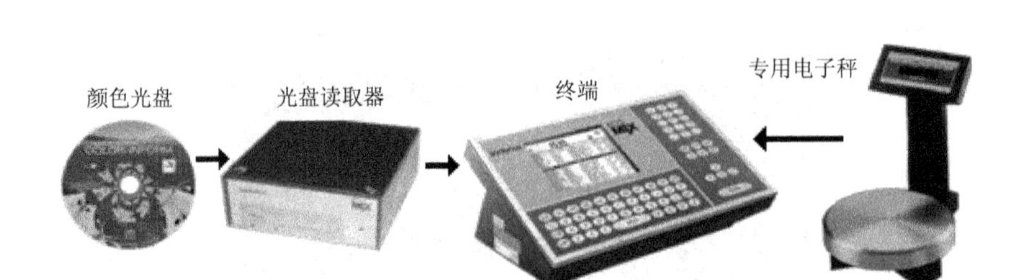

图 7-21　电脑调色工具

7. 其他调色工具

调色时，为了喷涂试板，还需要调漆杯（罐）、调漆比例尺、搅拌棒、烘箱等。

1）调漆杯（罐）最好使用铁质或塑料，且高度方向为上下等粗，如图 7-22 所示。但如果颜料杯的外表面带有容积刻度，一般制成上口大底部小的形状，如图 7-23 所示。

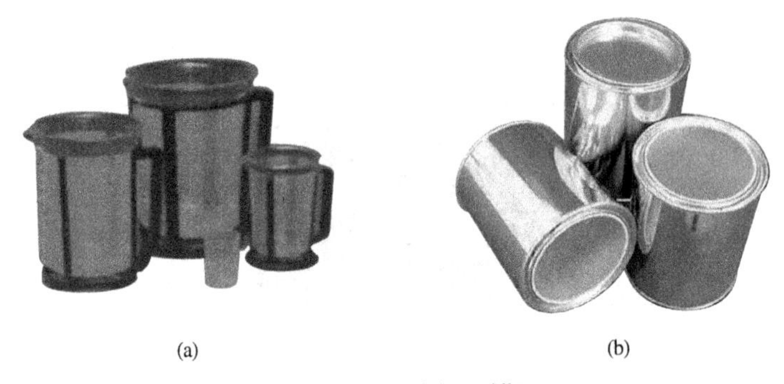
(a)　(b)

图 7-22　调漆杯（罐）

（a）调漆杯；（b）调漆罐

图 7-23　调漆杯

2）搅拌棒最好使用专用的，实际调漆中经常使用比例尺来代替搅拌棒，如图 7-24 所示。

3）烘箱是一种强制烘干试验样板的烘干设备，如图 7-25 所示。

图7-24 搅拌棒与比例尺

图7-25 烘箱

十一、调色工艺流程

调色的工艺流程如图7-26所示。

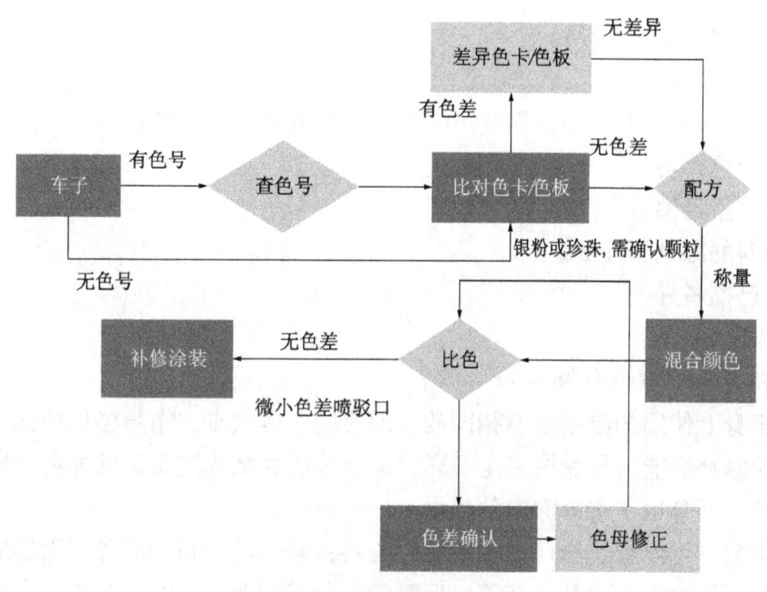

图7-26 调色流程图

技能学习与考核

一、技能学习

1. 劳动安全与卫生

调色的劳动保护与安全注意事项与中涂漆喷涂相同。

2. 准备工作

（1）喷板准备

1）如果喷板有涂层或有锈蚀等，需用P600砂纸打磨。

2）对喷板进行除尘与除油操作。

（2）电子秤准备

1）水平放置电子秤，避免高温、振动，将电子秤的电源插头插入到相应的插座内。

2）打开电子秤总电源开关，按下电子秤电源键（图 7－27），暖机 5 min。

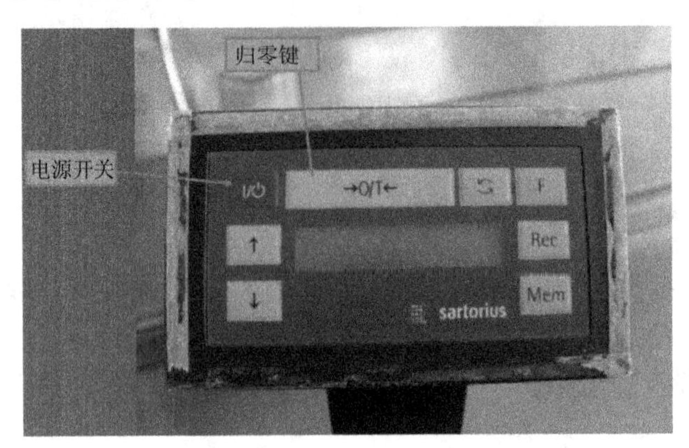

图 7－27　电子秤通电预热

3）按下归零键（图 7－27）。

（3）色母和工具准备

根据选好的色卡和配方，准备需要用的色母。准备色母时需要确认以下几个方面：

1）色母已经搅拌均匀。

2）色母的数量足够。

3）调配涂料的罐是干净的。

4）搅拌尺已准备好。

3. 操作流程

（1）查找汽车涂层颜色资料

不同汽车车身上使用的涂层是不相同的，即使同一辆汽车，车身各部位的涂层也可能存在差异。为了使修补层能与原涂层完全一样，涂层性质和结构的确定就显得特别重要，这不仅涉及涂装工艺，而且也是选择涂料的依据。

对于部分车型，可以通过原厂提供的涂装资料，来确定涂料的品种、涂层层次关系，确定相配套的修补所需涂料及涂装工艺等；但对于部分车型尤其是大部分进口车型，由于品种复杂，车身涂层资料往往很难获得。

对于大部分车型，特别是进口车型，车身铭牌上都标有涂层的代码，如图 7－28 所示。涂层代码标明了该车车身及其某些部位的涂层代码。根据这一代号通过胶片、色卡或电脑资料即可找到涂层信息。所以通常在进行调漆之前，都要在车中找到所需颜色的编号。

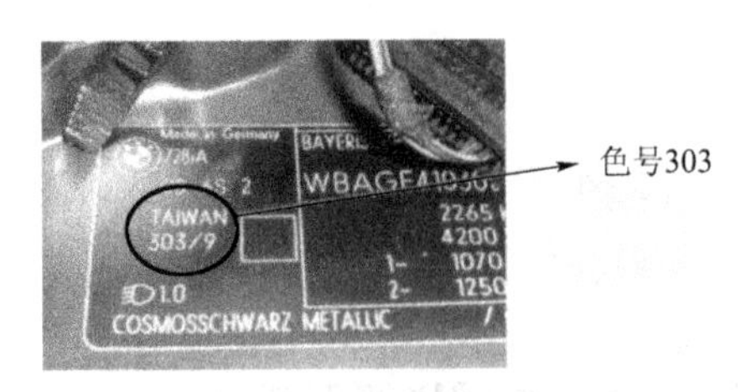

图 7－28　宝马车的油漆代码标注位置

各汽车公司生产的不同型号汽车，其油漆代码标志的位置也不相同。例如，查找宝马汽车油漆代码时，通常在发动机舱左（右）前纵梁附近或水箱支架上。

注意：同一台车上，可能会在不同的位置均能找到油漆代码，查阅时应仔细观察。通常在汽车铭牌上的油漆代码为主车身颜色代码，其他位置可能会表示车身的其他部位的颜色代码（如保险杠、内饰、仪表台等）。

（2）查阅配方

1）如果能够找到涂层颜色代码（例如查得代码为 A4D），则按下述程序确定初调（以德国鹦鹉漆为例）。

① 按所查得的油漆代码 A4D，找到相应的色卡（或色卡组）。

② 将距离要修补区域近并且颜色一致处用抛光蜡抛光，如图 7－29 所示。

图 7－29　抛光

③ 将所选的色卡与车身颜色相对比，找到最接近的色卡（从色卡组中找 A4D）。

④ 在色卡的背面读取配方，并根据实际需要调配的油漆量，重新计算配方。需要调 0.1 L A4D 油漆的配方，见表 7－4。

表 7－4　A4D 油漆配方

颜色代号：A4D/北极白（偏深黄）			
车型：马自达 6			
色母	1 L 累积/g	1 L 单量/g	0.1 L 单量/g
522－M0	198.4	198.4	19.8
22－M60	1169.2	970.8	97.1
22－A105	1227.1	57.9	5.79
22－A126	1266.4	39.3	3.93
22－A131	1278.1	11.7	1.17

参考色卡时需要注意：

① 所有色卡都是用自动喷涂机喷涂的，喷涂的效果与手工喷涂的效果肯定不同。但由于手工喷涂的灵活性，有时可以通过施工者改变喷涂的方式，就能得到色卡所显示的颜色。

② 在比较色卡和车身颜色时要考虑到所有造成误差的因素，因为一个色卡与车身完全相符的情况发生的概率非常低。

③ 调配素色漆时，选择色度和明度比车身颜色高的色卡，在这个色卡的配方基础上调色，因为素色漆很容易从鲜艳、明亮向灰暗方向调整；调配金属（珍珠）漆时，找一个侧面稍暗的色卡或一个正面偏亮、侧视偏暗的色卡，在这个色卡的配方基础上调色，很容易通过加大控色剂或白色把颜色校正过来。

2）如果不能找到涂层代码，则根据汽车品牌及车身颜色直接选出色卡，并从色卡背面获取配方。

（3）计量添加色母

1）最好是在秤座上垫上一张纸，将调漆杯放于纸上。

2）按配方所列色母的顺序添加色母，522 - M0 → 22 - M60 → 22 - A105 → 22 - A126 →22 - A131，如图 7 - 30 所示。

图 7 - 30　计量添加色母

在添加色母时，最好首先倾斜漆罐，然后逐渐拉操纵杆，让色母慢慢倒出。如果先拉操纵杆，那么当漆罐倾斜时，可能有大量色母立即倒出。为了在倾斜末尾进行精细调整，也必须小心操作操纵杆，以控制色母流量，如图 7 - 31 所示。

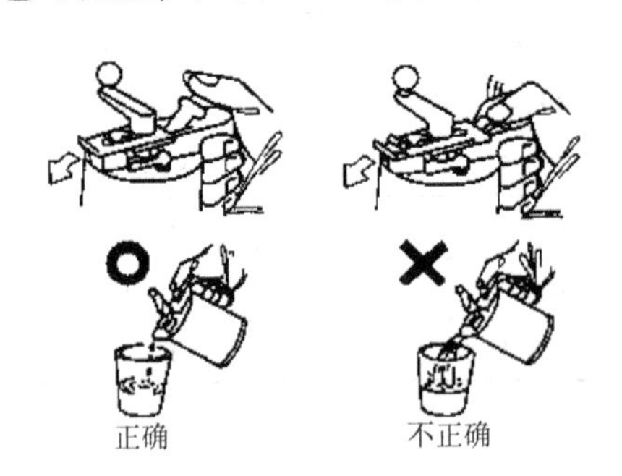

图 7 - 31　倾倒色母

虽然各种色母的质量因颜色而异，但是通常情况下，一滴色母的质量大约为 0.03 g，三滴的质量在 0.1 g 左右。根据这一情况，我们在添加用量较少的色母时一定要仔细称重，尤其是色母量少的色母添加时更要注意。通过表 7 - 5，我们不难发现用量少的色母的添加误差对颜色的影响很大。

表 7-5 称量误差 0.1 g，对配方的影响

色母	累积/g	单量/g	多加量/g	所占比例/%
M0	198.0	198.0	+0.1	0.050
M60	1230.1	1032.1	+0.1	0.009
A105	1275.6	45.5	+0.1	0.220
M26	1302.2	26.6	+0.1	0.380
M77	1306.7	4.5	+0.1	2.222

在添加完所有色母后，要用搅拌杆或比例尺混合涂料，以产生均匀的颜色。如果涂料粘到容器的内壁，要用搅拌杆刮下涂料，以防产生色差。

注意：如果配方中各色母给出的质量值不是累加值，则每次添加一种色母后，应将电子秤归零。除了第一个添加的色母外，如果添加了过多的色母，则需要重新调配，否则应进行麻烦的配方计算。

计量添加色母时应注意以下几点：

① 有把握时可以一次调够数量，没有把握时先根据配方调出小样。

② 对某个色母数量没有完全把握，可以先少加点，即采用“宁少勿多”的原则。

③ 应该把电子秤放在稳定的桌面上，可以减少因为振动引起的误差。

④ 尽量减少空气对流而影响电子秤的准确，例如风、人员走动、门窗开关等。

⑤ 现在修补涂装用的电子秤精度都是0.1 g，第二位的小数部分看不到，需要在心里估算。电子秤不具备四舍五入的功能的，如0.17 g，电子秤显示0.1 g，所以实际的质量一般比显示的质量大。因此，在理论上要准确调配一个配方，每个色母的最小加入量应该在0.5 g以上，当配方量放大到1 L的配方时，颜色也是准确的。

⑥ 注意使用累积量和单量的区别。很多调漆人员习惯使用每次加完色母后电子秤不归零的方式。正如上面所讲那样，每次的误差不断积累起来后，后面所加的色母会偏少。如涂料的质量为8.19 g，显示是8.1 g，这时只要滴加一滴色母，电子秤立即显示8.2 g。这种差量虽然不大，但在加入少量对颜色影响较大的色母时，误差就会很大。

（4）湿比色

将搅拌均匀的涂料涂在一纸板片上，在自然光下仔细观察颜色情况，要从色相、明度、彩度三方面与待调配的标准色板进行比对，确定应补加的微调成分及其质量（做好记录）。或借助搅漆棒（或调漆比例尺）上黏附的涂料与标准色板（或车身）进行湿比色，如图7-32所示。

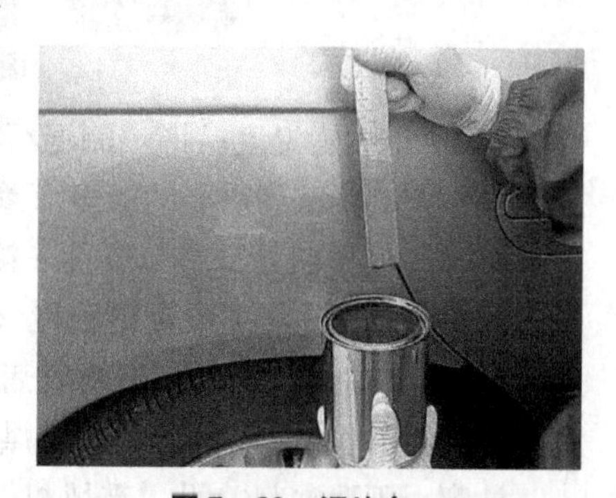

图 7-32 湿比色

比色时需要注意以下几点：

1）在光线充足的地方，最好在室外不受日光灯、装饰物、树木的反射光影响的地方。

2）不要在阳光直射或光线不足时检查颜色。

3）当不得不在日光灯下或烤房内检查颜色时，注意分辨色差和颜色异构之间的区别。

4）存在微小色差时，正确判断哪些是不得不微调的，哪些是可以利用喷涂方式解决的。

5）充分考虑周围的影响因素，如墙壁、车辆；还要考虑车身修补区域的影响因素，如遮盖膜、氧化、老化、失光等。

6）以第一次印象为准，盯视时间越长，越难以判断。

7）涂料从湿色干燥后，颜色会变深。

（5）微调

1）在电子秤上，按确定的微调成分逐项进行微调。

2）在自然光下观察颜色微调情况，视必要再进行微调，直到感觉满意为止。

（6）喷涂试样

1）按规定比例加入稀释剂，调整黏度符合要求。

2）喷涂试板，如图 7－33 所示。

注意：喷涂试板时，应完全按照涂料生产商建议的喷涂参数进行，如喷涂气压、距离、层数等，各道之间应有适当的闪干时间。

图 7－33　喷涂的试板

（7）烘干试样

1）插好烘箱的电源线。

2）打开烘箱门，将喷涂的试板放在栅架上，关好门。

3）打开电源开关、鼓风机开关及加热开关，如图 7－34 所示。

图 7－34　烘箱的操作面板

4）设定烘烤温度。将“测温/预置”按钮按下，调节“设定/调节”旋钮同时观察温度显示窗，直到调整到需要的温度（参考涂料的说明书，通常为 70 ℃），然后再按一次“设定/调节”，使按钮处于高起位置（测温位置），此时温度显示窗显示当时烘箱内的温度，并随时间逐渐增长直到所设定的温度（“恒温”指示灯点亮）。

5）通常达到“恒温”后再烘烤 10 min 即可。

6）关闭“加热”开关，打开烘箱门，取出试板。

注意：不要立刻关闭“鼓风机”和“电源”开关，以给烘箱足够的冷却时间。在取出试板时，需戴手套，以防烫手。

（8）干比色

在用试样板与车身颜色进行对比时，一定要认真仔细，并最好在自然光下进行，如图7－35所示。

图7－35　利用自然光比色

干比色也可在可重现自然光比色灯箱内进行，如图7－36所示，更精确的则要在几种标准光源下对比。要等喷涂的样板干燥后再进行对照，从不同的方向观察对比。维修厂施工中，由于考虑施工进度，往往在样板还没有干燥好就进行对比，由于样板上实际为湿色，而车身上为干色，以此对比的结果是不准确的。

图7－36　标准比色灯箱

颜色的感觉会受到被观察物体周围环境的影响，如将一块灰色纸片放在白色背景上看起来发暗，而放在黑色背景上看起来发亮。同时也要受到观察者观察前眼睛观看过其他颜色历史的影响（当然是很短时间以前的历史）。例如你刚看过鲜红色，移开眼睛至白色底板上，就会感觉看到原物体绿色的影子。

因此，在做汽车涂料配色工作时，一定要保证看色时没有受到环境的影响，所看的颜色是真实的，是有实际参考价值的，这一点非常重要。

(9) 微调颜色

如果颜色的比对结果表明，所调颜色与汽车的颜色不一样，则必须鉴定出应添加哪一种色母，继而添加该色母以获得理想结果，这个过程就是“精细配色”或“人工微调”。这是一个比较和添加涂料的循环，此循环一而再，再而三地重复，直至获得理想的汽车颜色。

将选择好的色母计量加入配色涂料，并用搅拌杆进行颜色比较，利用试杆施涂法，使新涂层与以前的涂层部分重叠，这样可以显示出变化的程度，或者添加色母的效果。如果还没有获得理想的颜色，再一点儿一点儿添加选择的色母，然后进行试杆施涂和颜色比较。在用该种色母进行的精细配色完成后，再找出涂料所缺的另一种颜色。

确定颜色调得多么接近，是一项困难而重要的决定。虽然涂料的颜色越接近汽车的颜色越好，但是在实践中有一个点，达到此点我们便可认为颜色已经够接近了，不会有问题了。最好用比色计，用数字表示颜色相差的程度，但是如果没有比色计，那么就必须靠我们的双眼，最好让尽可能多的人来帮助进行鉴定，做出结论。

注意：在进行颜色微调时，所加的每一种色母及质量均应详细记录。当微调完成后，便获得了一个新的配方（表7-6）。在正式喷涂需大量调漆时，按此配方调色即可。

表7-6　A4D/北极白微调后的配方

颜色代号：A4D/北极白（偏深黄）					
车型：马自达6					
色母	1 L累积/g	1 L单量/g	0.1 L单量/g	微调量/g	最终单量/g
522-M0	198.4	198.4	19.8		19.8
22-M60	1169.2	970.8	97.1		97.1
22-A105	1227.1	57.9	5.79	+0.6	6.39
22-A126	1266.4	39.3	3.93		3.93
22-A131	1278.1	11.7	1.17	+0.2	1.37

(10) 恢复标准配方

由于微调时加入的色母质量都很少，微调后油漆的体积仍然近似于1 L，所以只要把获得的新配方恢复成1 L配方即可（即将0.1 L单量各乘10），保存好留作以后碰到相似情况直接拿来使用。这样积攒的配方多了，可以把它们装订成册，作为自己的色卡使用，方便快捷，调色准确。

(11) 清洗喷枪，清理工作台及使用的工具。

二、技能考核

学生每2名为一小组，针对已经完成中涂漆施工的车辆（或板件），各小组独立完成本任务规定的实操内容并同时完成实训工单。

指导教师全过程观察并随时填写《实操考核记录单》，对学生操作过程中易引起事故的行为，指导教师应及时纠正。

任务 2 金属漆的调色

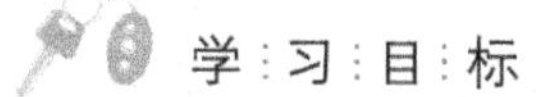

学习目标

1. 能够正确描述金属漆的随角异色现象。
2. 能够正确解释金属漆方向性的原因。
3. 能够正确描述珍珠漆的显色原理。
4. 能够查询金属漆色母特性。
5. 能够进行金属漆调色。
6. 能够进行金属漆的颜色评价。
7. 能够正确使用电脑调漆软件。
8. 能够注意培养良好的安全、 卫生习惯及团队协作意识。

案例分析

金属漆也称为金属闪光色漆，是在物件表面均一地涂覆含有铝粉等金属颜料的涂料，得到金属光泽的涂层色调的涂层。

汽车面漆涂装要求高装饰性化（高鲜映性、高亮度、高闪光、彩色化），金属闪光色和珠光色面漆的汽车逐年增多，在轿车涂装中已超过50%（有的国家和厂家涂金属闪光色的车已超过70%，并且还在逐年增加）。涂金属闪光色面漆汽车的价格较本色漆汽车的价格要贵几千元，但却发展得很快，普及应用到微型车、中巴、大客车车身的涂装，重型汽车驾驶室采用金属闪光色面漆也占有一定的比例。

相关知识

一、金属闪光色

汽车车身用的金属闪光面漆涂膜一般是由含有随角异色效应的颜料（最典型代表是铝粉，如彩图7－37所示）的底色漆层和罩光清漆层组成。罩光清漆层又分透明无色清漆层和着色透明清漆层两种。为提高底色涂料的遮盖性，在涂底色涂料之前涂装采用与底色涂料的颜色相近似的中涂涂料（又称色封底中涂）。随上述的多种组合，可形成色彩多样化的、漂亮灿烂的金属闪光色。

1. 随角异色效应

金属闪光色面漆涂膜不同于本色面漆涂膜的一个显著特点，就是具有随角异色效应（也称为颜色的方向性），即随观察角度的变化而呈现不同明亮度及色彩。如图7－38所示，在观察金属闪光色涂膜的场合，随目视点A和B产生明度差。这种变化的程度称之为随角异色效应性（FF值）。目视点A是正面反射光的高明度（称为最大亮度），目视点B的反射光低（称为底色），其落差就为FF值。

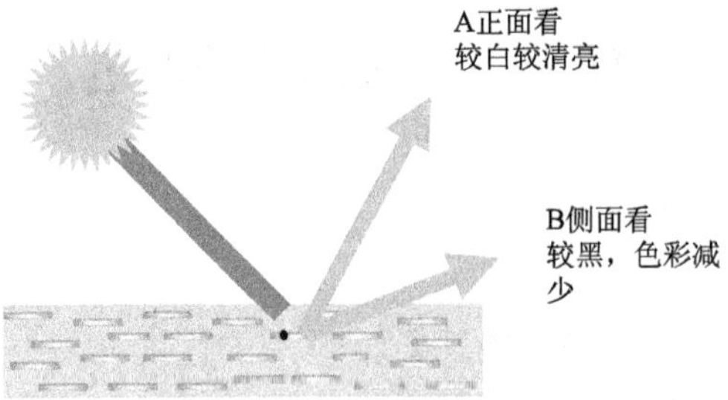

图 7－38　随角异色效应

2. 金属色面漆涂膜的光学特性

金属闪光色涂膜的光学特性如图 7－39 所示，透过清漆涂膜层的入射光受颜料选择性吸收、颜料颗粒的散射、镜面反射和金属与珠光片的边缘发生漫反射后，到达人眼，而得到闪耀的金属光泽感。

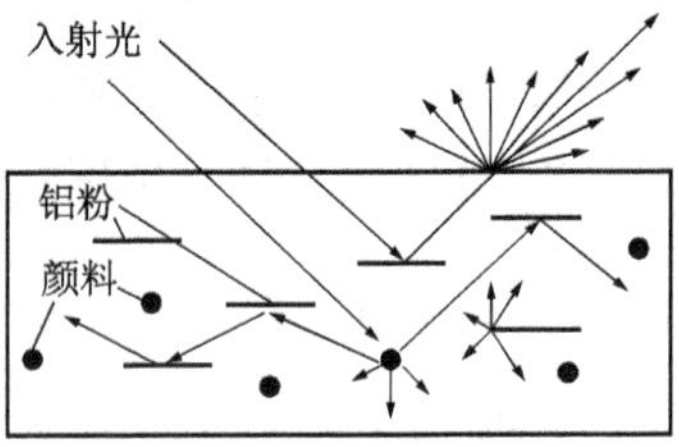

金属闪光色与本色的不同之点是闪光涂膜的扩散反射光少，正反射光强，随着观察角度变化，涂膜的颜色随之变化，具有颜色的方向性（随角异色性）。而本色涂膜是以在涂膜内部多次反射的散射光为主体。

图 7－39　金属漆光谱特性

3. 金属闪光色方向性的原因

金属漆的随角异色效应也称为金属漆的方向性。具有方向性的金属漆，往往正视色和侧视色有所差别。如彩图 7－40 所示，正面看呈偏紫的银灰色，侧面看呈现粉红色。

引起金属漆产生方向性的根本原因是因为铝粉粒子的存在。铝粉粒子的平面部分有强烈的镜面反射效果，而侧面却只有很少的反射。

影响金属闪光色方向性的因素很多，如颜料颗粒的形状、大小，颜料的种类，原色的种类，涂料的种类及涂装方法等。

（1）颜料颗粒的形状

有机颜料颗粒的大小为直径 0.01 μm 左右，而形状有的是球状，有的是柱状，有的是扁平状等，各不相同。下面我们以球状颗粒 A 和扁平状颗粒 B 为例进行分析。如图 7－41 所示，照射到球状颗粒 A 的光线，朝各个方向的反射量基本上是相同的，而我们所说某物质是某种颜色，是与其光的反射量相关的。无论向哪个方向都反射同样量的光，也就是不论以哪个方向看颜色都相同。照射到扁平状颗粒 B 的光线，在 X 和 Z 处反射的光，与在 Y 处反射的光相比，光量的大小不相同。故在 Y 处看到的颜色与在 X、Z 处看到的颜色不同。B 就是方向性强的颜料。A、B 两种形状只是极端的例子，实际使用的颜料或多或少有一点方向性。而黄色类所采用的异哚啉满系（印度橙、有机黄等）、特殊偶氮系（绿黄色）、酞菁系（酞菁蓝、不褪蓝、正蓝等）颜料，方向性尤其强。其中的酞菁类颜料，随制作方法不同，有的基本没方向性，有的方向性很强，因此对于酞菁类的各种颜料，必须弄清其特点才便于使用。

黄色类原色除方向性外，色相还存在带红、带绿之别。有的用于单色调的耐候性好，用于金属闪光色却出现变色等，各种原色具有不同特点，必须根据需要区别使用。

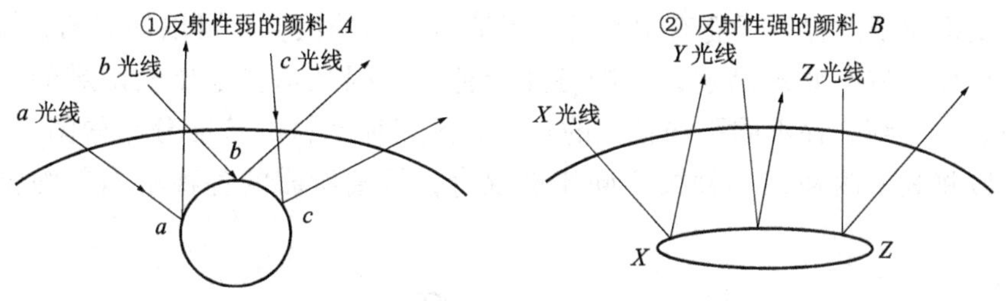

图 7 – 41　颜料颗粒形状对反光性的影响

即使都是扁平状铝粉（银粉）颗粒，由于侧面形状不同，其反光性也会出现差异，如图 7 – 42 所示。A 组铝粉边缘不整齐，呈锯齿状，在 a、b、c 和 d 处的反光强度不同；而 C 组铝粉颗粒边缘整齐，在各处的反光强度相近。

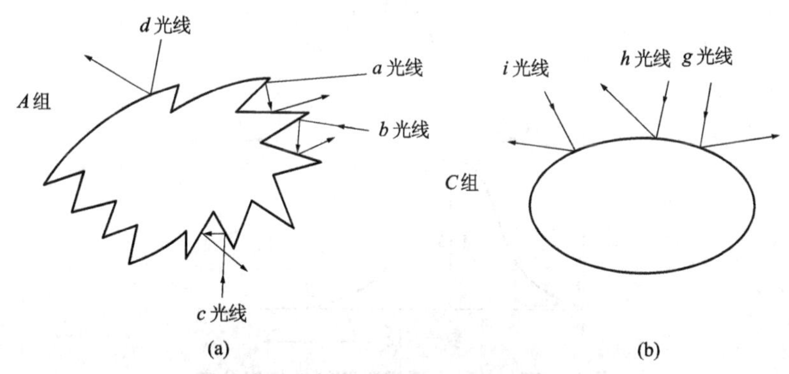

图 7 – 42　铝粉边缘形状对反光性的影响

（a）A 组铝粉；（b）C 组铝粉

（2）银粉粒子的大小

最近的金属闪光色中，白色调很强的和闪闪发光的增多了，还出现了一种被称之为"魅力色"的涂膜，网孔显得很大，闪闪发光。这种强烈的金属感是怎样产生的呢？金属闪光涂料，实际上是由透明涂料加入金属铝粉和颜料形成的，金属感来自铝粉，而色调则由颜料和金属铝粉所决定。为叙述方便，我们不妨把透明涂料和金属铝粉的混合称为金属闪光基料。

如图 7 – 43 所示，各种大小的颗粒都有，只是各自所占的比例不同而已，这可以用粒度分布曲线来描述（图 7 – 44）。

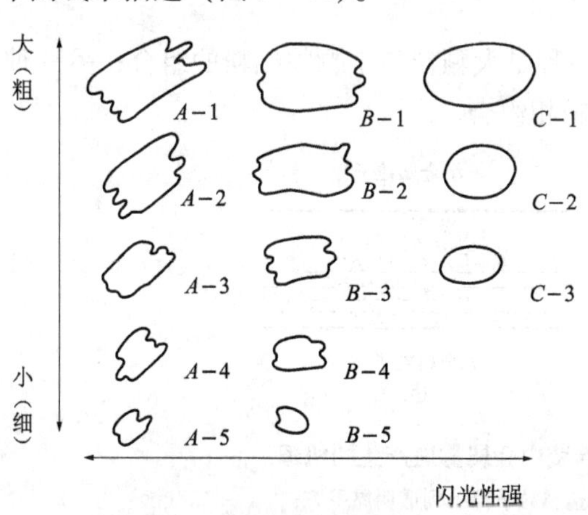

图 7 – 43　金属颗粒的种类和大小

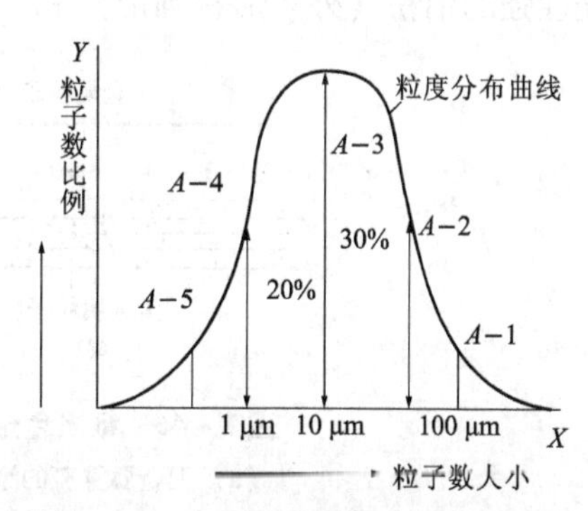

图 7 – 44　金属闪光基料中的粒子分布

虽然金属铝粒子的种类只有有限几种，但通过不同的组合，可以形成的金属闪光基料达几十种。但作为汽车修理涂装，要准备几十种金属闪光基料是比较困难的。通常的作法是准备粗、中、细三种不同平均粒度的基料，这三种基料的粒度分布如图 7－45 所示。使用时，可以将其中两种或三种按不同比例混合，得到所需的各种不同平均粒度的金属闪光基料。

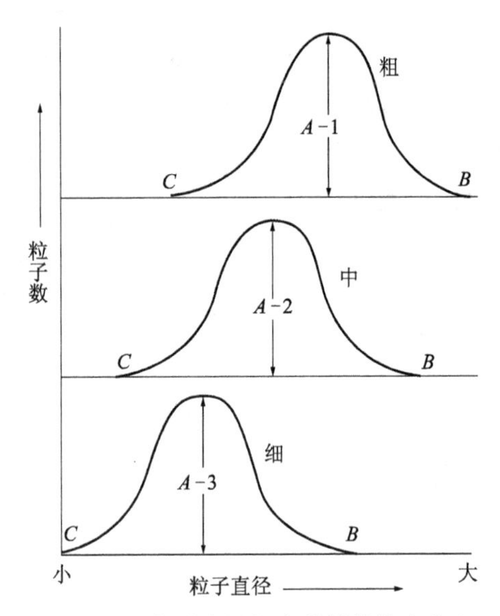

图 7－45　各种金属闪光基料的粒度分布

图 7－43 所示的金属铝粒子中，A－1 为最大，A－5 为最小。实际上金属闪光基料中含有比 A－1 大和比 A－5 小的粒子，大约各占 0.5%。比 A－1 大的粒子，可以在使用前的杂质过滤器中，与杂质一同除去，而比 A－5 小的粒子往往会带来麻烦。

如图 7－46 所示，若金属闪光基料中有比 A－5 小的颗粒，往往易引起“金属雾斑”。这种小的颗料虽数量不多，但极易在涂膜中移动。只要在金属闪光涂层上厚罩以含溶剂量多的透明层，就会产生图 7－47 所示的涡流运动，将小颗粒带入透明层内，形成图 7－46（b）的情景。要获得满意的金属闪光感，就必须设法抑制这种涡流运动，使大、小金属颗粒较为整齐地排列在金属涂层内。

最近金属闪光色中有两种组合用得较多，一种是大颗粒与小颗粒铝粉的组合；另一种是闪光性强的铝粉（外表形状圆滑）和小颗粒铝粉相组合。

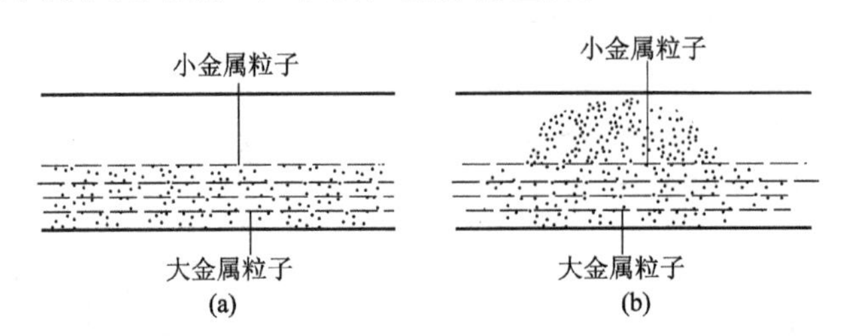

图 7－46　银灰色金属闪光涂装中金属雾斑产生的机理

（a）无金属雾斑的涂膜大、小金属粒子都沉到透明屋下方；

（b）有金属雾斑的涂膜小的金属粒子浮在透明层上方

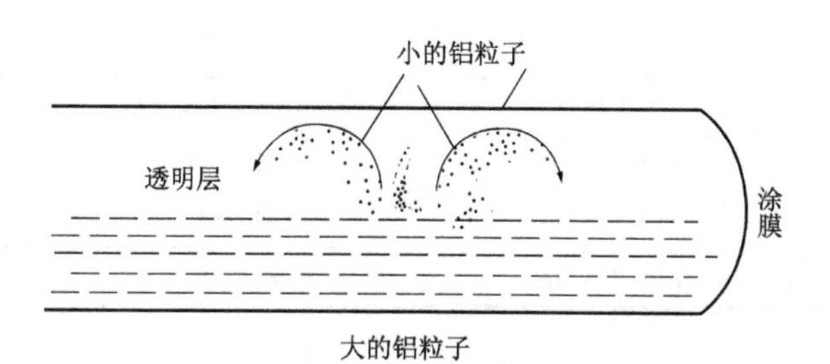

图 7-47 金属闪光涂装中的涡流现象

为什么要将大颗粒与小颗粒相组合？直接换用中等程度铝粉不行吗？事实上，采用大、小颗粒铝粉的组合是为了兼顾金属闪光涂料的金属感和遮盖力而采取的措施。金属颗粒越大，金属感越强，这一点我们已经了解。而粒度大小与遮盖力的关系如图 7-48 所示。当铝粉大小接近于光的波长（0.1 μm 左右）时，遮盖力最强。

实际上，前面所谈无机颜料遮盖力强也是这个原因。大于或小于此值，遮盖力都会下降。小颗粒铝粉的大小正好是 0.1 μm 左右，遮盖力最强。如果换用中等粒度铝粉，金属感可以，但遮盖力不足。大、小颗粒的组合，则同时满足了两方面的要求。

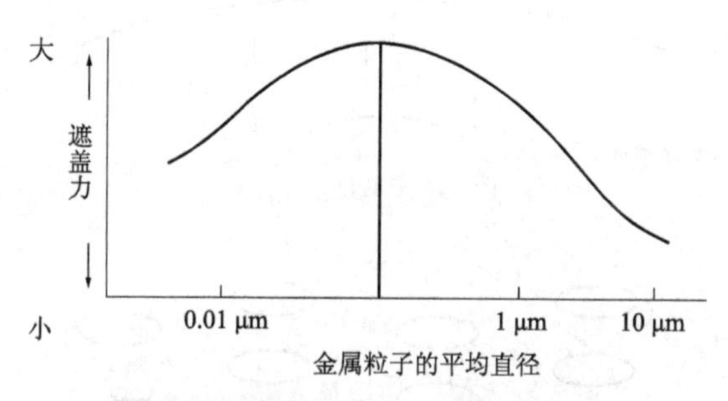

图 7-48 铝粒子大小与遮盖力的关系

闪光性强的铝粉与小颗粒铝粉相组合，其作用与上述类似，是为了提高遮盖力，减小涂装次数，以降低施工作业成本。另外，小颗粒铝粉还有抑制涂膜方向性的作用。

表 7-7 为施必快涂料的主要银粉色母特点，在进行颜色微调时，必须对其有充分的了解，才能调出满意的颜色。

表 7-7 施必快涂料的主要银粉色母特点

序号	色母代号	色母名称（颗粒大小）	银粉颗粒形状
1	ALN 775 516	细目银	不规则
2	ALN 775 518	中细银	不规则
3	ALN 775 514	中银	不规则
4	ALN 775 549	中粗银	不规则
5	ALN 775 513	粗银	不规则
6	ALN 775 510	特粗银	不规则
7	ALN 775 557	闪亮银	规则

续表

序号	色母代号	色母名称（颗粒大小）	银粉颗粒形状
8	ALN 775 558	特粗闪亮银	规则
9	ALN 775 509	细闪银	规则
10	ALN 775 508	粗闪银	规则

（3）颜料的种类

图 7－49 所示是在方向性很强的原色中加入无机原色后的颜料颗粒状态图。由此图可以看到，由于无机颜料颗粒大，挡住了光线，到达有方向性颜料颗粒的光线减少；另外方向性颜料的反射光也被其阻挡，抑制了方向性的发挥，例如像绿黄色和印度橙色类方向性很强的原色，若加入白色无机颜料或赭色无机颜料，方向性就会消失。有时往金属闪光涂料中加入白色，这并非使色彩呈白色而是为减弱其方向性。因为如果方向性太强，在制造厂的生产流水线上，很难完成漆膜修整工作，有时还产生金属闪光色不稳定问题。

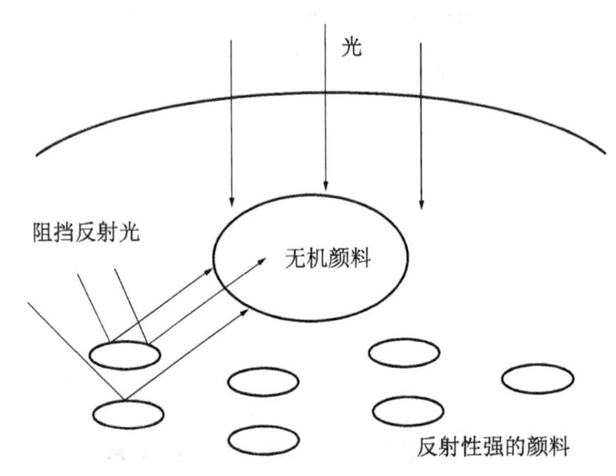

图 7－49　方向性强颜料中加入无机颜料后的效果

不过上述方法并不总适用。例如银灰色涂膜，这种颜色带很强的色调。这是因为这种金属闪光涂料中，使用的都是带白色的颜料，如果调色时再加入白色就会导致光的透过性变差，使涂膜失去金属闪光感。

在调配金属闪光涂料时，首先必须弄清其颜色方向性的强弱，这可以通过原涂膜向光面和背光面的颜色对比进行判断，习惯了也不难掌握。

（4）原色的不同

一般来说呈透明状的有机颜料都具有不同程度方向性，尤其是前面提过的绿、黄、印度橙、有机黄和蓝色类，带较强黄色调的酞菁类等原色，方向性强。因此使用这些原色调出的绿色、橄榄色、金黄色、棕色、蓝色等金属闪光色，大多具有强的方向性。

几年前，调制橄榄色用的是印第安红和绿色相组合。随着异哚吲满系颜料的开发，大多改用异哚吲满系颜料中的黄原色与黑色相组合，调出橄榄色。因为后一种组合方向性强，具有鲜明的金属闪光感，而且适宜局部修理。印第安红和绿色的组合，之所以不适宜用于局部修补，是因为一种是有机颜料，一种是无机颜料，颗粒大小差异大，密度不同，尤其是当加入稀释剂较多时，密度小的上浮，密度大的下沉。当用于局部修理时，在修补部位的边缘处就会出现“色分”现象，分成黑的、铁红的、蓝的几种颜色。而黑原色与异哚吲满系黄原色颗粒大小相同，不易出现上述现象。

涂料是否有“色分”现象，可以通过一简单的试验判明。如图 7－50 所示，若修补涂膜与旧涂膜的交界区域 B 不出现“色分”，则说明这种涂料适宜用于局部修理涂装。

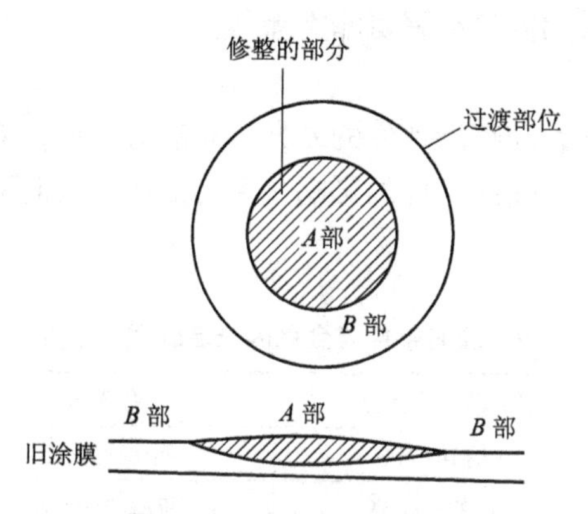

图 7－50 局部性修补判定

总之，为了避免金属闪光色涂装不致因方向性而失败，首先应弄清所要与之吻合的颜色的方向性强弱，然后可参照表 7－8，选择方向性与之相当的原色进行调色，就能达到所期望的效果。

表 7－8 各原色方向性程度

	A 组	B 组	C 组
方向性的大小	大	中→小	能消除方向性
颜料颗粒的形状与大小	扁平状较小颗粒	圆状细小颗粒	椭圆状大颗粒
颜料的分类	异哚啉满系 特殊偶氮系等	其他有机颜料 透明状氧化铁	无机类颜料
原色名	印度橙、有机黄、绿黄等	锌红、橘黄、 其他大部分原色	赭色、白色、印第安红

（5）铝粒子的排列

如果往丙烯酸聚氨酯涂料和改性丙烯酸硝基涂料中加入同一种铝粉，涂装后仔细观察，将会发现前一种涂膜显得金属颗粒大，亮度高。这种现象实际上是由于铝粒子在涂膜中的排列状况所引起的。如图 7－51 所示，聚氨酯涂料中，铝粒子排列整齐，反射表面积大，所以显得颗粒大，亮度高。

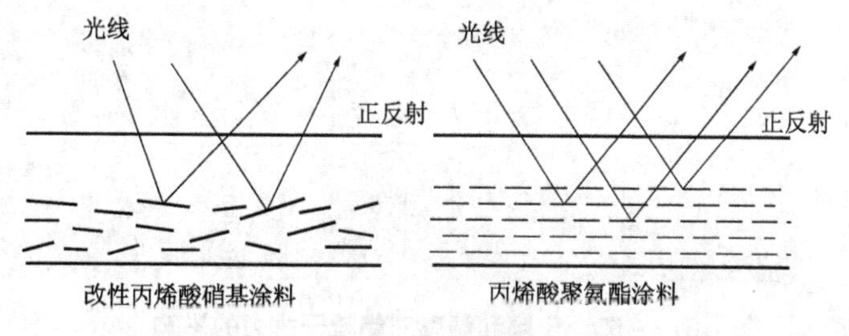

图 7－51 不同涂料中铝粒子排列情况对反射光的影响

铝粉在涂料层中的排列，实际上是在运动中形成的。硝基类涂料干燥速度太快，在粒子排列还未完全形成之前，涂料已失去流动性，这就是造成两种涂料铝粒子排列情况不同的根源。

显然，要获得相同的效果，丙烯酸硝基涂料应加入颗粒稍大些的铝粉。同理，为获得较好的金属闪光感，一般多采用丙稀释聚氨酯类涂料。

（6）涂装技术

金属闪光色涂膜的色泽，随喷涂条件的差异，有时会泛白，有时会发暗。其原因就是前面曾谈过的铝粉排列状况，受喷涂条件的影响，有时规则，有时紊乱。喷涂作业时各种因素对色泽的影响，见表 7－9。

表 7－9　涂装条件与金属闪光涂膜明、暗的关系

涂装条件		色泽亮（泛白）	色泽暗	影响度
溶剂种类		干燥速度快	干燥速度慢	大
溶剂所占的比例		所占的比例高	所占的比例小	中
喷枪	空气量	大	小	大
	喷嘴直径	小	大	中
	喷束直径	大	小	中
	空气压力	高	低	少
涂装作业方式	喷枪距离	远	近	中
	运行距离	快	慢	少
涂装环境	温度	高	低	大
	湿度	低	高	中
	通风	好	差	小

由此可见，在进行金属闪光色调色操作时，所采用的溶剂比例和喷涂条件，应与实际作业时完全一致。尤其是采用的涂料为丙烯酸聚氨酯时，溶剂的稀释率和喷涂气压等差异，很容易引起色彩的差异，要予以充分注意。

图 7－52 说明，喷施涂工时，干喷和湿喷两种状态下，铝粒子排列的不同。因干喷时，漆膜所含溶剂少，干得快，所以铝粒子大多会悬浮于表层；而湿喷时，铝粒子易沉于底层，从而产生不同的光泽效果。

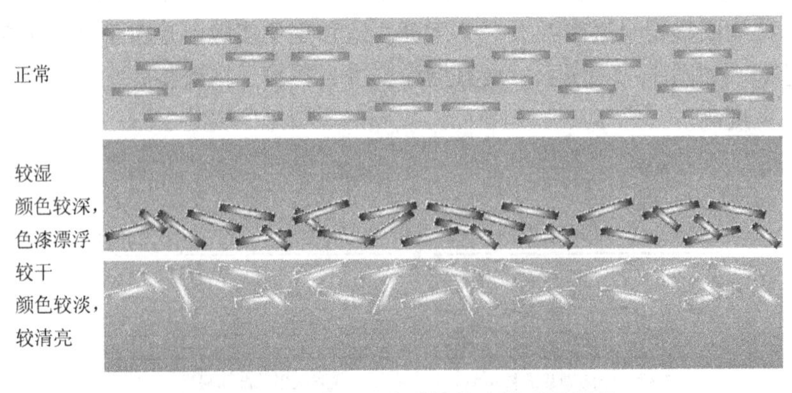

图 7－52　干喷和湿喷对铝粒子排列的影响

图 7－53 说明，喷施涂工时，由于喷枪的倾斜，在整个喷涂带上会产生铝粒子不同的排列，最终使整个板件表面呈现条纹状，色泽差。

图 7－53　喷枪倾斜对铝粒子排列的影响

另外，板件所处的位置也会影响金属粒子的排列，图 7－54 说明相同的喷涂工艺条件下，在水平面和垂直面上，铝粒子的排列有差异，因而其光泽效果也不一样。

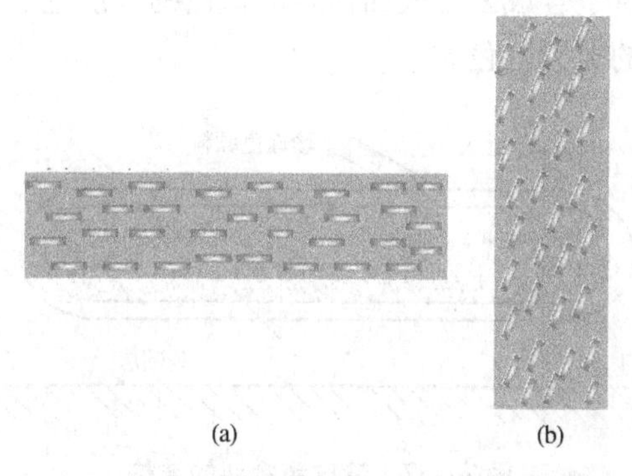

图 7－54　板件所处位置对铝粒子排列的影响
（a）水平面；（b）垂直面

二、珍珠色

1. 珍珠色面漆的涂层结构

珍珠色面漆的涂层结构如图 7－55 所示，由底色层、珍珠色层和透明层组成。施工时，先涂底色层，再涂珍珠色层，最后罩以透明层。要完成这三层涂装，在制造厂流水线上就显得费时。而且由于珍珠色层厚度的差异，会引起偏光程度不同，由此产生色差。

这种涂膜的局部涂装异常困难。珍珠色涂膜随其底层的颜色、珍珠色的种类和珍珠色层厚度，色彩要发生变化。在进行局部修补时，若这三个条件不是和制造厂完全一致，色彩和格调就不可能相同。而这三个条件变化范围都很大，要真正完全吻合，是极其困难的。

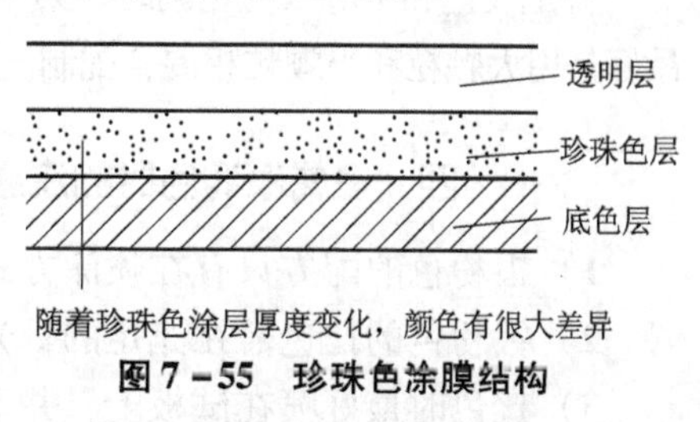

图 7－55　珍珠色涂膜结构

2. 珍珠色形成机理

所谓珍珠色，就是要像珍珠一样，从不同的角度看，发出不同的色彩。珍珠是贝壳体内，以小的硬颗粒、灰尘、杂质为中心，由贝壳体内分泌出的天然树脂状物质将其反复覆盖若干层而成。若观察天然云母会发现，角度不同色彩也会变化，其原理如图7-56所示，由于云母是由很薄的薄层叠积而成，光线照射时，分别在一层层薄层上反射、吸收、穿透，产生着微妙的变化，这叫做多重反射。

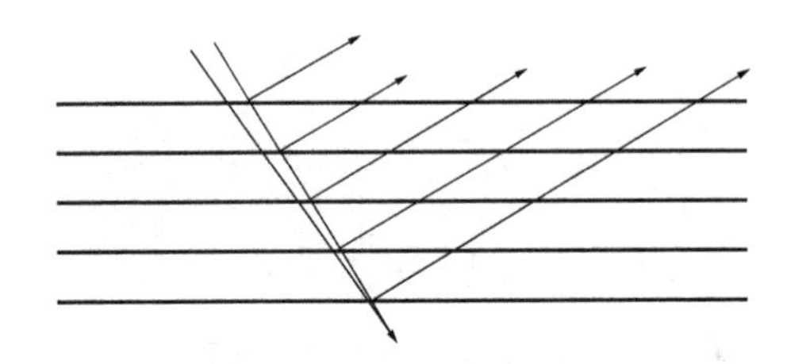

图7-56 云母、珍珠通过变色反射引起色彩变化

珍珠色颜料中的云母，不是天然云母，而是化学合成的物质，但结构上与天然云母基本相同。如图7-57所示，由于合成云母表面覆盖的钛白的底层色彩的配合作用，光的反射更加复杂，呈现出色彩鲜艳的七彩虹色调。

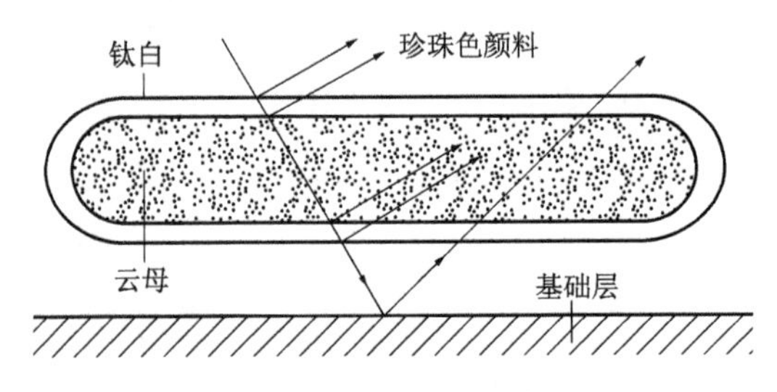

图7-57 珍珠色颜料的结构

三、金属闪光色最佳调色步骤

如前所述，金属闪光色的调色要点在于方向性要一致。只要方向性与原涂膜相吻合，剩下的就只是原色加入比例问题，相对比较简单。为此调色时应首先使侧视色（又叫透视色）与原涂膜相吻合，再调正视色。如果要先调好侧视色，就应熟悉不同原色的侧视色。

调配深色调金属闪光涂料时，应先只加入原色颜料，调好其侧视、正视色，然后加入所需粒度的金属铝粉，按此步骤调配比较省事。

调配浅色和中等浓度色调时，第一步是先配制好粒度大小适宜的金属铝粉。若需中等粒度，最好是用大颗粒和小颗粒相混合配制。金属铝粉调配好后，再加入原色，进行颜色的调配。

四、金属漆调色时的注意事项

1）银粉色的配方只有在喷涂方式调整，以及清漆调整都无法收效的情况下才可改变。

2）银粉色的比色需在充足的日光下进行，但需要避免强烈的日光直射。

3）比色时最好喷在试板上，并且可利用喷涂技巧来控制颜色。

4）调配银粉色时，至少要从正面和三个侧向角度来比色，如图 7－58 所示。所谓正面就是目光正视色板，又称为“正角度比色”，主要是对准面色调；所谓侧角，就是目光斜视色板，如眼睛注视车身一般，又称为“侧角度比色”或“斜角度比色”，主要是对准底色调。

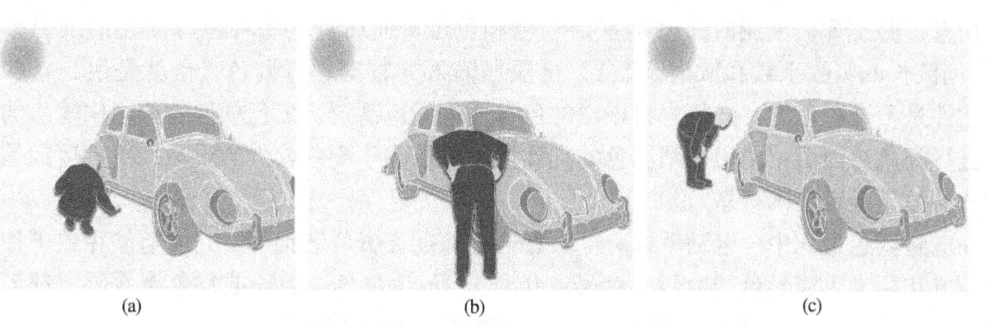

图 7－58　车身色的观察

（a）对光 110°角；（b）射光 45°角；（c）背光 15°角

5）车身经粗蜡打过，试板要完全干燥，才有精确的比色效果。

6）用手指直接涂色于色板上只可当作参考用，不能作为比色的标准。

7）银粉色的调配需要细心及耐心，若需改变配方也只能作小幅度的调整，并且需依照配方表所选的色母来调整。

8）双工序的银粉底漆喷涂完成后，待 15 min 干燥后，再喷上清漆后才可比色。

9）双工序的试板上，银粉底漆喷“整板”，而清漆喷“1/2 板”，如此在调整时可以节省时间，并且可以累积调色（即银粉色在加喷或未喷清漆的比较色差）的经验。

10）微调时减少银粉色母的量可使银粉漆更深更暗。

11）如果要减低绿色效果，首先应减少配方中绿色色母的使用量，如果以对等色红色色母增加来减低绿色效果，颜色会逐渐成浑浊，即彩度降低，其他对等色也如此。

12）微调时使用不透明性色母能使侧面变浅变白，使用透明性色母能使侧面变深变暗。

五、电脑调色

随着科学技术的高速发展，尤其是电子计算机的发展，电脑在汽车涂装调色中也得到了广泛的应用。电脑调色，即微机调色，它是近几年发展起来的一类高科技自动化调色工艺，是一种先进的调色（调漆）方法。

在电脑调漆的工作中，微机就像一个大型的色漆配方资料库，库中贮存有所有色卡配方，用户只需要将所需要的漆号和分量输入微机中，就可以直接查阅计算好的配方数据。复色漆和单色漆都由数码标记。各类色漆品种数量达数千种规格，完全能满足汽车制造业和维修行业的使用。目前各大涂料生产厂家都具有完善的微机调色系统，并在各地设有电脑调色中心。使用电脑调漆颜色，能把复杂繁琐的调色工作，改变为一种快速、方便又准确的调色方式，工作起来极容易，且数据易更新，大大方便了汽车修补涂装的调色工作。

电脑调色的设备是由可见光分光光度仪、电子计算机、配色软件等部分组成。

1. 可见光分光光度仪

它是由光源、单色器、积分球、光电桥检测器、数据处理系统等部件组成。它可以将测得的涂层的光谱反射率曲线，通过库贝尔卡、芒克配色理论计算出涂层颜色的准确数据，测出颜色，再通过电脑配色软件进行调色。

2. 配色软件

它是由色质检测软件、调色软件等部分组成，主要作用是建立储存基础颜色（颜料种类与用量）数据库。使用时先确定基础颜色和色母，而后输入每种色母的光谱反射率曲线（即不同波长的吸收系数和散射系数），再根据输入的数据进行调色，也就是说，新购置的配色软件是不会配色的，必须先将该漆的色号输入配色系统，配色软件才能用你输入的色号数据进行配色。因而，使用电脑调色的准确性不仅取决于配色软件的质量，更重要的是所输入的资料数据是否准确可靠。

在电脑调色过程中，电脑就像一个大型的色漆配方资料数据库，它能够储存数千种色漆标准配方和标准色漆颜色的数码（色号或代号）。不论单色漆数码或复色漆数码，都可输入电脑，以备使用者调色时查找使用。如需要调配某一种汽车面漆颜色时，可先将色号输入电脑，从显示屏上就可显示出该色号的面漆配方与各种颜料的用量比，再按此数据进行调色，就可获得所用的面漆颜色。

电脑调色具有以下特点：

1）调色标准、速度快、效率高，为汽车修补涂装调色节约了时间，有利于提高修补漆颜色的均匀度。

2）采用电脑调色时，必须储备有一定量的各种品种的色漆配方与色号，如果储备的数量和品种规格不足，就很难按要求准确地配出所需要的该种颜色。

3）采购的各种色漆必须严格保证质量。如质量不佳，用电脑肯定调不出理想的颜色。

4）对单色漆的贮存放置应按色号数码的规律放置，使其标准化、定制化，以防出错。

5）无标准色号的色漆不适合用电脑调色。

6）目前市场上使用的电脑调色软件较多，其基本功能差别不大，使用时可就地购买。

另外，目前世界各大微机配色仪生产厂都有适合汽车修补漆调色使用的便携式微机测色仪供应市场。这些仪器的探头均可直接在汽车上需修补漆膜的部位，测出最可靠的数据，该数据经配色软件系统处理后，就可获得准确的调色配方。

技能学习与考核

一、技能学习

1. 劳动安全与卫生

与素色漆调色相同。

2. 准备工作

与素色漆的调色准备工作相同。

3. 调色流程

假如一辆银灰色汽车需要调色，使用德国鹦鹉牌汽车修补漆系统进行调色，调色步骤如下：

1）找到颜色代码（如 5PNC）。

2）查阅 5PNC 颜色配方

① 按所查得的油漆代码 5PNC 找到相应的色卡（或色卡组）。

② 将距要修补区域近并且颜色一致处用抛光蜡抛光。

③ 将所选的色卡与车身颜色相对比，找到最接近的色卡（从色卡组中找）。

④ 在色卡的背面读取配方，并根据实际需要调配的油漆量，重新计算配方，见表 7－10。

表 7－10　5PNC/星光银（标准）配方

颜色代码：5PNC / 星光银（标准）			
车型：马自达 3			
色母	1 L 累积/g	1 L 单量/g	0.1 L 单量/g
352－91	174.0	174.0	17.4
57－M99－10	399.3	225.3	22.5
57－99－19	758.1	358.8	35.9
57－A136	854.8	96.7	9.6
57－M105	875.1	20.3	2.0
57－A929	884.8	9.7	1.0
57－M306	889.6	4.8	0.5
57－A640	891.5	1.9	0.2
57－A098	893.4	1.9	0.2
57－M1	919.5	26.1	2.6

3）准备色母和工具。参阅素色漆调色。

4）计量添加色母。按配方所列色母的顺序添加色母，352-91→57-M99-10→57-99-19→57-A136→57-M105→57-A929→57-M306→57-A640→57-A098→57-M1。

5）湿对比颜色。搅拌均匀后的涂料，简单与样板进行比色，确定颜色差别用相应的色母进行调整。

6）喷涂样板。等喷涂的样板干燥后，从不同的方向观察对比，金属漆取 15°、25°、45°、75°、110°等多个角度对比观察，尽可能接近目标颜色。通过观察各个角度的颜色差异，确定需要调整的色母。

7）微调颜色。学会使用金属漆色母挂图，图中会有色母的特性。5PNC 配方中各个色母特性，见彩表 7－11。

特性说明：以色母 57－A136 为例，如彩图 7－59 所示，主色调为偏绿黄，正面偏橙，侧面透明无影响。

按表 7－12 记录下实际加入色母的量。

表 7-12　5PNC/星光银微调后配方

颜色代码：5PNC / 星光银（标准）					
车型：马自达3					
色母	1 L 累积/g	1 L 单量/g	0.1 L 单量/g	微调量/g	最终单量/g
352-91	174.0	174.0	17.4		17.4
57-M99-10	399.3	225.3	22.53		22.53
57-99-19	758.1	358.8	35.88		35.88
57-A136	854.8	96.7	9.67	+0.1	9.77
57-M105	875.1	20.3	2.03	+0.1	2.13
57-A929	884.8	9.7	0.97		0.97
57-M306	889.6	4.8	0.48	+0.1	0.58
57-A640	891.5	1.9	0.19		0.19
57-A098	893.4	1.9	0.19		0.19
57-M1	919.5	26.1	2.61		2.61

8）恢复标准配方。由于微调时加入的色母质量都很少，微调后油漆的体积仍然近似于1 L，所以只要把获得的新配方恢复成1 L配方即可，保存好留作以后碰到相似情况直接拿来使用。这样积攒的配方多了，可以把它们装订成册，作为自己的色卡使用，方便快捷，调色准确。

4. 金属漆颜色微调要点

1）少量的银粉往往是正面的颜色比侧面的颜色亮；大量的银粉使银粉漆的正面和侧面都有不同程度的变亮，变亮的程度依赖于银粉的颗粒（粗银粉侧面的影响比细银粉少）。

2）银粉粗细对颜色有不同的影响。粗银：正面浅，侧面深，高闪烁感，低遮盖能力；细银：正面灰，侧面浅白，闪烁感低，良好的遮盖力；特殊闪亮银：正面浅，侧面深，特殊高的闪烁感，遮盖性适中。

3）微调时减少银粉色母的量可使银粉漆更深更暗。

4）要降低银粉漆彩度时，添加黑+白或黑+银之混合色母。

5）如果要减低某种颜色效果，首先应减少配方中这种颜色色母的使用量。如果以对等的颜色色母（补色）来减低这种颜色效果，则颜色会渐成浑浊，同时彩度降低。

6）微调时使用透明性色母能使侧面变深变暗；微调时使用不透明性色母能使侧面变浅变白。

7）如果可能的话，尽量避免使用白色或氧化物色母，因为它们降低银粉漆的光泽度（不透明）。它们使正面变暗，侧面变浅白。

8）为了使侧面颜色变深，可采取以下措施：

① 增加透明色母的量。

② 减少银粉的量。

③ 使用较粗的银粉色母。

④ 减少白色母的量。

⑤ 减少能使侧面变浅的色母的量。

9）为了使侧面颜色变浅，使用跟以上相反的方法，但添加白色色母时应小心，因为白色色母会减低金属效果。

10）当比色出现色差时，首先应确定如下问题：

① 称量正确吗？

② 漆膜彻底干燥了吗？

③ 遮盖彻底吗？

④ 选择配方是否正确？

11）微调颜色时，尽量选用原来配方中已有的色母。

12）一定要确定按色母特性表确定的所添色母后的颜色走向。

13）微调时，每加一种色母，都要称量，并记录重量，以便以后参考。

14）调色工作完成后必须保存颜色样板，并应在反面注明以下数据信息：

① 车辆生产商。

② 颜色名称。

③ 颜色编号。

④ 内部颜色编号。

⑤ 喷嘴大小以及喷枪类型。

⑥ 配方日期。

⑦ 喷涂道数以及枪尾压力。

⑧ 喷涂者姓名。

注：最好将原配方和调整过的配方一起存档，以便以后参考。

15）不要在眼睛疲劳状态下配色。

16）喷涂色板的喷涂技术条件应和喷车时相同。

17）向两个样板上照光，进行颜色比较，当用配色灯时，调整配色灯与试验样板之间的距离合适，理想的距离相当于眼睛至双手的距离。

18）注意干燥过程中颜色的变化趋向。刚喷涂的涂料在干燥过程中，较重的颜料将会向涂层的底部移动，而较轻的颜料则会向表面移动，如彩图 7－60 所示。虽然涂料在施涂时，其颜色可能与原来的涂料相匹配，但干燥后，颜色可能就不同了。

例如：蓝和白两种基本颜色混合时，由于蓝色颜料比白色颜料轻，所以蓝色颜料在干燥过程中会向表面移动，结果干涂层将会比新喷涂层蓝一些。

19）注意抛光对颜色的影响。有些涂料在干燥以后被抛光时会大大地改变其颜色，这是因为含有大量较轻颜料的色层由于抛光而改变位置。所以为了进行配色，这些涂料颜色的试验样板必须干燥和抛光，然后才能进行精细配色。

20）注意由于制造厂和其他的因素。如不同的涂料供应商，不同的涂装设备，不同的涂料种类，不同涂装施工条件，制造厂内的因素，颜色调配过程中出现的人为因素，长时间后车身涂层老化的因素等。

二、技能考核

学生每 2 名为一小组，针对提供的标准样板，各小组独立完成本任务规定的实操内容并同时完成实训工单。

指导教师全过程观察并随时填写《实操考核记录单》。对学生操作过程中易引起事故的行为，指导教师应及时纠正。

思考与练习

1. 什么是光线的三要素？说明三者是如何相互影响颜色的。
2. 解释色调、明度和彩度的含义。
3. 解释原色、间色、复色、补色、消色。
4. 什么是色母？色母包括哪几种？
5. 说明标准的调色次序。
6. 计量添加色母时应注意哪些事项？
7. 比色时需要注意哪些事项？
8. 说明金属漆具有方向性的原因。
9. 参考色卡时需要注意哪些事项？

8 项目八

面漆的涂装

任务 1　面漆的整车（整板）喷涂

学习目标

1. 能够正确描述面漆喷涂常用的手法。
2. 能够正确进行素色面漆的整车（整板）喷涂。
3. 能够正确进行金属色面漆的整车（整板）喷涂。
4. 能够注意培养良好的安全、卫生习惯及团队协作意识。

案例分析

当中涂底漆打磨完成后，进行必要的除油清洁及遮盖后，即可以进行面漆的喷涂，如图 8－1 所示。在此之前确认面漆的调色已经完成。

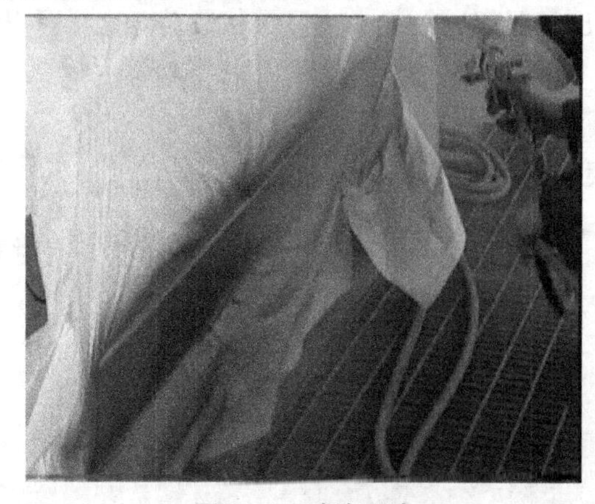

图 8－1　喷涂面漆

因面漆是整个涂层的最表层，因而对其喷涂质量要求最高，以达到要求的涂层厚度、光泽和色彩。喷涂面漆是一项技术性很强的工作，需要喷漆技师有良好的喷涂技术和丰富的喷涂经验。

相关知识

一、面漆喷涂的常用手法

1. 干喷

指喷涂时选择的溶剂要快干，气压较大，漆量较小，温度较高等，喷涂后漆面较干。

2. 湿喷

指喷涂时选择的溶剂要慢干，气压较小，漆量较大，温度较低等，喷涂后漆面较湿。

3. 湿碰湿

一般讲湿碰湿同上面讲的湿喷有相似一面，都是不等上道漆中溶剂挥发继续喷涂下一道漆。

4. 虚抢喷涂

在喷涂色漆后，将大量溶剂或固体分调整得极低的涂料喷涂在面漆上的操作称为虚抢喷涂。在汽车修补中有两种类型虚抢喷涂法：

（1）在热塑性丙烯酸面漆上喷虚抢，用来使新喷的修补漆与原来的旧漆之间润色，使汽车表面经过修补后看不出修补的痕迹。

（2）在新喷涂的丙烯酸或醇酸磁漆上喷虚抢，用来提高其光泽，有时也用来在斑点修补时润色。

5. 雾化喷涂

俗称飞雾法喷涂，又叫飞漆，一般用于金属漆的施工。金属漆与色漆喷涂方式方法大不相同，金属漆由于漆中有金属颗粒，有的为云母、珍珠等物制成，比重大。雾化喷涂是指喷金属漆时，用飞雾法像散花状喷涂，以获得需要的效果。

6. 带状涂装

当喷涂某个基材表面的边缘时采用此法。此时应将喷枪扇辐调的相对窄一些，一般调整到大约 10 cm 宽。此时喷出的雾束比较集中，呈带状覆盖。这样可以达到减少过喷、节约原材料的目的。

二、面漆的喷涂工艺程序

面漆分为单工序面漆（素色漆）和双工序面漆（金属漆，有时素色漆也有双工序）两种，其喷涂工序各不相同，如图 8－2 所示。

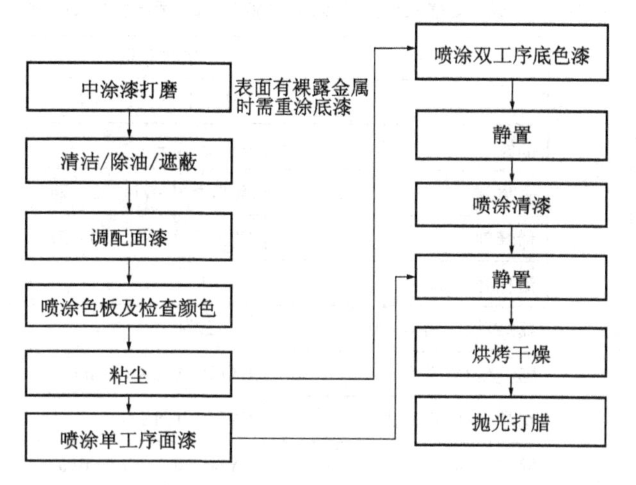

图8-2　面漆的喷涂工艺

技能学习与考核

一、技能学习

1. 准备工作

(1) 劳动安全与卫生

面漆喷施涂工的劳动保护与安全注意事项同底漆喷涂。

(2) 板件的准备

对于已经打磨完中涂底漆的板块，通常要进行下列准备工作：

1）用吸尘器或气枪对需喷涂表面进行除尘处理。

2）整板喷涂时，根据所喷涂的板件特点及需喷涂的面积确定遮盖的位置。取合适的遮盖纸进行遮盖。

3）用擦拭纸浸除油剂对表面进行除油处理。

4）用粘尘布对待喷涂表面进行除尘处理。

(3) 喷涂前的检查

在开始喷涂作业之前，下列工作一定要做：一是检查全车身外表有无覆盖遗漏之处；二是检查有无打磨作业和清扫作业没有进行完备之处；三是检查喷枪和干燥设备有无异常。

(4) 个人卫生

检查完毕之后，用肥皂清洗手上的油，穿上防尘服，再用压缩空气清除沾附在衣服上的灰尘。

(5) 面漆准备

1）解读涂料技术说明。喷涂汽车修补面漆前，应详细解读其使用说明，以便充分了解其喷涂的技术要求。鹦鹉牌22系列素色汽车修补面漆技术说明，见表8-1。

表 8 -1　德国鹦鹉牌 22 系列素色汽车修补面漆技术说明

<table>
<tr><th>原料</th><th colspan="4">工艺数据</th></tr>
<tr><td rowspan="18">油漆　22 - 系列素色面漆

固化剂　929 -71 快速
929 -73 一般
929 -74 慢速

稀释剂　352 -50 快速
352 -91 一般
352 -216 慢速

可以选用的添加剂：
柔软添加剂 522 -111
减光剂 522 -300
纹理添加剂 5231 -40
刷涂添加剂 521 -78
防油矽添加剂 580 -100</td><td colspan="4">混合比例 2:1:10%</td></tr>
<tr><td>油漆</td><td colspan="3">100 份 22 -</td></tr>
<tr><td>固化剂</td><td colspan="3">50 份 929 -71、73、74</td></tr>
<tr><td>稀释剂</td><td colspan="3">10 份 352 -91、50、216</td></tr>
<tr><td>活化寿命/20 ℃</td><td colspan="3">2 ~3 h</td></tr>
<tr><td>喷涂黏度/DIN4/20 ℃</td><td colspan="3">20 ~22 s</td></tr>
<tr><td>喷枪口径/重力式</td><td colspan="2">HVLP：1.2 ~1.3 mm</td><td>一般：1.3 ~1.4 mm</td></tr>
<tr><td>喷枪口径/吸上式</td><td colspan="2">HVLP：1.8 mm</td><td>一般：1.7 mm</td></tr>
<tr><td>喷涂气压</td><td colspan="2">HVLP：0.2 ~0.3 MPa</td><td>一般：0.4 MPa</td></tr>
<tr><td>喷涂道数</td><td colspan="3">2</td></tr>
<tr><td>间隔时间/20 ℃</td><td colspan="3">层间，至少 5 min</td></tr>
<tr><td>膜厚</td><td colspan="3">50 ~70 μm</td></tr>
<tr><td>刷涂</td><td colspan="3">按 4:1 与 929 -13 混合，并且添加 5% 的 521 -78</td></tr>
<tr><td>不同固化剂干燥</td><td>929 -71</td><td>929 -73</td><td>929 -74</td></tr>
<tr><td>干燥/20 ℃</td><td>6 h</td><td>8 h</td><td>10 h</td></tr>
<tr><td>干燥/60 ℃</td><td>20 min</td><td>30 min</td><td>35 min</td></tr>
<tr><td>红外线/短波</td><td>7 min</td><td>7 min</td><td>7 min</td></tr>
<tr><td>红外线/中波</td><td>10 min</td><td>10 min</td><td>10 min</td></tr>
</table>

鹦鹉 55 系列金属色汽车修补面漆技术说明，见表 8 -2。鹦鹉 923 系列汽车修补罩光清漆技术说明，见表 8 -3。

表 8 -2　鹦鹉 55 系列金属色汽车修补面漆技术说明

<table>
<tr><th>原料</th><th colspan="3">工艺数据</th></tr>
<tr><td rowspan="12">油漆 55 - 系列金属色面漆

稀释剂　352 -50 快速
352 -91 一般
352 -216 慢速</td><td colspan="3">混合比例 2:1</td></tr>
<tr><td>油漆</td><td colspan="2">100 份 55 -</td></tr>
<tr><td>稀释剂</td><td colspan="2">50 份 352 -91、50、216</td></tr>
<tr><td>活化寿命/20 ℃</td><td colspan="2">混合后在 48 h 内用完</td></tr>
<tr><td>喷涂黏度/DIN4/20 ℃</td><td colspan="2">18 ~22 s</td></tr>
<tr><td>喷枪口径/重力式</td><td>HVLP：1.2 ~1.3 mm</td><td>一般：1.3 ~1.4 mm</td></tr>
<tr><td>喷枪口径/吸上式</td><td>HVLP：1.8 mm</td><td>一般：1.7mm</td></tr>
<tr><td>喷涂气压</td><td>HVLP：0.2 ~0.3 MPa</td><td>一般：0.4 MPa</td></tr>
<tr><td>喷涂道数</td><td colspan="2">2 ~2.5</td></tr>
<tr><td>间隔时间/20 ℃</td><td colspan="2">间隔 10 min，至表面暗淡</td></tr>
<tr><td>膜厚</td><td colspan="2">15 ~20 μm</td></tr>
<tr><td colspan="3"></td></tr>
<tr><td colspan="4">备注：要遵守喷涂涂层的间隔时间：喷第一道湿的涂层后，间隔时间至漆膜亚光后，再喷涂第二层漆
金属色漆表面要喷涂清漆：923 -255 或 923 -155 或 923 -57</td></tr>
</table>

表 8-3 鹦鹉 923 系列汽车修补罩光清漆技术说明

<table>
<tr><th>原料</th><th colspan="4">工艺数据</th></tr>
<tr><td rowspan="17">高浓度清漆 923-255
中浓度清漆 923-155
柔软亚光清漆 923-57

固化剂 929-71 快速
929-73 一般
929-74 慢速

稀释剂 352-50 快速
352-91 一般
352-216 慢速

清漆用于 2 涂层喷漆作业，湿碰湿工艺

923-57 适用于保险杠等喷涂，不能加柔软添加剂</td><td colspan="4">混合比例 2:1:10%</td></tr>
<tr><td>油漆</td><td colspan="3">100 份 22-</td></tr>
<tr><td>固化剂</td><td colspan="3">50 份 929-71、73、74</td></tr>
<tr><td>稀释剂</td><td colspan="3">10 份 352-91、50、216</td></tr>
<tr><td>活化寿命/20 ℃</td><td colspan="3">3~4 h</td></tr>
<tr><td>喷涂黏度/DIN4/20 ℃</td><td colspan="3">16~20 s</td></tr>
<tr><td>喷枪口径/重力式</td><td colspan="2">HVLP：1.2~1.3 mm</td><td>一般：1.3~1.4 mm</td></tr>
<tr><td>喷枪口径/吸上式</td><td colspan="2">HVLP：1.8 mm</td><td>一般：1.7 mm</td></tr>
<tr><td>喷涂气压</td><td colspan="2">HVLP：0.2~0.3 MPa</td><td>一般：0.4 MPa</td></tr>
<tr><td>喷涂道数</td><td colspan="3">2</td></tr>
<tr><td>间隔时间/20 ℃</td><td colspan="3">层间闪干 3~5 min</td></tr>
<tr><td>膜厚</td><td colspan="3">50~70 μm</td></tr>
<tr><td>不同固化剂干燥</td><td>929-71</td><td>929-73</td><td>929-74</td></tr>
<tr><td>干燥/20 ℃</td><td>1 h</td><td>2 h</td><td>3 h</td></tr>
<tr><td>干燥/60 ℃</td><td>20 min</td><td>30 min</td><td>35 min</td></tr>
<tr><td>红外线/短波</td><td>7 min</td><td>7 min</td><td>7 min</td></tr>
<tr><td>红外线/中波</td><td>10 min</td><td>10 min</td><td>10 min</td></tr>
</table>

2）调制面漆。将色浆按所需要的量取出，加入固化和稀释剂调整好黏度。通常的做法是将主剂和固化剂调配好之后，再加入稀释剂调整黏度。但用习惯之后，也可以先用稀释剂稀释主剂，过滤好，注入喷枪的喷漆罐中，再加入适量的固化剂搅拌均匀。这种情况下，如图 8-3 所示，只要记住主剂的用量，然后按要求的比例加入固化剂即可。这样做的好处是，可以真正做到用多少调多少，避免浪费。

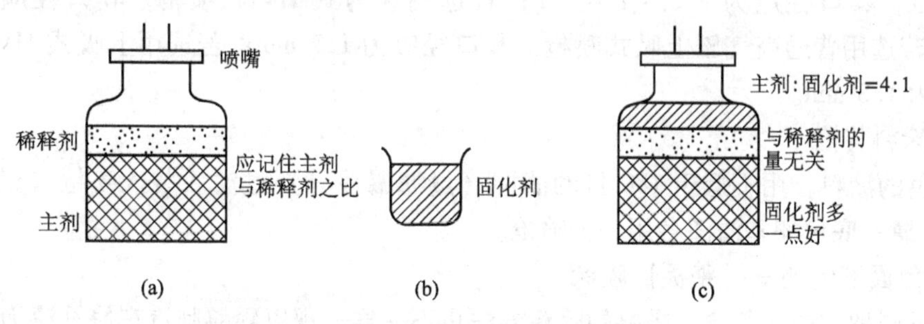

图 8-3 适用双组分型涂料避免浪费的方法

（a）加入主剂和稀释剂；（b）加入固化剂；（c）调制空毕

涂料黏度并非常量，随温度而发生变化。即同一种涂料，冬季比夏季显得稠。黏度越高的涂料，随温度而变化的特征越明显，因此，即使加入相同量的稀释剂，夏季的黏度为 13~14 s，冬季黏度就为 20 s 左右。

从根本上讲，同一种涂料应以相同的稀释率涂装，比如夏季气温为 30 ℃，以黏度 14 s 进行涂装；到了冬季，气温为 5 ℃时，就应以黏度 20 s 进行涂装，所以应养成根据气温改变喷涂黏度的习惯。

从前述表 8－1 中可以查到，调制鹦鹉 22 系列汽车修补面漆时，将调好色的涂料（色浆，下同）与固化剂（929 系列）和稀释剂（352 系列）按 2∶1∶10% 的比例（体积比）配比。

从表 8－2 可以查到，调制鹦鹉 55 系列汽车修补面漆时，将色浆与稀释剂（352 系列）按 2∶1 的比例（体积比）配比。从表 8－3 可知，调制鹦鹉 923 系列汽车修补清漆时，将清漆与固化剂（92－71/73/74）和稀释剂（352 系列）按 2∶1∶10% 的比例（体积比）配比。

（6）喷枪的选择

用于喷涂面漆的喷枪，应根据使用目的和涂料的种类区分使用。

喷枪的喷嘴直径应随涂料的种类而改变。对于酸性丙烯酸硝基漆，全涂装时用 1.5～1.8 mm 口径的喷枪较为适宜。而对于合成纤维素丙烯酸硝基漆则以 1.0～1.3 mm 为宜，超过 1.5 mm 时，则会造成漆膜表面粗糙，打磨十分费力。

对于丙烯酸聚氨酯涂料，全涂装时应选用 1.3～1.5 mm 口径的上吸式喷枪。涂装丙烯酸聚氨酯的单色涂料时，也有人采用 1.8 mm 口径的喷枪，但比较起来，还是 1.5 mm 的好用。

烤漆涂料可以使用 1.3～1.5 mm 口径的上吸式喷枪；丙烯酸瓷漆可以用 1.5～1.8 mm 口径上吸式喷枪。烤漆涂料也可以使用重力式喷枪；丙烯酸瓷漆涂料如果使用重力式喷枪，口径选 1.3 mm 能获得高的喷涂质量。在喷涂金属闪光色时，为防止金属雾斑，喷嘴直径应为 1.3～1.4 mm。

除此之外，随制造厂家的不同，喷射流量和空气用量、喷束形状都有差异，应从中选择与所喷涂料相适应的喷枪。

压送式喷枪喷吐流量大，可以缩短喷涂时间，喷罐容量可加入 2～4 L 涂料，以节省涂料添加时间。

从前述表 8－1～表 8－3 中可以查到，喷涂鹦鹉牌汽车修补面漆时，若选用普通高气压重力式喷枪，其口径应为 1.3～1.4 mm；若选用重力式 HVLP 喷枪，其口径应为 1.2～1.3 mm；若选用普通高气压上吸式喷枪，其口径应为 1.7 mm；若选用上吸式 HVLP 喷枪，其口径应为 1.8 mm。

（7）涂料装枪

调好色的涂料，用不低于 180 目的滤网（过滤漏斗等）过滤后装入喷枪（最多约 3/4 漆罐）。**注意：**底色漆和清漆各用一把喷枪。

2. 素色面漆的整车（整板）喷涂

对于不同种类的素色漆，需要的喷涂方法也不一样。现以鹦鹉牌汽车修补漆为例，涂料黏度用 4 号福特杯测量。

（1）喷枪的调整

1）根据涂料的说明调整喷涂气压。从表 8－1 可知，喷涂鹦鹉牌素色（22 系列）汽车修补面漆时，如选用 HVLP 喷枪，则喷涂气压为 0.2～0.3 MPa；若选用普通喷枪，则喷涂气压为 0.4 MPa。

2）根据喷涂面积大小调整喷涂扇幅大小。通常做整板（整车）喷涂时，用全开扇幅。

3）用雾形测试的方式调整供漆量。

（2）喷施涂工

1）第一次喷涂（预喷涂）。

涂料黏度：标准；

空气压力：标准；

喷束直径：全开；

喷吐流量：1/2～2/3 开度；

喷枪距离：稍远；

喷枪运行速度：快。

以车身整体喷上一层雾的感觉，薄薄的预喷一层。喷这一层的目的，一是提高涂料与旧涂膜的亲和力，同时确认有无排斥涂料的部位，如果有就在该部位稍加大气压喷涂，覆盖住涂料排斥部位。闪干时间不少于 5 min。

2）第二次喷涂（形成涂膜层）。

黏度：标准；

气压力：标准；

喷束开度：全开；

喷吐流量：2/3～3/4 开度；

喷枪距离：标准；

喷枪运行速度：适当。

在该工序基本形成涂膜层，要达到一定的膜厚。该工序要注意尽可能喷厚一些，这是最终获得良好表面质量的基础，但同时要注意不能产生垂挂，以此作为标准。闪干时间不少于 5 min。

3）第三次喷涂（表面色调和平整度的调整）。

黏度：标准（可稍调小）；

气压力：标准（可稍调小）；

喷束开度：全开；

喷吐流量：全开；

喷枪距离：标准；

喷枪运行速度：适当。

第二次喷涂已形成了一定膜厚，第三次喷涂的主要目的是调整涂膜色调，同时要形成光泽。此时可适当加入清漆，有时为调整色调，要加入干燥速度慢的稀释剂。

素色漆一般喷涂三次，就能形成所需膜厚、光泽和色调。如果色调还不满意的话，可将涂料黏度调小，再修正喷涂一次。

喷涂作业的先后顺序往往随操作者的习惯而定，但要注意漆雾的影响。通常在下排风的喷漆间整车喷涂时，通常先喷涂车顶，然后喷车后部，围绕车身一圈后在车后部完成接缝的方法喷涂。如果由两名喷漆工共同操作，完成整车喷涂，效果会更好。但在喷涂金属面漆或珍珠面漆时，最好由一个人来操作，因为不同的操作手法可能会引起颜色的差异。图 8－4 为合理的整车喷涂顺序示意图。

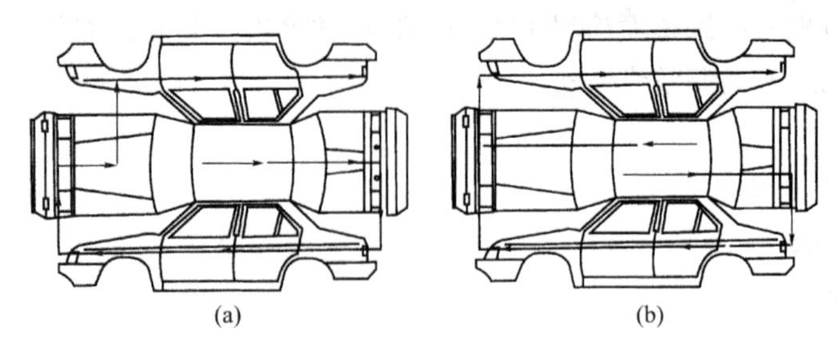

图 8－4　合理的整车喷涂顺序

（a）一名喷涂人员的施工顺序；（b）两名喷涂人员的施工顺序

应用较多的另外一种喷涂顺序，如图 8－5 所示。首先从车顶开始，依次是右前门、右前翼子板、发动机罩、左前翼子板、左前门、左后门、左后翼子板、行李箱盖、右后翼子板、右后门。在喷涂右后门时可将右前门打开，能够防止漆雾粒子飞扬到已经略干在右前门漆面上，避免产生粗粒现象，但要提前做好车室内的防护工作。当然，整车喷涂顺序并不是固定不变的，重点是保证最大限度的避免边缘干燥过快或者在已经表干的区域重喷。所以如下的喷涂顺序也经常被采用：

左车顶→右车顶→右后门→右前门→右前翼子板→发动机罩→前保险杠→左前翼子板→左前门→左后门→左后翼子板→后备厢盖→后保险杠→右后翼子板。

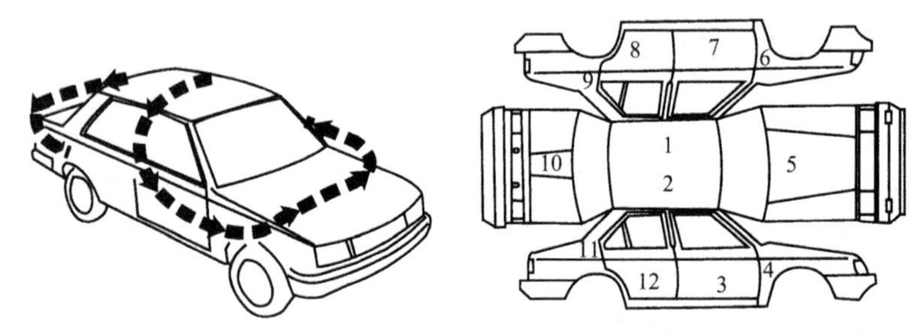

图 8－5　整车喷施涂工顺序

（3）闪干

面漆喷涂结束后，若采用烘干干燥，必须使涂膜有充分的闪干时间，以使涂膜中溶剂充分挥发，避免喷涂完毕后直接加温烘烤所造成的涂膜起热痱等缺陷。

涂料的种类不同，闪干时间要求也不同，通常闪干时间在 10～20 min。具体数据以涂料技术说明书建议为准。

（4）清除贴护

喷涂工作完毕之后，遮盖不喷涂部位的胶带和贴护纸的作用就已经完成，可以清除掉了。

清除贴护的工作不要等到加温烘干以后进行，因为加温后胶带上的胶质会溶解，与被粘贴表面结合得非常牢固，很难清除，而且会在被粘贴物上留下黏性的杂质。如果被贴护表面是良好的旧漆层，由于胶中溶剂的作用还会留下永久性的痕迹，除非进行抛光处理否则将去除不掉；涂膜完全干燥后清除胶带还会引起胶带周围涂膜的剥落，造成不必要的修饰工作等。贴护的清除工作应在喷涂完毕之后，静置 20 min 左右的时间（涂料生产商建议的烘干前闪干时间），待涂膜稍稍干燥后即可。

清除工作应从涂层的边缘部位开始，决不能从胶带中央穿过涂层揭开胶带。揭除动作应仔细缓慢，并且使胶带呈锐角均匀地离开表面，如图 8－6 所示。清除时要注意不要碰到刚刚喷涂过的地方，还应防止宽松的衣服蹭伤喷涂表面，因为这些表面尚未干透，碰到后会引起损伤，造成额外的工作。

（5）干燥

整板（整车）喷涂的干燥通常在喷烤房内进行。干燥设备有多种类型，如红外线、远红外线、热风等。不同设备干燥方式也有所不同。因此干燥作业时的关键，就是如何根据干燥设备的特点，在不致产生气孔的前提下提高干燥速度。

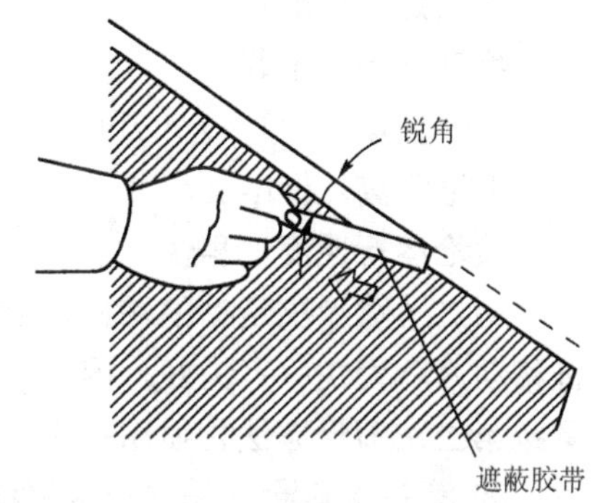

图 8－6　正确揭掉胶带的方法

从表 8－1 可知，鹦鹉 22 系列素色面漆干燥时间的确定与使用的固化剂和采用的干燥方式不同而不同。

若使用快干型固化剂（929－71），常温干燥（20 ℃），6 h；热空气升温干燥（60 ℃），20 min；用短波红外线干燥，7 min；用中长波红外线干燥，10 min。

若使用中等干燥型固化剂（929－73），常温干燥（20 ℃），8 h；热空气升温干燥（60 ℃），30 min；用短波红外线干燥，7 min；用中长波红外线干燥，10 min。

若使用慢干型固化剂（929－74），常温干燥（20 ℃），10 h；热空气升温干燥（60 ℃），35 min；用短波红外线干燥，7 min；用中长波红外线干燥，10 min。

3. 金属面漆的整车（整板）喷涂

金属色面漆中，银粉漆通常采用二工序涂装法，即底色漆（银粉漆）＋清漆；而珍珠漆一般采用三工序涂装法，即底色漆（素色漆）＋珍珠漆＋清漆。由于喷涂工艺参数对颜色的影响很大，故喷涂时应严格按涂料要求的工艺进行。

（1）银粉漆的标准涂装

1）喷枪的调整

① 根据涂料的说明调整喷涂气压，如喷涂德国鹦鹉 55 系列汽车修补面漆及清漆时，如选用 HVLP 喷枪，则喷涂气压为 0.2～0.3 MPa；若选用普通喷枪，则喷涂气压为 0.4 MPa。

② 根据喷涂面积大小调整喷涂扇幅大小。通常做整板（整车）喷涂时，用全开扇幅。

③ 用雾形测试的方式调整供漆量。

2）喷涂流程

① 第一次喷涂（预喷涂）。

黏度：标准；

气压力：标准；

喷束直径：全开；

喷吐流量：1/2～2/3 开度；

喷枪距离：稍远；

喷枪运行速度：快。

以喷雾感沿车身表面整体薄薄喷洒，既提高涂料与底层或旧涂膜的亲和力，同时确认有无排斥涂料现象。如果出现了排斥现象，就在有排斥现象的部位，提高喷射气压喷涂。闪干至少 5 min。

② 第二次喷涂（决定色调）。

涂料黏度：标准；

气压力：标准；

喷束直径：全开；

喷吐流量：2/3 ~ 3/4 开度；

喷枪距离：标准；

喷枪运行速度：稍快。

第二次喷涂决定涂膜颜色，喷涂时不必在意出现的喷涂斑纹和金属斑纹。单层喷涂，喷枪移动速度稍快一点为好。丙烯酸聚氨酯涂料遮盖力较强，一般喷两次就行了，但有的色调需按第二次喷涂方法再喷涂一次。闪干至少 5 min。

③ 第三次喷涂（消除斑纹喷涂）。

将喷枪内的涂料按 1∶1 加入清漆混合；

气压力：稍小；

喷束直径：全开；

喷吐流量：1/2 ~ 2/3 开度；

喷枪距离：稍远；

喷枪运行速度：快。

第三次喷涂是起修正第二次喷涂形成的喷涂斑纹和金属斑纹及喷涂透明层时引起金属斑纹的作用，目的是形成金属感。也有防止喷涂透明层时引起金属斑纹的作用。

原则上透明涂料和金属闪光瓷漆各占 50%，但随颜色不同多少有些变化。例如浅色彩时，透明涂料多一些，金属闪光瓷漆占 20% ~ 30%，透明涂料占 70% ~ 80%；银灰色和中等浓度色调，两种各占 50%，或者透明涂料稍多一些占 60%。黏度为 12 s 左右。

喷涂时，喷枪运行速度要快，与涂装表面保持稍远的距离，薄薄地喷涂一层，要完全消除金属斑纹。

在底色漆喷涂过程中，如果出现了过多的金属颗粒（轻度流挂），可用吸纸吸掉。

④ 闪干。在消除斑纹喷涂结束之后，要设置 10 ~ 15 min 的中间间隔时间（按涂料生产商建议为准），使涂膜中的溶剂挥发。若用指尖轻轻触摸涂面，沾不上颜色，就可以进入透明层喷涂。设置中间间隔时间，是使金属闪光瓷漆涂料的溶剂尽可能挥发。鹦鹉漆建议闪干时间约 10 min，至漆面呈亚光效果即可。

⑤ 第四次喷涂（透明涂料的预喷涂）。

涂料黏度：标准；

气压力：标准；

喷束直径：全开；

喷吐流量：2/3 开度；

喷枪距离：稍远；

喷枪运行速度：稍快。

第一次透明层喷涂不能太厚，一次喷涂太厚会引起金属颗粒排列被打乱，所以要喷得薄。闪干至少 5 min。

⑥ 第五次喷涂（精加工透明涂料喷涂）。

涂料黏度：标准；

气压力：标准；

喷束直径：全开；

喷吐流量：全开或 3/4 开度；

喷枪距离：标准；

喷枪运行速度：普通或稍慢。

以第二次透明层的喷涂结束涂膜工作，要边观察涂膜平整度边仔细喷涂。如果采用快速移动喷枪，往返两次覆盖，能得到很理想的表面色泽。尤其是在车顶、行李箱盖、发动机罩等，覆盖两次为好。

当表面平整度不好时，可以加入干燥速度慢的稀释剂进行修正，能获得好的加工质量。

⑦ 闪干。约 20 min。

⑧ 清除贴护。

⑨ 干燥。银粉漆的干燥参数与素色漆相同。

（2）银粉漆的经济型涂装

1）第一次喷涂（底色漆预喷涂）

涂料黏度：比标准稍大；

气压力：标准；

喷束直径：全开；

喷吐流量：1/2 ~ 2/3 开度；

喷枪距离：稍远；

喷枪运行速度：快。

整体平均薄薄地喷涂，以提高涂料与旧涂膜的亲和力。同时检查有无排斥涂料现象。应提高气压喷涂。闪干 5 min。

2）第二次喷涂（决定涂膜色彩）

涂料黏度：比标准稍大；

气压力：标准；

喷束直径：全开；

喷吐流量：3/4 ~ 全开；

喷枪距离：标准；

喷枪运行速度：稍快。

第二次喷涂决定涂膜色彩，要注意不要出现喷涂斑纹和金属斑纹。如果出现金属斑纹，则将喷枪距离加大，以喷雾的方法喷射进行修正。

丙烯酸聚氨酯覆盖力强，喷涂两次就能确定好色彩。如果色彩不好，可间隔 10 ~ 15 min，再按第二次喷涂的方法，喷第三到第四次。

3）闪干。约 10 min 至表面呈亚光。

4）第三次喷涂（透明层涂料预喷涂）

涂料黏度：标准；

气压力：标准；
喷束直径：全开；
喷吐流量：2/3 ~ 3/4 开度；
喷枪距离：稍远；
喷枪运行速度：稍快。
闪干约 5 min。
5）第四次喷涂（透明涂料精加工喷涂）
涂料黏度：标准；
气压力：标准；
喷束直径：全开；
喷吐流量：3/4 ~ 全开；
喷枪距离：标准；
喷枪运行速度：普通或稍慢。

第二次透明层喷涂是精加工喷涂，要边观察涂膜的平整度边仔细喷涂，习惯了快速移动喷枪的，可以往返覆盖两层，以获得高质量的表面层。反过来，若移动速度过慢，就会产生垂挂现象。如果涂膜起皱，要加入干燥速度慢的稀释剂进行修正。

6）闪干约 20 min，清除贴护。
7）干燥。

二、技能考核

学生每 2 名为一小组，针对已经完成中涂漆涂装的车辆（或板块），各小组独立完成本任务规定的实操内容并同时完成实训工单。

指导教师全过程观察并随时填写《实操考核记录单》。对学生操作过程中易引起事故的行为，指导教师应及时纠正。

任务 2　面漆的局部过渡喷涂

学习目标

1. 能够正确描述局部修补过渡喷涂的含义。
2. 能够正确进行局部修补过渡喷涂工艺的选择。
3. 能够正确进行局部修补过渡喷涂边界的选定。
4. 能够正确描述局部过渡喷涂时对底材的处理要求。
5. 能够正确进行素色面漆的局部过渡喷涂。
6. 能够正确进行金属色面漆的局部过渡喷涂。
7. 能够注意培养良好的安全、 卫生习惯及团队协作意识。

案例分析

局部修补喷涂也被称为点状上漆或局部修整，是指在车身维修时，如果一块板件上出现

了损伤，但是损伤的面积较小，同时位置靠近边缘，为了节省时间和材料，而进行的修补涂装工艺。如图 8 -7 所示，车辆的左前翼子板做的局部修补。局部修补喷涂的前提是有足够的剩余面积，如图 8 -8 所示。

图 8 -7　局部修补

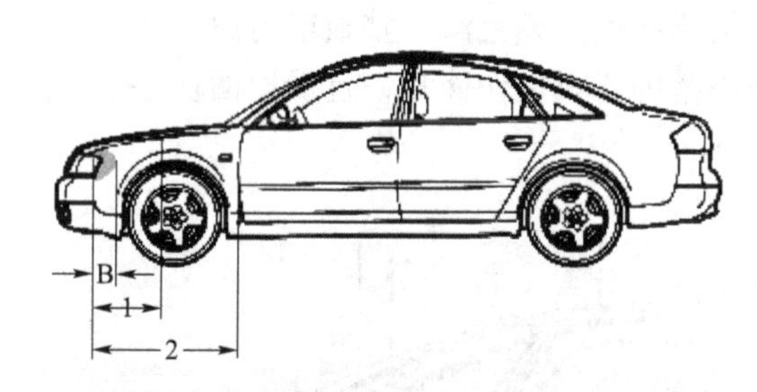

图 8 -8　采用局部修补涂装的面积确定

B—受损、已涂抹填料的表面；1—底色漆涂层；2—底色漆涂层之后的清漆涂层

素色漆由于是单工序操作的，只将面漆进行局部喷涂，适当采用晕色处理即可。而金属漆由于有清漆层，其局部修补喷涂分为：局部喷涂底色漆、整板罩清漆和局部喷涂底色漆、局部板罩清漆两种情况。

金属漆的局部修补常采用过渡喷涂技术。过渡喷涂是指在车身维修时，为了弥补修补板件的某些缺陷（主要是新旧涂层颜色差异）的影响，而将维修区域向相邻的区域（板件）扩展的方法，如图 8 -9 所示。

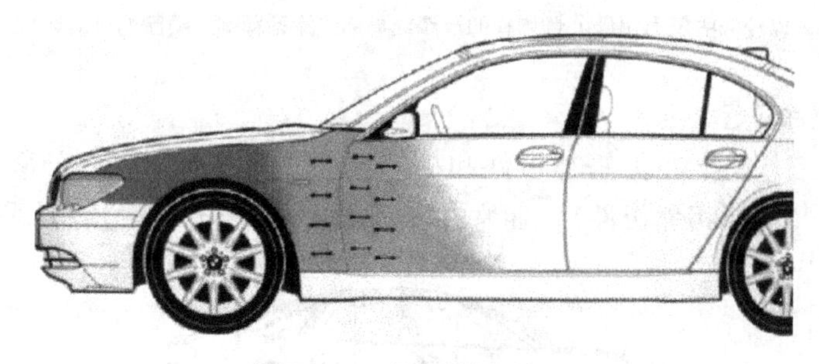

图 8 -9　过渡喷涂示意图

过渡喷涂要求底色漆必须局部过渡喷涂，清漆最好整板喷涂，甚至向相邻板件进行过渡喷涂。

过渡喷涂工艺的难点在于，如何使修补的部位与板件的原有部位之间的差异减小到肉眼无法分辨的程度。

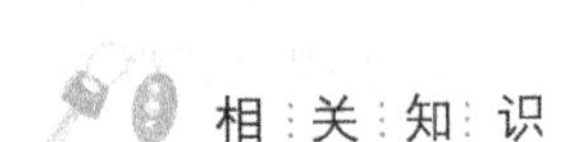

相关知识

一、局部修补过渡喷涂工艺

金属漆的局部修补喷涂分为局部过渡喷涂工艺、板内过渡喷涂工艺和板外过渡喷涂工艺三种。

1. 局部过渡喷涂工艺

局部过渡喷涂工艺是指局部喷涂底色漆、局部罩清漆，通常也称为点修补，详细情况见后述“点修补工艺”。

2. 板内过渡喷涂工艺

板内过渡喷涂工艺是指局部喷涂底色漆、整板罩清漆，如图 8－10 所示。此种工艺一般用于位于板件中央部位的小范围漆膜损伤修复，且受损面在各个方向上都没有清晰的边缘界限时。

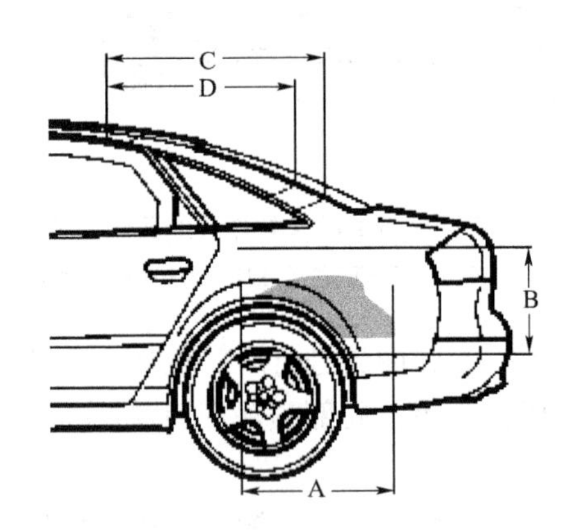

图 8－10　板内过渡工艺

A—打磨受损、已涂抹填料的表面；B—喷涂 2～3 次底漆；
C—以 P1 500～P2 000 的粒度或用研磨垫打磨过渡区域；
D—以较低的压力用已大量稀释的清漆或局部喷涂稀释剂来喷涂的过渡区域

3. 板外过渡喷涂工艺

板外过渡喷涂工艺是指在需修补板件和相邻板件上喷涂色漆，部分颜色在邻板件上过渡，清漆喷涂整板（包括相邻板件）。通常在漆膜损伤点处于板件边缘时采用此工艺，如图 8－11 所示。

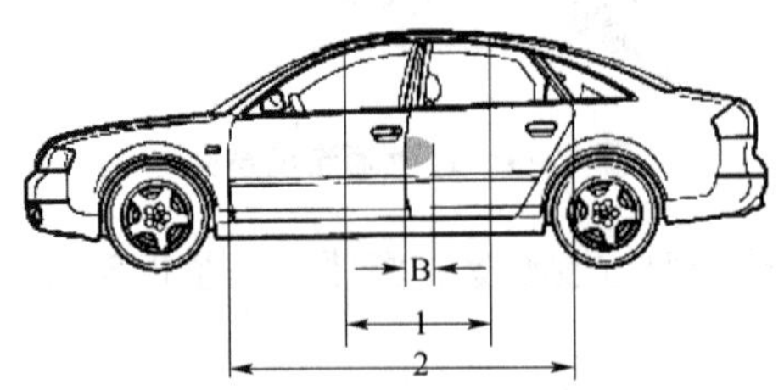

图 8－11　板外过渡工艺

B—受损、已涂抹填料的表面；1—底色漆涂层；2—清漆涂层

二、局部修补边界的选择

局部修补边界选择很重要，能使修补后的涂层与原涂层差异减小，让人基本看不出曾经被修补过。边界选择应满足以下要求：

1）选在车身板件面积较窄处，比如A柱、B柱、C柱等处。

2）选在车身拐角部位，比如保险杠蒙皮拐角处等。虽然是同一个板件但是处在空间的两个面上，对观察者来说对比性要小很多。如果在同一个平面上由于存在对比性，两部分的新旧、颜色等会很容易对比出来。

3）板件的棱线部位。车身板件的棱线也是驳口过渡喷涂边界的很好选择，因为大多数车身棱线分界的两个面都是不在同一平面上的，所以对比性要小。

4）不适合进行驳口过渡喷涂的部位。发动机罩在车辆的最显眼的位置，并且处在水平面上，像人的脸面一样，最好不要在上面“打补丁”。因为再好的修补也不是完美无缺的。同理，后备厢盖也不适合作驳口修补。

三、局部修补和过渡喷涂对底材的处理要求

要求在整板喷涂的基础上，要对过渡区域作更精细的处理。如图8－12所示，首先过渡区域的范围一定要达到要求，尽可能扩大些；在扩大的过渡区域要用P2000美容砂纸或与之相当的研磨材料，对原漆面进行研磨处理。

四、驳口水

驳口水也叫接口水，是进行面漆过渡喷涂时使用的涂料，它可以帮助过渡区域的色漆层变得平滑均匀，防止修补区域周围颜色深暗。驳口水通常装于铁制罐内，如图8－13所示，开罐即可使用。使用前要充分摇匀，需要在素色漆最后一道喷完后或者金属漆最后一道清漆喷完后，马上喷涂一层驳口水。

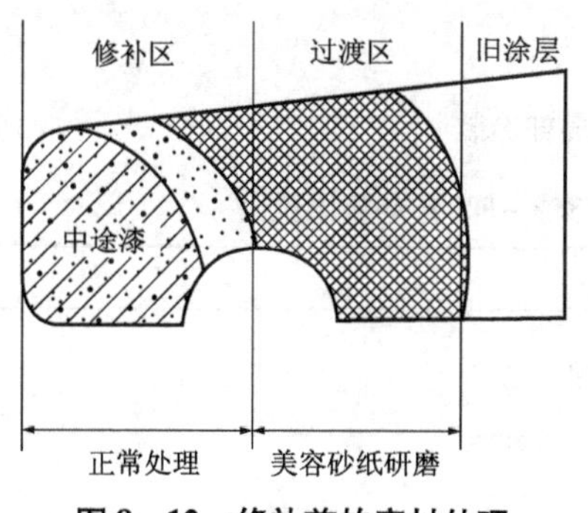

图8－12　修补前的底材处理

图8－13　驳口水

技能学习与考核

一、技能学习

1. 准备工作

按面漆的整车（整板）喷涂相同的要求进行各项准备。

2. 素色面漆的局部修补喷涂

素色漆调的局部涂装可参照图 8－14。

1）第一次喷涂薄薄的一层，以提高底层和旧涂膜与涂料的亲和力。

2）第二次喷涂比第一次喷涂稍宽一些，并在湿的状态下定出色彩。

3）第三次喷涂比第二次要喷得更宽些。要稍加一些稀释剂，以获得高质量的表层。要注意色调应与旧涂膜相吻合。

4）晕色处理。用 30% 色漆，加入 70% 稀释剂，薄薄喷涂一层，此时如果喷得过多就会出现垂挂。另外，此时也可喷涂点修补驳口水，只是驳口水只喷涂在新旧漆膜的交界处。表 8－4 为鹦鹉点修补用驳口水（352－500）的技术说明。从表中可以了解到，该种驳口水无须添加稀释剂（即开即用）；选用 HVLP 喷枪的口径为 0.8～1.0 mm；选用兼容喷枪的口径为 1.2～1.3 mm；喷涂气压为 0.2 MPa。

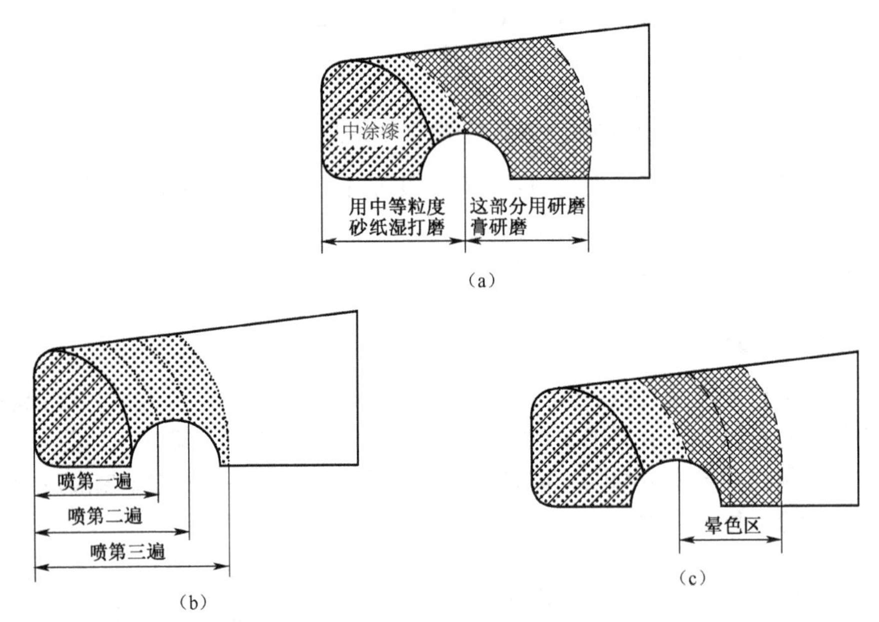

图 8－14　素色漆局部涂装

表 8－4　鹦鹉点修补用驳口水（352－500）的技术说明

应用：一种特殊的溶剂型混合物，用于点修被过渡工艺		
	涂装工艺系统	S8，S9，鹦鹉点修补
	喷涂黏度 DIN4/20℃	即开即用
	重力喷枪 喷涂压力	HVLP 迷你喷枪：0.8～1.0 mm 兼容喷枪：1.2～1.3 mm，0.2 MPa
	喷涂遍数	2～3 遍至清漆渐变区域
	干燥	根据鹦鹉清漆推荐

5）闪干约 20 min，清除贴护。

6）干燥。局部修补喷涂的干燥通常利用可移动的红外线烤灯进行，具体使用方法参阅本书“腻子干燥”部分内容，只是在程序选择上要选“烘烤面漆”。

3. 金属漆的局部修补喷涂

（1）标准工艺金属闪光色的局部喷涂

喷涂方法参照图 8－15。

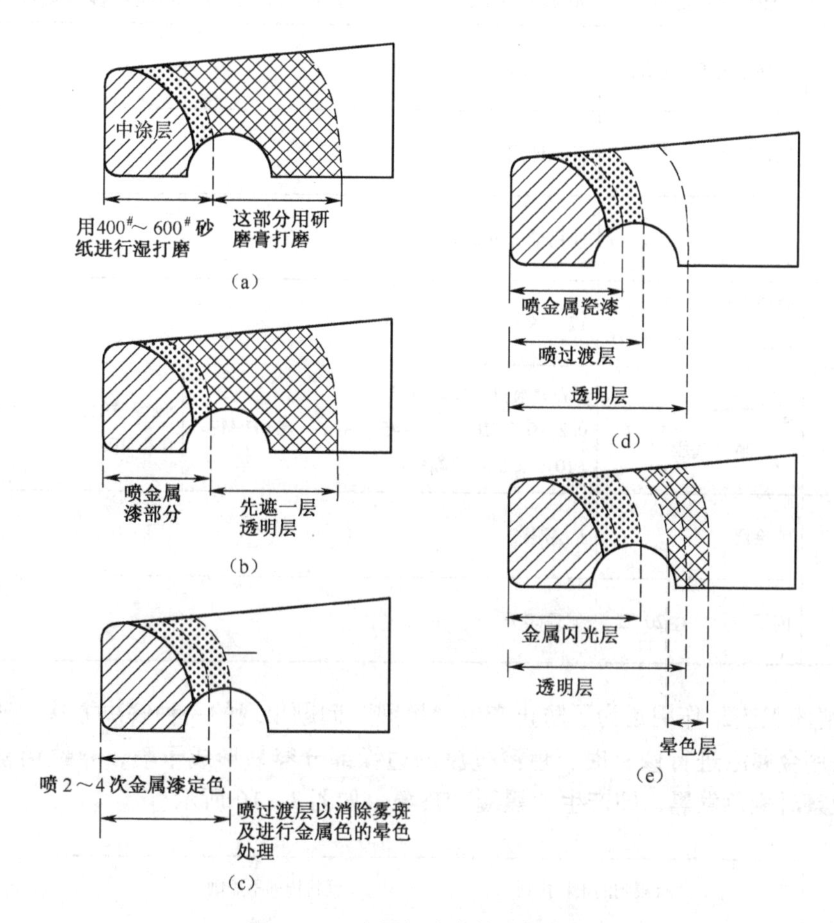

图 8－15　金属闪光色的局部涂装

（a）打磨处理；（b）喷涂透明漆；（c）喷涂镀漆定色处理；（d）喷金属瓷漆、过渡层、透明层；（e）喷金属闪光层、透明层及晕色处理

1）先在中涂底漆层四周喷一层清漆，见图 8－15（b），以使所喷的金属闪光漆更光滑。

此次喷涂也可使用专用的驳口水（驳口清漆）进行，表 8－5 为鹦鹉驳口水（55－B500）的技术说明。从表中可以了解到，该种驳口水适用于 55 系列底色漆的过渡喷涂，也适用于点修补；无须添加稀释剂（即开即用）；选用 HVLP 喷枪的口径为 1.2～1.3 mm；选用兼容喷枪的口径为 1.2～1.4 mm；喷涂气压为 0.2 MPa；喷底色漆前湿碰湿喷一层；无须闪干即可进行下一道工序（喷底色漆）。

表 8－5　鹦鹉驳口水（55－B500）的技术说明

应用：鹦鹉® 55－B500 驳口水是用于鹦鹉金属漆 55 系列底色漆的过渡喷涂，另外，55－B500 也可被用于点修补

特性：它可帮助过渡区域的色漆层变得平滑均匀，防止修补区域周围颜色深暗

55－B500 也可代替 55－系列配方中 20% 的稀释剂（高银粉含量颜色）用于点修补，以获得最佳的颜色效果

注意：用同一把喷枪喷涂 55－B500 驳口清漆和 55－系列色漆时，之间的转换过程，喷枪不需清洗。

	修补涂装工艺系统	S8，S8.1	
	混合比例	开罐即用	
		使用前充分地摇动	
	喷涂黏度 DIN 4　　在 20 ℃	17～19 s	
	重力喷枪 喷涂气压	HVLP 喷枪：1.2～1.3 mm 0.2～0.3 MPa（30～45 p. s. i.）/0.07 MPa（10 p. s. i.）风帽气压	兼容喷枪：1.2～1.4 mm 0.2 MPa
	喷涂层	1 层湿喷	
	闪干　　在 20 ℃	无须闪干	

“驳口清漆工艺”作用是为了防止产生“黑圈”问题出现的一种解决方法。所谓的黑圈现象是指在用金属漆进行修补时，色漆过渡的边缘部分容易形成干喷，导致铝粉排列不均匀，直接观察时颜色发黑，即产生“黑圈”现象，如图 8－16 所示。

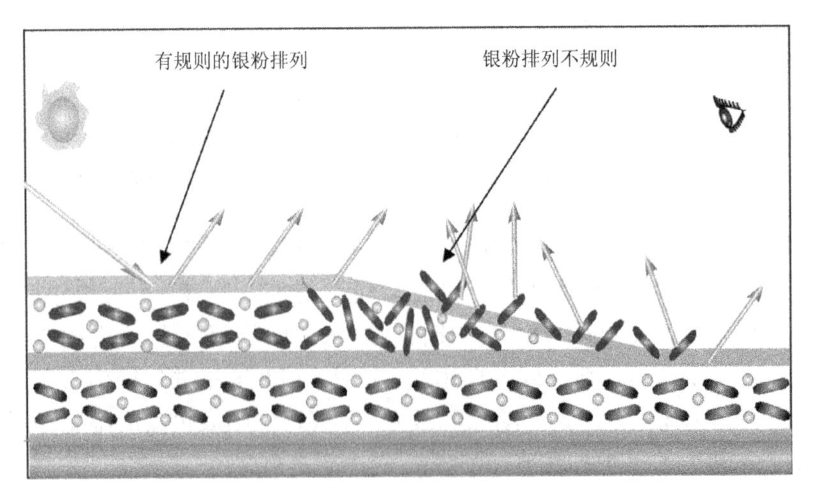

图 8－16　黑圈现象的产生

如图 8－17 所示，使用面漆喷枪湿喷一层驳口清漆于色漆需要过渡的区域，然后按施工要求喷涂色漆。这种方法让底层变得湿润，使铝粉喷涂时排列更加均匀，不易产生“干喷”现象。

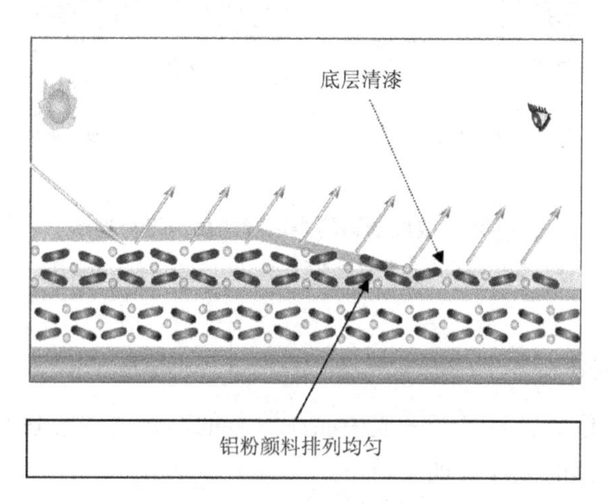

图 8－17　驳口清漆工艺的作用

2）第一次先薄薄喷一层金属闪光瓷漆，以提高与中涂底漆和旧涂膜的亲和力。

3）第二次喷涂确定涂层的颜色，一般喷 2～3 遍，如果着色不好，则需要喷 3～4 遍。第二次不要喷得过厚，要均匀地薄薄地喷。

4）将 50% 的金属底色漆与 50% 的清漆相混合，黏度调至 11～12 s，喷涂时比图 8－15（b）所示的喷得更宽一些，喷涂时应使漆料呈雾状，薄薄喷涂，以消除斑纹，调整金属感，同时兼有晕色处理作用。闪干约 10 min（20 ℃）至漆膜呈亚光状态。

5）喷涂清漆。透明涂料喷涂面积可扩大一些。第一次薄薄喷一层，间隔大约 5 min 再喷第二次。喷涂时要边观察色调边喷，以形成光泽。

6）晕色处理。以 20% 的清漆和 80% 的稀释剂相混合喷在透明层区域周围，以掩盖其由于喷涂雾滴带来的影响。

此次喷涂也可使用专用的点修补驳口水（如鹦鹉 325－400）进行。

7）闪干，清除贴护。

8）干燥。

（2）经济型工艺（双层金属闪光涂膜）的局部修补涂装

双层金属闪光涂膜的局部修补涂装方法如图 8－18 所示。

1）金属闪光层的喷涂。第一次喷涂以能遮盖住中涂底漆涂层为准，在较宽的范围内薄薄喷涂一层；第二次喷得稍厚一些，以决定涂膜色调；第三次薄薄喷涂，以消除金属斑纹，调整金属感，同时进行与旧涂层的晕色处理。

2）透明涂料喷涂。第一次喷涂以有光泽为准，喷得要薄，第二次稍厚一些，以形成光泽。透明层也应进行晕色处理，方法与金属闪光涂料相同。

3）清除贴护。

4）干燥。

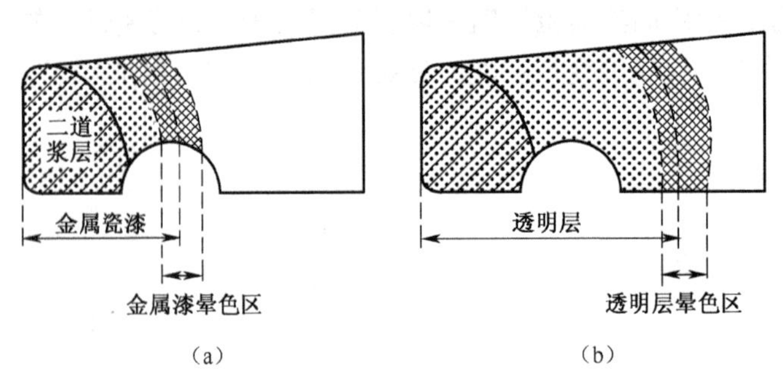

图 8－18　双层金属闪光涂膜的局部修补涂装

(a) 喷金属瓷漆、金属漆晕色应；(b) 透明晕色反处理

二、技能考核

学生每 2 名为一小组，针对已经完成中涂漆涂装的车辆（或板块），各小组独立完成本任务规定的实操内容并同时完成实训工单。

指导教师全过程观察并随时填写《实操考核记录单》。对学生操作过程中易引起事故的行为，指导教师应及时纠正。

任务 3　面漆涂装后的修整

学习目标

1. 能够正确描述面漆喷涂后漆膜修整的目的。
2. 能够进行面漆喷涂常见缺陷的收尾修整。
3. 能够正确进行抛光。
4. 能够进行漆膜的打蜡。
5. 能够注意培养良好的安全、 卫生与团队协作意识。

案例分析

面漆的涂布结束以后，涂装的工作已经大部分完成，但还需要进行最后的修整工作。涂膜的修整主要包括修理小范围内的缺陷和表面抛光等。

喷涂过程中常常会由于种种原因在面漆表面造成一些微小的缺陷，例如流挂、涂膜颗粒(脏点)、微小划擦痕迹和凹坑等，如彩图 8－19 所示。由于这些涂装缺陷的存在，会影响漆膜的装饰性，因此必须进行修理。

在涂装最末道面漆后，由施工人员和专检人员，按该车型的质量标准对该车进行一次全面的检查，并将发现的各种缺陷填写在工艺质量卡上。由操作技术好的施工人员按质量卡上所列缺陷项目依次将缺陷修饰合格。

收尾操作人员要有熟练的操作技术，对各层涂料的涂装操作工艺和用料都非常了解。

常见缺陷有漏喷、露底、毛边、颗粒、针孔、流挂、麻眼、咬底、粗糙等。

一、技能学习

1. 劳动安全

按打磨、喷施涂工进行劳动保护准备。

2. 常见面漆喷涂缺陷的修整

（1）漏喷、露底的修整（彩图 8－20）

1）先用 P500～P600 水砂纸将该部位轻磨（干磨）光滑并擦净杂质。

2）调制原色漆将打磨部位细致地补喷均匀。

注意：一定要遮盖好。

（2）毛边的修整

1）先用刀片将毛边清理干净，如图 8－21 所示。

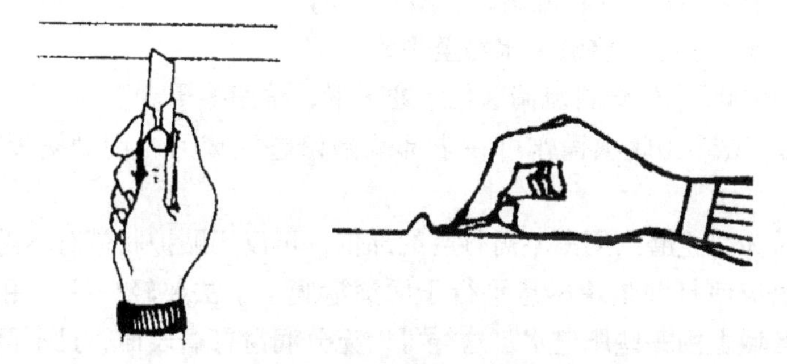

图 8－21 用刀片清理毛边

2）用毛笔蘸少许色漆轻涂一次，如图 8－22 所示。

图 8－22 用毛笔补涂毛边

3）干燥后补涂一次，至平滑均匀。

（3）颗粒的修整

1）对于立面垂滴，使用刀片切平，如图 8－23 所示，再用抛光机抛平滑即可（此项操作可在全部缺陷修整完成后，借助整板或整车抛光来完成）。

2）对于平面上的突起颗粒或污点，使用刀片将其基本削平，再用粒度为 P1000～P1500 水砂纸磨平，如图 8－24 所示，最后用抛光机抛光（此项操作可在全部缺陷修整完成后，借助整板或整车抛光来完成）。

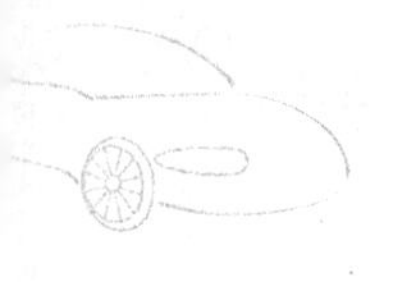

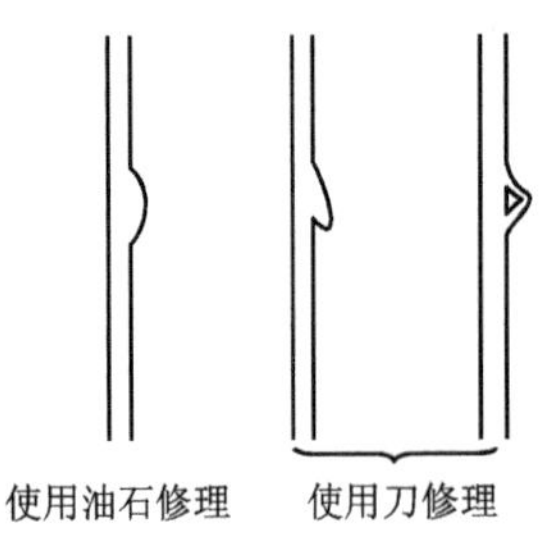

图8－23　立面垂滴的修整

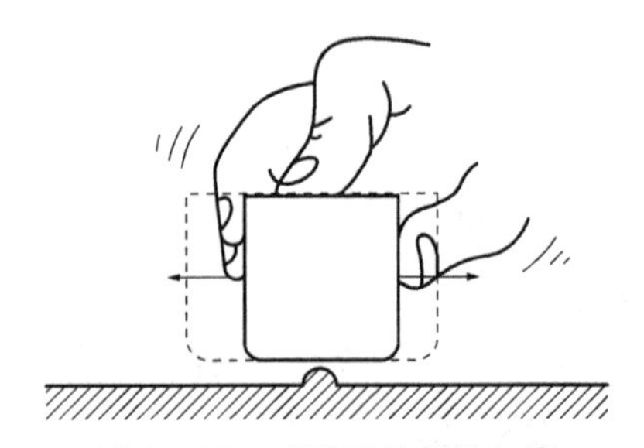

图8－24　对平面凸起的打磨

（4）流挂的修整

1）边缘流挂（流缀）的修整（彩图8－25）

① 用小刀将流缀部分削平整。

② 用P600砂纸打磨平滑。

③ 视需要补喷一次清漆（对于素色漆，补喷素色面漆），进行必要的遮盖。

2）板件中间面漆流挂（片状流淌，彩图8－26）

① 用P500～P600水砂纸将流痕水磨至平整。

② 用P800～P1000水砂纸将流淌部位水磨平滑，洗净擦干。

③ 用抛光机抛光滑（此项操作可在全部缺陷修整完成后，借助整板或整车抛光来完成）。

注意：打磨时为防止磨到周围不需打磨的部位，可以用贴护胶带对不需打磨的区域进行贴护。打磨的手法应使打磨垫块尽量平行于面漆涂膜，手法要轻一些，用水先将水砂纸润湿，然后在打磨区域上洒一些肥皂水，这样可以充分润滑打磨表面，且不至于产生太大的砂纸痕迹。打磨时要非常仔细，经常用胶质刮水片刮除打磨区域的水渍来观察打磨的程度，只要流挂部位消除并与周围涂膜平齐即可。千万不要磨穿或使漆膜过薄，要给抛光留出余量，并保证抛光后仍有足够的膜厚。对于边角等涂膜比较薄且极易磨穿的地方尤其要小心。

（5）针孔的修整

1）局部小面积针孔（彩图8－27）

① 先用P1000～P1200水砂纸磨平滑。

② 用砂蜡和光蜡抛光（此项操作可在全部缺陷修整完成后，借助整板或整车抛光来完成）。

2）较大面积针孔（彩图8－28）

① 先用P500～P600水砂纸水磨平滑，洗净吹干。

② 用填眼灰填孔。

③ 干燥后用P1000水砂纸磨平滑，洗净吹干，并清洁除油。

④ 按面漆末道漆喷涂方法精心补喷均匀。

⑤ 在新喷面漆的过渡区域喷驳口水。

⑥ 抛光（此项操作可在全部缺陷修整完成后，借助整板或整车抛光来完成）。

（6）麻眼的修整

麻眼的外观与较大面积针孔相似，只是孔径大些。

1）用P600水砂纸进行磨光。

2）用麻眼灰（填眼灰）反复找平。

3）干后磨光擦净。

4）用原色浆补喷均匀。

5）用驳口水消除补漆雾痕。

6）抛光（此项操作可在全部缺陷修整完成后，借助整板或整车抛光来完成）。

（7）咬底的修整（图 8－29）

1）轻度咬底

① 用 P800 砂纸水磨平整。

② 换用 P1000 砂纸打磨整个表面。

③ 整板抛光。

2）重度咬底

① 将起皱的漆膜清除。

② 待该部位干燥后，用 P240 水砂纸打磨光滑。

③ 细刮原子灰至平整。

④ 干燥后磨光原子灰，清洁除油。

⑤ 用原色浆补喷均匀。

⑥ 喷驳口水以消除漆雾痕。

⑦ 抛光（此项操作可在全部缺陷修整完成后，借助整板或整车抛光来完成）。

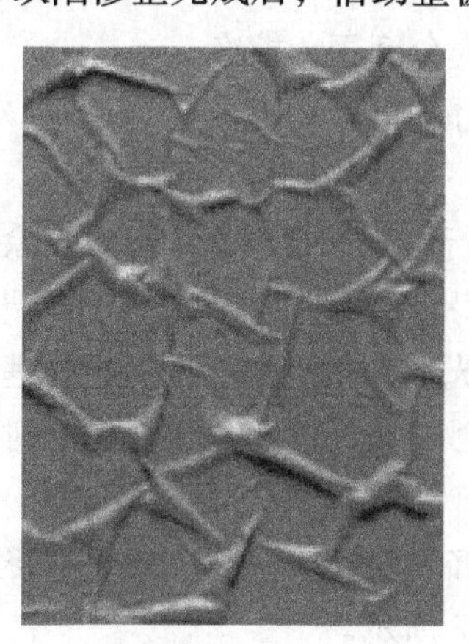

图 8－29　咬底

（8）涂膜凹陷的修整

1）若面漆漆膜已经基本干燥，则需要用清洁剂对需要填补的区域进行清洁。如有必要可用 P800 以上的细砂纸进行简单打磨，但打磨区域切不可过大，只起提高附着能力的作用即可，然后用清洁剂清洁干净。

2）用牙签或小毛笔蘸上少许面漆（为保证没有色差，最好用剩余的面漆。若为双组分涂料，则必须添加固化剂），并迅速滴到故障部位（鱼眼）或描绘在需要填补的部位（剥落漏白），如图 8－30 所示。

3）用另一支小毛笔蘸取少许面漆稀释剂涂抹在修饰部位，以使修饰部位变得较为平整，并利用稀释剂的晕开和溶解作用使修补部位与其周围相融合。

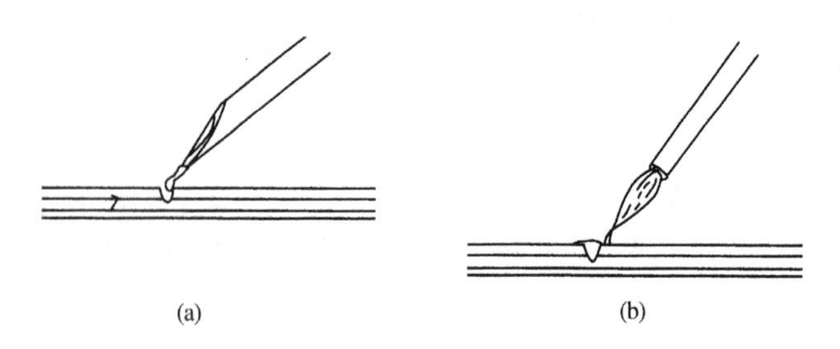

图 8－30　用牙签或小毛笔进行表面修理

（a）牙签处理；（b）小毛笔处理

4）待完全干燥后可以稍稍进行打磨并进行抛光处理，方法同流挂及颗粒的修理。

注意： 如果缺陷部位非常明显或所处位置是车辆极需要涂膜完美的地方，如小轿车的发动机罩或翼子板等，一般需要采用点修补的方法（使用小型修补喷枪进行小局部喷涂）来修理。

（9）粗糙面修饰法

1）轻度粗糙面

① 用 P1000 水砂纸配合橡胶磨块手工水磨平滑，擦净晾干。

② 用砂蜡和光蜡进行抛光修饰。

2）严重粗糙面

① 用打磨机配合 P320 砂纸充分磨平，擦净。

② 用砂蜡和光蜡进行抛光修饰。

3. 整车（整板）抛光

新喷漆面应在漆膜实干后进行抛光，自干性涂料在喷涂后 8～16 h 进行，双组分涂料应在喷涂后，经过烘烤 35 min（车身金属温度为 65 ℃）或风干 36 h（但不建议风干），手指压表面而没有产生手指印后进行抛光。一般采用二次抛光处理法效果较好。在抛光前若是旧车漆面，则应用水将车身表面的泥沙冲洗干净，以防在抛光时损坏漆面。

（1）第一次抛光

① 用半弹性垫块衬 P1500 水砂纸将整车打磨一遍，如图 8－31 所示。对于个别小缺陷，可选用精磨砂碟进行，如图 8－32 所示。

图 8－31　对整车进行水磨

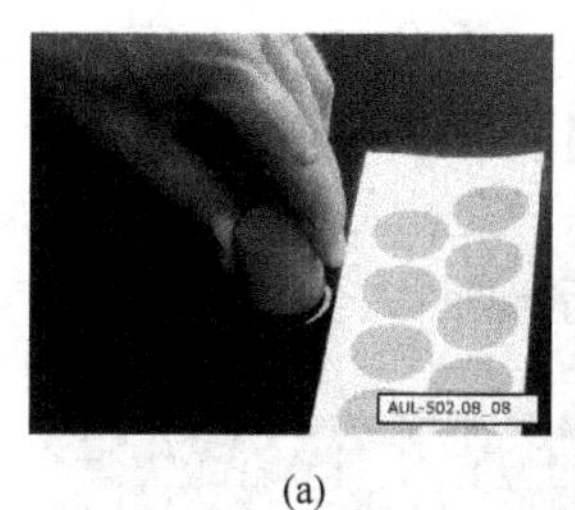

(a)

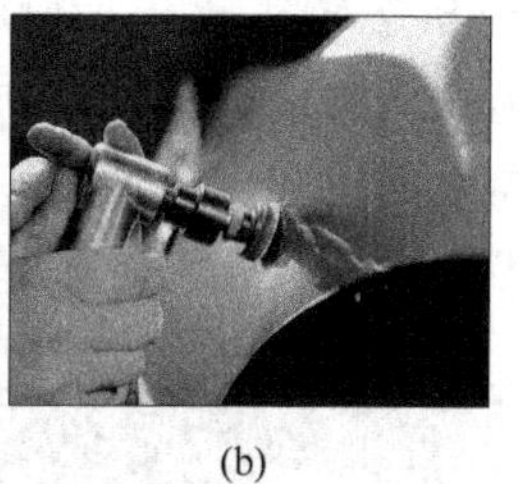

(b)

图 8-32 精磨砂碟的使用

(a) 手工砂碟使用; (b) 机械砂碟使用

② 用 P2000 海绵砂纸，轻轻地把流痕、凸点、粗粒、轻微划痕打磨平整。

③ 用 P4000 海绵砂纸再按顺序将整车打磨一遍，使漆面均匀无光。注意不要磨穿漆膜层。

④ 用水清洗漆面并擦净，如图 8-33 所示。

图 8-33 用水冲洗表面

⑤ 待漆膜表面干燥后，用布块将全能抛光剂均匀地涂于漆面，如图 8-34 所示。

图 8-34 将抛光剂涂于漆膜表面

⑥ 机械抛光应将抛光机的转速调至 1 000 ~ 1 500 r/min 为宜，将抛光机的羊毛平放在漆面上，然后均衡地向下施加压力进行抛光，如图 8 - 35 所示。整车抛光应从车顶开始，在漆面上有规律地沿水平方向来回研磨，研磨面积不宜过大，要一个块面一个块面地进行，每一块面长 60 ~ 80 cm，宽 40 ~ 50 cm，漆面逐渐呈现平滑与光泽。

图 8 - 35　用抛光机抛光

⑦ 用干净的抹布把漆面上的多余抛光剂擦净。若发现某部位漆面还不能达到质量要求时，可重复研磨直至达到质量要求。研磨时要特别注意折口、棱角及高出底材的造型漆面，这些部位的涂膜相对较薄，研磨时触及机会较多，要特别注意不要磨穿涂膜，平面部位较圆弧面不易起光泽，应适当增加研磨次数。

（2）第二次抛光

当整车漆面用全能抛光剂完成后，漆面的流痕、粗粒、划痕、海绵砂纸磨痕迹会全部消除，但有时会有一些极其细小的丝痕或光环，为了确保漆面更平滑、光亮，则需用釉质抛光剂进行第二次抛光。第二次抛光一般使用釉质抛光剂，经釉质抛光剂抛光后，漆面亮度高、丰满度好，保持时间可达 1 年。

① 用干净的软布擦净前道抛光残留物。

② 摇匀釉质抛光剂，用软布或海绵将其均匀涂于漆膜表面。

③ 停留 60 s 以上，让抛光剂变干、发白。

④ 用手工或机械方法抛光，机械抛光应将海绵盘转速保持在 1 000 ~ 1 500 r/min，抛光时应按一定方向有序进行。不要用羊毛盘进行第二抛光。手工抛光时应水平直线运动进行抛光，直到漆面擦亮即可。

⑤ 用干净的软布擦净漆面。

4. 打蜡

（1）机械打蜡

1）将液体蜡摇匀后画圈似地倒在打蜡盘面上。

2）每次以 0.5 m^2 的面积顺序打匀，直至打完全车。

3）待蜡凝固后，将干净、无杂质的全棉抛蜡盘套装在打蜡机上，开机后调节转速并控制在 1 000 r/min 以下，然后将打蜡机抛光盘套轻轻平放在漆面上，进行横向与竖向覆盖式抛光，直至漆面靓丽为止。打蜡机抛光路线走向如图 8 - 36 所示。

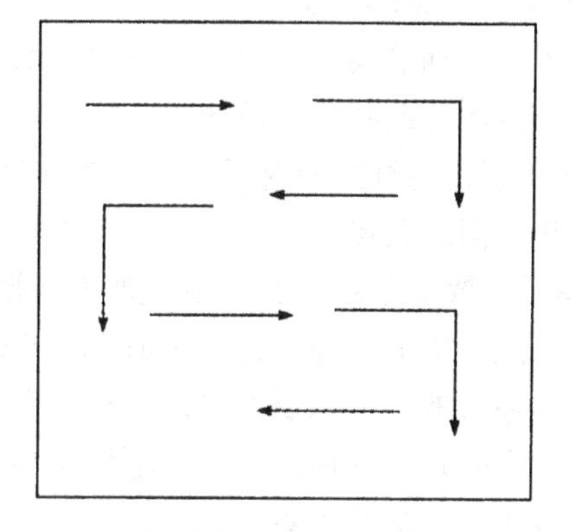

图 8－36　打蜡机和抛光路线走向

（2）手工打蜡

1）若是乳状蜡应将其摇匀，然后倒少许于海绵或软布上。

2）涂蜡时以大拇指夹住海绵，以手掌和其他三个手指按住海绵，每次涂蜡以 0.5 m^2 的面积为宜，力度均匀地按旋律式顺序擦拭，如图 8－37 所示。

3）从前到后、从左到右，蜡膜要涂得薄而均匀，根据每种车蜡的说明，稍候用干净的软布擦净即可。

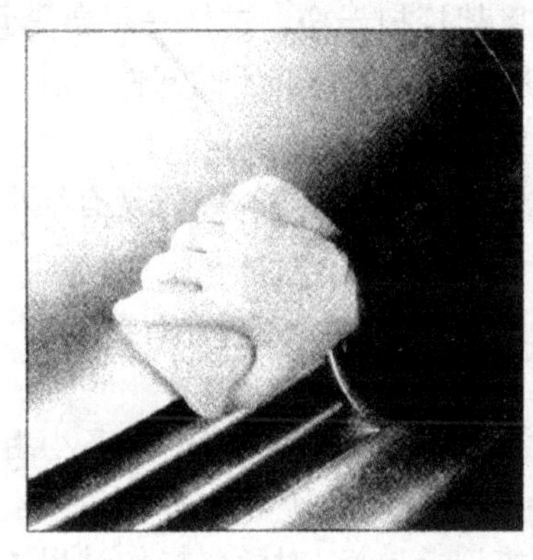

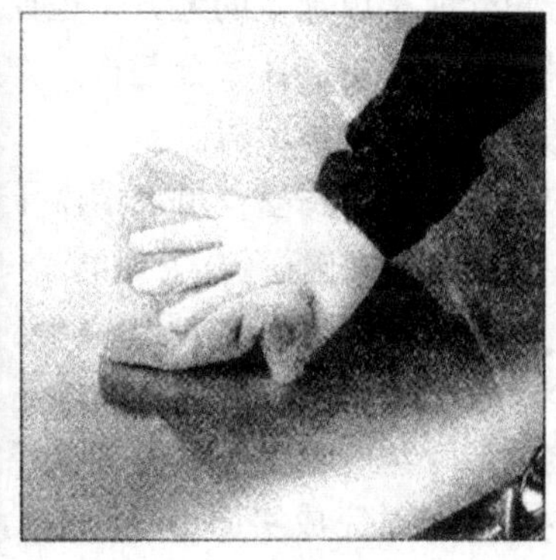

图 8－37　手工打蜡

（3）打上光蜡

1）清洁。在给车身涂蜡时，一定要先进行表面清洗，确保表面清洁。因为车身表面有灰尘的话，涂蜡后，在抛光时就会把灰尘挤进涂层去，或在车身表面起研磨作用，划伤或磨花表面涂膜。

2）打蜡。现在的车蜡多为液体蜡，使用前将其摇晃均匀，将少许倒入湿布或海绵上小面积旋转，在车身涂层表面擦拭。

3）擦干。稍干后，再用软洁布反复擦干即可。

4）抛光。用抛光机及海绵垫对整个打蜡表面进行仔细的抛光。

5）擦净。用软面将表面的抛光粉末擦拭干净。

上光蜡时应注意以下事项：

① 必须采用质量优良、与表面涂层相适宜的车蜡。

② 很多人给车身打蜡都习惯性地以圆圈方式进行，这是不正确的方法。正确的打蜡方式是以直线方式，横竖线交替进行，再按雨水流动的方向上最后一道，这样才能达到减少车身涂层表面产生同心圆状光环的效果。

③ 不要在阳光的直接照射下打蜡，操作时应在阴凉处为妥。否则，车蜡会在阳光下发生变化，使车身出现斑点。

④ 上蜡后，要等车蜡干燥一会后再进行抛光，不要刚打上蜡就抛光，要让车蜡能够在车身表面有一定的凝固时间，最少要在 30 min 左右。但有人认为等蜡完全干燥后再擦净比较好，这也是错误的。上蜡后要在蜡半干不干、尚未干燥白化时擦净。因此，上蜡的操作必须顺着车身钣金一片一片地进行，切不可先将车身全部上好后，再一次擦掉，这会使涂层表面的色泽深浅不一，非常难看。

⑤ 没有抛光前，不要开车上路，否则，空气中的灰尘就会依附在车蜡上，在抛光时划伤或磨花表面漆层。

⑥ 如果车身表面上的涂膜已经褪色或氧化，必须在清除掉旧的和氧化了的涂膜后，才能打蜡。

⑦ 涂蜡时尽量采用软质的、不起毛的绒布或棉絮进行均匀涂抹。

5. 部件的安装与清扫作业

打蜡作业结束后，安装好拆卸下的部件。若部件有脏污，应仔细擦拭干净后再安装。对车主平常在进行扫除时难以涉及的地方，也要将其打扫干净，这样一定会受到客户的欢迎。事情虽小，但对维持与客户的关系会起很大作用。安装好拆卸下的部件之后，应全面检查电路是否正常，螺栓是否都已拧紧等。

交车之前应用净水将车身整体彻底清洗干净。清洗过程中，若发现有细小伤痕，即使不是所修理部位，也要予以修整。

二、技能考核

学生每 2 名为一小组，针对已经完成面漆涂装的车辆（或板块），各小组独立完成本任务规定的实操内容并同时完成实训工单。

指导教师全过程观察并随时填写《实操考核记录单》。对学生操作过程中易引起事故的行为，指导教师应及时纠正。

思考与练习

1. 说明汽车面漆喷涂的常用手法。
2. 对于已经打磨完中涂底漆的板块，喷面漆前，通常要进行哪些准备工作？
3. 如何喷涂第一遍素色面漆？
4. 请说明素色面漆整板的第三次喷涂的工艺参数设置。
5. 为什么面漆烘烤干燥前必须有充分的闪干时间？闪干时间多少合适？
6. 在清除表面贴护时，有哪些注意事项？
7. 什么是经济型金属面漆喷涂工艺？其与标准型工艺主要差别在哪里？
8. 什么是过渡喷涂？如何选择过渡喷涂的过渡区域？
9. 请解释板内过渡喷涂、板外过渡喷涂以及两者的应用条件。

10. 如何选择过渡喷涂的边界？

11. 什么是驳口水？它有什么作用？何时可用驳口水？

12. 面漆喷涂结束后，对于表面较大凸起的颗粒，应如何处理？

13. 面漆喷涂结束后，对于表面较大面积的针孔，应如何处理？

14. 面漆喷涂结束后，对于较严重的咬底部位，应如何处理？

单元三　汽车美容护理

9 项目九

汽车发动机美容护理

学习目标

1. 能够正确描述汽车发动机常见的污染物及其危害。
2. 能够正确描述汽车发动机美容养护的作用。
3. 能够规范进行汽车发动机的清洁护理。
4. 能够注意培养良好的安全、卫生习惯及团队协作的职业精神。

案例分析

长期使用的汽车，打开发动机罩后，会发现发动机内部和外部有各种污染物，如图9－1所示。这些污物的存在直接影响发动机的性能，严重的还会有自燃等安全隐患。

发动机美容是采用专业美容清洁用品对发动机及其附件进行清洗和保养的一种操作工艺，它能保护发动机的性能，并有效延长其使用寿命。

图9－1　脏污的汽车发动机

相关知识

一、发动机室的污染物的来源

1）发动机室的污染以油性污染物为主，尘土、油污及各种酸碱物质特别容易附着在发动机机体等部件上，这些物质会与金属产生氧化反应而腐蚀机件。润滑残留物是汽车发动机最常见的污渍。

2）在使用汽车时，润滑油工作过程中常会发生一定程度的老化、氧化和聚合，而这些残留物也往往容易附着在汽车零部件的表面。

二、发动机室脏污的危害

1）长期的高温和氧化作用还易使发动机的橡胶、塑料制品因老化而失去弹性，进而产生龟裂，严重时还会导致发动机故障。

2）油污严重会影响散热，如果有电线老化产生火花，在炎热的夏季，很容易发生汽车自燃。

技能学习与考核

一、技能学习

1. 劳动安全与卫生

1）必须穿好工作服。

2）在使用高压水清洗机时，必须戴好护目镜（或面罩）、橡胶手套、水鞋及防水围裙。

3）无论何时，禁止将压缩空气气枪对着别人。

4）无论何时，禁止将高压水清洗机喷枪对着别人。

5）剩余的洗涤剂、清洁剂等，不能随意倒掉。

2. 发动机外观的清洁保养

（1）准备工作

清洗发动机室会用到以下用品：

1）刷子。辅助清洗工具，清除顽固污渍。

2）保护膜。防水功能，保护电器元件。

3）发动机表面清洗剂。能快速溶化分解去除油污，且不腐蚀机体及其部件。水溶性好，可完全生物降解，易用水冲洗。

4）发动机保养剂。用于发动机外部件的护理，优质水基上光剂，保护零件，防止沾染灰尘。

（2）清洗

1）保护好电器设备。如图9-2所示。用锡箔纸或保鲜膜等防水材料扎紧不宜水淋的部件，如分电器、电线卡头、蓄电池、各传感器卡头等。

图 9－2　电器保护

2）用低压水喷淋发动机室。如图 9－3 所示。将水枪扇面调到最大，使水压尽量低一些，能将尘土冲掉，将发动机淋湿了就可以。前挡风玻璃与发动机室隔热空间内最容易积留树叶、污泥和灰尘等污物，并且很容易被空调风机带进驾驶室内，一定要仔细冲洗。

图 9－3　淋湿

3）清除油污。如图 9－4 所示。喷洒发动机清洗液并浸润 5～10 min，油污严重的要用毛刷仔细刷洗，然后冲掉泡沫和污水。

图 9－4　仔细清除油污

4）吹干。将保护膜取下，尽快吹干火花塞、传感器和电线接头等电器零件，如图 9 -5 所示。

图 9 -5　吹干

（3）喷涂发动机保养剂

如图 9 -6 所示，向发动机机体表面（包括电器元件及导线等）均匀喷涂发动机保养剂。发动机保养剂可以有效保护发动机上的零件，能防止塑料橡胶零件老化，避免发动机上黏附灰尘。如果时间长了有灰尘堆积，用压缩空气吹干净就可以。

图 9 -6　喷涂发动机保养剂

3. 发动机相关系统的免拆清洗保养

（1）燃油供给系统的免拆清洗保养

长期使用的发动机，燃油供给系统会变脏甚至堵塞，在进气门、燃烧室、喷油嘴、节气阀体等处产生积炭和沉积，导致发动机起动困难、怠速不稳、抖动、动力下降、油耗上升、尾气超标等问题。

1）燃油系统保养的目的

① 消除燃料系统、喷油嘴、进气门及燃烧室等处的积炭和沉积物，清理节气门体、进气歧管及三元催化器的污物，并能抑制积炭生成和胶质沉积。

② 提高燃油性能和减少废气排放。

③ 消除活塞及活塞环上的积炭，恢复压缩比。

④ 去除燃油残留物质以清洁燃油系统，并保护整个燃油系统防止腐蚀。

⑤ 改善扭矩，恢复动力。

⑥ 加注燃油系统保护促进剂，起提升汽油的辛烷值的作用。

2）保养操作

① 首先在清洗前切断燃油泵的电源，可以将油泵继电器或油泵保险丝拔下。

② 将原车的进回油管分别断开（在接头处拧开紧固螺母），用专用的接头将回油管堵上，进油管与燃油免拆清洗机对应管路相连接。

③ 取下吊瓶，加满燃油系统清洗剂。

④ 装好吊瓶，并将吊瓶清洗机挂在发动机罩上。

⑤ 连接好压缩空气接头，打开空气开关，调整压力至工作压力，旋开吊瓶的水平阀门。

⑥ 启动发动机，让发动机怠速运转 15 ~ 20 min 进行清洗，直至用完清洗剂。

（2）冷却系统的清洗保养

长期使用的发动机，会产生以水锈为主的污垢及胶质。这些杂质难以清除，并且会慢慢腐蚀部件，引起发动机过热和水箱开锅。放水塞只能排出部分旧液，而发动机管路、水泵、水套和水箱等处的旧液不能完全排出。

电动循环清洗能疏通生锈水道、清洗水垢；气动脉冲清洗能将水道中最顽固的水锈、水垢震松彻底冲走，起到降低水温、节省燃油的作用，同时能减少因水温高、汽缸油膜遭破坏而增加的磨损。

1）冷却系统保养的目的

① 消除冷却系统中的污垢和杂质，并防止锈蚀、化学腐蚀和水垢的形成，中和酸性物质，抑制锈渍生成。

② 改善热传递效果，恢复冷却系统性能，防止发动机过热和水箱开锅。

③ 防止散热器、水箱、水管、汽缸盖、水泵及密封圈等发生渗漏并能迅速止漏。

④ 防止冷却液变质，延长使用寿命。

2）冷却系统保养周期

一般情况下，汽车在冬夏换季时应清洗保养一次，正常行驶中每 6 个月至 8 个月清洗保养一次，或者遇水温过高、漏水、开锅时清洗保养一次。

3）保养操作。

① 拆开暖风机与发动机连接的水管并与清洗机的出液管相连，如图 9 - 7 所示。

② 向冷却系统清洗机内加注适量的清洗剂。

③ 把自来水管接入清洗机的注水口，加入 2 ~ 3 L 水。

④ 拆开水箱与发动机连接的上水管，并与清洗机的回液管相连。

⑤ 给清洗机接上压缩空气，调节工作压力至 0.1 MPa。

⑥ 把转换阀旋到循环清洗位置，启动发动机进行清洗 10 ~ 20 min。

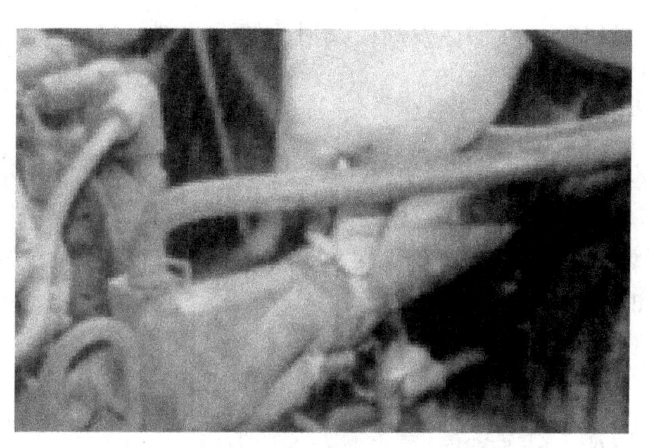

图 9-7 拆开水管

⑦ 把转换阀旋到空气位置，将调压阀拉起调进高压空气，等出液管中有 1/3 气量时，进行气动冲洗。

⑧ 清洗结束，撤下清洗机。

⑨ 向水箱中加入新的防冻液，并加入适量的水箱保护剂。

（3）润滑系统的免拆清洗保养

长期使用，发动机内部机油会形成许多油泥、积炭等污垢，导致机油过早失效、冷却效果减弱、部件过早磨损等。简单更换机油，部分污垢不能自动排出，会加速新的污垢形成，影响机油性能，降低发动机寿命。

1）润滑系统保养的目的

① 消除发动机内部的油泥和其他沉积物，使旧机油排出更彻底，减少了新机油的污染。

② 中和所产生的酸性物质以避免由此引起的腐蚀变质。

③ 消除活塞及活塞环上的积炭。

④ 恢复或改善压缩比，提高发动机动力性。

2）润滑系统保护剂的作用。润滑系统保养剂是为保护发动机而设计的，具有特强的减磨、抗磨功能，使用后能在易产生磨损的发动机缸体表面形成一层坚硬的保护膜，能自行修复发动机已经磨损的表面（磨损不能过分严重）。它还能够降低噪声、节省燃油，延长发动机寿命，提高发动机动力。

① 使发动机起动更顺畅，提高冷启动性能。

② 减少发动机部件磨损。

③ 减少润滑油的消耗，避免机油在高温下的氧化增稠。

④ 避免发动机在瞬间加速时产生过热现象。

3）保养操作。常规情况下，汽车每行驶 5 000 ~ 10 000 km 时就需清洗保养。在遇到发动机噪声过大、加速无力、水温过高时也需清洗保养。

① 启动发动机怠速运转 5 min，将旧机油排出。

② 将清洗机的回油管接入油底壳放油螺孔上，将出油管接入机油滤清器座接头上；打开清洗机电源，设定清洗参数。

③ 向发动机内加注发动机润滑系统清洗油。

④ 启动发动机怠速运转 5 min，将清洗后的清洗油排出。

⑤ 重新加入发动机机油，并加注发动机润滑系统保护剂。

二、技能考核

学生每 2 名为一小组，针对提供的车辆，各小组独立完成本任务规定的实操内容并同时完成实训工单。

指导教师全过程观察并随时填写《实操考核记录单》。对学生操作过程中易引起事故的行为，指导教师应及时纠正。

思考与练习

1. 发动机室脏污的危害有哪些?
2. 简述发动机外观的清洁保养工艺。
3. 说明发动机室的污染物的主要来源。
4. 燃油系统保养的目的是什么?
5. 冷却系统保养的目的是什么?
6. 润滑系统保护剂有什么作用?

10 项目十

汽车底盘美容护理

学习目标

1. 能够正确描述汽车底盘损伤的类型。
2. 能够正确描述汽车底盘封塑使用的工具和材料种类。
3. 能够规范进行汽车底盘封塑。
4. 能够正确进行轮胎保养。
5. 能够注意培养良好的安全、 卫生与团队协作意识。

案例分析

汽车在使用的过程中要经历各种气候条件和复杂的路况：春季多风沙，细小沙石对底盘的撞击；夏季雨后，地表蒸汽熏蒸、酸雨的侵袭；冬季雪后，除雪剂的腐蚀等，钢筋铁骨也会伤痕累累。有很多车表面上看起来光艳照人，而底盘早已经锈蚀斑斑、伤痕累累，如图10－1所示，废气、冷风、噪声、灰尘都会从这些细小的洞孔中渗入。洞孔逐渐扩大，铁皮生锈，层层剥落。

图10－1　承受各种伤害的汽车底盘

汽车底盘美容，即通常所说的“底盘装甲”，是将汽车底盘塑胶喷涂于汽车底盘表面，从而起到对底盘的保护作用。

相关知识

一、汽车底盘的损伤

汽车底盘的损伤主要有碰撞损伤和锈蚀损伤两类。

1. 碰撞损伤

汽车底盘处于车身的最底部，离地面最近，受到碰撞、刮擦必不可少。碰撞轻微损坏金属会造成锈蚀，碰撞严重会损坏底盘零件，比如刮坏油底壳、底板、副车架、稳定杆，撞坏纵梁、转向横拉杆、半轴等，会造成机油泄漏、车身变形、车辆跑偏等后果，直接影响到车辆的正常行驶。

2. 锈蚀损伤

汽车底盘一般是人们最容易忽略也是最容易遭到腐蚀的部位，归纳起来汽车底盘锈蚀的主要因素有：

1）车辆长时间行驶附着油污是避免不了的，油污严重时会影响散热，还会腐蚀车体。

2）因轻微意外或碎石碰撞而划破表面烤漆防护层，以致造成锈蚀。

3）冬季除了气候寒冷的因素外，一些北方城市播撒在融雪剂中的一些化学药剂的某些成分对汽车底盘也会造成一定的腐蚀。

4）雨天路湿，车辆下侧的空隙处特别容易积存污泥，给湿气提供藏匿的地方，这往往也是最容易导致生锈的地方。某部分长期潮湿，尽管其他部分保持干燥，亦可能生锈。

5）车体嵌板部分、凹处与其他部位聚积含水分的泥土与碎泥会加速锈蚀。

6）潮湿的地毯使汽车内部无法完全干燥，造成地板锈蚀。

二、底盘封塑

底盘封塑也叫“底盘装甲”，它是一项底盘防腐蚀护理工艺。将一种高附着性、高弹性、高防腐、防潮的柔性橡胶树脂厚厚地喷涂在底盘上，使之与外界隔绝，以达到防腐、防锈、防撞、同时还可以隔除一部分来自底部的噪声。底盘封塑不同于以前的底盘防锈处理。普通的防锈处理是在汽车底盘涂上一层油脂来隔除水分，当汽车行驶一定的里程之后，油脂会不断蒸发、黏附灰尘，防锈效果会渐渐消失，黏附的灰尘、油污还会造成新的腐蚀。底盘封塑能使底盘保护胶牢固地附着在底盘上，可以彻底隔绝酸雨、除雪剂等的侵袭。

图 10－2　底盘装甲封胶

底盘装甲使用的工具、设备和材料有喷枪、底盘保护胶、压缩空气供给系统等。

底盘封塑胶（图 10－2）是以橡胶为基本材料的一种防锈剂，具有抗石击、防腐蚀、隔音的功能，施工方便，可喷涂在垂直方向的表面而不滴流。

对于罐装的液态底盘封胶需要配专用的喷枪利用压缩空气喷涂，如图 10－3 所示。如果是气雾型的则直接喷涂即可。

图 10-3 底盘装甲喷枪

三、汽车车轮的保养

据统计，高速公路上的交通事故中由于车轮爆胎引起的占 70% 以上。因此平时要像爱护车身一样注意保护汽车的轮胎，时常查看整个胎体是否存在钉子、铁屑、玻璃碎片、石头等硬物刺穿，或其他撞伤，这些潜在的隐患都可能导致轮胎漏气。一个小小的轮胎刺孔，如不及时处理最终会导致车毁人亡。

轮胎亮光剂能够快速渗透到轮胎表层，清走污垢，防止轮胎硬化、爆裂，令轮胎恢复原色，光亮如新。市场上使用喷涂型的轮胎保养蜡多一些，液体涂抹形式的轮胎保养剂保养质量要高于喷涂型的。

技能学习与考核

一、技能学习

1. 劳动安全与卫生

（1）个人防护

1）穿戴好工作服、工作鞋、工作帽等常规个人防护用品。

2）佩戴防护口罩、耐溶剂的橡胶手套和防护眼镜。

（2）施工安全

1）底盘装甲操作要在车下施工，要注意安全使用车辆举升机。

2）喷涂操作时，要注意工作车间的通风。

3）底盘装甲、除油剂等喷涂物不得对着他人或其他物体喷涂。

2. 汽车底盘封塑

（1）举升车辆

1）参阅具体车辆的维修信息，找出推荐的车辆举升点位置，如图 10-4 所示。车辆举升点是为安全升起车辆设计的，举升机举升垫和移动式千斤顶应准确放置在举升点位置。

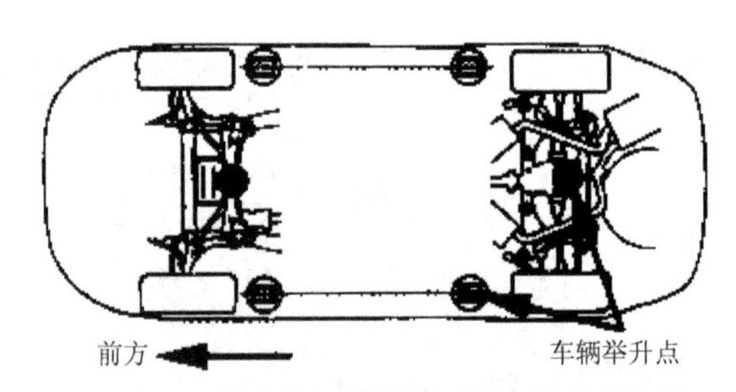

图 10－4　举升车辆时要找到车辆的举升位置

2）调整车辆的中心应靠近举升机的中心，以免车辆失衡落下。

3）慢慢升起举升机，车辆升高大约 150 mm 时停止举升，晃动车辆，确认车辆在举升机上是平衡的。如果听到异响，则表明车辆可能没有正确支撑，应降下车辆并重新对正车辆和举升垫。

4）车辆完全举起后，举升机的安全钩锁住后，才能在车底作业，即使举升机液压系统失效了，安全钩也能保证车辆不会落下。

注意：车辆举升时，车内不能有人员。

（2）清洁

1）先用高压水枪将泥土等污垢清除。

2）再使用专用去污剂把沥青、油污等彻底去除干净，如图 10－5 所示。

3）用压缩空气吹干底盘部分的积水，尤其是缝隙中要干燥彻底。这些处理中任何一项疏忽都会影响“装甲”的牢固度。

图 10－5　彻底清洁

（3）处理损坏和锈蚀

如果汽车老旧，车底已经有了腐蚀现象，或者底盘有被刮碰的痕迹，使以前的保护胶或者油漆被损坏了，露出钢铁部分了。一定要先将这些部位处理好，如果直接做“装甲”将损坏的部位遮盖住，锈蚀仍然会在内部发生。处理这些损坏的方法是：

1）先用钢刷或铲刀将锈蚀和破损的漆膜处理掉，露出新鲜的钢铁底材。

2）然后再用 P100～P150 砂纸打磨一遍，吹净污物，如图 10－6 所示。

3）用除油剂对整个底盘进行除油。

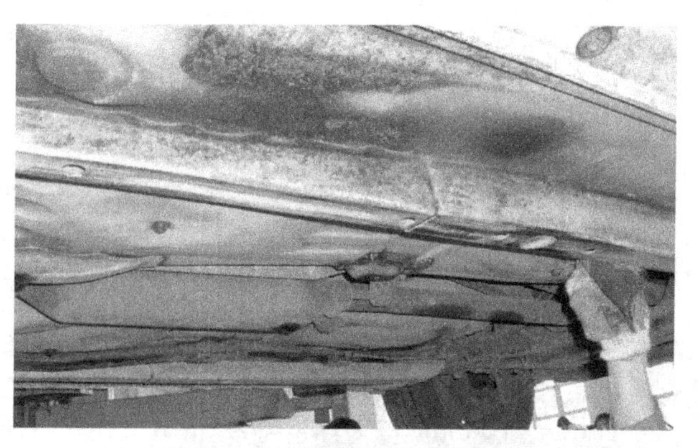

图 10－6 处理彻底损坏和锈蚀

（4）贴护

用遮盖纸及胶带对油管、露出的螺栓、变速器、传动轴、油箱、转向轴、排气管等部位做好贴护，如图 10－7 所示。

图 10－7 贴护

（5）喷涂塑胶

1）第一次喷涂塑胶。量不要过多，能有 50% 的遮盖力就可以了，喷涂完成后静置 5 min 左右，如图 10－8 所示。

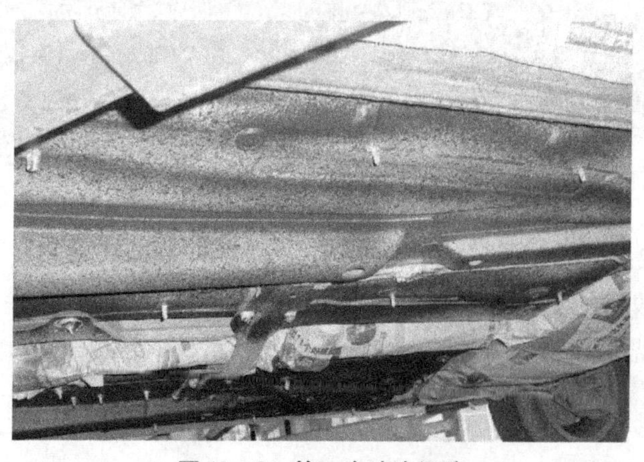

图 10－8 第一次喷涂塑胶

2）第二次喷涂塑胶。要将底材全部遮盖，不能露出底盘原来的颜色，达到完全保护的目的，如图 10－9 所示。

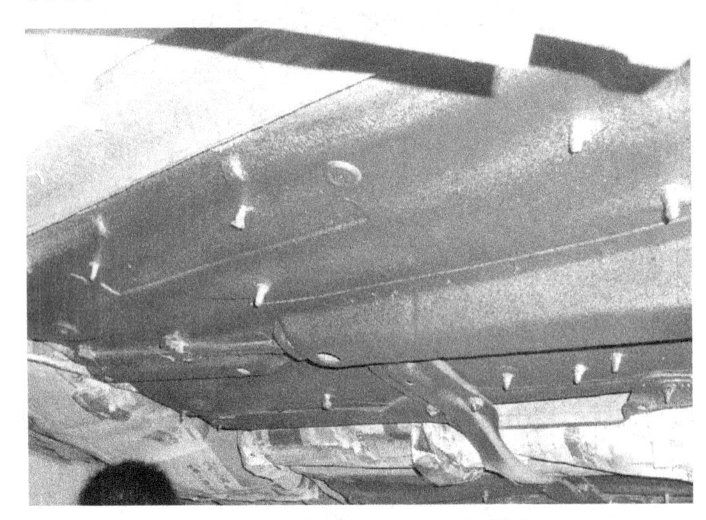

图 10－9　第二次喷涂塑胶的效果

注意：如果产品使用说明中有明确要求，可能会分多次喷涂。

（6）竣工检查

拆掉保护贴纸，检查是否还有遗漏的地方，是否在不应该喷涂的部位上喷涂了塑胶。如果有遗漏的地方，应进行补喷。如果由于遮盖不彻底而使不需涂胶的部位喷上了塑胶，应清理掉。完工后的状况如图 10－10 所示

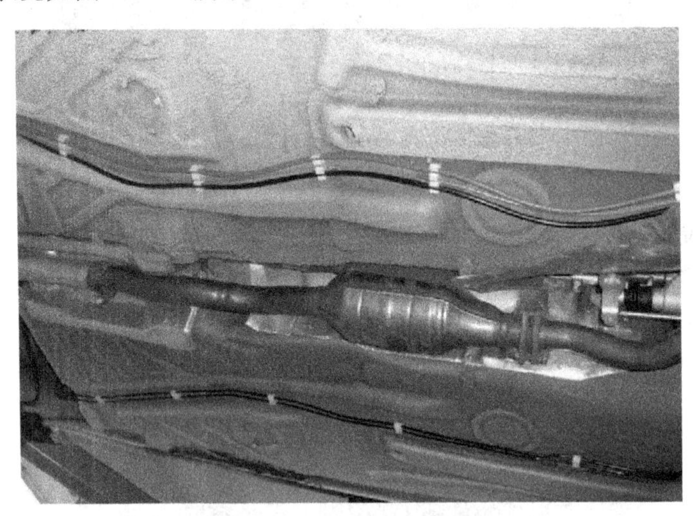

图 10－10　完工后的状况

3. 轮胎的美容保养

1）先将轮胎花纹里的异物清除干净，清除泥土、油污。

2）摇匀轮胎上光剂，均匀喷在轮胎表面上，静候 3～5 min 自动闪干，如图 10－11 所示。

图 10－11 喷完轮胎上光剂的状态

3）闪干后，用柔软的擦布（或擦纸）将整个轮胎擦拭一遍，使轮胎呈现明亮的光泽，如图 10－12 所示。

图 10－12 保养后的轮胎

二、技能考核

学生每 2 名为一小组，针对提供的车辆，各小组独立完成本任务规定的实际操作内容并同时完成实训工单。

指导教师全过程观察并随时填写《实操考核记录单》。对学生操作过程中易引起事故的行为，指导教师应及时纠正。

思考与练习

1. 进行汽车底盘装甲的目的是什么？
2. 进行汽车底盘装甲操作时，需准备哪些个人防护用品？
3. 进行汽车底盘装甲操作时，需注意哪些安全事项？

汽车内饰美容护理

学习目标

1. 能够正确描述汽车驾驶室污染物的种类。
2. 能够正确描述汽车驾驶室的杀菌消毒方法。
3. 能够正确描述汽车驾驶室清洁保养使用的工具、 设备及用品。
4. 能够规范进行汽车驾驶室清洁保养。
5. 能够规范进行真皮内饰损伤的修复。

案例分析

如图 11－1 所示，一辆新的汽车，由于内饰材料绝大部分采用的是化工制品，狭小的车内空间就会被这些化工材料挥发的化学成分所充斥，在高温下甲醛、苯等有毒挥发气体的浓

图 11－1　新车的内饰

度将比常温条件下迅速增高几十倍。中国装饰协会室内空气监测中心曾对200辆汽车进行随机抽检，发现有90%以上的汽车都存在车内空气甲醛或苯含量超标的问题，大部分车辆甲醛超标都在五六倍以上，其中新车内室的空气质量最差。许多人刚一坐进汽车，就会觉得车内有股怪味，要是车内开着空调、门窗紧闭，时间久了甚至会使人感到头晕、恶心。

另外，随着车辆的使用，内饰会产生脏污。

所以，无论是旧车还是新车，对内饰的保护护理均有相当的必要性。

相关知识

一、汽车室内污染

车内空气污染问题成为公众瞩目的焦点，这一关系到“有车一族”及其家庭健康的核心指标至今仍缺乏一个明确的国家规范，也尚无一套科学、切实可行的检测体系来保障。车内污染主要有以下几种：

1. 挥发性的有机溶剂

据美国生态研究中心的报告显示，研究人员测试了2006年到2007年之间生产的200多款车型的非废气有毒程度，测试部位包括每一款车内消费者最容易直接接触的15个组件，如方向盘、换挡把手、座椅扶手、中央控制台、仪表盘、地毯、座椅、硬质及软质门饰、配线、车窗密封件等。研究人员发现，有时候在车上闻到的一些“新车气息”很多就是从这些部位散发出来的，这些气味会引发一些急性或慢性的病症。

2. 可吸入颗粒物

针对车内环境污染，上海市室内环境净化协会也公布了一份研究结果：八成以上抽检轿车车内可吸入颗粒物超标。这项研究活动历时2个月，共检测了100辆轿车，结果仅有17辆车达到国家标准。其中，污染最严重的车辆，其车内可吸入颗粒物竟超过国家标准7倍。

可吸入颗粒物大多来自车外污染源，如烟囱、车辆尾气等，少数来自地毯、长绒毛饰品等。可吸入颗粒物的直径小于10 μm，这些颗粒物会侵害人体的呼吸系统，从而诱发哮喘病、肺病等。

3. 噪声污染

车厢内噪声污染不是特别普遍，甚至很多人都没有注意到。实际上噪声污染时有发生，有可能一个小零件的松动，或者是角落里的一个小物品，又或者是零部件间的共振现象，在车子运动过程当中都能产生噪声。如果汽车隔音做得不好，在车速达到或超过某一时速的时候就会产生噪声。所以汽车噪声污染绝对算得上是个顽疾，只有正确的使用和保养车辆才能尽可能避免汽车噪声的产生。

二、汽车室内杀菌消毒方法

目前市面上常见的汽车室内杀毒方法较多，但原理大多是一样的，即物理杀毒、化学杀毒、离子杀毒、臭氧杀毒等。从发展趋势看，由于对环保的越发重视，汽车室内杀毒方法将更多注重采用物理和离子杀毒的原理，化学杀毒方式则由于对汽车部件的损害和容易产生新的有害气体而应用渐少。

1. 化学试剂法

化学试剂法消毒主要是用一些消毒剂对汽车进行喷洒和擦拭，通过化学反应的方式达到除去病菌的目的。这种杀毒方法的优点就是杀毒彻底迅速，施工简单易行；缺点也相当明显，后遗症较多，同时对汽车内饰件也有一定程度的损害。目前市场上常用的消毒液及使用方法如下：

1）过氧乙酸。用0.5%的过氧乙酸溶液喷洒汽车外表面和内部空间进行消毒，但消毒后要通风半小时以上。由于过氧乙酸具有腐蚀性和漂白性，所以车内的一些物品衣物最好先取出，消毒后对汽车的金属部件要进行擦拭。

2）84消毒液。通常这种消毒剂含氯量为5%，使用时必须加200倍的水进行稀释，如果不按比例稀释会有一定腐蚀性。84消毒液不具挥发性，对肝炎等病毒可通过浸泡起效，但对空中飘浮的飞沫没有什么作用。

3）来苏水。溶于水可杀灭细菌繁殖体和某些亲脂病毒，用1%至3%的溶液对车内进行擦拭或喷洒，但和肥皂和洗衣粉一起使用，将减少杀菌力。

4）甲醛消除灵。这是一种很新的车内杀毒产品和方法，主要是通过经过特殊处理的红色颗粒来吸附和消除车内的甲醛等有害气体，使用简单，但缺点是在化学消毒后可能会产生遗留症。

2. 高温蒸汽杀毒

用高温蒸汽给汽车消毒，相当于给汽车做“桑拿”，利用蒸汽的高温对车内部进行消毒杀菌，这种方法无毒无害，可实行条件较高。蒸汽消毒的一般过程是：在专业的汽车蒸汽消毒机内加入水、清洁剂、芳香剂后，接通电源加热至130 ℃，用喷出的高温蒸汽对汽车内饰进行消毒。

蒸汽机的品质和操作水平都十分重要，所以要尽量选择规模大、有口碑的汽车专业保养店。有的店家在蒸汽消毒的同时还附带红外线、负离子的消毒，这不仅能有效地清除车内的烟味、油味、霉味等各种异味，还杜绝了细菌、螨虫的滋长和某些皮革因表面的保护层遭受酸性物质的破坏而出现的褪色、发黄等现象。

但是高温和湿气容易引起电器、仪表及塑料件老化，因此，不建议经常使用。

3. 臭氧消毒

这种杀毒方式主要是采用一个能迅速产生大量臭氧的汽车专用消毒机进行消毒。臭氧是一种具有广泛性的、高效的快速杀菌剂，它可以杀灭多种病菌、病毒及微生物，氧化反应除去车内的有毒气体。臭氧机制造出来的大量臭氧可以在较短的时间内破坏细菌、病毒和其他微生物的结构，使之失去生存能力。臭氧的杀菌作用是急速的，当其浓度超过一定数值后，消毒杀菌甚至可以瞬间完成。与化学消毒不同，由于利用臭氧消毒杀菌一般不残存有害物质，不会对汽车造成第二次污染。因为臭氧杀菌消毒后很快就分解成氧气，对人体有益无害，缺点是杀毒价格过高。

4. 离子杀毒

这也是比较常见的一种车内空气清新方法，主要是通过购买车载氧吧释放离子达到车内空气清新的目的，事实上它不能算严格意义上的空气杀毒方法，而只能是一种空气清新和净化方式。优点是使用简单，基本不用车主动手；缺点也比较明显，空气净化过程缓慢，杀毒不彻底。

5. 光触媒

光触媒的工作原理是利用二氧化钛这种光的催化剂，见光产生正、负电子，其中正电子与空气中的水分子结合产生具有氧化分解能力的氢氧自由基，而负电子则与空气中的氧结合成活性氧，二者均具有强大的杀毒杀菌能力，对于汽车车厢内常见的甲醛、氨、苯等有机化合物具有分解作用，同时还可以清除车厢内的浮游细菌。

6. 竹炭杀毒

竹炭同活性炭一样具有发达的空隙结构，具有很大的比表面积和超强的吸附能力。竹炭是以高山老竹为原料，采用高温热解技术，历经长时间精心烧制而成。竹炭每克比表面积高达500～700 m^2，具有极强的吸附能力，对苯、甲醛、丙酮、氨、一氧化碳、二氧化碳具有吸附分解作用，属纯天然绿色环保产品，专用除臭、杀菌、防霉、吸潮、防虫、防蛀、净化空气。竹炭是纯天然吸味除臭调湿剂。

三、汽车室内清洁保养所使用的工具、设备和用品

1. 清洗护理用品

由于内饰材料种类不同，使用的清洁保养用品也不同，选择和使用时一定要根据使用说明辨别清楚。现在很多专业的汽车清洗剂生产厂家，都会根据车上零件材质的不同而开发出专门的清洗产品。

（1）化纤织物内饰清洁剂

它是去除汽车地毯和内饰品上各种污垢的干洗剂，主要用于汽车丝绒和地毯的干洗，也适用于汽车塑料顶棚、仪表盘、塑料门内饰，以及座椅、行李箱的清洁除污。合格的内饰品清洗剂应该具有以下品质：

1）有效去除各种轻度污垢和油脂。

2）具有污染物屏蔽功效，有效防止被清洗纤维短期内再度遭受污染。

3）呈中性，不含强酸碱类物质，不会伤及各种材质，对人体健康和环境无害。

4）使用较为简单，直接喷洒在被清洁的材质上，稍等片刻，用干净软布擦干净即可，无须用水冲洗。对于顽固性的污垢，可以借助刷子洗刷。

5）防止和消除静电的产生。

（2）皮革清洁剂

专门用来清除皮革饰件上的污染物，同时对皮革本身没有损坏。

（3）真皮护理剂

真皮护理剂应该根据真皮毛孔的特性，通过特有的渗透功能，用天然的营养精华对真皮进行清洁、滋润，使之更加柔和、更富弹性，延长使用寿命。优良的真皮护理剂应具有如下品质：

1）富含名贵天然动植物滋补营养成分，具有卓越的渗透和滋润作用，使皮具保持柔软的质感和自然的皮质色泽，对真皮有着深层、持久的保护作用。

2）其内有效成分可阻挡紫外线辐射，抗静电、防水，且能有效防止皮革老化、龟裂和失色。

3）内含杀菌防霉活性成分、疏水剂，可以阻止真皮受潮、霉变。

但是市场上大多是普通树脂类光亮剂，仅仅在表层结有一层光亮膜，这种做法仅仅能够使真皮表面形成一层短暂的光亮膜，并不能达到对真皮的深层护理作用。很多皮革护理剂还含有有机溶剂，会引起皮革加速失色、老化，所以选用的时候要仔细分辨产品的优劣。

(4) 仪表板护理剂

仪表板护理剂在我国俗称为仪表板上光蜡，主要是对仪表板进行有效的清洁、美容，阻止紫外线的侵蚀，抗静电，防止板材失色、龟裂和老化。可以用于工程塑料件、木制件、橡胶密封条和皮革制品。优良的护理剂应具有如下品质：

1) 良好的清洁、美容、抵御紫外线侵蚀、抗静电等功能。

2) 不含有机溶剂而损伤所修饰的材质，应采用纯天然制剂而不会对人体健康带来威胁，也不会污染车内环境。

劣质或不合格的仪表盘护理剂含大量的有机溶剂，异味浓重，令人窒息，且久不干燥，容易吸附尘土，对车内环境造成严重的污染，对人体健康存在潜在的威胁。

3) 仪表板护理剂有气雾罐包装形式和塑料罐包装形式，气雾罐包袋形式只要均匀摇晃，直立喷射到被清洗的表面，稍等片刻，用干净的软布轻轻抛光即可使仪表盘洁净和光亮。塑料罐装包袋形式要用干净的软布蘸着护理剂轻轻涂饰，稍等片刻被涂饰的表面就会光洁如新。

(5) 除臭消毒剂

它可清除汽车室内的异味，杀灭有害细菌。可以单独喷洒，也可以加到蒸汽机中使用。

(6) 皮革修复剂

它是一种独特的白色膏状混合物，通过用 300 ℃左右的热风加热快速固化。固化物透明，韧性好，强度高。对真皮、人造革、乙烯材料的黏附性好。

(7) 内饰上色涂料

喷涂内饰表面，还原到皮革的最新状态。内饰上色涂料是一类超级柔性的水基涂料，安全环保。可用于真皮、人造革、塑料、乙烯材料以及绒布、地毯等材料上。有很好的黏附力，持久耐用。并且颜色大多与汽车原厂内饰配套，也可以根据配方调配出自己选择的任意颜色。

2. 工具和设备

(1) 汽车内饰清洁专用吸尘器

内饰清洁吸尘器是必不可少的设备，它可以通过更换不同的吸尘端头将犄角旮旯里的杂物、灰尘清除干净，同时它还自带加湿功能。

(2) 高温蒸汽清洗机

高温蒸汽清洗机通过将机器里的水加热，产生高温蒸汽，将顽固污渍溶解清除，起到杀菌消毒的效果，如图 11－2 所示。

(3) 蒸汽熨斗

蒸汽机附件，可以用来熨平内饰部件，对应不同的内饰材质有不同的调节挡位，使用时要注意加热的温度，不要将内饰件损坏，如图 11－3 所示。

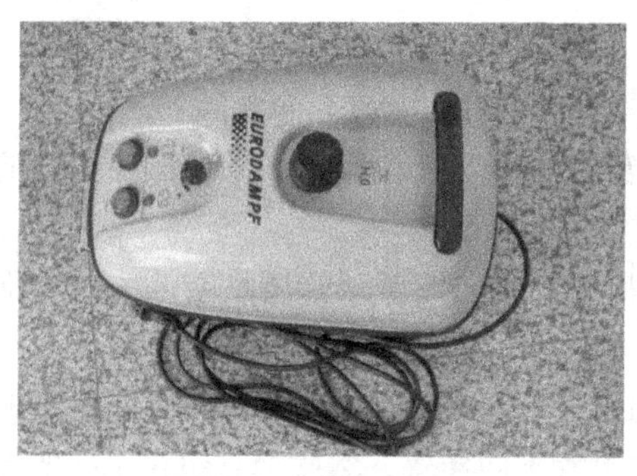

图 11－2　蒸汽清洗机

图 11－3　蒸汽熨斗

（4）纹理压片

可将皮革表面压出与其他部位相似的纹理。

3. 蒸汽清洗机的使用

1）将除臭剂与水按比例混合后加入蒸汽清洗机中。加完水后一定要将加水口盖拧紧，防止压力升高后蒸汽喷出伤人。

2）调整温度和喷雾压力，打开加热开关加热，设定好喷雾压力，如图 11－4 所示。大约加热 15 min 左右，就可以使用了。

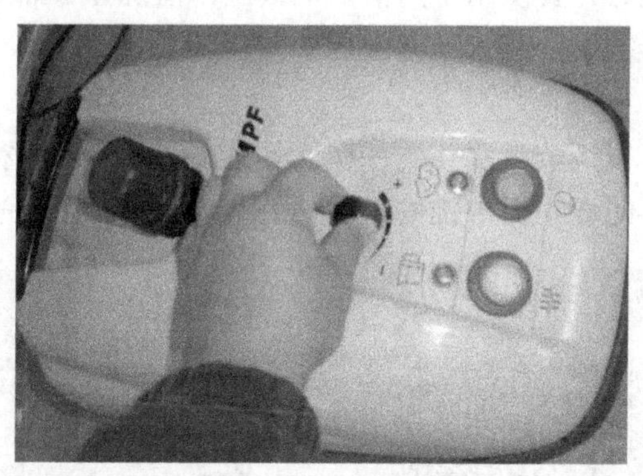

图 11－4　设定压力

3）使用蒸汽清洗机的时候一定要注意以下几点：

① 可以在加水的时候混合一定量的除臭消毒剂。

② 蒸汽不要喷到电子元件上，否则很容易将其损坏，高温蒸汽不得对着他人。

③ 尽量不要用它清洁皮革制品。

④ 使用完以后要将蒸汽机里的残余液体排干净，防止腐蚀。

技能学习与考核

一、技能学习

1. 劳动安全与卫生

1）必须穿戴好工作服。

2）小心不要损坏车内的器件。

3）使用蒸汽清洗机及蒸汽熨斗时，严格按其使用说明书操作。

2. 内饰的清洁护理

（1）清除灰尘和杂物

1）将车内的脚垫等无关的杂物取出，倒掉烟灰缸内的烟灰和烟蒂。尽量清除车内的垃圾。车门保持开启状态。

2）打开空调吹风机到最大挡，并调节好空调出风口风向调节钮。清除空调系统内部的灰尘，同时借助空调吹风机清除车厢内的灰尘。

3）对于仪表板上那些沟沟坎坎的地方需用自己设计的专用工具，用各种不同厚度的木片或尺子片，把它的头部修理成斜三角、矩形或尖形等不同样式，然后把它包在干净的抹布里面清扫。

4）用吸尘器清除座椅下部等边角处的灰尘和杂物，座椅要配合着前后调节，靠背放平，尽量将夹缝清洁干净。

（2）清除顽固污渍

车门上方的顶棚处和手扶部位，由于人员上下车的剐蹭，污渍最多，最难清洗。

1）用蒸汽清洗机辅助清洗一下，还能将顶棚内的有害细菌消灭。

2）边清洗边擦拭，逐步将污渍清除，如图 11－5 所示。

注意：安全带在清洗时，要使用车内清洁剂或温水清洗和自然干燥，不能使用人工加热如烘烤等方式，这样会影响安全带的安全性能和使用寿命。

（3）整理定型

对于不平整的部位可以用蒸汽熨斗熨一熨，如图 11－6 所示，很快会平整如新。

注意：使用蒸汽熨斗时要根据内饰的材料选好相应挡位，以免造成不必要的损坏。

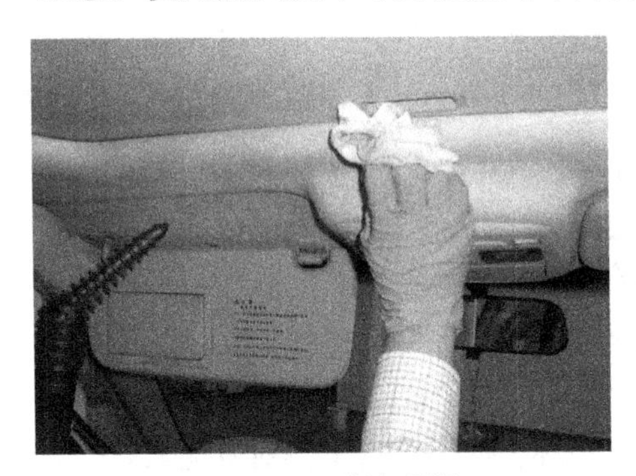

图 11－5　清洗顶棚

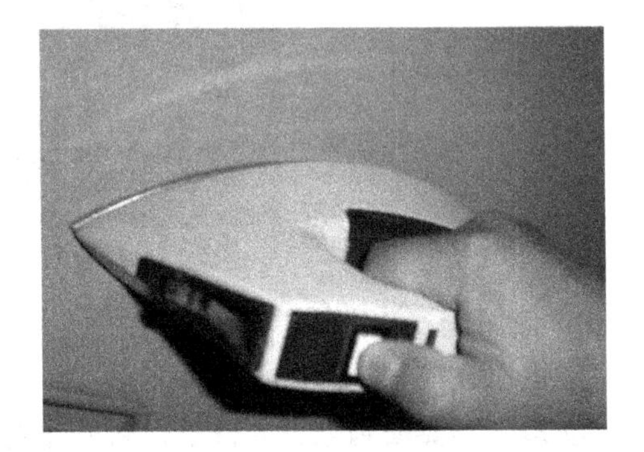

图 11－6　整理定型

（4）车厢消毒

对座椅底部、顶棚等部位喷高温蒸汽杀菌消毒时，最好不要关闭车门，喷蒸汽量也要把握好，达到目的即可。

对于真皮座椅等贵重材料部位，清洗时要加倍小心，不要让水在这些表面停留时间过长而渗入内部，影响使用性能和质量。

（5）保养护理

1）取保养剂涂于柔软毛巾或无纺布上。

2）将保养剂均匀涂于需要保养的内饰件表面，并立即用另一条柔软毛巾（或无纺布）擦干；或者直接将保养剂均匀地喷涂于内饰件表面，再用柔软的毛巾擦匀、擦干。

注意：需要保养的部位都要擦拭到。

3. 真皮内饰损伤的修复

1）将破损部位的毛边修剪整齐，做出斜坡状的茬口。

2）使用专用的清洁剂彻底清洗表面，并晾干。

3）用塑料、皮革处理剂清洗化学污物。

4）用 P400～P600 水磨砂纸打磨破损处的边缘，再次用皮革处理剂清洗，晾干。

5）填充一薄层皮革修复剂，用热风枪加热到 300 ℃左右，至修复剂由白色变为透明为止。逐层填补，直到将破损部位填平为止。

6）用内纹理片压制出与皮革相似的纹理。

7）用上色涂料上色即可。

二、技能考核

学生每 2 名为一小组，针对提供的车辆，各小组独立完成本任务规定的实操内容并同时完成实训工单。

指导教师全过程观察并随时填写《实操考核记录单》。对学生操作过程中易引起事故的行为，指导教师应及时纠正。

思考与练习

1. 高温蒸汽对汽车内饰消毒有何优缺点？
2. 说明汽车室内杀菌消毒的常用方法。
3. 说明什么是竹炭杀毒。
4. 为什么要进行车内护理？

12 项目十二

车身外表美容

汽车车身工作环境复杂，不但要经受日晒雨淋、石击、冰雪、严寒、炎暑这样多变环境条件的影响，同时行驶中经常接触化学药品、酸、碱、盐等腐蚀性的物质，更容易使车身表面被碰撞损伤，材料老化，甚至被腐蚀。再加上不正确的保养护理，更降低了汽车车身的使用寿命。一辆外表肮脏的汽车，不仅破坏汽车的美感，影响观者的心情，而且也直接影响着乘客的乘坐舒适性和健康。当尘土和泥水黏附在汽车的大灯、后视镜或风窗玻璃时，还会影响行驶安全性。

同时，汽车车容装饰美观是汽车产品的一项技术指标，也被当作车辆年检中技术要求项目之一。

所以汽车车身要定期地进行专业的清洗和保养，以保持车辆外貌的美观，延长车辆的使用寿命，提高驾驶安全性。

汽车车身外表美容项目较多，包括清洗保养、漆膜轻度损伤修复、漆膜抛光、漆膜打蜡、漆膜封釉、车身外表贴饰等。

任务 1 漆膜封釉与车身贴饰

学习目标

1. 能够正确描述汽车封釉的功能。
2. 能够正确描述汽车贴饰的概念。
3. 能够规范进行汽车封釉护理。
4. 能够规范进行汽车贴饰的粘贴。
5. 能够注意培养良好的安全、 卫生习惯及团队协作的职业精神。

案例分析

图 12－1 所示为新车的漆膜，看起来光亮照人，但使用一段时间后，经历风吹、日晒、雨淋等，其光泽必然会变得暗淡，甚至出现粉化现象。为了弥补漆膜耐候性差的缺点，人们发明了漆膜封釉技术。

图 12－1 新的漆膜

封釉是通过封釉机的高速震动和摩擦，利用车釉特有的渗透性和黏附性把釉分子强力渗透到汽车表面涂膜的缝隙中，使涂膜也具备釉的防酸雨、抗腐蚀、耐高温、耐磨、高光泽度等特点，从而起到美观和对车漆保护的目的。经过封釉的汽车涂膜光滑，手感柔顺，亮丽照人。涂膜能够达到甚至超过原车效果。使旧车更新，新车更亮，还为以后的汽车美容、烤漆、翻新奠定了基础。

爱车族通常喜欢将车身外表打扮的更加漂亮，汽车贴饰就是利用贴饰材料粘贴与车身外表，达到美观及保护作用。

相关知识

一、漆膜封釉的设备与材料

1. 封釉机

封釉机实际上是一种立式抛光机，但是它的运动轨迹与抛光机不同。也是采用粘扣式的设计，与它配合的抛光盘是磨削能力不强的细海绵或波浪海绵，如图 12－2 所示。

图 12－2 封釉机

封釉机的运行轨迹，如图 12－3 所示。抛光头与轴心不是重合的，有一段偏心距，所以运行的时候不是绕着圆心旋转，而是在旋转的同时有偏心的震动。

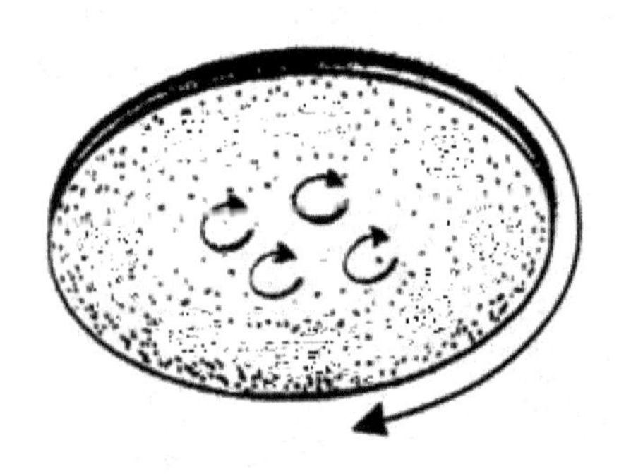

图 12－3　偏心复合运动

2. 亮光釉

釉是一种从石油副产品中提炼出来的抗氧化剂，特点是防酸，抗腐，耐高温、耐磨、耐水洗，渗透力强，附着力强，光泽度高等。

二、车身贴饰的种类

车身贴饰的种类繁多，分布在车身的每个角落。大体可分为车身美观贴饰和车身保护贴饰两大类。

此外，按照粘贴的位置不同，贴饰可以分为汽车腰线、车窗贴饰、发动机罩贴饰、车尾贴饰等；按照内容不同，贴饰可以分为警示文字、卡通人物、汽车厂牌、几何图形等。

1. 车身美观贴饰

车身美观贴饰是在车身外表贴上各种图案的装饰。这种装饰不仅能突出车身轮廓线，还能协调车身色彩，给人以丰富的联想和舒适的心理感受，使车身更加多彩艳丽。

国外的车身贴饰最早是出现在赛车上，因为赛车运动需要赞助商的支持，所以，车身上五颜六色的赞助商标识就成为一种“极速广告”。其内容无外乎改装厂牌、配件商标、机油广告等。只要赛场上有的，车迷就会喜欢，所以，车身贴饰很快就出现在其他车上，且由单纯的商标发展到贴花、彩条等多种图案，如图 12－4 所示。质量好的贴饰使用期限几乎可以达到与车身面漆同等寿命，一些国际贴饰品牌的质量担保可以达到 8～10 年。

图 12－4　车身贴饰

2. 车身保护贴饰

（1）车身局部保护贴饰

车身保护贴饰分布在车身容易受到磨损的部位，粘贴透明的保护膜。比如门把手对应的圆弧里，开关车门时最容易受到手指的划伤。车后门口的下部，乘员上下车时总是容易划伤该部位的车身涂层。

（2）车身保护膜

汽车车身保护贴饰使用的保护膜，具有充分贴合车身漆面及内饰各种基材表面的属性，柔韧性、耐久性、抗化学腐蚀性等诸多优点；便于施工，可有效保证施工过程中面对曲折车身表面时进行准确、无缝隙、无气泡贴覆，充分保护车辆的原漆。

车身保护膜类型多种多样：有表面光亮的，也有表面带纹理的；有无色透明的，市场上比较流行，被形象地比喻为“隐形车衣”；有带颜色但是无光泽的，粘贴后有亚光效果；有带颜色还有光泽的，达到原车新涂膜的效果；有炫彩效果的，粘贴到车轮轮圈或者仪表板等内饰件表面，彰显车辆的品位与个性，如彩图 12－5 所示。

一般的原厂车漆颜色单调，可选颜色较少。而车身贴膜可以更换自己喜爱的颜色，创造个性化汽车。另外颜色可以任意搭配组合，甚至可以通过打印写真个性化图案，车身贴膜达到了随心所欲的程度。

（3）车身改色贴膜法规约束

车身改色贴膜后，需要到车管所进行变更行驶证、登记证方可进行年检。有些地区在《机动车登记规定》中已明确规定：“办理变更车身颜色、更换车身或车架的，车主不用事先向车辆管理所申请，可以在变更后直接办理登记。”不论是车身贴膜改色还是传统喷漆改色，都可以先变更颜色，后到车管所拍照变更行驶证，即可通过年检。另规定更改内容超过 30% 的需到车管所备案，更改内容在 30% 以下无须备案。

技能学习与考核

一、技能学习

1. 劳动安全与卫生

1）必须穿戴好工作服。

2）注意不同类型车身釉的特殊要求。

3）注意封釉机的使用安全。

4）进行车身贴饰时，一定小心不要损伤漆面。

5）车身贴饰不能影响行车安全。

2. 漆膜封釉

1）先用干净软布将抛光残留物清除干净。

2）摇匀镜面釉，用软布或海绵将其涂在漆面上，停留 60 s 后用手工或机器抛光，抛光时机器转速保持 1 000 r/min 以下。

3）最后用干净软布擦去残留物。

3. 车身贴饰的粘贴

（1）粘贴条件

1）温度要求。粘贴彩条或贴膜最好在 10 ℃ ~30 ℃的温度之间进行。温度过高会导致贴膜抗拉伸性能降低，施工时容易变大；温度过低会影响贴膜的柔性，从而影响其附着效果。

2）车身清洁。使用水和中性清洗剂将车身表面彻底清洗干净。为了使贴饰能牢固附着在车身上，车身表面必须没有灰尘、蜡质、油类和其他脏物。必要时，还应事先对粘贴部位进行抛光处理。

3）拆卸影响粘贴的车身附件。车门把手、边灯、牌照等车身附件会影响粘贴，应该在贴饰粘贴前将其取下，一定要保存好。

（2）车身保护膜的粘贴

1）将中性清洗剂与清水按 1:40 体积比混合，该溶液使得贴膜更容易控制使其在永久黏附之前可以正确定位。将溶液倒入塑料桶或喷雾罐中。

2）按板件大小裁剪车身保护膜，测量时应适当加长一些（一般大 5 cm 左右即可），以防出错。

3）将背纸慢慢地撕去，小心不要弄脏带安装胶的附着表面。

4）用清洗剂溶液将贴膜的附着表面彻底弄湿，这将使它暂时失去附着力。并在车身粘贴位置上也喷涂一些清洗剂溶液。

5）将贴饰定位在车身上。定位好之后，将其与车身结合处的清洗剂溶液挤出来，使其牢牢地贴在车身表面上。

注意：为避免贴膜起皱，挤压时不要太快，不要过于用力，所用的压力只要能将水和空气挤出去即可。

6）对于产生褶皱的部位，可以用热风枪加热定型，与车身完美贴合。

7）用橡皮滚子或柔软的棉布压擦贴膜，使其粘贴更牢固。

8）如图 12－6 所示，在膜末端使用小刀切割，注意操作时动作要轻，切勿划破车身表面涂层和车身其他表面。

图 12－6　按车身形状裁切

9）保护膜的边缘部位要长于车身板件边缘 2 ~ 3 mm，并向内粘贴牢固。

10）粘贴时按车身板件分块操作，最后将整车有涂膜的表面全部粘贴上保护膜，如图 12 - 7 所示。

图 12 - 7　按车身板件分块操作

二、技能考核

学生每 2 名为一小组，针对提供的车辆，各小组独立完成本任务规定的实操内容并同时完成实训工单。

指导教师全过程观察并随时填写《实操考核记录单》。对学生操作过程中易引起事故的行为，指导教师应及时纠正。

任务 2　汽车玻璃美容与护理

学习目标

1. 能够正确描述汽车玻璃损伤的类型。
3. 能够正确描述汽车玻璃损伤的修复方法。
4. 熟悉汽车玻璃的清洁装置有哪些。
5. 熟悉汽车玻璃的损伤类型和形成原因有哪些。
6. 掌握汽车玻璃保养方法。
7. 掌握汽车玻璃清洁装置的维护方法
8. 掌握汽车玻璃裂纹损伤的修复技术。
9. 能够注意培养良好的安全、 卫生习惯及团队协作的职业精神。

案例分析

汽车玻璃是关系行车安全的重要因素，是驾驶员最容易感受得到的。明亮、坚固的车窗能够给车主带来安全的行车保障、一个清晰的视野、一个舒畅的驾车心情。冬天汽车风挡玻璃上很容易结冰霜，夏天汽车风挡玻璃上经常会有很多虫胶，春夏秋冬无数的灰尘有时对驾驶员造成很多的麻烦。因此汽车玻璃的正确和及时保养就是必不可少的了。

汽车玻璃洁净明亮，透光性好，能保证驾驶员有良好的视野，保证行车安全。但是太阳光中的有害射线也会照射进来，红外线热能高，能提高驾驶室的温度，增加了空调的使用频率。紫外线具有破坏性，皮肤长期受紫外线侵害，会加速老化，严重的可引发皮肤癌和眼部疾病。同时紫外线还会损伤汽车内饰，使一些皮件老化。而汽车玻璃贴膜则能够在保证车内人员有良好的视野的同时，又能使车外人看不清楚车内的情况，达到一定的隐私保护，同时能够最大限度地防止有害光线进入车内而产生对乘员及内饰的伤害。

相关知识

一、汽车玻璃损伤与修复

在高速行车时，很多人都有过挡风玻璃被石子或其他硬物弹裂的经历。遇到这种情况时，如果为了一个小裂痕就换掉整块玻璃，既浪费又增加经济负担。如果置之不理，风压又会让裂缝越扩越大，不仅影响美观，而且会对安全造成威胁。这时，做汽车玻璃修补是较理想的解决办法，它能针对玻璃裂缝或小伤口进行处理，操作时间短，而且不会影响日常用车。

1. 汽车玻璃损伤的种类

玻璃的特性是硬度高、透明度高，但是玻璃材质也非常脆，当受到外力撞击时容易受损伤，受损后维修难度大。玻璃损伤的类型有划痕损伤和裂纹损伤两大类。

(1) 划痕损伤

汽车玻璃的划痕损伤是由于受到硬物摩擦，在表面产生很浅的印痕。多见于前挡风玻璃上，大多是由于刮水器的刮片运动造成的划伤，特别是在未喷玻璃清洗液的情况下刮水器刮脏污的风挡玻璃，很容易产生划痕。玻璃划痕不但影响美观，更主要的是影响驾驶员视线，给行车安全带来隐患。

(2) 裂纹损伤

汽车玻璃的裂纹损伤是由于玻璃受到外力作用，从外表到内部产生分裂，严重的从外表面到内表面完全裂开。并且，裂纹会随着继续受力而逐渐扩大增长，甚至造成整块玻璃完全断开。玻璃裂纹损伤也会严重影响美观，给行车安全带来更多的隐患。

一般汽车玻璃的裂缝会出现三种形状，分别是线形裂纹、圆形裂纹和星形裂纹。更多的时候是多种损伤同时出现的复合形式，维修难度加大。

1) 线形裂纹损伤（图 12－8）多见于粘接安装的汽车前挡风玻璃。在使用中玻璃受到剧烈震动后局部受力不均，玻璃表面温度变化过大，重新安装的玻璃位置不佳等，这些原因都会产生线形裂纹。线形裂纹出现后，若不及时处理会不断变大，最后造成整块玻璃报废。

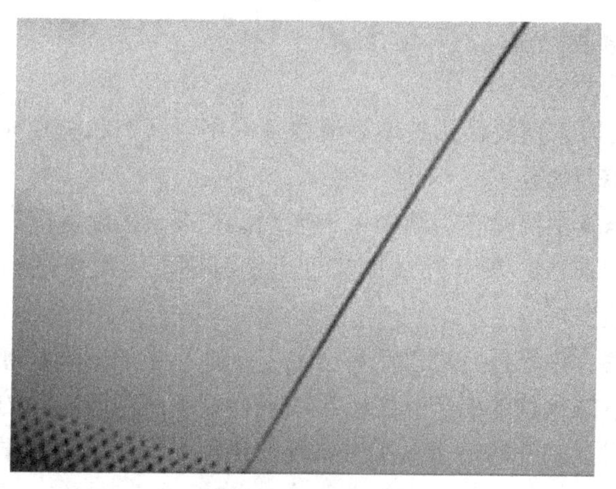

图 12－8　线形裂纹

2）圆形裂纹损伤（图 12－9）是由于玻璃表面受到外物撞击，造成表面缺损，形成边缘比较规则的圆形凹陷。

图 12－9　圆形裂纹

3）星形裂纹损伤（图 12－10）是玻璃受到外物撞击后，形成以撞击点为中心向四周发散的裂纹。

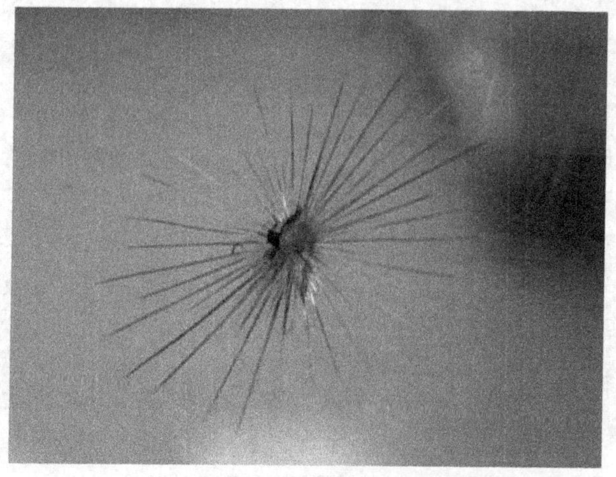

图 12－10　星形裂纹

2. 汽车玻璃损伤修复方法

(1) 划痕损伤的修复方法

玻璃划痕损伤修复时，需要使用玻璃划痕修复专用研磨剂和抛光剂进行抛光修复。

(2) 裂纹损伤的修复方法

玻璃裂纹损伤的修复主要是在裂缝中填补玻璃修补剂，消除缝隙。填补缝隙所用的材料是一种透明度很高的液态胶，靠紫外线加热可迅速凝固，强度可达到原玻璃的 90% 以上，并且保证玻璃的透光性良好。

通常一个圆形裂纹，在修补完成以后只会剩下一个小小的圆形痕迹，如图 12－11 所示；星形裂纹修补完会留下蛛丝状的痕迹；线形裂纹只会留下一条隐隐约约的线，而且只有在某个反光的角度，才看得到修补的痕迹，平时看到的仍然是一块完整无损的好玻璃。

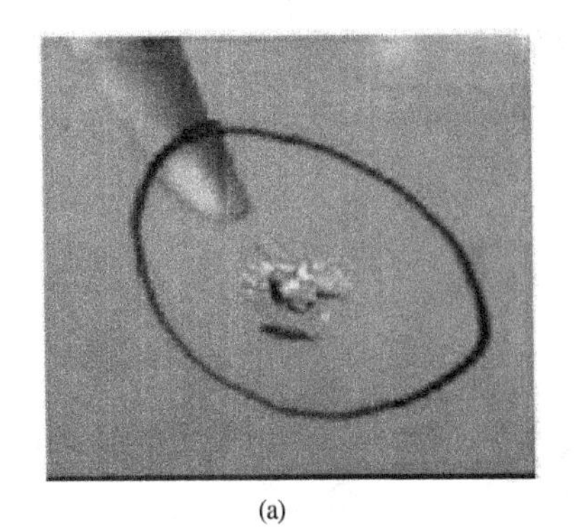

(a)

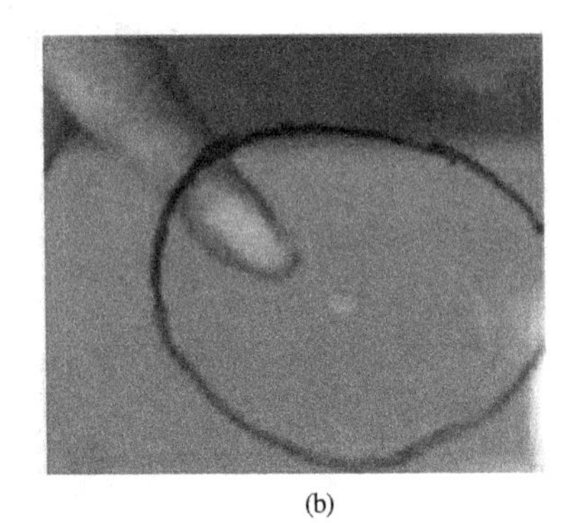

(b)

图 12－11　玻璃圆形裂纹修补后

(a) 修补前；(b) 修补后

玻璃修补不是任何破损都可以做的，一旦玻璃已经断裂分离，或是破成碎片，都是不可修复的。图 12－12 所示的损伤，已经伤及整个玻璃，这类损伤已无法修复，只能更换。另外如果裂痕太大，修补费用也许会与换块新玻璃成本相差不多，也建议更换。因此，汽车玻璃的修补，只有在破损不大的情况下采用。

图 12－12　破损严重的汽车玻璃

二、汽车玻璃贴膜

1. 汽车玻璃透光性能

1）可见光透过率，英文简写为“VLT”，表示透过玻璃的可见光通量与太阳光的入射可见光通量之比。

这项性能指标对汽车前风窗玻璃膜至关重要，因为它直接影响驾驶员的视野清晰度。国家公安部已明确规定前风窗玻璃透光率不得低于70%。

2）可见光反射率，英文简写为“VLR”，表示玻璃反射的可见光通量与太阳光的入射可见光通量之比。

3）紫外线阻隔率，英文简写为“UVR”，表示玻璃阻隔的紫外线通量与太阳光的入射紫外线通量之比。

4）红外线阻隔率，英文简写为“IRR”，表示玻璃阻隔的红外线通量与太阳光的入射红外线通量之比，波长范围为750～2 500 μm。

5）太阳能阻隔率，英文简写为“TSER”，表示玻璃阻隔的太阳能通量与入射的太阳能通量之比，波长范围为300～2 500 μm。

对于玻璃膜来说，太阳能阻隔率是衡量膜隔热性能的一个重要参数，要注意它和红外线阻隔率的区别。在整个太阳光谱中，红外线的能量只占53%。由于入射的红外线通量小于入射的太阳能通量，所以对于同一种产品，红外线阻隔率要高于太阳能阻隔率，但是高的红外线阻隔率并不一定意味着高的隔热性。

2. 汽车玻璃膜的种类

（1）控光膜

在汽车装饰美容中心经常能看到太阳膜、防光膜、隔热膜等等，其实这些都是控光膜的不同的诠释。控光膜有如下特性：

1）厚度一般都是20～50 μm之间，能起到控制光线通过玻璃的作用。

2）合格的控光膜可以挡住90%以上的紫外线和红外线。

3）具有单向透视功能，还能控制扰人的强光，减少眩光，使人的眼睛更舒适。

（2）安全膜

20世纪90年代中期出现了把控光膜和一层抗冲击的薄膜结合到一起的新产品，这种膜既有控光膜的隔热、防紫外线的作用，同时又把玻璃抗破碎的能力提高了，这就是安全膜。安全膜的厚度要在150 μm以上，能把玻璃抗冲击能力成百倍提高。我们经常听到的防爆膜实际上说的是安全膜里最高端的产品。

2007年末中国标准化协会在《中国标准化》杂志上，正式公布了CAS140－2007《玻璃安全膜标准》。《玻璃安全膜标准》建立了“玻璃安全防护”的基本概念，针对实际生活中玻璃最常发生危害的三种情形，将玻璃安全防护分为三个等级，不同等级的安全膜分别对应一种危害情形。

1）A级安全膜。防意外事故级。抗冲击指标50 J。检测指标为1 kg实心钢球，5 m自由落体，不得贯穿3 mm钢化玻璃。或者260 g实心钢球，5 m自由落体，80%的概率下不得砸裂3～4 mm钢化玻璃。

车辆在碰撞、刮擦甚至倾覆时，玻璃安全膜强力支撑车窗玻璃，保持车窗刚度，减缓因车窗变形挤伤乘员的概率。该级别的安全膜能使 3 mm 厚度普通玻璃达到和超过 12 mm 夹层玻璃的安全指标。

2）B 级安全膜。防盗级。抗冲击指标 200～300 J。检测指标为 2.3 kg 实心钢球，12 m 自由落体，不得贯穿 5 mm 普通玻璃。或者 260 g 实心钢球，12 m 自由落体，60% 几率下不得砸裂玻璃。

这个标准是参照国际上的防盗标准，它的依据是一个健壮的人双手拿着一个重器反复砸玻璃 5 次，看玻璃能否被砸坏。玻璃贴膜后要求砖石、金属器械抛掷物不能贯穿玻璃，保证室内人员在非法骚扰和攻击时安然无恙。该级别的安全膜能使 5 mm 厚度普通玻璃达到和超过 18 mm 夹层玻璃的安全指标。

3）C 级安全膜。防弹级。抗冲击指标 500 J。能有效抵御 64 手枪，3 m 距离对 6 mm 厚度普通玻璃的射击。

在越野车和特殊建筑物较常见的 6 mm 厚度普通玻璃上安装安全膜后，能够达到防 64 手枪近距离（3～10 m）射击的防护效果。该级别的安全膜能使 6 mm 厚度普通玻璃达到 22 mm 厚度防弹玻璃的安全指标。

3. 汽车玻璃膜的结构

（1）低成本玻璃膜的结构。

对于低成本染色膜和低成本金属膜等质量较低的玻璃膜来说，膜和安装胶里没有紫外线吸收剂等来防护紫外线的技术，并且褪色很快，抗刮伤性能也不好。低成本玻璃膜的结构如图 12－13 所示。

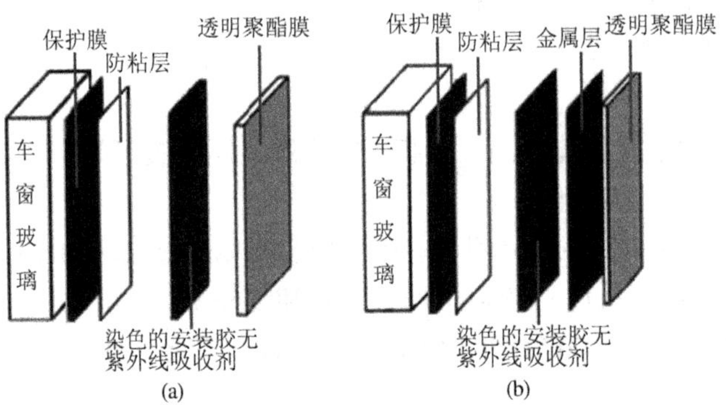

图 12－13　低成本染色膜和低成本金属膜结构

（a）染色膜；（b）金属膜

（2）高质量玻璃膜的结构

对于高质量的玻璃膜来说，在膜和安装胶上都采用紫外线吸收防护技术，严格控制紫外线的通过率，并且防刮伤性能良好，经久耐用，正常使用可以保证 5～8 年不会出现质量问题。高质量玻璃膜的基本结构如图 12－14 所示。

4. 汽车玻璃膜的特性

（1）阻隔特性

热传导有三种形式：辐射、传导、对流。汽车玻璃膜主要是利用辐射和对流的形式来隔热，主要是阻隔太阳的辐射热，还能够阻隔紫外线防止内饰老化损伤。

（2）防眩目

汽车玻璃膜能控制透过光线的强度，防止扰人的强光照射眼睛。尤其是在下午正对太阳

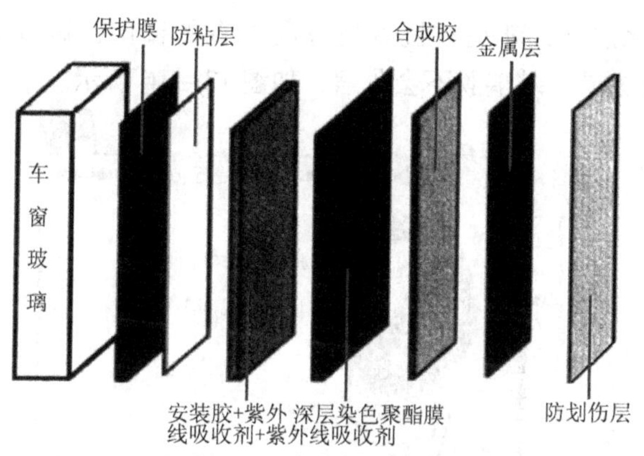

图 12－14　高质量玻璃膜结构

行驶的时候，汽车玻璃膜防眩目的作用就更明显了。

（3）单向透视性

有些汽车玻璃膜在制造的时候采用特殊的工艺，使膜具有了单向透视的功能。这种汽车玻璃膜粘贴到车窗上后，在车外看不到车内的事物，但是在车内能够清楚地看到车外的景物。需要注意的是玻璃膜的单向透视性有随光改向性，就是单向透视总会透向光线强的一面。也就是说只有车内的光线比车外弱的时候，才不能看清车内；相反，如果车内的光线比车外强，则在车内会看不清车外情况。所以在晚间开车的时候一定不要打开车内的灯光，这样会对行车安全造成严重影响。

（4）安全性

汽车玻璃膜的高端产品就是汽车安全膜，有很好的安全防护性能。

（5）收缩特性

汽车玻璃膜的基片是由通过拉伸成形的长链高聚物复合而成，在成形过程中，长链高分子会沿拉伸方向定向排列。一旦再次受热，长链高分子就会收缩回复到未拉伸的状态，这就是汽车玻璃膜加热成形的原理。

1）收缩方向。汽车玻璃膜的纵向也叫机器边方向，即膜的卷起方向，是主要的拉伸方向。一般来说，膜的收缩只能沿着这个方向。任何与机器边方向垂直的皱褶都可以很好地收缩。因此，一定要区分汽车玻璃膜的机器边方向和幅宽方向，正确地铺放和裁切汽车玻璃膜，为进一步的加热成形做好准备。正确的排布方向，才能使玻璃膜热成型，如图 12－15 所示。

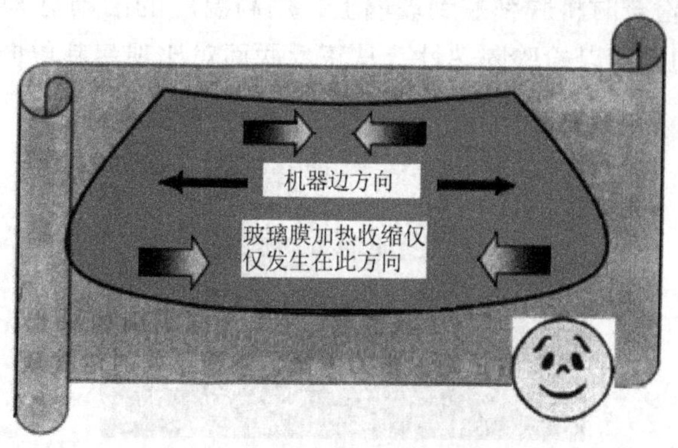

图 12－15　正确排布

2）幅宽方向。顾名思义，就是与机器边方向垂直的横向，该方向玻璃膜基本不能拉伸。错误的玻璃膜排布方向，玻璃膜不会收缩，如图 12－16 所示。

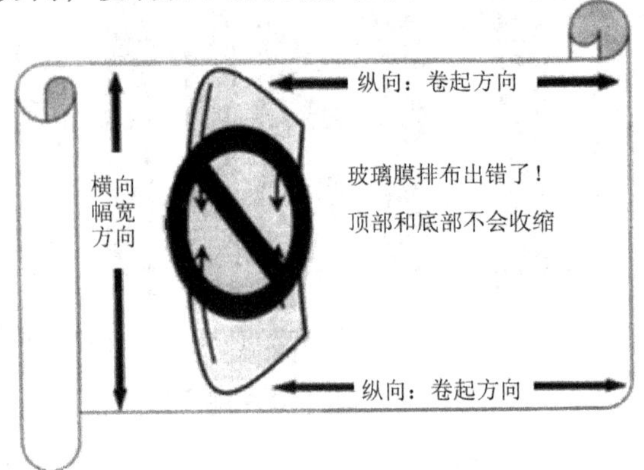

图 12－16　错误排布

5. 汽车玻璃膜质量的鉴别

（1）劣质玻璃膜产品的危害

首先，劣质玻璃膜往往不经过环保检测，缺乏安全性能。在玻璃膜产品的生产过程中，要用到甲醛和苯等基本溶剂。正牌产品，虽然制造过程中使用了这些溶剂，但是收尾的时候，会把它们重新提取出来。但是劣质产品没有这个生产工艺，成品膜上会有大量溶剂残留。将这种玻璃膜贴到汽车玻璃上会直接对人体造成伤害。

其次，阳光中真正有危害性的光线是紫外线，而不是红外线。红外线热能高，但是顶多让车内热一些。紫外线就不同了，它是有害射线。人体被照射的时间长了，被照射的部位会感觉到疼痛，甚至脱皮生斑。劣质玻璃膜产品往往打这个擦边球，它只是把红外线挡住，而不阻隔紫外线。这种玻璃膜贴到玻璃上以后，隔热效果很好，但是时间一长，手上、胳膊、脸上的皮肤仍然会变黑，甚至会感觉到疼痛，以致脱皮。这些都是劣质玻璃膜没有紫外线阻隔功能造成的。

最后，劣质的玻璃膜根本不具备安全性，贴上它以后甚至会增加玻璃破碎时的伤害。

（2）正确鉴别玻璃膜质量优劣的方法

1）观察法。玻璃膜和其他产品一样，正品往往很细腻、光滑，质地均匀，手触摸质感很强。劣质产品则黯淡、粗糙，没有光泽。正品透光率极高，甚至可以达到 95％。

2）灯光检查法。检查时将膜粘贴到玻璃上，用高温度的浴霸灯来照射车膜，从背面观察透光性，感觉背面的温度以检验隔热性，从正反两面对比观察其单向透视性，如图12－17 所示。

图 12－17　灯光检查车膜的性能

3）查证书法。要注意的是，要求经销商提供的是原件而不是复印件。经销商要有经过公证的授权证书和对公证书的法律认证。对于进口安全膜，经销商还要有外交认证、进口报关证和完税证明。正规的产品都有官方检测报告，检测的内容一方面是产品的控光性能，另一方面是产品的抗冲击性能。

4）安装胶层检查法。取一块 5 英寸（1 英寸 =2.54 厘米）相片大小的样品，把衬膜撕开，拿手指粘上去以后甩不下来，说明膜的粘胶性能好。把车膜从手上揭下来的时候，感到很黏并且手上没有异味。而劣质的玻璃膜，撕开保护膜以后会有刺鼻的味道。如果是安全膜，要包含一层玻璃膜和一个基础膜，这两层之间也要有黏合剂，如果没有，就不是安全膜，如果是整体的，那就更不是安全膜了。因为安全膜是靠黏合剂一层一层把薄膜黏到一起，受冲击时靠叠层的滑动，把冲击力一层一层被分解掉。

5）掉色检查法。玻璃膜通常是采用本体渗染和溅射金属着色的方法使车膜有颜色，本体渗染使膜有颜色的称自然色膜，溅射金属使膜具有金属色的称为金属膜。采用这两种方法着色的膜是不易褪色的，尤其是金属膜。但市场上很多低档劣质膜，大多采用粘胶着色的方法来着色，就是在粘胶中加入颜料，然后涂在无色透明膜上使膜有颜色，称染色膜。这种膜靠颜色的深浅来隔热，隔热效果差，不耐晒很易褪色，褪色后便无隔热功能。区分这些不同着色方法的膜，只需在膜的粘贴面上喷些化油器清洗剂，自然色膜和金属膜不会掉色，而染色膜会掉色。现在市场上又出现一种夹层染色膜，用化油器清洗剂喷不能让它马上掉色，但使用一年半载以后就会褪色。这种膜现在市场上很多，很难马上辨认出来。

6）封样鉴定法。从实际安装的玻璃膜上裁一块 6 英寸照片大小的样品，然后贴在和车窗相仿厚度的普通或者钢化玻璃上，镶在镜框中给客户留存。客户可以拿着这块贴膜玻璃去用射灯照射感觉隔热率，也可以根据质保书设计的检测方法，如防爆级产品可以用 1 kg 重的钢球从 5 m 高度自由落体砸击这个悬空放置的镜框，防弹级则可以用 2 kg 钢球、15 m 高度自由落体检测。如果砸穿则说明是假货或者产品不合格。

6. 汽车前风窗玻璃膜的特殊要求

我国 2004 年 10 月 1 日起实行的《机动车运行安全技术条件》规定："汽车前风窗玻璃的可见光透射率不允许小于 70%，所有车窗玻璃不允许张贴镜面反光遮阳膜。"无论是满足隔热防紫外线等控光要求，还是要防范意外事故，抵御非法侵犯，要采取措施就必须保证前风窗玻璃具有足够的透光性。所贴膜应以视线清晰、不增加前挡风玻璃的反光和不影响驾车安全为首要前提。

现在大部分玻璃膜产品宣称产品透光率达到 70% 以上，符合国家标准。但是汽车玻璃本身透光率只有 75%，国内的水平是 75% ~80%，再把玻璃膜贴上去，玻璃的整体透光率就容易低于 70%。这样天气暗的时候，就容易导致看不清目标，所以汽车玻璃前挡风玻璃贴膜，必须贴透光率达到 90% 以上的膜，才能保证总透光率超过 70%，才能达到安全的标准。

汽车前风窗玻璃膜在达到国家规定透光性的前提下，还要保证良好的控光性和安全性，所以前挡风玻璃膜绝对不能用其他膜代替。

7. 汽车玻璃贴膜工具与材料

（1）贴膜工具

贴膜施工时要用到很多工具，其中大部分是贴膜专用工具。在品牌膜的施工店里都会有各种各样的工具包，有的做成围裙式，有的是一个精致的手提箱。工具包里面的贴膜工具多达30几件，能针对贴膜施工时遇到的各种问题，并且专用工具都是专门针对膜和玻璃的防损保护而专门设计的。这些工具的用途不同，分为保护工具、清洗工具、裁膜工具、热成型工具和排水工具。

1）保护工具

① 保护膜。防止内饰部件和车身被清洗液和安装液淋湿，或液体残留而产生难以去除的污渍。

② 毛巾。用来保护仪表台、座椅等内饰。垫放工具，防止工具划伤和吸收流淌下来的清洗液和安装液。

2）清洗工具

① 水壶。盛放玻璃清洗液和安装液，使用时能产生一定的压力，将液体喷出，还可以调节喷雾形状。

② 铲刀。清除玻璃上的顽固污渍和残留的粘贴物。

3）裁膜工具

① 裁切剪刀。用来裁剪玻璃贴膜，修饰形状，与保护膜分离。玻璃贴膜的裁切是在车窗玻璃上直接进行的，为了精确裁出玻璃贴膜，同时又不划伤玻璃，必须掌握正确的持刀方法。

② 测量尺。用来测量车窗和玻璃贴膜的尺寸。

③ 裁膜工作台。用来摆放玻璃贴膜和玻璃贴膜粗裁时的操作台，要求平滑还不能过硬。

4）热成型工具

① 热风枪。用来加热玻璃贴膜，使其收缩变形，达到与玻璃一致的形状。还可以将玻璃上有用的粘贴物加热后，便于取下。

② 大号塑料刮板。刮平玻璃贴膜，玻璃膜加热收缩后辅助成型，玻璃膜排水，清洁玻璃，如图 12－18 所示。

5）排水工具

① 橡胶刮水铲。刮平玻璃膜，可以在成型时使用，也可以在贴膜时排水使用，如图 12－19所示。

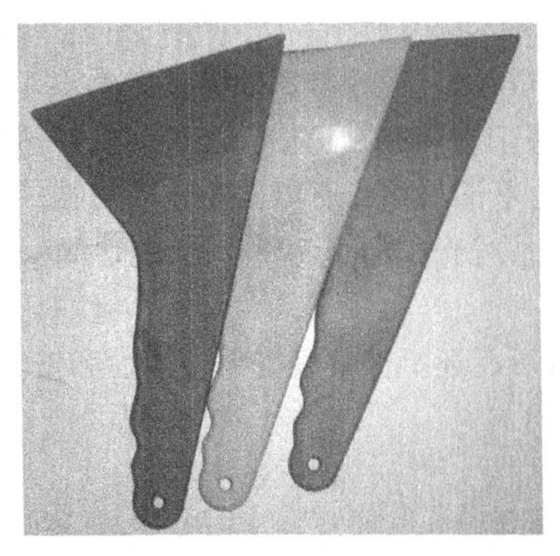

图 12－18　大号刮水板

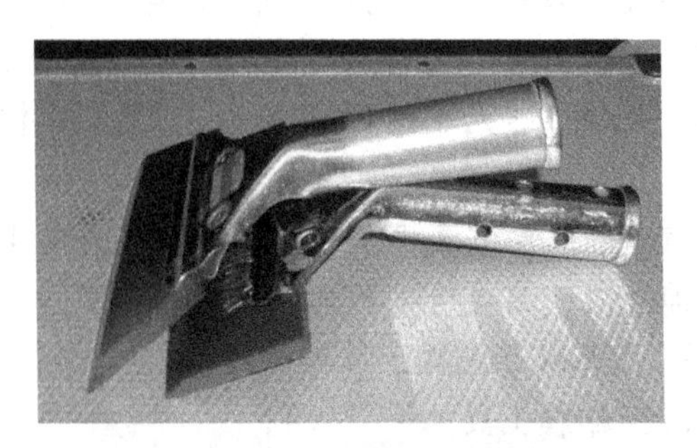

图 12－19　橡胶刮水铲

② 橡胶刮板。用来排水，如图 12－20 所示。

③ 小号塑料刮板。贴膜时辅助玻璃膜插入密封条内，彻底排水，精细修饰，如图 12－21所示。

图 12－20　橡胶刮板

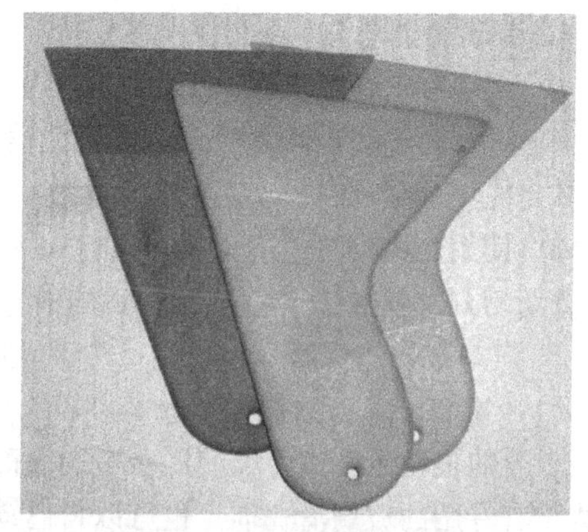

图 12－21　小号塑料刮板

（2）清洗液和安装液

清洗液和安装液是用于玻璃的清洗和安装，专用的清洗液和安装液能保证玻璃膜的安装质量。

1）清洗液。现在市场上有很多贴膜中心使用其他的清洗用品替代玻璃膜清洗液，施工质量无法保证。图 12－22 列出了几种不同的清洗用品对玻璃膜黏结强度的影响，选择时要慎重。

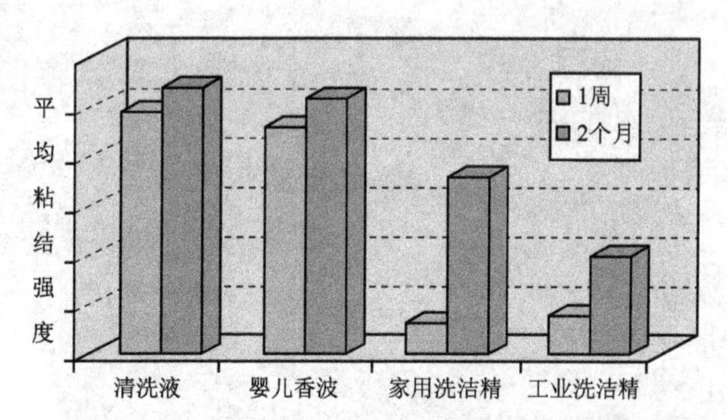

图 12－22　不同的清洗用品对玻璃膜黏结强度的影响

其中，清洗液对于分解去除玻璃表面及微孔中的油渍污渍具有独特功效，能够把玻璃的油迹、蜡或其他比较难清洗的污渍达到最佳清洁程度。清洁的玻璃表面能够极大增强安装液的润滑效果。清洗液要按使用说明中的规定比例稀释后使用。

2）安装液。便于玻璃膜的滑动定位，其成分类似于婴儿香波，但是不含甘油、香精、色素及其他多余添加剂，因而不会影响安装胶的化学组成及车膜中金属层的长期稳定性，使玻璃膜与玻璃达到最大黏结强度。安装液要按使用说明中的规定比例稀释后使用。

注意： 旧清洗液和安装液的沉淀物和小颗粒会造成玻璃膜和玻璃之间的斑纹和畸变点，因此应每天清洗容器瓶并更换溶液。

技能学习与考核

一、技能学习

1. 劳动安全与卫生

1）必须穿戴好工作服。

2）进行玻璃损伤修复时，一定要戴棉质手套，并小心损坏的玻璃伤手。

3）使用黏结剂时，小心火灾。

4）使用热风枪时，避免过热引起火灾。

5）切割车膜时，小心刀具伤手。

2. 汽车玻璃的保养

（1）准备玻璃清洁剂

专业的玻璃清洗剂可以使用在玻璃表面以及镀铬件的表面，迅速清洁其上的污渍。如果身边没有专用的玻璃清洗剂，也可以自己动手配制。只需要将清水与家用洗洁精或婴儿沐浴露按 100∶1 的比例混合。自制的玻璃清洗液不但能清洁玻璃，还能起到一定的防雾效果。缺点是保养功能持续时间较短，一般几天就需要再清洗一次。

（2）玻璃清洁保养

1）车门玻璃的清洁保养

① 将车窗玻璃清洗干净，并刮去水分，将玻璃擦干，如图 12－23 所示。玻璃内部也要清洁干净。

图 12－23　清洁车窗玻璃

② 在车窗玻璃内部均匀地喷涂玻璃保养剂，并用毛巾擦拭均匀，使玻璃清澈透明，如图 12－24 所示。

图 12－24　保养车窗玻璃

2）挡风玻璃的清洁保养

① 将前风窗玻璃刮水器升起，彻底清洁玻璃，如图 12－25 所示。

图 12－25　清洁风窗玻璃

② 如果还有不能清洗掉的顽固污渍，可以使用火山泥或者专用的清洗剂进行清理，如图 12－26 所示。

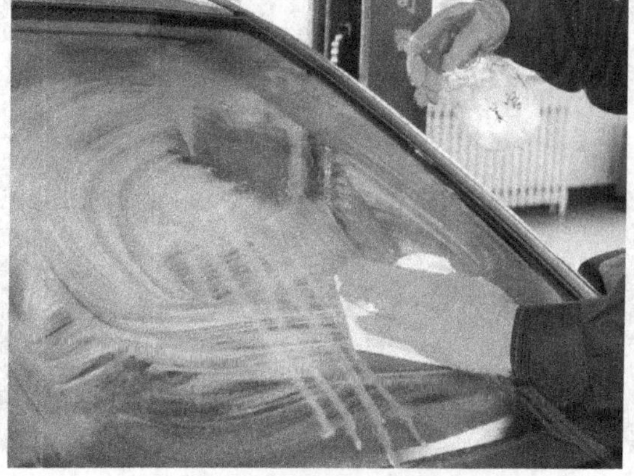

图 12－26　清除顽固污渍

注意：一定不要使用尖利的工具或材料清洁，防止造成玻璃划痕。

③ 将玻璃清洁并擦干。

④ 摇匀除雾剂，然后均匀的喷涂到玻璃内表面上。

⑤ 用柔软的毛巾擦干即可，如图 12－27 所示。

图 12－27　保养车窗玻璃内部

3. 汽车玻璃裂纹的修补

（1）准备

1）将玻璃表面清洁干净，尤其是有裂纹的部位。清洁干净以后，玻璃表面要保持干燥。

2）保护好仪表板等内饰，防止在施工时玻璃修补剂滴落到内饰表面造成损伤。

3）准备好玻璃裂纹修补用的材料和设备，如黏结剂、紫外线灯等。

（2）施工流程

1）将玻璃裂纹修补支架固定在需要修补的裂纹处，调整好位置和合适高度，确保安装牢固，如图 12－28 所示。

图 12－28　安装支架

2）在支架上安装加液器，保证加液器的加液口与裂纹对正。

3）用真空注射器，将玻璃伤口内的空气抽掉。

4）在加液口处填以玻璃修补剂（液态胶质）。经过反复几次抽压后，修补的空间至少会有 90% 填满了填补液，裂纹逐渐变小，直至消失，如图 12－29 所示。

图 12－29　填补裂纹

5）用紫外线灯上下左右各照射 2 min 左右，让修补剂凝固，如图 12－30 所示。

注意：因为紫外线对人体有伤害，在使用时要注意做好防护，切记不可直接照射人体。

6）修补剂凝固后，伤口的中心点还会有一个小缺口，这时再滴入浓度较高的修补剂，盖上玻璃片，同样用紫外线灯照射烘干。

7）用刀片将表面多余的玻璃修补液刮除，如图 12－31 所示。涂上打光剂，用软布磨光即可。

图 12－30　紫外线灯烘烤

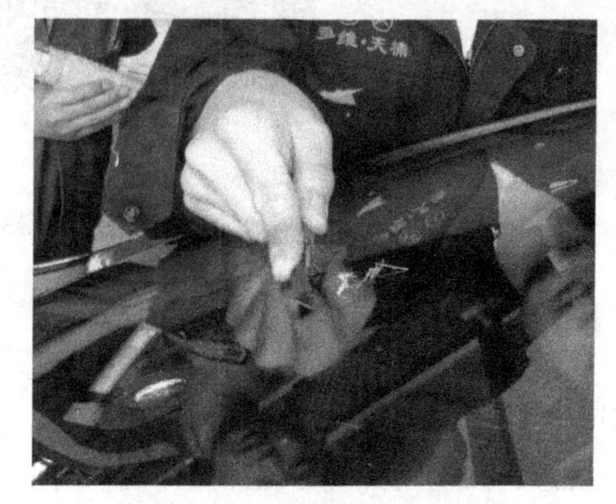

图 12－31　刮除多余修补液

注意：用刀片刮平时，使用的刮刀刃口要光滑，不能将玻璃表面划伤。

4. 汽车侧窗玻璃贴膜

从玻璃膜的选择、到玻璃膜的粘贴、再到交车，构成了玻璃膜施工的整个工艺流程。具体的施工工艺会根据不同的玻璃膜产品而有不同，基本的工艺流程如图 12－32 所示。

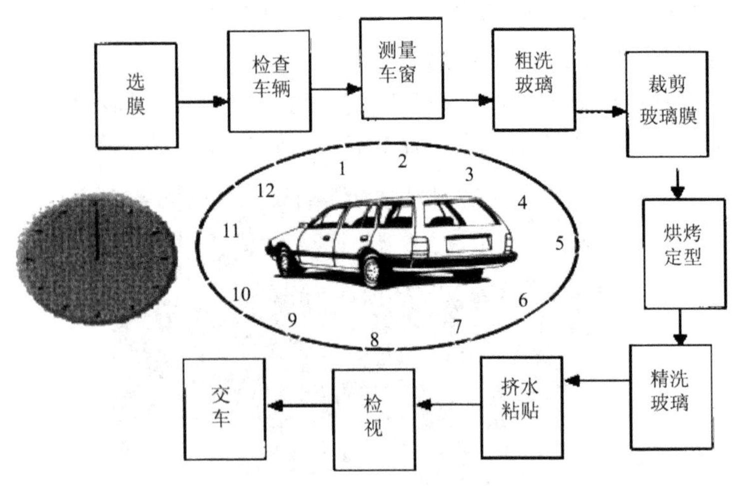

图 12 – 32　贴膜流程

（1）内饰和外部的保护

汽车内饰的保护尤为重要，否则清洗玻璃的溶剂会弄污内饰及渗进汽车的电控系统而导致开关失灵甚至局部短路，所以必须仔细做好车辆的外露电控开关和音箱的保护。方法为把较厚的浴巾遮盖在仪表台（图 12 – 33）和后盖板上，车门内饰板、座椅、方向盘等也要做好适当防护。车身的外部也需要适当的防护，以免刮伤漆面。

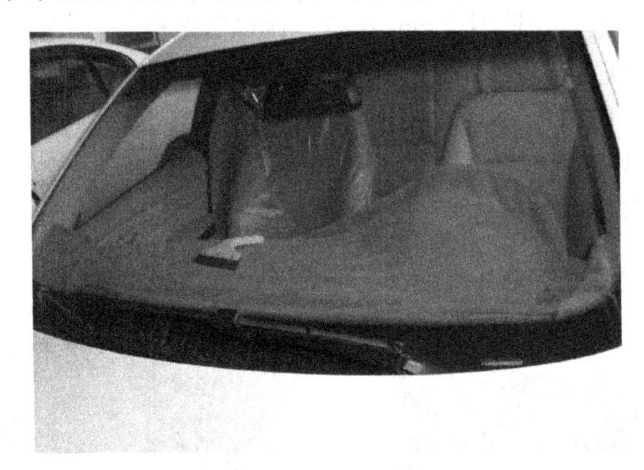

图 12 – 33　仪表板保护

（2）粗裁膜

1）测量车窗尺寸。用直尺测量（图 12 – 34）侧窗相关尺寸。有时为了工作方便也可以利用车窗形状的模板进行裁膜。

注意： 无论用哪种方法测量车窗尺寸，都要在车窗玻璃外部测量。

2）下料

① 如果玻璃弧度较大，需要烤膜定型时，玻璃膜一定要选择竖裁，即玻璃长边与膜的卷起方向一致，定型时将褶皱都做在这个方向上。

② 按测量的尺寸留出足够的余量，用割刀裁切车膜。侧窗顶部裁膜尺寸要大于原车窗玻璃边缘尺寸 5 cm 左右，两边要大于原车玻璃边缘尺寸 1 cm，底部预留 1 ~ 2 cm 的余量。

图 12-34　测量车窗尺寸

注意：下料施工时，一定要在玻璃膜的透明保护膜一面操作，否则裁下来的玻璃膜形状会与玻璃形状相反。

（3）清洁

1）玻璃密封条清洁。汽车车窗玻璃密封条有胶边和毛边两种类型。

① 胶边的玻璃密封条清洁方法：用吹气风枪吹出藏于密封槽内的砂粒、杂物，或者向密封槽内喷洒适量的清水，用直柄塑料刮板直接清理内槽。

注意：刮板要包覆一层擦拭纸，一个方向不要来回擦拭，以免砂粒污垢黏附于擦拭纸后又被带回槽内，每刮一次要变换擦拭纸的清洁面。

② 毛边的玻璃密封条清洁方法：用 2 cm 宽的美纹纸贴住密封槽边上的内毡毛，或者将喷壶嘴调至最小出水量喷洒少量清水在毡毛上，使毡毛稍微湿润，粘住毛体。

2）玻璃外侧的清洁。在外侧玻璃上喷洒清洗液，用手摸抹一遍，因为人手的敏感度最强，能感触到稍大的尘粒，遇到黏附较牢的污垢可用钢片刮刀清除，其他部位用擦拭纸清理，如图 12-35 所示。

（4）定型和修边

1）将汽车玻璃膜平铺于玻璃外表面，保护膜朝外，注意玻璃膜边缘要平行于外部底边压条，并确保有足够余量（低于车内压条 3~6 mm）。

2）换上崭新刀片，在一条边的角部将刀片的头部刺入汽车玻璃膜，刀片顶端靠住现成边框，利用窗框或胶条作引导进行切割，如图 12-36 所示。

图 12-35　清洁玻璃外侧

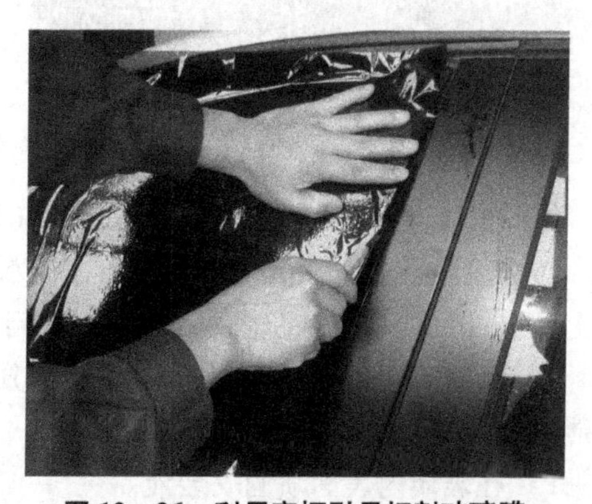

图 12-36　利用窗框引导切割玻璃膜

3）下部裁切完成后，将膜滑动到适合的位置，使用硬片挤水工具，在汽车玻璃膜上挤刮几下固定住整个膜。小心地将膜从底部揭起，然后降下车窗玻璃露出车窗玻璃顶部，利用玻璃的边缘进行顶边裁切。

4）玻璃膜完全修整完成后转移到裁膜案板上，进行最后的修边。

注意：除个别车款，侧窗玻璃膜基本上不需要加热定型，可直接覆在玻璃外侧上压刮定型。

（5）清洁玻璃内侧

玻璃的内侧面为真正的贴膜面，清洁一定要彻底，应按下列要求反复清洁。

1）先对车厢内部空间喷洒细微的水雾，使空气中的尘埃沉聚下来，减少座椅和地板扬尘。

2）在玻璃上喷洒清洗液，然后用手摸抹，检查和剔除稍大的尘粒，对于黏附得较牢的污垢和撕下的贴物残胶可用钢片刮刀去除。

3）用硬质的直柄塑料刮板自上而下、由中间向两边清除玻璃上的灰尘，每刮扫一次必须用干净的擦蜡纸去除刮板上的污物。整幅玻璃每刮扫一遍，都要用清洗液喷洒一次，最后用刮板刮除积水，确认玻璃已十分光滑干净，“一尘不染”时才可转入贴膜，如图 12－37 所示。

（6）剥离保护膜

1）将玻璃膜的保护膜撕开。为了更方便将玻璃膜与保护膜分离，可以在玻璃膜双面粘贴胶带纸，利用胶带纸可以方便将玻璃膜与保护膜分离。

2）将安装液喷洒于暴露的安装胶上。

3）将保护膜贴到玻璃膜上，如图 12－38 所示。

图 12－37　清洁玻璃内侧

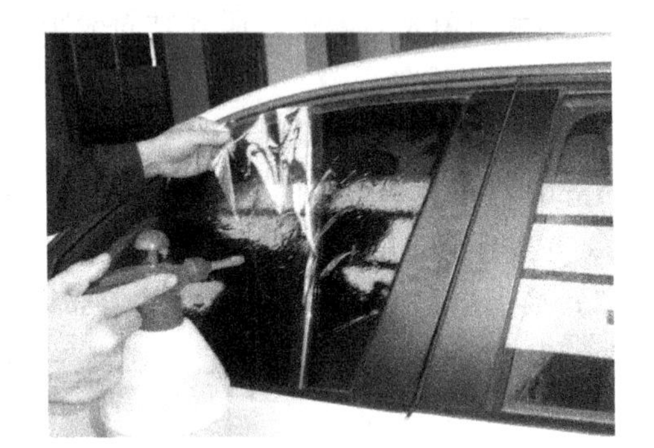

图 12－38　贴保护膜

（7）玻璃膜的铺贴

侧门窗玻璃的性能有两种：防水玻璃（奔驰、宝马等）和不防水玻璃（多数普通车款）。

防水玻璃上膜时，由于防水玻璃在喷水后水珠不会附着，水份流失快，故宜采用由下端向上贴法（好处是下端积聚水分较多，利于膜的移动）。

不防水玻璃由于喷水后水珠附着，水分流失少，故通常采用由上端向下端的贴法，优点是能有效避免砂粒粘到膜上。

1）在玻璃内表面喷洒安装液。

2）撕掉保护膜，将膜整个揭起，尽量准确地安放在玻璃内侧并滑动到理想的位置，如

图 12－39 所示。

图 12－39 铺贴玻璃膜

（8）排水

1）在每片玻璃膜定好位置后，应立即在玻璃膜表面再次喷洒安装液，润滑需排水的表面。同时把保护膜粘贴到玻璃膜的背面。

2）在玻璃中间部位顺着玻璃的弧度方向进行一次排水，将玻璃膜固定在理想位置，如图 12－40 所示。

排水时可采用坚韧、锋利、有弹性的挤水铲将车膜与玻璃之间的水彻底挤出，如图 12－41所示。

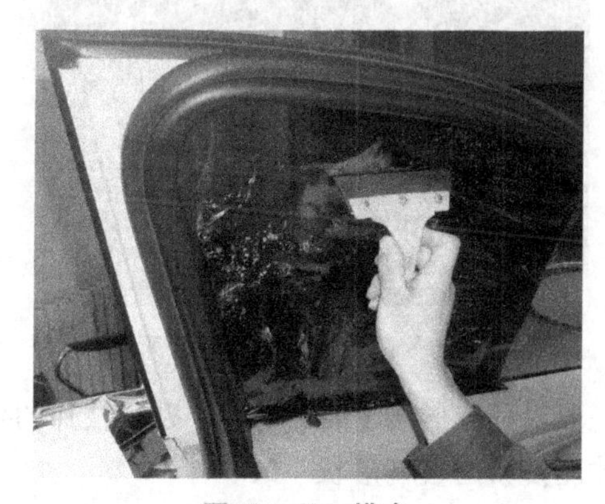

图 12－40 排水

图 12－41 挤水操作

注意：用力方向的把握，刮水板的用力方式为“拖”，挤水板的用力方式为“推”，刮水和挤水次序和路径要重叠有序地进行。

3）从中间向两边，顺着玻璃的弧度，采用刮水工艺进行排水，直到将安装液基本排除，表面无明显气泡。

4）取下保护膜，检查玻璃膜的安装情况。

5）若边缘有气笋或局部安装液有残留，可使用小刮板，采用排水工艺进行修整。

注意：

① 为防止刮板划伤玻璃膜，可以在刮板上垫一层柔软的擦拭纸，再去进行排水。

② 少量残留的水分会慢慢地透过玻璃膜而排除。玻璃膜干燥的时间依赖于气候、湿度、玻璃膜的结构和挤水后残留水分的多少。

（9）清洁和检查

1）当安装工作完成后，所有窗玻璃仔细地清洁一遍，去除条纹水迹和污迹，如图 12－42所示。

2）由于玻璃膜粘贴后，总会避免不了有少量的安装液残留，有时会在玻璃膜边缘部位产生气泡，使用专用硬质挤水工具沿某一边缘排除气泡。

3）对于玻璃膜边缘不整齐部位，需要进行裁切修整，保证整体美观。

（10）交车

把汽车擦净后驶到室外，实现最后的视觉检查。在日光下检查没有任何缺陷后，准备提交汽车给客户，并向客户解释质量保证程序和基本的保养和维护说明。

5. 汽车前后风窗玻璃贴膜

（1）前后风窗玻璃的贴膜流程

前后风窗玻璃的贴膜基本流程与侧窗一样，只是由于几乎所有前后风窗玻璃都有不同程度的弧形弯曲，妨碍玻璃膜在玻璃上铺平，产生褶皱。所以贴膜时的技术难点就是热成型，也就是说将平面的玻璃膜，通过加热定型的方法使玻璃膜与玻璃弧面形状一致，才能进行整张粘贴，如图 12－43 所示。

图 12－42　施工后的清洁

图 12－43　前风窗玻璃膜热成型

弧面明显的汽车前后风窗玻璃热成型时，首先要保证膜的质量要绝对好，贴膜技师的技术水平绝对高超。有时还需要进行多次热成型，才能使膜与玻璃形状一致。

1）清洁挡风玻璃内外侧。

2）测量风窗玻璃尺寸。

3）留出足够的余量（可参考侧窗玻璃裁切余量）后裁下膜。

注意：需要热定型的膜在裁切时一定要竖裁（也就是说玻璃的横向与膜的卷曲方向一致）。

4）将玻璃膜的保护膜朝外，铺于挡风玻璃的外侧。

5）在玻璃膜和玻璃之间洒上安装液，用刮板将形成的褶皱调整成竖向的。

6）将保护膜撕开。

7）在玻璃内侧喷洒安装液。

8）将玻璃膜对正位置后，贴于玻璃内侧。

9）采用温度可调的热风枪对玻璃膜进行加热，一边加热一边用塑料刮刀挤压玻璃上的气泡和水，使玻璃膜收缩变形，直至与玻璃的曲面完全吻合。

注意：加热要均匀，不要过分集中，否则温度太高有可能造成玻璃开裂，如图 12-44 所示。

图 12-44　湿烤热成型

（2）黑色釉点区域的处理

风窗玻璃内侧的黑色陶瓷釉点区域增加了施工难度。在安装过程中，随着安装液的蒸发，会在黑色釉点区域出现白边的现象，这是由于胶脱离了膜层而造成的。为了避免这种现象，可以先让膜干燥约一个小时，再用白尼龙擦布包裹硬挤水板，最后再包上一层纸巾，均匀有力地挤压贴膜的黑色釉点区域。也可以用刀片刮平，注意使用刀片时要十分小心，防止刮坏其他部位。

6. 贴膜缺陷分析

在进行贴膜施工时，由于外部施工环境、施工人员技术、使用的工具以及使用玻璃膜的质量等原因，会造成各种贴膜缺陷。比如常见的沙粒问题、褶皱问题、不收缩或过收缩问题和边缘修剪不齐等问题，针对不同的缺陷应该分析形成的原因，在以后的施工中尽量避免，使贴膜技术更上一层楼。

（1）气笋

玻璃膜排水后仍然存在像竹笋尖端一样的气泡，不与玻璃贴合，如图 12-45 所示。

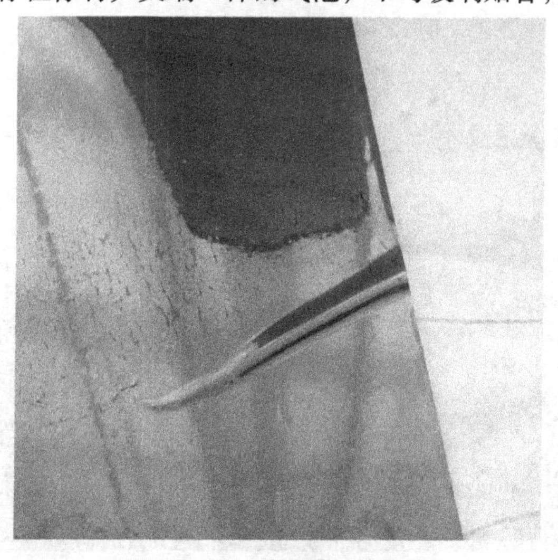

图 12-45　玻璃膜气笋缺陷

1）形成原因

① 排水不彻底。

②玻璃膜成型不好，成型时没有跟车窗形状一致，就急于粘贴。

2）解决方法

① 进行排水处理。

② 轻微加热，并用刮板压实。

③ 在边缘部位进行固定，防止气笋重新出现。

（2）褶皱

玻璃膜打褶，内部粘接在一起，无论如何刮平都无法消除，如图 12－46 所示。

1）形成原因

① 热成型过度，玻璃膜被烤焦。

② 排水手法不正确，使玻璃膜打褶。

③ 剥离保护膜或铺贴玻璃膜时不小心，造成玻璃膜打褶。

2）解决方法

换新膜，重新粘贴。

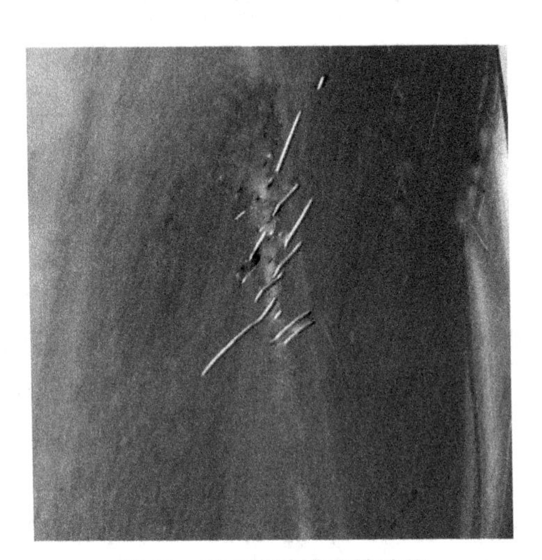

图 12－46　玻璃膜褶皱缺陷

（3）边缘不齐

玻璃膜边缘与玻璃边缘距离不等，成锯齿状或波浪状，如图 12－47 所示。

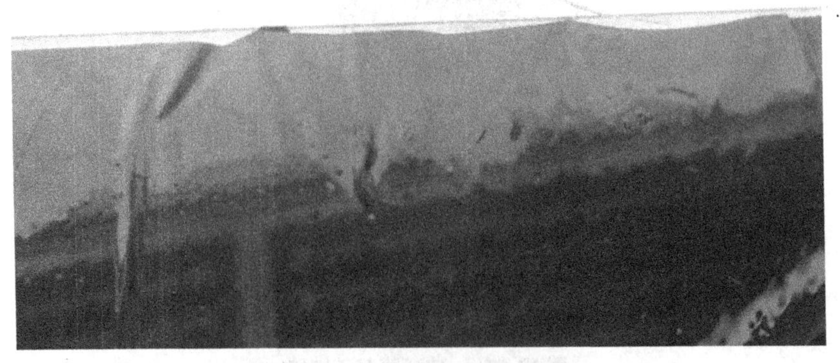

图 12－47　玻璃膜边缘不齐缺陷

1）形成原因

① 裁膜时不细心，下刀不稳，下刀方向不对。

② 裁膜刀过钝，撕扯玻璃膜。

2）解决方法

① 进行精细修整。

② 如果修整后效果依然不好，或者修整后膜边缘距玻璃边缘间隙过大，则换新膜，重新粘贴。

（4）未修圆角

精细裁膜时不细心，玻璃膜拐角处没有修饰成圆弧状，在玻璃升降时容易被卷起，如图12－48所示。需要进行精细修整，做出圆角。

（5）划破玻璃膜

玻璃膜在排水时被划出孔洞，如图12－49所示。

图12－48　玻璃膜维修圆角缺陷

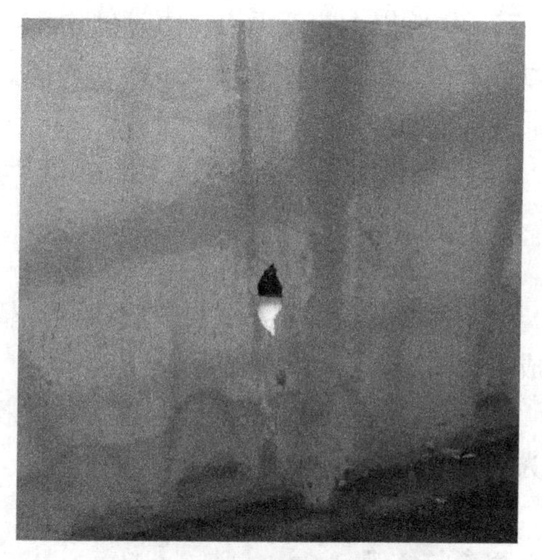

图12－49　玻璃膜划破缺陷

1）形成原因

① 排水工具没有磨光、磨平，有尖锐突出部位。

② 玻璃没有清洗干净，有沙粒等杂物。

③ 排水时不细心，工具刮坏玻璃膜。

2）解决方法

① 换新膜，重新粘贴。

② 排水工具要精心处理，刃口部位不能尖锐突出。

③ 排水时要顺着玻璃的弧度施工。

（6）夹入杂物

玻璃膜与玻璃之间有异物夹入，这种缺陷是贴膜时最普遍的。形成原因多种多样，在整个贴膜过程中，任何一个环节没有注意都可能造成杂物夹入。

1）许多贴膜场所没有密闭室，人员走动、汽车行驶、风吹等产生灰尘而黏附于玻璃膜内成形夹砂。因此，若没有密闭室贴膜时必须关闭所有车门后才能粘贴。

2）玻璃洗好之后或拆开保护膜时不可让车外人员开关车门，有时用力关门会造成空气快速流动而带入大量灰尘或沙粒。

3）贴膜时要在室内进行，工作场所要进行除尘、防静电处理。有条件的最好建造专用的贴膜间，保证工作环境清洁。

4）拆开玻璃膜透明部分的保护膜时会产生静电，如果贴膜时所穿的衣服是毛料，或是粘有棉絮灰尘的衣服，则操作时衣服上的棉絮或羊毛等杂质会被静电吸附到膜上面。

5）贴膜时，坚决不准戴线手套施工。

6）裁剪好的膜放置于汽车脚垫上、椅套上或放于车顶、引擎盖上，造成内外不干净，拆开保护膜时也会因静电而使毛绒、灰尘等吸附在玻璃膜胶上面。因此，在未拆开透明保护膜时，必须在膜两面喷一些水，可有效防止静电引进的杂物进入膜内。最好将裁好的玻璃膜放到裁膜案板上。

7）70 %以上的施工人员直接使用未经过滤或沉淀的自来水贴膜，这样做是不正确的。因为自来水管里有许多杂质或沙粒，因此，贴膜时所用的水一定要经过过滤或沉淀，一定要保证清洗液洁净。

8）车窗密封条内的脏物要彻底清除干净。

二、技能考核

学生每2名为一小组，针对提供的车辆，各小组独立完成本任务规定的实操内容并同时完成实训工单。

指导教师全过程观察并随时填写《实操考核记录单》。对学生操作过程中易引起事故的行为，指导教师应及时纠正。

思考与练习

1. 什么是汽车封釉？
2. 法规对车身改色贴膜有哪些约束？
3. 为什么要进行汽车玻璃贴膜？
4. 解释控光膜和安全膜的区别。
5. 什么是车膜的单向透视性？使用具有单向透视性车膜的车辆时，应注意什么？
6. 什么是汽车膜的机器边方向？为什么裁膜时一定要找到机器边方向？
7. 如何通过检查安装胶层的方法判断车膜的好坏？
8. 汽车玻璃产生什么样的损伤可以修复？
9. 劣质玻璃膜产品有哪些危害？
10. 正确鉴别玻璃膜质量优劣有哪些方法？
11. 描述汽车贴膜的工艺流程。
12. 说明贴膜后出现气笋的原因及处理方法。

参考文献

[1] 黄平．汽车车身修复技术［M］．北京：人民交通出版社，2006.
[2] 戴冠军．图解汽车车身维修大全［M］．杭州：浙江科学技术出版社，2000.
[3] 宋孟辉．汽车车身修复与保养［M］．北京：机械工业出版社，2010.
[4] 魏庆曜．现代轿车修补涂装实用技术［M］．北京：人民交通出版社，2003.
[5] 张俊．汽车车身修复专门化［M］．北京：人民交通出版社，2004.
[6] 侯建党．汽车钣金与涂装修补图表解［M］．沈阳：辽宁科学技术出版社，1999.
[7] 李明惠．汽车钣金与涂装修复技术［M］．北京：国防工业出版社，2005.
[8] 徐华东．汽车材料［M］．北京：机械工业出版社，2007.
[9] 彭友禄．焊接工艺［M］．北京：人民交通出版社，2002.
[10] 张吉国．汽车车身修复技术［M］．北京：高等教育出版社，2005.
[11] 张红伟．机动车车身修复人员从业资格考试必读［M］．北京：金盾出版社，2008.
[12] 宋森．汽车车身维修实例［M］．北京：机械工业出版社，2002.